中国社会科学院马克思主义理论
学科建设与理论研究系列丛书

马克思主义理论学科前沿研究报告

·2010·

本卷主编 王伟光

中国社会科学出版社

图书在版编目（CIP）数据

马克思主义理论学科前沿研究报告（2010）/王伟光主编.—北京：中国社会科学出版社，2012.3
ISBN 978-7-5161-0639-6

Ⅰ.①马… Ⅱ.①王… Ⅲ.①马克思主义理论—研究报告—中国—2010 Ⅳ.①A81

中国版本图书馆CIP数据核字（2012）第044051号

责任编辑　徐　申　赵　丽
责任校对　刘　俊
封面设计　郭蕾蕾
技术编辑　李　建

出版发行　中国社会科学出版社　　　出版人　赵剑英
社　　址　北京鼓楼西大街甲158号　　邮　编　100720
电　　话　010—64047920（编辑）　64058741（宣传）　64070619（网站）
　　　　　010—64030272（批发）　64046282（团购）　84029450（零售）
网　　址　http://www.csspw.cn（中文域名：中国社科网）
经　　销　新华书店
印刷装订　北京七彩京通数码快印有限公司
版　　次　2012年3月第1版　　　　　印　次　2012年3月第1次印刷
开　　本　710×1000　1/16
印　　张　30.25　　　　　　　　　　插　页　2
字　　数　510千字
定　　价　70.00元

前　言

　　以毛泽东、邓小平、江泽民为核心的党的三代领导集体和以胡锦涛同志为总书记的党中央始终高度重视党的理论工作，重视全党对马克思主义理论的学习和研究工作。

　　2004 年 1 月，《中共中央关于进一步繁荣发展哲学社会科学的意见》下发，并决定实施马克思主义理论研究和建设工程。

　　为贯彻落实党中央关于把中国社会科学院努力建设成为马克思主义坚强阵地、党和国家的思想库智囊团、哲学社会科学的最高殿堂的要求，中国社会科学院党组采取了一系列重要措施。2009 年初决定把加强马克思主义理论学科建设与理论研究作为一项重要工作来抓，并成立中国社会科学院马克思主义理论学科建设与理论研究工作领导小组。小组成立后，一方面注重抓好马克思主义理论学科组织机构的建设，设立马克思主义理论类别的研究室和中心等，同时又注重马克思主义基础理论研究。

　　为了抓好马克思主义理论类别研究室的建设，推动马克思主义基础理论研究，培养人才，"马工程"领导小组决定，每个受资助的马克思主义理论类别研究室（编辑室、教研室）按年度撰写该学科的前沿报告，并结集出版《马克思主义理论学科前沿研究报告》。前沿报告既要反映该学科最新的研究成果，又要反映该学科领域的重大理论争鸣和学术进展，要突出问题意识，反映实践中提出的重大理论问题和现实问题。

中国社会科学院马克思主义理论学科建设

与理论研究工作领导小组

2012 年 2 月

目　　录

马克思主义文艺理论研究新进展

文学研究所马克思主义文艺理论研究中心

2010 年中国马克思主义文艺理论研究的整体发展显得成熟而稳健。一方面，学者们对过去几年讨论的话题做了进一步的阐发和拓展，继续巩固和深化了近年来的一些理论成果；另一方面，对一些新的命题和思考也初显端倪，展现出了许多新的生机和活力，透露出令人欣喜的气象。

一　对马克思主义文论中国化的理论思考

随着本土意识的增强以及对知识生产原创性的呼吁，国内学术界近几年对"中国化"问题一直比较关切。在马克思主义文艺理论研究领域，对马克思主义文论中国化问题的探讨从来没有离开过研究者的视野。这其中的原因不仅在于马克思主义文艺理论对我国文艺的指导地位，面对新的时代亟须在理论建构上有新的突破，还在于"全球化"的到来与西方理论的大量引入，在给马克思主义文艺理论带来挑战的同时，也给理论的发展带来了机遇。本年度对"中国化"问题的关注主要集中在三个方面：宏观角度下的马克思主义中国化的历史进程、对中国化形态基本特征的描述和对中国化途径的探索。

（一）马克思主义文论中国化的历史进程。郭昭第在《马克思主义文艺理论中国化的进程及精神实质》①中认为，马克思主义文论中国化经历了三个阶段：第一个阶段是以陈独秀《文学革命论》为代表的文学革命论阶段，它的主要特点是把文学与革命相联系，强调文学的革命化，在郭昭

---

① 《理论界》2010 年第 6 期。

第看来，这是马克思主义文论中国化的准备期；第二个阶段是文学的大众化阶段，以延安整风运动和毛泽东《在延安文艺座谈会上的讲话》为代表，这一阶段所主张的文学大众化不仅仅是列宁的文学为千千万万劳动人民服务思想的继承，同时也标志着马克思主义中国化的正式形成；第三个阶段是文学的民族化时期，以毛泽东的《同音乐工作者的谈话》为代表，作者认为，这一阶段是马克思主义文论中国化的真正成熟期。熊元义在《推进马克思主义文艺理论中国化、时代化、大众化》① 中认为，马克思主义文艺理论中国化经历了两个阶段：第一个阶段是毛泽东文艺思想的形成，第二个阶段是具有中国特色的社会主义文艺理论的确立。后一个阶段是对前一个阶段的继承和发展，它们共同奠定了我国文艺的发展方向。马龙潜的《新时期马克思主义文艺理论中国化进程的回顾和反思》② 一文，主要探讨了新时期以来马克思主义文论中国化的基本进程。作者将近30多年的文艺理论分成三个阶段：从70年代末80年代初开始为第一个阶段，以拨乱反正为契机，对文学的本质问题做了全面的反思和检讨；第二个阶段从80年代末90年代初开始，以西方马克思主义美学的移植模式为背景，再度对文学的本质做了纵深讨论与梳理；第三个阶段则是新世纪以来的这十个年头，以马克思主义理论工程和新一轮学习马克思主义的热潮为背景，围绕有中国特色的马克思主义文艺学的体系精神、方法论原则和体系形态等基本问题进行了讨论。作者指出，新时期30年马克思主义文艺理论中国化成果的基本前提是对新时期文艺理论基本性质的清楚认识。在他看来，这一基本性质和规律是"在人类现代化的历史进程与马克思主义中国化的历史进程中，不断建构的一个以其所处的历史时代的基本精神为灵魂，以当代形态的马克思主义文艺理论为主导的当代中国文艺理论的整体结构形态"。

（二）对中国化形态基本特征的描述。张玉能在《中国化的马克思主义文学批评的美学特征》③ 中将中国化的马克思主义文学批评的美学特征归为以下三点：革命实践性、伦理意识形态性和整合和谐性。所谓的革命实践性是指中国的马克思主义文学批评是作为无产阶级革命事业的一部分

---

① 《学习与探索》2010年第1期。
② 《马克思主义美学研究》第13卷，2010年第1期。
③ 《青岛科技大学学报》（社会科学版）2010年12月。

来建构的，伦理意识形态性则是与中国传统美学结合的必然结果，而整合和谐性具体体现在中国当下的文艺批评中的中西美学思想相融合、革命的浪漫主义和革命的现实主义相结合等的和谐共处之上。彭修银、侯平川在《试论中国化马克思主义文艺理论的话语张力》①中认为，中国化的马克思主义文艺理论应包括四个方面：经典的马克思主义文艺理论、中国"经学致用"的哲学观、毛泽东文艺思想和中国传统文化中的"和"文化。其中经典的马克思主义文艺理论确保了中国化的马克思主义文艺理论的科学性和完整性；中国"经学致用"的哲学观确保了中国化的马克思主义文艺理论的可持续实践性；毛泽东文艺思想是中国化马克思主义文论初步形成的标志，同时也是一个非常成功的范例；中国传统的"和"文化则确保了中国化的马克思主义文论的可更新性和创造性。马建辉在《〈讲话〉：马克思主义文艺理论中国化、时代化、大众化的典范》②中指出，历史上第一个提出马克思主义中国化的人是毛泽东，他在 1938 年 10 月的中共六届六中全会上首次使用了这一概念。马建辉还认为，马克思主义文艺理论的中国化，首先表现为一种明确的中国环境的现实问题意识。马克思主义文论的中国化，并不是马克思主义与中国古代社会的结合，而是与中国当下的实际相结合，体现出了鲜明的当代性。

（三）对马克思主义文论中国化途径的理论探讨。彭富春在《论中国化的马克思主义哲学和美学》③中指出，整个马克思主义在中国的实践过程就是马克思主义中国化的过程，在这一过程中，最为关键的是马克思主义必须要考虑中国的革命和建设现实；同时，我们也需要强调，中国化的马克思主义不仅要针对中国现实，同时还要与中国传统的儒释道思想结合起来。在他看来，中国化的马克思主义应该是实践存在论与天道论、心性论的合而为一。张宝贵在《研究建国前马克思主义文艺理论中国化的方法问题》④中认为，到目前为止，研究建国前的马克思主义文艺理论中国化问题在方法上还存在着许多不尽如人意的地方。他认为，正确的方法应该坚持以下三点：回到事实、站稳立场、放开视域，这三点是解决建国前马

---

① 《中南大学学报》（人文社会科学版）2010 年第 1 期。
② 《湖北社会科学》2010 年第 6 期。
③ 《湖北大学学报》（哲学社会科学版）2010 年第 4 期。
④ 《社会科学辑刊》2010 年第 3 期。

克思主义文论中国化的三个重要问题，即文艺功利性、毛泽东《在延安文艺座谈会上的讲话》和文艺的真实性的有效途径。

无论是从史的梳理，还是从方法论上的探讨，以上讨论让我们看到，中国化的马克思主义文论在本年度得到了进一步深化，许多讨论不再只是停留在表层描述上，而是已经深入到它的内部逻辑，并且切实强调同中国的现实与文化传统结合起来。这些新的变化使我们相信，在经过这几年的讨论之后，我国学术界开始以一种务实求是的作风、以一种对本土现实问题积极介入的态度，探讨真正适合我们自己的马克思主义文艺理论的发展之路。

二 探讨中国化马克思主义文论的学术贡献

一百年前，内忧外患让中国人选择了马克思主义，从此开始了马克思主义在中国发展的光辉历程。在这一历程中，中国的马克思主义逐渐发展出了自己的特色，取得了丰厚的成果，在探讨马克思主义文艺理论中国化的今天，对具有中国特色的马克思主义文艺思想独立发展的研究，成为中国学人研究的重要内容。

从本年度的研究实际来看，学者们的关注点主要还是在中国马克思主义文艺理论的杰出代表——毛泽东的文艺思想上。张文诺在《毛泽东文艺大众化思想的研究》[①]中着重从策略性角度探讨了毛泽东的文艺大众化思想。在他看来，毛泽东对文艺大众化的规定并不是一个简单的问题，而是形成了一个体系，需要从文艺与政治的关系、毛泽东对大众化的界定和对创作者的规范三个维度来理解。这三个维度既构成了毛泽东大众化思想的三个角度，同时也是其核心内容。种海燕在《毛泽东浪漫主义文艺思想探析》[②]中指出，一般认为，毛泽东的文艺思想是以现实主义为主线的，但实际上在这一现实主义表象下，一直存在着浪漫主义的暗流。当然，这种浪漫主义并不是我们惯常所理解的一种创作方法，而是一种思维方式和审美范式，在具体的实践中，表现为毛泽东诗歌创作的浪漫主义风格。作者认为产生这一现象的原因有三：第一，毛泽东本人天生的浪漫主义气质；

---

① 《文艺理论与批评》2010年第1期。
② 《山花》2010年第22期。

第二，与毛泽东戎马一生从事革命反抗运动有关；第三，则是由于中国现代浪漫主义文艺思想的工具理性思维方式。杨向荣、邓辉在《毛泽东文艺批评思想溯源》① 中指出，当前学界对毛泽东文艺思想的研究有些忽视其思想的历史来源。他们认为，毛泽东文艺批评思想的来源主要有两个方面，即中国传统文化和经典马克思主义文艺批评理论。前者表现在他的文艺批评思想中强调文艺与政治的关系以及浓重的经世致用精神，而后者表现在他的批评标准与经典马克思主义文艺理论中的美学标准与历史标准的内在精神的对应。王佑江在《历史巨流中的美学潮声——毛泽东文艺思想特质的宏观考察》② 中指出，毛泽东的文艺思想具有划时代的意义，他不是孤立地就文艺来论述文艺，而是把中国革命的内涵和社会历史的巨变纳入文艺美学的思维视野，把中国的革命文艺运动放到社会进步、历史变革的总体进程和战略全局的高度来进行考察，把文艺问题与中国人民争取民族解放、国家独立和社会主义的未来前途联系起来，并以此为坐标来寻找、确定文艺的历史功能和位置。以上这些形成了毛泽东文艺思想的特质所在。周平远《试论延安时期毛泽东文艺理论与文化理论的差异性》③ 一文认为，毛泽东在延安时期的文艺理论和文化理论的差异性，突出表现在文化理论的新民主主义性质和文艺理论的社会主义性质，二者之间构成了一种紧张的关系，前者立足于国民性，后者立足于党性，前者要求科学性、大众性，后者却要求阶级性。宋建林在《毛泽东艺术社会学思想的当下意义》④ 中认为，从 20 世纪 40 年代开始，中国学者就开始有意识地构建艺术社会学体系，其中影响最大、成就最为突出的则是毛泽东。在《讲话》中，毛泽东把马克思主义的普遍真理与中国艺术的具体实践相结合，科学地总结了"五四"以来新文艺运动、特别是左翼文艺运动的历史经验，围绕着革命文艺"为什么人"和"如何为"两个问题，构建了一个非常完整的艺术社会学体系，其主要内容包括艺术源泉论、艺术功利论、艺术功能论、艺术审美论和艺术民族形式论等。

　　除了对毛泽东文艺思想作出整体描述外，有些学者还横向考察了毛泽

---

① 《聊城大学学报》2010 年第 1 期。
② 《学习与探索》2010 年第 3 期。
③ 《江西社会科学》2010 年第 11 期。
④ 《理论与创作》2010 年第 4 期。

东文艺思想与同时代其他理论家文艺思想的区别和联系。季水河在《毛泽东和胡风文艺思想比较研究》① 中指出，如果将 20 世纪马克思主义文论的发展看作是从马克思、恩格斯、列宁、斯大林到毛泽东的一脉单传，那么胡风不能被看作是马克思主义文艺理论家；但是如果把 20 世纪的马克思主义发展看作是以马克思、恩格斯为源头，将马克思主义与各种实践相结合的多种流派和理论理解为走向的"一元多流"的历史，那么胡风则是当之无愧的卓越的马克思主义文艺理论家。毛泽东和胡风共同发展了马克思主义文艺理论中的反映论、典型论、方向论等基本命题，并赋予这些命题以中国特色。当然，两位理论家的理论又有着明显的差异，毛泽东主要受列宁为代表的苏联文艺理论的影响，而胡风则在受到马恩影响的同时，也受到了卢卡奇等西方马克思主义的影响，这些差异体现在他们对待创作主体、创作对象和世界观的作用等的理解上。罗嗣亮在《毛泽东与文艺知识分子的价值冲突》② 中认为，毛泽东与文艺知识分子的价值冲突，主要表现为大众意识的强调与文艺知识分子的精英情结、为政治服务的要求与文艺知识分子的艺术性追求、思想改造与文艺知识分子的自由心性三个方面的冲突和对立。毛泽东和文艺知识分子常常站在不同的角度，因此对同一个事物往往产生不同的理解，这正是造成毛泽东时代文艺领域悲剧的深层原因。刘中望在《历史语境与思想旨趣——毛泽东与瞿秋白文艺理论比较研究》③ 中指出，毛泽东的文艺思想与瞿秋白的思想具有继承关系。从理论命题来看，他们的思想具有相似性，例如他们都对反映论、工具论、大众化表示关切。由于瞿秋白的文艺思想是所谓中国化的第一人，因此可以根据这些相似性认定毛泽东在一定程度上继承了瞿秋白的思想。同时作者还指出，在文艺语言、文艺批评标准、文艺与统一战线的关系等方面，两位学者又显示出明显的差异，而这正体现了毛泽东对瞿秋白文艺思想的基本发展。

除了对毛泽东及其相关的文艺思想进行研究外，其他老一辈革命家以及邓小平、胡锦涛等人对文艺的思考也受到了学界的重视。宋建林《继

---

① 《山东社会科学》2010 年第 1 期。
② 《现代哲学》2010 年第 4 期。
③ 《东北师范大学学报》(哲学社会科学版)2010 年第 3 期。

承、发展、创新——老一辈领导人对毛泽东文艺思想的贡献》① 指出，同毛泽东思想一样，毛泽东文艺思想也是中国共产党人集体智慧的结晶。老一辈领导人刘少奇、周恩来等人都曾经对文艺作出过批示，关于文艺的方针、政策，发表过很多精辟的见解，对丰富毛泽东文艺思想作出过重大贡献。这集中体现在四个方面：关于社会主义文艺方向、按照文艺的规律领导工作、坚持艺术的改革和创新、重视保护文化艺术财产等。陈勇在《论邓小平文艺思想中的辩证法思想》② 中指出，邓小平的文艺理论思想是邓小平理论的重要组成部分，是对马克思主义文艺理论、毛泽东文艺思想的创造性发展。它的辩证性体现在：对文艺创作既提倡弘扬主旋律，同时又提倡多样化；坚持双百方针和二为方向的辩证统一；坚持文艺发展要处理好继承和创新的关系；主张要正确处理文艺的社会效益和经济效益的关系；主张文艺不从属于政治，但又不能脱离政治等。李高东在《胡锦涛文艺思想论析》③ 中分析了在新的历史条件下，胡锦涛对毛泽东、邓小平、江泽民文艺思想的继承和发展，认为胡锦涛对文艺工作的社会地位和基本任务、文艺的发展和社会价值等问题都做了重新的强调和定位。

从学界的研究态势来看，本年度学者们较为关注毛泽东的《讲话》，详细论述和分析了《讲话》的内在逻辑以及产生的历史语境等，这种面对历史的态度是值得肯定的。不过，尽管毛泽东文艺思想对新中国文艺理论建设起到了关键性的作用，但是，当下的文化现实和理论现实已发生了很大的改变，如何在现今语境下继续坚持毛泽东文艺思想，使其继续发挥重大的积极作用，则是学界亟须论证和解决的问题，就研究现状来看，学界对此的重视稍显不足。

三　经典马克思主义文艺理论的研究与推进

在新的历史条件下，如何更好地坚持马克思主义，焕发经典马克思主义文艺理论的生命活力，一直是学者们思考的重要内容。张炯的《马克思主义文艺理论及其面临的挑战》④ 考察了马克思主义文艺理论在中国指导

① 《高校理论战线》2010 年第 7 期。
② 《毛泽东思想研究》2010 年第 5 期。
③ 《大家》2010 年第 23 期。
④ 《徐州师范大学学报》2010 年第 3 期。

地位的确立过程、世界意义和现实境遇等问题。作者指出,马克思主义文艺理论不是空穴来风,而是总结和批判地继承了西方从柏拉图、亚里士多德到狄德罗、莱辛、康德、黑格尔、席勒等哲人的思想成果的产物。从现实情况来看,无论在东方还是西方,它都是一个巨大的存在。但是,由于世界语境的变化,马克思主义文艺理论在当下面临着巨大的挑战。一是来自全球化条件下世界文艺多样化的挑战,包括文艺理论的多样化和文艺实践的多样化,特别是现代主义与后现代主义文艺实践及其理论的挑战;二是电子传媒、网络文艺带来的高科技,使文学进入电子写作和数码传播时代的挑战。为了应对这种挑战,开掘马克思主义文艺理论的当下意义,《文学评论》在本年度第 5 期开辟了关于"马克思主义文论的当代形态化"的讨论专栏。党圣元在《拓展马克思主义文论研究的文化维度》① 中指出,在当下中国的社会思想文化语境中,以及在新世纪中国文论的转型过程中,拓展马克思主义文论研究的文化维度,应该成为新世纪中国马克思主义文论学科建设,乃至整个中国文论学科建设中的一个重要主题。因为重视文化批判既是马克思主义经典理论的特色,同时也是当下社会语境和学科发展内在逻辑演进所提出的双重诉求。季水河《从过程思维看马克思主义文论范畴的当代扩展》② 认为,从过程思维来看,马克思主义文艺理论的范畴不是固定不变的,而是永远开放的,也就是未完成的、开放的,充满不确定性。因此,在当今发生重大变化的时代,马克思主义文论的范畴必须扩展。这种扩展应根据从马克思出发而不拘泥于马克思和文学实践高于书本公式的原则去进行。作者指出,这种扩展有利于增强马克思主义文论的时代性和体系的完善性。张永清《从"西马"文论看当代马克思主义文论话语形态的建构》③ 指出,当代马克思主义文论话语形态的建构是当代中国马克思主义文艺理论发展到一定阶段的必然要求。在作者看来,它包括了"话语形态"、"当代"和"建构"三个关键词。无论是从"当代性"角度,还是从"建构"角度来看,中国马克思主义文论都还处于"进行时"。虽然它取得了重大的成就,但还是面临着巨大的挑战,因此需要从"西马"那里吸取经验,从多方面汲取营养。一些学者还从具体问题出

---

① 《文学评论》2010 年第 5 期。

② 同上。

③ 同上。

发，讨论马克思主义的当代性问题。徐明君《审美人类学与传播美学的马克思主义视野》① 指出，审美人类学深刻地回答了经典马克思主义美学的基本问题，是中国马克思主义美学的当代发展。但在文化传播时代，还应发展传播美学，并在审美人类学基础上，使之纳入马克思主义的文化视野，其目标是构建中国化的和谐美学。周文杰《游戏与审美救赎：马克思美学的当代意义》② 认为，当年马克思提出"人类解放何以可能"，转换和终结了传统哲学"世界何以可能"的话题，指引了人类从"必然王国"走向"自由王国"的审美解放与救赎之路。这一思路在当下工具理性与物质暴力的挤压下，人类似乎又一次被逐出"乐园"的时候，其救赎力量日益凸显。舒开智《日常生活审美化：马克思主义美学的理论视角》③ 则从马克思主义美学的理论视角对当下热议命题之一的日常生活审美化进行了解释和思考。日常生活审美化引起人们的注意与现代消费主义、大众文化、现代性和后现代性理论的兴起有着直接关系，但现代主义美学和后现代主义美学对此却持有不同的文化态度和立场。前者主张保持审美的自律性和超越性，维护审美的无功利性和精神自由，然而却导致了审美与生活的脱节，审美成为资产阶级贵族的专利；后者主张消解精英主义文化观念，让审美回归普通大众的世俗幸福，倡导审美与日常生活的融合，然而却加重了审美的商品化、犬儒主义和虚伪主义。而马克思主义美学一方面以实践论为基础主张审美的大众化而非审美的泛化，另一方面又强调从人类学的根基上阐释审美理想对于人类的价值和意义，从而可以实现对以上双重危机的超越。

除对马克思主义文论当代性与当代转换等问题作深入讨论外，一些学者还对经典马克思主义文论的一些基本问题表示关切。董学文《人本主义与马克思美学思想的分期》④ 是对马克思主义美学形成时间的考察。作者指出，人本主义不是马克思美学思想的核心，《1844 年经济学哲学手稿》是马克思思想的过渡性著作。马克思世界观和美学观成熟期的拐点是《关于费尔巴哈的提纲》和《德意志意识形态》。如果把《手稿》看作是马克

---

① 《名作欣赏》2010 年第 10 期。
② 《湖北大学学报》（哲学社会科学版）2010 年第 5 期。
③ 《青岛科技大学学报》（社会科学版）2010 年第 3 期。
④ 《高校理论战线》2010 年第 7 期。

思哲学和美学的起点和开端,这是不妥当的,很容易把马克思主义美学观变成人本主义。朱立元、张瑜《马克思的存在论思想不应轻易否定》① 则提出了与董学文不同的观点,文章认为,人本主义的存在角度是 20 世纪90 年代以来学界的共识。马克思存在论思想至少包括两个方面的内容:一是对传统本体论学说的批判,二是马克思把"存在论"与人类学对比起来谈,把"存在论"的肯定看得高于"人类学"的肯定。马克思对存在的理解始终是通过实践活动把人的存在与自然界的存在结合在一起来把握的,并深刻揭示了人与自然的存在论关系,得出了极为清楚深刻的生成论结论。宋伟的《马克思主义美学的哲学基础及其当代理解——关于"实践存在论美学"论争的论争》② 一文,针对董学文将马克思主义的美学和哲学基础解释成彻底的一元论的辩证唯物主义观点进行了批驳,提出了自己对马克思主义美学和哲学基础的看法。他认为,"马克思所创立的'实践唯物主义'是一种全新的实践哲学思维方式,它已经彻底地抛弃了形而上学本体论的哲学思维方式,抛弃了传统本体论的问题预设、提问方式及推论方式,实现了哲学思维方式的革命性变革。因此,只有清楚地认识实践哲学思维方式与形而上学本体论思维方式的根本区别,才能真正理解马克思哲学超越传统形而上学和近代形而上学的革命性意义"。周忠厚的《也谈马克思主义美学的哲学基础及其当代理解》③ 继续与宋伟展开争鸣,在指出宋伟论文中的一系列错误的同时,作者阐明了自己对马克思主义美学哲学基础的理解。在作者看来,马克思主义的哲学基础是辩证唯物主义、历史唯物主义和实践唯物主义等,实践有唯物、唯心之别,马克思主义的实践观则是唯物主义的。虽然我们提倡在发展马克思主义的时候,坚持科学发展观,但是不能容忍"形而上学"的改写。与周忠厚反对对马克思主义做海德格尔式的存在主义形而上理解不同,戴茂堂、夏忆《马克思美学的存在论解读》④ 则认为,将马克思主义唯物主义化是一种对马克思主义的遮蔽。作者主张,马克思美学的独特价值和意义即在于将美与人的存在或存在的人关联在一起,实际上是在一种存在论的视域下阐明了审美活动

---

① 《文艺理论与批评》2010 年第 3 期。
② 《上海大学学报》2010 年第 1 期。
③ 《乌鲁木齐职业大学学报》2010 年第 2 期。
④ 《湖北大学学报》(哲学社会科学版)2010 年第 5 期。

是人的最高和最自由的存在方式。

黎杨全《马克思的"不平衡"理论与艺术的"终结"》① 从目前热议的艺术终结的角度重新审视了马克思的艺术生产与物质生产不平衡规律。马克思的不平衡规律，在一定程度上指出了"资本制约下的艺术生产，以获取最大物质利益为目标，艺术家沦为赚钱的工具，彻底失去了精神自由，艺术被强制性地改造、操纵以符合标准，这导致了艺术日薄西山"。郑焕钊《论马克思主义的审美现代性内涵——兼对现实主义美学的新解读》② 指出马克思主义用异化理论，即以一种全面丰富的感性的标准来反思和批评资本主义现代性，正是其审美现代性的内涵。张弓《马克思主义文学批评的开放性》③ 指出，产生于19世纪后期的马克思主义文学批评，从它产生之时起就具有了开放性。这种开放性是以实践唯物主义的本体论、认识论、价值论、方法论的开放性为基础的。马克思主义文学批评在本体论上向文学意识形态、文学生产、文学文本开放，在认识论上向文学反映论、文学解释学、文学掌握论开放，在价值论上向文学真实论、文学教化论、文学审美论开放，在方法论上向历史唯物主义元方法、各种学科方法、各种具体方法开放，形成了一个多层次、多角度、全方位的开放体系。

四　西方马克思主义文论的借鉴与反思

虽然存在着理论旨趣的差异，但他山之石，可以攻玉，西方马克思主义一直是我们进行具有中国特色马克思主义文论建设的有益参照，可以从多角度和多层次启发和推动我们对马克思主义文论的认识和建构。

马驰《西方马克思主义文艺理论研究中值得关注的几个问题》④ 对西方马克思主义文艺理论及其在中国的传播作了总体扫描。作者详细分析了西方马克思主义在中国的早期传播与当下发展情况，指出目前国内对西方马克思主义观照的几个焦点问题，以及学者们对这些焦点问题的观点分歧。最后作者还指出，西方马克思主义所走的道路以及所追求的方向，在

---

① 《文艺理论与批评》2010年第4期。
② 《西北师范大学学报》2010年第1期。
③ 《湖北大学学报》（哲学社会科学版）2010年第2期。
④ 《文艺理论与批评》2010年第1期。

很多方面都与中国马克思主义的构建具有一致性，因此我们既应该发掘它的积极价值，同时又需要警惕它的消极意义。朱印海在《中西马克思主义文艺观念政治意识化的比较分析》① 中强调，中国马克思主义文艺理论与西方马克思主义文论都在致力于阐释和宣传马克思主义，但由于具体的历史环境迥异，政治理念以及思想观念的差异，因此他们理论的具体内涵和对社会发展的影响也大相径庭。一般说来，西方马克思主义文艺观念的政治批判意识非常明显，西方马克思主义美学服务于对当代资本主义政治的否定与批判。朱印海的另一篇文章《对中西马克思主义文艺理论观念发展的比较研究》② 还从更为宏观的角度考察了中西方马克思主义文艺理论观念发展的背景、理论形成和实践之间的区别，对中西方马克思主义文艺理论的基本观念做了对比和分析。他认为，通过这种对比可以发现中国学界研究马克思主义所存在的不足和局限，从而在创新和超越中为马克思主义开辟出广阔的道路。杨建刚在《文本与意识形态——马克思主义与形式主义对话中的一个关键性问题》③ 中指出，马克思主义和形式主义是 20 世纪影响力最大、持续时间最长的两个流派，二者之间经历了一个从对抗到对话的过程。这体现在 20 世纪 70 年代以后，马克思主义的意识形态性质被抛弃，而其科学方法论则受到空前的重视。在作者看来，这其中包括了阿尔都塞、马歇雷、伊格尔顿、詹姆逊等人的思想。董希文在《20 世纪中后期西方马克思主义文学理论的文本学视角研究》④ 中，把 20 世纪的文本理论分成语言客体文本理论、读者审美阐释文本理论和话语意识形态文本理论三种，文章认为，最后一种属于西方马克思主义文论的主导形式，作者详细讨论了话语意识形态文本理论的产生和发展，考察了西方马克思主义文本理论的代表性人物伊格尔顿的思想。在作者的另一篇文章即《解构主义、"西方马克思主义"文学文本观之异同》⑤ 中，分析了解构主义与西方马克思主义文学文本观的差异。作者指出，解构主义认为文本不可封闭，这是因为文本语言和结构具有不稳定性和延宕性；而西方马克思主义文论

---

① 《学习与探索》2010 年第 1 期。
② 《内蒙古社会科学》2010 年第 4 期。
③ 《文艺研究》2010 年第 1 期。
④ 《文艺理论与批评》2010 年第 5 期。
⑤ 《文学评论》2010 年第 3 期。

则主要从文本与社会意识形态的多样联系出发指出文本中存在的生产机制和意义释义的多种可能性，从而也推翻了文本封闭性的神话。二者之间有着有趣的联系，一则从内，一则从外，共同完成了反思文本封闭性的任务，并达成了彼此之间的互补。王雨辰的《论西方马克思主义消费伦理价值观》① 认为，在众多的西方马克思主义派别中，法兰克福学派和生态学马克思主义对消费问题的研究最为集中，他们提出了较为系统的消费伦理价值观。在文章中，作者还详细分析了他们消费伦理观的特点。另外两位学者陈永森、朱武雄的文章《更少地生产与消费，更好地生活——一个西方马克思主义观点析解》② 也是对生态马克思主义有关消费观念的介绍和评述。在一个高消费引起生态危机的社会中，生态马克思主义的代表人物如弗罗姆、高兹、莱易斯等人认为高消费并没有给人们带来预期的幸福，反而破坏了人的健全发展。因此对于当代人来说，少而好才是未来生活的方向。

除了对西方马克思主义文艺理论做整体式考察外，还有很多学者对"西马"中的一些代表性文艺理论家的观点作了分析和研究。马尔库塞、阿多诺和伊格尔顿一直是中国学界所熟悉和较多探讨的"西马"理论家。丁国旗《论马尔库塞的艺术政治观》③ 指出，虽然很多人在"五月风暴"后指责马尔库塞躲进了审美的象牙塔之中，但他的理论始终保持了与政治的紧密联系，重视审美与政治的内在统一。马尔库塞认为，艺术的政治潜能在于它本身，艺术越是远离政治，便越具有政治批判功能。如果艺术直接参与革命实践，则会导致对艺术的滥用。张成岗《从意识形态批判到"后技术理性"建构》④ 是对马尔库塞技术批判理论的分析。作者指出，以马尔库塞为代表的法兰克福学派的技术批判通常是与意识形态批判联系在一起的。面对现代社会科技发展的状况，法兰克福学派抛弃了科学与意识形态无关的观念，认为意识形态已经渗透到生产过程中，技术扮演意识形态角色，甚至已经成为意识形态本身。王小岩《艺术与人类解放——评法

---

① 《陕西师范大学学报》（哲学社会科学版）2010 年第 6 期。
② 《贵州社会科学》2010 年第 1 期。
③ 《黑龙江社会科学》2010 年第 3 期。
④ 《自然辩证法研究》2010 年第 7 期。

兰克福学派的文艺美学理论》① 对法兰克福学派在文艺美学方面的独创性和贡献做了介绍，其中马尔库塞的思想是非常重要的内容。作者有针对性地分析了马尔库塞的"肯定文化"、"单面文化"、"多余的压抑"等概念。高树博在《试论阿多诺的自然美观》② 中指出，阿多诺反对传统的启蒙理性、同一性哲学和美学对自然的忽视，从而用自己的非同一性哲学构建了别具一格的自然美观。在阿多诺看来，自然美是不可言说的，具有不确定性和不和谐性。因此，对它的鉴赏要采用与艺术美鉴赏迥然不同的手段，即步入野外直观自然的无言之美。张军《审美现代性的意义：以阿多诺为例》③ 一文，试图把阿多诺的思想带到中国当下有关实践美学的争论中来。作者指出，阿多诺的审美现代性思想以审美自律性的获得为前提，在与启蒙现代性的对抗中，它以对感性的伸张来拯救异化的人性，以流动变化的瞬间性来打破工具理性的僵滞，以深刻的批判性超越异化现实。与阿多诺的审美现代性思想相比，实践派美学则具有古典性。阿多诺对于当下的启示则是，要敢于超越现实的局限性，使人对现实社会进行思考。此外，施立竣的《阿多诺美学的总体性及其难题》④ 分析了阿多诺思想中的悖论和矛盾所在。

伊格尔顿是国内学者普遍关注的"西马"著名学者之一，在 2010 年度，有关他的文章非常多，《文艺理论与批评》于本年度第 4 期专门设有专栏研究他的思想。这一专栏共有三篇文章，分别是段吉方的《理论之后的批评旅途——伊格尔顿"理论之后"观念的文化解析与批判》、蒋显璟的《论特里·伊格尔顿的批评观》和贾洁的《特里·伊格尔顿爱尔兰文化研究中的去殖民策略论》。⑤ 段吉方的文章主要是对伊格尔顿《理论之后》一书的分析，并在此基础上提出了自己对后现代主义的理解。蒋显璟的文章则是对伊格尔顿的多种身份和多部著作的考察，作者指出伊格尔顿学术生涯的多次转向——从马克思主义文学批评家到文化批评家再到一个形式主义者的转变，并透过对伊格尔顿学术道路的发展，来发现当代西方文学批评和理论的转向。贾洁的文章是对 20 世纪 90 年代以

---

① 《社会科学辑刊》2010 年第 3 期。
② 《东北大学学报》（社会科学版）2010 年第 5 期。
③ 《湖北大学学报》（哲学社会科学版）2010 年第 3 期。
④ 《上海交通大学学报》（哲学社会科学版）2010 年第 5 期。
⑤ 《文艺理论与批评》2010 年第 4 期。

后伊格尔顿对爱尔兰文化研究著作的考察。作者试图通过对伊格尔顿这项爱尔兰文化专题研究，对民族主义者从"心理的去殖民"到"动摇中心"作出明晰的表述。除这些专栏文章外，李永新的《审美是一种权力交锋的实践——伊格尔顿的审美意识形态理论》[1] 对伊格尔顿理论中审美、身体、意识形态等多重关系进行了讨论，肖琼的《悲剧与意识形态——从伊格尔顿的悲剧观念谈起》[2] 一文则主要分析了伊格尔顿对作为文学形态的悲剧与意识形态生产、作为美学观念的悲剧与审美意识形态的发生关系与相互作用等问题。

本年度学者们还对其他西方马克思主义学者，例如卢卡奇、本雅明、布莱希特、阿尔都塞、托尼·本尼特等人的思想进行了考察。如黄历之的《卢卡奇社会存在本体论思想的美学意义》[3] 考察了卢卡奇对马克思本体论思想的继承和发展。朱国华的《别一种理论旅行的故事——本雅明机械复制艺术理论的中国再生产》[4] 考察了本雅明机械复制论在中国两个阶段的旅行。杜彩的《布莱希特"史诗剧"的"此在—彼在"寓言结构》[5] 对布莱希特的戏剧理论进行了考察。范永康的《阿尔都塞与阿尔都塞学派文艺意识形态论》[6] 考察了阿尔都塞用结构主义方法研究意识形态，开启了文本意识形态研究史的重大意义和价值。张玉勤的《历史·社会·实践：托尼·本尼特马克思主义美学研究的理论维度》[7] 从历史语境、社会维度和实践领域三个维度考察了本尼特的美学思想。

除以上内容，本年度我国马克思主义文艺理论研究还有其他收获。首先是召开了多次马克思主义文艺理论研讨会。如 2010 年 9 月，马克思主义与文化遗产学术研讨会暨全国马列文论研究会第 27 届年会在山西大同大学召开；2010 年 6 月，由中国作协创作研究部、中国社会科学院马克思主义研究院、文艺报社共同主办的"马克思主义文艺观与当代文学发展研讨会"在北京召开。其次，2010 年 3 月，由中国作家协会和中央编译局选

① 《湖北大学学报》（哲学社会科学版）2010 年第 4 期。
② 《文艺理论研究》2010 年第 2 期。
③ 《文艺理论与批评》2010 年第 1 期。
④ 《文艺研究》2010 年第 11 期。
⑤ 《文艺理论研究》2010 年第 2 期。
⑥ 《理论学刊》2010 年第 1 期。
⑦ 《北方论丛》2010 年第 3 期。

编的《马克思恩格斯列宁斯大林论文艺》一书作为"马克思主义文艺论著选读丛书"的一种，由作家出版社出版。再次，本年度，刘文斌与他的学术团队成员合作，完成并发表了四篇关于中国新时期马克思主义文艺理论家的研究文章：《努力把马克思主义文艺理论推向前进——吴元迈的文艺理论研究论析》（与王金珊合作，《高校理论战线》2010年第3期）、《童庆炳"文学审美特征论"的形成及其演进》（与孙书敏合作，《中国文学研究》2010年第2期）、《努力维护文学的正确价值导向——艾菲的文艺理论与批评论析》（与张宏燕合作，《文艺理论与批评》2010年第4期）、《他山之石，可以攻玉——冯宪光的西方马克思主义美学、文艺学研究论析》（与郭剑敏合作，《马克思主义美学研究》第13卷，2010年第2期），文章比较系统地介绍了中国当代马克思主义文论和美学方面的著名学人及其理论成就。这些必将推动中国的马克思主义文艺理论研究迈上新的台阶。

（执笔人：丁国旗）

中国马克思主义史学理论研究前沿报告

历史研究所马克思主义史学理论与史学史研究室

马克思主义史学理论对中国 20 世纪史学的发展起到了不可替代的作用，21 世纪，在史学社会功能不断加强、史学研究日益繁荣的新形势下，坚持马克思主义在史学研究领域的重要指导地位，毫无疑问具有更加强烈而深远的意义。2010 年至 2011 年上半年，中国马克思主义史学理论研究的状况与成就，有以下四个方面的突出进展和体现：

一 对唯物史观在中国的传播与发展的研究

马克思主义唯物史观是史学理论研究的立足点和根本依据。2010—2011 年，史学界着重于探寻唯物史观在中国发展的理路，对唯物史观在中国的传播溯源导流，在早期学者对唯物史观的理解、认知、阐释和运用，以及唯物史观在中国传播的理论旨趣与现实作用等方面进行了深入的研究和探讨，并对如何把握唯物史观的科学内涵进行了热烈的讨论。

王贵仁考察了 20 世纪早期唯物史观传入中国时的演变，在当时特定的社会因素与学术因素的双重作用下，中国学者对唯物史观的理解和阐释与马克思唯物史观理论原典有很大差异，与当代中国学者的唯物史观也大不相同。他强调指出，唯物史观在中国的传播并非单纯的理论复制，而是有一个选择、理解和不断阐释的过程。最初，中国学者把唯物史观理解为"经济的历史观"，带有明显的机械决定论倾向。从 20 世纪 20 年代起，中国学者的唯物史观阐释逐渐进入实践阶段，由初期的原理介绍、方法应用，推进到具体改造中国的革命实践活动之中。1922 年中共"二大"把唯物史观社会改造思想具体化为中国民主革命的纲领，唯物史观关于"社会改造"的思想理论成为中国革命的指导思想。出于革命实践的需要，在20年代中期，"阶级斗争"的阐释成为唯物史观阐释的中心，阶级分析的方法与经济分析的方法结合在一起，成为马克思主义学者基本的社会分析工具。[①]

张立波从早期唯物史观传播者顾兆熊、凌霜、李大钊、胡汉民、费觉天等人对唯物史观观点和立场提出的批评或辩护入手，认识到唯物史观在中国传播的早期，处于自由思想与争论的氛围之中。当时人们对唯物史观的批评，一开始就沿着两个方向展开：一是对唯物史观本身的批评；二是对唯物史观在中国的适用性的批评。1921年以后，虽然对唯物史观的批评依然存在，但在一定范围内，马克思的唯物史观已经成为确定无疑的真理。"今天我们意欲对唯物史观做出新的更为深入的阐释，也需要回到唯物史观在中国传播的源头，尽可能地了解当时的总体情况和细枝末节，才能对唯物史观研究在当今中国的走势做出审慎而清醒的判断。"[②] 他在另一篇文章中探讨了唯物史观的理论旨趣与现实取向，认为马克思唯物史观在中国的传播一开始就是应和时代的需要，理论与实际的结合始终是翻译、传播、介绍、研究的重心所在。在面向现实的各种论战中，唯物史观迅速和进化论划清界限，和唯心史观划清界限，和机械唯物论划清界限，它不无粗糙但却新鲜生动，创造性地引导了中国社会的走向。[③]

黄修卓对李达的唯物史观进行了总结，认为李达融实践、批判、创造于一体，以唯物史观为缘起研究"吾党哲学的根据"，以唯物史观为指导考察"中国目前的出路"，以唯物史观为依据"改造社会科学"，为唯物史观普遍原理"化"成适合中国实际的理论作出了重要贡献。[④] 李维武分析了李达对唯物史观的多向度开展，认为他由历史观进而涉及政治哲学、本体论、历史学、经济学、法理学等不同领域，赋予了唯物史观以诸多的形态与丰富的内涵，为唯物史观的传播、阐释和中国化做了开拓性的工作。[⑤]

---

① 王贵仁：《20世纪早期中国学者对唯物史观的阐释及其演变》，《史学理论研究》2010年第3期。

② 张立波：《唯物史观在中国的早期传播：批评与辩护》，《学习与探索》2010年第3期。

③ 张立波：《唯物史观在中国的早期传播：理论旨趣与现实指向》，《哲学研究》2010年第8期。

④ 黄修卓：《李达唯物史观研究论析》，《武汉大学学报》2010年第3期。

⑤ 李维武：《李达对唯物史观的多向度开展》，《武汉大学学报》2011年第1期。

曹守亮、曹小文探讨了唯物史观与新中国马克思主义史学的相互影响，将新中国成立以来唯物史观在中国的发展分为四个阶段：20 世纪 50 年代，新中国初期的史学界掀起了学习唯物史观的热潮，在接受和学习唯物史观的背景下，从 20 世纪 50 年代初期到 60 年代中期，中国史学界就许多重大的历史理论问题展开了热烈的讨论。这一时期的马克思主义史学家对一些史学理论问题的认识也达到了一个新高度；20 世纪 80 年代，史学界在实事求是的思想路线指引下，摆脱以往对唯物史观的机械、教条主义理解，重新步入了健康发展的轨道；20 世纪 90 年代，在纷繁复杂的思潮中，为了厘清人们思想中的困惑和误区，中国马克思主义史学对唯物史观进行了更为自觉的反省和深入的研究，提升了人们对唯物史观的认识水平；21 世纪以来，中国史学以唯物史观为指导，不断进取，在既有的研究领域取得了丰硕的成果，同时也开辟了一些新的领域，产生了许多新的学术增长点。这主要表现为新的研究领域的拓展、研究方法的创新、学科理论体系的构建等方面。①

对于如何把握唯物史观的科学内涵，《史学理论研究》2010 年第 4 期刊出了系列文章。庞卓恒认为："面对着这样一个世界历史的新时期和它提出的一系列的新问题，我们应该责无旁贷地承担起深入解读唯物史观的科学涵义的历史性任务。当我们带着这些新问题对唯物史观进行认真的再认识时，我们会惊奇地发现，原来唯物史观的许多科学涵义以前被忽略了。一旦我们把那些被忽略的科学涵义解读出来，就会发现，唯物史观揭示的人类社会历史发展规律不但没有被'证伪'，反而在当代世界历史进程中得到了新的、更加充分的证实。"②

吴英认为，对唯物史观的理解与把握从开始就出现歧见。"中国史学界对唯物史观的解读同样是曲折发展的。有的论者把唯物史观简单地理解为一种阶级斗争史观，认为阶级斗争是历史发展的动力，是阶级斗争推动着生产关系、主要是生产资料所有制的变革，由此导致社会经济形态的不断更替。这种解读，一时成为中国史学研究的指导理论。经历了'文化大

① 曹守亮、曹小文：《唯物史观与新中国马克思主义史学的理论发展》，《史学理论研究》2010 年第 1 期。
② 庞卓恒：《如何把握马克思主义唯物史观的科学内涵·世界历史进程提出的新问题要求深入解读唯物史观的科学涵义》，《史学理论研究》2010 年第 4 期。

革命'的灾难性洗礼，史学界在拨乱反正中曾就唯物史观的基本理论问题展开大规模的争论，对历史发展动力问题、历史发展的多样性和统一性问题、社会形态问题等提出了一些真知灼见。但是，就唯物史观的一些基本概念、基本原理的理解，尚未能回归到马恩的原意上来。"① 王旭东认为，"中文新译本的这一次改进很重要"，"这无疑提示我们，对马克思主义唯物史观的深入探讨，应当注重加强对经典作家论著的文本研究"②。董欣洁认为，经济全球化时代中国的世界史研究面临着在国际史学界如何进行自身定位的突出问题，"由于史学是文化中的文化，这个问题实际上就是中国的世界史研究能否在与西方世界史研究体系的交流碰撞中实现自身的话语权，能否在当代中国文化自立于世界文化之林的过程中做出应有的贡献"③。

二　对中国马克思主义史学理论产生与发展的总结

中国马克思主义史学理论的发展与中国的社会革命密切相关，与中国马克思主义史学家的史学紧密相连，随着中国马克思主义史学自身学术内涵和学科体系的不断完善而发展起来。史学界对中国马克思主义史学理论产生与发展的总结，主要体现在对中国马克思主义史学理论奠基人李大钊史学成就的探讨和对郭沫若、范文澜、翦伯赞、吕振羽、侯外庐等新中国马克思主义史学五大家，以及中国马克思主义史学代表人物白寿彝、刘大年等人史学成就的论述中。

李大钊在历史理论方面的建树，对"五四"以后崛起的马克思主义历史学派有着深刻的影响，讲究理论修养，注重社会史研究，注重社会经济变动的历史阐释，成为中国新兴的马克思主义历史学派逐渐形成的一大传统，也构成其与其他历史学派较量的一大优势。邹兆辰认为，李大钊对"历史"的定义有两个形成过程，他曾经思考过诸多国内外历史学者对于

---

① 吴英：《如何把握马克思主义唯物史观的科学内涵·在新的历史条件下坚持和发展唯物史观》，《史学理论研究》2010 年第 4 期。

② 王旭东：《如何把握马克思主义唯物史观的科学内涵·恩格斯"合力"思想的不同翻译与经典著作文本研究的重要性》，《史学理论研究》2010 年第 4 期。

③ 董欣洁：《如何把握马克思主义唯物史观的科学内涵·恩格斯"合力"思想与世界史编纂》，《史学理论研究》2010 年第 4 期。

历史的定义，但在接受了唯物史观以后，他才真正明确了"历史"的概念。1924 年，商务印书馆出版了《史学要论》，在此书中，李大钊提出了"历史"的完整的定义，标志着他的史学思想已经走向成熟。① 欧阳哲生认为，李大钊"常把历史和社会关联在一起"的历史观无疑对承接其后的马克思主义历史学派有不可低估的启示，为这一学派在社会史方面的开拓，展示了大有可为的广阔前景。② 杨艳秋认为，从 20 世纪 20 年代初开始，李大钊在他的一系列史学理论著述中，自觉运用唯物史观，深入探讨了史学研究的对象、范围、任务、作用等历史学的一些重要理论问题，并从理论上进行了科学的阐述。关于历史的定义，李大钊区分了历史与历史记录，论述了历史与社会的关系，区分了"实在的事实"与"历史的事实"，揭示了史家主体在历史研究中的重要作用；关于历史学，他纠正了中国史学界以往认为历史记录就是历史学研究对象的错误，构建了一个"最广义"的历史学系统，在历史本体论、史学认识论等方面构建起了中国马克思主义史学理论的基本体系，为中国马克思主义史学理论的形成奠定了基石。③

郭沫若、范文澜、翦伯赞、吕振羽、侯外庐被称为中国马克思主义史学五大家，为中国马克思主义史学理论的建立与成长作出了重大贡献。他们以马克思主义理论为指导，结合现代史学发展要求，批判地继承传统史家修养论，对史家修养进行了比较全面的阐述。徐国利、李庆祥从传统史学的才、学、识、德等方面对此进行了总结，认为在史才方面，他们着重论述了史料的搜集和整理、治史方法和撰述的技艺问题；关于史学，主要论述了专与通，拓展知识的途径，掌握外语的重要性问题；关于史识，主要阐述了掌握马克思主义理论的重要性及其学习和运用的态度与方法问题；关于史德，他们倡导树立求真务实的科学精神和学术的民主作风，提倡谦虚谨慎和勇于学术创新的品质。④

郭沫若的《十批判书》在不同的时段受到了不同的评价，并屡遭学术

---

① 邹兆辰：《李大钊对"历史"概念的探讨》，《史学史研究》2010 年第 1 期。

② 欧阳哲生：《李大钊史学理论著述管窥》，《史学理论研究》2010 年第 2 期。

③ 杨艳秋：《李大钊对中国马克思主义史学理论体系的构建》，《北京联合大学学报》（人文社会科学版）2010 年第 3 期。

④ 徐国利、李庆祥：《马克思主义史学五大家论史家修养》，《安徽史学》2010 年第 6 期。

评价意义之外的争议与非难，不仅影响到了对郭沫若学术及其学品的看法，而且使《十批判书》在众多的中国马克思主义史学著作中占有一个特殊的地位。张越认为，对郭沫若《十批判书》的不同评价，与《十批判书》本身的特点，与不同的学术、时代背景以及评论者的学术语境、所持观点和评论者所关注的重点均不无关系。由《十批判书》所反映出的郭沫若史学在不同时段被学界的认同状况，从一个侧面说明影响中国马克思主义史学发展的多重因素，既是导致时人不同评价的内在原因，也是今人研究时所必须谨慎面对的。郭沫若对中国史学的贡献是一个事实，《十批判书》的学术成就和不足也是一个事实。我们既不应因其贡献和成就而讳言其缺点和不足，也不应因其存在缺点和不足，便攻其一点，不及其余。对《十批判书》如此，对郭沫若的其他著作如此，对属于中国马克思主义史学的其他著作也是如此。①

何刚认为，郭沫若同孤军社的交往及论战，对他由文艺转向政治，接触学习并最终选择马克思主义，产生了重要影响。此时的郭沫若关注中国社会，参加革命实践活动，用"新国家主义"来理解马克思主义，并将其初步运用到对中国社会及革命道路的认识和探索中去。这种理解和运用既包含合理正确的判断与认识，也难免存在着宽泛和不准确之处。②

范文澜在中国马克思主义史学史上具有特殊的地位，林国华认为，这具体体现在他第一史官的角色地位；贯彻阶级斗争理论、创立全新通史体系；具有民族色彩的治史风格；倡导历史主义思想等方面。深入探究范文澜的史学思想，对于研究中国马克思主义史学的形成、发展与特质有着重要意义。③陈其泰指出，范文澜是我国杰出的马克思主义史学大家。历史是最公正的评判者，经过半个世纪的检验，证明范文澜所留下的规模宏大的史学著作和他出色的理论成果，的确是一笔珍贵的思想遗产，值得我们予以高度的重视。而《中国通史简编》则是第一部以科学理论为指导而撰

---

① 张越：《对〈十批判书〉的评论与争议之回顾与认识——一个关于中国马克思主义史学评价问题的个案研究》，《学术研究》2010 年第 2 期。

② 何刚：《郭沫若对马克思主义的早期理解——以郭沫若与孤军社论战为主的考察》，《辽宁行政学院学报》2010 年第 7 期。

③ 林国华：《创制体式位本民族——论范文澜在中国马克思主义史学史上的特殊地位》，《山东社会科学》2010 年第 2 期。

成的通史著作，因而具有更不寻常的意义。① 瞿林东认为，范文澜史学风格具有突出的特点，这就是：鲜明的"通史家风"，把马克思主义史学中国化的自觉意识，强烈的时代感和历史使命感，质朴平实的文风，以及虚怀若谷、积极进取的高贵品质和自强精神。② 吴海兰认为，范文澜学术道路的转变在其经学研究方面有明显的轨迹可寻。他早期受陈汉章、黄侃、刘师培等学者影响，治学"追踪乾嘉老辈"，经学研究呈现出典型的古文经学风格；抗战前后他开始系统地学习马列理论，并运用马列主义对中国古代的经学进行了首创性的批判总结，由此从一名正统派经学家转向为马克思主义史学家。③

白寿彝和刘大年是中国马克思主义唯物史观派史学的主要代表人物。范国强认为，白寿彝先生的历史观是建立在马克思主义唯物史观的指导原则与基础之上的，而白寿彝先生历史研究的最终目的则是为了社会主义建设服务，实现学术研究的革命性与科学性的统一，从而能够把史学"经世"的优秀传统推进到现代意义的高度，并最终形成马克思主义史学的新功用观。④

20 世纪 80 年代以后，马克思主义史学家刘大年注意思考如何以马克思主义为指导推进史学创新的问题。他强调要以马克思主义引领史学创新；在继承古今中外一切优秀文化成果的基础上实现史学创新；主张充分挖掘利用新史料，密切联系实际开辟新的史学学术领域；建议中央领导同志关注开创马克思主义史学新局面的问题；鼓励青年学子以创新的姿态将中国马克思主义史学发扬光大。⑤ 在改革开放新的时代条件下，他结合自己的学术实践对中国马克思主义历史学的科学化问题进行了多维度探索，提出了一系列创新性见解，他强调科学的历史研究必须以马克思主义为指导，同时又指出马克思主义是开放的科学思想体系，要通过百家争鸣阐扬真理；主张马克思主义科学思想体系民族化，历史研究要事实与理论并

---

① 陈其泰：《范文澜史学：珍贵的思想遗产》，《中国社会科学报》2010 年 3 月 18 日第 17 版。

② 瞿林东：《范文澜史学风格的几个特点》，《安徽师范大学学报》2010 年第 3 期。

③ 吴海兰：《从乾嘉朴学到唯物史观——以经学研究为例看范文澜学术道路的转变》，《高校理论战线》2010 年第 6 期。

④ 范国强：《史学"经世"传统的延续与承接——试论白寿彝先生的马克思主义史学"经世"观》，《重庆文理学院学报》2010 年第 5 期。

⑤ 洪认清：《刘大年对马克思主义史学创新问题的思考》，《史学史研究》2010 年第 3 期。

重。他对马克思主义史学关注现实的学术特点作了新的阐发，倡导将学术性和现实性放在科学的基础上统一起来。① 刘大年的这些探索产生了较大学术影响，对于我们今天正确处理坚持马克思主义指导地位与推进史学创新的关系具有重要的启迪意义。

在马克思主义史学中国化的过程中，延安知识群体发挥了不可替代的独特作用，本年度发表的文章中也对此颇为关注。张正光认为，延安时期，一大批史学工作者汇集延安。他们以马克思主义唯物史观和毛泽东的史学思想为指导，坚持史学研究为抗战现实服务的原则，确立了史学研究的方向。延安史学工作者的活动及理论成果有力地推动了马克思主义史学中国化。② 王海军认为，延安时期知识分子群体致力于马克思主义中国化，该群体对马克思主义中国化作出了历史贡献，产生了重要的影响等，这对于当代我们正确对待知识分子及推进马克思主义中国化仍具有重要借鉴意义。③

三 运用唯物史观研究重要史学问题

(一) 历史文化认同

新中国成立以来，民族史和民族关系史的研究取得了丰硕的成果，随着研究的深入发展，近几年来，关于中国历史上各民族间历史文化认同的问题，成为中国民族史研究中的一大热点。《史学史研究》2010 年第 4 期"历史学理论栏目"刊发了一系列文章，在历史文化认同传统的学术价值和现实意义、历史文化认同观念与历史发展连续性的关系、历史文化认同传统在不同历史阶段的特点等方面进行了讨论。这对于深入认识中国历史文化认同传统及其与中华民族历史发展的关系，有着重要的意义。

瞿林东对研究历史文化认同的重要意义、研究历史文化认同的方法等问题进行了深入的剖析和总结。强调指出，历史文化认同的传统，是中华

---

① 洪认清、皮晖：《刘大年对中国马克思主义史学科学化问题的探索》，《淮北师范大学学报》2011 年第 3 期。

② 张正光：《论延安史学工作者对马克思主义史学中国化的探索与贡献》，《中共党史研究》2010 年第 7 期。

③ 王海军：《延安时期知识分子群体与马克思主义中国化探析》，《马克思主义研究》2010 年第 8 期。

民族之民族认同的历史基础和思想基础，也是历史上各个时期国家认同的思想基础，深入研究历史文化认同的传统，对于提升中华民族的民族自觉、民族自信、民族自尊、民族自强的伟大民族精神，增强民族凝聚力，具有启示和激励的作用。这是从一个重要方面向世界昭示，中国作为一个统一的多民族国家，是历史的产物，是一个无可争辩的事实。深入研究历史文化认同的传统，具有重要的学术价值和突出的现实意义。①

易宁认为，历史发展的连续性与中国人自古以来就有的历史认同观念是分不开的。他分析了《尚书》中对历史之"同"及历史连续性的认识，认为这种历史观念在《尚书》的《周书》中已经表现出来。他认为，中国古代建立在人文基础之上的历史认同观念所蕴涵的异中见同以及从变化中把握相对不变真理的思维特点滥觞于周人的历史思维之中。②

汪高鑫认为，汉代是我国统一多民族国家发展的重要时期。伴随着封建王朝大一统政治的建立与巩固、儒家思想被确立为官方统治意识形态的同时，以汉民族为中心、少数民族起着互动作用的民族一体性也得到了加强。在政治、思想大一统和民族一体性背景下，汉代的历史文化认同意识明显有所加强，具体表现在对于治统、思想、民族和地理的认同意识上。即对中国统一多民族国家政权连续性问题、对中国统一多民族国家成长过程中的思想传承、对中国统一多民族国家版图的认识等方面。③

向燕南认为，五代至鸦片战争前，虽然北方少数民族在政治上占主导地位，然而各少数民族均普遍认同汉族的历史文化。在长达近千年的历史发展过程中，历史文化认同意识构成各民族之间关系的主旋律。历史文化认同，对于五代以降至鸦片战争前这一历史时期的中国统一多民族国家的发展来说，具有格外重要的意义。④

陈其泰指出，在鸦片战争前后民族危机的紧迫时刻，龚自珍、魏源对公羊学说的改造、发展，回应了时代的要求，批判专制，倡导改革，并首

---

① 瞿林东：《探索民族间的心灵沟通——深入研究中国历史上历史文化认同的传统》，《史学史研究》2010 年第 4 期。

② 易宁：《中国古代历史认同观念的滥觞——〈尚书·周书〉的历史思维》，《史学史研究》2010 年第 4 期。

③ 汪高鑫：《汉代的历史文化认同意识》，《史学史研究》2010 年第 4 期。

④ 向燕南：《历史文化认同与五代至鸦片战争前统一多民族国家的发展》，《史学史研究》2010 年第 4 期。

先提出向西方学习的主张。19 世纪末，康有为进一步将公羊"三世说"与西方资产阶级政治理论相结合，提出了"君主专制（据乱世）—君主立宪（升平世）—民主共和（太平世）"的新"三世说"，成为变法维新运动的理论纲领。进步的公羊学说与有识之士探索救亡道路相激荡，对晚清历史文化认同产生了巨大推进。这说明长时间以来，古代哲学遗产春秋公羊学具有重要的时代价值。[1]

张越考察晚清以来的边疆史地和近代历史与民族史撰述中关于中华民族的起源与发展、民族交流与民族融合、多民族的统一、各少数民族发展的历史、疆域问题的各种观念，认为，近代历史研究重视探讨以汉族为主体，汉族与各少数民族共同构成的中华民族的历史发展及其规律，强调民族文化认同是各民族之间交往和融合的重要基础。[2]

舒习龙、吴广伟还结合中国传统史学的特色，探讨了辽代民族融合与历史文化认同意识和魏晋南北朝时期民族史撰述中的历史文化认同，前者认为，双轨制政治文化机制是辽代民族融合的特色。辽代民族交融历史特色的形成与辽代契丹居民与汉族居民之间深厚的历史文化认同意识有着紧密的联系，辽代史学则是反映这一历史进程的重要载体。[3] 后者梳理了魏晋南北朝的民族史撰述，认为历史文化认同是民族史撰述的重要特征。[4]

(二) 民族融合、民族精神

中国古代民族大融合的深层原因是学术上值得探讨的问题。乔治忠从中国传统史学发展中寻找答案，他认为，民族融合的关键因素在于文化的认同，而传统史学则是中国古代文化中最为发达的组成部分。从先秦到汉代，华夏文化中系统的礼制伦理文化和"大一统"的政治历史观，成为民族凝聚力的精神核心。十六国至南北朝时期，史学表现为民族融合的先导和促进民族融合的最稳定因素，这源于各个少数民族政权竞相仿从汉族政权的官方记史、修史体制，从而导致历史观、史学意识的文化认同，以及

---

① 陈其泰：《公羊学说与晚清历史文化认同的推进》，《史学史研究》2010 年第 4 期。

② 张越：《近代历史研究与民族文化认同》，《史学史研究》2010 年第 4 期。

③ 舒习龙：《辽代的民族融合与历史文化认同意识》，《学术研究》2010 年第 12 期。

④ 吴广伟：《论魏晋南北朝时期的民族史学——民族史撰述中的历史文化认同》，《和田师范专科学校学报》2010 年第 2 期。

祖先血脉的认同，构成持久的民族凝聚力。隋唐以后直至清朝，传统史学始终发挥着这种凝聚力量。因此，中国传统史学对历史的发展起到了重大作用，在某种意义上可以说史学引导了历史。传统史学在中国古代，始终成为各民族文化认同的系统性、稳定性因素。①

总结伟大的民族精神在中华民族几千年漫长征途中所发挥的重要作用，无疑是当前理论建设的一项重要课题。陈其泰对这一课题展开了深入研究，他指出了黑格尔阐释"民族精神内涵"的得与失，认为黑格尔阐释"民族精神"是一国文化所具有的普遍原则等项，具有不可忽视的理论价值，但他却夸大"民族精神"是万能的。他论述了20世纪民族危难时刻中国学者有关论述的宝贵价值，站在新的时代高度，对"民族精神"的内涵进行了界定，认为民族精神是一个民族特质的集中体现，是推动民族创造和发展的力量源泉，民族精神是历史的产物，它随着几千年民族文化传统的发展而得以形成和提升，民族精神应当是中华民族普遍认同并能产生广泛影响的基本价值观和行为准则，并强调对民族精神与民族性二者进行区分。② 他还对民族精神的功能进行了阐发，概括来说，民族精神对于中华民族的生存延续、国家的兴旺强盛具有三项极为重要的功能：（1）精神支柱的功能；（2）凝聚力量的功能；（3）教育激励的功能。在新的历史条件下大力弘扬伟大的民族精神，我们必定能够在未来和平发展的道路上谱写出新的壮丽诗篇。③

（三）社会史论战

20世纪30年代的中国社会史论战，是中国现代学术史和思想史上的一件大事。

谢保成从学术史的视野出发，对社会史论战做了一个通盘梳理和考察。他指出，在20世纪30年代的社会史论战中，苏联党内两种政见影响到中国，形成自陶希圣、郭沫若撰文提出中国社会性质问题开始到以《读书杂志》为主战场的论战。论战对中国史学的影响，主要有以下两大方面：经过社会史论战，唯物史观被广泛接受，中国马克思主义历史学骨干

---

① 乔治忠：《中国传统史学对民族融合的作用》，《学术研究》2010年第12期。
② 陈其泰：《关于"民族精神"内涵的理论思考》，《社会科学战线》2010年第11期。
③ 陈其泰：《论民族精神的功能》，《江海学刊》2010年第5期。

队伍形成，郭沫若、吕振羽、翦伯赞、侯外庐、范文澜等，自觉运用唯物史观研究中国古代的社会、政治、思想，为中国的马克思主义历史学"建筑"通往未来的"铁路"铺下坚实的路基。社会史论战也极大地推动了中国经济史研究，在这方面以陶希圣等"食货派"为其中"一支重要力量"的代表。但与此同时，盲目引进外来观念，几乎成为20世纪中国思想文化领域的一种普遍现象，值得深思。以不断发展的马克思主义唯物史观为指导，从社会史的角度研究经济，从经济史的角度剖析社会，才是研究社会史和经济史的正确的、科学的路向。而缺乏联系的支离研究、公式主义的空泛论争，都将可能使研究误入歧途。①

陈峰的三篇文章集中讨论了社会史论战对中国史学的影响。他认为，20世纪30年代的社会史论战正式启动了中国经济史研究，开辟出两种经济史路向：一种是直接源自论战、以理论为主导、以宏观通论为特征的经济史；一种是扭转论战方向、以史料为基石、以专题研究为主要方式的经济史。第一种路向使经济史后来居上，地位迅速攀升；第二种路向真正使经济史研究步入正轨。中国经济史研究驶入专业化轨道而日益发达，终于由附庸而蔚为大国，实由食货派导其先路。在论战时期，经济史研究的基本方法已经形成。此时的经济史研究根本超越了传统的食货之学，呈现出"社会经济史"的形态，不同于单纯的社会史或经济史，而是一种具有总体视野或通史眼光的经济史。② 在《理论与材料：中国社会史论战的成就及困惑》一文中，陈峰认为，30年代的社会史论战是理论与材料之冲突的首次集中爆发。论战学者高度重视理论方法，但由于唯科学主义的笼罩，唯物史观被误读为经济决定论，并深陷西欧中心论的误区。其积极意义是改变了人们对理论的轻视态度，提升了中国史学的素质。论战学者在上古史和经济史两个领域进行史料开掘，从而超越疑古派和考古派之上。但论战一直处于理论与材料的张力之中。论战高潮过后，《食货》半月刊集中反思了二者的关系，终于找到一个平衡点。③ 他还以社会史论战为中心，讨论了学术发展与外部意识形态之间的关系。他认为，发生于20世纪30

---

① 谢保成：《学术史视野下的社会史论战》，《学术研究》2010年第1期。

② 陈峰：《从食货之学到社会经济史——社会史论战对中国经济史学的催生和形塑》，《南京大学学报》2010年第3期。

③ 陈峰：《理论与材料：中国社会史论战的成就及困惑》，《齐鲁学刊》2010年第5期。

年代的中国社会史论战一直徘徊于学术与意识形态之间。论战具有强烈的现实诉求，目的在于解答"中国往何处去"的问题。论战学者力图用唯物史观来说明中国历史的全程，突破了把历史学降格为史料学的局限，使人们重新认识到理论解释的必要性。论战关注"通"与"变"，钟情于长时段历史。这种做派与当时的主流学风背道而驰。同时，这也导致了史学的意识形态化。意识形态不仅是一种压迫性力量，还是一种生产性力量。它能够从外部为学术发展提供动力机制，起到刺激学术生长的作用。意识形态化具有双重作用，既引发了种种问题，同时也为历史学出现转向创造了契机。[1]

黄修卓从马克思主义中国化的角度探讨了 20 世纪 20—30 年代中国社会性质论战的重要影响。他认为，20 世纪二三十年代进行的中国社会性质论战是马克思主义中国化进程中的重要事件。从马克思主义中国化的角度来看，这场论战在深入传播马克思主义理论、明确马克思主义中国化国情依据、探索中国革命新道路、建立中国马克思主义史学学科、形成中国现代学术研究基本范式等方面产生了重要影响。其对于建立中国马克思主义史学学科的影响主要反映在两个方面：首先，形成了一批中国早期的马克思主义史学家，这是中国马克思主义史学学科得以成立的主体条件；其次，初步确立了马克思主义史学研究方法，即从生产力、经济基础、社会存在等客观物质条件出发去把握人类社会历史发展进程和中国历史发展基本脉络。[2]

王毅以 20 世纪 30 年代国社党机关刊物《再生》杂志为中心，剖析了《再生》对此次论战的解读与评判，试图展现 30 年代社会史论战的另一种图景。30 年代，国社党机关刊物《再生》对社会史论战的态度经历了一个由疏离到自觉参与的变化过程。其从方法论、学理等角度对论战展开了批判，首先，《再生》对唯物史观的科学性提出了质疑与否定；其次，《再生》对社会史论战的政治色彩提出了严厉的批判；再次，从学理方面检视此论战，这是《再生》言论的重点。在对社会史论战中各派的意见进行评

---

[1] 陈峰：《在学术与意识形态之间：1930 年代的中国社会史论战》，《史学月刊》2010 年第 9 期。

[2] 黄修卓：《20 世纪二三十年代中国社会性质论战对马克思主义中国化的影响》，《郑州大学学报》2010 年第 2 期。

析后，《再生》对中国社会的性质、历史分期及农村社会认识等问题提出了自己独到的见解。作者以牟宗三相关的论述进行了讨论、剖析。《再生》对社会史论战的诸多问题作出了解答，这些解答是出于宣传与阐释自己救国理论的需要。从总体上观之，《再生》对于论战的认识及提出的经济发展方案出现了颇多失误，其错在于没有真正把握唯物史观的精髓，甚至怀疑唯物史观之于中国社会分析的意义，虽然在论述中不自觉地拿起了唯物史观这一工具，但是因为对此缺乏深刻的理解，结论因此也产生了错误，自然其救国主张不能挽救中国。[①]

何刚从学术史的脉络来观照 80 多年来中国社会史论战的研究取向。他认为，80 年来，对它的叙述前后大致存在着两种取向：一是将之视为马克思主义史学与非马克思主义史学的一场斗争，过多地强调这场论战的政治和革命意义；二是从"学术视野"的角度进行"重新审视"，随着学术研究中意识形态色彩的淡化，将其视为唯物史学内部的一场论战，更多地探讨论战在中国马克思主义史学发展历程中的重要地位等问题，希望寻回其背后本身所包含的学术意义。在这 80 年的对中国社会史论战的叙述过程中，"革命"和"学术"成为学界的两种主要解读视野，而且二者在时间上大抵是前后相继的。这一研究历程从一个侧面反映出了中国现代史学从简单的"革命"叙述，逐渐发展到研究视野日益多元，还原研究对象丰富立体的历史面相的可贵进步。[②]

(四) 社会形态与古史分期

改革开放以来，国内学术界曾经就历史发展阶段性问题展开过两次大的讨论：一次是 20 世纪 80 年代初，由亚细亚生产方式问题的讨论而引发的关于人类历史发展是五阶段还是六阶段的讨论；另一次是 20 世纪 80 年代末 90 年代初，由中国社会形态及其相关理论问题的讨论而引发的关于人类历史进程是"三形态"依次更替还是"五形态"依次更替的讨论。这两次讨论有一个共同点：主张"六阶段说"或"三形态说"的学者都对马

---

① 王毅：《〈再生〉与20世纪30年代中国社会史论战——兼评牟宗三的早期经济思想》，《鲁东大学学报》2010 年第 3 期。

② 何刚：《"革命"与"学术"的双重变奏——中国社会史论战研究 80 年》，《党史研究与教学》2011 年第 2 期。

克思的社会形态学说重新进行解释，"六阶段说"由于缺乏马克思主义经典文献的依据，很快就销声匿迹。"三形态说"却由于有马克思主义经典文献为依据，颇受人们的关注，甚至被视为是对马克思社会形态学说的新发展、对"传统的五形态说"的新突破。这个问题直接关系到如何正确理解和把握马克思社会形态学说的实质问题，尤其是如何正确理解和把握这一学说的基本理论——历史发展阶段性理论的实质问题，卢钟锋对这一问题进行了深刻的辨析。通过对"五形态说"发展过程的细致考察，他认为，马克思关于五种社会形态的研究贯穿于他一生的理论创造活动全过程，倾注了他毕生的精力和心血。事实告诉我们："五形态说"不仅是马克思的思想，而且是构成马克思全部思想学说不可分割的重要组成部分。马克思研究社会形态问题的目的在于：发现人类历史发展的基本规律，揭示人类历史进程的基本走向，证明人类历史的进程是五种社会形态依次更替的过程及其最终走向共产主义社会的历史必然性。必须指出，马克思的"五形态说"是着眼于世界历史的全局，从整个人类历史发展总进程的角度提出来的，而不是根据某个民族或国家的局部历史立论的。因此，它丝毫不排除局部历史的发展因受外部环境的影响而可能出现的"越次"情况。承认五种社会形态的"越次"更替不仅不与其"依次"更替相矛盾，反而更显示出其历史必然性。对于"三形态说"，作者认为，其所根据的理论基础虽然一方面是以"人的精神自由度作为基准"，但这归根到底，取决于生产力的发展程度，取决于生产方式的性质。总而言之，"三形态说"相对于"五形态说"虽然都属于历史发展阶段性理论，从不同的角度和不同的历史层面反映了马克思关于历史发展阶段的观点，但是，由于两说的理论根据不同，因此不能互相取代，更不能用"三形态说"取代"五形态说"，因为这种"取代说"缺乏理论依据；相反，"三形态说"最后仍必须以"五形态说"的理论根据为依归。因此，对待马克思主义社会形态说的正确态度应该是坚持历史发展阶段的"五形态说"，而把"三形态说"作为"五形态说"的补充。这是符合实际的科学态度。①

"亚细亚生产方式"是马克思主义历史学的重大理论问题之一，也是马克思社会形态学说的重要组成部分。关于这一理论概念内涵的理解，大

---

① 卢钟锋：《马克思的社会形态学说与历史发展阶段性问题》，《中国史研究》2010 年第 2 期。

体可以分为两种：原始社会说、奴隶社会说、东方奴隶社会说或早期奴隶社会说、东方封建社会说等，可称为"五形态"体系内之说；独特形态说、东方专制主义说或贡纳制说、前资本主义说或混合形态说等，可称为"五形态"体系外之说。卢钟锋试图通过转换研究视角，重启对于这一历史问题的探讨：一是从历史与逻辑相统一的角度重新考察马克思提出"亚细亚生产方式"这一理论概念的历史前提和思想内涵；二是从原始所有制的不同实现形式的角度重新探讨东西方历史的发展道路；三是从原始共同体生存方式与中国原始聚落形态演变相结合的角度重新研究中国文明起源的路径。作者认为，"五形态"体系内说的"原始社会说"，更切合马克思社会形态学说史的实际。亚细亚的原始所有制以及由此构成的"亚细亚生产方式"，是东西方都曾经历过的人类社会的早期阶段。中国原始聚落共同体所有制，是"亚细亚的所有制"的最古老形式之一。从中国原始聚落形态的角度研究中国文明起源的路径，更切合马克思关于生存方式决定文明起源路径的思想，也印证了"亚细亚生产方式"为"原始社会说"。[1]

牛方玉在《价值预设与历史决定论的困境——中国古代史分期问题的理论反思》一文中认为，对于马克思主义史学家而言，"五种社会形态"理论，特别是中国必定顺序经历"五种社会形态"的观念是作为信念而存在着的。20世纪二三十年代，在特定的历史、文化背景下，形成了一种特定的信念—观念结构，在这种信念—观念结构中，历史可以证明和决定未来及其价值取向，同样，未来及其价值取向可以回溯和还原历史，历史与未来、历史与价值完全是同一的；"五种社会形态"理论不过是这一信念—观念结构的表达形式。马克思主义史学家为了说明社会主义选择的正确性和必然性，需要论证中国历史同样（同西欧或人类社会一般发展规律相比较）经历了奴隶社会、封建社会以及资本主义社会（萌芽）几个发展阶段，而当社会主义获得了一定经验基础之后，人们更加坚信中国古代必定经历了那几个发展阶段，尽管在具体结论上还没有取得一致意见，由此，历史获得了抽象的信念性质。这篇文章通过分析这一信念—观念结构的形成过程，揭示了其误区所在。作者指出，在历史决定论的观念中，未来的去向就隐含在过去的历史之中，或者说，未来是由过去决定的。论证

---

① 卢钟锋：《"亚细亚生产方式"的社会性质与中国文明起源的路径问题》，《历史研究》2011年第2期。

了过去，即意味着默默地论证了未来，从而获得了关于未来价值取向的正当性及坚定信念。在这种观念中，每个国家、每个民族注定要经历这样一个发展过程，失却一环，未来社会的大厦就会坍塌；与此相对应，把守中国社会史进化的每一个环节，就成为马克思主义史学家自觉坚持的一份责任。走不出历史决定论的观念，他们就无法、也不能放弃这种努力。这就是古史分期预设的价值底蕴与历史决定论观念的冲突，这就是古史分期问题难以逾越的困境和障碍。①

高钟认为，中国社会史的分期问题争论了近 90 年而未有定论，其关键在于画地为牢、樊笼自限：理论和方法局限于直线进化的"五段史"论。实际上人类发展史中很少有这种直线"五段史"的实证，跳出西方中心主义的藩篱，扬弃外来的"五段史论"，用中国自有的语言符号、自有的史料去诠释中国历史，则不难得出一个基本符合中国历史的全新的结论：中国社会实是一个道统、王统、族统三维共构的社会，它经历了先秦的萌发期、秦汉到隋唐的磨合期、宋元明清的成熟期，而 1840 年至今则是转型期。三维共构是中国社会的构建特性，四期发展则是其基本的分期。②

《关于中国前近代社会"非封建"的对话》是日本京都学派代表学者谷川道雄与《"封建"考论》作者冯天瑜之间的一次学术对话记录。《"封建"考论》所引起的学术争论，展现出学界对"封建"名实问题及社会形态学说的不同理解。谷川道雄与冯天瑜就此展开对话，取得相近的认识，他们认为，将秦至清的中国社会称为"封建社会"的"泛化封建"观是教条主义产物，不能谓之"马克思主义史学成果"。从中国历史的实际出发，而不是从斯大林规定的"五形态"说出发，是论析中国前近代社会性质的健康起点；尊重马克思的封建观，恢复其本来面目，是正确对待马克思历史学说的首要前提，不应将马克思尖锐批评的泛化封建观强加到马克思头上。对"封建"概念的阐释和运用，应取古今演绎、东西涵化的正途。在精准概念与真确史实的相互观照中，显现中国前近代社会的非封建性及其与西欧、日本前近代社会的封建性之间的差异。关于秦汉至明清的中国社

---

① 牛方玉：《价值预设与历史决定论的困境——中国古代史分期问题的理论反思》，《东岳论丛》2010 年第 7 期。

② 高钟：《从社会功能的视角看中国社会史分期》，《苏州科技学院学报》2010 年第 6 期。

会形态，冯天瑜强调"名辨"的重要性，在考论"封建"的基础上，以"制名以指实、循旧以造新、中外义通约、形与义切合"的历史分期命名标准，从经济、政治、社会三个层面作了分析：（1）经济上，是土地可以自由转让的地主经济；（2）政治上，是专制帝制下的官僚制度；（3）社会构造上，是宗法制。二者"三位一体"，总名之为"宗法专制地主社会"；此一时代则称之以"皇权时代"。①

李红岩在《如何科学认识近年来的"封建"论争》中认为，近 20 年来，抛弃"封建"概念的思潮影响到中国，其基本态势在于否定鸦片战争前的中国是封建社会。不过，否定者的几乎所有"新见解"，均让人有似曾相识之感。这些"新见解"不是在前人研究的基础上继续向"社会生活的深处"开掘，而是由"社会生活的深处"退回到"政治形式的外表"。然而，我国马克思主义史学家以往关于封建的整个观念乃至理论系统（以封建地主制理论为核心），恰恰是逐渐突破政治形式的外表、深入到社会生活的深处的结果。说到底，封建问题的指向，是社会形态，是历史的普遍性与特殊性、统一性与多样性问题。就封建而言，也应该承认，没有任何两个地方的封建一模一样。这一点，即使局限于西欧内部也不例外，更别说遥远的中国。所以，没有人会说中国存在着与西欧一模一样的封建。但是，这并不妨碍对"封建"作一般性的抽象。这种一般性的抽象，是人类社会统一性的必然反映。中国马克思主义史学家既对封建作一般性的抽象——所以他们非常重视历史哲学，又细致入微地照顾到了封建的特定形式——所以他们将封建区分为不同的类型。②

杨东晨认为，从 20 世纪 30 年代马列主义中国历史学创立以来的"古史分期"讨论，主流和成就是主要的。尽管社会转型期出现各种思潮、各种史学观点是正常的，但马列主义唯物史观必须坚持，近百年的马列主义中国历史学成果应当继承，代代史学家亦应受到充分尊重和肯定。我们今天对"封建"与"封建社会"的学术问题讨论，应是总结、继承前人成果，吸取其教训，充实、补充以往之不足，进一步完善马列主义中国历史

---

① 谷川道雄、冯天瑜：《关于中国前近代社会"非封建"的对话》，《史学月刊》2010 年第 1 期。

② 李红岩：《如何科学认识近年来的"封建"论争》，《北京日报》2010 年 7 月 26 日。

学体系。[1]

曹守亮对资本主义萌芽研究中的"比附说"、"欧洲中心论说"进行了梳理和辨析，又从纵向、横向两个方面分析了资本主义萌芽研究的理论基础。作者认为，对于资本主义萌芽问题的讨论中所存在的问题我们当然应当进行反省，但因此而轻易、草率否定资本主义萌芽研究的积极意义和作用则是不足取的。把对中国"资本主义萌芽"问题的讨论当作是对由"资本主义萌芽"向资本主义社会形态过渡的论证显然是批评者对整个学术史的重大误解；将对中国资本主义萌芽研究看成是对斯大林"五种生产方式"理论的注释，则透析出批评者对这段学术史缺乏深入的考察；认为资本主义萌芽研究是"欧洲中心论"的观点实质上则是机械理解了历史发展的多样性所致，受到了"去社会形态化"思潮的影响；否定论者认为资本主义萌芽研究是典型的"单元""直线"进化史观的产物，实际上则是以历史发展模式的多样化表现形式否定了世界历史发展的一元即生产力发展水平所起的决定作用；批评资本主义萌芽研究过多关注了生产关系忽略了生产力的观点则没有辩证地理解生产力与生产关系的对立统一。[2]

四 历史理论与史学理论的探索

随着中央马克思主义理论建设工程的全面实施，应用唯物史观的历史学著作编纂受到高度重视，2009 年，《世界近代史》、《史学概论》出版问世。2010 年，《中国古代史》、《中国近代史》、《中国文化史》、《中国史学史》、《世界古代中世纪史》、《世界近代史》、《世界近现代史》、《世界文明史》、《外国史学史》等课题组全面启动，这必将有力地推动中国马克思主义史学的发展，中国马克思主义史学理论研究也将提升到一个新的水平。

（一）对中国史学理论问题的思考

1978 年以后，中国的史学观念在三个方面发生了巨大的变化，这三个变化显示出中国史学界的长足进步：首先，在坚持以唯物史观为指导的前提下，不再以马克思主义经典作家的一些具体论述作为判断的支点，从而

---

① 杨东晨：《马列主义史学与封建社会问题讨论浅议》，《云梦学刊》2011 年第 2 期。
② 曹守亮：《中国资本主义萌芽研究理论基础辨析》，《学习与探索》2011 年第 3 期。

彻底摒除了以论带史的方法。其次，随着与国际学术交流的日益加强，通过观察国外史学理论的最新变化，丰富自身的史学观念。最后，也是最重要的是，我们的学术心态变得开放和包容，也日益富有批判精神，这既是我们自信的标志，也是史学理论发展的一个基点。彭卫认为，中国现代史学是在马克思主义和其他西方历史学理论和方法的影响下成长起来的，这个因素使得中国现代史学对西方史学理论和研究方法形成了相当程度的依赖，缺乏具有原创性的历史解释模式和概念系统，如果这个问题不能得到解决，中国史学理论的进步只能是有限度的。作者同时也对中国史学产生出原创性的理论体系满怀期待，中国文化的独特背景和中国历史发展的独特道路是中国史学产生出原创性的历史解释模式的两个主要因素。作者所理解的中国文化背景不是要回归到某个传统之中，而是中华民族生生不息的精神历程所赋予我们观察事物的眼光。这个眼光与其他文化的眼光可以是相同的，但也必有它的独到之处。中国是世界历史上唯一不曾断裂的具有连续性的文明，这个事实本身就具有重大的理论价值，对它的重建和解释无疑也是对人类知识体系的重要贡献。在中国漫长的历史进程中有三个关键性的时刻：早期文明的产生和发展、王制向帝制的转变以及近代化过程。在这三个关键时刻之中，包含着一系列需要探索和思考的重大问题，如中国早期文明是在怎样的背景下以怎样的方式出现的，其内在原因是什么；王制统治模式向帝制统治模式的转型是否是历史的必然，如果是，其动因何在？王制和帝制时代社会结构的变化是如何出现的；"近代化"的标准和中国社会近代化进程，等等。这三个关键问题之上，显示出的是中国历史发展的独特道路。近几十年来，大量新资料不断发现，跨学科研究对历史资料范围的拓展，对于我们重建历史尤其是早期历史过程提供了重要支撑。这一切使我们提出原创性的历史解释具有了更大的可能。①

对中国史学理论若干前提性问题的重新思考，是对以往那些无可置疑的理论前提和历史前提进行重新认识和评价，也是对马克思唯物史观核心价值的辩证把握和具体运用，即从历史研究的出发点、比较历史研究的方法、历史事实及其规律的认定、历史观和历史价值观的阐释上，坚持唯物史观的基本传统，把现实、历史、理论和价值统一起来，形成整体的长时

---

① 彭卫：《寻找史学理论进步的突破口》，《史学理论研究》2010 年第 3 期。

段、大跨度的观察历史的理论和方法。中国史学的前提性思考与批判，不是要推倒史学既往的所有历史结论，也不是要重新建构一个新的史学体系，而是要解放思想，开拓历史研究的新视野。荣剑《论历史观与历史价值观——对中国史学理论若干前提性问题的再认识》一文通过五个论题：一是从现实出发回溯历史；二是比较史学视野中的中西历史差异；三是中国史学叙事中的西方普世主义话语；四是历史的真实尺度与历史逻辑；五是历史的价值尺度与历史评价，对中国史学理论中的若干问题进行了重新认识和评判。作者指出，在历史的客观分析中建立起历史的事实判断和价值判断的统一，是正确认识和评价中国历史的基本尺度。把基于欧洲经验的历史观和历史价值观共同置于对中国的历史观察，是导致中国史学丧失自我历史意识的根源所在。在现时代，历史观领域的任何创新和发明，都没有超出马克思已经说过的那些原理。考验历史学的地方仅仅在于，如何按照唯物史观的方法，在人类的时间洪流中，清晰准确地观察到历史的主流和构成这个主流的每一个支流。对于任何一个试图用马克思唯物史观的理论和方法来分析社会历史现象的学者来说，重要的并不在于是否承认历史的客观性、普遍性和规律性，而是在于，应当在何种限度内来理解历史的这些本质性规定。如同西方国家在它们完成资本主义演变时承接着从古希腊罗马直至中世纪的所有历史遗产一样，中国和其他非西方国家在向现代性社会的演进中也必定将它们与生俱来的历史传统带入新的时代。①

　　谢毅《马克思主义史学理论与历史研究》一文深入浅出地论述了唯物史观的创立和发展、马克思主义史学理论的主要内容、历史研究的重要方法、马克思主义史学理论对历史研究的指导作用等问题，指出，唯物主义历史观是一个发展的、开放的体系，不是一种僵化的、封闭的学说。学习马克思主义史学理论，归根到底是为了以此为指导，去进一步学习、研究中国和世界的历史，努力探索中国社会发展的规律和人类社会发展的规律。我们要在推进历史研究的过程中，进一步使这个理论得到检验、丰富

---

① 荣剑：《论历史观与历史价值观——对中国史学理论若干前提性问题的再认识》，《中国社会科学》第 1 期。

和发展。①

近年来关于当代学科话语体系的建构问题,引起了一些学科研究者的关注,这关系到各学科基础理论的建设,关系到各学科的发展水平和发展趋向。瞿林东提出在对马克思主义唯物史观新的认识的基础上,构建当代中国史学话语体系。而中国史学当代话语体系的建构,需要把握它的时代精神和历史精神;这既要从 20 世纪以来中国历史和中国史学的现实出发,也必然要蕴涵中国史学的优良传统和优秀的思想与理论遗产。还应当确立世界的眼光,以广阔的视野、开放的心胸和气度,借鉴和吸收国外史学的积极成果,在中外史学交流、对话中,推动中国史学话语体系的当代建构,并使其在世界范围内产生影响。②

《学习与探索》2011 年第 3 期发起了《学术与现实:20 世纪中国古代史研究的理论建设——理论趋向、理论建设与基本问题研究》的专题讨论,希望能够阐明历史学研究中加强理论研究的重要意义、阐明马克思主义史学理论的科学性和生命力,促进唯物史观指导下的中国古代史研究的理论建设。讨论涉及 20 世纪中国古代史研究的重要理论问题。③

(二) 对中国传统历史理论的认识与总结

马克思主义传到中国之前,中国并没有形成系统、科学的社会历史理论。但中国古代的思想家们以自己特有的方式考察和把握社会历史,"通古今之变",在社会历史发展的基础、发展的主体、发展的规律和方向等方面提出了许多宝贵的思想。对人类社会的起源、本质和发展规律等问题进行过一些积极的探究,虽然这些思想尚构不成科学的理论体系,但我们仍然可以把它们看作是"历史唯物主义的胚芽"④。董艺、孙熙国在马克思主义的视野下,对这些思想进行整体性的梳理和总结,将中国传统社会历

---

① 谢毅:《马克思主义史学理论与历史研究 (上)》,《高校理论战线》2011 年第 1 期;《马克思主义史学理论与历史研究 (下)》,《高校理论战线》2011 年第 2 期。

② 瞿林东:《关于当代中国史学话语体系建构的几个问题》,《中国社会科学》2011 年第 2 期。

③ 参见《学习与探索》2011 年第 3 期,包括四篇文章:张越:《20 世纪中国古代史领域重要理论问题研究述论》;罗新慧:《说"西周封建论"》;曹守亮:《中国资本主义萌芽研究理论基础辨析》;邓京力:《关于古代历史人物评价标准问题的研究与反思》。

④ 董艺、孙熙国:《马克思主义视野下的中国传统社会历史理论》,《理论学刊》2010 年第 4 期。

史理论置于马克思主义的视野中进行考察，对于我们更好地认识、理解唯物史观，具有重要的理论和实践意义。

陈其泰对 19 世纪中国学者关于历史演进的理论进行了考察，进入 19 世纪以后，由于时代剧变和中西文化交流的推动，一批中国学者对历史演进阐发了深刻而新鲜的理论，他们对公羊"三世说"进行革命性改造，提出新的命题，公羊学历史演进观念成为沟通 19 世纪、20 世纪之交进步知识界通向西方进化论的桥梁，严复《天演论》历史进化观迅速传播以后，作为历史演进观念的在此前曾经风行海内的公羊今文学说即完成了自己的历史任务，其地位被进化论所取代，而价值融入其中。①

一百多年来，人类对思维的研究不断取得新进展。思维研究为从事自然科学、社会科学的学者所普遍重视。加强对历史思维的探讨对于深化史学思想、史学理论的研究，同样具有重大的价值。振兴民族文化、推进新世纪的史学，要求我们必须从历史思维的高度进行思考。吴怀祺对中华民族的传统历史思维进行了总结，他指出，中华民族的传统历史思维是深邃和有特色的，如"究天人之际"的整体、系统思维，在天人整体联系中，思考天体自然与人事社会的互动。"通古今之变"的通变思维，是关于历史过程的思维。"成一家之言"的学术创新思维，是史家主体与历史客体关系的思维，从认知上，体现的则是学术及史学的创新思维。中国古代思想家曾提出如何对待各种不同学派，已经认识到"独断之学"的意义。"类例"、"类聚"思维则是富有特色的分类观念。传统形成的本身就是历史思维的体现，传统的弘扬则是历史思维的时代性的体现。民族性与时代性辩证地联系在一起，历史思维的价值才能得到全面阐明。传统历史思维的时代价值体现在两个方面：第一，在全球化的趋势下思考历史的发展。天人联系思维、通变的历史思维以及文化创新思维等中国传统历史思维，对于理解和认识这一趋势，具有十分重要的意义。第二，学术创新思维是当代的一个大问题，直接关系到国家的兴衰，是科学发展观的一个重要方面。从思维的高度对民族史学进行总结，进而开展中外史学比较及跨文化的史学研究，从中可以充分彰显出民族历史思维的时代价值。②

---

① 陈其泰：《19 世纪中国学者关于历史演进的理论史学史研究》，《史学史研究》2010 年第 2 期。

② 吴怀祺：《民族历史思维的时代价值》，《河北学刊》2010 年第 1 期。

杨舒眉、胡喜云以时间为序考察了中国学者对历史解释的认识，对先秦至 19 世纪末、20 世纪以来中国史学对"历史解释"的认识、探索及其特点进行了梳理和探讨，进而对中国史学尤其是当代史学关于"历史解释"的研究予以反思。①

(三) 对历史与历史学自身理论的探索

20 世纪 80 年代以来，历史学自身理论的探讨就越来越受到重视，2010 年度，这类研究成果颇多。历史意识是指人们在历史认知基础上凝聚、升华而成的经验性心理、思维、观念和精神状态。历史意识决定着历史学习者和研究者的认识层次和学术境界。关于历史意识内涵的探讨由来已久，徐兆仁对有关历史意识基本内涵的观点进行了梳理，认为历史意识具有主体性、实践性、对话性、观念性、现实性的特性，历史意识的价值在于形成维系、强化群体组织的内聚力，建立起文化上、种族上的归属感，塑造民族的文化性格、民族意识，提高国民素质，培养历史思维能力和批判精神，激发探索与发现的学术动力，加深对现实社会活动的理解与把握。获得与形成历史意识的主要途径在于学习与运用历史背景性知识、连续性知识、差异性知识、求证性知识和反思性知识。②

历史本体论是历史哲学的重要内容之一，它关注的是"历史是什么"以及"史学研究的对象是什么"这一根本问题，什么是历史，什么是历史学？这是任何史家都要面对的一个共同问题。葛志毅对历史和历史学的性质和特点进行了剖析，他认为，历史以回忆和重构过去事实的方式表现出来，但其中寄托着人们的理念，是人们认识自身、建构社会、诠释人性与宇宙的一种特殊的知识探求方式。由于认识主体的意识活动，历史也总是以这样或那样的形式附着在人们的价值判断中，所谓绝对客观的历史是很难存在的。历史学作为人文学科分支之一，在其体系中包含价值判断因素，这是历史学作为人文学科的最大特点。③ 习罡华分析了前人有关历史认识的研究成果，认为其中存在着把历史限于人的活动和把历史科学与其他科学对立的两大缺陷，通过借用"象"这一古老的中国哲学概念，把历

---

① 杨舒眉、胡喜云：《中国学者对"历史解释"的认识》，《前沿》2010 年第 3 期。
② 徐兆仁：《历史意识的内涵、价值与形成途径》，《中国人民大学学报》2010 年第 1 期。
③ 葛志毅：《小议历史与历史学的意义》，《廊坊师范学院学报》2010 年第 3 期。

史界定为"对某个象进行描述或解释"①。

张云飞认为，要正确界定历史学的含义，必须对此含义中包含的五个维度加以全面的认识，这五个维度包括：（1）历史与时间的关系；（2）历史学的主体；（3）历史学的对象；（4）历史方法；（5）历史学的内容。② 他还将哲学与历史学进行对比，分析了建构历史哲学的可能性以及它的理论架构。作者认为，哲学与历史学之间既有差异，又有融合，哲学是一种凭借概念而展开的推理过程，在它的叙述过程中，实例和说明并不占有重要的地位；历史学的任务是重现过去的历史事件，具体历史事件的发生、发展和消亡的过程在它的叙述中占有本质重要的地位。由于哲学和历史学之间的差异，哲学家和历史学家之间存在着分歧，哲学家认为历史学家过于重视具体的历史事件而忽视理性，历史学家认为哲学家把自己的发明和先天的虚构放在了历史中。但是对于共同目标的探求促使哲学和历史学二者融合在一起。③

张荣明探讨了历史真实与历史记忆的关系问题，认为历史记忆表现为两类：一类是有关自然事件的历史记忆；另一类是有关社会事件的历史记忆。这两类历史记忆具有不同的特点，自然事件的历史记忆是有局限性的、不完整的，通过对这类记忆的分析研究，可以在一定限度内复原相关的事件真相。社会事件的历史记忆又分为和谐性的历史记忆和冲突性的历史记忆两种，和谐性历史记忆中，事件双方留下的历史记忆在内容上可能基本一致。在冲突性历史记忆中，至少应该存在着两种以上相互竞争或相互冲突的历史记忆，通过对其进行分析对比，历史学家有可能找到事件的内核，接近历史真相。④

历史与现实相互联系、不可分割，与史学社会功能的发挥密切相关。为了推进对这一问题的认识和研究，《史学史研究》第 3 期在《历史理论》专栏下设"历史与现实"一题，期望学术界参与讨论。杨共乐阐述了现实管理与历史学之间存在着明显的共通性与互补性，指出，历史学和管理的结合既是社会的需要，更是时代的需要，它将有助于人们自觉地总结昨

① 习罡华：《历史是什么——一项纯形而上学的思考》，《江西科技师范学院学报》2010 年第 4 期。
② 张云飞：《历史学含义的五个维度》，《北方论丛》2010 年第 5 期。
③ 张云飞：《概念推理与真实再现——哲学和历史学的对比》，《学术探索》2010 年第 2 期。
④ 张荣明：《历史真实与历史记忆》，《学术研究》2010 年第 10 期。

天、把握今天，从而更好地推动社会未来的发展。① 瞿林东通过对《毛泽东评点二十四史》一书的考察，认为历史知识与治国安邦可以有机地相结合。这份史学遗产对推动历史研究、促进历史教育、推动中国特色的社会主义事业前进，都具有非常重要的历史意义和现实意义。② 晁福林认为，孔子思想中的"君子和而不同"、"发而皆中节谓之和"等和谐理论，阐述了构建和谐的问题，具有现代价值，这一理论在其后以儒家为主干的中华文化思想中不断地发展。③ 吴怀祺考察了司马光的史论中最有价值的人才论，认为其中虽然有局限性，但司马光强调人才在治理国家努力造就盛世的重要作用等观点都给后人以启迪，在今天，我们也要走人才强国之路。④ 郑师渠通过对清王朝最后十年的考察，阐述了清廷无法控制改革必然带来的社会风险，最终导致"成也新政，败也新政"的历史结局，认为转型期往往是社会大变革的关键时期，也往往是历史的风险期。我们今天正处在近代以来的历史大转型时期，晚清与当今时代不可同日而语，但历史的经验仍然值得注意。⑤

（执笔人：杨艳秋、廉敏、徐歆毅）

---

① 杨共乐：《历史学之管理价值》，《史学史研究》2010年第3期。
② 瞿林东：《历史知识与治国安邦——〈毛泽东评点二十四史〉的启示》，《史学史研究》2010年第3期。
③ 晁福林：《构建和谐：略谈孔子思想的现代价值》，《史学史研究》2010年第3期。
④ 吴怀祺：《说司马光的人才思想》，《史学史研究》2010年第3期。
⑤ 郑师渠：《历史转型期的改革风险——清王朝最后十年的考察》，《史学史研究》2010年第3期。

马克思主义史学理论前沿报告

近代史研究所马克思主义史学理论研究室

一 关于唯物史观的指导

如何看待唯物史观对中国近代史研究的指导，这一问题受到不少学者的关注。李文海指出，当前的历史研究对唯物史观有两种不能令人满意的态度：一是用不屑一顾的态度予以排斥和否定；二是将唯物史观作为史学论著中空洞的标签，而不是分析历史进程的有力工具。对一种理论的认同和信仰，从来不是靠政治压力，而是靠理论本身的真理性的吸引。提倡研究者学习、接受和运用唯物史观，关键在于让人们真正了解唯物史观的深邃内涵。[①] 步平认为，经过 80 年代对西方学术成果的大量介绍、引进和学习之后，特别是在接受了盲目引进西方理论的教训后，关于学术研究的自主性与本土化的话题日益受到国内学者的重视。当社会越来越面对那些复杂而深层的难题的时候，当人们越来越迫切地需要破解难题的具有较高解释力的理论的时候，唯物史观越来越展现出强大的功能。因而，中国近代史学界应该在保持自身"知识系统"正当性的前提下与西方学术界展开平等对话，发挥中国马克思主义史学在历史领域的主导地位与主流影响。[②]

阶级斗争理论在唯物史观中的地位如何，学术界的认识存在分歧。王也扬对"以阶级斗争为纲"的理论源流及历史实践作了深入的考证，他指出，生产力、生产关系与阶级斗争、无产阶级革命虽为不同的概念，但在

① 谢维：《中国近代史研究三十年——过去的经验与未来的可能走向》，《近代史研究》2010年第 2 期。

② 步平：《改革开放以来的中国近代史研究》，《过去的经验与未来的可能走向——中国近代史研究三十年（1979—2009）》，社会科学文献出版社 2010 年版。

马克思主义唯物史观里却有着必然的联系；阶级斗争学说不可等同或替代唯物史观，但它确是唯物史观的核心内容。从李大钊到毛泽东的中国共产党人，把阶级斗争和无产阶级专政理论作为马克思主义政治学说的核心内容来认识和理解，是符合经典作家原意的。马克思主义阶级斗争学说和列宁对这一学说的发展，是"以阶级斗争为纲"治国方针的理论依据。人为地将阶级斗争从唯物史观中"摘"出去，是改革开放之初人们在反思此前几十年阶级斗争扩大化时，在理论上的一种权宜之计。

在新的条件下如何才能坚持与发展唯物史观，亦是当前史学理论的重大问题。吴英认为，我们应对唯物史观的基本概念和基本原理进行正本清源式的研究，努力做到对马克思理论体系原旨全面而深刻的把握，澄清人们在唯物史观认识上的种种误解与困惑。同时还必须结合社会发展形势而使唯物史观得到与时俱进的发展。[1] 李振宏认为，马克思主义史学在中国能够继续保持顽强的生命力，因为它是一个很有特色的历史学派。马克思主义学派一方面需要在和其他学派的争鸣中得到发展，另一方面也需要在内部不同学派的争鸣中焕发活力。王贵仁指出，唯物史观在中国的发展过程，是不断遭遇各种理论诘责和实践挑战的过程，唯物史观正是在不断回应理论与现实提出的各种挑战中，被一代又一代学者认识和阐释。而唯物史观的再认识或再阐释，不是对以前认识和阐释的否定，更不是对唯物史观理论的否定，而是对唯物史观的继承与发展。[2] 薄洁萍提出，马克思的唯物史观是一个开放的系统，它呼唤着人的创造精神，而基于此所理解的历史发展则始终存在着无限开放的可能性空间，存在着内在的选择和创造的机制，从而充满了丰富性与复杂性。从这个角度来说，唯物史观本身就有着对历史微观的内在层面的理解，也要求人们肯定历史发展道路的多样性，反对脱离人的实践活动本身和具体日常生活而依照某种外在尺度编写历史。我们以前忽视了这一点，从而导致对唯物史观的误解及其与历史研究的隔膜。因而我们必须不断丰富对唯物史观的理解，以努力做到接近历史原本，展现历史的丰富性。[3] 李红岩认为，马克思主义史学总是随着时代变化而与时俱进，不断获得新的理论原则、新的认识手段和方法。当前

---

[1]　吴英：《在新的历史条件下坚持和发展唯物史观》，《史学理论研究》2010 年第 2 期。

[2]　刘克辉：《第二届史学理论前沿问题春季论坛综述》，《史学理论研究》2010 年第 4 期。

[3]　薄洁萍：《唯物史观与历史研究》，《光明日报》2010 年 1 月 5 日第 12 版。

处于伟大的历史时期，也预示着与时代相适应的新的史学样态即将产生。他着重指出，新的马克思主义史学样态，必须克服三大问题：玄学化的研究方法；形式主义的研究方法；碎片化的研究方法。[①]

无须讳言，近年来的中国近代史研究中存在"历史虚无主义"倾向，有学者对之进行了较为深刻的分析和批评。梁柱认为，历史虚无主义把近代中国凡是追求变革进步的都斥为"激进"而加以否定，断言是"激进主义"祸害了中国，阻碍了中国现代化进程。并用"现代化史观"取代"革命史观"，将现代化作为近代中国历史发展的唯一要求和唯一主题，借以否定中国近代史上的革命斗争。这种"研究范式"的转换，是按照研究者的主观愿望和政治诉求来剪裁历史，这是他们设置的一种"理论陷阱"。历史虚无主义在方法上的片面性，并不完全是一种随意性，而是有着明确的取舍标准，有所虚无，有所不虚无，用抽象的人性论取代马克思主义的阶级论，是唯心主义历史观在新的历史条件下的复活。[②]

李方祥撰文指出，历史虚无主义的历史逻辑和理论逻辑在中国近现代史研究中，突出地表现为以历史偶然性来否定革命的必然性。马克思主义与历史虚无主义的实质性区别并不在于要不要对人性进行分析，而是在于怎样看待人性问题，究竟是从抽象的人性出发还是从具体的人性出发。马克思主义在分析历史人物时，并没有完全否定人性，只是反对那种纯自然的、抽象的、超阶级的人性，反对把抽象的人作为历史研究的基础。[③]周玉认为，中国革命是近代中国历史发展的必然选择，它从根本上扫除了中国历史前进的制度障碍；社会主义道路是中国近现代革命的必然逻辑。历史虚无主义的"革命制造"论、"革命破坏"论以及"误入歧路"论，背离了近代中国的历史事实，实质是否定作为革命必然逻辑的社会主义道路，为中国发展寻找没有历史依据的另类道路。[④]

梅宁华认为，对于中国近代史的一些根本的原则性问题不能被颠倒，否则就会从根本上搞乱社会主流思想的主流价值，动摇一个民族、一个国

---

① 李红岩：《中国马克思主义史学的三个三十年》，《过去的经验与未来的可能走向——中国近代史研究三十年（1979—2009）》，社会科学文献出版社 2010 年版。

② 梁柱：《历史虚无主义是唯心主义的历史观》，《思想理论教育导刊》2010 年第 1 期。

③ 李方祥：《划清马克思主义与历史虚无主义界限的几个问题》，《思想理论教育导刊》2010 年第 8 期。

④ 周玉：《历史虚无主义三谬——哲学和历史的透视》，《理论导刊》2010 年第 3 期。

家立足和发展的思想基础。要真正从近代史中找到规律性的东西，就必须坚持历史唯物主义的立场、观点和方法，坚持客观性、全面性的原则来认识历史。革命、现代化是贯穿中国近代史的主题，正确认识历史就在于把握历史发展的主流，揭示这些历史活动内在的逻辑和规律。[①]

邴正将历史虚无主义思潮提升到我国的文化安全和意识形态安全的高度来进行考虑。他指出，每个民族都有属于自己的光荣和梦想，伟大的历史事件和伟大的历史人物，构成了各民族的历史图腾和历史记忆。我们可以通过新的发现和新的更科学的方法，不断解读历史，以求得到更全面、准确的历史认识。但是，重新解读不等于颠倒和全盘否定。在中国近代史研究领域，反思批评革命的不成熟及革命的过度理想化、激进化，和由此否定革命是有本质区别的。近代以来，面对帝国主义的侵略，中华民族的优秀儿女奋起抗争，被迫或主动地选择了革命的激进道路。但是，我们不能因此以历史虚无主义否定革命，否定一个半世纪以来中华民族争取独立自由解放的历史的合理性。[②]

总体说来，对历史虚无主义的批驳，与此前对"告别革命"思潮的批判具有一定的延续性。这是事关历史认识大是大非的问题，史学理论研究者，也有必要对历史虚无主义的思想根源作进一步的清理。

二　宏观理论体系探讨

中国近代史的理论体系问题，学术界在20世纪50年代和80年代曾有过两次大规模的讨论，分别以中国近代史的分期、中国近代史的基本线索作为讨论的主题。这两次学术争鸣大大推进了中国近代史学科建设。此后讨论一度沉寂。2010年来，一些学者重新关注中国近代史宏观理论体系的建构，并作出了新的探讨。

1. 中国近代史的断代与分期。近年来，近代史学界多倾向于将1840—1949年的百余年历史进程前后贯通，作为"中国近代史"的研究对象。房德邻虽同意以1840—1949年作为"中国近代史"学科的研究对象，但他认为，以1919年划界的中国近代史其实是中国近代旧民主主义革命

---

① 梅宁华：《旗帜鲜明地反对历史虚无主义》，《红旗文稿》2010年第10期。
② 邴正：《警惕历史虚无主义的滥觞》，《中国社会科学报》2011年5月24日第5版。

史和新民主主义革命史，统称民主革命史，这是专门史，而不是作为通史的中国近代史。1919 年作为文化史的标志性年代是合适的，但是对于经济、政治、社会、外交等专门史，1919 年不能作为标志性年代；若从通史的视角看，1919 年五四运动自然并不具有划时代的意义，因而应以 1912 年中华民国的成立为界标，将中国近代史划分为前后两个不同时期。在他看来，1912 年中华民国成立的意义远远超过 1919 年五四运动，中华民国的成立结束了两千年的帝制，在整个中国通史上具有划时代的意义；1840—1912 年的近代史其实只是"前近代"，1912—1949 年才是"近代"，因为 1912 年南京临时政府的成立才建立了一个近代的国家政体。而现在我们所见到的晚清史和中华民国史实际上是晚清政府史与民国政府史，二者简单相加并不等于中国近代史。[①]

姜涛对中国近代史的断代问题也提出了新的看法。（1）近代是指距离自身所处不远的年代，其本质上是相对史，它必须随着时间的推移不断与特定的绝对历史年代重合或分离。（2）相对于研究者而言，近代史活的灵魂就是"近"，它必须回答现实所提出的一系列问题。因而根本不必拘泥于 1840—1919 年或 1840—1949 年的所谓近代史的上下限的划分，这些年限不是什么不可逾越的鸿沟。但"近"也不是无限逼近，而是应该与"眼下"保持一定距离。他认为，保持 30 年左右的距离较为合适。（3）近代史的下限应该后延。在目前，中国近代史至少应当包括整个清史、中华民国史和中华人民共和国史。[②]

中国近代史的研究者较多考虑其研究时段的下限问题，而较少考虑近代史的上限问题。以 1840 年为中国近代史的开端在相当长的时间以来一直是学术界的主流意见。但也有一些学者提出，应打通明清史与近代史的藩篱。赵世瑜认为，以往的研究往往忽略明清史与中国近代史之间的连续性，导致将社会变革的多面性与复杂性简化。由于"近代史"概念是西方的舶来品，这就决定了近代史研究主题的外部性质，导致本土话语的缺失，导致对"反侵略"、"革命"和"现代化"等概念的狭隘理解。近代的历史不仅是东南沿海的历史，近代的主题也不仅是帝国主义侵略和近代化。如晚清时期大规模的西部移民以及由此而来的"边村社会"的形成，

---

① 房德邻：《中国近代史的含义究竟是什么》，《近代史研究》2010 年第 2 期。
② 姜涛：《近代史就是要近》，《近代史研究》2010 年第 2 期。

同样也是值得研究的重大历史变化，然而这一变化如果不从明朝、至少是清雍正以后的移民浪潮去把握，则看不到其在 19 世纪中国历史中所扮演的重要角色。刘志伟亦提出，尽管在具体内容上存在历史脉络的断裂，但问题的逻辑从来都是贯通的，近代史的研究者不必要事先划定一个时间断限，而要依研究的问题伸延时间上的视野。如农业经济史研究中，赋税问题和租佃问题自明清至民国时期始终是一脉相承的，要弄清这类问题的来龙去脉及变化的逻辑，就必须贯通起来进行研究。①

2. 中国近代史的研究"范式"问题。近年来，有关革命史范式与现代化范式之争，受到学术界较多关注。步平指出，两种范式之所以产生争论，与对中国近代史上"现代化历程"与"革命历程"孰轻孰重的判断有紧密关系。而这种孰轻孰重的判断并非产生于主观性的政治立场的动摇，而是源于客观的时代变化。在新的时代条件下，在提出建设具有中国特色社会主义的理论后，重视"现代化历程"的必要性，则成为时代的要求。从现代化的角度关注中国社会，与从革命的角度分析中国社会，在理论架构方面虽然有所不同，但两者并不是对立与排斥的关系。建立一个包括革命在内而不是排斥革命的新的综合分析框架，以现代生产力、经济发展、政治民主、社会进步、国际性整合等为参照，从新的角度对中国近代史进行研究，已成为时代发展的要求。中国近代史研究中的"范式"多元并存的状态，是思想活跃的直接结果，对于拓展中国近代史研究的广度和深度，对于近代史研究中理论思维的深入具有积极意义。他还指出，"范式"是具有一定价值取向的理论框架，所以需要将"范式"的讨论加以一定的学术限制，否则就会产生负面效果。以"现代化范式"阐述社会变革过程，必须注意到现代化的理论从某种程度上是被引进的理论，是在西方的学术话语系统中被磨炼得相对纯熟的理论，如果照搬这一理论，把中国仅仅看作是普遍化的西方历史在东方的特殊范例，就容易陷入"历史虚无主义"的泥潭。②

郑师渠提出，引进"范式"这一主要应用于自然科学的概念，固然有

---

① 谢维：《中国近代史研究三十年——过去的经验与未来的可能走向》，《近代研究》2010年第 2 期。

② 步平：《改革开放以来的中国近代史研究》，《过去的经验与未来的可能走向——中国近代史研究三十年（1979—2009）》，社会科学文献出版社 2010 年版。

助于开阔视野，但在历史研究中若刻意强调整齐划一的范式及其更替，却难免简单化。将经过几代学者认真研究所形成的对近代中国社会历史发展具有真知灼见的一系列重要认知，简单定性或归结为"革命史"范式，既不准确也不公平。在唯物史观指导下所获致的这些认知，归根结底，体现了对近代中国社会历史发展整体和本质的把握，具有指导整个近代史研究的意义。目前，近代史学界客观上并不存在所谓"两个范式"的角力。革命史书写尚有范例（即权威学术论著），以范文澜、翦伯赞、胡绳、刘大年等为代表，一大批老一辈学者筚路蓝缕所取得的巨大学术成就，在近代史研究领域显然具有重要的典范意义，长期以来为广大同行所公认，而后者也恰恰构成了学术共同体的实践者。现代化史虽然近年来也取得了很好的成果，但尚不能说业已取得了公认的、具有典范意义的成就，从而促成了学术共同体的确立，并为之提供了实践的模型。而且从目前来看，所谓"现代化范式"不具备"不可通约性"，而恰恰是可以被"革命史范式"所通约和涵盖的。因而，"现代化范式"在当下还仅是一种新的研究视角与新的探索，而远非业已形成的客观存在。同样，所谓"革命史范式"与"现代化范式"的争鸣，还仅是部分研究者范围内的一种概念上的讨论，而非在实践层面上两种范式的真正角力。不可否认，革命与现代化是近代历史这一整体的不可分割的两个侧面，如果用"范式"这个概念构建中国近代史的框架，过分渲染所谓"革命史范式"与"现代化范式"的并存与争鸣，对于史学来讲具有过强的刚性，会使"革命"与"现代化"只有对立而无联系，变得水火不容。就近代史教材编撰而言，着重在坚持以唯物史观为指导，坚持继承与创新的统一。经几代学人长期研究所已获致的关于中国近代社会历史发展的基本规律，包括近代社会的主要矛盾、社会性质及发展趋势等重大问题在内的一系列历史实际的科学认知，应当加以继承，并构成教材编撰的大视野。教材编写不但要突破革命史的框架，而且要超越范式之争，向通史的本义回归，突出"通"的特点：纵向上要能体现一以贯之的历史发展脉络，横向上要能体现近代中国社会各主要板块间的有机互动与综合发展，以便能够多侧面地、更好地反映近代中国社会历史生动丰富的发展。①

---

① 郑师渠：《近代史教材的编撰与近代史研究的"范式之争"》，《近代史研究》2010年第2期。

赵庆云对革命史范式的标志性概念"三次革命高潮"作了较深入的解析。他认为,"三次革命高潮"实际上是突出了"八大事件"中表征着人民反抗过程的几次事件。这一概念的提出并得到广泛接受并非偶然,有其深刻的时代背景和社会思想基础。胡绳对中国近代史的总体把握中,将国内阶级矛盾置于中外民族矛盾之上,"三次革命高潮"突出中国本土因素、相对忽视涉外事件即与此密切相关。"三次革命高潮论"不但将近代史事系统化,并予以规范解释,而且更为重要的是,它引导了一种着重中国本土因素、眼光向下关注下层民众的研究倾向。这无疑迥异于此前以中外关系为中心的中国近代史研究模式。"三次革命高潮论"的正面因素之展开,推进了中国近代史这一新兴学科的发展。这一理论诠释体系从中国近代史这条滺流着的长河之波澜壮阔处着眼,在当时的时代背景下自有其意义。但因其本身固有的偏颇因素,以及具体运用中的教条化,其负面影响也不可忽视。①

马克锋认为,"革命史范式"侧重于从政治史角度对历史发展的解释,"现代化范式"更重视历史与中国现代化之间的逻辑合理性的论证,更关注经济史、社会史与文化史,二者之间并不矛盾,而是互为补充、相互促进的关系。② 虞和平对改革开放以来中国近代史研究规范的创新作了系统梳理。他认为,就目前近代史学术界看来,中国近代史研究已形成"反帝反封建革命"与"争取近代化"这种一主一次的两个主题结构。但两个主题结构是就整个近代史的学科范畴而言,落实到具体的研究成果上,通史性著作虽然可以有较全面的体现,但也会因研究者的视角不同而在两个主题的分量构成上有所轻重;在专门史著作中则不仅不可能做到全面体现两个主题,其分量构成也可能有所不同。这些都是不必强求一律的。同时值得注意的是,与近代史研究主题由一进二的变化相应,近代史研究的内容结构也发生了变化。其一,从事件史结构发展到与重大事件相结合的时期史结构。这种时期史的构成,小的如与"三次高潮"、"八大事件"、五四运动、北伐战争、土地革命、抗战时期、解放战争相结合的时期,大的如晚清时期、北洋政府时期、国民政府时期,以及包括后两者的民国时期;它们不仅研究时期中核心事件的本身,而且研究事件起止过程所覆盖时期

---

① 赵庆云:《"三次革命高潮"解析》,《近代史研究》2010 年第 6 期。
② 马克锋:《近五年来中国近代史研究述评》,《教学与研究》2010 年第 11 期。

中的包括政治、经济、社会、文化等在内的总体状况。这样的时期史研究，不仅没有忽视近代史上的重大事件，而且深化了重大事件的生成原因和社会影响的研究，突出了事件与社会的互动关系，可以说是一个时期内整体历史的研究。这样的时期史研究，从现有的成果来看，目前除民国史外尚少见到整体性的时期史研究成果，但是，在理念上和专题及专门史研究上，已多有时期史的观念和成果。其二，从事件结构到发展阶段结构和年代结构的转变。所谓发展阶段，是指某一事物自身发展过程中的不同阶段。如果上述时期史的界限划分还与事件相结合，是事件史的扩大的话，那么这里的年代史和发展阶段史的界限划分则已基本与事件相脱离，是一种事物自身变迁阶段和自然时间的划分，而将事件作为阶段和年代之内的一项内容。所谓年代结构，就是以每 10 年（即年代）间的历史为界限进行研究。这方面的研究由中国社会科学院近代史研究所民国史研究室在 2004 年开创，从该年起以民国历史的每 10 年期为内容每年举行一次国际学术讨论会，并出版论文集，旨在开创民国史研究的新视野，以"年代"为论域，以"年代"代替"事件"作为大致的分期，期以探讨较长时段内的历史演变，以利于政治、经济、军事、外交、文化、社会等方面的会通观察，突出历史的"连续动态过程"和时代特征。近代以来，历史变迁的节奏明显加快，将"年代"的视野引入近代中国的考察，正能凸显这种变化趋势。[①]

任放认为，自 1978 年以来，中国近代史研究主要有三种视角：革命史、经济史、社会史。从研究现状看，革命史的研究视角发生了引人注目的变化，突出体现在宏大叙事逐渐让位于细部深描，动辄全国性的题目和以论带史的定性研究被更多区域性的题材和个案分析所取代。经济史研究的问题意识也发生了诸多变化，从而给这门传统学科带来了新的挑战。社会史研究方兴未艾，正在突入革命史和经济史的疆域，对革命史和经济史的研究旨趣产生了相当的影响。由于社会史的学科性质存在较多争议，其学术边界最不稳定，呈现出某种不确定的飘移状态，因此社会史视角下的乡村研究呈现出生机盎然但却纷乱驳杂的局面，其演进路径尚不清晰。实际上，革命史、经济史、社会史均是考察中国近代史的独特视角，不可相

---

① 虞和平：《改革开放以来中国近代史学科的创新》，《晋阳学刊》2010 年第 6 期。

互替代，各有其重要的方法论意义。因此，这三种视角可以兼收并蓄，以利于达成研究之目的。①

　　夏明方则将既有的中国近代史研究大致趋向概括为革命史、现代化、后现代三种范式。这三种范式在其产生时都曾适应当时历史的需要，但随着历史的发展，又不可避免地走上教条主义道路。现代化范式和后现代范式都属于后革命范式，但两者之间处于对立状态。现代化范式改变了革命史范式的五阶段论或目的论，代之以现代化的目的论和进化论，强调与传统的对立，其中心主题是所谓不以人的意志为转移的从传统向现代过渡的历史大趋势。后现代范式对规律确定性的挑战、对启蒙与进步的质疑、对民族国家的解构、对过去或传统的怀念、对差异和边缘的关注，则体现了现代化发展到一定程度之后对现代化的批判和反思。在近代中国特定的历史条件下，尽管后现代范式与革命史范式以对立为主，然而二者又有诸多相似。由于时代变化，这些范式都不再适用。当今中国革命并未终结，只是革命背景、对象、途径、方式已发生变化，在这样一种新革命潮流涌动之时，中国近代史研究应以一种反思的形式成为这场新革命的组成部分，以建立"新革命范式"为趋向。其具体内涵为：（1）将历史时期的划分与历史视野的贯通结合起来，从历史的长时段探讨近代中国社会变迁的历程，着重解决历史的连续与断裂问题；（2）把中国置于世界文明发展的历史进程之中进行考察，着重解决中国历史变迁的内在动力与外部冲击的相互关系问题，对现代中国的由来与未来，对其在国际社会的地位与作用，作出新的解释和观照；（3）关注被以往研究所忽视的地理环境问题，更要以此种互动关系作为一种视角重新审视以往研究的主要问题——人与人之间的相互关系问题，为建设生态文明社会提供历史的智慧与借鉴；（4）辩证处理政治立场与学术研究之间的关系，尊重学术研究的相对独立性，重振史学研究的经世传统，把对中国历史问题的探讨与对现实的关怀有机结合起来，促进社会实践与学术研究的良性互动。从而建立以反思和对话为核心的多元史观；（5）以口述历史与田野调查、资料集成与数据库建设为重点的新史料观。②

---

　　① 任放：《近三十年中国近代史研究视角的转换——以乡村史研究为中心》，《史学月刊》2011 年第 4 期。

　　② 夏明方：《中国近代历史研究方法的新陈代谢》，《近代史研究》2010 年第 2 期。

3. 有关中国近代史的研究取向问题。美国学者柯文的《在中国发现历史——中国中心观在美国的兴起》，对中国近代史的研究取向提出了新的看法，在中国学术界引起很大反响。多数学者认为，柯文将自己的理论体系建立在较精密和周全的论证之上，试图超越西方"现代性"冲击中国传统社会的旧说，打开了一扇透视中国近代史的新视窗，虽由于过分强调内部因素导致理论缺憾，但均基本肯定"中国中心观"的积极意义。李学智指出，历史研究的根本原则是从史实出发，如果过分强调某种"模式"，则很难避免用公式去剪裁历史的弊端，具有很大风险。即使要运用某种模式，这种模式也应该是建立在对这一阶段历史深入全面研究的基础之上。关于中国近代历史发展某种模式的建立或推翻，从根本上来说均应发生在对中国近代历史全面而深入的研究之后，而不应是源于研究者对其自身所处现实社会某些现象的怀疑和批判，或搬来一个形成于其他国家历史进程的某个模式来套用于中国近代史。柯文对"冲击—回应"模式的批评，主要不是出于对中国近代历史的具体研究，而是源于作者对其自身社会现象的反思及进一步推演，从而对既有模式反其道而行之地构建一个新的解释框架，然后去套用于中国近代史。实际上，承认西方冲击的作用，并不是否认了内部因素，认可中国近代历史发展的"冲击—回应"模式，并不影响人们"在中国发现历史"。柯文的"中国中心观"弱化乃至否认了近代西方世界与中国之间存在的重要差异，否认西方列强的侵略对近代中国所造成的冲击，模糊甚至混淆了"晚清中国的改革思想与活动"与此前中国历史上的改革所具有的重大区别，对中国近代史和近代中西关系做了背离史实的阐释，因而难以成立。中国具有悠久的改革传统，但这与晚清的变革是由西方的冲击而引发并不矛盾。西方的冲击，是欲认识近代中国不能不认真对待的事情，否则关于 19 世纪中后期的变革乃至整个中国近代史将无法解释。此外，柯文对"首次相撞"等概念的使用及论述的逻辑亦存在舛误。近代西方社会内部存在的差异和东西方之间存在的差异不可相提并论。中国近代史研究还是要从历史事实出发，具体问题具体分析，而不应预设某种取向，限制住研究者的视野和思维。[①] 虞和平也指出，近年来经过热烈讨论，外因、内因结合论已成为学术界的基本共识，即使有倾向

---

① 李学智：《冲击—回应模式与中国中心观——关于〈在中国发现历史〉的若干问题》，《史学月刊》2010 年第 7 期。

于"冲击反应"论者，也认为反应的状况如何主要是内因在起作用，但同时也是外因和内因结合的结果。①

三　研究的理论方法

理论方法对于推进中国近代史研究无疑极为重要，但过于依赖某种理论又容易导致偏颇甚至歪曲历史。近年来，中国近代史研究中所运用的理论方法大多来自西方，在使用时需要谨慎鉴别。

马敏认为，借鉴、运用西方的理论来分析中国近代的社会组织，必须防止食洋不化，避免掉进西方概念和西方话语的陷阱而不能自拔。因为我们分析研究的毕竟是中国的问题，其中自会有种种变异，不能削足适履。借用西方概念必须结合中国历史的实际，赋予新的解释。更为理想的办法是直接从中国历史本身抽象、提炼出某些概念，从而真正建立中国自己的话语。如"绅商"，便是从文献中直接抽绎出的概念，如能围绕这一关键词进行种种厘清和内涵外延的重建工作，或许有望形成"以我为主"的理论解释框架。郑大华也对滥用西方理论的现象提出了尖锐批评。他指出，有些学者在研究中非西方的理论方法不用，而对西方理论或方法又存在诸多使用不当的现象。② 朱政惠则指出，我们要尽可能借鉴和应用国外学者研究中国历史的成果，对他们的研究也要用批判的眼光看待和分析，不能因为有价值就随便用，不假思索就吸收。但我们又不能不注意国际社会科学的发展和自我调适，否则就会被边缘化。③ 其实，西方学者对运用他们自己创造的理论工具也持谨慎的态度。如美国学者黄宗智就现身说法，对自己在学术生涯中遇到的四个主要的"理论陷阱"作了深刻的批评和反思。这四个"理论陷阱"为：不加批判地运用、意识形态的运用、西方中心主义以及文化主义。④

在 2010 年 6 月召开的"史学理论：中西比较与融通"学术研讨会上，

---

① 虞和平：《改革开放以来中国近代史学科的创新》，《晋阳学刊》2010 年第 6 期。

② 谢维：《中国近代史研究三十年——过去的经验与未来的可能走向》，《近代史研究》2010 年第 2 期。

③ 朱政惠：《史学理论与史学史研究的新思考——与海外中国学研究关系的讨论》，《安徽史学》2010 年第 2 期。

④ 黄宗智：《学术理论与中国近现代史研究》，《学术界》2010 年第 3 期。

刘家和、易宁等指出，我们不仅要了解西方的史学理论前沿，而且要了解其理论是如何在扬弃的基础上形成的，要了解他们理论的逻辑论证思路，这是与西方学者"对话"的基础。李剑鸣认为，中国的史学理论应该走出自己的道路，而不应只为西方理论做注脚。张越提出，我们以往对西方史学的了解和接受重在观点上的借鉴和方法上的照搬，现在应进一步对观点形成的论证过程作更深入的研究，对方法背后的知识背景作理论上的剖析。邓志峰认为，中国的史学理论要回到自己的传统之中才能有所发展。因此，我们的史学理论研究，目前最根本的问题是要把中国史学传统之中最根本的、奠基性的东西发掘出来，才可能有大的突破。①

作为历史认识的工具，现代化理论促进了对近代经济、政治、文化、思想各个方面的深入探索，有力地推动了中国近代史研究的发展。但无须讳言，现代化理论也存在不足。姜新指出，现代化理论具备历史事实判断工具的基本条件，但将现代化作为价值评价尺度造成了种种混乱。现代化在政府树立目标、学术界塑造必然趋势、社会幻想理想王国的作用下，被充当衡量一切价值的尺度。然而，广义现代化价值尺度无法确定合理的内涵以及合适的外延；狭义现代化价值尺度忽视现代化道路的多样性和现代社会的复杂性，人为地将现代与传统、西方与东方对立，忽视传统的价值，抹杀现代局限。我们对于现代化理论应该批判吸收，绝不能过分迷信，若将之奉为评判一切事物的价值尺度，则可能产生谬误。② 吴英也指出，现代化理论尽管正确指出了农业社会向工业社会转型的必然性，并客观地总结了工业化和城市化过程的一些本质特性，但它的研究范式是受西方结构功能主义思潮的影响，实质是将西方，尤其是美国的发展道路视为现代化的标准模式；在历史发展规律的揭示上，它认定西方，尤其是美国式的现代化道路乃是历史发展的规律，而无视后发国家演进路径的多样性，同时也无视发达国家演进路径的多样性。③

不少学者注意到学科分割的弊端，强调贯通的重要性，呼吁打破近代

① 李娟：《"史学理论：中西比较与融通"会议综述》，《史学史研究》2010年第4期。
② 姜新：《历史事实判断工具还是价值评价尺度——对史学领域"现代化"理论的质疑》，《安徽史学》2010年第2期。
③ 吴英：《中国历史教科书的编纂不能离开唯物史观的指导》，《史学理论研究》2010年第4期。

史研究中的森严壁垒，融合学科界限。学科之间的分割和隔膜，容易使学者画地为牢，不敢越雷池半步。很多新的交叉学科领域貌似热闹，却难以深入，关键在于难以打通，缺乏"通识"。史学研究过于强调专深精细，注重对历史个案作微观剖析，却忽略了对历史的本体性把握，以致史学研究中碎片化趋向明显，系统性严重缺失。学科分割反映在通史与专史的编撰上，一为通史不通，不能将历史发展的内在逻辑梳理清楚；二为专史过专，失去了与其他方面的历史联系。① 桑兵特别强调，近代史事纷繁复杂，治近代史须克服偏颇，通贯整体。"通"是中外史学共同推崇的至高境界，只是人力有限，难以掌握驾驭无涯的知识，才有分科分段分类治学。治史划分过窄，各守一隅，窄而深的努力往往流于狭隘的积习。学问支离破碎，失去整体性，所治窄而深的局部研究乃至对于学问的见识判断也会扭曲。研究领域过于褊狭和整体史的严重缺失，已经成为制约史学发展的瓶颈症结。而跨学科并非易事，迄今为止的跨学科，多为拼凑和放大，甚至未能将史学基本方法运用得当，以别科的陈说为趋时的新解。近代史研究必须追求贯通，不通不仅不能揭示和把握历史整体的渊源大势及内在联系，甚至无法恰当研究具体的历史。要在整体之下研究具体，探寻个别的普遍联系。中国近现代史的"通"，需破除分科的成见和局限，既要贯通古今中外，还应沟通各门各类。如何才能具备"通"的眼光，他强调研究者不要悬问题以觅材料，而应通过放眼读书发现问题，在博通与专精之间求得平衡。②

章清则认为，用分科治学的方法研究近代史，把整体历史按政治、经济等分割，这种做法本身就是造成专门史碎片化的原因。就目前来看，海外中国学研究的基本趋向是将中国划分为更小的研究"单位"。今日中国所开展的中国近代史研究，也有类似的取向，"专门史"仍然是中国史学学科建制的基本特征，其画地为牢的弊端也日趋显现。学术界所致力的"新社会史"、"新文化史"，构成了对"专门史"的消解。社会史、文化史本属专门史之列，然而一个"新"字，却将多重因素都纳入到对专门史的

---

① 参见谢维《中国近代史研究三十年——过去的经验与未来的可能走向》，《近代史研究》2010 年第 2 期；杨天宏《系统性的缺失：中国近代史研究现状之忧》，《近代史研究》2010 年第 2 期。

② 桑兵：《中国近现代史的贯通与滞碍》，《近代史研究》2010 年第 2 期。

审视上，体现了对"全面的历史"的追求。但同时产生新的问题：既然要写全面、整体的历史，势必会注重"横向"与"纵向"的拓展，缩小"历史研究的单位"。由此又必然导致历史研究选题的"碎片化"。因而，所谓"整体的历史"或"全面的历史"，或许不过是历史学家"高贵的梦想"，关键在于了解各种研究方式的局限性。① 行龙指出，近代社会史研究要力戒"碎片化"，因为只有碎片一地，却没有那个"有似绳索贯穿钱物"的东西，只能是碎片越来越多，景象越来越乱。要真正摆脱"碎片化"的境地，必须回到总体史的路子上来，正确地理解和把握总体史：社会史意义上的总体史并不简单的就是追求研究对象上的五花八门、包罗万象，也不是单个社会要素连续相加重叠的混合体，而是一种多种结构要素相互联系和作用的多层次的统一体。社会史的选题并无大小之分，关键在于"以小见大"，在总体史的眼光下进行多学科的交融，勇于和善于在具体研究中运用整体的、普遍联系的唯物史观，寻找事物的相互联系和作用。②

研究中国近代史，往往难以避免先入之见，陈寅恪提出的"同情之了解"就显得极为重要。杨奎松就近代史研究中的人性问题作了深入探讨。他指出，研究历史需要人性视角，历史是一些活生生的有思想、有感情的人创造出来的，若摒除历史人物的党派政治背景，每个人都有血有肉，有长有短，很难用好坏简单加以定性和区分。传统的革命史观，着眼于政治的是非，往往只见阶级不见人；现代化史观，着眼于生产力及其相应的经济政治发展，又往往见物不见人；流行的阶级史观，或民族国家史观，着眼于某个阶级，或某个民族或国家的发展与命运，往往只见自己不见他人。从人性视角来研究历史，就能够较好地弥补这类史观的局限性。既然历史的主体是人，既然人有共同的特性，那么研究历史就不仅需要注意到那些表面的不同，如地主和农民、精英和民众、敌人和友人、外族和本族、压迫者和被压迫者，还必须要注意到他们作为人的共性之所在，并基于对人类共性的理解，对研究对象抱以历史的同情态度，才能避免作出过

---

① 章清：《"历史研究的单位"："专门史"与中国近代史研究》，《过去的经验与未来的可能走向——中国近代史研究三十年（1979—2009）》，社会科学文献出版社 2010 年版。
② 行龙：《中国社会史研究向何处去》，《清华大学学报》2010 年第 4 期。

于武断和片面的判断。①

历史归纳方法，从"特殊事实"中提取"普通事实"，进而推导历史一般常态，是史学研究中的重要一环，也是极易失真的一环。桑兵明确提出，治史不宜归纳，而要贯通。他认为，史学着重见异，有别于社会科学的主要求同，在分科治学以及社会科学泛化的误导下，不少学者好用归纳或附会式比较，看似有理，其实很可能背离历史真实。② 张耕华也指出，由于历史的个别缺乏天然的齐一性，使得通常所用的典型性研究的有效性大打折扣。某一典型个案的研究，究竟在怎样的程度上、在怎样的时空范围内代表着一种普遍性，也难以作出正确无误的判断。而且，史料的留存，史实的选择，对史事属性的诠释，都或多或少掺入了我们主体的因素，这就使得用作归纳的个别，已然充满着不确定性和含糊性。③

当然，历史研究实际上又很难完全避免运用归纳的方法。问题的关键可能还是在于，我们对使用历史归纳方法的局限应有清醒的认识和反思，对由使用归纳方法而获得的历史知识要有恰当的估量。

四　分支学科的相关理论探讨

20 世纪七八十年代，西方在人文社会科学领域发生影响深远的"文化转向"之后，西方史学界也出现了重大转折——新文化史（New Cultural History）兴起并成为主流。20 世纪 80 年代末，中国学术界也兴起了"社会文化史"这一社会史与文化史交叉学科，与西方学术界的"新文化史"基本对应。但经过 20 年来的发展，"社会文化史"已经成为一个日趋成熟且独具特色的史学分支领域。2010 年 9 月 25 日，"首届中国近现代社会文化史国际学术研讨会"在北京召开。《光明日报》也于 2010 年 8 月邀请在社会文化史研究领域辛勤开拓、颇有实绩的专家座谈相关理论问题。

刘志琴指出，在中国，一部社会文化史实际上也是一部物化的社会思潮史，这是思想史和社会史不能取代的内容。当今中国社会文化史研究处于全球化的浪潮中，不能不受外来文化的启迪。但鉴于中国文化的特质，

---

① 杨奎松：《历史研究中的人性取向问题》，《过去的经验与未来的可能走向——中国近代史研究三十年（1979—2009）》，社会科学文献出版社 2010 年版。

② 桑兵：《中国近现代史的贯通与滞碍》，《近代史研究》2010 年第 2 期。

③ 张耕华：《略论历史归纳中的几个问题》，《史学史研究》2010 年第 4 期。

与其接受外来文化的影响，不如深入到本土资源中谋求新发现，建立适于研究本土社会文化的理论概念与学术谱系，以寻求本土历史的理论阐释，进而提出针对本土社会文化发展的一般理论，参与时代的知识进步与理论创新。时代课题将促进社会文化史研究领域的扩展、深化与多样化。当今中国社会正面临"社会治理"与"文化重建"两大课题，正是社会文化史研究的中心问题，社会文化史研究应当为此提供更多的本土经验与历史启迪。①

　　李长莉认为，我国史学界的"社会文化史"有自己的独特性，与欧美史学界的"新文化史"并行而有异。虽然欧美的"新文化史"肇始与兴起的时间比中国略早 10 年左右，但中国的"社会文化史"并非是受其直接影响而引入的"舶来品"，而是以中国学者为主体，在改革开放的思想解放的语境下，在社会转型的时代课题挑战下，因应中国史学内部发展的要求而产生的，是一种本土性的新史学趋向。具体说来，中国的"社会文化史"研究与欧美"新文化史"研究相比较，虽然都有"向下看"的共同趋向，但前者更注重"群体研究"，而后者更注重"个体研究"；前者更强调对原有范式的补充、并存和交融，而后者更强调对旧范式的"反叛"与"替代"。前者属于"现代化"的文化潮流，而后者则属于西方"后现代"的文化流派。随着人类面临日益复杂而且多样的问题，要求历史提供的知识就不只是还原历史真相与判断是非，而是要开掘历史现象的纵深处，多层面地探究其内在根源与演变机制。如果仅限于某一专史领域，单一视角的知识则难以解答。社会文化史从社会史与文化史相结合的交叉视角，以文化视角透视历史上的社会现象，或用社会学的方法研究历史上的文化问题。它并没有严格的学科定义，始终是一个开放性的学科概念。它与通史和专史不是替代关系，而是补充关系。"社会文化交叉视角"不只适用于"社会文化史"的专属研究领域，也可以作为一种新史学范式，对于以往通史、专史单一视角的史学范式提供有益的补充。近年来，中国"社会文化史"研究出现微观史与深度描述、建构理论与概念分析工具、以记述叙事为主要表现形式等趋向，同时也存在着碎片化、平面化、理论与内容相脱节及"片面价值论"等缺陷。时代的挑战将促进社会文化史的发展，史

---

① 《社会文化史：史学研究的又一新路径》，《光明日报》2010 年 8 月 17 日第 12 版。

料数据化与网络化将为社会文化史学者利用大量民间史料提供更多便利。①

梁景和撰文指出，研究社会文化史涉及精英文化与大众文化的关系问题，精英文化源于大众文化，同时又是对大众生活和大众文化的体认、关注和指导，因此二者均不可偏废。研究社会文化史还需注意社会文化与国家意志的关系问题；注重研究社会运动的社会文化意义。社会文化史研究，应该借鉴以田野调查方法为重点的文化人类学理论与方法，同时应尽量拓展史料范围，除已经关注的一般史料外，诸如被目为野史稗乘的笔记、小说、戏曲、诗歌等，也需纳入研究的视野。②

环境史是 20 世纪 90 年代之后兴起的一个新的"学科生长点"，开辟了史学的新领域，目前已逐渐成为国际史坛之大宗。在我国，由于人与自然和谐的理念不断推展，环境史研究亦呈现显学之势，成果颇丰。《历史研究》2010 年第 1 期约集国内环境史研究专家，刊发一组题为"中国环境史研究"的笔谈，以支持、倡导环境史研究。

朱士光认为，环境史作为一门跨越地理科学、环境科学、生态学与历史学的学科，对于这几门相关学科的一些理论观点也当加以遵循，并在此基础上建构起自身更为完满的理论体系以指导环境史研究工作深入开展。但中国环境史研究脱胎于历史地理学，因而作为中国历史地理学理论基础的"人地关系"理念，亦应作为中国环境史的理论之基础与核心内容。只有以"人地关系"理念作为生态环境史研究之基本理论，进行周密严谨的研究，才能在推进实证性个案研究的同时，不断丰富、充实生态环境史的理论内涵，促进环境史理论体系建设。③

邹逸麟认为，环境史研究牵涉的学科面很广，一个人的知识和专业有限，因此，环境史研究需要多学科的交叉和合作，经过一系列的实证研究，最后才能建成一门理论体系完整的独立学科。就我国具体的环境史研究而言，应注意以下问题：（1）人口与土地利用问题；（2）对历史时期水环境变化的研究；（3）研究中国环境史，一定不能忽视整个社会体制的影

---

① 李长莉：《交叉视角与史学范式——中国"社会文化史"的反思与展望》，《学术月刊》2010 年 4 月；《社会文化史：史学研究的又一新路径》，《光明日报》2010 年 8 月 17 日第 12 版。

② 梁景和：《关于社会文化史的几个问题》，《山西师范大学学报》2010 年第 1 期。

③ 朱士光：《遵循"人地关系"理念，深入开展生态环境史研究》，《历史研究》2010 年第 1 期。

响；（4）环境史与社会史研究应该结合。① 蓝勇指出，历史时期中国环境的变迁并非呈现古代生态环境比近现代更好的直线发展趋势，人类较大的经济、军事、政治活动往往会对生态环境造成十分复杂的影响，环境变迁并非直线发展。这种环境变化的复杂性、非直线性使得我们在复原历史环境时不能仅在大区域内用文献材料简单插补后按级数递增、递减来复原，而更多地要将历史学、地理学、考古学、统计学、人类学的诸多方法结合起来，在分区域深入研究的基础上进行复原。② 王先明认为，就"环境史"定义的内涵而言，仍然定位于"自然生态"方面，但亦不可忽视对"社会环境"的研究。没有"社会环境史"的历史，将不是完整的社会历史；没有社会环境史的内容，也建构不起真正完整的"环境史学"。社会环境史研究的取向，不仅有助于弥补"环境史"偏重于自然史取向的单向发展，而且有助于社会史展示社会生活演变进程的丰富性和多面性，可以在人与环境、历史事件与环境相互作用的历史进程中，获取更为深刻、更具历史洞见的理性认知。环境史的社会史取向，既是以人为主体的历史学科发展的内在要求，也是史学面对当代社会发展的需求，实现其"学以致用"学科功能的重要体现。③

梅雪芹指出，中国古代环境史研究已取得较丰富的成果，而中国近现代环境史则是一个有待开拓的新领域。当前加强中国近现代环境史研究，不仅是学术问题，而且是对中国社会经济建设具有重要实践意义的现实问题。她认为，我们应从环境对人类历史的影响、人类活动对环境的影响及其反作用，以及人类有关环境的思想和态度等方面，提出中国近现代环境史的课题。比如，近现代战争、革命及其环境影响这一课题中就有许多问题需要进一步加以研究，尤其需要加强有关列强侵华战争对中国环境之破坏的研究。从事中国近现代环境史研究，要认真思考如何摆脱近代以降针对中西方历史和文化而出现的"传统"与"现代"、"落后"与"先进"等简单的二分思维，重新审视一些由来已久的规范性或主流认识。中国近现代环境史要取得大的发展，首先，要下大力气整理相关史料，包括进一步挖掘已有资料的新内容；其次，应全面开展相关专题的学术史考察，在此

① 邹逸麟：《有关环境史研究的几个问题》，《历史研究》2010 年第 1 期。
② 蓝勇：《对中国区域环境史研究的四点认识》，《历史研究》2010 年第 1 期。
③ 王先明：《环境史研究的社会史取向——关于"社会环境史"的思考》，《历史研究》2010 年第 1 期。

基础上拓展新方向、研究新问题。[①]

此外值得注意的是，中华民国史学科从无到有，如今已取得巨大成绩。但该学科的基本框架是在 20 世纪 70 年代确定下来的，由于特殊的背景，使得当初对中华民国史学科的研究对象进行了限制，将中国革命史的内容排除在外，人为地割裂了民国史的完整性，严重影响了对民国史发展状况与规律的总结。原有民国史学科体系已难以适应学科研究内容与方法上的多样化，目前已呈现民国史学科性质定义与研究现状不相称的窘境。在 2010 年 8 月召开的"第六次中华民国史国际学术研讨会"上，陈红民提出以"民国史观"来建构新的民国史学科体系。其核心内涵为：中华民国史研究的学科性质，应该定位为"断代史"，而非"专门史"，它是涉及民国时期政治、经济、军事、外交、文化艺术、社会发展等各方面的历史。只研究民国时期统治阶级及其人物活动，远不能反映民国史的全部内容。作为一部断代史，民国史的研究对象是 1912 年 1 月 1 日中华民国诞生至 1949 年 10 月 1 日中华人民共和国建立之间发生在中国的全部历史存在。考虑到历史的整体延续性，在时间上，上可追溯到晚清（与民国建立有关的史实），下可延至中华人民共和国建立后的若干年（民国残余势力的影响）。在空间上，发生在中国本土之外，但对民国进程产生重要影响的国际环境，也应给予关注。民国史研究的目的，是要从中国历史发展的长河中去评价与定位中华民国诞生、发展以至灭亡的历史过程，总结其特殊的历史规律。"民国史观"既是一种学术研究的观念，即强调学术中立性，尊重历史发展的客观规律；又是一种方法论，立足于现代化与国际研究视角，不拘泥于单一史料与"先验"结论。

（执笔人：王也扬、赵庆云）

---

① 梅雪芹：《中国近现代环境史研究刍议》，《郑州大学学报》2010 年第 3 期。

马克思主义史学理论研究发展报告

世界历史研究所唯物史观与外国史学理论研究室

　　马克思揭示了人类社会历史发展的规律，唯物史观对科学的历史研究具有不可替代的指导地位。回顾 2010—2011 年度中国马克思主义史学理论研究，在历史本体论、历史认识论、历史方法论、运用唯物史观分析重大历史和现实问题，以及对西方马克思主义史学理论研究等方面都取得了可喜的进展。这表明，尽管面临严重挑战，马克思主义史学理论却凭借其科学性，获得了更多人的关注和研究。下面，我们就 2010—2011 年度的马克思主义史学理论研究作出综述。

一　马克思主义历史本体论

（一）对唯物史观传入中国的研究

　　王贵仁的文章①对 20 世纪早期唯物史观传入中国时的演变进行了探讨。他认为，在社会因素与学术因素的双重作用下，当时中国学者对唯物史观的理解与阐释同马克思唯物史观理论原典存在很大差异，与当代中国学者对唯物史观的把握也不相同。唯物史观在中国的传播并非单纯的理论复制，而是有一个选择、理解和不断阐释的过程。中国学者最初将唯物史观解读为经济史观，带有明显的机械决定论倾向，关于阶级斗争的学说并未被纳入唯物史观的思想体系。以后，在阐释社会革命的过程中，学者们才将阶级斗争学说渗透进唯物史观理论体系，并视其为核心内容。

---

　　① 王贵仁：《20 世纪早期中国学者对唯物史观的阐释及其演变》，《史学理论研究》2010 年第 3 期。

杨艳秋的文章①对李大钊在中国马克思主义史学理论早期发展中的学术贡献进行了总结。她认为,从20世纪20年代初开始,李大钊在他的一系列史学理论著述中,自觉运用唯物史观,深入探讨了史学研究的对象、范围、任务、作用等历史学的一些重要理论问题,作出科学阐述。在历史本体论、历史认识论等方面构建起中国马克思主义史学理论的基本体系。

曹守亮、曹小文的文章②对唯物史观与新中国马克思主义史学理论的发展进行了系统梳理。文章认为,20世纪50年代中国史学界掀起学习唯物史观的热潮,使马克思主义史学成为中国历史学的主流。这一时期的史学研究尽管遭遇许多挫折甚至失误,却也取得丰硕成果。80年代,史学界在实事求是思想路线指引下,摆脱以往对唯物史观的机械、教条主义理解,重新步入健康发展轨道。90年代以来,唯物史观面临新的冲击和挑战,在反省历史和总结经验的基础上,中国马克思主义史学开创出许多新的研究领域,对于指导思想运用问题的反思、新问题的发掘、新研究领域的拓展,以及研究方法的借鉴与创新等方面均有长足的发展。

(二) 对唯物史观基本理论的研究

田心铭指出,《关于费尔巴哈的提纲》是马克思主义新世界观的历史起点和逻辑起点。《提纲》揭露和批判了从前一切唯物主义的主要缺点,在一系列重大问题上第一次提出了马克思主义的根本观点,申明了马克思主义的阶级基础和历史使命,显示了马克思主义的阶级性和实践性两个显著特点。只有站在无产阶级的立场,把它作为指导实践、改变世界的理论武器,才能真正弄懂并正确运用马克思主义。③

考察马克思在政治经济学研究中对唯物史观的运用是全面理解其思想的重要途径。安启念指出,在《1857—1858年经济学手稿》中,马克思一方面用物质生产力对资本主义社会的各种经济现象作出深刻分析,另一方面又强调这些现象与物质生产力都是在劳动实践的基础上不断发展着的。

① 杨艳秋:《李大钊对中国马克思主义史学理论体系的构建》,《北京联合大学学报》(人文社会科学版)2010年第3期。

② 曹守亮、曹小文:《唯物史观与新中国马克思主义史学的理论发展》,《史学理论研究》2010年第1期。

③ 田心铭:《"历史唯物主义的起源"——马克思〈关于费尔巴哈的提纲〉研读》,《思想理论教育导刊》2010年第2期。

他对资本主义社会的研究包括纵的和横的两个维度。以往，我们对唯物史观的纵的维度重视不够，对其历史性缺乏深度挖掘，没能全面反映马克思唯物史观思想。[①]

王立端认为，理清马克思形成亚细亚生产方式理论的研究方法，对准确理解亚细亚生产方式理论是有益的。马克思的学术生涯早期主要侧重于逻辑思辨方法，将印度和俄国等的农村公社视为原始公有制的遗存，并推论亚细亚生产方式即公社土地公有制。晚年则侧重于经验实证方法，应用人类学和民族学的成果对原始社会史和农村公社进行实证研究，使亚细亚生产方式所定义的公社土地公有制和原始社会氏族公社组织联系起来，科学揭示了人类早期社会从氏族公社到农村公社的演变过程，从而完善了唯物史观。[②]

朱传棨的文章[③]探讨了恩格斯对马克思主义唯物史观创立、完善和发展所作的贡献。首先，恩格斯对马克思创立唯物史观给予了重要的启示和影响；其次，恩格斯全面系统地论述了唯物史观形成的逻辑必然性（理论前提）和历史必然性（社会根源）及其方法论意义；再次，恩格斯晚年为丰富和完善唯物史观作出独特贡献，主要表现在他提出两种生产理论、历史合力论、家庭形式演进的顺序和内容及动力问题、自然与历史以及自然规律与历史规律的区别性与相关性问题等。

冯海波的文章[④]认为，阶级斗争模式、生产力模式、以人为本模式是马克思历史观的三种连续性模式，三者具有内在统一性，都是唯物史观的具体确证，它们共同构成唯物史观的丰富内容。这三种连续性模式又有其特定的逻辑层次和逻辑结构，阶级斗争模式是马克思历史观的表层结构，生产力模式是马克思历史观的中层结构，人本主义模式是马克思历史观的深层内核。系统梳理马克思所开创的这一理论模式，对于准确理解中国特色社会主义建设实践具有重大意义。

现时代需要对唯物史观做正本清源式的研究，以澄清人们在认识上的

---

① 安启念：《马克思唯物史观思想的两个维度——从〈1857—1858 年经济学手稿〉谈起》，《中国人民大学学报》2011 年第 2 期。

② 王立端：《准确理解马克思的亚细亚生产方式——以马克思形成亚细亚生产方式理论的研究方法为视角》，《三明学院学报》2011 年第 3 期。

③ 朱传棨：《论恩格斯对唯物史观的杰出贡献》，《马克思主义与现实》2010 年第 6 期。

④ 冯海波：《论马克思历史观的三种连续性模式》，《前沿》2010 年第 23 期。

误解与困惑。吴英的文章①指出，就当前来讲，一是如何理解发达资本主义国家不仅没有表现出腐朽、停滞、垂死的疲态，反而出现一定的繁荣和发展，并在全球化进程中居主导地位；二是如何理解以前苏联为首的苏东社会主义国家经过几十年发展，最终不但没有实现解放全人类的目标，反而重新回复到资本主义制度；三是如何理解中国在历经艰难的探索后，实行了市场经济改革，成功地走向社会主义市场经济的发展道路。这是当今时代三个最新的宏观命题，需要给出唯物史观的科学解释。

唯物史观是科学的历史观，不是故步自封的教条。荣剑的文章②指出，当前历史观领域的任何创新和发明均未超出马克思已经论说的那些原理。对历史学的考验在于如何按照唯物史观清晰准确地观察历史的主流，以及构成这个主流的每一支流。重要的是，应当在何种限度内来理解历史的这些本质性规定。

杨耕的文章③提出，相对唯物史观的教科书形态而言，现时代应重建唯物主义历史观。重建首先意味着回到马克思，重新审视唯物史观的"原本"，深入挖掘唯物史观的基本观点。其次，应注重研究唯物史观创始人有所论述、但又未具体展开、详加探讨的问题。而这些问题既是现代实践、科学和哲学的突出问题即"热点"问题；同时，现代实践、科学和哲学又为解决这些问题提供了现实的可能性，这是唯物史观在现代的理论生长点，同时要将它与唯物史观原有的基本观点有机结合起来。

具体到唯物史观指导历史研究的方法意义，董欣洁的文章④认为，恩格斯的"合力"思想在充分肯定生产力因素对历史发展的决定性作用的同时，强调了上层建筑和精神因素在历史发展中的作用，进而说明上述因素共同构成了历史发展的整体动力机制。世界历史形成的根源与动因是社会生产力的发展和它所导致的分工与交往的发展；而无数人的意志相互作用，通过融合构成历史发展的合力，推动世界历史由分散到整体的演进过程。从"合力"思想入手，有助于我们对推动世界史演变的不同层次、不同方面的各种力量作出充分的理解和阐释。

---

① 吴英：《在新的历史条件下坚持和发展唯物史观》，《史学理论研究》2010年第2期。

② 荣剑：《论历史观与历史价值观——对中国史学理论若干前提性问题的再认识》，《中国社会科学》2010年第1期。

③ 杨耕：《重建唯物主义历史观》，《中国社会科学报》2010年7月6日第7版。

④ 董欣洁：《恩格斯"合力"思想与世界史编纂》，《史学理论研究》2010年第2期。

　　王志华试图以后现代历史哲学的代表人物海登·怀特的思想为切入点，认为唯物史观的理论主旨和问题意识都和后现代思潮格格不入，这二者之间不可避免地存在着激烈的理论冲突；怀特的历史哲学的关键点有两个：一是其反实在论的本体论立场；二是其语言决定论的主张，怀特的历史哲学存在着它自身无法克服的内在矛盾，这一矛盾只有在历史唯物主义的指导下才能从理论上加以认识并得到澄清。[①]

（三）对马克思主义社会形态理论的研究

　　马克思主义社会形态理论是唯物史观的核心思想与基础理论，它阐述了人类社会的进步表现为社会形态更替和发展的有规律的历史进程。吴波的文章[②]认为，这一理论包含着对人类社会的横向说明和纵向阐释两方面内容。对前者的把握，需要将人的实践活动与社会形态的变化联系在一起考察；而对后者的把握，则需要将马克思社会形态演进与资本主义社会的暂时性和历史性联系在一起考察。20世纪以来的社会主义和资本主义的历史演进，乃是马克思社会形态理论科学性的具体验证。

　　改革开放以来，我国史学界曾就历史发展阶段性问题展开过两次大讨论。卢钟锋的文章[③]认为，"三形态说"相对于"五形态说"虽都属于历史发展阶段性的论析，从不同角度、不同历史层面反映着马克思关于历史发展阶段性的观点。但是，"三形态说"是依据人的精神自由度的演化对历史发展阶段所做的划分，"五形态说"则是根据生产方式的变革对历史阶段所做的划分。两说的理论依据不同，不能相互取代。应该是坚持历史发展阶段的"五形态说"，并把"三形态说"作为"五形态说"的补充阐释。

　　王伟光指出，社会形态理论是马克思主义经典作家以深邃的历史洞察力深刻剖析人类社会历史发展进程收获的重要理论硕果。其根本要旨在于说明，人类社会发展囿于生产力与生产关系的矛盾运动，由不同的历史阶段构成，表现为不同的社会形态演进。唯物史观提出人类社会经历着五种

　　① 王志华：《唯物史观与后现代史观之间的论争——以海登·怀特的历史哲学为例》，《史学理论研究》2011年第1期。
　　② 吴波：《马克思社会形态理论内在逻辑的当代解读》，《河海大学学报》（哲学社会科学版）2010年第4期。
　　③ 卢钟锋：《马克思的社会形态学说与历史发展阶段性问题》，《中国史研究》2010年第2期。

社会形态，讲的是一种总的历史趋势，或者说总的历史规律。但马克思主义从来不以认识历史过程的一般规律为满足，而是努力进一步探索不同民族、国家和地区符合一般规律的特殊发展道路。[①]

庞卓恒从马克思有关社会形态的四次论说体察其社会形态理论的核心内容及其发展。他指出，马克思绝不是要认定其中每个形态和更迭顺序都是各个民族"普遍必经"的阶段，绝非要描绘那样一个"一般发展道路"的公式。他始终强调各个民族的社会形态从低级向高级发展的规律是共同的，但具体的发展道路和模式是千差万别的，这是马克思社会形态理论的核心。这一理论充分肯定了历史活动主体对社会形态选择的能动性。[②]

针对当前理论界有人对马克思社会形态理论提出质疑，否定社会发展规律的客观性问题，靳辉明的文章[③]指出，马克思通过对人类社会演进的横向剖析，从一切社会关系中划分出生产关系这个决定其他一切关系的最基本和最原始的关系，用唯物辩证的观点去认识和说明社会演化的历史现象，揭示了人类社会的发展规律，这在人类认识史上具有破天荒的意义。马克思关于五种社会形态思想的理解和表述经历了一个不断走向成熟的演进过程，是经过长期刻苦研究而得出的科学结论，适用于世界历史一般的发展进程。

于沛的文章[④]通过对"世界现代史"主线和体系的研究阐发了马克思主义社会形态理论。他认为，这一理论揭示了人类社会历史发展中的共性，但从不否认每一民族从自身实际出发有自己独特的历史发展道路。世界历史发展的一般规律不仅不排斥个别发展阶段在发展形式或顺序上表现出的特殊性，反而是以此为前提的。因此，不应把社会发展的普遍规律和特殊规律对立起来。

---

①　王伟光：《深入研究中国发展道路和发展经验　丰富和发展马克思主义社会形态理论》，《中国社会科学》2011 年第 1 期。

②　庞卓恒：《马克思社会形态理论的四次论说及历史哲学意义》，《中国社会科学》2011 年第 1 期。

③　靳辉明：《马克思社会形态理论的科学性和客观性》，《中国社会科学报》2010 年 6 月 15 日第 2 版。

④　于沛：《关于"世界现代史"主线和体系的理论思考》，《史学理论研究》2010 年第 1 期。

（四）对马克思主义意识形态理论的研究

马克思主义意识形态理论是作为唯物史观的重要组成部分构建的。余源培的文章①认为，其基本前提是正确解决社会存在和社会意识的关系；其基本主张是从人类"社会有机体"的整体结构出发的。只有唯物史观才能正确把握意识形态的社会功能和作用，防止各种片面性。马克思着重批判意识形态的虚幻性，针对的是资产阶级的意识形态，不能将其普泛到马克思主义。列宁批判伯恩施坦制造的意识形态与科学的分界，强调了马克思主义意识形态的科学性，这是一个重要贡献。而西方某些学者制造的意识形态终结论则是别有用心的当代神话。

胡潇的文章②指出，马克思、恩格斯在创建唯物史观的科学探索中，在对以德国为代表的整个资本主义社会文化的批判中，始终将意识形态问题的唯物主义究诘作为与唯心主义斗争的焦点。他们基于人们的社会存在决定人们的社会意识这一根本原则，从经济生活、政治生活、精神生活的相互联系界说意识形态的反应机制和社会功能；从社会意识与社会主体相互生成、相互规定的关系，界说意识形态的主体性机制和阶级属性；从社会意识的存在样式及其知行关系，界说意识形态的认识特征和实践性品格。

社会主义核心价值体系是社会主义意识形态的本质体现。2006年中国共产党十六届六中全会明确提出，要建设社会主义核心价值体系。李景源的文章③对"核心价值体系"进行探讨，认为这一概念的提出不仅凸显了中国发展观念上的理性自觉，而且对中国道路所涵盖的历史独创性给予了充分肯定。只有把核心价值体系和中国发展道路问题结合起来，才能为中国未来的发展提供源源不断的思想资源。中国特色社会主义是价值体系的核心。改革开放、独立自主、和谐发展、和平发展是中国发展的主要经验。而贯穿这四个方面的解释原则是以人为本。构造先进文化和社会主义核心价值体系的支点是历史理性，即要以唯物史观为指导，来解决人生观、价值观的问题。

---

① 余源培：《论意识形态研究中的四个基本问题》，《河北学刊》2010年第1期。
② 胡潇：《马克思恩格斯关于意识形态的多视角解释》，《中国社会科学》2010年第4期。
③ 李景源：《核心价值体系与中国发展道路》，《马克思主义研究》2010年第5期。

二　马克思主义历史方法论

　　侯惠勤的文章①从总体上将马克思主义方法论概括为四大基本命题，并对每一个命题的内涵予以了厘清。他首先辨析了在马克思主义方法论理解上的两种错误：一种错误强调马克思主义的科学性、确定性、完整性，却忽略其随着实践的发展而发展的开放性、变动性和不确定性，导致对马克思主义的僵化认识；另一种错误是强调马克思主义的灵活变动和开放，但忽略其立场和基本观点的确定、公开及不可违背，从而导致对马克思主义的严重偏离。他认为，马克思主义是方法论和世界观的统一，即马克思主义方法本身便是马克思主义世界观的体现，也是其基本原理的表达；它集中体现于理论与实际的相结合。因此，从基本原理和方法论的统一上准确把握马克思主义，乃是正确解读马克思主义的基本要求。作者将马克思主义方法论的四大基本命题概括为："一切从实际出发"、"对具体情况作具体分析"、"历史和逻辑相一致"、"理论与实践相结合"，并对这些命题上的似是而非的认识作出了辨析。

　　王南湜的文章②认为，马克思所谓的"消灭哲学"是要消灭那种无视"可变事物"（即现实生活实践）并将之归结为超验的永恒存在的形而上学，代之以"描述人们实践活动和实际发展过程的真正的实证科学"。马克思所主张的唯物主义，作为一种"描述人们实践活动和实际发展过程"的方法，是在将社会生活分为物质生活过程和意识生活过程两个方面的基础上，从物质生活过程出发去说明意识生活过程。那么，马克思的这种方法论唯物主义是否有某种本体论的意蕴呢？文章认为，就人类生活实践是一种客观的实在而言，可以在某种意义上说这种被证明的真理性的思维具有一种本体论的意蕴。但不是从思辨形而上学所设定的、符合于超验的"实在的存在"意义上的本体论意蕴，而是将人类现实生活实践作为一种实在的意义上的本体论意蕴。

　　舒也的文章③认为，对马克思哲学的研究，学界关注的多是马克思哲

---

　　① 侯惠勤：《马克思主义方法论的四大基本命题辨析》，《哲学研究》2010 年第 10 期。
　　② 王南湜：《论马克思的方法论唯物主义》，《马克思主义与现实》2010 年第 6 期。
　　③ 舒也：《马克思的方法论转向》，《宁夏社会科学》2010 年第 6 期。

学思想在不同时期的发展变化，却很少关注马克思哲学在方法论上的重大转变。马克思主义哲学有着一个科学的发展历程，在发展的过程中经历两大方法论转向：一是由"哲学的思辨方法"向"实证的方法"的转向，作为这一转移的结果，马克思开始由无神论唯物主义向"方法论的唯物主义"转移。二是由"哲学的思辨方法"向政治经济学方法的转向。马克思认为，思辨哲学过于抽象，乃至于掩盖了现实的剥削关系，从而导致对资本制度的无批判性。因此，有必要借助政治经济学的分析方法来实现对资本制度的批判。

程立的文章①认为，由于对辩证法的方法论前提、理论边界和批判本质缺乏足够的理性分析和深入思考，所以人们面对辩证法时不是异端式的一味排斥，就是教条式的一味赞扬。作者将辩证法概括为：（1）辩证法在分析现代社会时，首先是对这个社会的肯定理解，这个肯定的理解，是辩证法中不可或缺的一个必要环节；（2）马克思认为，他所揭示的这一现代社会运动规律所处的社会历史阶段，既不能跳过，也不可取消，亦即不可跨越；（3）辩证法的运用只是为了揭示这一社会形式的必然灭亡性和历史暂时性，马克思本人更为强调的是辩证法的革命性和批判性方面。

姜建成的文章②认为，科学把握"什么是马克思主义，怎样对待马克思主义"重大命题的关键环节在于深刻揭示马克思主义方法论的特质。只有从整体性、实践性、开放性和真理性上阐释马克思主义，才能把握马克思主义方法论的特质。而把握马克思主义方法论特质，就是要坚持用马克思主义的立场、观点和方法来分析新情况、研究新问题、提出新理论、指导新实践，不断开创马克思主义在当代中国发展的新境界。就是在全面建设小康社会的伟大实践中，要创新发展理念，破解发展难题，转换发展方式，揭示发展规律，推动经济社会又好又快发展。从而使中国特色社会主义道路越走越宽广，真正实现中华民族的伟大复兴。

杜凌飞的文章③认为，马克思、恩格斯的东方社会理论开创了马克思主义东方社会理论的新领域，通过对印度和俄国发展状况的分析研究，马

---

① 程立：《〈资本论〉方法论的重新审视》，《延边大学学报》2010年第1期。

② 姜建成：《论马克思主义方法论特质》，《苏州大学学报》2010年第7期。

③ 杜凌飞：《马恩东方社会理论对科学社会主义的方法论启示》，《科教新报（教育科研）》2010年第19期。

克思提出了著名的跨越"卡夫丁峡谷"的论断。作为科学社会主义的有机组成部分,这一理论的创立和发展对科学社会主义理论的发展作出了重要贡献,主要体现在它的方法论意义上。这种方法论意义主要表现在以下四个方面:一是科学社会主义要坚持整体性的发展和研究原则;二是科学社会主义要坚持继承性的发展和研究原则;三是科学社会主义要坚持理论与现实存在差距的研究原则;四是科学社会主义要坚持历史规律与主体选择统一的研究原则。

吴婧的文章①归纳了《共产党宣言》的三个方法论原则。它们是:第一,《宣言》突出表明了现实性原则,要求我们依据现实情况得出科学结论,坚持实事求是的精神;第二,《宣言》表明了理论要不断发展的原则,强调马克思主义要伴随着时代的进步而同步发展,以正确把握时代发展的主题;第三,《宣言》表明了研究人类社会的整体性原则,强调要有全球化视野和开放性思维。

三 马克思主义历史认识论

何怀远的文章②认为,人们对历史唯物主义的理解之所以会出现分歧是由于以下三个方面的原因:一是因为马克思、恩格斯都有一个思想转变过程,即使在思想定型后,也有一个不断丰富和深化的过程;二是因为马克思、恩格斯留下的浩如烟海的文本、大量手稿或因反复修改、誊抄而顺序散乱,或因长期辗转而破损缺失,给理解文本带来巨大的困难;三是因为马克思主义政党革命和建设的需要不同,面临的时代特征和实践条件不同,也难免会产生不同的思维定式和需求选择。由于上述原因,在认识论方面,对历史唯物主义的理解沿着反映论和实践论两条线索延展。反映论线索强调,历史是对人类社会历史的客观反映,反映社会历史运动发展是历史唯物主义建构理论体系的基础。实践论线索强调了人的主观能动性,强调认识是在对客体的改造中形成的。反映论和实践论这两条线索始终伴随着对历史唯物主义的理解。

---

① 吴婧:《论〈共产党宣言〉的方法论原则及现实意义》,《黑龙江史志》2010年第1期。
② 何怀远:《历史唯物主义理解史中的反映论与实践论线索》,《中国社会科学报》2010年12月7日。

吴英的文章《历史价值判断何以成为可能?》① 指出，历史判断分为事实判断、成因判断和价值判断三类。其中事实判断是对所发生事实的确定，成因判断是对事实为什么会发生的解释，价值判断是对所发生事实的评价。过去人们常常认为，在事实判断和价值判断之间存在着无法逾越的鸿沟。文章认为，人们的确不能从发生的事实直接给出对事件的对与错、正或误的评价。但是当人们进一步了解到该事实为什么会发生以后，就能够在此基础上对事实作出价值评判，从而对人们应该如何去做提供指导。也就是说，成因判断乃是跨越事实判断和价值判断之间鸿沟的关键。而唯物史观由于对人类社会历史演进作出了科学的成因判断，从而为作出正确的价值判断提供了可能。

张华的文章②认为，如果不从存在论意义上理解实践，而仅从认识论意义上理解实践，仅强调马克思将实践观引入认识论从而解决了认识真理的客观性问题，是看不清马克思的真理观及其实质变化的。在马克思看来，实践的主体"人"是知、情、意的统一主体，作为主体的人的实践活动既是求真又是求善还是求美的生活活动。人在改造现实世界的实践中获得并证实真理性的认识，这同时也就是在追求实现自身的人生价值意义（即求善）。人在实践的对象化过程和结果中不断肯定自身的无限创造能力从而获得美的体验。马克思的生存论视域下的以实践为基础的真理观最终的价值追求就是让人回到现实的生活世界中来，创造越来越美好的现实生活，不断提升人类的生活质量。

石敦国、唐忠宝的文章③认为，人与自然或思维与存在的同一性问题是认识论的根本问题。对于传统认识论来说，它是一个难解之谜，因为传统认识论把它局限在单纯的认识领域，把认识和实践抽象地割裂开来。在马克思看来，人的认识之所以是可能的，人与自然或思维与存在之所以具有同一性，是因为人的存在方式即实践本身就是这种同一。这样，认识必然是在实践中对实践的认识，实践必然是认识着的实践。物质劳动与精神劳动的历史性分离导致了认识和实践的抽象割裂，并产生了知识的异化和知识对人的统治。只有消灭自发的分工，才能重建认识与实践的统一，变

① 吴英:《历史价值判断何以成为可能?》,《中国社会科学报》2011 年 3 月 24 日。
② 张华:《论马克思的真理观》,《资治文摘》(管理版) 2010 年第 4 期。
③ 石敦国、唐忠宝:《马克思主义实践认识论求解》,《甘肃社会科学》2010 年第 1 期。

抽象认识论为实践认识论。

陈燕的文章①指出，自 17 世纪开始、特别是 18 世纪，认识论在哲学中占了中心地位。主体性认识论发端于近代理性主义的创始人笛卡尔，他认为，只要"自我"从自明的前提出发，经过严格的演绎推理，就能获得和客观世界相一致的客观性认识。而洛克则认为，一切知识起源于感觉，心灵所获得的理性和知识都来源于经验，结果导致了经验论和唯理论的分歧。马克思主义创始人将科学的实践范畴引入认识论，这就在主体和客体之间架设了一座连接两者的桥梁，揭示出认识活动是人们通过自己的实践活动能动地反映客观世界的过程。不仅认识的能力是在实践中获得的，认识的内容也是在实践中获得的。正是由于实践的发展，推动着认识的前进，为人们透过现象去把握本质提供了现实的可能性。

陈德玺的文章②认为，列宁关于认识论的基本观点可以概括为三个方面，即"1. 物是不依赖于我们的意识，不依赖于我们的感觉而在我们之外存在着的。2. 在现象和自在之物之间决没有而且也不可能有任何原则的差别。差别仅仅存在于已经认识的东西和尚未认识的东西之间。3. 在认识上和在科学的其他一切领域中一样，我们应该辩证地思考，也就是说，不要以为我们的认识是一成不变，而要去分析怎样从不知到知，怎样从不完全的不确切的知到比较完全比较确切的知"。而列宁的这些认识论结论并非主观臆想，而是本着马克思主义哲学的基本精神所得出的科学结论。这一结论是对恩格斯—狄慈根—普列汉诺夫关于认识论和辩证法的继承与发展，它对 19 世纪末 20 世纪初的哲学问题做了一个全面的总结和概括，把马克思主义哲学推向了一个新的历史高度，进一步丰富和完善了马克思主义哲学的认识论。

李杰连续发表文章对唯物史观的历史认识论问题作出探讨。他有关普列汉诺夫的历史认识论的文章③指出，长期以来，人们注重从历史理论方面展开对马克思主义史学理论的研究，而对唯物史观历史认识论的研究关注较少，使之成为马克思主义史学理论研究中的一个薄弱环节。重新审视普列汉诺夫的历史认识论有助于推进对唯物史观历史认识论的探讨。普列

---

① 陈燕：《实践认识论的理路》，《边疆经济与文化》2010 年第 1 期。
② 陈德玺：《浅析列宁关于认识论的三个基本结论》，《理论界》2010 年第 8 期。
③ 李杰：《普列汉诺夫的历史认识论及其评价》，《山东社会科学》2010 年第 5 期。

汉诺夫对历史认识论的研究可以概括为四个方面：第一，针对有些人认为唯物史观不重视研究自我意识、理性、思维形式的观点，普列汉诺夫提出唯物史观也有自己的认识论；第二，针对唯心主义把认识主体作为认识发生的起点和归宿的观点，普列汉诺夫提出，认识主体和认识客体是可以相互转化的，认识主体也可以是被认识的客体；第三，针对将历史知识和自然科学知识对立起来的观点，普列汉诺夫提出它们具有同一性的观点；第四，针对将历史认识真理看成是认识主体的属性的看法，普列汉诺夫提出了历史真理是认识主体对客观事物的反映的观点。但普列汉诺夫的历史认识论也存在不足，主要体现在他对历史认识主体的作用论述不够充分，或者说，他在论证历史认识的性质等问题时着眼点放在了客观性方面，而对于主观形式方面论述较少。

李杰有关列宁的历史认识论的文章①对列宁的历史认识论进行了较为系统的研究。他在阐释了列宁的历史认识论基础上，就列宁历史认识论对于建设唯物史观认识论的意义归纳了三个方面：一是列宁指出了唯物史观历史认识论发生论与非唯物史观历史认识论发生论的区别，前者从事实出发，后者从概念出发。二是列宁强调了唯物史观历史认识论目的论与非唯物史观历史认识论目的论的区别，前者主张历史认识的目的是提高人们的自我意识，提高无产阶级的阶级觉悟，帮助人们认清历史和现实的联系，把握历史的趋势，自觉地从事人类历史的进步事业。后者主张历史认识是一种文化活动，主要目的是为了文化本身，忽略了历史认识对于现实的实践作用。三是列宁非常突出地强调了历史认识具有党性原则，指出唯物史观历史认识的本质是站在劳动者阶级的立场上评价历史。

崔磊磊的文章②认为，马克思主义哲学认识论是对德国古典哲学认识论改造的结果。这表现在三个方面：一是认识主体的改造。传统哲学将认识主体看作是一种不变的实体，而且否认非理性主体的存在。马克思主义认识论认为，人是社会的、历史的产物，每个时代的人都必然受到不同社会现实的制约。二是认识客体的改造。传统哲学将认识主体置于客体之上，而且将客体限制在不变的自然存在物上。马克思主义认识论认为，主

---

① 李杰：《列宁的历史认识论》，《史学理论研究》2011 年第 2 期。

② 崔磊磊：《马克思主义哲学认识论及现实意义浅探》，《商丘职业技术学院学报》2010 年第 4 期。

客体是认识的两极，缺一不可，不存在地位高低的问题；客体不仅具有自然属性，而且具有社会属性。三是对认识真理的检验。传统哲学不存在认识检验问题，即使有，也是思想范围内的检验。马克思主义认识论确立了实践检验认识的外部标准。正因为马克思主义实现了认识论方面的革命，所以马克思主义的认识论是以改造世界为旨归。

四　在唯物史观指导下对重大历史理论问题的探讨

（一）世界现代史的主线和体系

马克思主义创始人通过分析世界近代历史、特别是资本主义发展史的特点和趋势，为我们学习和研究世界现代史提供了理论指导。今天，撰写一部新的《世界现代史》教材已成为时代的需要，而探究世界现代史的主线和体系，则是完成这样一部《世界现代史》的基础和前提。为此，中央马克思主义理论研究和建设工程"世界现代史课题组"出版了《世界现代史的主线和体系》一书，[①] 对这一问题进行了积极而深入的探讨。

于沛的文章[②]指出，世界现代史的学科体系是指世界现代发展时期在历史矛盾运动主线的主导下，构建起来并反映这一历史进程本质内容的框架体系。其中，马克思主义社会形态理论是划分时代的标准；从资本主义向社会主义过渡是世界现代史的主线；十月社会主义革命揭开了从资本主义向社会主义过渡的序幕。世界现代史有着丰富的内容，除资本主义、社会主义、民族解放运动外，还不应忽视文化、生态环境因素，以及中国在世界现代历史进程中的影响和作用。

徐蓝的文章[③]认为，编写世界现代史教材的一个重要任务是以马克思主义和中国特色社会主义理论体系为理论指导，以世界全局的眼光，注重人类自身的活动，综合考察自 19 世纪末 20 世纪初直至 21 世纪以来的世

---

① 于沛主编：《世界现代史的主线和体系》，中国社会科学出版社 2010 年版。

② 于沛：《关于"世界现代史"主线和体系的理论思考》，于沛主编《世界现代史的主线和体系》，第 1—22 页。

③ 徐蓝：《坚持唯物史观　吸收最新成果——对编纂世界现代史教材的一些看法》，于沛主编《世界现代史的主线和体系》，第 23—32 页。

界各地区、各国、各民族的历史，揭示历史的纵向发展与横向联系。这样一部教材应当包括以下几个重要内容：（1）资本主义的发展；（2）社会主义从理论到实践的发展；（3）殖民体系的瓦解和发展中国家的发展；（4）国际关系的演变发展；（5）不断发生的科技革命和丰富多彩的多元文化的发展与社会生活的变化。

李世安的文章①讨论了世界现代史的开端问题，他坚持以俄国十月社会主义革命为世界现代史的开端，根据如下：第一，社会主义的诞生标志着一个伟大的、与过去时代完全不同的新时代的到来；第二，社会主义制度是作为帝国主义的对立面出现的，社会主义的出现本身就与垄断资本主义有关。俄国十月社会主义革命既能反映资本主义的发展变化，又能反映社会主义的诞生，从理论到实践都具有作为世界现代史开端的合理性。

黄民兴的文章②主张以生产技术的发展来划分时代，并总结了世界现代史的七个基本特征。第一，工业文明逐渐向以信息产业、生物产业和空间产业为核心的新文明发展；第二，社会主义工业文明的兴起与资本主义工业文明的斗争，第三世界的工业化以及围绕着发展道路的斗争；第三，作为中心地区的西方近代资本主义通过各种形式的扩张，将其内在矛盾转移到东方国家；第四，资本主义在发展中暴露出深层次的矛盾；第五，世界一体化、经济全球化不断发展；第六，人类社会面临共同性的全球问题，如环境、气候、粮食、难民、核扩散等；第七，国家关系向由民族国家构成的较为平等的体系转变，战争作为一种国际关系行为被国际法所抛弃。

吴英的文章③同样坚持以十月革命作为世界现代史的起点，并提出世界现代史编纂的主线是世界不同类型国家各自的发展与相互之间的影响和矛盾演化。以此为基础，世界现代史可划分为三个阶段。第一个阶段，从1917年十月革命至1945年第二次世界大战结束，其特点是资本主义国家对霸权的争夺；第二个阶段，从1945年第二次世界大战结束至1989年苏

---

① 李世安：《历史分期与世界现代史的开端》，于沛主编《世界现代史的主线和体系》，第33—45页。

② 黄民兴：《关于世界现代史体系之我见》，于沛主编《世界现代史的主线和体系》，第46—58页。

③ 吴英：《对世界现代史编纂的几点看法》，于沛主编《世界现代史的主线和体系》，第59—72页。

东剧变，其特点是资本主义国家与社会主义国家的较量；第三个阶段，从1989 年苏东剧变至今，其特点为资本主义国家与社会主义国家的发展竞争。

(二) 文化与文明理论

文化与文明作为人类社会生活的重要表征，从未脱离唯物史观创立者的理论视野。今天，文化与文明建设已成为我国社会主义建设的重要组成部分。探讨马克思主义的文化与文明理论，对于指导学术界的文化与文明研究，推动我国的社会主义精神文明建设，都有着重要的指导意义。

左亚文的文章①考察了马克思的文化观念。他指出，马克思的文化观是辩证的文化观，而辩证的文化观必然是多维和多义的开放系统。无论是关于文化本质还是文化和经济的关系，都应该从一个多维的视域来加以观照和解读，而不能固守单一的维度，拒斥其他的范式。鉴于此，我们应当在反思传统文化观的基础上，对马克思的文化观作出新的多维解析。任何把马克思关于文化概念的定义单维化和单一化的观点，都是与马克思的辩证的文化观相悖逆的。

苏晓明提出，马克思文化理论的形成有着深厚的历史渊源，体现出明显的历史传承性，主要包括三个方面：维柯的理论开创、康德哲学的引导以及黑格尔对文化理论的探索。深入研究马克思文化理论的渊源和脉络，有助于我们进一步加深对文化哲学的认识，更加全面地理解马克思文化理论，更好地促进我国社会主义和谐文化建设。②

童萍的文章③对国内马克思主义文化理论研究的现状和问题作出总结。作者看到，近年来，马克思主义文化理论的研究取得明显进展，主要表现在对马克思主义经典作家文化理论的研究扎实推进、国外马克思主义文化理论研究不断拓展、中国特色社会主义文化建设的研究异常活跃、对建构马克思主义文化理论进行学理上的持续探索。但亦有不足和存在的问题，主要表现在对马克思主义经典作家特别是马克思恩格斯的文化思想研究还略显薄弱，对马克思主义文化理论缺乏历史的、系统的整体把握，对西方

---

① 左亚文：《马克思文化观的多维解读》，《学术研究》2010 年第 3 期。
② 苏晓明：《马克思文化理论渊源探析》，《山东省农业管理干部学院学报》2011 年第 2 期。
③ 童萍：《我国马克思主义文化理论研究的现状和问题》，《岭南学刊》2010 年第 4 期。

文化哲学与马克思主义文化理论的相关性研究还有待加强。

尽管马克思没有专门系统地论述文明问题，但散布于其著作各处的论述，还是能使我们较为明晰地勾勒出他的文明理论。吴英的文章①从文明的本质、文明演进的动力、文明体的结构层次、文明演进的历史阶段以及文明体交汇走向世界大同的趋势等方面，探讨了马克思的文明理论，发现马克思对人类社会文明的阐释构成了一个完整的理论体系。作者特别提到，应当以马克思的"三形态"理论作为文明发展阶段划分的依据。

（三）环境危机与生态文明

当今人类正面临着严重的环境和生态危机，要走出这一危机必须要有正确的理论指导。历史唯物主义一度被一些西方学者认为是同技术决定论、人类中心主义联系在一起的，缺乏对自然生态环境的考虑。这种观点甚至影响了国内学术界。然而，马克思在《1844 年经济学哲学手稿》和《资本论》等文献中的论述表明，唯物史观中蕴涵着丰富的生态学思想，可以为我们提供强大的理论支持。

刘建伟认为，尽管在马克思生活的时代，环境问题并不像今天这样突出，但马克思还是见微知著、富有前瞻性地论述了人与自然的关系问题，形成了人的自然属性和社会属性相协调、内在尺度和外在尺度相统一的环境伦理思想。马克思的环境伦理思想将人与自然之间的伦理放到社会历史和生产关系中考察，超越了纯粹的人类中心主义和生态中心主义的藩篱，对我们今天构建和完善马克思主义环境伦理学具有重要意义。②

李崇富探讨了马克思主义生态观所涵盖的基本问题的逻辑思路。他认为，这一思路至少包括对自然生态系统本身、人类与自然界之间、社会与自然界之间的三大关系，矛盾和问题的正视，以及思考和解决。研究、阐述和解决这三个方面基本问题的思路，是为了增进对生态规律、生态价值和生态效益、生态公益和生态伦理三个层次的自觉认识、把握和理论综合或阐明。在我国生态环境问题相当严峻，经济社会发展面临的资源环境约束强化的态势下，关于两型社会建设基本国策的提出就是为了缓解和破解

---

① 吴英：《马克思的文明理论》，陈启能、姜芃等：《世界文明通论·文明理论》，福建教育出版社 2010 年版。

② 刘建伟：《马克思的环境伦理思想》，《科学经济社会》2011 年第 1 期。

这一严峻形势的一项重大战略应对。因此，马克思主义生态观对建设两型社会具有重大的现实意义。①

　　陈学明的文章②介绍了美国生态马克思主义学者 J.B. 福斯特对马克思生态世界观的阐释。在福斯特看来，马克思主义完全能够指导人类走出当前的生态危机。具体说来，马克思在《资本论》等著作中所提出的"新陈代谢"理论就已经包含着丰富的生态观点。借助这一理论，马克思把他对资本主义政治经济学的以下三个方面的批判联结在一起：对直接生产者的剩余产品的剥削的批判、对资本主义地租理论的批判以及对马尔萨斯人口理论的批判。在此基础上，马克思对资本主义的研究深入到了人与自然相互关系的领域，从而展开了对"环境恶化"的深刻批判，其中"预示着许多当今的生态学思想"。

　　王雨辰的文章③在评介西方生态学马克思主义的基础上，结合国内学术界对生态文明理论研究的现状，揭示了生态学马克思主义理论的特点及其当代意义。作者看到，生态学马克思主义理论家不仅对西方绿色思潮对历史唯物主义的质疑进行了系统的回应，而且他们或者通过对历史唯物主义进行修正和重建，或者通过对历史唯物主义的生态内涵进行系统挖掘和阐发，建立了以历史唯物主义为基础的生态文明理论。这为人们解决环境和生态问题提供了丰富的理论源泉。

　　李怀涛的文章④强调，马克思虽然没有使用过生态术语，但他的自然观中蕴涵着生态的理念。他在早期持人类学的自然观，尽管有关于人与自然和谐的生态思想，但终究把自然归为人化自然，存在生态理念的局限性。在实现哲学革命变革后，马克思确立了以实践为中介的自然观，并具体到生产方式的历史分析，真正实现了人与自然的辩证统一，体现了科学的生态观。由此出发，马克思深入剖析资本主义生产方式，对资本主义物质变换裂缝进行了生态批判。马克思自然观中所蕴涵的丰富的生态理念，对于回应今天西方生态理论、解决生态危机以及建设生态文明社会提供了

　　① 李崇富：《马克思主义生态观及其现实意义》，《湖南社会科学》2011 年第 1 期。

　　② 陈学明：《马克思"新陈代谢"理论的生态意蕴——J.B. 福斯特对马克思生态世界观的阐述》，《中国社会科学》2010 年第 2 期。

　　③ 王雨辰：《以历史唯物主义为基础的生态文明理论何以可能——从生态马克思主义的视角看》，《哲学研究》2010 年第 12 期。

　　④ 李怀涛：《马克思自然观的生态意蕴》，《马克思主义研究》2010 年第 12 期。

宝贵的思想资源。

随着当代中国社会生态文明进程的不断深入，以及人们保护自身生存环境意识的不断增强，生态权利冲突也日渐显著。崔义中、李维维的文章①分析了生态权利冲突的内容和成因，并以马克思主义生态文明的基本思想为指导，从权利冲突与平衡的角度，提出以法律手段协调、经济手段协调、政治手段协调和道德手段协调四个方面建立健全利益协调机制，以期推动当前中国社会的生态文明建设，促进人与人、人与自然、人与社会的和谐共生、良性循环、全面发展和持续繁荣。

（四）经济问题与社会发展

马克思的社会发展理论是与马克思的社会生产理论、社会交换理论、社会结构理论和社会冲突理论紧密相连的有机体。马克思的社会发展理论不仅包括对东、西方社会不同的发展历史、现状及向社会主义、共产主义过渡的途径、道路问题的分析，提出了关于社会发展的一般规律、动力以及社会形态依次更迭的理论，而且也包括了对整个社会发展过程中一些具体社会形态所进行的研究。其中，对资本主义社会发展的特殊规律和人类社会发展的普遍规律所进行的经济与社会分析尤为重要。

朱炳元的文章②运用马克思研究政治经济学的方法，即抽象法和从抽象上升到具体的方法，分析了不久之前发生的国际金融危机。作者认为，这次金融危机的根本原因是资本主义固有的基本矛盾，具体原因是虚拟资本的无序发展和虚拟经济与实体经济的失衡，直接原因或导火线是美国次级贷款的盲目发放。关于这次危机的影响，从短期看，贸易保护主义会抬头；从中期看，产业结构调整的势头会加快；从长期看，资本主义的历史暂时性会得到进一步体现。旗帜鲜明地揭示这次危机的实质和根源，坚定不移地贯彻落实科学发展观，毫不动摇地坚持中国特色社会主义，是我们防范和应对金融危机的根本保证。

杨继国的文章③提出，马克思增长模型的启示在于，导致经济周期和

---

① 崔义中、李维维：《马克思主义生态文明视角下的生态权利冲突分析》，《河北学刊》2010年第5期。

② 朱炳元：《马克思主义视野下的国际金融危机》，《马克思主义研究》2010年第2期。

③ 杨继国：《基于马克思经济增长理论的经济危机机理分析》，《经济学家》2010年第2期。

危机的直接变量是资本有机构成的提高：劳动者收入的增长速度跟不上资本积累的速度—消费需求降低—利润率下降—投资剧降—经济危机。如果能在资本技术构成不断提高的条件下让资本价值构成保持不变，或者说，让不变资本和可变资本与宏观经济保持相同的增长率，则经济可以维持稳定可持续增长。政府预防经济危机和反危机的长效机制应该在这个思路基础上展开。

吴惠红的文章[①]注意到，马克思的社会发展理论中包含着丰富的社会发展合理性评价思想。马克思认为，"物的尺度与人的尺度相统一"和"历史尺度与价值尺度相统一"是社会发展合理性的评价原则，文明是社会发展合理性的评价尺度，人的解放是社会发展合理性的评价标准。这些思想为我们科学评价当代社会的发展提供了重要的思想平台。

学术界通常认为，马克思、恩格斯的跨越理论所跨越的是资本主义生产关系，而资本主义的生产力不可能被跨越。杜军林、吴阳松的文章[②]指出，这种解读是不科学的。马克思、恩格斯跨越理论所跨越的不仅有资本主义的生产关系，还包括资本主义的生产力。现实社会主义在成功跨越了资本主义生产关系之后，面临的首要问题是如何完成跨越资本主义生产力的问题。我们必须清醒地认识到，我们的社会主义与马克思、恩格斯在《共产党宣言》、《资本论》等经典著作中阐述的经典社会主义不同。中国特色社会主义正是在认识到这种不同的基础上，开创了一条现实建设社会主义的成功之路。

汪青松则重新审视了马克思社会发展的"三维模式"。他认为，马克思是从西方社会、东—西方社会、东方社会三维角度提出文明国家、半文明国家、落后国家走向社会主义的自然替代形态、派生跨越形态、间断跳跃形态。研究马克思社会发展三维模式，必须区分文明国家与半文明国家、半文明国家与落后国家、跨越与跳跃三对范畴，界定西方社会发展替代模式与东—西方社会发展跨越模式、东—西方社会发展跨越模式与东方

---

① 吴惠红：《马克思社会发展合理性评价思想探析》，《长白学刊》2010年第6期。
② 杜军林、吴阳松：《马克思跨越资本主义"卡夫丁峡谷"思想与现实社会主义发展》，《河西学院学报》2010年第1期。

社会发展跳跃模式，界定全球化背景下社会发展三维模式的不同实现路径。①

公正问题是社会和谐发展不能绕开的议题。马俊峰的文章②指出，马克思主义作为无产阶级认识和改造世界、求得自身解放和人类解放的世界观和方法论，是真理与价值相统一的理论。也只有从科学向度与价值向度辩证统一的角度，才可能对作为价值之一种表现的公正问题作出合理的理解。公正既是一种价值观念，具有评价标准的功能，也是实际的价值（包括利益、机会、权利等）分配的一种状态，其中会涉及自由与平等的矛盾、形式公正与实质公正的矛盾、一般与特殊的差别、平等与效率的抵牾、公正与不公正的对立，等等。只有运用辩证思维的方法，才能对其复杂性获得正确的认识。

（五）"中国模式"的特点与实质

"中国模式"最初由美国中国问题专家乔舒亚·库珀·雷默于 2004 年提出，即所谓的"北京共识"。其核心内容是，中国的发展模式是一种适合中国国情和社会需要的发展途径，主要包括三个方面：一是艰苦努力、主动创新和大胆实验；二是坚决捍卫国家主权和利益；三是循序渐进、积聚能量。关于"中国模式"的讨论已经成为学术界的一个热门话题。

尹倩的文章③认为，世界各国再次关注"中国模式"的原因是中国在国际金融危机中的出色表现。与世界其他发展模式相比较，"中国模式"的特征表现为：在改革方式上，是"摸着石头过河"的渐进式改革；在政治上，坚持四项基本原则，稳步推进政治体制改革；在经济上，市场经济和社会主义基本制度有机结合；在文化上，以社会主义核心价值体系引领、弘扬中华民族精神；在外交上，走和平发展道路。

吴海江的文章④指出，"中国模式"是世界、尤其是西方发达国家对中国发展道路的一种解读，其实质是"中国特色社会主义现代化道路"，这

---

① 汪青松：《马克思社会发展"三维模式"的重新审视》，《马克思主义研究》2011 年第 5 期。

② 马俊峰：《马克思主义公正观的基本向度及方法论原则》，《中国社会科学》2010 年第 6 期。

③ 尹倩：《"中国模式"的基本特征》，《兰州学刊》2010 年第 11 期。

④ 吴海江：《"中国模式"的实质、普适性及未来挑战》，《思想理论教育》2010 年第 5 期。

一发展道路既是本土的、独特的，又是世界的、普遍的。对于"中国模式"的普适性问题，应当避免把中国发展模式或发展道路所具有的"中国特色"，与它对于人类社会发展所具有的普遍性的启示意义和价值对立起来。中国的现代化道路不是孤立的，而是世界现代化进程的一部分。中国要真正崛起，还有漫长崎岖的征程。政治民主化较之工业化而言，对于中国的现代化是更大的考验。中国现代化道路也还面临着自身文化、文明是否为世界认同的挑战。

轩传树强调，中国改革开放30多年的发展成就超过了西方传统理论和普遍预期，于是在西方社会出现了热议中国模式的现象。但是，他们在是否存在中国模式、什么是中国模式以及中国模式的国际影响和未来发展等问题上，并未达成共识。研究西方学者关于中国模式的争论，厘清其话语逻辑及其分歧原因，有助于我们掌握并利用这一国际流行语，构建中国模式理论——一种向世界解释中国发展道路的话语体系。中国模式确实拓宽了民族国家走向现代化的途径。①

陈章亮的文章②认为，"中国模式"是一个由多层次构成的结构系统。从工业化的层次上说，要解决工业化、后工业化与前工业化的矛盾，实现后发国家把工业化与现代化相结合的跨越式发展；从社会主义层次上说，要解决在发达国家实现的社会主义理论与后发国家社会主义实践相脱节的矛盾，把市场与社会主义相结合，推进中国特色社会主义的发展；从民族伟大复兴层次上说，要解决由于社会断层造成的时代精神与民族传统反差的矛盾，实现中华民族在新世纪的伟大腾飞。改革开放是我国现时代的重要特征，在深化改革开放的实践中推进"中国模式"的发展与完善，是一项重大的历史任务。

高飞的文章③对"中国模式"与"中国特色社会主义"的关系作出了思考。在他看来，选择什么样的发展模式，走什么样的发展道路，对于我国这样一个发展中的社会主义国家具有重要的现实意义和理论意义。全球

① 轩传树：《从"外来"到"内化"：对西方中国模式之争的一种解读》，《马克思主义研究》2011年第5期。
② 陈章亮：《马克思主义语境下的"中国模式"》，《思想理论教育》2010年第7期。
③ 高飞：《关于"中国模式"与"中国特色社会主义"的思考》，《山东社会科学》2010年第5期。

化背景下，世界各国在发展模式的选择上呈现出多样化的趋势，"中国模式"正是诸多模式中的一种，反映了我国在发展中探索的历史，是改革开放 30 年的经验总结。其实质就是要坚持走中国特色社会主义道路，强调协调发展、以人为本、开拓创新。

赵凌云、赵红星从人类思想史的角度解读了中国模式。他们提到，中国模式热不是一个单纯的学术现象，而是一个全球思想现象。中国模式实质上是中国作为一个发展中国家探索现代化的一系列战略选择和一整套战略安排及其演进过程的总和。中国模式作为一种独特的现代化模式，突破主流理论，提供了一种新的现代化思想方法；突破西方中心论，彰显复线历史模式；突破历史终结论，凸显历史转折论；具有丰富而深刻的人类思想史意义。[1]

针对那些认为中国模式是由一些别有用心的外国人提出来的，要慎言中国模式等种种观点，徐崇温的文章[2]强调，早在 20 世纪 80 年代，邓小平就一再提到中国模式，强调各国都应独立思考、独立自主地寻找适合自己实际情况的发展模式。其着眼点在于社会主义建设和现代化道路的多样性，而毫无自封样板以显示范之意。它所体现的也不是民族主义，而是无产阶级尊重民族特征、民族差别的一贯要求。中国模式可供别国借鉴参考，但不能照抄照搬，更不能强加于人，它和什么"共识"并不是同一回事。中国模式还要与时俱进地不断完善，但这并不妨碍它的客观存在。

秦益成、翟胜明则对当前国内理论界热议的"中国模式"提出不同意见。他们认为，"中国模式"这一概念既包含一些国外学者、政要对中国取得成就的肯定，也包括他们以非社会主义的立场、观点对中国取得成就奥秘的探寻。它虽然有一定的合理成分，但距中国特色社会主义的科学内涵，即"一条道路、一个理论体系、一面旗帜"有很大距离。此外，"中国模式"与小平同志在 1980 年所提到的"中国的模式"，即对中国革命历史经验的概括就所反映的客观对象上也有很大不同。作者最后强调，用"中国模式"来概括中国成就和进步的原因，在一定程度上影响了用"一

---

① 赵凌云、赵红星：《论"中国模式"的人类思想史意义》，《湖北社会科学》2011 年第 5 期。

② 徐崇温：《如何理解中国模式的若干问题》，《马克思主义研究》2010 年第 2 期。

条道路、一个理论体系、一面旗帜"武装全党、教育人民这一主题。①

五 西方马克思主义史学理论研究

本年度,国内关于西方马克思主义史学理论的研究涌现出不少新的成果。英国马克思主义史学仍然是学者们关注的重点,俄国、德国与美国一些马克思主义学者们的思想与观点得到了更多的重视。

于沛教授的文章②认为,《马克思主义理论与实践:霍布斯鲍姆的史学研究》较系统地探讨了霍布斯鲍姆的史学思想和史学活动。在系统地探讨霍布斯鲍姆的史学思想和史学活动时,不是就事论事,不是一般过程的描述和堆砌,而是将其放在广阔的背景下进行多视角的分析。这部作品有鲜明的针对性。在史学理论研究中如何做到历史感与现实感的统一,如何体现出鲜明的时代精神,作者做了有益的尝试。文章特别指出,在今天的中国史学界,一些人宣扬唯物史观过时了,主张指导思想多元化;在大肆吹捧西方史学理论、方法论的同时,极力贬低马克思主义史学理论、方法论。对霍布斯鲍姆史学思想的研究,有助于我们澄清一些糊涂认识,深刻理解作为科学体系的马克思主义史学理论的真谛。

张亮的文章③总结了英国马克思主义在20世纪60年代初至80年代初的发展历程。作者认为,20世纪60年代初以来,第二代英国新左派引进、借鉴"西方马克思主义"以及其他欧陆当代的思想资源,逐渐偏离英国本土化的文化马克思主义立场,形成了影响巨大的"结构主义的马克思主义"。对于英国马克思主义的发展而言,第二代新左派的结构主义转型意义深远:它不仅使第二代新左派获得大量新的理论资源,理论化程度大幅度提高;更重要的是,它使第二代左派实现了一次方法论的创新,从而在文化马克思主义已经开辟的学术疆域中,将第一代新左派所开创的各项研究推进到一个新的高度。

---

① 秦益成、翟胜明:《中国特色社会主义与"中国模式"》,《政治学研究》2010年第3期。

② 于沛:《英国马克思主义史学理论研究的新成果——读梁民愫的〈马克思主义理论与实践:霍布斯鲍姆的史学研究〉》,《光明日报》2010年7月14日第7版。

③ 张亮:《从文化马克思主义到"结构主义的马克思主义"——20世纪60年代初至80年代初英国马克思主义的发展历程》,《文史哲》2010年第1期。

张宝梅的文章①扼要介绍了希尔的研究。克里斯托弗·希尔是研究 17 世纪英国革命史的马克思主义历史学家，他撰写了大量史学著作。他强调要重视研究 17 世纪下层人民的历史，并注意研究 17 世纪英国革命前的思想文化状况。他认为，要重视研究革命前的思想发展及其在激励人们进行革命斗争方面所起的作用，并提出了两个革命论。他的学术成果反映了当代西方用马克思主义的方法研究英国 17 世纪资产阶级革命史的最高水平。在另一篇文章②中，张宝梅分析了汤普森关于莫里斯的研究。作者认为，英国新左派对马克思主义人道主义的解释根植于威廉·莫里斯的社会主义思想。

师文兵在《汤普森社会批判理论中的经验范畴分析》③一文中，分析了爱德华·汤普森的经验范畴。他认为，经验是汤普森著作中反复出现的词汇，也是其理论的核心概念之一。借用经验范畴，汤普森完成了对传统阶级理论的批判，提出阶级形成的标志是阶级意识的出现；同样借用经验范畴，汤普森对马克思的"基础—上层建筑"模式进行了改造，构筑了"基础—经验—上层建筑"辩证运动的新模式。这些新观点的提出都服务于一个终极理论目标：历史进程中人的主体性地位的重新确认。

李杰分析了德国马克思主义历史学家弗兰茨·梅林的历史叙述方法。④李杰指出，弗兰茨·梅林是 19 世纪末 20 世纪初德国工人运动著名的活动家、理论家、政论家，杰出的马克思主义历史学家和文艺评论家。梅林以唯物史观为理论指导研究历史。梅林历史叙述方法的内容结构由以下五个方面构成，即：通过叙述历史的起源表现历史的矛盾运动，通过叙述历史的矛盾运动表现历史的转折，通过叙述历史的转折表现历史的过程，通过叙述历史因素的相互作用表现历史的构成，通过叙述历史人物的活动表现历史的演变。在梅林的史学著作中，历史叙述的表现形式以论说风格的叙事为主，在历史叙述中做到历史评价和价值判断的统一，将科学语言与艺术语言有机地结合起来，实现了揭示历史的内在联系的目的。

张广翔的文章⑤重点介绍了俄国马克思主义历史学家科瓦里钦科院士

① 张宝梅：《简论英国马克思主义史学家希尔》，《理论界》2010 年第 2 期。
② 张宝梅：《试论 E. P. 汤普森的威廉·莫里斯研究》，《理论界》2010 年第 12 期。
③ 师文兵：《汤普森社会批判理论中的经验范畴分析》，《马克思主义与现实》2011 年第 1 期。
④ 李杰：《论唯物史观的历史叙述方法——以弗兰茨·梅林为例》，《盐城师范学院学报》2010 年 10 月。
⑤ 张广翔：《科瓦里钦科院士对马克思主义的新阐释》，《世界历史》2010 年第 4 期。

的一些观点。科瓦里钦科认为，对待马克思主义和对待任何一种社会科学理论一样，既要有历史性又要有客观性。这就要求全面地看待马克思主义，而不是站在辩解或虚无主义的立场上来评价。在发现马克思主义学说同其他重要学说一样有着某种永恒的东西的同时，他还指出，马克思主义的许多观点，例如，针对欧洲 19 世纪资本主义的评价，认为它具有短暂的历史性特点，它只相对于一定的历史阶段而言是正确的。

王加丰的文章对美国马克思主义史学家阿普特克的思想和成就进行了研究。[①] 文章指出，阿普特克视历史学为自己最重要的斗争武器，宁愿不做大学历史教授，也要坚持研究当时美国史学界排斥的美国黑奴斗争史。20 世纪 70 年代以来他在美国史学界的地位得到承认后，关于他的争议并没有停止，所涉及的主要是战斗性与学术性能否共存、政治追求是否要影响学术著作的客观真理性等问题。作者认为，我们应该从当时他所处的具体环境来理解他的著作。

（执笔人：董欣洁、吴英、张旭鹏、张文涛，吴英全文整理）

---

① 王加丰：《20 世纪美国杰出的马克思主义史学家赫伯特·阿普特克》，《史学理论研究》2010 年第 4 期。

中国边疆理论研究前沿报告

中国边疆史地研究中心马克思主义国家与边疆理论研究室

引　言

　　晚清以降，中国的有识之士开始接受近代西方通行的国家、主权与领土原则，并运用于对外交涉实践中。黄遵宪、曾纪泽等都曾以"万国公法"为武器，成功地处理了中英（英缅）、中俄边界等问题。在边疆研究领域，学者们开始将政治学、法学等与传统的史学、地理学等相互结合，现代意义上的边疆学发轫于斯。从 19 世纪末到 20 世纪 40 年代，中国边疆史地研究进入高潮。研究内容也从边界、边疆社会、历史地理扩展到边疆民族、语言、移民、中外交通等领域。国际法与政治学方法也被广泛地运用到中国边疆史地研究之中。与此同时，边疆考察作为中国边疆史地研究的内容与方法，也愈益受到重视。

　　中国边疆史地与边疆学研究的再度兴起，实际上是乘"改革开放"的东风而来。此波研究高潮酝酿于 20 世纪 80 年代初，兴盛于 90 年代，至今热度不减。成立于 1983 年的中国社会科学院中国边疆史地研究中心（以下简称"边疆中心"）既是这次热潮的产物，也是这次研究浪潮的推波助澜者与引领者之一。边疆中心在继承和弘扬中国边疆史地研究遗产的基础上，逐步形成了基础研究与现状研究并举的研究模式。基础研究以中国近代边界、中国古代疆域和中国边疆学理论为主要研究对象；现状研究则对当代中国边疆地区的社会经济发展问题、发展中的要点问题、重点问题进行对策性和预测性研究。但与此不相适应的是，中国边疆学理论研究的相对滞后制约了学科研究向纵深发展。近年来，边疆中心组织科研力量，围绕中国边疆学的构建这一主旨，集中力量开展边疆理论研究，不仅举办了多期的"中国疆域理论研究论坛"，以疆域理论为主题的"第三届中国边疆史地学术研讨会"，而且成立了疆域理论研究室（2010 年改称"马克思主义国家与边疆理论研究室"），专门主攻边疆理论难题。经过国内边疆史地学领域学者们的共同努力，中国边疆理论研究的热度明显升高。

承边疆学理论先行研究之余绪，本年度，国内学术界继续发表了一批有较大影响的边疆学理论研究成果，内容涉及对统一多民族国家疆域整合与近代民族国家构建的思考，对历史上的疆域观的认识，对边疆学及边政学研究成果的总结，对新清史等国外边疆学理论的推介及回应，对海洋疆域历史与现实问题的考察，对当前中国边疆地区社会经济发展与社会稳定模式的探讨等诸问题。同时，在相关学术机构及职能部门的推动下，召开了一系列与边疆理论构筑相关的重要学术研讨会。在此，仅就笔者目光所及，简要评述如下。

一 统一多民族国家疆域整合与民族国家构建理论

中国古代疆域史、中国近代边界沿革、中国边疆学理论研究一直是边疆中心基础研究的内容。近年推出的由林荣贵主编的《中国古代疆域史》[①]、吕一燃主编的《中国近代边界史》[②]，正是该研究领域的标志性阶段成果。为此，《中国边疆史地研究》杂志于 2010 年第 2 期辟出专栏，邀请刘正寅、张永江、李鸿宾、李方等撰文对两部专著加以评述。其中，刘正寅《"大一统"思想与中国古代疆域的形成》一文认为，前述两著以丰富、翔实的史料为依据，全面、系统地论述了中国古代疆域之形成的历史及特点，阐述了近代中国边界变迁的历史过程及其前因后果。该文还就"大一统"思想在中国疆域形成过程中的作用与影响提出了自己的看法。认为经过历史上长期的民族融合与文化交流，中华民族在清朝"大一统"政治格局下得到进一步发展，成为一个完整的不可分割的整体。张永江《国家、民族与疆域——如何研究中国古代疆域史》一文认为，《中国古代疆域史》一书在理论上的继承和创新可以概括为：体系完整、内容丰富、观点鲜明、论证充分。他认为该书所坚持的一条理论主线，一言以蔽之，就是中

① 黑龙江教育出版社 2007 年版。
② 四川人民出版社 2007 年版。

国古代疆域史即统一多民族国家酝酿、形成和发展的疆域史。为了划清与中原王朝疆域论的界限，作者从类型和层次的角度提出了历史时期中国疆域的特点问题，并着力做了探讨。此外，在古代疆域形成分期、形成方式、统一与分裂的关系诸问题上，该书亦提出了自己的看法。李鸿宾《古今中国之衔接——疆域观察的一个视角》一文认为，与过去不同的是，二书持论的范围既不是清朝中叶学者的具体考证，也不同于 20 世纪前期如顾颉刚、史念海、童书业等先生对整体疆域所做的篇幅狭小的概括，而是在学界长年具体个案性研究的基础上所进行的宏大叙事，其规模与细节均超出前贤。李方《开阔思路，深化中国边疆史研究》一文谈到，当前学者在边疆史地研究过程中，面临着思想禁锢，说到底，实际上也属于边疆理论问题。正是由于边疆理论的匮乏，我们尚未能对某些问题进行理论构建与阐释，从而影响了我们在边疆历史方面的深入研究。同时，该文还指出，"边疆理论构建有两种途径，一种是纯理论的探讨（相对而言），一种是在边疆研究过程中涉及边疆理论问题时给予的探讨，希望从事边疆学研究的学者既有分工也有合作，共同攻关"。显然，上述这种讨论和评述是件有意义的工作，它不仅可以综合考察中国古代疆域与近代边界研究进程及阶段性特点，而且有助于促进中国疆域理论研究的深化。

关于中国疆域形成问题，于逢春曾将"文明板块"概念引入中国疆域形成研究。他认为，中国疆域是由"大漠游牧"、"泛中原农耕"、"辽东渔猎耕牧"、"雪域牧耕"和"海上"五大文明板块及其在此诸板块上兴起的各种政权在长时段历史过程中不断碰撞、彼此攻防与吸纳，渐次融为一体，并由在"辽东渔猎耕牧文明板块"上兴起的清朝于嘉庆二十五年（1820）最终奠定了中国版图。[①] 本年度，于逢春《论"大漠游牧文明板块"在中国疆域最终底定过程中的地位》一文对五大文明板块中的"大漠板块"之地位作了进一步探索，作者认为，从公元前 200 年左右匈奴冒顿单于首次统一大漠游牧区、公元前 100 年左右汉武帝首次统一农耕区到 1820 年"中国"疆域最终底定，是一个渐进的过程。在此期间，匈奴、鲜卑、柔然、突厥、回纥、契丹、蒙古等北方游牧民族先后在"大漠板块"上建立了若干个汗朝，它们或与中原王朝遥遥相对，或进入中原立国，或

---

① 《中国边疆史地研究》2006 年第 3 期。

一统天下，既开创了古代中国长达一千数百年的南北朝格局，亦肇始统一大漠与泛农耕地带，或一统整个中国陆疆的伟业。因此之故，"大漠游牧文明板块"在中国疆域底定过程中，具有不可或缺的地位。①

有学者从学术史研究的角度，考察了中国疆域史研究的几个阶段。李大龙《多民族国家疆域研究的历程及其特点》一文认为，以中国多民族国家疆域的形成和发展为主要研究对象的中国疆域史研究，有着悠久的历史，按照研究对象和特点的不同，可分为四个阶段：第一阶段是对多民族国家疆域的系统记述，《汉书·地理志》的出现是中国多民族国家疆域研究的开端，以此为起点，结束于清代《一统志》的编纂；第二阶段以18世纪末西北舆地研究高潮为起点，结束于20世纪上半期众多系统阐述多民族国家疆域形成历程的专门性著作的出版；第三阶段以"历史上的中国"讨论为起点，结束于《中国古代疆域史》、《中国近代边界史》等专门性著作的出版；第四阶段是新世纪对多民族国家疆域形成的理论研究，目前尚处于起步阶段，但相关研究已经引起学界的广泛关注。②

从政治学与法学的角度来看，国家由人民、领土和主权三个要素组成，任何一个要素的缺失都难以构成一个完整意义上的国家。具体就"人民"这一要素而言，这一群体长时期形成的共同情感、国家认同对于一个国家的安定团结，乃至于一个国家的安全都是至关重要的。边疆由于其特殊的地理位置与跨界民族的存在，历来都是与国家主权及领土完整密切相关的要素。林士俊《清末边疆治理与国家整合研究》通过清末边疆治理之研究，认为加强边疆治理，促进边疆地区的经济社会发展，对于消减边疆地区的离心力，维护国家的领土和主权完整具有重要意义。③ 李治亭《论清代边疆问题与国家"大一统"》④ 一文认为，清朝以民族"大一统"观念取代了以往的华夷之辨，以这种新型民族观念为指导，通过各种措施，推进边疆与内地的一体化进程，较成功地解决了之前历代王朝难以解决的一些复杂的边疆问题，其做法值得总结和重视。

黄秀蓉《论清代改流与中国西南疆域的整合》一文则着眼于清王朝对

---

① 《内蒙古师范大学学报》（哲学社会科学版）2010 年第 3 期。
② 《云南师范大学学报》（哲学社会科学版）2010 年第 6 期。
③ 中央民族大学 2010 年博士论文。
④ 《云南师范大学学报》（哲学社会科学版）2011 年第 1 期。

西南疆域所实施的整合问题。该文认为，通过改流，独立的土司辖区已不复存在，均相继被纳入中央政府直接管辖的行政版图之中，原土司辖区与内地划一。另外，随着行政区划的统一，中原王朝"夷夏大防"的文化隔离政策也随之取消，转而在原土司区域大力推行以儒家文化为代表的汉文化。在此过程中，西南土著居民自愿或不自愿地完成了中原文化认同。行政区划的统一，中原文化认同的加强，西南土司区域自此被完全整合进中国国家疆域之中，成为其不可分割的重要组成部分。[1]

就民国时期中央政府对新疆之统合方针与过程而言，冯建勇《1928～1929年白崇禧入新风波——兼论南京国民政府对新疆之统合》一文认为，此期中央政府尽管实力很弱，但从未放弃新疆，并且利用宣示主权、政治干预等手段来控制新疆，从而使国家权力得以不断渗透。在本身力量虚弱的情形下，南京国民政府通过一个偶然发生的事件和一个被构建出来的故事——白崇禧拟担任新疆政府主席，在对新疆实施统合过程中把握住了方向性的主动，并为以后实现对新疆的根本控制奠定了基础。或者说，此期中央政府在没有明显介入的情况下，形成一种"未出场的扩张"。在这样一种"未出场的扩张"中，中央政府所获得的，主要不是更有效地控制新疆地方的官吏任命权，而是金树仁等当权者对中央政府的权威、象征的认同。[2]

在一个统一的多民族国家内部，各民族的国家认同问题是关系国家团结统一的重要基础。而边疆民族因其居住地属于国家边缘地带和其族群属于非主体民族而形成了民族认同与国家认同之间的张力，在国家认同问题上存在着一定的模糊性并具有选择的地缘条件和社会条件。基于此，加强我国边疆少数民族的国家认同建设，从而保持国家认同在认同序列上的优先地位，具有重要的现实意义。至于如何构建边疆民族之国家认同，何明《国家认同的建构——从边疆民族跨国流动视角的讨论》一文认为，应从边疆各民族主体出发，以工具理性和价值理性相统一，并以文化价值为目标的原则进行国家认同的建构。[3] 陆海发、袁娥《边疆少数民族国家认同建设的意义、挑战与对策》一文指出，我国边疆少数民族进行国家认同建

---

[1] 《云南师范大学学报》（哲学社会科学版）2010年第6期。

[2] 同上。

[3] 《云南师范大学学报》（哲学社会科学版）2010年第4期。

设面临着诸如经济发展水平滞后、基础教育薄弱、现代化冲击、民族政策负面效应、境外势力渗透等重重挑战。为此，亟须从培育普适性公民文化、转变边疆治理思路、调整民族政策取向、拓展利益表达渠道、强化国族认同等方面强化边疆少数民族的国家认同。①

在中华民族之民族文化认同的大前提下，近代历史研究中关于中华民族的起源与发展、民族交流与民族融合、多民族的统一、各少数民族发展的历史、疆域问题等，已成为新的学术视野下必须面对并亟待深入研究的重要课题。张越《近代历史研究与民族文化认同》一文认为，开展多民族发展的中国历史和中国民族史的研究，对于摆脱以往"内中华，外夷狄"、"中华正统、夷狄窃据"一类旧观念的影响有十分积极的现实作用，亦对于近代以来中华民族的历史文化认同具有重要意义。② 此外，李崇林《边疆治理视野中的民族认同与国家认同研究探析》一文从边疆治理的视角，对民族认同与国家认同的关系、民族认同与国家认同的错位以及民族认同与国家认同的整合三个方面进行了考察。③

有学者从实证的角度，对中国边疆民族之国家认同做了考察。覃彩銮《壮族的国家认同与边疆稳定——广西民族"四个模范"研究之二》一文强调指出，壮族的民族认同和国家认同经历了长期的不断积累、不断发展和提升的过程。首先是壮族的民族认同，在民族认同的基础上，随着壮汉民族的文化交流和民族融合，特别是西南边疆遭到外来入侵，壮族的国家认同日益增强。新中国成立后，党和国家实行民族平等、团结、互助和共同繁荣发展政策，促进了壮族地区经济社会的全面发展，壮族的国家认同有了质的提升，这有助于祖国南部边疆的社会稳定。④ 王建娥《国家建构和民族建构：内涵、特征及联系——以欧洲国家经验为例》一文认为，现代民族国家的形成，包含了两个方面的建构过程：一个是国家领土和边界的形成及确立，国家法律制度和政治组织的建构；另一个是在国家疆域之内具有不同族裔文化背景差异的人口中间创造民族性和民族认同。作者通过研究指出，人们往往忽视了这两个过程的区别和不同步，一个最常见的

---

① 《青海民族研究》2010年第4期。
② 《史学史研究》2010年第4期。
③ 《新疆社会科学》(汉文版) 2010年第4期。
④ 《广西民族研究》2010年第4期。

表现，就是重视革命、战争和政治运动这类短时段历史事件对国家建构所起到的摧枯拉朽、除旧布新的作用，从而忽视民族文化的养成和认同心理的培育的长时段的特征，把需要在历史长时段中完成的任务当作短期目标去追求，在当下的政治中采取了强制性的同化政策，从而引起多元社会的种族与文化的冲突。①

二 历史上的疆域观与宗藩体系

历史上的疆域观包含两个方面的内容：一是历代王朝的国家基本认识；二是在国家基本认识基础上形成的疆域观。"中国"、"天下"、"中原王朝"、"中央王朝"等概念及相互之间的关系，是了解和研究中国古代疆域观问题必须首先要搞清楚的问题。于逢春《疆域视域中"中国"与"天下"、"中原王朝"与"中央王朝"之影像》对此问题作了考察。作者认为，这些概念有着本质的差异。作为近代国家意义上的"中国"，其疆域的最终奠定，是一个渐进的过程，也是"天下"成为"国家"的过程。清中期以前的历代"中原王朝"及至晚清的"中国"，与近代意义上作为民族（国民）国家的"中国"之间，是一个从法理上前后相继的发展过程，前二者之间是存在差异的，在各自的"版图"上没有重合过，在经过长时段演进后，于19世纪20年代最终完成这一重合过程。基于此，作者一再强调，在研究古代中国疆域问题时，应谨慎使用"中国"一词，更不能以"中原王朝"随意代替"中国"，也不能将"历代中原王朝"置换成"历代中国"。②

杜芝明、黎小龙《"极边"、"次边"与宋朝边疆思想探析》一文以极边、次边为切入点，对宋朝的疆域观进行了探讨。文章认为，极边由外边（与域外接壤之州军）和内边（与域外非接壤之州军）组成，北方强调的是对外军事战略功能，体现的是政治边疆；南方强调的是对少数民族的控驭功能，体现的是族群边界即文化边疆。次边位于边疆层级结构的第二层，宋人常常将其与表示疆域最外围的词语（极边、沿边、缘边、并边等）连用，地理空间主要集中于北方。宋人对极边、次边的使用说明边疆

---

① 《西北师范大学学报》（社会科学版）2010年第2期。
② 《云南师范大学学报》（哲学社会科学版）2010年第1期。

思想在宋朝发生了重大变化，表现在边疆（界）意识凸显、边疆空间的扩展以及对边疆认识的细化。①

陆韧《明朝的国家疆域观及其明初在西南边疆的实践》一文对明朝的国家疆域观作了考察。文章认为，明朝的国家疆域观包含了明朝对国家基本认识和在此基础上形成的疆域。明朝国家基本认识以明初"中国"一词演进为涵括我国历代王朝疆域范围的多民族统一国家的通称，在此基础上肯定元朝是多民族统一国家正统的延续，认为元朝继承历代王朝发展形成了"中国封疆"，在此疆域内各民族活动的区域均是中国疆域不可分割的一部分。明初的国家疆域观在治理西南边疆和正确处置麓川势力扩张引发的西南边疆危机过程中得到充分的体现和实践，从而实现了西南边疆较长时间的稳定。②

林开强《清王朝国家疆域边界意识简析》一文对影响清帝国统治阶层疆域、边界意识的两个主要因素进行了探讨。该文指出，清帝国在北方与俄罗斯进行边界争夺，后经谈判勘界，刺激清帝国统治阶层清晰的"北部边界"观念形成；然而在清帝国南部及西南部，由于与历属中央王朝的"藩属国"接壤，在传统"天下—王土"观念影响支配下，清帝国没有明晰的南部和西南部边界观念。作者认为，传统"王土"观念在中国历代统治阶层思想中根深蒂固，它无助于中国在走向近现代"民族国家"（Nation-state）的过程中，以积极主动的态度和措施捍卫国家疆域和领土的完整。③

袁剑《中国历史中的政治、族群与边疆：另一张隐在的面孔》一文对狄宇宙、韦栋主编的《中国历史中的政治边疆、族群边界以及人文地理》一书进行了较为详细的解读。该文力图展现西方学者对中国历史边疆族群问题研究的新方法，并期望这种新方法可以更好地为国内学者吸收发展，用以形成自己的"中国边疆学派"。④

应当指出，当前的中国边疆研究、边疆理论较为匮乏，我们欢迎推介、借鉴国外相关边疆理论，但同时应注意结合中国边疆的实际情况，对

---

① 《中国边疆史地研究》2010 年第 2 期。
② 《云南师范大学学报》（哲学社会科学版）2010 年第 5 期。
③ 《社会科学研究》2010 年第 1 期。
④ 《西北民族研究》2009 年第 4 期。

此作出"中国"的理解和阐释。比如，美国历史学家特纳认为，边疆向"自由土地"的推进为美国人提供了向上流动和重建社会的机会，成为塑造美国民主的重要因素。然而，董经胜《特纳的"边疆假说"与拉丁美洲的边疆史研究》通过考察即发现：众多历史学家参照特纳的边疆学说研究拉丁美洲的边疆史，但多数学者发现，在一般情况下，特纳的边疆假说并不适用于拉美，拉美边疆并没有像北美边疆那样产生改造社会的作用，而是中心地区的文化和制度移植和嫁接的对象。并且，由于缺乏有利的地理条件和文化传统，边疆开拓的经历并没有促进拉美民主制度，而是复制甚至强化了等级制度，制造了暴力和动乱。[①]

关于宗藩与藩属问题，学术界的主流观点是，主张通过宗藩或藩属的研究，来确立疆域与国家领土主权归属的理论指导原则，并最终用以阐明中国疆域形成史。本年度，有多篇论文就此问题作了有益的探讨。

周书灿《从外服制看商代四土的藩属体制与主权形态》指出："商代外服制是一种藩属体制，类似汉唐时期以原始性和松散性为特征的间接管理和统治的羁縻制。在外服制的藩属体制下，商朝四土的政治疆域极其模糊。伴随着商朝国力的盛衰和对四土政治、军事经营的推进与收缩，商朝疆域经常处于变动之中。在殷商相当漫长的历史时期里，商王朝在四土之境能够直接或间接行使的主权颇为有限。直至晚商时期，商朝对四土诸侯的控制方逐渐加强，商朝方逐步成为真正意义上拥有一定领土主权的早期国家。"需要指出的是，作者在此用主权概念用以表示商代的疆域所指的明确性，似乎不妥。应该看到，主权是近代国家才有的概念，在前近代国家，尤其是早期的国家形态里只可称有疆域概念，而不可滥用相关现代性的词汇，随意比附。[②] 其实就这一主题，厉声的《先秦国家形态与疆域、四土刍见——以殷商国家叙述为主》一文已有研究。他指出，关于先秦时期疆域的形成，国家是以地域关系为纽带形成的社会组织，国家疆界是这种关系的体现，夏、商、周三代的国家组织以"邑"为基础建立起来，到春秋战国之际，直接统治逐渐成为主要的统治方式，地缘关系逐渐成为主体的社会关系。[③] 惜乎作者视而不见。

---

① 《拉丁美洲研究》2010 年第 6 期。

② 《中国边疆史地研究》2010 年第 3 期。

③ 同上。

针对学术界有人认为清朝的"朝贡制度"具有虚幻性的观点，陈尚胜《试论清朝前期封贡体系的基本特征》一文专门考察了清朝在与外国开展政治关系时建立朝贡制度的最初目的。作者通过研究认为，清朝所构建的朝贡制度具有谋求自身安全和边疆稳定的显著用意。与明朝相比较，清朝在处理涉外事务时实际上已经摒弃了明朝二祖在海外世界扮演"天下共主"的理想，而专注于自身的边疆稳定和安全，使她的封贡体系具有周邻性和边疆防御体系的突出特征。而清朝将周邻诸国的朝贡事务分别安排于礼部和理藩院两个不同机构进行管理，则反映了清朝统治者对朝贡事务所做的制度安排，一定程度上结合了相关国家和部落的民族特质，体现了清人处理涉外事务的针对性和灵活性。[1] 此外，逯杏花《明朝对李氏朝鲜的冠服给赐》一文以明王朝与李氏朝鲜的冠服给赐为个案研究，考察了明朝与朝鲜之间的朝贡藩属关系。[2]

三 "边政学"学术史梳理与边政研究

所谓"边政学"，顾名思义，系指专门研究边疆地区之"区域性"的治理。20世纪40年代，吴文藻先生在其《边政学发凡》一文中主张贯通政治学与人类学而成为一门全新的学科，即边政学。至此，边政学被正式提出，并且成立了相关的研究团体（边政学会）、教育机构（中央大学边政系）及专门刊物（《边政公论》）。此后，它作为中国边疆学学科体系构建中的一环，得到长足发展。

本年度，有学者对边政学研究的学术史作了梳理。其中，汪洪亮《中国边疆研究的近代转型：20世纪30—40年代边政学的兴起》一文认为，20世纪30—40年代勃然兴起的边政学，是在外患日亟与国人致力于构建民族国家的背景下，中国传统边疆研究向近代学术转型的产物。与传统边疆研究相比，此期边政学的研究范围不断拓展，研究范式讲求多学科参与，尤其侧重人类学和政治学等新兴学科，不再局限于历史地理。研究边政的新式学会和学术期刊大量涌现，使得边政学呈现出前所未有的研究形

---

① 《清史研究》2010年第2期。
② 《辽东学院学报》（社会科学版）2010年第5期。

态。^① 另有段金生《20 世纪 40 年代中国边疆研究的方法与理论——以〈边政公论〉为中心》一文，以 1941 年发行的《边政公论》杂志为研究对象，通过对该杂志作者群及所撰文章的考察指出，一些学者通过借鉴西方的学科理论，并结合中国边疆社会实际，展开了对中国边疆研究方法与理论的探讨。这些边疆研究方法与理论的讨论，虽然不可避免地带有一些时代色彩，以及当时边疆认识、民族观念方面的局限性，但均是基于当时的客观事实的认真考察。诸多见解在今天看来仍不过时，这对于今天构建当代中国边疆研究的理论与方法具有重要的借鉴意义。^②

此外，胡冬雯《"民族—国家"建构下的边政学与边疆视野》结合抗战时期中国的社会场景和知识场景，以几篇关于边疆研究的文章为个案，探讨了此间学者透过怎样的边疆视野将传统中国模糊的疆域明确起来，解决"我们是谁"以及"我们要成为谁"的问题。^③

南京国民政府的边政，作为传统与现代间的过渡形态，既有晚清以来边疆问题的遗存，也有诸多现代政治因素在内，对其研究具有重要的理论价值与现实意义。本年度，有数篇论文关注南京国民政府时期的边政实施状况。段金生《试论南京国民政府边政研究的内容和方法》一文以南京国民政府的边政为中心，围绕南京国民政府统治时期的边疆形态、边疆认识、民族与国家观念、治边方略、边政理念、边政机构、边政内容、边政得失等问题进行了梳理。^④ 该作者的另一篇论文《30 年来南京国民政府边政研究综述》对近 30 年来大陆学界关于南京国民政府的边政研究作了综述。^⑤

四　海疆理论与海洋疆域学科构筑

中国是一个发展中的海洋大国，拥有 18000 多公里的大陆海岸线，从北到南面临渤海（面积 7.8 万平方公里）、黄海（面积 38 万平方公里）、东海（面积 77 万平方公里）和南海（面积 350 万平方公里）四大海区，

---

① 《四川师范大学学报》（社会科学版）2010 年第 5 期。
② 《北方民族大学学报》（哲学社会科学版）2010 年第 6 期。
③ 《四川民族学院学报》2010 年第 6 期。
④ 《云南师范大学学报》（哲学社会科学版）2010 年第 1 期。
⑤ 《中国边疆史地研究》2010 年第 3 期。

并与朝鲜、韩国、日本、越南、菲律宾、马来西亚、文莱和印尼等8个国家隔海相邻。可以这样认为，海洋与我国的国家安全、周边稳定、经济发展和社会进步息息相关。然而，受历史上"重陆轻海"思想的长期影响，我国海洋疆域研究在相当长的时期内未受到应有重视，尽管近年有不少成果问世，其中一些在国内外还产生了重大影响，但是从整体上看海洋疆域领域的研究仍然十分薄弱，受到的重视程度还不够，在我国哲学社会科学整体发展中所占的地位亟待提高，研究的理论和方法亟待创新。

当前，我国与周边相关国家因岛屿主权问题、海洋划界问题以及油气资源争夺等问题进一步复杂化。尤其是，2010年9月7日日本海上巡逻船在钓鱼岛海域与中国渔船相撞，日本海上保卫厅随即扣押中国渔船、逮捕船长，引发了自1972年中日邦交正常化以来中日双方最惊心动魄的一场外交风波。随后，我国还与越南、菲律宾等国因南海问题发生了持续的外交摩擦。此诸现实问题向我们的学术研究提出了严峻挑战，这需要我们科学系统地阐释中国海洋疆域的历史发展脉络，努力构建科学的中国海洋疆域历史体系；全面客观地解析中国海洋疆域面临的现实挑战和主权争议，努力探索维护海洋领土完整、维护国家安全、促进海洋经济社会发展的应对之策。

本年度，诸多学术成果围绕海洋区域开发、海疆安全、海疆权益维护、海疆学科体系构建等诸领域展开了理论探讨与思考。

近年来，受布罗代尔《腓力二世时代的地中海和地中海世界》一书历史社会学研究视角之影响，诸多史界学人开始关注与全球史对应的大区域史研究。葛兆光《从"西域"到"东海"——一个新历史世界的形成、方法及问题》一文就此作了很好的尝试。葛先生认为，"西域"作为文化交汇的空间主要是在中古。蒙元之后，"东海"似乎渐渐取代"西域"，成为元明以后中外更重要的交流空间。"西域"之学的兴起，曾经给国际学界带来了若干变化：它把以王朝疆域为基础的中国史改变为东洋史或亚洲史；使宗教、语言、民族、文化的冲突与融合，成为重要的研究焦点；文献资料范围的巨大扩张，使语言成为重要的研究工具。民俗调查和遗址考古，也成为发现新材料的必然途径。和"西域"研究相比，由于曾经共享文化传统，研究重心又在"近世"，所以，在"东海"研究中似乎还有若干值得注意的问题：西域研究需要关注"合"，而东海研究则需重视"分"，研究者如何超越国家疆域，形成"东海"这个历史世界，如何面对历史记忆与感情纠葛，以及如何面对现实国家与政治立场的牵制等。这一"东海论"的观点，即呼吁注意近世以来东亚历史从相对完整的融合状态走向分离的过程，其实也可以看作是对近代日本"东亚论"的一种回应。

当然，从区域经济社会发展的角度看，葛先生一文向我们提供了一个远景问题：未来的东海区域能否实现曾经的中亚西域的文明和发展？就这一问题，张登义《建立"新东部"，实现中国整体疆域内区域统筹的宏观愿景》一文提出了统筹发展沿海经济的宏观远景。该文指出，"中国主张的管辖海域有约 300 万平方公里，管辖海域内面积超过 500 平方米的海岛有 7000 多个，其中包括海南岛以及香港、澳门、台湾岛，每年创造的国内生产总值相当于大陆国内生产总值的一半。在我国海洋经济发展迅速的今天，中国的台湾问题、海洋安全和海外利益问题，是新世纪人们高度关注的大问题"。作者还认为，从国家宏观经济的角度规划海洋，并促进不同经济区域首先在观念上建立一体化联系，既是当前实现两岸三地经济互补、加速两岸统一进程的需要，同时也对优化大经济区域内的产业结构，提升中国在亚太地区和世界经济中的竞争力有着深远的意义。

中国是个典型的陆海复合型国家，这样的地缘因素要求中国的国家安全战略必须既要重视陆权又要重视海权。尤其是在社会发生剧烈变化的时代背景下，"中国边疆"、"中国边疆安全"（包括中国海疆）的概念、内涵和现实内容都发生了完全不同于传统的变化，至少是增添了崭新的东西。对此，有学者引入"利益边疆"的概念用以考察中国海疆安全问题。倪乐雄《关于中国海疆安全的思考》一文认为，海洋国家和农耕国家的"利益边疆"有着极大的区别，农耕国家生存依赖耕地，它的"利益边疆"与地理上的边疆是重合一致的，国防线和边界线、国防范围和主权范围也重合一致。海洋国家本土生存安全要依赖本土与本土外区域构成稳定的经济结构，以及连接两地的海上交通线，因此海洋国家的"利益边疆"远远越出地理上的边疆，其国家安全边界和国防范围也远远越出本土主权范围，从而不得不涉及本土主权以外的区域。作者还指出，从"利益边疆"的角度出发，中国的海疆安全应该包括两大内容：一是本土不受海上入侵；二是增加对海上生命线和海外重大利益地区的保护。而后者比前者更为艰巨、更为复杂。①

　　海防是国家为保卫主权、领土完整和安全，维护海洋权益、防御外敌入侵、保持社会稳定，在沿海地区和海疆实施的防卫与管理活动。新形势下，海防问题成为中国国家战略和军队建设发展中的重要问题。高新生《海防的起源和海防概念研究述评》一文对海防的诸种起源作了考察，并就海防的概念提出了自己的观点，即海防概念随社会的发展而不断变化。海防概念与海权、海军、海疆、边防、国防等概念既有区别，又有联系。②吕文强等《加速推进国家海防建设的几点思考》强调了海防安全在国家安全全局中具有十分重要的地位。该文认为，海防标志着国家的兴衰、体现着国力的强弱、影响着边民的富庶、决定着权益斗争的胜负。③

　　21世纪是海洋的世纪，向海洋发展日益成为世界沿海国家的基本国策，也是党的十六大报告提出的一项重大战略决策。一般认为，海洋权益是海洋权利和海洋利益的总称，包括领土主权、司法管辖权、海洋资源开采权、海洋空间利用权、海洋污染管辖权、海洋科学研究权以及国家安全权益和海上交通权益等。海洋权益是国家权益的重要组成部分。对此问题，何兰《中国的海洋权益及其维护》一文指出，海洋是人类生存的基本空间，而且海洋也是国际政治斗争的重要舞台，国际社会围绕海洋权益的争端从来就没有停止过。当前，我国海洋经济形势和海疆安全形势都面临一些新的情况和挑战。从维护我国整体利益、特别是核心利益的需要出发，我们必须充分认识并正视现实状况，采取切实可行的措施，维护我国的海洋权益与海疆安全。④有学者梳理了近代中国海疆危机与近代中国国家安全战略调整的关系。孟晓旭《海疆危机与近代中国国家安全战略之调整》一文通过考察指出，自晚清以降经历千年未有之大变局后，近代中国的国家安全战略进行了大的调整：先是注重塞防的安全战略，后是塞防与海防并重的安全战略，最后到了侧重海防的安全战略。这种安全战略的调整，尤其是其越来越强调台湾岛在安全战略中的独特性这一特点，与近代

---

① 《中国国防报》2010年5月18日第9版。
② 《中国海洋大学学报》（社会科学版）2010年第2期。
③ 《国防》2010年第5期。
④ 《思想理论教育导刊》2010年第10期。

中国遭遇日益严重的海疆危机密切相关。①

此外，有学者注意到引起争议的南海岛屿主权问题。事实上，有关南海断续线的法律地位问题，向来亦为南海周边的东南亚国家所关注。李金明《南海断续线的法律地位：历史性水域、疆域线、抑或岛屿归属线?》一文列举了历史性水域、海上疆域线和岛屿归属线三种提法。通过研究和比较，作者认为把断续线作为岛屿归属线的提法，无论从断续线最初产生时的情况，或者后来在实际应用中所起的作用，似乎是可以认可的。徐志良《民国海疆版图演变与南海断续国界线的形成》一文从新近陆续查核到的历史地图证实，中国的海疆界线经历了一个从清末全面收缩到民国末年部分恢复的过程。该文指出，我国南海断续国界线主张与同期美国提出的大陆架主张、南美国家提出的 200 海里领海权主张一样，都是主权国家主张海洋边界的模式，因而理应得到国际法的尊重。② 崔灿《南海问题对中国国家安全影响探析》从南海岛屿与领海划界的个案研究出发，指出南海问题事关中国的国家安全，这其中主要包括贸易安全和国防安全。该文以南海问题为研究对象，试图从引起南海争端的深层次原因中寻找解决方案。③

亦有学者从海洋疆域史学术研究框架构筑的角度，考察了海岛在中国海疆史研究中的地位。李国强《海岛与中国海疆史的研究》一文提出，中国海疆史的学术架构从地理范畴而言，涵盖了海岸线、海岛和海域三大要素，而海岛在海疆史研究中具有十分重要的地位，无论是其人文特征，还是其人文形态，不仅凸显出海疆史研究的内涵和精髓，而且成为海疆史学术体系中不可或缺的核心环节。围绕海岛构筑中国海疆史的学术体系，不仅是由海疆的自然地理范畴所决定的，同时也是由海疆的人文特质所决定的。④

五　边疆发展与边疆稳定理论

改革开放以来，持续 30 多年的经济高速增长，深刻地改变了我国的

---

① 《国际关系学院学报》2010 年第 3 期。
② 《太平洋学报》2010 年第 4 期。
③ 华中师范大学 2010 年硕士论文。
④ 《云南师范大学学报》（哲学社会科学版）2010 年第 3 期。

社会经济面貌。在保持国民经济持续、快速、健康发展的同时，我们应认识到，进一步的发展也开始面临一些新的矛盾和问题，比如地区发展的不平衡、居民收入差距的扩大、贫困差距的扩大、就业矛盾的突出等。尤其是，当前我国经济社会发展过程中，面临着一个重要课题：即如何科学地提出适宜于欠发达边疆民族地区的社会经济发展战略，并在科学发展的实践中得到有效的执行和显现出应有的效益。就边疆地区经济发展问题，范可《"边疆发展"献疑》一文指出，国家试图通过发展地方经济来拉近边疆地区与内地在发展水平上的距离，来维护边疆地区的稳定和促进当地的民族关系。从国家的视角来看问题，这并没有什么过错。但是，这样的决策在多大程度上是站在当地不同民族民众的立场上来看问题的？如果决策者在思路上没有摆脱边疆与内地、中心与边缘、主体民族与少数民族的两分法模式，那么，在具体的政策执行过程中事与愿违的后果将会不断地发生。从长远的维度来看，唯有在认知上最终消除上述根深蒂固的二元对立的分类，所谓的边疆问题才能得到根本性的解决。①

边疆地区的经济社会发展固然重要，但要看到，它的发展应以本身的社会稳定为基础。一般论者认为，多元主体参与是现代公共危机管理的必然要求，这一理论同样适用于边疆民族地区。边疆地区公共危机管理中多元主体参与的作用主要体现在：有利于最大限度地降低危机带来的各种损失；有利于提高边疆少数民族地区社会自救和互救能力；有利于提高少数民族地区政府危机管理中的不足和失效。就此问题，石正义、邓朴《试论我国边疆少数民族地区公共危机管理的多元主体体系》一文作了较为深入的探讨。作者分析了边疆少数民族地区多元主体参与的依据和现状，还对边疆少数民族地区危机管理中可能出现的多元参与主体进行了探索。②

并且，边疆民族地区社会利益结构与边疆社会稳定之间存在辩证统一的关系。马雁《利益结构变迁与边疆民族地区社会稳定的关系》一文指出，社会稳定工作的有效开展需要建立公平公正的社会分配体制，把公民的利益表达纳入体制内，变静态稳定为动态稳定，是实现国家长治久安的可靠保障。维稳不是要完全消除利益矛盾和冲突，而是要设立规

---

① 《中南民族大学学报》（人文社会科学版）2011 年第 1 期。
② 《社会科学研究》2010 年第 6 期。

则，为这类问题的解决提供制度化渠道与方式，建立市场经济条件下有效的利益均衡机制。在矛盾急剧增加的社会转型时期，具体表现为处理社会利益关系问题的能力、有效避免社会冲突事件的发生或降低事态的发展程度。①

此外，边疆地区的稳定与边疆民族心理密切关联。边疆民族心理是在特殊的自然环境、社会生活、历史发展及民族传统文化中形成的。它具有朴素性、互动性、感染性、多样性和复杂性的特点。赵璇、高静文《边疆民族心理是边疆社会稳定的深层因素》认为，民族意识、民族认知、民族心态和宗教心理对于边疆社会稳定具有深层次的影响。因此，为维护边疆的社会稳定，必须关注边疆民族的心理承受能力，淡化民族自我意识，用正确的舆论引导民族认知，建立民族心理的疏导机制。②

关于边疆稳定与边疆治理问题，周平《论我国边疆治理的转型与重构》一文指出，我国当代的边疆治理，是一种传统的和不成熟的边疆治理。在我国由国家建设时期向国家发展时期转变以及国际形势发生深刻变化的情况下，我国的边疆治理面临着一系列的挑战，因此，传统的边疆治理结构必须通过理论重构、制度重构和实践重构而实现转型，构建起现代型的边疆治理结构。而边疆治理转型与重构的最终实现，有赖于国家层面的边疆治理战略的构建，即在国家层面构建一个统领全局的边疆治理战略。③

边疆稳定与边疆民族地区基层政权建设息息相关。马洪伟《国家安全场域中边疆民族地区基层政权建设探析》一文指出，需要从理论层面对边疆民族地区基层政权建设的基础性、特殊性和发展性进行审视，从实践层面采取特别的政策措施进行强化建设，保障新形势下的国家安全。④

显然，由于独特的地理位置，边疆治理不仅是一个国内问题，也是一个与本国和周边国家密切相关的问题。夏维勇《中国周边关系与边疆治理的互动：历史、模式及影响因素》一文从国际政治的角度，考察了新中国建立后的边疆治理政策演变历程：其主题经历了以国防安全为首要考虑的

① 《广西青年干部学院学报》2011 年第 1 期。
② 《西北民族研究》2010 年第 3 期。
③ 《云南师范大学学报》（哲学社会科学版）2010 年第 2 期。
④ 《云南社会科学》2011 年第 2 期。

治理政策到以发展为首要考虑的治理政策的变化，不同时期的边疆治理政策所取得的成效是不一样的。但是，很明显，周边关系的好坏影响甚至决定着边疆治理的成效，而边疆治理的好坏也对周边关系产生正面或负面的影响，两者之间呈现出一种相互强化的关系。同时，与边疆毗邻的周边地区的稳定状况也对边疆治理的成效有着直接的或潜在的影响。从层次分析的角度看，影响周边关系与边疆治理互动关系的因素既有国际体系层面的因素，也有大国的因素，还有国内政治的因素。① 对此问题，吴楚克《中国国防与边疆防御问题研究新论》一文立足于当前中国边疆防御和发展周边国家关系的基础上，反思了传统边疆防御思想的利弊，总结了近代中国边政特点，认为造成近代中国边疆危机的内在原因，是国内民族矛盾与阶级矛盾混杂在一起而致使国家内部分裂。作者认为，中国历来需要一个强大的中央政府以维护多民族国家的统一，国家才能和平发展，这也是我们坚持党的领导和坚持社会主义道路的历史经验。②

边疆地区的跨界跨国民族问题是威胁国家社会安全，引发国家领土主权分裂的非传统安全威胁的重要因素。"人为事件"，尤其是"民族"事件引发的非传统安全威胁，不同民族间的利益矛盾和经济生活差距若长期存在，会被分裂势力作为事实上的民族不平等实例来利用，势必引发民族心理上的离心力，而成为民族国家分裂的重要非传统安全威胁。另外，信息网络与媒体不规范也会造成非传统安全威胁。马曼丽、马磊《论跨国族体问题的发展及其对中国边疆安全的威胁与对策》一文对此问题作了研究。该文指出，对待跨国族体突发事件，应分化瓦解分裂势力，加强国际合作，对聚居民族则通过"亲密接触"和"富民民心工程"等措施，来消除边疆地区的不稳定因素。③ 栗献忠《跨境民族问题与边疆安全刍议》持同样的观点。该文亦指出，跨境民族问题是影响边疆安全稳定的重要因素。我国是一个多跨境民族国家，而且拥有漫长的边境线，深入探讨跨境民族问题，对维护我国边疆地区的安全和稳定，具有重要的理论和现实意义。④ 邹吉忠《边疆·边界·边域——关于跨国民族研究的视角问题》一文反思

① 《云南师范大学学报》（哲学社会科学版）2010 年第 2 期。
② 《云南师范大学学报》（哲学社会科学版）2010 年第 1 期。
③ 《中南民族大学学报》（人文社会科学版）2010 年第 1 期。
④ 《学术论坛》2009 年第 3 期。

和考察了跨国民族研究的理论视角问题，提出了边域建设的模式及其对和谐世界的建构意义，并探讨了跨国民族研究的思路创新与范式转换。① 何跃《边民主义与跨界民族主义——以中国西南边疆为研究对象》以当代中国西南边疆纵深区域为经纬，考察了边民认同、跨界民族认同、国家认同三者之间的关系。②

六 对"新清史"研究范式之回应

最近十多年来，在美国兴起的"新清史"研究，将对清代政治史的关注点转移到满洲、蒙古、新疆等所谓"内陆亚洲"地区，认为清朝统治的成功关键在于其对边疆地区的成功经营，在于成功地保持满洲认同、满蒙联合，亦即满人的族群特性而不是接受"汉化"，甚至以往被认为是满族皇帝倾慕汉文化的最主要表现的"南巡"，也被解释为是"满族特性"的典型表现。这些把"满族"作为历史主体的研究将清朝历史置于世界史范围中去考察，显示了清史研究从中心到边缘、从中原到边疆的某种转变，而同时也涉及清代"民族、国家认同"等重大问题。③

目前，"新清史"已在美国、日本、欧洲以及中国台湾等地的清史界都产生了相当大的影响。国内开始出现一些译介新清史的文章，对其中的一些代表性作品也正在或已经翻译出版。它的出现已经在一定程度上对如今的清史研究提出了挑战，并使之发生了一定的变化。邵丹《故土与边疆：满洲民族与国家认同里的东北》④ 即是这样一种学术范式的一种尝试。该文立足边疆研究，从满族的角度探讨边疆研究的一个中心问题：族群领域性（territoriality）的再定义与其身份（identity）的重塑如何互动关联。同时分析了清末民初满族的故土认知变化与其对族/国的多元再定义的过程。作者认为，满族的历史与文化在近几十年来的清史研究中地位卓著，然而，在清史之外的其他领域，尤其在北美有关 20 世纪中国或东亚史的

① 《中央民族大学学报》（哲学社会科学版）2010 年第 1 期。
② 《云南民族大学学报》（哲学社会科学版）2010 年第 1 期。
③ 黄兴涛：《"清代政治与国家认同"国际学术研讨会简述》，《光明日报》2010 年 8 月 31 日第 12 版。
④ 《清史研究》2011 年第 1 期。

学术领域，满族常常被忽视。

国内相关学者对此问题给予了关注，同时就新清史的某些观点及其研究范式作出了有力的回应（详情可见本文的第八部分"'清代政治与国家认同'国际学术研讨会"）。黄兴涛《清代满人的"中国认同"》一文作为对新清史的回应，强调指出：新清史强调满人在清朝的某种主体性地位，注重从满人主体性的角度来研究清史，对于丰富清史研究的意义不言自明。但在正视清朝历史这一独特性的同时，也不应走到另一个极端：有意无意地轻忽乃至淡化其大一统国家的"中国性"，更不能将两者简单化地对立起来。作者认为，从满人的主体性视角出发，探讨一下有清一代满人的"中国认同"问题，对认识"新清史"所涉及的相关史实应该不无助益。作者通过对相关史实的梳理得出结论：在清朝入关、大一统格局逐渐形成并趋于稳定之后，满人的"中国认同"和"大清认同"就迅速趋于同一，并与其自身的"满洲认同"以一种交织的方式同时并存着，它们之间在特殊情况下特别是满汉矛盾激化的特定时期，表现出某种紧张，但更多的时候则是并行不悖，而且"中国认同"作为一种兼顾对内对外、历史与现实的超越族群利益之上的国家认同，总体说来显然要处于更高层次。①

杨念群《重估"大一统"历史观与清代政治史研究的突破》亦对"新清史"提出批驳。他认为，"新清史"研究者本身仍然难以摆脱西方的历史思维模式，这套以现代西方民族主义兴起的模式比附清朝统治方式的逻辑，其背后的政治用意相当刻意而明显。"大一统"的整体文化布局被拆解成了多民族共同体对各自传统的守护与传承，对这种守护的认同恰恰是清政府维系"大一统"格局的要义，而"江南"地区以汉族传统为中心所持守的"道统"传承与之相比就显得无足轻重。作者还指出，国内清代政治史研究要寻求新的突破，就必须首先对"大一统"历史观及其与清朝统治合法性的建立之间到底是何种关系进行重新探讨，以寻求政治史研究的突破点。②

不可否认，"新清史"作为一种研究清史的新范式，其提出的各种假说亦尚未得到完全的证明，且在某种程度上存在一定的偏颇，它的出现还是给清史研究开拓了新的研究方向和思路，研究所依赖的文献资料也大大

---

① 《中华读书报》文化周刊"思想版"，2010 年 10 月 27 日。
② 《清史研究》2010 年第 2 期。

丰富了。而且，它也带给国内清史学界很多的启示：一方面，我们应该在充分利用汉文文献的基础上，突破汉文文献的束缚，重视并加强满语等少数民族语言文字的学习，以期能够充分利用民族语言文献；另一方面，应该基于文献研究，辅之以田野考察和对口述历史的挖掘，重视与民族学、人类学、社会学、历史学、考古学等学科的研究相结合，加强新清史比较忽视或是比较薄弱的边疆民族地区社会经济史和文化史的研究。

然而，我们也应认识到，新清史又不单纯是"研究范式"问题。所谓"新清史"研究，是现今西方学术反华的集中反映之一。其代表人物在学术研究中将"中国人"等同于汉族人，认为清朝"不是中国"，把满族等自古生活在中国领土之内的少数民族划到中国之外，因此作出的推论是：中国共产党政府现在主张的国家主权是"虚构"出来的，是"通过迂回的办法声称对原帝国的领土满洲、内蒙古、新疆、西藏和台湾拥有所有权"。

据此可见，"新清史"尽管在学术上有一定的创见，但不应回避它的某些偏差。基于马克思主义的立场，我们应强调的一点是，对中国学者而言，新清史的某些观点业已超出纯粹学术研究的范畴，从而表现出鲜明的政治性。如是，通过多角度观察和体认新清史，或许能够对新清史的发展提出合理的评介，对满族汉化与否以及清朝成功的真正原因作出自己的判断。

七 从有形到无形：对"利益边疆"的阐述

1945 年至今，伴随着经济的全球化、网络信息技术和现代化的文化传播方式的发展，地理上边界、边疆的限制逐渐被打破。这种技术上的演进不可逆转地渗透到经济、社会生活的各个领域，并在事实上改变着人们的生活方式和生产方式，出现无形的经济、文化、信息等新的"边疆"。于是，一些西方学者将传统的边疆作了进一步的建构，认为所谓的"边疆"概念，已经从有形的陆疆、海疆、"空疆"、"天疆"等"地理边疆"发展为"经济边疆"、"信息边疆"、"文化边疆"、"利益边疆"等无形的"边疆"，从地理的边疆发展为多种形态的"边疆"。此种"现代的"边疆理论在不断的传播和诠释过程中，目前已为一些中国学者所接受。

当人类活动的利益溢出陆地边际向其他不同领域延伸之时，国家利益的概念也有了新的拓展。当今时代，国家利益已经超出传统的领土、领海和领空，向海洋、太空乃至无形的信息空间扩展，这些领域的利益成为国家利益的重要组成部分，这些领域的安全成为国家安全的重要内容。国家安全所涉及的范围，不仅局限于传统的"领土边疆"，更扩大到国家利益发展的"利益边疆"。

作为全球化时代的特殊产物，"利益边疆"并不是一个具有地域性指向的概念，而是指国家利益在某一个特定的时空内划分的界限和范围。徐光裕撰文指出，中国在当今世界要想安全崛起，需要在战略空间观念上有所改变。首先需要有"战略边疆"的观念，只停留在"地理边疆"的层面是远远不够的。地理边疆是指按国际法和国内法划定的国家领土边界线。地理边疆具有相对稳定性，不能随意改动。它是保证国家安全和发展的基本条件。徐先生将此理论用于探讨当前中国在海疆问题上的严峻性。他强调，"中国拥有近360万平方公里的富饶海洋国土，这是我国可持续发展的重要基础性条件之一。但是目前的现状是我们只有部分实际控制权，情况十分严峻"①。

黄昆仑《解放军维护"利益边疆"不局限于疆土边界》指出，在传统的认知框架内，国家利益主要是存在于领土疆域之中。当前，我国坚持统筹国内发展和对外开放，充分利用国内外两个市场、两种资源，坚持在更大范围、更广领域、更高层次上参与国际经济技术合作，国家利益的边界必然随之向外延伸。进入21世纪，我国对海外能源、资源和市场的需求和依赖程度都在上升，保持正常的对外经济交往和联系，维护能源、资源供应和运输通道的安全，保护公民和法人海外利益、海外侨胞的正当权益，都是事关国家发展全局和人民根本利益的重大问题。充分认识和切实维护国家"利益边疆"，是确定国家安全观和国家发展战略的重要前提。②

香港《紫荆》杂志7月号刊文说，随着全球化进程的加快和中国实力的日益增强，中国的国家利益所涉及的范围，不仅局限于传统的"领土边疆"，更扩大到国家利益发展的"利益边疆"。但近年来，一些国家政局动荡对中国的海外利益造成了较大冲击，尤其是利比亚撤离数万中方人员，更凸显了中国维护海外利益面对的新挑战。③ 该文还指出，大国崛起的规

---

① 徐光裕：《中国崛起首先需要有战略边疆观念》，《环球时报》2009年11月1日。

② 《解放军报》2011年3月15日。

③ 廷育：《维护"利益边疆"中国面临全新挑战》，《紫荆》2011年7月号。

律告诉我们，当一个国家实力不断增强，其国家利益势必扩展到海外，一国的国家利益必然具有全球性。而在全球化的今天，国家利益所涉及的范围，不仅局限于传统的"领土边疆"，更扩大到国家利益发展的"利益边疆"。如随着中国对海外能源、资源和市场的需求和依赖程度的不断上升，维护能源、资源供应和运输通道的安全，保护公民和法人海外利益、海外侨胞的正当权益，都是事关国家发展全局和人民根本利益的重大问题。

刘宝银和杨晓梅编著的《中国海洋战略边疆——航天遥感多国岛礁军事区位》[①] 着眼于"信息边疆"的理念，以新的海洋防卫观、国家海洋安全战略与空间信息技术的视角，就环中国多方位岛群，并涉及越南、印度尼西亚、马来西亚、菲律宾、日本、韩国与朝鲜等多国，即南海周边、东海东部、黄海东侧等，数以万计的大、小岛屿、岛间海峡与水道，以七个区段由北向南，抑或由西向东，进行了目标的空间信息融合与量化，并对其地理价值图文并茂地逐一进行了阐述。

前述一些中国学者对照最新的西方边疆理论，作出了符合中国国家利益的阐述，这表现出了相关学者学术视野的敏锐性。但亦应认识到，当我们追溯当前西方学者提出的"无形的"边疆概念时会发现，20 世纪 80 年代中期，美国等西方大国从维护自身利益的需要出发，确定战略控制范围，首先提出了"利益边疆"概念，全球化则进一步催生了利益边疆。已有学者通过研究指出，这个过程与美国等西方大国推行强权政治和世界霸权主义联系在一起。西方大国的理论界试图鼓吹借助经济、网络等多种手段，从多种形态的"边疆"打破发展中国家的国界，从而冲破地理上的有形的边界、边疆，对发展中国家进行渗透、颠覆和破坏。在当前全球化背景下，以美国为首的强权将"国界边疆"延伸为"利益边疆"，并试图利用全球化的途径达到从文化层面引领各国文化向以美国为首的西方文化融

---

① 海洋出版社 2011 年版。

合，完成所谓的"历史终结"。^① 对此问题，包括中国在内的广大发展中国家应有清醒的认识，同样，作为研究边疆问题的中国学者亦应有自身的立场。

八　理论研讨会与学术期刊

本年度，围绕中国边疆学之构筑及边疆理论之创新这一主旨，相关学术科研机构及政府部门举办了几次重要的学术研讨会，在中国边疆史地学界掀起了边疆理论研究的热潮。

(一)"边界问题暨西南边疆稳定"学术研讨会

中华人民共和国成立 60 多年来，我国与东南亚、南亚邻国睦邻友好关系的不断深化，西南边疆地区的稳定与发展出现了新的历史机遇，也面临着解决某些历史遗留问题、划定边界、完善边境管理、应对非传统安全等问题的现实挑战。基于此，2010 年 10 月 14—16 日，中国社会科学院中国边疆史地研究中心、中国人民武装警察部队学院边防系联合举办了"边界问题暨西南边疆稳定"学术研讨会。研讨会在廊坊召开，国内各院校的90 多名专家学者，围绕中国西南边疆的边界、边防、历史与文化、稳定与发展及非传统安全等问题，展开了深入的研讨。

总的来说，与会学者提交的许多论文具有战略性、前瞻性，把时间和空间、历史与现实、理论与实践结合起来，运用历史学、社会学、经济学、文化人类学和法学等学科的理论、方法，从不同视角进行研讨，提出了许多具有创新意义的观点和建议，比如如何解决中印边界历史遗留问题、维护我国领土与主权完整、深化两国睦邻关系，如何处理好民族、宗教、非传统安全等问题促进西南边疆地区的稳定与发展，如何构建边防学体系和我国民族地区社会稳定风险评估指标体系，都大大深化了边界、边

---

① 于沛：《从地理边疆到"利益边疆"——冷战结束以来西方边疆理论的演变》(《中国边疆史地研究》2005 年第 2 期)。对于此问题，于沛《经济全球化和现代西方边疆理论》[《云南师范大学学报》(哲学社会科学版) 2009 年第 5 期]、孙宏年《纷争与互动：帝国主义时代西方"疆界"理论关系简论》[《云南师范大学学报》(哲学社会科学版) 2009 年第 5 期]亦有阐述。此外，于沛等著《全球化境遇中的西方边疆理论研究》(中国社会科学出版社 2008 年版)一书相关章节对此问题亦有深入论述。

防和西南边疆史地等领域的研究，也为今后进一步加强学术交流、深化合作打下了坚实的基础。

（二）"清代政治与国家认同"国际学术研讨会

2010 年 8 月 9 日至 11 日，由中国人民大学清史研究所主办的"清代政治与国家认同"国际学术研讨会在北京香山召开。来自美国、德国、日本、韩国等国家和中国大陆及台湾地区的 60 多名学者参会。在本次会议上，众多海内外学者在充分肯定"新清史"研究所具有的特色和所取得的成绩的同时，也对其中的诸多观点提出郑重的商榷和尖锐的批评，认为清代满洲人虽然保持了自己的民族认同，但对中国的国家认同同样非常深刻，对包括各民族在内的"中国"概念的使用也已经非常普遍，而且越到清代中后期，这一特点越加明确和强烈，并得到世界各国包括国际条约的普遍承认。濮德培、欧立德、米华健、张勉治等几位美国"新清史"的代表人物均出席了会议，并不同程度地接受了国内学者的意见和建议，重新阐释了以往的有关看法。

此次会议是海内外学者第一次就"新清史"展开直接对话的重要学术会议，会议讨论热烈、深入，并在一定程度上就相关问题达成了某些共识，真正达到了学术交流的预期目标，受到与会学者的一致好评。或许正如有的学者所强调的，会议将对清代民族和国家认同问题的有关认知产生影响，经历过"新清史"挑战之后重新在新的高度回归的"国家认同"，已经成为清史研究的一种"新"视角。

（三）海峡两岸"土司制度与边疆社会"学术研讨会

由中国社会科学院台港澳学术委员会主办，中国社会科学院历史研究所、广西师范大学历史文化与旅游学院承办的海峡两岸"土司制度与边疆社会"学术研讨会，于 2010 年 8 月 31 日至 9 月 2 日在广西桂林市举行。

此次学术研讨会共分五个专场，每场有 4—6 位学者发言，两位专家评议，之后集体讨论，可针对发言者的发言提出质疑。会议内容紧凑，既有中国社会科学院历史研究所李世愉研究员关于"构建'土司学'的几个问题"和中国人民大学毛佩琦教授"关于土司研究的几点思考"等学科建设方面高屋建瓴的设想，也有吉首大学人类学与民族学研究所杨庭硕研究员关于"'改土归流'后土司后裔归宿例举"和云南大学民族研究所方铁教授关于"论羁縻政策向土官土司制度的演变"等理论深度方面的探索，对于推动土司史研究的深化与发展具有积极意义。

（四）"边疆发展中国论坛·2010"

为贯彻落实科学发展观，推进边疆发展研究，为国家兴边富民战略提供咨询服务和搭建高端交流平台，2010年10月23日，由教育部社会科学司和国家民委教育科技司倡导支持，国务院发展研究中心民族发展研究所加盟支持，中央民族大学主办，教育部人文社会科学重点基地中央民族大学中国少数民族研究中心承办的"边疆发展中国论坛·2010"在北京中央民族大学召开。

本次会议的主题是"边疆发展方式变革与机制创新"。其主旨是围绕中国西部边疆少数民族和民族地区的发展问题，探讨如何更新发展观念、创新发展机制，转变发展方式，满足边疆边民的发展需求，以实现国家政治、经济、社会、文化及生态全面和谐发展的目标。与会学者围绕国家"十二五"规划思路和边疆发展需求，探讨了两个问题：一是如何通过转变发展方式促进边疆经济社会文化全面发展；二是如何通过边疆发展增进民族团结、社会和谐及国家软实力。

值得高兴的是，对边疆理论的探讨不仅得到诸多学者、学术研究机构以及相关职能部门的关注，也得到了不少学术刊物的呼应。本年度，国内期刊杂志界有几种重要的学术刊物，以推动边疆理论构建为己任，分别设立与边疆理论研究有关的专栏，发表的成果内容涉及对中国古代疆域构筑、形成规律以及近代中国疆域的最终确定的探讨，对古代边疆以及周边地区的观念认识的总结，对边疆相关制度方面的探讨，对疆域归属问题的探讨等。其中，尤以《中国边疆史地研究》、《云南师范大学学报》（哲学社会科学版）的"中国边疆学"栏目、《内蒙古师范大学学报》（哲学社会科学版）的"北部边疆研究"栏目表现最为瞩目。

九　马克思主义国家与边疆理论研究室研究现状

中国边疆史地研究中心马克思主义国家与边疆理论研究室（以下简称"边疆理论研究室"），前身为疆域理论研究室，于2009年成立。它以中国边疆发展规律、形成态势、疆域构筑、边疆学理论等问题为主要研究方向。其主要职能包括：开展疆域形成与发展的历史与现状研究；构筑中国边疆学的学科框架；从法理上阐述历史上中国疆域之奠定；接受有关部门委托研究任务以及学术咨询；组织和参与有关疆域理论研究领域的学术活动，推动学术交流；承担疆域理论领域的研究生培养工作。

加强边疆理论研究，是中国边疆学学科发展的必由之路，而且在学术研究和社会发展两个方面均具有重要意义。本年度，边疆理论研究室的研究任务和预期目标，主要以马克思主义中国边疆学构筑、疆域理论两个研究领域为进路，侧重于基础理论探索（包括概念与范畴、学科性质和任务、体系与功能等），力图构建有中国特色的中国边疆学理论体系。其中，疆域理论研究相对而言已经发展较为成熟，并取得了较多的研究成果。根据我们的阶段性观察，中国边疆学理论研究的基本构架可见于下表：

```
                          ┌──────────┐
                          │  中国     │
                          │  边疆学   │
                          └────┬─────┘
    ┌──────┬──────┬──────┼──────┬──────┬──────┐
 ┌────┐┌────┐┌────┐┌────┐┌────┐┌────┐┌────┐
 │前近代││历史上││藩属 ││近代民││疆域 ││疆域 ││国外疆│
 │疆域 ││的中国││体系 ││族国家││构造 ││理论 ││域理论│
 │观  ││    ││    ││构建 ││    ││    ││    │
 └────┘└────┘└────┘└────┘└────┘└────┘└────┘
```

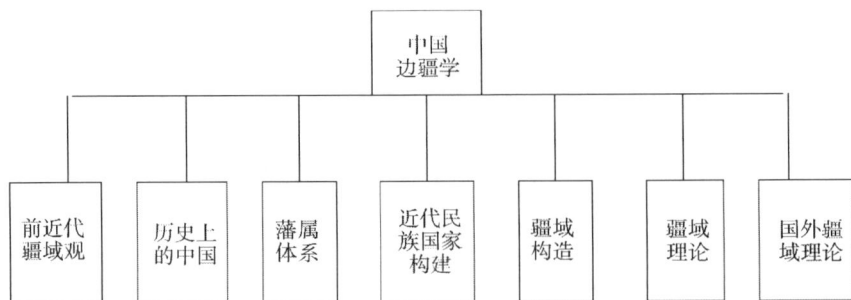

具体来说，边疆学理论大框架下的七个支系仍然可以细分出如下的一些问题：（1）前近代疆域观，涵盖大一统思想、夷夏观、统一多民族国家、服事观、正统观等诸问题；（2）历史上的中国，主要包括对"中国"、"中原"、"天下"、"九州"、"四海"等关系历史上中国疆域范围概念的界定；（3）藩属体系，主要阐述属国、朝贡国、朝贡贸易、羁縻体制、土司体制、藩部等诸问题；（4）近代民族国家构建，主要考察晚清以来的国家政权如何扬弃前近代帝国体制而着力构建一个文化上统一的、同质的民族国家等问题；（5）疆域构造，即对领域、四土、封建、帝国、民族国家理论、条约体系等诸问题的考察；（6）疆域理论，主要讨论边疆学学科的研究对象、范畴、理论与方法，以及功能等问题；（7）国外疆域理论，比如特纳—移动的边疆、马汉—海权论、威斯特伐利亚条约体系、俄罗斯疆域观、拉铁摩尔、费正清、滨下武志、新清史等诸国外疆域理论。

随着疆域理论研究的深入，中国边疆史地学科的学术内涵和外延都在不断扩展和延伸，在涉及中国国家领土完整、边疆稳定、民族团结、边疆发展等一系列深层次问题或突发问题不断衍生，同时也给边疆史地学科研究带来了诸多新课题，这些都需要我们加大对此诸领域理论探索的力度，于是，一门新兴的边缘交叉学科——中国边疆学应运而生了。当前的状况是，在众多学界同仁的共同推动下，在前述诸多疆域理论先行研究的基础上，中国边疆学已现雏形，并展现了广阔的发展前景。可以这样认为，依照学科发展的规律，不失时机地进行中国边疆学的构筑，将一门极具中国特色的新学科——中国边疆学纳入中国众多学科之林，可谓正当其时。

近一年来，为加强马克思主义对中国边疆学之构筑的理论指导，边疆理论研究室承担了院交办课题《马恩列斯论国家、边疆、民族与主权》，目前已完成初稿，且准备进入出版程序。同时，边疆理论研究室还深刻感受到，《马恩列斯论国家、边疆、民族与主权》，仅仅是基于对已有的马克思主义经典著作的摘编，显然，为了进一步推动马克思主义对中国边疆学及相关边疆研究的理论指导作用，对其作进一步的解读和诠释是非常有必要的。此外，据笔者检阅相关先行研究成果，除了目前由边疆中心承担、并业已完成的《马恩列斯论国家、边疆、民族与主权》、《马克思恩格斯论国家领土与边界》两种摘编外，尚无其他研究者专门就此问题展开研究。为此，边疆理论研究室拟在前述摘编的基础上，开展《马克思主义经典作家视野中的边疆理论》这一基础性理论研究，最终成果形式为专著。这也是本课题开展的应有之义。

结语　总体评价与研究展望

2010 年度，有关边疆理论方面的研究成果，无论在数量方面，还是在质量方面，尚称可观。大体说来，这些成果具有下述几个方面的特点：（1）有学者尝试系统地阐述"边政学"理论及其研究方法；（2）推介西方边疆理论，同时勇于面对西方理论的挑战，并作出积极的回应；（3）在传统的疆域理论研究领域用力颇多，涌现出一批高质量的学术论文；（4）不断地开拓边疆学研究的内涵、纵深，深化了边疆发展与边疆稳定理论研究。

尽管本年度取得了较为可喜的成就，但我们不得不承认，从某种意义上说，在一个相对薄弱的基础上构建起来的边疆理论研究，仍然是任重而道远，存在诸多先天不足，尚有多个研究空白需要去填补。展望未来几年，乃至未来十几年的边疆理论研究，以下几个方面的工作亟须解决：

（一）应当注重从马克思主义经典作家的著作中寻找理论源泉，更好地运用马克思主义唯物史观指导边疆理论研究

马克思主义经典作家在各个时期的著作中都有不少内容涉及领土、边疆和边界等问题，这是中国边疆史地研究最为重要的理论源泉之一。比如马克思、恩格斯在多种论著中论及国家领土、边界等问题，反映了马克思主义经典作家在 19 世纪的一些重要观点、理论，这些观点、理论博大精深，又在列宁的著作中得到继承、发扬。但是，这些论述分散于马克思、

恩格斯的大量著作中，大多数文章从篇名又看不出同领土、边界有什么关系，有的文章洋洋数万言，其中与此问题有关的只有一、二段，阅读非常不便。对此，我国边疆史地研究者给予高度重视，并努力从中探寻理论的"宝藏"，为边疆理论研究提供了理论指导。

这一工作已经取得阶段性的成果，吕一燃编《马克思恩格斯论国家领土与边界》就是其中的代表。该书从马克思、恩格斯的著作中选出了论及国家领土、边界的论著 36 篇，有的全文著录，有的摘其有关部分，按写作时间顺序排列，还附录了《马克思恩格斯全集》中文版的有关注释，以便读者阅读。这些论著的编选、出版适应了我国学术界学习和研究马克思主义关于国家领土与边界理论的需要，为中国边疆研究提供了重要的理论指导，对于中国边疆史地研究的发展和学科建设无疑具有重要意义。①

令人欣慰的是，为贯彻落实党中央关于把中国社会科学院努力建设成为马克思主义坚强阵地、党和国家的思想库智囊团、哲学社会科学的最高殿堂的要求，中国社会科学院决定把加强马克思理论学科建设与理论研究作为一项重要工作来抓，并成立中国社会科学院马克思主义理论学科建设与理论研究工作领导小组。小组成立后，努力推动马克思主义基础理论研究，安排了马克思主义经典作者在相关领域的"专题摘编"及基础理论专题研究。由中国边疆史地研究中心马克思主义国家与边疆理论研究室承担的《马恩列斯论国家、边疆、民族与主权》一书目前已完成初稿，将于年底出版。据笔者亲身的编撰经验，以列宁对上述问题的阐述而言，作为一个亲自缔造了一个伟大的民族国家的无产阶级革命导师，他对于边疆地区、边疆民族在民族国家构建中的地位有相当的阐述，同时还就经济学意义上的边疆之地位，有很多独到的理解。相信这对于马克思主义边疆理论研究，必将产生一定的促进作用。

（二）亟应构建起一个完整的边疆理论研究体系，以此促进中国边疆学的构建

实践证明，理论是基础，方法是手段，任何一次史学的重大发展，都是以史学理论与方法的进步为前导。边疆理论研究的重要性，已在当代边

---

① 黑龙江教育出版社 1992 年版。

疆研究学人中达成共识。然而，总体看来，目前的情形是，边疆理论研究的学术成果丰硕，学术研究体系薄弱。有不少学者从自身研究领域出发，分别提出了"边政学"、"边安学"、"疆域理论"等不同理论概念，并试图构建相应的研究体系；加之形形色色的所谓西方边疆理论的冲击，实际上却形成了各自为战、体系松散的乱象，极不利于边疆理论的整合。

自1994年以来，中国边疆史地研究中心就已经提出了构建中国边疆学的任务，其中一个重要的内容就是边疆理论的研究。当前，我们需要面对的一个问题是，边疆理论到底包括哪些内容仍需要细化；并且，无论是边疆理论，还是边疆学构建，都要从中国的实际出发，从中国的历史发展的实际出发。边疆理论研究是基于我们的实证研究的基础上提出来的，实证研究又包括许多方面，如统一多民族国家的形成发展、边疆治理、近代国家疆域和边界的确定等问题；边疆理论研究要注意方法论问题，我们要坚持马克思历史唯物主义，既要在历史的继承、延续上考虑问题，又要注意历史发展的阶段性，还要把视野放大到世界范围，必须注意到周围国家的边疆和边界研究，因此要坚持历史和现实分开、学术和政治分开，结论要慎重。颇为遗憾的是，目前还没有一本专著就这一重大问题作系统的阐述，用以统合各方面的思想，以俾于形成边疆理论研究的合力。

（三）加强相关边疆理论研究，构建中国与周边"历史文化共享"的理论框架

历史上中国在边疆地区多实施羁縻治理，与边疆政权大多是藩属关系：如同希腊、罗马在古代曾一度是欧洲政治、经济文化的中心一样，由于特定的历史发展条件，在很长一个时期，东亚形成了一个以中国政治、经济、文化为中心的发展阶段，历史上中国的封建统治者将家族式按血亲远近区别亲疏的宗法制度引入国家的治理中，对周边实行以政治关系亲疏远近而区别的藩属或属国制度，建立了"宗藩体系"的治理模式，西方称之为"朝贡体系"。

从某种意义上来说，在历史上中国与周边藩属关系的体制下，形成了许多相互交流、相互继承、我中有你、你中有我的同类、同质历史文化（或可称之为"藩属文化"或"历史边疆文化"），例如高句丽历史文化、成吉思汗历史文化、铜鼓历史文化。这一类历史文化既是我国边疆民族文化，又在今天周边国家民族历史的构建中不可缺少。

　　然而，近现代以来，历史上曾经是藩属或属国的周边国家，在构建民族国家的进程中，通过"政治集装器"的作用，辅之以官定的历史叙事与记忆程序，一味强调将前述的"藩属文化"或"历史边疆文化"独占性地纳入其国史体系。于是，今天在建立本国国家和民族的历史中，如何看待和界定本国历史上与中国的关系，对于双方来说都有一个"理顺"的问题。

　　对此，中国边疆史地研究中心厉声研究员曾于 2005 年提出了"历史文化共享"的观点，并在与韩国学者交流中得到部分认同。基于这一观点，我们反对周边某些国家对这一类历史文化的垄断性和排他性的做法，提倡他们与我们共享这一类历史文化。而如何淡化历史上中国与周边的藩属关系在今天周边国家民族构建中的阴影，进一步论证和构建中国与周边"历史文化共享"的理论框架十分必要。

（执笔人：于逢春、冯建勇）

马克思主义哲学史研究前沿报告

哲学研究所马克思主义哲学史研究室

本文试图从马克思、恩格斯经典著作的文本文献研究、马克思、恩格斯和列宁哲学思想研究、苏联马克思主义哲学和当代俄罗斯马克思主义哲学研究、毛泽东哲学思想研究、邓小平理论、"三个代表"重要思想和科学发展观研究、国外马克思主义研究等几个方面，总结、归纳在过去的一年多时间里，我国马克思主义哲学史研究的热点问题和最新进展。希望能为回顾过去、展望未来、探索马克思主义哲学史学科发展的新路径和新思路提供依据，同时也为人们了解和把握马克思主义哲学史学科发展提供参考资料和信息。

一　马克思、恩格斯经典著作的文本文献研究

该研究是从源头上直接以马克思、恩格斯自身的文本、文献为基础对马克思、恩格斯的思想及其发展历程、思路、主要思想、观点进行客观、准确的研究。就目前我国的现实情况来看，马克思、恩格斯经典著作的文本、文献研究又可以分为两个层次：其一是从马克思和恩格斯经典著作的翻译文本入手；其二是以马克思和恩格斯的原文本、文献为基础。

20世纪70年代初《马克思恩格斯全集》历史考证版第二版（国内外学界把此版简称为 MEGA2 或新 MEGA）的陆续编辑出版，为国内外的马克思主义研究提供了从马克思、恩格斯的原文本、原文献对马克思、恩格斯思想进行研究的可能性，该版以其完整性、真实性、原创性、过程性和资料性为国内外学术界所关注、所重视，为国内外马克思主义研究开辟了更加广阔的研究视野，为马克思、恩格斯思想研究注入了新的活力，打开了马克思、恩格斯思想研究的新局面。

　　一方面，借助于《马克思恩格斯全集》历史考证版的陆续出版，我国中共中央编译局重新校订、编辑出版了《马克思恩格斯选集》第二版、《马克思恩格斯文集》、《马克思恩格斯全集》第二版，虽然截至目前，《马克思恩格斯全集》第二版的部分卷次仍在编辑出版过程中，但这些最新编辑出版的马克思、恩格斯经典著作的文本、文献为马克思、恩格斯经典著作研究提供了最新的（中）文本资料。

　　另一方面，随着《马克思恩格斯全集》历史考证版的陆续出版和国外马克思主义学者依据新 MEGA 而进行的研究工作的展开、深入，《马克思恩格斯全集》历史考证版也逐渐引起我国学者的关注，在一定范围内激发了学者们的研究兴趣和研究热情。但是由于语言的掣肘，真正以新 MEGA 为依据进行研究工作的学者仍然局限于一个非常小的范围，尽管如此，这些学者的研究成果已经受到人们的广泛关注，并且进一步激发了年轻学者加入这一研究阵营的热情。近几年，我们已经看到一些有着良好外语基础的年轻学者，选择了以新 MEGA 作为文本、文献的基础对马克思、恩格斯思想进行研究。

　　纵观近几年国内学者对新 MEGA 的关注和研究工作的展开，我们看到在以下几个方面学者们的研究工作取得了一定进展：

　　第一，对《马克思恩格斯全集》历史考证版第一版、第二版及其编辑方式、编辑原则、编辑历史、编辑精神的介绍，使国内学者了解了 MEGA2 或新 MEGA 的内容、规模和编辑进展，使其走进了中国学者的视野。

　　第二，通过对 MEGA2 的阅读，从对翻译文字与原文字的比较中对马克思、恩格斯的一些基本理论和思想有了更加具体、精确和确切的认识，从深层次展开了对马克思、恩格斯思想的研究。

　　第三，通过对马克思、恩格斯手稿文献、写作顺序的分析，对马克思和恩格斯研究思想的进程、修改过程、合作方式都有了新的认识。

　　第四，通过对《巴黎手稿》、《德意志意识形态》、《资本论》第二卷、第三卷、《共产党宣言》等文本、文献的研究，对马克思和恩格斯的合作过程、对马克思和恩格斯在立场、观点上的共同性和方法上的差异性进行了较为具体深入的研究。

　　由于《德意志意识形态》手稿的不完整、不成熟状态，使得即使依据新 MEGA 尊重客观材料的精神也难以进行令人满意的编辑整理，因而第二版的《德意志意识形态》根据原计划一拖再拖，至今没有出版，而历史考证版第一版的《德意志意识形态》本身，主要是第一篇第一章，是与考证精神不相符合的剪贴组合产品。目前，《马克思恩格斯全集》历史考证版四个部分中唯一编辑出版齐全的是第二部分，即《资本论》及其前期的政治经济学手稿部分，这一部分只有一卷中的一个分册还处于编辑过程中。

《德意志意识形态》（以下简称"《形态》"）在马克思和恩格斯生前没有出版，只是未完成的手稿，但是它在马克思主义发展史上却具有举足轻重的地位。这不仅由于人们将《形态》看作是"青年马克思"向"成熟马克思"、"人本主义的马克思"向"科学主义的马克思"转折的标志，更是由于《形态》被看作是马克思主义唯物史观理论的成熟标志。而《形态》手稿的整理、编辑和出版过程却从两个方面引发了人们对这些传统观念的进一步思考：第一，《形态》的第一卷第一章作为阐述唯物史观理论的主要部分是未定稿、未形成稿，甚至包含着难以定位的片段；第二，这一章几乎完全是恩格斯的誊写笔迹，马克思的笔迹仅仅在修改和边注中出现。

由于《形态》手稿的特殊情况，《形态》手稿的出版也并非一帆风顺，从其出版历史来看，《形态》手稿第一篇第一章最早的德文版于 1927 年由苏联的梁赞诺夫（Давид Борисович Рязанов）编辑出版；1932 年 MAGA1 第 5 卷出版了由阿多拉斯基（Владимир Викторович Адоратский）编辑出版的拼贴组合版，这个版本也是后来德文全集版、英文全集版和中文全集版等版本的基础；2004 年《2003 年马克思恩格斯年鉴》根据 MEGA2 的出版精神和原则，编辑出版了这一章节，作为 MEGA2 的试验版，这也就是该章至今的最新版本。以该版本为基础的最新研究成果有魏小萍的《探求马克思〈德意志意识形态〉原文文本的解读与分析》（人民出版社 2010 年版）、郑文吉（韩国）的《〈德意志意识形态〉与 MEGA 文献研究》（南京大学出版社 2010 年翻译出版）。

以新 MEGA 为基础对马克思《资本论》及其政治经济学手稿的重新阅读，至少从两个方面启发了人们对马克思的再思考，其一是恩格斯编辑前原马克思文献的编辑出版，这为我们直面马克思的手稿提供了机遇。我们知道恩格斯晚年放下自己手中正在进行的自然辩证法研究工作，竭尽自己余生的时间和精力全力以赴地从事马克思遗稿的编辑整理工作，他所作出的贡献功不可没。但是一个研究者形成的研究思路，尤其是未成熟的研究思路，在经过他人的整理而被表达出来时，为了使其具有可读性，就必须经过加工和修改，这在某种程度上可能遮蔽原作者的问题意识，这种问题意识，只有在原始资料中才能被发现，这是新 MEGA 所具有的无可替代的意义。

国际马克思研究小组"国际马克思理论研讨会"（The International Symposium on Marxian Theory，简称 ISMT）将非德语世界的马克思学者与德语世界的马克思学者，将马克思主义研究者与新 MEGA 的编辑出版人员，将马克思、恩格斯哲学思想研究者与政治经济学研究者结合了起来，专攻《资本论》及其政治经济学手稿，对马克思的《资本论》及其前期经济学手稿以新 MEGA 为基础进行了系统的研究。该小组自 90 年代成立以后范围逐渐扩大，目前已囊括英国、意大利、法国、德国、日本、美国等国家的一些固定成员，每年举行一次会议宣读其研究成果。笔者也偶尔参与他们的活动，不过由于缺乏参会经费，并不能有规则地参与其交流和讨论。由意大利马克思主义政治经济学家理查德·贝洛菲尔、罗伯特·芬奇（意大利）编辑出版的该小组研究论文集《重读马克思》已于 2010 年由东方出版社翻译出版。

另外，《政治经济学批判大纲》成为原文本研究的一个热点，该著作在马克思思想发展进程中的重要性和其手稿的特征，使其成为国内外学者广泛关注的文本。2011 年中国人民大学翻译出版了纪念政治经济学大纲 150 周年的《马克思的〈大纲〉》，该著作由意大利青年学者默斯托编辑，搜集了马克思的《政治经济学批判大纲》在不同国家的编辑出版历史。2011 年 1 月北京师范大学翻译出版了日本学者内田弘的《新版〈政治经济学批判大纲〉的研究》，该著作以 MEGA2 出版的《政治经济学批判大纲》为文本，对该著作进行了系统的研究。

一方面我们看到，国内外学者们通过对马克思、恩格斯文本的阅读、研究，尤其是借助于新 MEGA 资料对文献、文本的阅读和研究，在一定程度上对人们依据苏联模式的马克思主义对马克思、恩格斯思想的教条主义认识方式进行了一定程度的、有效的纠正；另一方面我们也看到，随着马克思、恩格斯文献、文本研究所提供的新资料、所取得的新进展，对人们的固有认识定式的冲击，以及新 MEGA 所提供的原文献的不确定性、原文字的隔阂，在一定程度上给那些难以直接阅读新 MEGA 的学者带来了两种具有反差性的心理反应：或者是对新 MEGA 的研究寄予过高的奢望，希望新 MEGA 能够为人们提供一个完全不同的、能够避免苏联解读模式一切弊端的马克思，由此产生对新 MEGA 的盲目崇拜心理，或者是由于习惯了传统的思维定式而为新的研究成果、研究思路、新解读的不确定性、新呈现的文献资料所困扰，因而对新 MEGA 产生恐惧症，尤其当新 MEGA 资料所呈现的马克思，在一些方面也会像常人一样其思想有着客观来源，并且在一些问题上会发生困惑、犹豫、反复、甚至出错时，在一些人看来，这是在解构马克思。

这两种都是不恰当的对待《马克思恩格斯全集》历史考证版及其研究成果的态度。究其原因，对于那些习惯于传统马克思主义解读模式而又受新资料、新思路冲击，但是又难以直接阅读新 MEGA 的部分学者来说，一方面容易在想象中夸大新 MEGA 的魅力，从而将新 MEGA 神秘化、神圣化；另一方面，又不切实际地期待新 MEGA 研究能够提供一个全新的、完美无瑕的、能够抵御一切针对传统马克思主义而提出的诘难的马克思。这两种态度与新 MEGA 研究精神所追求的客观性、科学性、准确性恰恰是不相容的。

面对这种现象，我们有必要强调，新 MEGA 的基本特征是呈现原文本、原创作过程，以及马克思和恩格斯的阅读资料。借助于新 MEGA 研究马克思和恩格斯思想，有其独特的理论价值，这点不可忽视。对新 MEGA 加以无限拔高或者使其神秘化的做法是不可取的，同样期待新 MEGA 的研究能够提供一个全新的、万能的、能够回答、解决一切时代问题的马克思，也是一种不切实际的奢望。

新 MEGA 的研究不仅需要非常专业的知识功底，而且需要非常好的外文功底，对于一般研究者来说，语言障碍是最直接的掣肘。为了从源头上准确理解和研究马克思和恩格斯思想，中文版的各种马克思、恩格斯著作翻译版本，仍然是我们最基本的阅读和研究文本，仍然是我们开展马克思主义理论研究的可靠资源。

新 MEGA 向我们呈现的首先是一种精神，一种客观的、实事求是的、认真地对待人类思想宝库马克思和恩格斯思想的态度，正确地对待新 MEGA 提供的资料，借助于新 MEGA 所提供的资料对马克思、恩格斯经典著作进行更加准确、深入、系统的研究，一方面，我们就能够更加容易地、更加主动地参加国际马克思、恩格斯研究的学术讨论，拓宽与国际马克思主义学者交流的渠道。另一方面，我们可以进一步结合中国实际，与时俱进地发展马克思主义基本理论，使马克思主义基本理念能够更好地为中国特色社会主义的创新发展提供指导作用，因而这也是在新的历史条件下继续推进马克思主义中国化的一个重要前提。

二　马克思、恩格斯和列宁哲学思想以及苏联、当代俄罗斯马克思主义哲学研究

马克思和恩格斯哲学思想的研究综述：近年来，国内外出版了很多关于马克思和恩格斯的著作，它们在不同程度上丰富了马克思主义哲学史研究。这些著作可大体分为以下几类：

第一类是原著和传记，具体包括：第一，马克思主义经典作家原著的出版。例如，在 2009 年 12 月，中共中央马克思恩格斯列宁斯大林著作编译局编译出版了十卷本《马克思恩格斯文集》和五卷本《列宁专题文集》，这两种文献由于包含了马克思主义经典著作编译的最新成果，成为我国较新的马克思主义经典著作的权威版本。第二，近年来出版了一系列马克思主义经典作家思想的专题摘编，其中很多都是中国社会科学院"马克思主义研究和建设工程"的相关成果。

第二类是研究类著作，具体包括：第一，对马克思、恩格斯原著的研究，例如译著《马克思〈资本论〉传》（［英国］惠恩著，陈越译，中央编译出版社 2009 年版）介绍了《资本论》的出版和传播的历史。再如译著《〈大纲〉：马克思的自我超越》（［意大利］奈格里著，张梧、孟丹、王巍译，北京师范大学出版社 2011 年版）；以及鲁路的专著《马克思博士论文研究》（中央编译出版社 2007 年版）等。第二，对马克思、恩格斯专门思想的研究，例如宗教观、政治哲学、生态观等问题都是热点，相关著作很多。值得一提的是译著《马克思历史理论的研究》（［日本］望月清司著，韩立新译，北京师范大学出版社 2009 年版）。该书根据马克思的有关论述，探讨了东方社会如何过渡到市民社会的一系列问题，包括"共同体的三种形式"、"资本的原始积累"、"个体所有制"等。第三，对马克思、恩格斯哲学思想的整体性再认识，例如吴晓明的专著《超感性世界的神话学及其末路——马克思存在论革命的当代阐释》（中国人民大学出版社 2011 年版），杨耕的专著《为马克思辩护：对马克思哲学的一种新解读（第三版）》（中国人民大学出版社 2010 年版）等。

第三类是年鉴和年度研究报告，包括中国社会科学院哲学研究所编的《中国哲学年鉴》（2009）（哲学研究杂志社 2010 年版）；复旦大学马克思主义研究院和中国社会科学杂志社马克思主义理论编辑室合编的《当代中国马克思主义研究报告（2007—2008）》（人民出版社 2009 年版）；由中国社会科学出版社组织编辑，赵剑英等主编的《中国马克思主义研究前沿（2009 年卷）》（中国社会科学出版社 2010 年版）等。

第四类是近年出版的马克思主义哲学通史类著作，其中有代表性的是吴元梁主编的《马克思主义哲学形态的演变》（两卷本）（中国社会科学出版社 2010 年版）。该书是中国社会科学院哲学研究所马克思主义哲学史研究室的集体著作，其主要内容是从"哲学形态"这一新的视角来重新审视马克思主义哲学史。这类著作中值得注意的还有：何萍的《马克思主义哲学史教程（两卷本）》（人民出版社 2009 年版），安启念的《新编马克思主义哲学发展史（第 2 版）（21 世纪哲学系列教材）》（中国人民大学出版社 2010 年版），姚顺良主编的《马克思主义哲学实验教材：马克思主义哲学史——从创立到第二国际》（北京师范大学出版社 2010 年版）等。

此外，值得一提的是，2010 年度还出版了已故著名马克思主义哲学家孙伯鍨的四卷本文集《孙伯鍨哲学文存》（江苏人民出版社 2010 年版），该文集集中体现了孙伯鍨同志对我国马克思主义哲学事业的贡献。

在上述著作以及大量论文中，关于马克思的哲学思想以及马克思和恩格斯哲学思想的整体性研究是热点，论著数量很多。本文主要关注那些侧重于研究马克思本人或原著中的哲学思想以及侧重于从思想史的角度研究马克思哲学思想的论著。换言之，本文主要关注的是那些马克思主义哲学史研究色彩较重的论著。这些论著中的热点问题包括：

第一，如前所述，**关于马克思、恩格斯著作的文献学研究**是一个热点。例如，《国外理论动态》2010 年第 5 期发表的日本学者大村泉的文章《〈资本论〉第 2 卷历史考证版的意义——恩格斯的编辑稿与 MEGA II 第二部分第 12、13 卷》（田庆立、张利军译）就很值得关注。MEGA II 第二部分第 11、12、13 卷都由日本学者编辑完成，而上文正是对编辑过程中一些技术和理论问题的探讨。再如，同样发表在《国外理论动态》2010 年第 5 期上的徐洋的论文《德国学者谈〈马克思恩格斯全集〉德文版的现状和历史》则介绍了另一个重要文献——《马克思恩格斯全集》德文版的基本情况。

　　鲁路的论文《〈马克思恩格斯全集〉历史考证版第 2 部分单独编排问题》（《天津市委党校学报》2009 年第 6 期）也值得一提。该文认为，MEGA II 的四个组成部分中，"《资本论》及其手稿"卷次构成了专门的第二部分。从编辑角度看，这种划分方法存在一定的合理性，即保持了每一部分以及卷次在体例上的统一性；但从研究角度看，这种划分方法存在着明显的局限性，无论从形式与内容上，都切断了《资本论》及其手稿同马克思、恩格斯其他著作的有机联系，导致了研究马克思经济学著述时视角转换的混乱。因此，该文力求全面考察 MEGA II 第二部分存在的诸多编排问题。该文敢于对 MEGA II 的编排提出异议，说明我国学者在 MEGA II 研究中已逐渐走向前沿。

　　第二，关于改革开放以来我国马克思主义经典著作研究和马克思主义哲学研究中出现的"主题转换"也成为一个研究的热点。

　　李惠斌、周凡、朱昔群的论文《马克思主义经典著作基本观点研究 60 年中的主题转换》（上、下）（《理论视野》2010 年第 3 期、第 4 期）认为，如论文题目所述的主题转换包括：从"以阶级斗争为纲"到"以人为本"的科学发展观与和谐社会建设转变；从"无产阶级专政"到"人民民主"的政治学转变；从革命党到执政党的党建主题转变；从单纯的计划经济到社会主义市场经济；从社会主义公有制到以公有制为主体的多种经济形式和社会所有制；从分配上的平均主义到按劳分配与按生产要素分配相结合；从单一的国家中心体制到政府—社会—市场的多元经济结构（制度）；从强调"征服自然"到强调"保护自然"的自然观转换。

　　韩庆祥、张健在论文《语言分析：新中国 60 年马克思主义哲学研究的范式转型》[《江海学刊》（南京）2009 年第 5 期]中认为，新中国 60 年来马克思主义哲学研究出现了六个方面的变化，内含着三个重要的理念转换。六个变化是：由"意识形态化哲学"走向"科学性哲学"，由"相对注重本质与定性思维的哲学"走向"也注重功能与价值的哲学"，由"注重书本理论逻辑的理论哲学"走向"注重现实生活世界逻辑的生活哲学"，由"一元模式哲学"走向"多样个性哲学"，由"注重把传统教科书当教条的教科书哲学"走向"注重从文本解读中挖掘本真精神、基本价值的文本哲学"，由"谈人色变哲学"走向"以人为本哲学"。三个理念是："书本逻辑导向—现实问题导向"、"哲学与政治关系之现代重构"、"哲学与生活世界关系之现代重构"。从语言分析的视角看，这些变化的背后是中国社会结构转型与中国政治、人的发展。

上述两篇论文仅代表他们的一家之言，其中一些提法和观点，例如从"无产阶级专政"到"人民民主"的政治学转变，由"意识形态化哲学"走向"科学性哲学"，都是值得商榷的。

值得一提的还有杨学功在《中共天津市委党校学报》2010年第1期、第2期、第3期发表的三篇系列论文《学术回顾与反思：马克思主义哲学研究30年（1978—2008）之一：从真理标准讨论到哲学教科书体系改革》、《学术回顾与反思：马克思主义哲学研究30年（1978—2008）之二："问题意识"凸显和领域（部门）哲学勃兴》、《学术回顾与反思：马克思主义哲学研究30年（1978—2008）之三：从"领域分设"到"路径分化"》。不过，这些论文主旨不在论述"主题转换"，而是综述和总结。这方面的论文还有陈有进的《新中国60年翻译出版的马列著作》（《中共云南省委党校学报》2009年第5期）。

第三，对社会形态理论的研究也是一个热点。王伟光在论文《社会形态理论与历史价值观——使马克思主义理论话语在中国实践中获得时代的升华》（《中国社会科学报》2010年6月15日）中论述了马克思主义社会形态理论的学术价值和现实意义。发表在同一期《中国社会科学报》上的靳辉明的论文《社会形态理论与历史价值观——马克思社会形态理论的科学性和客观性》也值得注意。

张亮、刘力永在论文《马克思社会形态学说的当代审视》（《教学与研究》2009年第11期）中认为，"社会形态"和"经济的社会形态"是马克思社会形态学说中两个不同的范畴。在它们的基础上，马克思分别发展出了三大社会形态学说和四种经济的社会形态学说。当前的研究必须反思教科书体系五形态说的思想钳制，正确认识两种社会形态学说的理论关系，防止非社会形态倾向。

此外，魏小萍的论文《从双重关系的角度重新理解马克思的社会形式论》（《现代哲学》2009年第6期）也涉及了社会形态问题。

第四，马克思意识形态理论的研究也是一个热点。这方面的文献汇编有中国社会科学院马克思主义研究院编的《马克思恩格斯列宁斯大林论意识形态》（人民出版社2009年版），专著有侯惠勤的《马克思的意识形态批判与当代中国》（中国社会科学出版社2011年版）和《新中国意识形态史论》（安徽人民出版社2011年版）。

作为观念的上层建筑的意识形态，是一切文明社会中的任何国家都实际存在的一个必要和重要的社会层次或社会领域。而在当今世界特别是在像新中国这样的社会主义国家的现实生活中，"意识形态"却是一个被国内外一些人搅和搞得混乱不堪的话域。而且，所谓"意识形态虚假论"，还有什么"意识形态淡化论"、"意识形态终结论"和"消解主流意识形态论"等论调，在学术界似乎越来越受到"追捧"。侯惠勤的《马克思的意识形态批判与当代中国》一书的主旨正是为了坚持和巩固马克思主义在我国意识形态领域的指导地位，廓清国内外一些人在意识形态问题上散布的层层迷雾，从而正本清源，结合实际，系统阐明马克思主义的意识形态理论。同时，该书还反思了当代中国意识形态中的信仰问题以及当代意识形态新走向及其表现。该书堪称马克思主义意识形态理论研究的一部力作。

第五，马克思的政治哲学思想、生态哲学思想、现代性思想、发展哲学等论题也都是学术界关注的热点。例如，杨信礼在论文《马克思主义哲学在当代中国发展的新形态——发展哲学研究综述》（《理论学刊》2009年第11期）中综述了当代中国哲学界对中国发展哲学兴起背景和基本特点、学科定位和体系建构、现实关切和未来走向所进行的研讨，认为作为和平与发展时代精神精华的发展哲学已在中国崛起。

丰子义在论文《马克思现代性思想的当代启示》（《光明日报》2010年2月2日）中认为，马克思虽然没有明确提出"现代性"的概念，但是基于对社会历史发展的深入研究，还是具体阐发了有关现代性的重要思想，并对现代性作出了独特的、实质性的理解。马克思现代性思想的一个显著特征，就是它并非一般意义上的现代性的哲学，而主要是一种关于现代性的社会理论。尽管马克思现代性思想的历史语境和面临的问题与今天不同，但其考察问题的基本立场、观点和方法仍是非常重要的，是富有当代价值的。

第六，刘放桐的论文《再论如何看待马克思和恩格斯对同时代西方哲学的否定——对一种复旧性观点的回应》（《河南社会科学》2010年第1期）探讨了马克思和恩格斯对他们同时代的现代西方哲学作出过否定性评价这一思想史事实。该文认为，马克思在《资本论》二版《跋》等论著中对当时资产阶级经济学的批判是在无产阶级和资产阶级的阶级斗争处于公开敌对的条件下进行的，具有重要的历史意义，但不是评价现代西方哲学的普遍标准。马克思和恩格斯在对待现代西方思潮上与对待现代资本主义的发展一样一直强调应当与时俱进。该文所讨论的问题对于正确处理马克思主义哲学与现代西方哲学的关系有重要的方法论意义。

第七，随着近年来"中央马克思主义研究与建设工程"设立和建设"马克思主义一级学科"，相关的理论问题也成为学术界探讨的一个热点。例如，"整体把握马克思主义科学体系研究"课题组的论文《关于整体把握马克思主义科学体系的几个问题》（《思想理论教育导刊》2009 年第 11 期）围绕着马克思主义三个组成部分的观点能否成立，"马克思主义是世界观方法论体系"的论断是否准确，如何确定马克思主义科学体系的基本范畴，怎样认识马克思主义的基本原理等问题对国内的研究状况做了综述并说明了课题组自己的认识。

在讨论中出现了一些对马克思主义三个组成部分观点的否定性意见。例如，吴苑华在论文《如何"整体地"理解"马克思主义"？——针对〈马克思主义基本原理概论〉的思考》（《理论探讨》2009 年第 6 期）中认为，马克思主义不是一个"大而全"的"百科全书式"的学说，它是关于以人为本的"人的解放学"，实践性是马克思主义的整体性也即科学性、革命性、阶级性、批判性、文化性和学术性的基础，因而对马克思主义的理解要以实践性为落脚点和出发点。马克思主义理论是有机统一的整体，故应放弃和清除那种被学科视界所分隔的理论布局和内容设计，在一体化视界中使之合逻辑性、合思想性。陈文通也在论文《关于马克思主义三个来源和三个组成部分的思考》（《理论视野》2009 年第 10 期）中对列宁"马克思主义的三个来源和三个组成部分"的提法持否定态度，主张对马克思主义的认识，应当回到恩格斯的"两个伟大发现"和"一个重要结论"上来。上述观点要么试图强调马克思主义理论的整体性，要么强调恩格斯与列宁思想的差异，但是分别存在着割裂整体与部分的辩证关系和割裂恩格斯与列宁思想之间联系的问题，因而都存在着对列宁相关思想的误读。

梁树发、黄刚在论文《试论马克思主义理论学科形成的科学基础》（《思想理论教育导刊》2010 年第 3 期）中认为，马克思主义理论学科的形成有其科学基础。马克思主义的科学性是马克思主义理论学科形成的首要科学基础。马克思主义的整体性是马克思主义理论学科形成的直接的科学基础。马克思主义发展和马克思主义理论研究所达到的实际水平，为马克思主义理论学科的形成提供了理论准备和必要条件。

恩格斯哲学思想以及马克思和恩格斯哲学思想的关系研究综述：近年

来相关论文较少，但一些著作、译著、传记涉及了这一领域的内容。

何中华在论文《恩格斯对"唯物—唯心"之争的态度——重读〈路德维希·费尔巴哈和德国古典哲学的终结〉》(《学习与探索》2009年第5期)中认为，恩格斯《路德维希·费尔巴哈和德国古典哲学的终结》的写作动机之一是基于这样的判断，即《德意志意识形态》缺乏对费尔巴哈哲学的批判。这个判断折射出恩格斯对于马克思哲学旨趣的某种误解。恩格斯认为费尔巴哈唯物论之所以在历史领域失效，主要是因为未追问历史动力的动力和辩证法的阙如，这同马克思把费尔巴哈式旧唯物论的缺陷归结为拘泥于感性直观大异其趣。与马克思试图从逻辑和历史双重意义上超越"唯物—唯心"之争不同，恩格斯致力于强化这种对峙。何中华的观点代表了我国马克思主义哲学界关于马克思和恩格斯哲学思想关系的一种有代表性的看法，尽管未必正确，但可以作为一家之言。

关于马克思和恩格斯思想的关系，值得注意的是译著《不同的路径：马克思主义与恩格斯主义中的黑格尔》([美国]诺曼·莱文著，臧峰宇译，北京师范大学出版社2009年版)。该书原著出版于2006年，是预计出版的三卷本丛书的第一卷。这一三卷本丛书旨在研究从1836年到1883年马克思逝世这段时间黑格尔和马克思的学术思想关系，其中《不同的路径》一书主要关注马克思1841年的博士论文。原作者美国马里兰大学历史系教授诺曼·莱文目前正在撰写该研究的第二卷《看不见的黑格尔》，主要涉及从1841年至1850年间马克思与黑格尔的关系。

其他值得注意的著作有译著《马克思与恩格斯：学术思想关系》([美]卡弗著，姜海波等译，中国人民大学出版社2008年版)，传记《恩格斯传》(萧灼基著，中国社会科学出版社2008年版)，《恩格斯传（全面揭秘真实的恩格斯)》(陈林著，人民日报出版社2010年版)，专著《马克思恩格斯伦理思想研究》(安启念著，武汉大学出版社2010年版)等。

普列汉诺夫的哲学思想以及第二国际的马克思主义哲学思想的研究综述：近年来相关论文较少，值得一提的是殷叙彝的论文《社会民主主义国家理论溯源——从拉萨尔到伯恩施坦》(《马克思主义与现实》2010年第3期)。值得注意的著作和出版物有：文选《普列汉诺夫文选》(人民出版社2010年版)；《普列汉若夫读本》(王荫庭编，中央编译出版社2008年版)；《考茨基文选》(王学东编，人民出版社2008年版)以及伯恩施坦、鲍威尔等第二国际理论家的文选；专著《第二国际理论家马克思主义观研究》

（方章东著，安徽大学出版社 2007 年版）。

列宁哲学思想的研究综述：由于 2010 年适逢列宁诞辰 140 周年，国内召开了一些研讨会，一些学者发表了纪念性文章。黄楠森先生在《政治其形、学术其神——对〈唯物主义和经验批判主义〉的一种新解读》（《高校理论战线》2009 年第 12 期）中主要论证了《唯物主义和经验批判主义》一书既是政治著作，也是学术著作，因为该书完全按照学术规则处理学术问题。王东在《列宁思想在当代的四大生长点》（《中国社会科学报》2010 年第 4 期）一文中重申列宁的辩证唯物主义认识论、唯物辩证法思想、垄断资本主义新阶段理论、晚年新经济政策和全盘改革构想的现代意义。靳辉明、罗文东的论文《〈帝国主义论〉与现时代——纪念列宁诞辰 140 周年》（《中华魂》2010 年第 5 期）探讨了《帝国主义论》的现时代意义。李媛的《当代视野下的列宁和列宁主义》（《文汇报》2010 年 5 月 31 日）对中共上海市委党校和上海市马克思主义研究会共同主办的"当代视野下的列宁和列宁主义"研讨会做了综述。曹天禄在论文《不破哲三对列宁与马恩思想的比较研究》[《天津师范大学学报》（社会科学版）2009 年第 6 期]中介绍了日本共产党资深领导人不破哲三对于列宁"误读"马克思、恩格斯思想的一些批评。关于不破哲三对列宁的指责是否成立，该文并未作出有力的分析。此外，刘志明的论文《列宁文献在我国的整理、翻译和出版——纪念新中国成立 60 周年》（《湖南师范大学社会科学学报》2009 年第 6 期）也具有资料价值。

张一兵的《回到列宁》（江苏人民出版社 2008 年版）是近年来研究列宁哲学思想的一部重要专著，同时也引起了一些争议。王金福在论文《"回到列宁"与"回到马克思"：两种对立的解释学立场》（《唯实》2009 年第 11 期）中对该书的方法论提出了批评：《回到马克思》与《回到列宁》是张一兵的前后两部著作，但它们的解释学立场却是对立的。"回到马克思"坚持的是客观主义的解释学立场，"回到列宁"表达的是主观主义的解释学立场。从"回到马克思"到"回到列宁"，是从客观主义解释学立场向主观主义解释学立场的后退。这种后退对正确理解以及坚持和发展马克思主义，可能产生消极的影响。林密在论文《"思想构境论"的现实逻辑射线及其隐性的逻辑裂隙——兼评张一兵教授的〈回到列宁〉》（《南京社会科学》2010 年第 2 期）中则对《回到列宁》提出了辩护："思想构境论"是张一兵在《回到列宁》中首倡并灵活运用的新文本解读方法；该方法凸显了解读者对于文本对象的主导性地位，且并不避讳思想解读过程中的主观性，因而更加重视的是思想史解读过程中所能达到的相对客观性；作者对列宁阅读批注细节的细心捕捉和精到分析，在揭示出列宁哲学研究中强烈的现实旨趣的同时，也向我们展示了其"思想构境论"无处不在的现实逻辑射线，尽管该书对这一点贯彻得并不好。

关于列宁思想的研究，有几篇译文很值得关注：斯洛文尼亚著名左翼思想家斯拉沃热·齐泽克在《为列宁主义的不宽容辩护》（周嘉昕译，《马克思主义与现实》2010年第2期）一文中认为，苏东解体后，左翼思想获得了很大进展，然而也面临着一个困境，即自由主义议会民主制所产生的潜在的"思想控制"。列宁对自由主义的批判，对党性原则的强调，在行动中对革命性的实践为建立一种行动乌托邦提供了可能，从而可以抵制苏东传统左派、文化斗争解放、福利国家、赛博共产主义（赛博空间即计算机及网络里的虚拟现实）、第三条道路等选择。美国明尼苏达大学政治学系教授奥古斯特·H.尼姆兹在《回到列宁，却脱离马克思恩格斯？》（李百玲译，《马克思主义与现实》2010年第2期）一文中批评了近年来国际学术界在"重读列宁"的过程中把列宁与马克思、恩格斯割裂开来的倾向。该文认为，马克思、恩格斯关于俄国问题的著作与列宁直到《怎么办？》之前的一系列著作中所讨论的主题和观点是一致的，既不能把马克思、恩格斯的事业与列宁分离开来，也不能把列宁看成第二国际社会民主党的附属。另外两篇值得注意的译文是诺曼·莱文的《列宁国家思想来源的探询》（贺翠香译，《现代哲学》2010年第2期）以及俄罗斯学者维克多·特鲁什科夫的论文《列宁哲学在100年后的意义》（刘淑春译，《国外理论动态》2009年第11期）。

斯大林哲学思想的研究综述：近年来这一领域论文较少，值得注意的是中国科学院资深院士何祚庥《斯大林两本著作引起的思考与讨论》（《中共党史研究》2010年第3期）一文。该文探讨了斯大林在20世纪50年代发表了《马克思主义与语言学问题》、《苏联社会主义经济问题》两本著作后，中国理论界对自然科学的阶级性，质变、量变与革命，科学规律的阶级性，社会发展动力等问题的探讨。该文佐证了斯大林上述两本著作的理论价值和对中国理论界的积极影响，具有很高的学术价值和历史价值。张亮的论文《在哲学政治化的起点上——重读斯大林1930年12月9日的谈话》（《山东社会科学》2010年第11期）则研究了苏联批判德波林学派过程中斯大林的一篇重要讲话。

此外，近年来关于斯大林的一些专著和传记也值得注意，如《斯大林社会主义思想研究》（顾海良主编，中国人民大学出版社 2008 年版），《斯大林（修订版）》（全两册）（［俄］沃尔科戈诺夫著，张慕良等译，国际文化出版公司 2009 年版）等。

苏联马克思主义哲学的研究综述：近年来这一领域论文较少，但出版了一些重要专著，如李尚德编著的《20 世纪马克思主义哲学在苏联》（社会科学文献出版社 2009 年版）、姚颖著《马克思人学思想的现代解读——弗罗洛夫人道主义思想研究》（中央编译出版社 2009 年版）、岳丽艳著《建立统一的人的科学——苏联马克思主义哲学家弗罗洛夫的"人研究"》（中国社会科学出版社 2008 年版）。

当代俄罗斯马克思主义哲学的研究综述：近年来这一领域的研究较为活跃。安启念的《俄罗斯马克思主义哲学的新观点》（《学术月刊》2009 年第 11 期），林艳梅的《当代俄罗斯的马克思主义研究》（《哲学研究》2010 年第 7 期），张静的《当代俄罗斯马克思主义研究的四大流派》（《俄罗斯中亚东欧研究》2010 年第 4 期），车玉玲的《后苏联时期的马克思主义与启示》（《哲学动态》2010 年第 3 期）等论文研究了当代俄罗斯马克思主义哲学的总体状况。安启念在论文《苏联解体后奥伊则尔曼对马克思主义哲学的反思批评》（《哲学动态》2009 年第 10 期）中介绍了著名哲学家奥伊则尔曼对苏联哲学的反思。林艳梅的《布兹加林及其"后苏联的马克思主义学派"》（《现代哲学》2010 年第 3 期）介绍了俄罗斯经济学家、莫斯科大学经济学教授 A. B. 布兹加林的思想。陈红的《列宁活在 21 世纪——"纪念列宁诞辰 140 周年国际学术研讨会"综述》（《马克思主义研究》2010 年第 8 期）介绍了 2010 年 4 月在莫斯科召开的学术会议，会议主持人为 A. B. 布兹加林。

此外，近年来出版的涉及当代俄罗斯马克思主义哲学的专著有安启念的《俄罗斯向何处去——苏联解体后的俄罗斯哲学》（中国人民大学出版社 2003 年版），贾泽林等著的《二十世纪九十年代的俄罗斯哲学》（商务印书馆 2008 年版）。资料汇编有《当代学者视野中的马克思主义哲学：俄罗斯学者卷》（袁贵仁、杨耕总主编，安启念主编，北京师范大学出版社 2008 年版）。

三 毛泽东哲学思想研究

进入 21 世纪以来，特别是在中共中央公开提出要努力实现马克思主义大众化、时代化、中国化的目标任务后，毛泽东哲学思想研究的重点逐步转向了中国化问题的研究，进入了一个多视角的、以马克思主义哲学中国化为主要内容的研究新阶段。大多数研究者认为，在马克思主义哲学中国化的历史进程中，毛泽东哲学思想是最大的成果、最杰出的代表、最典型的理论形态。毛泽东哲学思想的当代价值更是在改革开放以来党的理论创新成果中得到了继承和发展。从目前这方面研究工作的实际状况来看，虽然中国化是共同的主题，但研究者的角度和方法各不相同。有的是从哲学形态演变，有的是从源流关系，有的是从内在逻辑发展，还有的是从毛泽东哲学思想与新时期中国共产党理论创新成果之间的联系入手，可以说是各有侧重、各具特色。这方面研究所取得的成果也比较多，例如 2006年文化出版社出版的《论中国化形态马克思主义哲学》（徐素华著）、2007年北京师范大学出版社出版的《马克思主义哲学中国化：历史与反思》（陶德麟、何萍主编）、2008 年人民出版社出版的《马克思主义哲学中国化教程》（郭湛、安启念主编）、2009 年中国社会科学出版社出版的《马克思主义哲学中国化问题研究》（王桂泉、胡延风主编）、2010 年凤凰出版传媒集团出版的《21 世纪的马克思主义哲学创新——马克思主义哲学中国化与中国化马克思主义哲学》（李景源主编），等等。

在马克思主义哲学中国化成为研究重点的同时，毛泽东哲学思想研究者的视域也在不断扩大，与时代社会发展、社会实践主题的关系也更加密切。例如，中国马克思主义哲学史学会毛泽东思想研究分会 2010 年学术年会的主题是"毛泽东的文化观与当代中国文化建设"；2009 年学术年会的主题是"毛泽东哲学与新中国 60 年"；2008 年学术年会的主题是"毛泽东哲学思想与改革开放 30 年"；2007 年学术年会的主题是"毛泽东的《实践论》《矛盾论》《关于正确处理人民内部矛盾的问题》与党的十六大以来的理论创新"。近几年来集中反映全国毛泽东哲学思想研究动向和成果的各种学术会议，其学术交流、学术探讨的内容广泛涉及毛泽东哲学基本理论的新解读、毛泽东哲学思想与马克思主义中国化、毛泽东哲学思想与中国特色社会主义理论体系、毛泽东哲学思想与改革开放的历史进程、毛泽东哲学思想的当代价值等一系列重大理论实践问题。

当前，全国各地的毛泽东哲学思想研究者正在已有研究成果的基础上，注意纠正浅层次研究和重复性研究的缺陷，努力深化研究领域，开创深度研究毛泽东哲学思想的新局面。

有关毛泽东哲学思想的新解读：毛泽东哲学思想的特点和贡献一直是毛泽东哲学思想研究的重点。近年来有关这方面问题的新解读主要有：许全兴认为，毛泽东哲学不但是时代精神和民族精神的有机结合，更是中国化马克思主义哲学的典范。他从九个方面勾勒出毛泽东哲学的主要特点和贡献：以独立自主为特征的主体论、以实事求是为特征的唯物论、以实践为基础的能动革命反映论、以对立统一规律为核心的辩证法、以人为本的唯物史观、全心全意为人民服务的人生哲学、以机动灵活为特征的完整的军事辩证法、化理论为方法、致力于哲学的解放。王文兵认为，历史性地构建理想与现实、理论与实践之间的合理张力是毛泽东实践哲学的两条经纬线，它一方面具有崇高的理想追求，另一方面有突出的现实取向；一方面强调理论的普遍意义和指导作用，另一方面则注重实践的特殊条件和具体要求。张允熠则探讨了毛泽东的理想主义倾向，指出现在去反思毛泽东理想主义的形成、内核和得失，不仅具有十分重要的历史意义，而且对我们走出理想主义的误区具有重要的时代意义。沧南还重新解释了统一和斗争的关系，提出统一是斗争的目的，斗争是统一的手段，斗争是为统一服务的，统一制约着斗争。刘景钊对毛泽东群众路线的集体意向性基础进行了研究，认为：集体意向性指的是社会群体共同的心理诉求，因此从集体意向性角度解读群众路线的社会心理基础和党的方针政策获得合法性的基本依据，对社会转型时期毛泽东群众路线的当代价值研究具有重要意义（参见陈龙《毛泽东哲学的新解读》，《哲学动态》2011年第1期）。

有关马克思主义哲学中国化的新理解：马克思主义哲学来到中国，在和中国革命和建设的具体实际相结合的过程中，中国化是必然要求和必然趋势。在马克思主义哲学中国化的历史过程中，毛泽东哲学思想无疑是一个成功的范例。那么，毛泽东究竟是怎样成功地使马克思主义哲学中国化的？毛泽东实现马克思主义哲学中国化的方法和途径以及规律和特点等问题，也成为毛泽东哲学思想研究的重点。研究者从不同角度、采用不同方法对这方面的问题展开深入探讨。在探讨中，一批新书和新文章所反映出的新的研究动向和所提出的新的观点是非常值得关注的。

　　一是在毛泽东实现马克思主义哲学中国化的方法和途径的问题上，"结合论"仍然占据主流，同时也有人提出了"创建论"。王伟光的文章抓住"结合"这个关键点来揭示毛泽东实现马克思主义哲学中国化的路径和方法，指出：马克思主义哲学中国化，就是把马克思主义哲学基本原理与中国具体实际相结合，吸收中国和外国哲学的精华，用中国气派、中国特色的哲学话语体系建构中国化的马克思主义哲学。毛泽东哲学思想是马克思主义哲学中国化的第一个成熟的理论形态，它形成于革命战争实践，在社会主义建设的探索实践中得到丰富和充实。毛泽东哲学思想实现了马克思主义哲学中国化，丰富了马克思主义哲学的理论内容和表现形式，使马克思主义在中国扎根，发展起来，为中国人民所接受，转化成巨大的革命力量和建设力量（参见王伟光《努力推进马克思主义哲学中国化》，《中国社会科学文摘》2011 年第 1 期）。在 2009 年 8 月召开的第十六次全国毛泽东哲学思想学术研讨会上，许多学者也都谈到：毛泽东哲学思想是马克思主义哲学与中国具体实际相结合的产物，是马克思主义中国化的哲学升华，是中国共产党人的强大思想武器。毛泽东哲学思想具有鲜明的民族特色，是充分吸收了中国传统哲学精华的、又与时俱进的马克思主义哲学，是中国哲学发展的新成果。毛泽东哲学思想，深深地扎根于中国社会，又深深地改变了中国社会（参见 2009 年 9 月 4 日《人民日报》理论版）。与上述观点不同的是，孙伟平提出，关于马克思主义哲学中国化的传统的"结合论"的理解，需要进一步提升，要从"结合论"走向"创建论"，创建具有中国特色、中国风格、中国气派的马克思主义哲学新形态。因为当代中国化马克思主义哲学新形态的创立不仅仅是结合的问题，仅仅结合是不够的。仅仅结合还是"两张皮"，而没有形成"一体"。真正的马克思主义哲学中国化，关键在于立足现时代，通过"化"的创造性过程，在内容和形式上创造出一个马克思主义哲学中国化的新形态（参见李景源主编《21 世纪的马克思主义哲学创新》，江苏凤凰传媒集团 2011 年版，第 32—33 页）。

　　二是从哲学形态的角度探索毛泽东哲学思想的理论形态特点，是近年来毛泽东哲学思想研究的一种新探索。2010 年中国社会科学出版社出版的《马克思主义哲学形态的演变》（吴元梁著）一书具有一定的代表性。该书用六章大约 10 万字的篇幅，对毛泽东创建中国化形态马克思主义哲学的独特条件、中国化形态马克思主义哲学的形成过程、中国化形态马克思主义哲学的构成要素和深刻内涵、中国化形态马克思主义哲学的形成路径、中国化形态马克思主义哲学的中国特色等重大问题进行了系统阐述，确立了毛泽东哲学思想在马克思主义哲学形态演变史中的历史地位，并且首次把马克思主义哲学中国化的第一个理论形态——毛泽东哲学思想的形态特点明确概括为认识哲学、方法哲学、群众哲学，初步回答了毛泽东在实现马克思主义哲学中国化的过程中，他是怎样"化"的？又具体"化"在什么地方的问题。

三是从学术层面探讨马克思主义哲学中国化的内在逻辑发展过程，将毛泽东的探索置于其中，使其不再是孤立的个人行为，而是这个探索过程的一部分，与前后的探索者都有关系。王向清指出，李达最早以朦胧的形式提出了"马克思主义中国化"的概念，对建构中国化的马克思主义哲学体系做了初步尝试。艾思奇率先探讨了马克思主义哲学的通俗化、大众化，最早明确提出"马克思主义哲学中国化"的概念，对马克思主义哲学如何中国化做了有益的探索。张岱年不仅从理论上阐明了怎样建构"综合创新"的哲学体系，而且以这种理论为指导，从事建构"综合创新"哲学体系的实践。毛泽东的贡献：一是建构了中国化的马克思主义认识论；二是概括了中国化的唯物辩证法理论；三是提炼了中国化的马克思主义政治哲学理论。冯契的主要贡献是建构了"智慧"说的哲学体系。"智慧"说是中国当代专业哲学家建构的第一个中国化马克思主义哲学体系（参见王向清《学术层面马克思主义哲学中国化的逻辑发展》，《马克思主义与现实》2007年第6期）。徐素华则专门探讨了20世纪30—40年代毛泽东、艾思奇在马克思主义哲学中国化问题上的理论唱和，揭示他们之间在中国化问题上相互启发、相互借鉴的理论联系（参见徐素华《艾思奇、毛泽东与马克思主义中国化》，《江苏行政学院学报》2008年第1期）。

有关毛泽东哲学思想当代价值的研究：近年来，针对学术界出现的一种试图把毛泽东哲学思想与改革开放以来党的创新理论割裂开来、把毛泽东哲学思想完全排除在中国特色社会主义理论之外的倾向，毛泽东哲学思想的研究者非常注重把对毛泽东哲学思想的研究与改革开放以来中国共产党的理论创新成果的研究结合起来，肯定毛泽东哲学思想为马克思主义哲学中国化作出了杰出贡献，同时也为中国化的马克思主义——中国特色社会主义理论体系提供了重要的哲学基础。他们在彰显毛泽东哲学思想的当代价值的同时，也深化了哲学层面的党的创新理论的研究，深化了对党的创新理论的理解，从而更自觉地用党的创新理论武装头脑、指导实践。例如石仲泉对新中国两个"30年"（改革开放的30年和这之前社会主义建设的30年）的历史发展作了比较研究，认为新中国的前30年为后30年奠定了根本政治前提和制度基础，改革开放的30年是此前30年的历史延续、校正方向和创新发展。并且从毛泽东哲学的三大基本理论的角度，阐述了毛泽东哲学所创造的新中国60年的辉煌，指出：实事求是思想是新中国60年发展进步坚持正确方向的辩证唯物论基础，矛盾的对立统一思想是新中国60年发展进步制定正确政策的唯物辩证法基础，社会主义基本矛盾思想是新中国60年发展进步、明确根本任务的历史唯物论基础。新中国60年是毛泽东哲学的伟大丰碑（《"第十六次全国毛泽东哲学思想学术研讨会"研讨毛泽东哲学思想与新中国60年》，《人民日报》2009年9月4日）。李佑新也指出，毛泽东哲学是一种以"改变世界"为特征的实践哲学，是马克思主义在中国具体而复杂的现实环境中如何付诸实践所需要的实践智慧以及对这种实践智慧的理论反思与哲学表达。毛泽东实践哲学所蕴涵的实践思维方式以及现实与理想的张力结构，为中国特色社会主义理论体系所继承，对当代中国特色社会主义的理论与实践具有极为重要的意义；毛泽东实践哲学是我们今天研究和推进马克思主义哲学中国化的典范（李佑新：《毛泽东实践哲学论要》，《哲学研究》2007年第12期）。

四　邓小平理论、"三个代表"重要思想、科学发展观研究

（一）邓小平理论研究的最新进展

1. 近段时间以来，马克思主义中国化研究进入到一个新的发展阶段，人们更加关注的是中国特色社会主义理论所具有的重要的马克思主义理论价值与理论贡献，因此，近来围绕着邓小平理论与马克思主义中国化之间的内在关系，理论界所展开的探讨也更加深入。辛向阳的《邓小平理论与马克思主义中国化》（《探索》2010年第1期）、罗先德的《论邓小平理论在马克思主义体系中的地位》[《西北民族大学学报》（哲学社会科学版）2010年第4期]以及王世海的《论邓小平理论在中国特色社会主义理论体系中的基础性地位》（《桂海论丛》2010年第4期）等文章，不仅积极探讨了邓小平理论与马克思主义中国化的关系，而且还深入研究了邓小平理论

在马克思主义体系中的理论地位与历史地位，以及邓小平理论在中国特色社会主义理论体系中的重要地位。

2. 随着科学发展观的推出，寻求对邓小平理论与科学发展观之间内在联系的更加深入的把握，始终是理论界的重要的研究内容。龙平平在《邓小平理论与科学发展观》（《中国特色社会主义研究》2010年第1期）中认为，邓小平关于发展的思想是辩证的、科学的，邓小平理论中蕴涵着他在不同阶段关于发展问题的精辟思想，值得人们深入学习，应该摒弃对于邓小平理论的各种误解。刘宗兴在《论邓小平理论和科学发展观中"稳定"与"发展"涵义的异同》（《改革与开放》2010年5月刊）中强调，在邓小平理论与科学发展观中关于"稳定"与发展的理解既有相同也有差异。在邓小平理论里面，"稳定"是国家发展的重要前提。而在科学发展观之中，"构建社会主义和谐社会"是国家发展的目的，只有真正稳定、和谐、牢固的社会关系状态才是各种方针政策与经济发展方式的最终理论归宿。高敏在《邓小平发展理论与科学发展观的关系探讨》〔《重庆科技学院学报》（社会科学版）2010年第3期〕中，从理论基础和传承关系方面出发指出，科学发展观理论继承了马克思主义和邓小平发展理论中的精华，是对邓小平发展理论的发展和升华。

（二）"三个代表"重要思想研究的最新进展

在2010年间，理论界围绕着"三个代表"重要思想展开了更为深入的讨论，积极探讨了"三个代表"重要思想的道德内涵、科学性以及其在理论创新中的重要地位。

余京华在《"三个代表"重要思想的先进生产力观之道德透视》（《巢湖学院学报》2010年第12卷第5期）中认为，"三个代表"重要思想的先进生产力观内含深厚的伦理道德意蕴：为社会主义道德的发展进步奠定了坚实的物质基础，丰富和发展了马克思主义道德论的物质基础内涵；激励生产关系和上层建筑的变革与调整，促成新的道德观念和道德体系的产生；与代表最广大人民的根本利益具有内在一致性，彰显出社会主义道德的基本要求——人民利益原则。它内在地包含着党对人民应履行的道德责任与道义承诺，是"三个代表"重要思想在伦理道德上的深刻而集中的理论呈现。赵见伟等在《"三个代表"重要思想的科学体系探讨》（《学术探讨》2010年第8期）中强调，"三个代表"重要思想是由一系列内涵丰富、相互联系的思想观点构成的统一整体，是具有科学性的。谢嘉梁在《"三个代表"重要思想：中国共产党执政理念创新的根本指针》(《淮北职业技术学院学报》2010年第4期)中强调，"三个代表"重要思想是马克思主义中国化的重大成果，并且具有中国共产党执政理念创新的根本指针的重要意义。

(三) 科学发展观研究的最新进展

科学发展观的推出在更大程度上反映出来的是中国社会主义建设实践的需要，是适应中国社会主义建设实践需要的重要思想结晶。总体来说，关于科学发展观的最新研究成果主要体现在以下几个方面：

1. 积极探讨了科学发展观的重要理论意义。李勇强在《"人的解放何以可能"？——马克思的实践转向和科学发展观的理论自觉》(《长白学刊》2010年第1期)中指出，"以人为本"的科学发展观是中国共产党从"每个人的自由发展"反观市场经济条件下人的生存状态和传统发展观的重大理论创新，是推进市场经济又超越市场经济的重要指导方针，真正体现了马克思主义现实性与超越性的统一。张子林在《科学发展观的哲学解读》(《黑龙江史志》2010年第1期)中指出，科学发展观高扬"以人为本"这一历史唯物主义的基本原则，促进了马克思主义历史主体论由"革命本位"向"生活本位"的升华和回归；同时它倡导的和谐思想，极大地丰富和发展了物质世界多样性统一的科学内涵。徐钦智在《科学发展观的哲学思想》(《东岳论丛》2010年第2期)中指出，科学发展观是从哲学角度对发展问题进行的深入思考，是人们对发展问题的总的看法和根本观点。王海林在《科学发展观：马克思主义发展观的理论新视野》(《黑龙江教育学院学报》2010年第1期)中认为，科学发展观是在当前国内、国际形势下孕育出来的一种新型的发展观，它充分体现了马克思主义发展观思想的科学理念，同时展现了历史唯物主义和唯物辩证法的光辉思想，丰富和深化了马克思主义的发展观理论，是马克思主义中国化的最新成果。伍俊斌在《真理与价值二维视野中的科学发展观》(《企业导报》2010年第1期)中指出，真理维度与价值维度相统一是科学发展观的深层内涵，两者统一于当代中国落实科学发展观的实践之中。

2. 认真分析了科学发展观的伦理与价值内涵。伦理与价值问题是最近几年新的研究热点，因此，在科学发展观问题上的一个新动向就是深入探讨科学发展观与伦理和价值问题之间的内在联系。林国治等在《科学发展观的伦理透视》(《广西青年干部学院学报》2010年第2期)中指出，科学发展观有着鲜明的伦理向度和丰富的伦理内涵。科学发展观的伦理构建，把"以人为本，执政为民"作为核心伦理价值，把"全面、协调、可持续及和谐发展"作为基础与前提条件，把"民主与法制"作为制度保证。樊华在《科学发展观的伦理意蕴》(《大庆师范学院学报》2010年第1期)中指出，科学发展观体现着丰富的伦理意蕴：在以经济建设为中心的"发展"的前提下，科学发展观体现了马克思主义伦理学的基本立场；在认识和处理人与物的关系上，科学发展观体现的是以人为本的伦理精神；在认识和处理人与人的关系上，科学发展观体现的是追求公正、公平的伦理精神；在认识和处理人与自然的关系上，科学发展观体现的是和谐共处的生态伦理精神。朱延军等在《科学发展观中的"以人为本"与国内外相关思想的区别和发展》(《甘肃社会科学》2010年第1期)中特别分析了科学发展观中"以人为本"这一价值内涵与中西方相关思想之间的区别与发展。文章指出，作为科学发展观核心的"以人为本"对中国历史上的"以人为本"相关思想和外国历史上的"以人为本"相关思想以及对其以前的马克思主义的相关思想在联系中区别、在继承中超越，凸显了其中国时代特色。

3. 深入探讨了科学发展观的具体特点。黄家茂在《论科学发展观的八大特征》(《黄河科技大学学报》2010年第1期)中指出，科学发展观是马克思主义发展观中国化的最新理论成果，与其他发展观相比具有多方面的特征，即时代性、实践性、创新性、合规律性、合目的性、体系性、辩证性、开放性。夏巍在《科学发展观之科学性——一种哲学的视角》(《求实》2010年第2期)中指出，科学发展观的提出掀起了发展理论的新革命，最根本在于它是科学的发展理论。从马克思主义哲学角度探析，科学发展观的"科学"不是知性科学意义上的科学，而是自然科学与人的科学相统一的历史科学。因此，科学发展观的科学性是具有历史意蕴的真实的科学性，其核心、基本要求、根本方法体现了这一科学性。科学发展观的科学性的澄清有助于我们领会其深刻内涵与重大意义，从而更坚定不移地树立和落实科学发展观，使这一发展理论成为指导中国特色社会主义伟大事业不断前进的强大思想武器。李明芳在《浅析科学发展观的三大特性》[《西南农业大学学报》(社会科学版)2010年第1期]中指出，科学发观从理论产生、目标价值指向上体现人民性；从现实依据、基本要义、核心目标上体现时代性；从理论自身创新、实践发展推动和开放发展的时代要求上体现发展性。李曙新在《论当代中国科学发展观对西方发展观的扬弃与超越》[《当代世界与社会主义》（双月刊）2010年第1期]中深入分析了科学观与西方发展观之间的区别，指出科学发展观的"以人为本"思想不但扬弃了西方传统发展观的"物本"思想，而且以其人民性在发展目的和发展动力上超越了西方当代发展观的"人本"思想；科学发展观的"全面协调发展"思想不但扬弃了西方传统发展观的"经济增长论"，而且以其系统性而在发展内涵和发展方法上超越了西方当代发展观的"综合发展观"和"整体发展观"；科学发展观的"可持续发展"思想不但扬弃了西方传统发展观的粗放型经济增长方式，而且以其和谐性而在发展目标和发展道路上超越了西方当代的可持续发展观。

4. 强调应该对科学发展观提出的历史背景有一个准确的把握。姚锡长等在《历史背景：准确把握科学发展观的一个重要环节》（《辽宁行政学院学报》2010年第1期）中指出，科学发展观，和任何理论一样，都是在一定的历史条件下产生的。应对中国发展中存在的不科学现象是科学发展观提出的直接因素；中国社会主义初级阶段的八个阶段特征是其产生的现实基础；新中国成立以来中国共产党人关于中国发展的思想是其产生的直接思想来源；西方关于发展的思想也是其产生的一个重要思想来源。对科学发展观提出的历史背景进行研究，有助于我们对科学发展观的科学内涵和精神实质有一个更深刻的理解和认识。

五 2010年国外马克思主义研究现状及热点、前沿问题研究

中国国外马克思主义研究起步于20世纪70年代末和80年代初。如果我们以徐崇温所主持的"国外马克思主义和社会主义研究丛书"系列算起，国外马克思主义研究已历经30多年。当时主要是介绍和分析"西方马克思主义"。这种有别于苏联的列宁主义，而立足于西欧革命失败现实基础上对马克思主义进行反思和修正的新思潮一经引入就立即引起学术界的高度关注。20世纪80—90年代，西方马克思主义研究主要处于一种翻译和评述状态。20世纪90年代初期，西方马克思主义研究陷入低迷，后

在 90 年代后期逐步复苏，并走向深化，到 21 世纪初，特别是自 2005 年，国家教育部正式将"国外马克思主义研究"设立为"马克思主义研究"这个一级学科下的二级学科以来，国外马克思主义研究呈现出极具膨胀的发展态势。它不仅已跃出经典西方马克思主义的研究领域，而且还涵盖了东欧新马克思主义、当代新马克思主义流派、后马克思主义及各种左翼思潮等领域的研究。从一个思想流派和学术热点发展为一个新兴学科，从专注于哲学领域的问题扩展到社会学、政治学、经济学、历史学、文学、美学等多学科领域，中国的国外马克思主义研究呈现出一派欣欣向荣之景。

但在这种繁荣和"井喷"现象的后面，一些学者表现出对中国国外马克思主义研究的忧虑和困惑。问题主要集中在国外马克思主义研究的研究内容和范围是什么？因为从目前的情况来看，中国的国外马克思主义研究内容十分庞杂，研究的流派诸多，而且新人物、新面孔不断涌现，给人以一种应接不暇和"学术眩晕"的感觉。为了确保国外马克思主义研究这个学科的良性发展，有学者提出相关的研究者要有自觉的"划界意识"①。这种划界不是指马克思主义或非马克思主义的界定，而是指中国的国外马克思主义研究者内心应具有的一种判断和评价标准。不是什么主义都需要或值得拿来的。在国外马克思主义的研究领域方面，有学者指出，现在的国外马克思主义研究重心应从欧陆转向英美，超越纯哲学的理论研究，从而关注全球化、生态环境、新帝国主义等与时俱进的当代问题。还有一派最近在国内学界十分火热，那就是文本学派的马克思主义研究。无论是以 MEGA II 为依托，还是以"西方马克思学"为载体，试图建立一种学术化的"中国马克思学"，都是强调回到马克思，力图还原一个客观的、真实的马克思主义逻辑体系。当然，在此争论中，还有一些"少壮派"。他们与老一代国外马克思主义研究者存在某种知识结构和价值观上的代沟，不愿意，至少不是那么自觉地去追随什么"马克思主义"或"非马克思主义"之划分标准。他们对宏观的主义之争不感兴趣，更愿意在具体现实的某一问题上如意识形态、文化批判、科技理性等上面展开探讨和研究。在他们看来，无论是"马"，还是"非马"，"神马都是浮云"。只要能解决我们现实的社会问题，对我国的现代化发展有利，就可以拿来。

---

① 参见衣俊卿在 2011 年 4 月 13 日"深化国外马克思主义研究：纪念卢卡奇诞辰 126 周年研讨会"上所作的《关于国外马克思主义研究现状的审思》发言。

可见，关于国外马克思主义研究的研究对象、研究内容和研究范围之争，始终没有停息。从最早的有关"西方马克思主义"概念之争，到研究范式之争，再到研究重心之争，既体现出国外马克思主义思潮发展的自身特点，又与我国相关的研究人员对此思潮的界定和评价存在着分歧有关。我们相信这种争论在未来的几年内还会继续持续，直到人们对国外马克思主义研究的相关问题有一个大致的统一认识。

依据国内2010年有关国外马克思主义研究的出版情况，我们将此领域的研究成果分为四类：译著、研究型著作、综述型评论与报告、教材类著作。

其中在译著方面今年需要重点提及的是《法兰克福学派：历史、理论及政治影响》（上下册）。此书是由阿多诺和哈贝马斯的学生罗尔夫·魏格豪斯所著，孟登迎等译，上海人民出版社出版。这本著作最早出版于1986年，2001年在西方再版。2010年首次翻译成中文。这本著作全面描述了法兰克福学派这一学术群体从魏玛时期建立"法兰克福社会研究所"，到该所成员流亡美国以及战后返回德国，直至20世纪70年代初期的学术历史。书中不仅呈现了理论发展的过程以及学术环境和社会政治的背景，还通过评论性传记对学派的主要人物及其相互关系进行了深入细致的刻画，是研究法兰克福学派的重要资料。另外一部有关当今批判理论的论文集《多元视角与社会批判：今日批判理论》（上下卷）也很值得关注。这是由复旦大学国外马克思主义研究中心所组织翻译的，是将德国的《批判理论杂志》中具有代表性的论文选编而翻译过来的。作者是德国的格·施威蓬豪依塞尔等人。所选的文章均以社会批判理论为核心，是一本了解当今批判理论前沿问题的著作。美国著名的哈贝马斯理论研究专家托马斯·麦卡锡在1981年出版的《哈贝马斯的批评理论》今年也有了中文版，由华东师范大学出版社出版。除此之外，还有一些如布达佩斯学派著名哲学家匈牙利的阿格尼斯·赫勒所写的《日常生活》、约翰·罗默的《社会主义的未来》等的中译本均在重庆出版社出版。

在研究型著作方面，今年出版的主要著作有：王雨辰著《中国语境中的西方马克思主义哲学研究》，湖北人民出版社出版；李凤丹著《英国文化马克思主义研究：基于大众文化与政治的关系》，江西人民出版社出版；马良著《詹姆逊的后现代马克思主义研究》，光明日报出版社出版；刘放桐著《探索、沟通和超越：现代西方哲学与马克思主义哲学比较研究》，北京师范大学出版社出版；李忠尚著《第三条道路："新马克思主义"与中国崛起之真谛》，人民出版社出版；谭群玉著《马克思主义：中国与西方的视角》，社会科学文献出版社出版，等等。

综述性评论与报告类主要有复旦大学国外马克思主义研究中心每年出版一次的《国外马克思主义研究报告 2010》；同时他们还出版了《国外马克思主义研究论丛（第 2 辑）》、《当代国外马克思主义评论》等，以上均由人民出版社出版。由中国社会科学院马克思主义研究院的冯颜利、郑一明主编的《国外马克思主义研究专题》，也于今年由当代世界出版社出版。

教材类：由南京大学张一兵主编的马克思主义哲学实验教材有：《西方马克思主义哲学原著选读》、《西方马克思主义概论》、《马克思主义哲学史：从创立到第二国际》等，均由北京师范大学出版社出版。由北京大学教材计划所支持、出版的《西方马克思主义的逻辑》，北京大学出版社出版，是一本专著式的教材，作者仰海峰在理解和分析西方资本主义社会形态变迁的基础上，揭示了西方马克思主义哲学发展的内在逻辑。

从上述四个部分及过去几年的研究成果来看，我们粗略地发现，目前中国国外马克思主义研究的总体状况是：发展迅猛，整体推进快。这主要体现在无论是经典的西方马克思主义研究，还是新马克思主义、后现代马克思主义、后马克思主义及各种左翼思潮的研究，我们总是能很快地跟踪到最新热点并及时把它们介绍到中国来。如 2009 年由中国社会科学院哲学所周穗明教授将美国社会批判理论的著名代表南茜·弗雷泽邀请到中国，并组织翻译了一套《今日西方批判理论丛书》，从而将当代西方著名左翼人物的观点、争论问题等很快地就介绍到国内。也许正是因为这种同步的速度非常快，加之我们自身的选择，目前国内有关西方马克思主义研究的热点大致说来主要还是集中在后马克思主义（如对鲍德里亚、拉克劳、墨菲等人思想的研究）、激进的西方左翼人士（如齐泽克、巴迪欧、卡斯托里亚迪斯和阿甘本等人）、英国的马克思主义、生态学的马克思主义及有关空间、承认问题的关注上。这方面的例证集中体现在一年一届的"国外马克思主义研究论坛"的会议论文集中。

其次，还出现了以陈学明、俞吾金、张一兵、衣俊卿、段忠桥、王雨辰等为领军人物，并组织和引导学生在某一领域集中探索从而表现出较强的研究优势。如以张一兵为核心的南京大学在后马克思主义研究领域；中南财经政法大学的王雨辰在生态的马克思主义领域；中国人民大学段忠桥在英美分析的马克思主义研究领域；衣俊卿以黑龙江大学为基地的东欧新马克思主义领域；以陈学明、俞吾金为核心的复旦大学在国外马克思主义与现代西方哲学的研究领域；山西大学乔瑞金等在英国文化马克思主义研究领域等都颇有建树，并在国内产生了较大的影响。

再次，无论是从每年一次的研究报告、专题论述来看，还是从西方马克思主义作为教材的体系设计和原著选读上来看，作为一个国家二级学科，国外马克思主义研究的总体规划已经搭建起来。当然，在这个学科发展和推进的过程中还存在不少问题：如概述性的综合研究偏多，而针对某一专题、某一人物的深入、系统的研究著作偏少。其二，还依然局限在纯粹理论或哲学的视域下，对于现在国际学界日益关注的现实问题如全球化、现代性、后现代性、晚期资本主义、社会主义等问题比较淡漠，更缺乏建立在本国现实实践基础上的对上述相关问题的理论反思。

放眼世界，让我们转向 2010 年国外马克思主义的哲学动态和热点问题。一般说来，并不存在一个严格意义上的国外马克思主义研究队伍。国外马克思主义研究者大都以个体的、松散的方式存在于各大专院校、学术机构。这些学者大都以国际性会议、专业性学术刊物为纽带进行相互之间的交流、交往，其中有相当一部分学术会议是由其相关的学术刊物来主办的。在国际上具有重大影响的马克思主义或者左翼学术会议有：法国巴黎的"国际马克思大会"，这个大会由《当代马克思》杂志主办，每三年一届。英国伦敦的"历史唯物主义大会"，该会议由《历史唯物主义》杂志主办，每年举行一次，这个会议组织目前正在向北美拓展。英国曼彻斯特的"政治学年会"，该会议由《马克思主义研究》杂志主办。美国纽约的年度性"左翼论坛"，参与这个大会的有不同的左翼刊物，例如非常著名的杂志《科学与社会》。美国马萨诸塞州的"反思马克思大会"，这个大会由《反思马克思》杂志主办，每两年一届。国际性的"重读马克思"小组，以《马克思恩格斯全集》历史考证版中的《资本论》及其前期手稿为研究对象，每年举行一次学术会议，由于该会议专业性强，规模较小，而且会无定所，每年由参会者轮流做东。位于布拉格的法兰克福学派的批判理论大会，也是国际性左翼学者集聚和交流的场所，这个大会每年举行一次。①

其中，我们重点介绍今年 9 月 22—25 日在法国巴黎召开的第六届国际马克思大会。本次大会围绕"危机、反抗、乌托邦"这一主题，就哲学、经济学、法学、历史学、社会学、政治学、文化、女性主义、生态学、社会主义和马克思主义等学科或专题进行了广泛的讨论，共举行了四次全体会议和近百场分组讨论会。与会学者主要探讨了如下问题，即经济和生态的双重危机已成为现代资本主义历史上具有标志性的断裂环节，这一环节能否开启一个全新的时代？如今的反抗能否发展成为马克思主义所关注的革命？积极意义上的乌托邦能够在社会、政治和文化领域凸显出颠覆性的创造力，能否将这样的乌托邦变为现实？他们认为，危机是资本主义的本质，反抗是自由的要求，乌托邦是令人向往的愿景，三者缔造了社会运动的历史。事实上，在不到 20 年的时间内，自由主义经济模式的全球化就验证了危机的必然性，反抗的必要性和对乌托邦的需求性。

另一重要会议是在 3 月 19—21 日于佩斯大学举办的美国 2010 年左翼论坛。此次大会的主题是"不能把握的中心：重新点燃激进的想象"。大会的主旨是在资本主义持续危机的情况下，如何激起左派政党和社会运动的反抗意识，以扭转右派逐渐稳固，而政府日渐向企业利润和保守主义靠拢，致使失业率高居不下、工资收入低、不安全感与日俱增等现象。

分析这两次国际会议的主题及相关的论文，我们发现，国外马克思主义研究者对当代资本主义社会的现实问题非常敏感和关注。他们不再囿于传统马克思主义的问题域或理论争辩，而是从当代资本主义社会的经济危机、生态危机、社会日益的不公正、反抗的无奈、全球化带来的贫富悬殊等现实问题出发，来重新思考马克思主义的潜在活力。另一个方面的变化就是开始与非马克思主义，即自由主义左翼，进行对话与交流。这种趋向多体现在当代激进的左翼代表和学者都积极地展开了与哈贝马斯、罗尔斯等人，就民主、公平、正义等政治哲学话题进行讨论、批判和商榷。而这种现象之所以能发生，是因为自由主义左翼从规范性角度对现实资本主义

---

① 魏小萍：《国外马克思主义研究状况、动态、趋势》，《第五届国外马克思主义研究论坛会议论文集》，2010 年 11 月。

的批判和论证，在某种程度上引起了马克思主义学者的关注甚至共鸣。①

除此之外，20 世纪 90 年代以后，随着《马克思恩格斯全集》历史考证版国际版的编辑出版，在西方世界形成了依据考证版重读马克思的强大气候，这又分为两个方面：其一是围绕着历史考证版的编辑出版工作而展开的学术性研究活动；其二是伴随着历史考证版的编辑出版而展开的学术性研究活动，国际性"重读马克思"小组就是其典型代表。该小组依据历史考证版的第二部分，即《资本论》及其前期手稿的出版，对马克思的政治经济学理论研究依据马克思的文本进行了重新解读，并且对马克思的手稿与恩格斯的编辑版本之间的区别进行了分析、论证。他们的系列研究成果已经以"重读马克思"为题于 2009 年出版。②

总之，从国际的马克思主义研究状况来看，存在着这样一个总体态势：关注现实，回归经典。关注现实是指国外马克思主义研究的主题日渐分化、多元，即从传统的文化、意识形态问题转到全球化、社会政治、生态、女权主义等问题域；研究领域多元化，从哲学或政治领域逐渐扩大到文学、文化研究、历史学、经济学、生态学、人文地理学等领域。其中，国外马克思主义研究者的一个突出特点就是关注现实，对现实问题作出及时的反映、思考与批判。这些现实问题集中起来有这么几个方面：一是对全球化问题的思考；二是反资本主义或对资本主义社会的批判；三是寻找未来社会主义的方案，或称作是代替资本主义的新模式。回归经典是指回归马克思的经典文本。即借助于历史考证版提供的原始资料，对马克思的基本理论、基本精神和思想发展轨迹，特别是马克思的政治经济学理论，进行更加完整而准确的再读和再解释，从而对当代资本主义社会的基本矛盾及其各种经济危机有新的和更为深入的解释和批判。

（执笔人：魏小萍、李涛、徐素华、欧阳英、贺翠香，魏小萍全文整理）

---

① 参见魏小萍《国外马克思主义研究状况、动态、趋势》，《第五届国外马克思主义研究论坛会议论文集》，2010 年 11 月。

② 同上。

马克思主义中国化研究前沿报告

马克思主义中国化研究是以中国化马克思主义作为理论基础，专门研究马克思主义中国化的基本经验、基本规律及马克思主义中国化的理论成果。当前，随着改革开放步伐的不断深化和有中国特色社会主义理论体系研究的进一步深入，马克思主义中国化研究不仅成为当代中国马克思主义理论研究的一个相对独立的研究领域，而且日益成为理论界和学术界关注的一个热点，学者们从不同角度对此问题进行了有益的探索，并发表了许多重要成果。

从取得的研究成果来看，马克思主义中国化研究呈现的特点是：第一，整体性与部分性研究共同推进。马克思主义是由马克思主义哲学、政治经济学和科学社会主义组成的严整的理论体系。从目前的研究成果看，既有关于推进马克思主义中国化的整体性的研究，也有关于经济、政治、文化等各方面推进马克思主义中国化的分领域研究。十七届四中全会提出的推进马克思主义中国化、时代化、大众化，体现了马克思主义中国化、时代化、大众化是一个不可分割、相互联系的统一整体，但在具体研究领域上，"三化"研究又各有侧重。第二，历时态与共时态研究相统一。既有从历史视角展开的纵向研究，对马克思主义中国化的产生、发展过程、具体内容及其与经典马克思主义理论的源流关系进行的深入研究。也有从理论视角展开的横向研究，把马克思主义中国化立足于中国文化、中国实践的背景展开研究，也有将其置于世界背景来研究，实现马克思主义中国化研究的"中国向度"与"世界向度"的统一。第三，宏观与微观研究相结合。在宏观层面，如何正确地对待马克思主义、如何正确地处理认识中国的具体研究等问题，以及它们与马克思主义中国化的基本经验、内在规律及其标志性成果等一系列问题进行了宏观的总体的研究，而且深入到一些微观层次的具体问题研究。第四，理论与实践的紧密结合。马克思主义在中国的发展，走的是一条马克思主义普遍原理同中国革命、建设和改革的具体实际相结合的道路，这条道路被称作马克思主义中国化。用发展着的马克思主义不断指导新的实践，这既是马克思主义理论和革命、建设和改革实践发展的内在要求，也是实践历史经验的深刻总结。

从中国期刊网提供的文献数据来看，在2010—2011年马克思主义中国化研究中如下问题已成为前沿热点。

一 马克思主义中国化、时代化、大众化及其关系研究

学术界有一种观点，即李大钊最早提出"马克思主义中国化"的思想，艾思奇最早提出马克思主义哲学中国化，毛泽东则最早阐述马克思主义中国化。自马克思主义中国化这一概念提出以来，如何理解这一概念，就成为学术界的一个重要论题。国内外学术界就马克思主义中国化提出了不同的解释模式，可以概括为结合论、发展论、综合论、斗争论、异端论等多种形态。对这些解释模式进行梳理分析，可以有助于人们对马克思主义中国化的理解。概言之，可以从以下方面来加以理解马克思主义中国化。

第一，马克思主义中国化是指马克思主义在中国的本土化，是马克思主义在中国的创造性的运用。马克思主义是通过无产阶级革命实现人类解放的理论。旧中国是一个生产力水平极其低下的半殖民地半封建社会。把马克思主义应用于中国，就要把马克思主义基本理论创造性地运用到中国具体现实问题的解决中去，实现马克思主义的民族化，在中国的基本状况尤其是生产力水平远远落后于马克思主义产生的实践基础情况下，首先实现民族独立与解放。已有的中国化马克思主义并没有结束马克思主义中国化的进程，中国化的马克思主义是马克思主义中国化的必然结果，反过来又会促进和继续推动马克思主义中国化的历史进程，两者是一个同一过程相互联系的两个方面。因此，马克思主义中国化既是对马克思主义理论在生产力水平落后国家的创造性运用，也是对马克思主义理论的丰富和发展。

第二，马克思主义中国化的实质，就是要形成中国化的马克思主义体系。毛泽东在提出马克思主义中国化不久，又提出中国经验的马克思主义化。既要把马克思主义中国化，又要把中国经验马克思主义化。把中国经

验马克思主义化，就要破除教条主义，不断地进行理论创造，推进马克思主义在中国的丰富和发展。根据中国的实际，创造性地运用马克思主义，并用中国的经验丰富和发展马克思主义，是马克思主义中国化的题中应有之义。为了达到这一目的，必须使马克思主义具有中国的民族特色，克服教条主义与照抄照搬，形成生动活泼、民众喜闻乐见的具有中国气派的马克思主义理论体系。

第三，马克思主义中国化是一个历史的动态发展过程。按照毛泽东提出马克思主义中国化的本意来看，马克思主义中国化的基本含义就是把马克思主义与中国实际相结合，即把马克思主义现实化，使其适合中国的实际情况，来指引中国革命的发展。既然马克思主义要和中国的具体实际相结合，而中国的现实是不断发展的，马克思主义中国化就不会一劳永逸、一次完成，而是一个永不停止、与时俱进的不断发展过程，它要不断地与中国实际相结合，不断解决前进道路上出现的新问题。马克思主义不仅要与中国历史的、现实的实际相结合，而且要与中国传统文化相结合，在结合中吸取中国传统文化的精髓，不断发展创新中国化的马克思主义。

在中国新民主主义革命与社会主义革命和建设伟大实践中，马克思主义中国化、时代化、大众化不是马克思主义发展的三个阶段，也不是马克思主义存在的三种形式，而是它的三个根本属性构成的整体，它们处于同一个整体、同一个发展过程之中。在这个整体进程中，中国共产党早在20世纪30年代就已提出中国化和大众化，可见马克思主义中国化、大众化是我们党的一贯主张和倡导。一直以来，我们党也很重视马克思主义时代化。十七届四中全会通过的《中共中央关于加强和改进新形势下党的建设若干重大问题的决定》，明确提出推进马克思主义中国化、时代化、大众化，"三化"正式出现在党的文件中，以更加丰富的内涵和完整的形式深化了对马克思主义中国化的科学认识，体现了马克思主义中国化、时代化、大众化是一个不可分割、相互联系的统一整体。"马克思主义中国化、时代化和大众化是马克思主义的本质要求，研究和推进马克思主义中国化、时代化、大众化，首先应当厘清马克思主义中国化、时代化、大众化的内涵及其相互关系。"[①]

---

① 肖贵清：《关于马克思主义中国化、时代化、大众化研究的几个问题》，《高校理论战线》2011年第5期。

马克思主义中国化是将马克思主义基本原理与中国具体实际相结合，并以中国的文化形式和表达方式来阐述马克思主义理论，使之成为具有中国风格、中国气派的马克思主义。其内涵包括：首先，马克思主义是具体的，而不是抽象的。马克思主义中国化，就是根据中国实际从中国的具体环境出发用马克思主义的立场、观点、方法分析解决中国问题。其次，马克思主义理论形态的民族化。马克思主义中国化必须具有中国的民族特色和民族形式，并与中国民族文化之间互动结合才能实现。最后，马克思主义中国化的理论动力，来自中国革命和建设的实践需要，马克思主义中国化是由中国实践推动的。马克思主义中国化，就是把马克思主义基本原理同中国革命、建设、改革、发展的具体实践相结合，在指导中国具体实践的过程中不断总结实践经验，实现马克思主义理论在中国的运用、创新和发展。

马克思主义时代化是把马克思主义同时代的特点、需要结合起来，使之成为能够把握时代脉搏、回答时代课题的当代马克思主义。时代化具体表现为：一方面，马克思主义要体现时代主题，引领时代发展方向。从内容和形式上，马克思主义不仅要着眼于时代现实，适应时代发展的要求，彰显时代精神，反映时代特征，始终与时代同步，而且马克思主义要在批判和创新的基础上构建未来，才能具有强大的生命力。另一方面，马克思主义的创新来源于时代发展对理论的诉求。马克思主义是发展的、开放的，而不是过时的、封闭的教条。马克思主义必须根据时代特征的变化与时俱进，与时代同呼吸共命运，从日新月异的社会实践和时代变化中吸取新的营养，实现发展和创新。这是马克思主义中国化的内在要求，也是实现马克思主义中国化和大众化的基础。

马克思主义大众化是把马克思主义与人民大众相结合，使马克思主义理论思维的大众化本性外化出来，成为大众实践的智慧资源，并自觉运用马克思主义指导实践。大众化具体表现为：一方面，理论只有与作为实践主体的人民群众相结合，并为大众所掌握，才会变成物质的力量。理论要面向大众，通过宣传教育使马克思主义走近群众、掌握群众，使人民大众掌握马克思主义的精神实质，成为马克思主义的主体力量。另一方面，要运用通俗易懂的语言和百姓喜闻乐见的形式，使广大群众对马克思主义理论认同、理解与吸纳，并转化为行动的指南。"马克思主义大众化应具备通俗性、时代性和民族性的特点，同时也应该认识到，马克思主义大众化并不等于低俗化和庸俗化。"① 大众化不能以肢解马克思主义的整体性、降低马克思主义的理论品格、牺牲马克思主义理论的科学性为代价。把马克思主义的科学理论融入到广大人民群众的思想认识中，真正同人民群众的实践活动结合起来，理论力量才能转化成内在驱动力，使广大民众主动投身于中国特色社会主义建设伟大实践中，才能推进人类历史发展。

从马克思主义中国化、时代化和大众化的发展过程和价值指归来看，马克思主义中国化侧重于民族性，时代化侧重于时代性，大众化侧重于最广泛的人民性。尽管马克思主义中国化、时代化和大众化的侧重点不同，内涵不同，但在"中国社会发展的伟大实践中，马克思主义中国化、时代化、大众化是一个相同的过程，三者是一个相互关联、不可割裂的统一整体"②。然而，这并不意味着三者是并列关系。在三者中，中国化是前提、核心和基础，它体现了马克思主义在中国的具体化、民族化；中国化不仅仅是民族化，它蕴涵着时代化、大众化的要求。时代化是动力，随着中国与世界的发展变化，马克思主义不断体现与时俱进的历程；大众化是目的，表现为马克思主义在中国武装群众、改变人民命运、创造新世界的程度。在三者关系中，大众化更为重要，它是马克思主义中国化与时代化的全面体现。可见，马克思主义中国化、时代化、大众化三者互为条件，密切联系，相互依存，相互渗透，相互促进，共同推动了中国特色社会主义现代化建设的伟大进程和马克思主义在中国的与时俱进。

从现实需要来看，马克思主义中国化、时代化和大众化是缺一不可的。有学者指出："现实需要马克思主义中国化，是因为中国化的马克思主义能够满足指导实践的需要。现实需要马克思主义时代化，是因为新的时代课题、时代特征、时代发展，需要马克思主义来体现和回答。现实需要马克思主义大众化，是因为马克思主义中国化的创新成果只有通过大众化途径才能广泛地为广大群众所掌握，发挥对实践的指导作用。"③ 推进马克思主义中国化、时代化、大众化，就是要使当代中国马克思主义更加具

① 王国敏、梁晓宇：《马克思主义中国化进程中的时代化与大众化研究》，《西南民族大学学报》2010年第2期。

② 郭建宁：《十七大以来马克思主义中国化研究的若干重大前沿问题论析》，《江西师范大学学报》2010年第4期。

③ 蔡永生：《推进马克思主义中国化、时代化、大众化的一体化研究》，《教学与研究》2010年第2期。

有中国特点和中国风格，更加立足时代前沿，更加具有影响力和穿透力。由于马克思主义中国化、时代化和大众化具有辩证统一关系，推进马克思主义中国化、时代化、大众化研究就是在整体性推进和相互作用的过程中实现的。推进马克思主义中国化的核心和真谛，是马克思主义基本原理同中国实际相结合与把中国革命、建设和改革的经验科学提升为马克思主义理论两个方面。推进马克思主义时代化，就是要把握时代主题和时代特征，使马克思主义能够彰显时代精神、肩负时代使命、体现时代要求、反映时代变化，随着时代、实践和科学的发展不断发展马克思主义。推进马克思主义大众化，就是要帮助人民群众树立起马克思主义的世界观、人生观和价值观，把理论力量转化成现实驱动力，使广大民众主动投身于中国特色社会主义建设伟大实践中。

二　马克思主义中国化的文化意蕴

马克思主义在中国的传播与发展，与中国传统文化和西方文化的发展之间存在着密切的关系。从五四运动以来，马克思主义中国化的进程，同时也是它不断影响并融入中国文化的过程。从现实来看，马克思主义不是外在于中国文化的理论或思想。马克思主义中国化进程内在地包含了马克思主义与中国民族文化的融合过程。也就是说，马克思主义中国化进程不仅包括实践诠释，而且包括文化解读。实际上，马克思主义中国化包括两个方面：一方面与中国实践相结合，另一方面与中国文化相结合。马克思主义中国化不仅是中国革命、建设和改革开放实践经验的概括和总结，也是中国历史文化新的概括和总结。与中国实践和中国文化相结合，是马克思主义中国化的两个基本途径。马克思主义中国化的本质内容在中国社会实践和中国传统文化两个路径上展开，马克思主义与中国传统文化相结合是马克思主义中国化题中应有之义。为此，有研究者提出，在重视实践维度的基础上，必须进一步加强文化维度的研究，从而揭示马克思主义中国化的文化意蕴。①

中国传统文化本身包含了许多外来文明的事物，绝不只是纯之又纯的

---

① 参见郭建宁《论马克思主义中国化、时代化、大众化》，《学术探索》2010 年第 2 期。

完全产生于中华大地上的文化。西学东渐以来，中国学术界在思考和学习的过程中发现，任何外来文化与本土文化都存在着差异，任何外来文化在试图取代本土文化时，要为中国人理解接受并为中国文化接纳吸收，都必须实现与本土文化的相互交融。这样，就形成了"中国化"的思路，产生了"中国化"的概念。马克思主义中国化既承认世界文化交流是历史必然，又尊重自己的历史，使我们认识到中华民族有它自己的发展法则，有它的民族特点，外来的文化、学术必须与民众的生活样式相对接，才能成为自己的文化，才是具体而不抽象的教条，才能解决中国的问题。马克思主义中国化不仅需要民族本土化的形式，也需要民族本土化的内容，需要文化链接和内在的文化基因。中国文化具有强大的生命力，不仅在于它的包容性和柔韧性，而且在于它的开放性和现代性，从科学发展观的核心"以人为本"到构建和谐社会体现的"以和为贵"的理念，都渗透着中国传统文化的思想精华，彰显出马克思主义中国化的文化内涵。

伴随我国综合国力的提升和国学热的再度兴起，学术界对马克思主义与中国传统文化的关系问题展开讨论，归纳起来主要有三种观点：第一，绝对对立说，否认两者的结合。其中有的鼓吹儒家文化可以救中国，主张以现代新儒家取代马克思主义。第二，相互融合说，认为以马克思主义理论立场、观点和方法对中国传统文化进行继承和吸取，弘扬中国传统文化的精华，不应只强调批判否定，而应在扬弃和改造中国传统文化中实现中国传统文化现代化与马克思主义中国化、民族化。第三，对立统一说，认为应看到两者之间存在的质的区别，同时承认两者之间有结合的必要和可能，反对片面强调其对立或强调其融合。如何实现马克思主义中国化，或如何实现马克思主义与中华民族的结合，研究者围绕两者结合的必要性、可能性、结合路径与方法等论域展开了深入探讨，使马克思主义中国化的文化意蕴问题成为马克思主义中国化研究的前沿论题之一。

第一，关于马克思主义与传统文化结合的必要性与可能性。

从现实看，马克思主义不是外在于中国文化的理论或思想。马克思主义中国化进程内在地包含了马克思主义与中国传统文化的融合过程，这已成为人们的共识。但作为两种不同文化，何以使两者结合，即结合的必要性与可能性仍是学者们开展研究面临的前提性问题。马克思主义与中国传统文化相结合，是由马克思主义的指导地位和自身的发展决定的，是马克思主义进一步中国化的必然要求；马克思主义与中国传统文化的结合，不仅是相互的，而且是双方内在的要求。正是双方的这种内在的要求，决定了它们互相结合的必要性。只有实现马克思主义与中国传统文化的结合，才能获得中国形态和内容，被赋予中国特色和风格，从而形成和创造中国化的马克思主义理论。马克思主义在中国的传播与挽救民族危机、实现传统文化传承创新的双向需要为马克思主义与传统文化的结合提供了可能条件。大多数学者认为，"马克思主义同中国传统文化相融合，既有与中国传统文化的选择性对接，更有对当代中国文化发展成果的充分整合与吸收"①，并对"五四"以来中国文化的发展产生了积极而深刻的影响。证明马克思主义与中国传统文化之间具有某种契合之处，是中国民众能够接受马克思主义，并促使其在中国得以深入而广泛传播的基本前提和内在基础。

第二，关于马克思主义与传统文化结合的路径。

在历史发展的进程中，马克思主义从实践与文化两个层面实现着中国化，马克思主义中国化与传统文化现代化是同一过程的两个方面。一方面，与中国传统文化的有机结合是马克思主义理论发展与实现自身中国化的必然要求，其中，传统文化构建了民众理解、接受马克思主义的平台，进而推进了马克思主义中国化的进程；另一方面，马克思主义的传入与发展为中国传统文化的现代化提供了路径和方向。只有把马克思主义与中国传统文化相结合，马克思主义理论才有持久的生命力和发展空间，中国传统文化才能得到传承创新，获得旺盛的生命力。在两者结合的路径上，大多数研究者指出，以马克思主义理论为本来改造中国传统文化，而不是用中国传统文化尤其是儒家学说来取代马克思主义在意识形态中的指导地位。科学认识、扬弃中国传统文化是实现两者结合的正确途径，即可以从形式与内容双重进路实现结合。一种是形式上的结合，即充分利用本民族语言、思维习惯表达马克思主义的具体内容。另一种是思想内容上的结合，即批判继承中国传统文化中有价值的思想资源，使之内化为中国化的马克思主义的有机组成部分。②

第三，关于马克思主义与传统文化结合的模式。

有学者深刻指出，要把马克思主义同中国实践和民族文化传统相结

---

① 郝立新：《当代中国马克思主义与文化发展的关联》，《北京大学学报》2010年第4期。
② 张路园：《近年来马克思主义中国化的传统文化基础研究述要》，《求索》2010年第3期。

合，运用马克思主义的基本立场、观点、方法继承中华民族优秀文化传统，满足民族独立、发展和强盛的诉求，这要求我们在马克思主义与中国传统文化相结合的过程中，主动尝试把中华文明与世界文明结合在一起，以理性的态度、科学的方法把握好两者的契合度。两者的契合与融通既不是单纯用马克思主义的某些结论去套中国的传统文化，也不是完全用中国传统文化去代替马克思主义的科学原理，而是马克思主义本质的内容与中国传统文化精华的部分相互碰撞、交流、融合、发展的过程。在两者的对话与融通中，要以马克思主义的科学性和革命性，尤其是运用其基本的立场、观点和方法对中国传统文化进行批判和整合。对于优秀的中国传统文化和先进的外来文化，都要充分吸收，批判继承，整合创新。①

马克思主义与中国文化的关系，很难套进一个固定不变的体用模式，确定哪个是体，哪个是用。因为在不同的意义上，它们分别都具有"体"的优先性。马克思主义和西方文化都必须为中国文化所接受，成为现代中国文化的一个有机组成部分，才能在中、西、马三大思潮的对立互动和中国的新文化建设中发挥作用。从 20 世纪 30 年代起，张岱年先生就注意研究中、西、马三大思潮的关系问题，先后提出"创造的综合"说与"文化综合创新"论。这意味着在处理马克思主义与中国传统文化的关系时应以马克思主义的科学世界观和方法论为指导，坚持中国新文化建设的社会主义方向；同时坚持中华民族文化主体性的原则，坚持对外开放的方针，兼顾西方文化和其他民族文化中一切对中国文化有学习、借鉴价值的资源，使之为我所用。正是由于有马克思主义的科学世界观和方法论作为指导，对中西文化进行理性分析和深刻批判，继而在此基础上做出合理的判断，"才能激活传统文化中的优质资源，充分吸收外来文化的营养，通过批判地继承达到综合创新"②，使中国文化走上"会通融合"、"综合创新"的发展道路。马克思主义已然成为中国文化的脊梁，并承担起正确指引中国文化向前大步迈进的历史重任。

可见，学界所取得的关于马克思主义中国化的传统文化基础的研究成果，为以后的探讨奠定了坚实的基础，但其中依然存在一些薄弱环节有待

---

① 参见谢地坤《文化保守主义抑或文化批判主义》，《哲学动态》2010 年第 10 期。

② 方克立：《"马魂、中体、西用"：中国文化发展的现实道路》，《北京大学学报》2010 年第 4 期。

进一步思考。

第一，真正做到在马克思主义中国化研究视野下对中国传统文化的扬弃。在马克思主义中国化研究中要把握马克思主义与中国传统文化总体宏观的结合，指出马克思主义中国化的文化意蕴就是实现了中国的文化转型，一方面马克思主义改造提升了中国传统文化，实现中国传统文化现代化，另一方面中国人根据自己的文化传统和文化习惯运用马克思主义，推动中国社会的现代化转型。尽管如此，在两者结合的具体方式和途径上则欠缺思量，比如传统文化究竟具有哪些现代价值，如何在扬弃中吸收传统文化的有益因子，如何用马克思主义来改铸文化传统以期更好地推进马克思主义中国化的进程等问题，并没有得到实质性的探讨。

第二，在现有的研究成果中，静态的理论梳理分析较多，动态的历史考察提炼相对较少；大多侧重宏观叙事，具体的个案研究相对较少。马克思主义中国化是在实践中不断实现的，其中马克思主义与中国传统文化的结合不可能一次完成、一劳永逸。从目前我国学术界对马克思主义中国化问题研究的情况来看，虽然发表了一些关于马克思主义中国化与传统文化关系的研究成果，但从总体上说，对马克思主义中国化文化内涵的研究尚未引起足够重视，马克思主义中国化的研究同中国传统文化的研究尚处在分离状态，坚持马克思主义中国化与批判继承中国传统文化关系中的某些深层次理论问题和认识问题还有待进一步深入研究，其中有些问题理应为研究者所重视。

第三，马克思主义中国化与中国传统文化相结合，既有重要意义和价值，也有相当大的难度，一些问题还十分复杂。从文化层面研究马克思主义中国化的实现途径问题，对深入理解马克思主义哲学的文化本质和功能，凸显和表征它的文化底蕴，都极具理论意义。马克思主义哲学与中国传统文化的融合主要是指与儒家哲学的融合，两种哲学融合的基础在于对人的终极关怀与强烈的实践思想。当马克思主义哲学能很好地将中国儒家思想包融自身时，这无疑是马克思主义哲学不断中国化的理论表达。但问题的关键在于"两者如何交流，如何对话，如何结合，其实质说到底就是如何认识和把握马克思主义与中国传统文化的关系"[1]。对于马克思主义哲

---

① 郭建宁：《论马克思主义中国化、时代化、大众化》，《学术探索》2010年第2期。

学与中国传统文化必须融合这个大目标和方向已经形成了共识，但在如何融合的问题上多数学者的意见并不一致，有的还分歧很大；相关成果也不明显，有待学界拿出更多具体的意见或成果来推动马克思主义哲学中国化的进一步发展。

三　建党 90 周年与马克思主义中国化研究

随着建党 90 周年的到来，国内学术界关于马克思主义中国化的研究更趋活跃。马克思主义中国化的结果，必然会产生中国化的马克思主义。90 年来，我们党由小到大，由弱变强，始终站在时代的前列，前仆后继，英勇奋斗，团结和带领全国各族人民取得了新民主主义革命、社会主义革命、社会主义建设和改革开放的伟大胜利，在马克思主义中国化问题上实现了两次历史性的飞跃，探索形成了作为党的指导思想的理论成果。马克思主义在中国的发展，走的就是一条马克思主义普遍原理同中国革命、建设和改革的具体实际相结合的道路，这条道路被称作马克思主义中国化。用发展着的马克思主义不断指导新的实践，这既是马克思主义理论和革命、建设和改革实践发展的内在要求，也是中国共产党 90 年来发展实践历史经验的深刻总结。

（一）马克思主义中国化的历史进程与中国共产党的历史进程的同质性

一部中国共产党历史，就是一部不断推进马克思主义中国化的历史。[①]从总体上说，马克思主义中国化的历史进程与中国共产党的历史进程是同质的，可采用党史分期的方法，对马克思主义中国化进行划分，可概括为三个"30 年"。第一个"30 年"（1921—1949），实践上体现为新民主主义革命历程，理论上形成毛泽东思想，实现马克思主义中国化的第一次历史性飞跃。第二个"30 年"（1949—1978），实践上体现为新中国成立后建设社会主义的探索期，理论上为"马克思主义中国化的第一次历史性飞跃的延伸和第二次历史性飞跃的准备"时期。第三个"30 年"（1978—　　），实

---

① 参见杨超《遵义会议与马克思主义中国化新境界的开拓》，《南京政治学院学报》2010 年第 4 期。

践上为改革开放与有中国特色社会主义建设时期，理论上形成了中国特色社会主义理论体系，实现了马克思主义中国化的第二次历史性飞跃。对马克思主义中国化历史进程的三个"30年"要辩证地分析。

在学界，一般对新民主主义革命时期第一个"30年"的看法没有大的分歧。应对新中国成立后的两个"30年"作辩证比较，对前后两个30年怎么看，以及对"两个30年"的关系怎么理解，实质上是对新中国成立后我们党作为执政党的历史和我们党领导和推进的马克思主义中国化历史进程的看法问题，这不但涉及对我们党领导和推动的马克思主义中国化历史实践如何科学评价和估量，也涉及对马克思主义中国化历史发展规律能否正确认识和把握，因此，应该作进一步深入研究。总的来说，在认识与把握"两个30年"的关系问题上，要大力倡导理性思维和辩证的思想方法。要把"两个30年"作为一个整体来考察，新中国成立后的"两个30年"，是马克思主义中国化统一历史进程中的两个不同的，然而又是相互联系的历史发展阶段，是马克思主义中国化的历史进程中表现出的前进性和曲折性的统一。有观点表明，前"30年"为后"30年"奠定了根本的政治前提和制度基础；后"30年"是前"30年"的历史延续、方向校正和创新发展。①

实现马克思主义中国化，是中国共产党人的伟大创造。建党90年来，我们党坚持把马克思主义基本原理同中国具体实际和时代特征相结合，运用马克思主义立场观点方法研究和解决中国革命、建设、改革中的实际问题，实现了两次历史性飞跃，形成了具有中国风格、中国气派的马克思主义——毛泽东思想和中国特色社会主义理论体系。历史启示我们，开拓马克思主义中国化新境界必须坚持把马克思列宁主义基本原理同中国具体实际和时代特征相结合，与时俱进地提出和贯彻正确的理论和路线方针政策，坚定不移地走自己的路，先后找到中国特色新民主主义革命道路和中国特色社会主义道路。可以说，中国共产党的历史就是马克思主义中国化的历史。

（二）关于马克思主义中国化历史进程与主要经验的研究

马克思主义作为欧洲民族土壤里滋生和发展起来的科学理论，之所以

---

① 参见单劲松《2008年以来毛泽东思想研究综述》，《现代哲学》2010年第6期。

为近代以后的中国社会和民族所接受和实现中国化，乃是中国社会历史发展的必然选择。20 世纪初马克思主义哲学在中国的广泛传播，是当时先进的中国人苦苦寻找救国救民真理的结果。马克思主义中国化经历了一个比较漫长曲折的过程，学术界对马克思主义中国化历史进程的阶段划分较有代表性的观点为：其一，以时间演进为标准，可划分为马克思主义在中国的传播阶段、马克思主义准中国化阶段和马克思主义中国化阶段。马克思主义在中国的传播阶段是马克思主义中国化的起始阶段；1935 年 1 月遵义会议召开，是马克思主义的"准中国化阶段"；遵义会议以后是马克思主义实现中国化的阶段。其二，以实践主题的转换与解答为标准，把马克思主义中国化的历史进程分为三个历史时期，即在新民主主义革命时期，实现了马克思主义中国化第一次历史性飞跃；从新中国成立到党的十一届三中全会是马克思主义中国化第一次历史性飞跃的延伸和第二次历史性飞跃的准备时期；从十一届三中全会至今是马克思主义中国化第二次历史性飞跃时期。[①]

中国共产党在实现马克思主义中国化的历史进程中积累了丰富经验，总结其基本经验对于坚持和发展马克思主义，进一步推进马克思主义中国化、当代化具有重要的指导和借鉴意义。学界对马克思主义中国化历史经验的总结也是见仁见智，但最重要的是弄清马克思主义是什么，中国化是什么，怎样"化"中国。从研究的成果看，大体归纳为以下几点：第一，破除迷信，解放思想，科学地对待马克思主义。马克思主义的精髓是实事求是，马克思主义基本原理要同中国革命、建设和改革的实践相结合。马克思主义的根本是科学，坚持科学的马克思主义观，就要破除迷信、解放思想。马克思主义的特点是开放、发展的理论，就要不断丰富和发展马克思主义，与时俱进，与世俱进。第二，真正地了解中国实际，一切从中国国情出发，坚持正确的马克思主义中国化方向，对中国的国情、中国的现实要真正的了解。马克思主义中国化研究要与中国革命实践、中国历史、中国文化结合起来，实现马克思主义的具体化、民族化，形成具有中国特色、中国作风、中国气派的马克思主义理论。对待民族历史文化既要取其精华，弃其糟粕，又要批判改造，推陈出新。第三，坚持世界眼光，与时俱进，这是时代化问题。马克思主义中国化，既是民族化，也是时代化，都要不断吸收人类文明优秀成果。马克思主义民族化的世界眼光，就是马克思主义理论的包容性，积极吸收世界各民族的优秀文明成果。马克思主义时代化的世界眼光，就是马克思主义理论的发展性，不断开拓创新、与时俱进。[①]

有鉴于此应做到，首先，努力推进马克思主义中国化，关注和回答中国问题。马克思主义本质上是反映社会发展规律和时代发展趋势的科学理论，马克思主义之所以能在中国扎根，正在于它能够围绕并回答中国社会发展的基本走向问题。当代中国问题有三个层面：一是涉及国家、民族和整体社会发展道路问题；二是涉及民生、公平的制度设计问题；三是涉及价值观念和信仰的精神层面问题。[②] 其次，必须造就一支高素质的理论家队伍和思想家群体，让马克思主义理论掌握群众，使之成为改造中国的强大物质力量。马克思主义理论工作者应有崇高的社会责任感，自觉地把理论研究和宣传同服务于改革开放、民富国强结合起来，既善于从生活中总结经验并上升到理论，又善于用正确理论引导社会生活。最后，必须以马克思主义哲学为指导，坚持实事求是的思想路线，贯彻理论联系实际的原则，不断总结实践经验，实现理论创新。当代中国马克思主义的研究和发展正面临新的时代课题和新的挑战，也酝酿着新的突破。

（三）中共主要领导人思想与马克思主义中国化的研究

在马克思主义中国化研究中，关于中共主要领导人对马克思主义中国化贡献的论述是引人关注的。大多数学者认为，"毛泽东、邓小平、江泽民和胡锦涛领导全党和全国人民进行革命、改革和建设，对马克思主义中国化进行坚持不懈的探索，创立了中国化马克思主义的伟大理论成果，对坚持和发展马克思主义做出了历史性的重大贡献"[③]。

学界普遍认为，关于毛泽东对马克思主义中国化的贡献突出体现在：

---

① 参见石仲泉《马克思主义中国化的历史进程和基本经验研究》，《马克思主义与现实》2010年第4期。
② 参见郝立新《马克思主义中国化进程的新阶段和新问题》，《理论视野》2011年第2期。
③ 杨静娴：《马克思主义中国化的热点问题研究综述》，《重庆科技学院学报》（社会科学版）2010年第3期。

毛泽东提出和开拓了马克思主义中国化的科学命题和伟大实践。毛泽东首先对"农村包围城市"的中国特色革命道路做了理论概括，毛泽东思想的理论主题是革命，具体包括新民主主义革命理论、社会主义革命和社会主义建设理论，其主体思想是新民主主义理论，核心是关于中国革命分"两步走"思想，走出了一条不同于俄国十月革命的道路，即农村包围城市、武装夺取政权的革命道路，创立了具有中国特色的新民主主义革命理论。毛泽东第一次提出了"马克思主义中国化"的任务，强调它是全党"亟待了解并亟须解决的问题"，明确指出了"马克思主义中国化"的基本思路和方法——从中国的实际出发。毛泽东不但提出了马克思主义中国化的命题，而且领导了马克思主义中国化的实践，对马克思主义中国化系统理论——毛泽东思想的形成和创建起了至关重要的作用，实现了马克思主义中国化的第一次历史性飞跃。

"解放思想、实事求是"思想路线的重新确立，使得人们终于从"文化大革命"的思想桎梏中解放出来，开启了第三个"30年"，拉开了改革开放和建设有中国特色社会主义现代化的序幕。以 1978 年十一届三中全会的召开为标志，中国实现了历史的伟大转折。1982 年，邓小平在党的十二次全国代表大会上明确提出了建设有中国特色社会主义道路的重大命题，在此基础上，邓小平陆续提出了社会主义本质理论、初级阶段理论、市场经济理论、物质文明和精神文明理论、民主和法制建设理论等，形成了什么是社会主义，怎样建设社会主义的纲领性总结，从根本上解决了为社会主义本质道路"定性"的首要问题，为社会主义发展阶段"定位"的现实课题，为社会主义发展模式"定向"的历史难题，从而在中国改革开放的伟大实践中树立了社会主义发展史上"划时代"的理论丰碑，推动了马克思主义中国化的伟大创新。

以江泽民同志为核心的第三代领导集体面对苏联解体、东欧剧变形成的国际共产主义运动低潮和国际新格局的变化以及国内形势的新发展带来的新问题、新挑战，结合中国的实际，高举邓小平理论伟大旗帜，创立了"三个代表"重要思想，创造性地提出并回答了"建设一个什么样的党，怎样建设党"的问题。把马克思主义中国化推进到了一个新的历史发展阶段，为 21 世纪继续坚持和发展马克思主义奠定了思想基础。

党的十六大以来，以胡锦涛同志为总书记的党中央，科学总结了改革开放以来我国经济建设社会发展的成功经验，高举毛泽东思想，以邓小平理论和"三个代表"重要思想为指导，准确把握世界发展趋势，认真总结我国社会主义现代化建设新的经验，在新的历史条件下把马克思主义中国化推向了一个更高的阶段。其对马克思主义中国化的最新理论贡献表现为提出了一系列重大战略思想：提出了马克思主义中国化新的指导理念——科学发展观；提出了马克思主义中国化新的社会要求——构建社会主义和谐社会；提出了马克思主义中国化新的可靠保障——加强党的执政能力建设和先进性建设；提出了马克思主义中国化的意识形态主题——社会主义核心价值体系。这一系列重大战略思想对实现什么样的发展，怎样发展做出了开拓性的解答，是马克思主义中国化的最新理论成果。[①]

（四）对毛泽东思想与中国特色社会主义理论体系之间关系的研究

党的十七大报告把毛泽东思想与中国特色社会主义理论体系概括为马克思主义中国化过程的两大历史性飞跃和两大理论成果，两者是一脉相承、不断发展完善的进程。一方面，毛泽东思想与中国特色社会主义理论体系存在着形成的时代背景、实践基础、解决的主要矛盾、回答的主要问题、所走的道路等差别。毛泽东思想形成于帝国主义战争和无产阶级革命时代背景下，中国共产党领导的革命和建设的实践，所要解决的社会主要矛盾是帝国主义与中华民族的矛盾、封建主义与人民大众的矛盾，主要回答的是进行什么性质的革命、怎样革命的问题，所走的道路是中国特色的革命道路，面临的历史任务是实现民族的独立和人民的解放。中国特色社会主义理论体系形成于和平与发展逐渐成为时代主题的时代背景下，中国共产党领导的改革开放和社会主义现代化建设的实践，社会矛盾是人民日益增长的物质文化需要同落后的社会生产之间的矛盾，主要回答的是什么是社会主义、怎样建设社会主义的问题，所走的道路是中国特色的社会主义道路，面临的历史任务是实现国家的繁荣富强与人民的共同富裕。另一方面，毛泽东思想与中国特色社会主义理论体系又是一脉相承、与时俱进的关系。在理论渊源上，两者都是以马克思列宁主义为指导思想。毛泽东思想是马克思列宁主义与中国革命实际相结合的产物，中国特色社会主义理论体系是马克思列宁主义的基本原理同当代中国实践和时代特征相结合

---

① 丁勇：《马克思主义中国化的发展进程与基本经验》，《理论月刊》2011 年第 3 期。

的产物，是毛泽东思想在新的历史条件下的继承和发展。在哲学基础上，共同体现了马克思主义的基本立场、基本观点和基本方法，两者都以马克思主义的世界观和方法论——辩证唯物主义和历史唯物主义为哲学基础。在理论精髓上，毛泽东思想与中国特色社会主义理论体系在世界观和方法论上的一脉相承，决定了它们理论精髓的统一，两者都强调实事求是。在价值目标上，都是把人民利益至上作为价值取向，把实现和建设社会主义、共产主义作为价值目标。人民利益至上是中国共产党执政理念的价值取向所在，是毛泽东思想与中国特色社会主义理论体系的理论立场和价值取向所在。[①]

四　马克思主义哲学中国化的
形态研究与诉求语境

从哲学本身的指导作用来看，"马克思主义中国化"是比"马克思主义哲学中国化"更宽泛的概念。马克思主义哲学中国化是马克思主义中国化的理论基础和重要组成部分，马克思主义中国化必须以马克思主义哲学中国化作为基础，它之所以在马克思主义中国化中单独提出和彰显，与马克思主义哲学的特点及其在马克思主义中的地位有关。[②] 马克思主义哲学中国化及其当代形态的理论建构，是哲学界近年十分关注并深入研讨的热门话题，也是马克思主义哲学本身研究深化所凸显的前沿性问题，同时又是当今中国社会发展实践所提出的时代性课题。应当指出，在发展方向、基本原则和建构方法等方面，许多学者为此做出了不懈努力并取得了很多重要成果。但是，也必须看到，马克思主义哲学中国化的当代形态究竟应当是什么样的，这在目前仍是一个见仁见智、悬而未决的理论难题。在当代，马克思主义哲学中国化在不同的路径中衍生出多重的含义。立足于中国传统哲学与文化现代化的关系，马克思主义哲学中国化是指中国本土的哲学与文化通过全面应对来自西方的近现代哲学与文化以及中国社会现代

---

① 参见谭晓玲《近十年来关于马克思主义中国化两大理论成果相互关系研究述评》，《时代教育》（教育教学）2010 年第 9 期。

② 余串华：《论"马克思主义中国化"与"马克思主义哲学中国化"》，《湖南科技大学学报》2010 年第 1 期。

化的双重挑战，实现中国哲学与文化对西方哲学与文化的吸收与融合、传统哲学与文化在当代社会中的更新与延续，完成中国传统哲学与文化走向现代化的任务，构建中国哲学与文化的现代形态。立足哲学自身的发展，马克思主义哲学中国化是指运用马克思主义哲学的基本精神、基本方法对当今社会、经济、科技、文化以及人类实践活动的新发展、新特点，做出哲学层面的回应，构建中国风格、中国形式的马克思主义哲学，即中国化的马克思主义哲学。立足哲学的理论创新，马克思主义哲学中国化是指通过对当代中国社会主义现代化建设与发展的实践创造出来的中国的马克思主义哲学运用于马克思主义中国化的实践之中，能动地改造中国社会，构建中国的马克思主义哲学的当代形态。

　　有学者指出，探索建立马克思主义哲学中国化的当代形态，是中国马克思主义哲学理论和实践发展的要求。[①] 早在 20 世纪 30 年代，以毛泽东为代表的中国马克思主义哲学家和理论家，就曾探索过有中国自己特色和风格的马克思主义哲学。他们对苏联教科书的哲学模式做过一定的反思和批评、纠正和补充。自 20 世纪 80 年代以来，解放思想不仅带来了马克思主义路线的回归，也带来了马克思主义哲学研究新的繁荣和发展。中国的马克思主义哲学研究保持了它与祖国人民共命运的历史传统，密切关注当代世界和中国实践的发展，不仅深化了真理标准讨论和解放思想、实事求是原则的内涵，而且针对现实提出并讨论了许多具有重要理论和实践意义的新问题。在以建设和发展为主题的新时期，我们同样面临着如何在新的时代背景和历史任务面前运用和发展马克思主义的问题。

　　研究中国现实提出的问题，并作出马克思主义的科学回答，是当代中国哲学工作者的职责与使命。当前重提马克思主义哲学中国化，研究者纷纷把目光投向哲学背后的语境分析研究，语境研究是当代马克思主义哲学中国化研究中的一种新的研究方法。学者们大多认为，马克思主义哲学中国化的研究应当包括实践语境和学术语境两部分。马克思主义哲学的中国化不仅要求有学术视野和理论眼光，而且也应该有政治视野和现实眼光。因此，无论从政治发展的需要考虑，还是从哲学的历史使命着眼，马克思主义哲学中国化都是必要的。为避免当下学界对马克思主义哲学中国化语

---

　　① 参见李德顺《马克思主义中国化的哲学足迹》，《中国特色社会主义研究》2011 年第 1 期。

境划分的各持一端，保持实践语境和学术语境的必要张力，拟从以下三个方面推进马克思主义哲学中国化形态的建构。

第一，马克思主义哲学中国化形态建构的实践诉求。

自从马克思主义传入中国，马克思主义哲学中国化这个问题就一直存在。不仅如此，每当我们理论上出现一些偏差时，每当实践领域发生重大变革时，这个问题就会凸显出来。中国化正是在这样一个大的历史背景下登场的，在这种意义上，它首先不是一个理论问题，而是一个实践问题。以实践为立足点推进马克思主义哲学中国化研究是马克思主义哲学自身的本质要求。实践性是马克思主义哲学的本质特点，也是马克思主义哲学与时俱进、始终成为时代精神精华的根本基础。在马克思主义哲学看来，实践是作为哲学研究对象的人与世界关系的根本基础，从而也是哲学思维应有的出发点和落脚点。然而，实践并不是一种抽象的、一成不变的东西，它的最大特点就是直接现实性。因此，坚持马克思主义哲学的实践观点，就必须注重把马克思主义哲学与各国的具体实际相结合，立足于各国的具体实际来开展马克思主义哲学研究。

马克思主义哲学中国化的历史过程从来就不是一个脱离中国实际的历史过程。从五四新文化运动、1949年革命胜利、社会主义建设到改革开放和中国特色社会主义现代化建设，可以说，"马克思主义哲学在中国化过程中，已经成为中国社会占主导地位的思想观念并积淀成为中国人的一种文化无意识而影响着中国人的思维方式和行为方式"[①]。如果说中国革命的历史实践曾经最早地开辟了马克思主义哲学中国化的原初境界，那么也可以说中国特色社会主义的伟大实践为马克思主义哲学中国化奠定了新的历史基础。如果撇开马克思主义哲学在中国的实际应用，就难有合法性。如果我们不去考察如何运用这一理论来解决实际的问题，这种马克思主义哲学就会远离我们的现实生活。把马克思主义哲学与中国的具体实际相结合，就是立足于中国实际来开展中国马克思主义哲学的研究。包含两方面的内容：一是把马克思主义哲学与中国的传统文化相结合，特别是吸取中国传统哲学的精髓，用以丰富马克思主义哲学的内容和强化中国马克思主义哲学的民族特色。从总体上看，中国传统哲学是一种实践哲学。作为对

① 林默彪：《马克思主义哲学中国化形态的诠释与建构》，《中共福建省委党校学报》2011年第1期。

西方理论哲学传统的反叛，马克思主义哲学当然是一种现代实践哲学，那么，同为实践哲学，中国传统哲学必然与马克思主义实践哲学在思维方式上存在着某种亲和性，中国传统哲学的思维方式在某种意义上有助于对马克思哲学真精神的把握，从中国传统哲学立场理解马克思主义哲学的过程也就有可能相互促成。二是把马克思主义哲学与中国的当前现实相结合，就是要把在实践中创造出来的中国的马克思主义哲学运用于马克思主义中国化的实践之中，能动地改造中国社会，积淀为中国的新文化、新传统。体现中华民族精神之根底，只能是在与21世纪中国特色社会主义现代化实践和文化传统结合互动中建构生成的中国化马克思主义哲学新形态。一些学者忽视从马克思主义哲学在中国的具体运用来理解马克思主义哲学的实践成果。特别是对于像中国特色社会主义这样的社会实践，不可能照搬照抄任何现成的经验和理论。因此，与社会实践的紧密结合是马克思主义理论最为鲜明的特点，社会实践决定着理论的发展方向，推动着理论的发展。

第二，马克思主义哲学中国化形态建构的政治诉求。

自马克思主义传入中国，马克思主义中国化就一直是中国共产党人关注的主题。在当代中国，马克思主义哲学之所以能够成为主流意识形态的核心，发挥它的指导功能，关键在于它坚守着中国化的发展方向和时代立场，它满足了为我们的现代化事业飞速发展提供智力支持这一最大的政治需要。中国化不仅是其研究的特殊的时代立场和政治出口，而且也是其发挥重大政治效应和文化功能的根本路径。只有捍卫马克思主义哲学的中国方向和时代立场，从不合时宜的旧观念、旧做法中解放出来，才能在与时俱进中保持政治上的清醒和坚定，实现理性的成熟和自觉，才能在强化意识的同时，不断地提升我们对民族精神的感召力、创造力、凝聚力。使它的本真精神作为普遍性的原则和方法全面贯彻于中华民族"精神自我"的重构过程之中，成为民族精神之精华和时代文明之灵魂。

必须承认，长期以来，受教条主义以及各种政治因素的影响，中国马克思主义研究常常被视为意识形态的注脚，其人文精神受到压抑，转而向思辨的抽象方面发展。这或多或少造成了马克思主义哲学在当今思想界的"失语"。马克思主义哲学的本质决定了其革命性与科学性、阶级性与真理性并存，作为认识世界理论指南遵循其内在的逻辑和规律，具有科学性与学术性；作为改造世界的思想武器是站在无产阶级的立场上的，具有鲜明的阶级性。马克思主义哲学在中国的双重身份要求我们一定处理好哲学与政治的关系。在计划经济时期，哲学依附于政治，以阶级斗争为纲，教条主义盛行，马克思主义哲学的意识形态功能被无限放大，成为政策的附庸，一切紧跟形势，哲学特有的批判反思功能被弱化，学术层面的马克思主义哲学停滞不前。而随着改革开放，思想禁区被打破，各种思潮不断涌现，学术层面的马克思主义哲学中国化研究取得巨大成绩，但又出现了唯理论研究、纯哲学化的倾向，试图消解马克思主义哲学的意识形态性。应该说，割裂马克思主义哲学的学术性与政治性，会给马克思主义哲学中国化带来不利影响，都是不可取的，应要寻求哲学与政治在一定张力下的互动。历史表明，"马克思主义哲学中国化，离不开与当时社会思潮的对话和批评，马克思主义是在对话中成长起来的"①。马克思主义哲学不能失去其内在的哲学内涵和批判精神，不能纯粹成为政治教化的工具；但也不能切断马克思主义哲学与现实的关系，取消其意识形态的功能。在学术层面上要允许不同学术观点、学术派别的争论，尤其是对现实的反思与批判，但不能放弃其政治立场与历史使命。

第三，马克思主义哲学中国化形态建构的理论诉求。

马克思主义哲学中国化的过程是面向中国，解决中国实际问题的过程，也应是推动当代中国哲学建设的过程。应该说，我们有一个理论目的，即要建构一个新形态的马克思主义哲学。但建构新形态的马克思主义哲学的目的又是什么？归根结底还是要解决生活世界的问题。这样的目的意识就要求中国化只能从问题出发，确切地说，是从生活世界的问题出发。站在这样一个出发点上，原有的马克思主义哲学就仅仅具有方法论的意义。在马克思主义哲学中国化的百年进程中，不仅形成并发展了中国化马克思主义哲学的理论形态，成为中国人把握时代历史"生活世界"变迁的理性话语，而且在这种结合中，改造了中国社会，改变了中国人的思想观念和思维方式。从文化哲学的意义上，已经"化"为包括中国社会生活和实践及其主体价值观念和思维方式的活着的"生活形态"、"文化形态"。

中国人基于中国文化传统、中国经验和中国语境诠释出来的马克思主义哲学，就是中国化了的马克思主义哲学的理论形态。马克思主义哲学在

---

① 李景源：《学习艾思奇推进马克思主义哲学中国化》，《哲学动态》2010 年第 8 期。

中国必然要经历一个理论上的重新建构过程，这也就是自觉或不自觉地以中国文化背景诠释马克思主义哲学的过程。它必然是反思性的，这不仅是哲学本性的一般要求，而且是马克思主义哲学中国化的特殊要求。它要求理论本身体现直接现实性的品格，必须把作为世界观、历史观、价值观以及围绕它所建构的原理体系转换为能够适用于指导实践的可操作的原则、立场、观点、路线和方法。在这一过程中，中国马克思主义哲学的创造一步也离不开马克思主义中国化的实践：一方面，它要概括马克思主义中国化的实践，使其上升为理论，形成中国的马克思主义哲学。另一方面，它要把在实践中创造出来的中国的马克思主义哲学运用于马克思主义中国化的实践之中，能动地改造中国社会，积淀为中国的新文化、新传统。显然，只有确立马克思主义哲学的实践本质的做法，才是恰当的。为此，我们需要警惕并拒绝对待马克思主义哲学的种种教条主义的倾向。教条主义历来都是以马克思主义哲学中国化为范式开展中国马克思主义哲学研究的大敌。在马克思主义哲学发展史上，教条主义曾受到马克思主义哲学经典作家的尖锐批判。在中国马克思主义哲学发展的早期阶段，王明是这种形式的教条主义的典型代表，他把马克思主义哲学的概念和命题当作包治百病的灵丹妙药，似乎只要重复一下马克思主义经典作家的现成词句就能解决一切问题。20世纪90年代以来的教条主义体现的"文本崇拜"与洋教条迷信两种形式，都从根本上丢弃了中国的具体实际这个中国马克思主义哲学研究应有的立足点。

　　马克思主义哲学中国化，究竟是用马克思主义哲学"化"中国，还是用中国"化"马克思主义哲学？也许这种非此即彼式的提问并不恰当。其实，马克思主义哲学与中国的具体实际之间是一种积极的、建设性的互动关系。在这种互动中，马克思主义哲学变成了中国文化本身的一部分，而中国社会的实际发展也变成了马克思主义哲学的实现过程。所以，这种"互化"不是两个孤立的过程，相反，毋宁说是同一过程的两个方面而已。在这个意义上，中国化了的马克思主义哲学之理论，归根结底不过是"在理论上来思考中国实践"的结果。但是"马克思主义哲学中国化不是单纯的理论运动，在这一过程中，实事求是以解决实际之事，解放思想以探寻时代之理，与时俱进以激越历史之势，这就是马克思主义哲学中国化的方向"①。建构中国化马克思主义哲学新形态既是当代中国社会发展的实践诉求，又是塑造 21 世纪中华民族精神的政治诉求，也是马克思主义哲学中国化自身的理论诉求使然。

五　实现马克思主义中国化的理论创新

发展与创新，是马克思主义的本质要求。创新是在原有思维方式和陈旧观念上的突破，但是创新也不是随心所欲的，必须遵循客观事物发展的规律。马克思主义诞生以来的历史表明，当社会发生重大变革就孕育着马克思主义在理论和实践上新的发展可能性。马克思主义中国化研究的创新之所以必要，是因为时代在不断发生变化，我们不能从马克思主义的经典理论中直接得到应对现实问题的答案。马克思主义的一个重要品质就是理论创新，从毛泽东思想到有中国特色社会主义理论体系的创立，这既是马克思主义中国化的进程也是不断进行理论创新的过程。理论创新既要做到继承已有的先进经验，又要根据客观情况的变化把握最新的动态和趋势。马克思主义的产生、发展离不开理论创新，它是马克思主义的永恒主题，不断的理论创新，使马克思主义与时俱进，不断丰富和发展理论创新，使马克思主义充满生机和活力。

五四新文化运动以来，马克思主义中国化的进程就是马克思主义普遍原理同中国革命、建设实践相结合以不断形成中国化马克思主义理论体系和探索中国特色社会主义道路的历史过程。一方面，中国实践内在地需要作为科学世界观和方法论的马克思主义的理论指导，没有马克思主义的科学指导，中国革命、建设和改革都不可能取得成功。另一方面，马克思主义也需要随着中国实践的发展而发展，因为实践的观点是马克思主义哲学乃至整个马克思主义理论首要的和最为根本性的观点，与时俱进的马克思主义理论品格。它内在地要求不断实现理论创新，是在具体实践中蕴涵时代精神和民族精神的重大创新，必须随着时代、实践和科学的发展而不断发展，必须不断地回答解决时代的问题与挑战，不断地在认识当代世界的

---

① 戴兆国：《势·理·事：马克思主义哲学中国化的必由之路》，《哲学研究》2010 年第 5 期。

资本主义与社会主义实践过程中形成新的思想与方法，形成具有中国特点的马克思主义，指导中国革命和建设实践，从而推进实践的创新，实现社会的良性运行、协调发展和可持续发展。

对理论创新内涵的科学认识和理性把握是展开和深化相关理论探究的逻辑起点和理论前提。目前学术界普遍认为，理论创新就是人们在社会实践的基础上，通过积极思索和理性总结，冲破旧的思想观念和理论体系的束缚，创立新的理论概念和学说体系。理论创新是一项创造性、突破性的思维活动，它源于实践又指导实践，在推动社会的经济、政治、科学文化活动中发挥着巨大作用。①

要实现马克思主义在理论上的创新，首先要以我国正在进行的中国特色社会主义现代化建设与改革开放的实际为实践前提，实现马克思主义在实践上的创新。中国是在极其落后的特殊历史条件下走上了社会主义道路，中国社会主义建设所面临的困难和特殊矛盾，在马列主义著作中找不到现成答案。在当代中国，要研究和解决的新情况、新问题层出不穷，但归纳起来最为根本的一条就是，如何走出一条适合中国国情、具有中国特色的社会主义建设道路，也就是如何建设中国特色社会主义。所以，正如邓小平所强调的那样，只有思想解放了，我们才能正确地以马列主义、毛泽东思想为指导，解决过去遗留的问题，解决新出现的一系列问题。不断解放思想，创新发展理念，用科学理念统领社会发展。"没有马克思主义在实践中的发展与创新，就不可能有马克思主义在理论上的发展与创新，也就无法实现马克思主义的中国化。"②

其次，深入理解马克思主义，做到正确理解和科学把握马克思主义。马克思主义中国化的理论创新，是在马克思主义理论体系框架内的理论创新，是对马克思主义思想成果的继承和发展，理论创新的成果是与马克思主义同"根"同"脉"的，绝不是标新立异，更不是对马克思主义的否定。③继承是创新的前提，要创新马克思主义，就得继承马克思主义的立场、观点和方法，坚持马克思主义的基本原理，大力加强理论学习。在坚

---

① 参见王帅、张彦允《浅析实现马克思主义理论创新的原则和方法》，《文学界》（理论版）2010 年第 9 期。

② 张国宏：《中国共产党推进马克思主义时代化的历史经验》，《探索》2011 年第 3 期。

③ 参见王家芳《论马克思主义中国化过程中的理论创新》，《福建论坛》2011 年第 2 期。

持马克思主义立场、观点、原理和方法的同时，坚决反对教条主义，排除发展马克思主义的主要障碍。坚持马克思主义的理论指导，坚持并不断巩固马克思主义在我国主流意识形态中的指导地位，善于运用马克思主义的立场观点方法剖析各种社会思潮，增强政治敏锐性和政治鉴别力，筑牢思想防线，提升意识形态领域斗争的话语权和主动权。

再次，不断拓展马克思主义中国化理论创新的研究视域。马克思主义中国化不是一个孤立的历史现象，不是马克思主义单纯的输入过程，它是在一个不断开放的环境中丰富和发展起来的。只有把马克思主义中国化问题研究置于全球化过程中，置于现代化中西文化交流碰撞的条件下，才能拓展研究领域，提升理论研究水平。马克思主义中国化是世界现代化运动的一部分，要实现马克思主义理论的创新，就要把马克思主义与人类各种优秀文化思想相融合，以开放的观念和博大的胸怀去面对当代东西方的优秀文化成果。要考虑西方现代化运动与中国现代化选择的关系，借鉴吸收人类有益的文明成果，包括自然科学和社会科学；要考虑马克思主义与中国传统文化的关系、马克思主义与中国思想界多种思潮的交流互动，理论创新不仅要批判继承本民族的传统文化，也要注重吸收人类文明的积极成果。要进行马克思主义理论创新，必须具有较为宽广的世界眼光和较为广泛的世界文明发展的新知识。

最后，马克思主义中国化是理论创新和实践创新的统一。创新就要不断解放思想、实事求是、与时俱进。实践没有止境，创新也没有止境。对待马克思主义的正确态度，就是把马克思主义同中国实际相结合，既坚持马克思主义，又发展马克思主义，用发展的马克思主义指导新的实践，才能真正推进马克思主义中国化的实践创新，才能最终推进中国的现代化进程。在这个意义上，实践创新不是不要理论指导，而是要用经过实践检验的正确的、发展着的创新理论来指导实践。实践创新又是马克思主义理论创新的根本目的。马克思主义理论创新要发挥对实践的指导作用，必须转化为实践创新，只有在指导和推动实践创新的过程中，才能真正转变成为改造世界的强大物质力量，体现出马克思主义中国化的理论价值和社会价值。①

---

① 参见张品彬《创新马克思主义中国化的研究方法之我见》，《求知》2010 年第 7 期。

马克思主义中国化要发展，必须坚持理论创新。当今世界正处在大发展、大变革、大调整时期，我国的改革发展面临新的形势、新的问题和新的挑战。理论创新不是为新而新，理论创新的出发点和目的，是为了解决我们面临的各种问题和矛盾。新的实践需要新的理论指导，这才是理论创新的真正原始动力。如何实现马克思主义中国化的创新？有研究表明，关键要捕捉重大现实问题，抓住马克思主义基本原理与社会重大现实问题的结合点，这就要求我们在研究和解决具体问题的过程中要准确把握改革发展所呈现出的一系列新的阶段性特征，立足于我国改革开放和社会主义现代化建设的伟大实践，以我们正在做的事情为中心，着眼于马克思主义理论的实际运用、着眼于对实际问题的理性思考、着眼于新的实践和新的发展，深入研究和回答重大理论和现实问题，不断地把党带领人民创造的成功经验上升为理论，在理论与实践的双重探索中不断丰富和发展马克思主义，丰富和发展中国特色社会主义理论体系，在持续的理论创新中不断推进马克思主义中国化进程。① 当前最新的和对中国社会未来发展产生深远影响的马克思主义中国化的理论创新成果是科学发展观、社会主义和谐社会理论以及有关中国特色社会主义一系列重大理论和实践问题的研究成果。

新的世纪，我们面临着新的境遇和新的挑战，这就需要我们在将马克思主义中国化指导中国社会主义建设的过程中，要敢于发展、敢于创新，把马克思主义同中国优秀的传统文化和中国当下的实践更好地结合起来，不断取得新的进展实现社会发展的现代化。必须具有世界的眼光，开放的意识，宽容的精神，平和的心态，维护学术自由，提倡学术争鸣，致力于马克思主义的理论创新。以实践基础上的理论创新回答一系列重大理论和实际问题，为改革开放提供体现时代性、把握规律性、富于创造性的理论指导，开辟马克思主义的新境界。

（执笔人：李俊文）

---

① 参见王伟光《以不断创新推进马克思主义中国化进程》，《红旗文稿》2010年第1期。

马克思主义宗教观学科前沿报告

世界宗教研究所马克思主义宗教观研究室

马克思主义宗教观和马克思主义宗教理论是两个十分接近的专业术语，但各自的重点有所不同。前者更多地强调对待宗教的价值观和方法论，后者更注重系统性和逻辑性。一个马克思主义政党及其领导人对宗教的看法可能是零星的、发散性的，但我们可以在马克思主义基本理论的指导下，对它们进行符合学术规范的整理和挖掘，使其具备理论的系统性特征。是所谓"言者未必然，而闻者未必不然"。马克思主义宗教理论的内容包括马克思主义政党或个人关于宗教现象的理论、态度和政策。

由于在马克思的时代，基督教占据着欧洲文化的统治地位，他认为对宗教的批判是其他一切批判的前提。随着马克思主义在世界范围内的传播和发展，它的宗教理论也不断地丰富和发展，在其理论体系中具有重要的地位。列宁在领导"十月革命"的过程中，面对政教合一的俄罗斯国情，为世界上第一个执政的无产阶级政党制定了系统的宗教政策。中国共产党没有照搬苏联模式，在革命和执政的大多数时间里，根据自己的国情，采取了有中国特色的理论和模式。其他社会主义国家的共产党也形成了各具特色的宗教观。资本主义国家中的无产阶级政党和受马克思主义影响的知识分子作为工人阶级的思想同盟军，也有自己对待宗教的看法和态度，其理论成果同样值得我们研究和借鉴。马克思主义宗教理论因此形成了具有不同特色的理论板块，包括：（1）马克思、恩格斯原典研究；（2）苏联、东欧前社会主义国家马克思主义宗教观研究；（3）中国化马克思主义宗教观研究；（4）其他社会主义国家马克思主义宗教观研究；（5）西方马克思主义宗教观研究。

由于马克思主义宗教观作为挂名的二级学科刚刚成立，首次写科学前沿报告，因此笔者将在简述整个学科发展概况的基础上，重点评述 21 世纪以来，尤其是 2004 年中央开展马克思主义研究和宣传工程以来的发展概况。

一　总体观察

综观近十余年来我国马克思主义宗教观研究的进展，可以用两句话来概括：2004 年以来由冷转热，学科重点突出，但布局有失均衡；应用研究在数量上略胜一筹，理论研究在质量上棋高一着。

我国的宗教学从 20 世纪 60 年代建立以来，已经走过了近半个世纪的历程。尤其是在改革开放以来，取得了可喜的成绩，但是离党和国家的要求、人民的期待还有相当的差距。20 世纪 90 年代初期以前我国宗教学总体来讲是坚持马克思主义为指导的，基本上只有马克思主义宗教学。马克思主义宗教理论的学术研究作为宗教学的一个相对独立的分支学科虽然在最近才从体制上建立起来，但它的历史可以追溯到 20 世纪 50 年代初期。早在 1953 年我国就翻译出版了苏联学者柯洛尼茨基等编著的《马克思列宁主义论宗教》，次年又翻译出版了苏联的德文本《马克思恩格斯论宗教》。五六十年代中国学者对马克思主义宗教观的系统研究还没有开始，还处在对国外马克思主义宗教观研究的引进和借鉴阶段。在"文化大革命"末期，1975 年世界宗教研究所恢复运转后做的第一件事情，就是举全所之力，编纂《马克思、恩格斯、列宁、斯大林论宗教》，1976 年印刷了试编本，1979 年正式出版。这本中国学者编纂的第一本马克思主义宗教观文选，其历史意义是非常重要的，因为它的编选提纲设计和内容取舍展现了中国化马克思主义宗教观的理论框架，是我国对马克思主义宗教观有计划地展开系统学术研究的标志性事件。在此基础上，20 世纪八九十年代，我国大陆学术界陆续出版了几种"宗教学原理"的专著。"宗教学原理"作为宗教学的分支学科虽然没有冠以"马克思主义"之名，但实际上构建了中国化马克思主义宗教理论的体系。

马克思主义宗教理论这门二级学科在世界宗教研究所内部，包括全国宗教学界曾经占有十分突出的地位，聚集了罗竹风、任继愈、陈麟书、杜继文、吕大吉、牟钟鉴（以年齿为序）等为代表的全国顶尖的马克思主义宗教理论研究者，产生了《马克思、恩格斯、列宁、斯大林论宗教》、《宗教学通论》（及后来的《宗教学通论新编》）、《中国佛教史》（任继愈主编，马宗观在宗教学研究应用的传统范例）等大批影响巨大的学术成果，世界宗教研究所在全国优势地位突出，在世界上也产生了重要影响。但是，最近十余年来，该学科在本所学科布局中所占的比重逐步减弱。原当代室主任冯今源先生主持的院重大课题《宗教与社会主义社会相适应的理论与实践》和名誉学部委员吕大吉完成的院重大课题《马克思主义宗教理论研究》，是本所本学科的最新成果，得到学术界的肯定，但他们均年事已高，体弱多病。世纪之交，世界宗教研究所的宗教学原理研究室更名为宗教学理论研究室；从事宗教学原理研究的老一代学者陆续退休，接替这一学科的研究和教学工作的中青年学者寥寥无几；在世界宗教研究所内，实际上由当代宗教研究室接过了"原理"研究的部分任务。现在新成立的马克思主义宗教观研究室成员分别来自于当代室和原理室，就从一个侧面说明了学科沿袭继承的脉络。2010 年本所单独成立马克思主义宗教观研究室，一方面表明了各级组织对执政党指导思想在宗教学中贯彻和应用的重视，另一方面并未将其冠以"原理"[①] 之名，也反映了宗教学研究方法多样化的现实。其他大学和研究机构的情况与此类似，"宗教学原理"这门课即使仍然开设，也很少有专职从事该学科研究和教学的教职人员。

从 20 世纪 90 年代初期以来，马克思主义宗教观研究较之宗教学领域其他分支学科而言显得相对冷清，但近六七年来还是有了很大改观。这直接导因于党中央对加强指导思想建设的高度重视。自 2004 年党中央实施马克思主义理论研究和建设工程以来，马克思主义宗教理论的研究力度在全国范围内明显加强，论文、专著、论文集及经典文献摘编选集陆续问世。各大学、研究机构和政府部门已推出了十余部专著，公开发表的论文有 200 篇左右。研究内容在广度和深度上都有突破，尤其可喜的是涌现出了一批中青年学者。马克思主义宗教理论的研究呈现群雄逐鹿、百花争艳的局面，世界宗教研究所在这方面的压倒性学术优势地位已经丧失，学科领军地位正在经受严峻挑战。

事实证明，马克思主义宗教理论学科的前途和命运与党和国家的大政方针密不可分。全国有影响的新成果几乎都问世于 2004 年以后，中央对于意识形态工作的导向性作用具有毋庸置疑的决定性意义。中央对于人、

---

① 原理者，理论之理论也。"宗教学原理"乃是指导宗教学各分支学科的基本理论与方法。

财、物等学术资源的配置，各部门各地方的相应配套措施，舆论宣传导向具有主要的作用。经过数年的科研周期，研究成果纷纷产出，最终形成了"出资金、出成果、出人才"的学术良性循环和传导出顺应国家民族发展需求的意识形态脉动。

从学科布局来看，这些成果主要集中在马恩原典中的宗教观和中国化的马克思主义宗教观两个方面，而其他方面只有一些零星的研究或根本没有发现有成果发表，如苏联共产党的宗教观、西方马克思主义宗教观方面的成果不过一两篇论文，其他社会主义国家的宗教观连一篇论文也没有查到。当然，我们研究的重心应该放在中国化的马克思主义宗教观上面，近年来，这方面的成果最丰富。马恩原典是源头，研究相对充分一些，但问题仍然不少。

从研究层面来看，短短几年中该学科理论研究和应用研究都取得了不小的进展。从理论层面来看，从思想史角度对经典作家宗教观的研究成绩比较突出，基本厘清了马克思、恩格斯宗教观形成和发展的历史脉络（如马克思对青年黑格尔派宗教观点的借鉴和扬弃、《资本论》对马克思主义宗教观的深化等），对一些影响较大的经典论断给予了新的解读和阐释（如"宗教是人民的鸦片"[①]、"宗教是人类掌握世界的一种方式"[②] 等）。基础研究的缺点是，受国际国内因素影响对于苏联经典作家（列宁主义）宗教观的研究则明显不足，甚或有意淡化、妄加指责（如歪曲为所谓"宗教鸦片基石说"）。

从应用层面来看，中国共产党及相关理论工作者对于马克思主义宗教观的实践层面、尤其是宗教政策和宗教法治层面的研究不断加强，论文发表的数量明显超过基础理论研究。应用研究的不足是：个别公开发表的论文受"接轨"思潮的影响，没有拿捏好信仰自由、学术自由与主流意识形

---

① 代表性的成果参见陈荣富《对"宗教是人民的鸦片"的再认识》，《马克思主义与现实》（双月刊）2004年第6期；曾传辉：《从历史文化解读"鸦片"隐喻的多重含义》，《世界宗教文化》2010年第2期。

② 代表性的成果参见牛苏林《马克思恩格斯的宗教理解》，第六章第一节，河南人民出版社2002年版；金泽：《宗教学：跨越掌握世界方式的"掌握"》，载《论马克思主义宗教观》，社会科学文献出版社2009年版；刘丽：《宗教是人类掌握世界的一种方式》，《江西财经大学学报》2008年第1期。不过，学界前贤吕大吉先生新著《马克思主义宗教理论研究》却并未重视对这个命题的阐发。

态的关系；急功近利，片面追求时效性和社会反响，为政策作图解和辩护，忽视学术规范、学术操守和学术积累；忽视学术自身发展的规律，片面地追随政治口号，满足于使学术成为政策脚注等。

二　重要作品介绍

近10年来，我国马克思主义宗教观研究方面公开出版的作品按年代罗列，主要有牛苏林著《马克思恩格斯的宗教理解》（2002）、王珍著《马克思恩格斯宗教思想研究》（2005）、王志军著《论马克思的宗教批判》（2007）、何虎生著《中国化马克思主义宗教观研究》（2007）、任杰著《中国共产党的宗教政策》（2007）、陈荣富著《马克思主义宗教观研究》（2008）、魏琪著《马克思主义宗教观的形成与变迁》（2008）、叔贵峰著《马克思宗教批判的革命变革》（2008）、王作安著《中国的宗教问题和宗教政策》（2008）、冯今源主编《引导宗教与社会主义社会相适应的理论与实践》（2009）、刘丽著《马克思宗教批判思想研究及其当代意义》（2009）、吕大吉著《马克思主义宗教理论研究》（2011）、曾传辉著《20世纪50年代西藏的政治与宗教》（2011）等。这些作品基本上反映了我国马克思主义宗教观研究的现状，下面按三类分别加以述评：

（一）经典选编方面

马克思主义经典作家论宗教的语录型编著近年来主要有2008年出版的国家宗教事务局宗教研究中心选编本（以下简称"国宗局本"）和2010年出版的世界宗教研究所唐晓峰摘编本（以下简称"世宗所本"）两种。

"国宗局本"基于"学马列要精，要管用"和"认真读原著"的原则，将全书分为上编"主要论点摘编"和下编"主要论著摘编"，其中上编作为全书"导引"占三分之一弱篇幅；下编作为全书主体占三分之二强篇幅。在具体内容方面，上编分为两大部分，第一部分"如何认识宗教"，包括"论认识宗教的科学方法"、"论宗教现象的本质"、"论宗教产生和存在的根源"、"论宗教的社会作用"、"论宗教发展和消亡的规律"、"论资产阶级的宗教批判及其意义"等内容，第二部分"如何对待宗教"，包括"国家实行宗教信仰自由政策"、"工人政党坚持和宣传无神论"、"防止对待宗教问题上的错误倾向"、"十月革命后列宁处理宗教问题的十个案例"

等内容。该书在编选体例上简明扼要，具有强烈的"带着问题学"和"学以致用"的党政机关色彩。

"世宗所本"将经典作家的有关论述分为"基本理论"、"处境关怀"和"文章选萃"三大部分，其中"基本理论"部分包括"论认识宗教问题的方法"、"论宗教的本质"、"论宗教的发生与发展"、"论宗教的社会作用"等内容，"处境关怀"部分包括"论宗教与政治"、"论宗教与文化"、"论宗教与哲学"、"论宗教与民族"、"论宗教与科学"、"论神学"等内容。该书在编选体例上具有浓厚的学术气息，在某种程度上也体现出编选者个人的身份背景和学术偏好。

（二）学术专著方面

近10年来，以马克思主义宗教观为主题的学术专著的作者，年龄分布参差有致，从初出茅庐的博士，到年富力强的中年俊彦，到皓首穷经的学界耆儒，均有付梓；从身份背景来看，有中央和各省社会科学院的研究人员，有大学的教职人员，也有党政部门的公务员。

牛苏林著《马克思恩格斯的宗教理解》（河南人民出版社2002年版），为国家社会科学基金课题成果。该书分为七章，其中第一章"马克思恩格斯宗教学理论产生的社会背景和理论渊源"，认为社会背景是资本主义的巨大影响、无产阶级意识的客观要求、近代科学发展的启示，理论渊源是古希腊罗马时期的无神论思想、文艺复兴时期的无神论思想、从自然神论到泛神论、18世纪法国无神论、德国社会的历史文化背景尤其是青年黑格尔派的宗教批判运动；第二章为"马克思恩格斯的早期宗教思想"；第三章为"马克思恩格斯世界观转型过程中的宗教思想"；第四章"唯物史观的确立与马克思主义宗教学理论的诞生"，认为《〈黑格尔法哲学批判〉导言》是马克思主义宗教学理论的奠基之作，异化的扬弃必然导致无神论与共产主义，而宗教是社会存在虚幻的反映，《共产党宣言》是标志着马克思主义宗教学理论诞生的纲领性文件。第五章涉及《德国农民战争》与宗教问题；第六章"马克思对宗教问题的进一步阐述"，强调"宗教是人类掌握世界的一种特殊方式"及商品拜物教问题；第七章"恩格斯对马克思主义宗教学的理论贡献"，包括对宗教本质的最初诠释、论宗教的产生与演变、宗教与资本主义社会、资产阶级革命与宗教、近代欧洲资产阶级无神论思想的发展、资本主义社会宗教存在的根源、宗教自然消亡的历史条件等问题。该书对马克思主义宗教学产生和发展的历程进行了全面系统的研究，系统阐明了马克思主义宗教学产生和发展的内在逻辑。书末以"中国共产党对马克思主义宗教理论的丰富和发展"作为附录收尾，也反映出该书作者经世致用的学术关怀。

王珍著《马克思恩格斯宗教思想研究》（宗教文化出版社 2005 年版），为博士论文增订本。该书分八章，其中第一章"马克思恩格斯宗教观的理论来源"特别指出了犹太文化和东方其他文化对马克思的影响；第二章马克思恩格斯"从有神论到无神论的转变"；第三章涉及"从唯心宗教观到唯物宗教观的转变"；第四章为"马克思向历史唯物主义宗教观的接近"；第五章为"历史唯物主义宗教观的初步确立和公开问世"；第六章为"马克思宗教观的深化"；第七章为"马克思恩格斯晚年宗教观的新发展"；第八章为"马克思恩格斯宗教观基本理论及其现实意义"。该书认为，"到目前为止，宗教仍一定程度地内在地存在于人性之中"，似乎对宗教抱有同情的理解。

王志军著《论马克思的宗教批判》（中国社会科学出版社 2007 年版），将马克思的宗教批判贯穿于马克思思想发展的始终，认为马克思的共产主义思想是其宗教批判的最伟大成果：一方面，马克思完全否定了抽象的、虚幻的、与现实分离的基督教的天国，通过对现实资本主义社会经济制度的批判，将共产主义思想置于现实的、历史的基础之上。另一方面，共产主义不仅具有实证性、对象性，而且作为人之为人的价值、尊严、理想的崭新境界存在于具体的、改造世界的实践过程之中。马克思的宗教批判使马克思对德国古典哲学、英国政治经济学、法国空想社会主义的改造有效地连接成一个内在的整体。通过马克思对犹太教、基督教的批驳，以及马克思与康德、黑格尔、青年黑格尔派的宗教批判的对比分析，作者认为，宗教批判能够提供一条理解马克思思想基础、内容、意义的新线索、新的理论视角、新的思考方式，也可以作为马克思思想的另一个来源。

何虎生著《中国化马克思主义宗教观研究》（华文出版社 2007 年版），为"十一五期间"国家重点图书、国家社会科学基金资助项目。该书除"导论"外，分为九章，其中第一章"马克思主义宗教观中国化的历史条件"认为，"中国化是马克思主义宗教观和中国宗教的共同要求"；第二章"中国化马克思主义宗教本质观"，认为"改革开放以来，以人为中心的宽泛解读注重文化性"；第三章"中国化马克思主义宗教历史观"，分析了

"改革开放以来，正视宗教长期存在，重视宗教自身表现出的适应性"；认为"中国化马克思主义宗教价值观""改革开放以来，趋利避害，日益强调宗教的积极作用"；第五章"中国化马克思主义政教观"，指出"改革开放以来，全面贯彻宗教信仰自由政策，积极引导宗教与社会主义社会相适应"；第六章"中国化马克思主义宗教安全观"，主张"改革开放以来，重视在全球化条件下的宗教安全问题"；第七章"中国化马克思主义宗教适应观"，强调"宗教要主动适应，党和国家要积极引导"；第八章"中国化马克思主义宗教和谐观"，注重"宗教在促进社会和谐方面的积极作用"；第九章"中国化马克思主义宗教观的地位、经验和展望"，强调马克思主义宗教观中国化必须体现时代性、把握规律性、富于创造性。该书理论框架严整，教科书意味浓厚，语词铺陈似乎也从一个侧面暗示了马克思主义宗教观中国化在话语形态上的日臻成熟。

任杰著《中国共产党的宗教政策》（人民出版社 2007 年版），分八章，阐述了宗教制度的民主改革、尊重和保护宗教信仰自由、依法管理宗教事务、积极引导宗教与社会主义社会相适应、坚持独立自主自办、党同宗教界的爱国统一战线、与时俱进的马克思主义宗教观、21 世纪的中国共产党与宗教等重大问题。该书立足于中国国情和社会现实，放眼世界大势和时代特征，着眼宗教发展规律和实际表现，以不同时期国际国内形势及党的中心任务为背景，多层面地研究了中国共产党的宗教政策；以重大事件和领袖人物为重点，探寻党关于宗教问题富于创造性的基本理念、政策思路、实践活动；在与古代及国外有关宗教问题的历史比较和国际比较中，条分缕析了党的宗教政策的形成、实践、完善和创新发展的曲折历程和经验教训，及其与社会经济、政治、文化和民族等方面的互动关系；并根据新世纪新阶段宗教问题的新情况新趋势，对党的宗教政策进行了再认识和再探讨。该书史论结合，视角新颖，写法独特，可读性较强。

陈荣富著《马克思主义宗教观研究》（四川人民出版社 2008 年版），卷帙宏大，资料丰富，新见迭出，是近年来马克思主义宗教观研究领域的一部力作。该书分十章，其中第一章"导论"强调历史唯物主义宗教观不能等同于历史唯物主义无神论，马克思主义宗教观的外延不包括党和政府的具体宗教政策；第二章"马克思早期宗教思想的发展"，强调"《〈黑格尔法哲学批判〉导言》不是历史唯物主义宗教观的奠基之作"；第三章"恩格斯早期宗教思想的发展"，强调"共产主义是真正的无神论社会"；

第四章为"马克思、恩格斯共同创立历史唯物主义宗教观";第五章"《资本论》及其手稿对马克思主义宗教观的深化",马克思发现商品货币拜物教是商品社会"日常生活中的宗教";第六章"恩格斯对马克思主义宗教观的卓越贡献"指出恩格斯揭示了宗教发展规律;第七章"马克思、恩格斯宗教思想的第二次飞跃"指出,马克思、恩格斯晚年对文化人类学及原始宗教产生根源的研究发现"宗教是人类掌握世界的一种方式";第八章"列宁的宗教思想",指出列宁着重于批判宗教的负面政治功能;第九章为"马克思主义宗教观在中国的发展",概述了中国特色的马克思主义宗教观的大体情况;第十章"马克思主义宗教观与现时代",强调"鸦片论"是对宗教在阶级社会的政治功能的评判,不能用宗教的负面政治功能代替宗教的其他功能。该书对马克思主义宗教观的发生、发展和变化做了全面系统的考察,具有很高的学术价值。而否认《〈黑格尔法哲学批判〉导言》是马克思主义宗教观的奠基之作,可能是该书最具颠覆性的观点,这个观点能否成立,我们从中央编译局最新编译的《马克思恩格斯文集》仍然将《〈黑格尔法哲学批判〉导言》列为该文集第一卷第一篇,或许可以看出一点端倪。

魏琪著《马克思主义宗教观的形成与变迁》(宗教文化出版社 2008 年版),为博士论文增订本。该书除"导语"外,分为六章。其中第一章"马克思主义宗教观产生的思想背景"分析了文艺复兴后日趋高涨的宗教批判思潮(如泛神论、自然神论、百科全书派、怀疑论等),考察了对马克思、恩格斯有重要影响的思想家伊壁鸠鲁、黑格尔、青年黑格尔派、费尔巴哈等人的宗教学说。第二章"从信仰、质疑走向理性主义的宗教批判",考察了马克思、恩格斯青少年时代的宗教态度;第三章"对宗教的社会经济批判",尤其是对宗教异化、政治异化、劳动异化的批判;第四章"唯物史观创立时期的宗教思想",重点考察了《德意志意识形态》、《共产党宣言》对宗教与统治阶级意识形态的关系的相关论述;第五章"马克思主义宗教观的丰富和发展",全面考察了马克思、恩格斯对于宗教的本质、作为意识形态的宗教的特质、对于宗教的起源和发展、宗教的消亡条件和消亡方式、宗教的社会作用及无产阶级政党对待宗教的态度的有关论述。第六章"马克思主义宗教观的当代价值",强调"不容忽视的今昔之别"、"难以小视的中西差异"和"必不可少的理性态度"。该书史论结合,资料丰富,但所论显然是指狭义的马克思主义宗教观,不包括列宁主义宗教观；但探究马克思主义宗教观的变迁，对列宁的思想重视不够甚或完全忽略，无论如何都会给读者留下缺憾和疑问。

王作安著《中国的宗教问题和宗教政策》（宗教文化出版社 2008 年版），是现任国家宗教局局长担任副局长时的一部力作。该书由"正确处理宗教问题的重要意义"、"我国各主要宗教历史简况"、"马克思主义宗教观述要"、"社会主义初级阶段宗教存在的根源"、"尊重和保护宗教信仰自由"、"依法管理宗教事务"、"积极引导宗教与社会主义社会相适应"、"独立自主自办原则"、"少数民族中的宗教问题"、"充分发挥爱国宗教团体的作用"、"依法加强对宗教活动场所的管理"、"巩固和发展党同宗教界的爱国统一战线"、"正确处理宗教方面两类不同性质的矛盾"、"正确开展国际宗教人权斗争"、"防范和取缔邪教"、"加强党对宗教工作的领导"、"全球化进程对我国宗教的影响"等十七章构成。其中第三章"马克思主义宗教观述要"包括"宗教发生、发展和消亡的客观规律"、"宗教的本质"、"宗教的社会作用"、"无产阶级政党对待宗教的态度和基本原则"、"正确理解和运用马克思主义宗教观"等内容。该书是一位学者型官员长期从事宗教工作后的理论思考和经验总结，虽然没有使用"马克思主义宗教观中国化"的字眼，但紧密联系中国宗教的实际专门论述了"尊重宗教信仰自由与坚持四项基本原则的关系"，强调要"正确处理宗教方面两类不同性质的矛盾"、"正确开展国际宗教人权斗争"、"防范和取缔邪教"、"加强党对宗教工作的领导"等，可谓发人所未发，表现出很高的理论水平和政策水平。

冯今源主编《引导宗教与社会主义社会相适应的理论与实践》（中国社会科学出版社 2009 年版），是中国社会科学院重大课题的结项成果。该书是一部近 700 页的大部头著作，由"中国特色马克思主义宗教观的新成果"、"中国共产党宗教政策的历史发展"、"新中国宗教的 50 年"、"调研报告"、"专论"等五部分组成，在全面系统梳理中国传统宗教以及民间信仰发展脉络、国际共运史相关理论与实践的基础上，结合对新中国宗教政策的历史发展，对 50 年来我国宗教的发展历程以及各种错误宗教观的回顾与反思，对典型地区基督教、藏传佛教、伊斯兰教的田野调研，对新时期宗教领域面临的新情况、新问题的总结与分析，系统地提出引导宗教与社会主义社会相适应的理论依据、实践基础、表现形式、具体内容以及对引导主体的要求，并对构建社会主义和谐社会事业中的宗教提出相应的意见与建议。该书气势宏大，资料宏富，其中新中国五大宗教 50 年发展历程的报告，浙江、河南等地基督教现状调研报告，藏区调研报告等尤其具有重要的史料价值和学术价值。

曾传辉著《20 世纪 50 年代西藏的政治与宗教》（社会科学文献出版社 2011 年版），梳理了西藏和平解放后头十年中国共产党的西藏政策及其实践，及以达赖喇嘛、班禅喇嘛为首的西藏地方政教集团的迎拒和变迁。因为种种内因外因，最终全面叛乱暴发，渐进式和平解放改革路线不得不中断。作者总结了旧西藏政教合一制度的性质、类型和影响，归纳了西藏民族意识发生和分裂的过程和原因，回顾了西藏和平解放过程中及以后八年两种社会制度并存的历史，描述了党的各项大政方针出台的背景经过，在实践过程中取得的经验教训和影响，分析了渐进式民主改革中断的原因，辨析了 50 年代西藏政策与"一国两制"的联系和区别。这可以算作是一本马克思主义宗教观中国化的深度个案研究，书中辟有专节论述 50 年代西藏问题对马克思主义宗教观中国化的贡献。全书约 50 万字，史论宏博，考证精细，是我国首部在当代西藏政治史和宗教史方面的学术专著。

（三）论文集方面

近 10 年来，围绕马克思主义宗教观研究的主题，国内出版了一些论文集，主要有卓新平、唐晓峰主编《马克思主义研究论丛·宗教观研究》（2007）、宫玉宽编《马克思主义宗教观研究资料选编》（2008）、吕大吉、龚学增主编《马克思主义宗教观与当代中国·宗教卷》（2008）、卓新平、唐晓峰主编《论马克思主义宗教观》（2009）、曾传辉主编《马克思主义宗教观研究（2010 年专辑)》（2011）等。以下为择要述评。

卓新平、唐晓峰主编《马克思主义研究论丛·宗教观研究》（中央编译出版社 2007 年版），是国家哲学社会科学基金重大委托项目"经典作家关于宗教的基本观点研究"的阶段性成果。全书由"宗教工作"、"经典溯源"、"返本开新"、"中国境域"和"研究述要"五部分组成，其中"宗教工作"部分涉及正确认识和处理社会主义社会的宗教关系、积极构建社会主义和谐社会，努力实现宗教工作理论创新等内容；"经典溯源"部分涉及经典作家关于宗教社会作用的相关论述及其当代意义、如何全面理解和把握列宁主义宗教观、马克思、恩格斯对伊斯兰教的论述及马克思在 1843 年的宗教观等内容；"返本开新"部分涉及马克思主义宗教观与宗教人类学、与希腊神学的关涉等内容；"中国境域"部分围绕马克思主义宗教观中国化展开；"研究述要"部分涉及新中国马克思主义宗教学发展历程、西方马克思主义者的宗教观和当代西方对马克思宗教思想的研究等内容。该书反映了相关研究者对于如何以马克思主义宗教观为指导、或以经典作家及西方学者有关论述为思想资源认知或处理古今中外宗教问题的若干思考成果。

宫玉宽编《马克思主义宗教观研究资料选编》（中央民族大学出版社2008年版），包括四部分。其中第一部分"马克思、恩格斯、列宁宗教观研究"，涉及马克思、恩格斯的无神论世界观、恩格斯晚年对早期基督教的研究、列宁的宗教观等内容；第二部分"中国共产党及领导人宗教观研究"，涉及新中国马克思主义宗教问题理论发展历程、中共历代领导人毛泽东、周恩来、邓小平、江泽民的宗教观、当代中国的马克思主义宗教观、中国化马克思主义宗教观等内容；第三部分"论宗教的本质和特征"，包括当代中国研究者关于宗教的本质和特征问题的见仁见智的理论见解；第四部分"论宗教与社会主义"，涉及如何引导宗教与社会主义社会相适应、宗教与社会主义社会相互关系、和谐社会的构建与宗教的作用等内容。该书注重选录涉及中国宗教政策和宗教问题的论文，全书以《宗教事务条例》作为"附件"收尾，也反映了该书旨在"学以致用"的编辑方针。

吕大吉、龚学增主编《马克思主义宗教观与当代中国·宗教卷》（民族出版社2008年版），是"阅读中国·当代中国宗教研究精选丛书"八卷本中的一卷。该书分四部分，其中第一部分"马克思、恩格斯、列宁宗教观研究"所选文章特别强调唯物史观与宗教研究方法论的意义，强调全面认识、科学把握马克思主义宗教观和列宁主义宗教观；第二部分"马克思主义宗教观的中国化研究"涉及马克思主义宗教观中国化的历程和基本经验、当代中国的宗教工作及中国特色社会主义宗教观研究等内容；第三部分"马克思主义宗教观研究宗教社会性质与社会作用"所选文章强调"宗教是一种社会文化形式"，要"发挥宗教在促进社会和谐方面的积极作用"，实现宗教工作理念创新；第四部分"当代中国宗教现状研究"包括"中国宗教的百年回顾与前瞻"等内容。该书的特点如下："在国内外以不同语言出版，以期推介中国宗教学者的代表性作品给西方"，"推动中外宗教学者交流与对话"；该书所选文章的作者均为与宗教相关的学界和政界名流，充分显示出学界和政界的精诚合作；该书收录的当代中国资深宗教学者吕大吉的四篇长文占全书25％的篇幅，收录的时任国家宗教局局长叶小文的五篇力作占全书15％的篇幅，显示出当代中国语境中与宗教相关的主流话语此时可能已基本定型。

俞可平、李慎明、王伟光主编《马克思主义研究论丛——宗教观研究》（中央编译出版社2007年版）收入18篇论文，大部分是由国家哲学社会科学基金重大委托项目"经典作家关于宗教的基本观点研究"课题组的成果汇集而成。作者身份背景有党政部门的领导干部，也有老中青三代专家学者。按内容划分为五个部分："经典溯源"是对马恩列等经典作家的宗教观及其当代意义进行阐述；"返本开新"是对马克思主义宗教观在人类学、神学研究、宗教历史等方面的应用，"中国境域"论述马克思主义宗教观的中国化；"研究述要"是对国内外相关领域学术成果的研究综述。

卓新平、唐晓峰主编《论马克思主义宗教观》（社会科学文献出版社2009年版），是2009年由中国社会科学院世界宗教研究所主办的"马克思主义宗教观研究论坛"的参会论文合集。该书包括五部分，其中第一部分"方法研究"特别强调马克思主义宗教观的方法论探究；第二部分"文本研究"涉及马克思、恩格斯宗教观的演变轨迹和原因；第三部分"处境研究"涉及中国特色社会主义宗教理论、中国化马克思主义政教观等内容；第四部分"运用研究"涉及如何看待和处理中国宗教问题、无神论问题、鸦片隐喻问题等；第五部分"研究现状"涉及马克思主义宗教观研究现状、研究原则等问题。该书最大的亮点是对于马克思主义宗教观的方法论自觉。

曾传辉主编《马克思主义宗教观研究（2010年专辑）》（社会科学文献出版社2011年版），是2010年中国社会科学院世界宗教研究所主办的"马克思主义宗教观研讨会［2010］"的论文合集。该书分四部分，第一部分"理论思考"涉及马克思主义宗教观及其中国化历程、发展趋向、中国特色社会主义宗教理论研究等内容；第二部分"政策探讨"涉及如何全面贯彻党的宗教工作基本方针、正确认识和处理政教关系、建立和谐宗教关系等内容；第三部分涉及民间信仰、中国文化传统及西方宗教文化与马克思主义宗教观的关系、新中国成立初期如何处理藏区宗教与社会主义关系等内容；第四部分"他山之石"收录了长文《苏联的宗教理论与实践及其反思》，苏联解体 20 年后的回望和剖析对当下中国无疑具有引为鉴戒的价值。该书荟萃了来自学界和政界的理论工作者对于马克思主义宗教观及其中国化形态的深度思考，在相关领域马克思主义复兴暨马克思主义宗教观学科重建的大背景下，显示出中国宗教学在学术方向上的某种耐人寻味的变化。

三　重要观点介绍

（一）关于马克思、恩格斯宗教观产生的社会背景和理论渊源

相关论著大都认为，马克思、恩格斯宗教观产生的社会背景主要包括资本主义的巨大影响、无产阶级意识的客观要求、近代科学发展的启示及德国社会特殊的历史文化背景：地理大发现和资本主义在欧洲的兴起使得新兴的资产阶级反对封建主义的斗争，在意识形态领域必然要指向宗教神学；德国宗教改革的失败，使其长期陷入分裂、纷争甚或战争之中，沦为欧洲最保守落后的国家，德国资产阶级要革命就必须粉碎作为德国封建诸侯的灵光圈的宗教神学；19 世纪工人运动的蓬勃发展迫切要求无产阶级以科学世界观为指导，彻底廓清陈旧观念和"基督教社会主义"之类宗教幻想；近代自然科学的发展，尤其是细胞学说、能量守恒与转化定律、达尔文进化论等三大发现，使神学世界观处于崩溃境地，为唯物主义和无神论的世界观奠定了坚实的科学基础。

马克思、恩格斯宗教观产生的理论渊源，包括古希腊罗马时期的无神论思想、文艺复兴时期的无神论思想、从自然神论到泛神论的无神论性质的神学异端和 18 世纪法国无神论，以及青年黑格尔派的宗教批判运动：古希腊伊壁鸠鲁主张无神论，坚决反对神对自然界、社会及个人命运的任何干预，被马克思誉为"最伟大的希腊启蒙思想家"，从伊壁鸠鲁、卢克莱修到琉善的古希腊罗马时期的无神论思想得到马克思、恩格斯的高度评价；文艺复兴时期的无神论思想倡导人道主义、反对神道主义，倡导现实幸福、反对禁欲主义，倡导科学理性、反对神学迷信；自然神论反对人格神，否认神可以任意支配自然、操纵人间祸福，主张神权在各方面都受到自然规律的限制，为独立研究自然及其规律提供了现实的合理性和可能性；泛神论主张神具有物质性，按照客观必然性活动，与自然完全等同；18 世纪法国无神论高举理性大旗，对一切宗教展开最无情的揭露和批判，

成为整个资产阶级反对宗教神学和封建专制最坚决、最强烈的革命性思想，成为马克思主义科学无神论的思想来源之一；19世纪德国"基督教和旧政权结成了不可分解的同盟"，宗教神学是封建国家的精神支柱，"对宗教的批判是其他一切批判的前提"，因此，青年黑格尔派施特劳斯、鲍威尔等人对宗教神学的批判实际上是一种间接的政治斗争。①

也有学者认为，为马克思主义宗教观的出现提供理论背景的是西方启蒙思想已经得出的如下重要认识成果：认识神人关系的实质，把神还原为人，把神性还原为人性；通过科学理性和哲学理性的分析，揭露基督教神学信仰主义的反理性主义性质；用历史学和语言学的论证，把神圣的《圣经》还原为世俗的作品，得出了是人创造宗教而不是宗教创造人的结论；揭露宗教（特别是基督教）在社会历史上的消极作用，打开了从无神论人道主义走向"社会主义"观念的通道。②

（二）关于马克思、恩格斯的早期宗教观

相关研究者大都认为，马克思早期宗教观主要受其父亲理性主义宗教观、青年黑格尔派无神论思想的影响，恩格斯早期宗教观始于批判虔诚主义——宣扬富有与贫困命中注定，人的一切祸福由上帝安排，任何改变这种安排的企图都是有罪的，任何努力也是徒劳的——在青年黑格尔派的影响下成为无神论者。

马克思在《莱茵报》时期认识到宗教的根源在人间而不在天上，《德法年鉴》时期通过《论犹太人问题》一文肯定了宗教信仰自由是公民的基本人权，阐明了宗教的社会根源和阶级根源，剖析了资本主义社会宗教信仰自由的实质，指出了人类摆脱宗教桎梏的正确道路。

马克思在《〈黑格尔法哲学批判〉导言》中深刻揭示了宗教在本质上是一种颠倒的世界观，宗教的社会根源是私有制和剥削制度，宗教在阶级社会中的社会作用是以灵光圈形式为统治阶级粉饰太平，给人民以幻想的幸福，成为锁链上的虚幻花朵和人民的鸦片，成为对现实苦难的表现和

---

① 牛苏林：《马克思恩格斯的宗教理解》，河南人民出版社2002年版，第1—35页。王珍：《马克思恩格斯宗教思想研究》，宗教文化出版社2006年版。

② 参见吕大吉、高师宁《马克思主义宗教理论研究》，中国社会科学出版社2011年版，第19页。

抗议。

有学者认为，马克思在《导言》中关于宗教的社会本质（即关于宗教的社会历史功能的基本内容和"总的精神"）的阐述，应作如下表述：宗教是为"颠倒的世界"提供神圣支撑的工具，是为人民提供幻想幸福的精神锁链，是麻醉人民精神的鸦片。①

关于《导言》中有关宗教的论述，陈荣富教授近年提出，《导言》不是马克思主义宗教观的奠基之作。理由是1844年的时候，马克思还处在由青年黑格尔派向历史唯物主义过渡的过程之中，其经济学知识几乎是一片空白。有的学者因此认为，我们"将《导言》中那些基本观点作为马克思主义宗教观的基本原则，制造了什么'鸦片论'、'颠倒世界观论'、'宗教批判是批判一切的前提论'等论点，陷入错误的宗教观而不自知"②。历史唯物史观还没有形成或成熟，还在过渡期，他的宗教观是不是就不符合历史唯物主义，还有待进一步探讨。

（三）关于马克思对宗教的世俗化形态、经济功能和文化功能的理论

由陈荣富《马克思主义宗教观研究》一书对马克思《资本论》和《文化人类学笔记》中的宗教思想作了开拓性研究，填补了马克思主义宗教观研究的重大空白，具有非常重要的意义。过去学术界普遍认为，《资本论》及其手稿是经济学著作对宗教的论述只是把资本主义的某些经济现象同宗教作类比和诠释，以便既揭露和批判资本主义的剥削本质，又揭露和批判宗教为剥削制度服务的本质；或者只是为了给其他社会知识领域取得的成果做说明，使之具体化和变得更加引人注目。陈教授研究指出，这是对《资本论》及其手稿的误读。事实上，《资本论》及其手稿的宗教思想使马克思主义宗教观建立在扎实的经济学、哲学论证以及历史分析的坚实基础之上，是非常成熟的马克思主义宗教观。马克思对商品货币拜物教的论述绝不是如有些学者所言，只是把资本主义的经济现象用宗教作比喻，而是对现代社会宗教形态的论述，也是对宗教世俗化大趋势的论述，是马克思

---

① 参见吕大吉、高师宁《马克思主义宗教理论研究》，中国社会科学出版社2011年版，第133页。

② 冯今源：《关于马克思主义宗教观研究的几点思考》，《西北第二民族学院学报》（哲学社会科学版）2008年第3期。

主义宗教观的重要内容。

《资本论》对基督教社会功能的否定性和肯定性评价，早在马克斯·韦伯《新教伦理与资本主义精神》出版前 38 年，就已经从经济学和哲学的结合上深刻揭示了基督新教对促进资本主义发展的作用。马克思晚年的《文化人类学笔记》纠正了此前对原始社会和原始宗教的模糊乃至错误的看法，正确、全面地分析了宗教的社会整合、心理认同等社会文化功能，使马克思对宗教的研究进入文化批判阶段，实现了马克思主义宗教观的一次飞跃。

（四）关于苏联共产党的宗教观和西方马克思主义宗教观

苏联建国以后，以"无神论研究"为名，开辟了马克思主义宗教理论研究的先河，取得了丰富的成果，对我国影响也不小，但其观点呈现两极分化：在 70 多年的历史大多数时间里，除了卫国战争期间以外，对宗教持基本否定的态度，但是到戈尔巴乔夫实行"新思维"以后，尤其是叶利钦时期又对宗教采取全面拥抱的态度。近年来，俄罗斯学术界对这段历史研究的成果非常少。我国的研究也不多，以世界宗教研究所张雅平的长篇论文《论苏联的宗教理论与实践》① 为代表。

西方马克思主义学者的宗教理论因哲学学派不同而色彩纷呈。法兰克福学派继承了马克思、恩格斯的宗教批判方法，注重分析宗教现象中人的或社会的因素；法国的马克思主义宗教理论深受结构主义的影响；英美的马克思主义宗教理论注重经验分析。西方国家也有学者研究社会主义国家的宗教理论，但很多都具有教会背景，目的就是为了以关怀中国人权状况为名向中国重启传教之门。②

（五）马克思主义宗教观的中国化

马克思主义宗教观中国化是近年来学术界关注的热点问题。学者们主要就马克思主义宗教观内涵、表现、阶段等问题进行了探讨。关于中国化

---

① 此文载曾传辉主编《马克思主义宗教观研究（2010 年专辑）》，社会科学文献出版社 2011 年版。

② 详见曾传辉的综述文章《西方马克思主义代表人物的宗教观述略》，《马克思主义研究观论丛·宗教观研究》，中央编译出版社 2007 年版，第 251—263 页。

马克思主义宗教观的内涵，方立天认为，它是中国共产党在领导中国革命、建设和改革的实践过程中，把马克思主义关于宗教的基本原理同中国宗教的具体实际相结合形成的一系列关于宗教的重要观点，包括宗教本质观、宗教价值观、宗教历史观等。[①] 在阶段分期问题上，曾传辉认为，虽然大体应与中国共产党的革命和建设的阶段相一致，以建党、建国、"文化大革命"、改革开放为界，但不能简单地以大的历史事件为界线进行分期。宗教观发展的标志性事件，与大的历史事件有密切关系，但一般会有提前和滞后的情况，不能一概套用。建党到1949年9月《共同纲领》是准备时期，再到1963年"文化大革命"前最后一次统战工作会议是形成时期，再到1978年中发65号文件为停滞时期，此后至今是成熟深化时期。[②] 学者们就各个阶段发表的研究成果也比较丰富。

（六）关于宗教工作基本方针

这方面发表的文章，数量大，其中有不少具有学术价值。毛国庆从人类社会发展的基本矛盾的角度对宗教工作的基本方针的理论依据进行了分析，认为第一代领导集体形成了它的雏形，第二代领导集体形成了基本框架，第三代领导集体形成了完整的体系。文章的材料显示了宗教工作的基本方针是集体智慧的结晶，如"引导宗教与社会主义社会相适应"的目的性、纲领性的命题，就最初由胡乔木于1982年提出，经过杨静仁、习仲勋等领导人的不断强调和丰富，到江泽民于1993年统战工作会议上的讲话，明确成型，但对学者在这个过程中的贡献没有提到。[③] 冯今源[④]、晏可佳[⑤]等人的文章则弥补了这一不足。他们对20世纪五六十年代关于宗教的本性和作用、宗教与迷信的联系和区别，尤其是80年代初期以上海、南京为代表的南方学者和以北京为代表的北方学者关于"宗教鸦片论"的大讨论，对突破教条、解放思想、提高认识的巨大作用进行了回顾。

---

① 方立天：《论中国化马克思主义宗教观》，《中国社会科学》2005年第4期。
② 曾传辉：《马克思主义宗教观研究（2010）·引论》，社会科学文献出版社2011年版。
③ 毛国庆：《党的宗教工作基本方针的形成与发展》，《学习论坛》2008年11月。
④ 冯今源主编：《引导宗教与社会主义社会相适应的理论与实践·总论》，中国社会科学出版社2009年版。
⑤ 晏可佳：《试论建国以来马克思主义宗教观的深化与发展》，载曾传辉主编《马克思主义宗教观研究（2010）》，社会科学文献出版社2011年版。

（七）关于马克思主义宗教观与传统文化

马克思主义与欧洲传统文化的关系，国内外学者研究的历史比较长，成果非常丰富。随着改革开放的深化，中国的国际地位日益提升，中国知识分子文化自信也相应增强，越来越多的人对长期以来的文化激进主义进行反思。中国化的马克思主义宗教观的形成发展与中国传统文化的关系，如何发挥宗教文化在促进经济建设和社会和谐方面的积极作用，是近年来中国学者比较关注的问题。牟钟鉴先生认为，中国宗教文化"和而不同，多元一体"、"道德教化，积极向善"、"爱国爱教，相依相存"、"与时俱进，勇于改革"、"不断提高，繁荣文化"等优良传统和积极价值，是值得我们继承和发扬的。[1] 有学者根据目前中国的国情指出，马克思主义在中华文化的复兴过程中，起到了其他任何文化所不能起到的作用。"在中华民族重新崛起的历史阶段中富于生命力的中华新教化，应当是在马克思主义科学理论指导下，儒、道、佛、伊、基、萨六大传统教化重新融合整合之辩证演绎。"[2]

四　未来展望

困扰马克思主义宗教理论研究学科建设的瓶颈，有人、财、物保障的问题，也有组织协调机制的问题。项目投入少，组织重视不够，舆论环境失范，导致专业人员看不到该学科的学术前景，不愿意投身于这项事业。组织协调机制不完善，使有兴趣致力于此项研究的力量分散在各研究方向上，也不能调动优质资源，难以形成拳头，推出有重大影响甚至里程碑意义的学术成果。解决问题的方法，关键就在建立一种新的创新机制，整合力量，补充新鲜血液，合理配置资源，统一规划研究方向，开创马克思主义宗教理论学科建设的新局面。

未来马克思主义宗教观的研究，应在继续加强经典研究、中国化研究和应用研究传统强项的基础上，均衡布局，填补空白，发挥综合比较优

---

[1]　牟钟鉴：《继承和发扬中国宗教文化的优良传统》，《中国民族报》2004 年 12 月 14 日。

[2]　程恭让：《试论天道教化、马克思主义为指导与中华民族文化的新整合》，《马克思主义宗教观（2010）》，社会科学文献出版社 2011 年版。

势，增加苏东和其他社会主义国家宗教观的研究、西方马克思主义的研究等方面的力量，对策研究也应当受到重视。这是马克思主义研究和宣传工程深入发展的要求，也是本学科发展上台阶的大势所趋。

（执笔人：曾传辉、黄奎）

马克思主义政治学若干
基本概念研究前沿

政治学研究所马克思主义政治学研究室

　　研读马克思主义经典著作，是马克思主义中国化、时代化、大众化过程中的重要工作。改革开放以来，我国学术界不断深化对马克思主义经典著作的研究，进一步加深了对基本原理、基本判断、基本结论的理解。其中也有一些研究对马克思主义经典著作的一些基本观点，提出所谓"新理解"。有学者以"主题转换"来概括马克思主义经典著作研究中的这种变化。[①]"主题转换"后的研究，对马克思主义经典著作基本观点提出了具有一定启发意义的新认识，但其中有些"转换"了"主题"的研究虽然自称是对马克思、恩格斯思想的"还原"，"是其所是"，但其结论并不全面，并不是还原而是偏离，值得商榷。习近平同志 2011 年 5 月 13 日在中央党校春季学期第二批入学学员开学典礼上强调，领导干部要认真学习马克思主义经典著作。他指出，马克思主义经典著作思想深刻，要深入理解马克思主义的精神实质和思想精髓，必须专心致志地读、原原本本地读，努力掌握贯穿经典著作中的马克思主义立场观点方法，学懂、学通马克思主义基本原理。我们理论工作者在学习研究马克思主义经典著作时，同样要原原本本地读，在研读中坚持马克思主义的立场观点方法，不能"以偏概全"，更不能把非马克思主义的、甚至是反马克思主义的东西强加于马克思主义，强加于经典作家头上。一些"主题转换"式的研究在坚持马克思主义立场观点方法研究马克思主义经典著作方面是有欠缺的，对马克思主

---

　　① 参见李惠斌、周凡、朱昔群《马克思主义经典著作基本观点研究 60 年中的主题转换》，《理论视野》2010 年第 3、4 期。

义基本原理、对马克思主义最新成果的认识，存在片面和错误的理解。本文试对"主题转换"式研究在经典著作研究上存在的一些偏差作出分析。

一 关于"无产阶级专政"和"人民民主专政"

在研究"专政"的问题上，主题"转换"的主要表现是从"无产阶级专政"转向"人民民主专政"。有学者总结相关研究后认为，改革开放以来，我们党在提法上，"无产阶级专政"这一表述越来越少，人们更多地使用"人民民主专政"，"人民民主专政"不再与"阶级斗争"相提并论，主要变成"国家职能"的一部分，并且这一职能越来越表现为"民主的运作"而不是强制的镇压。①

这种在专政问题上的研究"转换"，把民主与专政、无产阶级专政与人民民主专政对立起来，认为无产阶级专政是暴力的代名词，和民主是对立的，人民民主专政则改变了无产阶级专政的暴力性质，这既否认了无产阶级专政也否认了人民民主专政，不符合人民民主专政的科学内涵和历史实践，在理论和实践上取消了人民民主专政。毫无疑问，并不存在不讲阶级观点、与无产阶级专政相对立的人民民主专政。

无产阶级专政是民主与专政的统一，这是马克思主义的基本观点，是基本的理论常识。无产阶级专政是随着无产阶级革命斗争实践不断深化而得以完善的重要理论。马克思、恩格斯认真总结 1848 年欧洲革命和 1871 年巴黎公社革命等工人运动的实践经验，提出了无产阶级专政理论。无产阶级专政思想的诞生，是马克思主义科学思想体系形成的重要标志之一。马克思在《共产党宣言》和《法兰西内战》等著作中，十分强调无产阶级政权对实现社会主义和共产主义的重要性。马克思逝世后，恩格斯继续坚持并不断完善这一理论。列宁进一步阐述、捍卫了无产阶级专政理论。列宁指出，马克思主义在国家问题上一个最卓越的重要思想就是无产阶级专政。他的观点十分明确：无产阶级专政的实质，就是无产阶级作为统治阶级掌握国家政权。

人民民主专政，在本质上是无产阶级专政，富有鲜明的中国特色，从

---

① 参见李惠斌、周凡、朱昔群《马克思主义经典著作基本观点研究 60 年中的主题转换》，《理论视野》2010 年第 3 期。

语言表述和基本内容两个层面，充分体现了民主和专政的相互关系。我国《宪法》第一条明确规定："中华人民共和国是工人阶级领导的、以工农联盟为基础的人民民主专政的社会主义国家。"《宪法》以根本大法的形式表明，我国的国体、我国社会主义的根本制度是由工人阶级领导和工农联盟决定的。毛泽东指出："对人民内部的民主方面和对反动派的专政方面，互相结合起来，就是人民民主专政。"① 邓小平强调，"人民民主专政即无产阶级专政"②，他后来又强调指出：当时我讲的无产阶级专政，就是人民民主专政，讲人民民主专政，比较容易为人所接受。③ 这充分说明，人民民主专政作为无产阶级掌握和领导的国家政权，是在无产阶级和全体人民内部实行民主，对敌人实行专政，以消灭剥削、消灭阶级为使命的新型国家政权。

人民民主专政的民主是一种新型的民主，是广大人民当家作主的民主。人民民主专政的专政是一种新型的专政，是广大人民群众对极少数犯罪分子和敌对势力的专政。把这种专政实质仅归结为"暴力"（列宁讲无产阶级专政的实质包括暴力，但主要不在暴力），甚至同"阶级斗争为纲"联系起来，实际上是妖魔化专政。随着经济的发展、改革开放的不断推进，我们面临着前所未有的机遇，也面临着前所未有的挑战。境内外敌对势力始终没有放弃对社会主义中国的敌视和破坏，这毫无疑问是我们面临的重大挑战。面对这样的挑战，充分合理地运用国家的专政职能保卫革命、建设和改革的成果，是理所当然的。放弃国家的专政职能，就等于放弃对国家和人民的责任。在我国进入社会主义建设时期以后，人民民主专政的主要任务是进行经济政治文化社会建设，国家在管理全社会公共事务方面正发挥着日益重要的作用，但是国家作为阶级统治的工具这个本质并没有发生变化，专政的使命仍然没有结束，专政的职能仍然是必不可少的。

忽略民主和专政的任何一个方面，都会损害人民民主专政，都会损害社会主义国家的整体利益和最广大人民群众的根本利益。把专政与民主对立起来的看法，是对人民民主专政的误解，对坚持人民民主专政是有害

---

① 《毛泽东选集》第 4 卷，人民出版社 1991 年版，第 1475 页。
② 《邓小平文选》第 2 卷，人民出版社 1994 年版，第 358 页。
③ 《邓小平年谱（1975—1997）》下，中央文献出版社 2004 年版，第 1363 页。

的。邓小平强调:"在阶级斗争存在的条件下,在帝国主义、霸权主义存在的条件下,不可能设想国家的专政职能的消亡,不可能设想常备军、公安机关、法庭、监狱等的消亡。它们的存在同社会主义国家的民主化并不矛盾,它们的正确有效的工作不是妨碍而是保证社会主义国家的民主化。"① 放弃专政,人民的民主也会随之丧失。弱化或放弃人民民主专政的专政职能,会带来严重的后果,最终损害国家和民族的根本利益。

列宁曾透彻批驳过考茨基对无产阶级专政的攻击,这对我们今天认识一些否定无产阶级专政的言论很有启发。1917 年十月革命前夕,列宁看到"无产阶级社会主义革命对国家的态度问题"② 成为俄国无产阶级及其政党面临的最迫切的理论问题和政治实践问题时,便深入系统地考察了马克思、恩格斯的国家学说和无产阶级专政理论,并总结新的实践经验,写成了《国家与革命》一书。列宁把"无产阶级专政"同马克思主义关于阶级斗争、国家、社会主义革命、无产阶级的历史使命等重大问题的理论结合在一起去考察,揭示了"无产阶级专政"同马克思主义整个科学体系之间不可分割的联系。

列宁指出:"阶级斗争学说经马克思运用到国家和社会主义革命问题上,必然导致承认无产阶级的政治统治,无产阶级的专政。"③ 他强调:"国家即组织成为统治阶级的无产阶级,马克思的这个理论同他关于无产阶级在历史上的革命作用的全部学说,有不可分割的联系。这种作用的最高表现就是无产阶级实行专政,无产阶级实行政治统治。"④ 1918 年 12 月,《国家与革命》第二版出版,在第二章中增加了第三节,根据马克思 1852 年致魏德迈的信,对考茨基 1918 年 8 月出版的攻击无产阶级专政的《无产阶级专政》一文进行了批驳,把是否承认无产阶级专政作为区分真假马克思主义者的试金石:"只有承认阶级斗争、同时也承认无产阶级专政的人,才是马克思主义者。马克思主义者同平庸的小资产者(以及大资产者)之间的最深刻的区别就在这里。必须用这块试金石来检验是否真正

---

① 《邓小平文选》第 2 卷,人民出版社 1994 年版,第 169 页。
② 《列宁选集》第 3 卷,人民出版社 1995 年版,第 110 页。
③ 同上书,第 131 页。
④ 同上书,第 132 页。

理解和承认马克思主义。"① 他指出，马克思致魏德迈的信中关于无产阶级专政的论述，极其鲜明地表达了他的国家学说的实质。②

1918 年写成的《无产阶级革命和叛徒考茨基》更加鲜明地指出考茨基对无产阶级专政的否定是对马克思主义的侮辱。考茨基说布尔什维克"凑巧记起了 1875 年马克思有一次在信中用过的无产阶级专政这个词儿"，而列宁强调，无产阶级专政是"马克思总结他全部革命学说"的"著名论断"，"把马克思总结他全部革命学说的这段著名论断称为'一个词'，甚至称为一个'词儿'，这简直是侮辱马克思主义，完全背弃马克思主义"③。列宁对无产阶级专政的捍卫，鲜明而深刻，即科学捍卫了无产阶级专政理论在马克思主义基本原理中的重要地位。

邓小平指出："依靠无产阶级专政保卫社会主义制度，这是马克思主义的一个基本观点。马克思说过，阶级斗争学说不是他的发明，真正的发明是关于无产阶级专政的理论。历史经验证明，刚刚掌握政权的新兴阶级，一般说来，总是弱于敌对阶级的力量，因此要用专政的手段来巩固政权。对人民实行民主，对敌人实行专政，这就是人民民主专政。"④ 邓小平的论述再一次告诉我们，马克思关于无产阶级专政的理论是其基本理论的重要组成部分，完全适用于今天的中国。

2003 年 2 月，胡锦涛同志在党的十六届二中全会上的讲话中专门论述了建设社会主义政治文明的问题，全面、深刻地阐明了社会主义政治文明建设的根本要求，也鲜明地宣示了以胡锦涛同志为总书记的党中央反对削弱和放弃人民民主专政的坚强决心。他指出："建设社会主义政治文明，必须坚持工人阶级领导的、以工农联盟为基础的人民民主专政，不能削弱和放弃人民民主专政；必须坚持和完善人民代表大会制度，不能搞西方那种议会制度；必须坚持和完善中国共产党领导的多党合作和政治协商制度，不能削弱和否定共产党的领导，不能搞西方那种多党制度。"⑤ 在新世纪新阶段，全党和全国各族人民正在为把中国特色社会主义伟大事业全面推向 21 世纪而努力工作。"民主"和"专政"是我们全面推进中国特色社

① 同上书，第 139 页。
② 《列宁选集》第 3 卷，人民出版社 1995 年版，第 138—139 页。
③ 同上书，第 591—592 页。
④ 《邓小平文选》第 3 卷，人民出版社 1993 年版，第 379 页。
⑤ 《十六大以来重要文献选编（上）》，中央文献出版社 2005 年版，第 146—147 页。

会主义伟大事业的根本政治保证，不可偏废任何一方。

二　关于"革命党"与"执政党"

关于"政党"问题研究的"主题转换"，主要表现在促进"革命党"向"执政党"的转变。相当一段时间以来，在党史党建的理论研究中，中国共产党如何从"革命党向执政党转变"是重要的研究论题，成为党建研究领域中的重要议题。很多学者都认为，我们党正在从革命党向执政党转变。有学者把党建理论研究中的这种倾向概括为：随着中国共产党从革命党建设到执政党建设的转变，党的建设理论的主要观点在党的性质、组织制度、领导作用等方面实现了转变。[①] 在对中国共产党"从革命党转变为执政党"的理解上，有些研究需要商榷。

把西方政党制度预设为执政党"现代化"的目标，这是对中国政党制度的否定。有学者在讨论中国共产党如何实现从革命党向执政党转变的问题时提出："革命向执政的转变过程，其实就是传统政党向现代政党的转型。"[②]"以实现政党现代化为目标的'政党再造'"[③]，而"政党再造"就是向西方政党学习，因为"西方国家的政党和政党体制尽管有这样那样的毛病，但总体上是有效的"[④]。综合起来，"政党现代化"要达到的目标是民主化、竞争性、多党制度。"现代政党的一个主要特点是民主化"[⑤]，"现代政党要取得执政权，必须通过一人一票的选举方式来实现"[⑥]，"一党制国家随着经济政治的发展，必然演变为多党制"[⑦]。从这样的目标来看，"政党现代化"的路径，就是照搬西方的政党模式。这种西化式的政党现代化

---

① 参见李惠斌、周凡、朱昔群《马克思主义经典著作基本观点研究 60 年中的主题转换》，《理论视野》2010 年第 3 期。

② 邓聿文：《中共向现代政党的制度转型》，《联合早报》2010 年 7 月 9 日。

③ 高民政、姜崇辉：《"政党再造"：政党现代化的必由之路》，《探索与争鸣》2008 年第 8 期。

④ 王长江：《时代的声音——"三个代表"重要思想与党的建设》，青岛出版社 2002 年版。

⑤ 沈宝祥：《领导社会主义现代化建设的党其自身也必须现代化——论党的现代化》，《北京日报》2004 年 2 月 1 日。

⑥ 邓聿文：《中共向现代政党的制度转型》，星岛环球网（www. stnn. cc，2010—07—09）。

⑦ 高放、华翀：《从苏共兴亡看政党现代化问题》，《中共杭州市委党校学报》2002 年第 5 期。

转型的潜台词是，中国的改革开放是全面向"欧美现代文明"的回归，因而必须实行包括政党在内的全面"西化"式的转型。显而易见，这样的"政党现代化"的最终结果是中国共产党放弃领导权。

列宁指出："我们应该像马克思、恩格斯那样称自己为共产党。我们应该重复说，我们是马克思主义者，我们是以《共产党宣言》为依据的。"① 中国共产党的阶级性质和历史使命决定了中国共产党是最先进、最有前途的现代政党，这种现代化，与西方议会式政党的"现代化"完全不同。把中国共产党说成是封建的资产阶级的为了一己之私的党，这既违背历史真实，在理论上也是说不通的。

当代中国的政党制度是共产党领导的多党合作和政治协商制度，并不是"一党制"。中国共产党是执政党，其他民主党派是参政党，这是历史形成的，是中国共产党和各民主党派在长期的为中华民族独立和人民解放伟大事业奋斗中共同缔造的符合中国社会历史条件和发展实际的政党制度，这是保证执政党和参政党高度协调、高效合作的政党制度。中国共产党和民主党派之间是"肝胆相照、荣辱与共"的亲密合作式关系，为了中华民族复兴的宏伟事业而共同担当、共同努力，根本不同于西方资产阶级政党制度中的多党轮流执政、相互对立的竞争性关系。

把革命和建设相割裂，渲染"告别革命"，既否定了中国革命，也否定了中国共产党。一些对革命党向执政党转变的讨论，把中国共产党领导中国人民所进行的艰苦卓绝的反帝反封建的革命斗争说成是"暴力的党争"、利益之争、集团之争，是为了一己私利的没有任何正义性可言的内斗，因此要"告别革命"，与所谓"革命党"说再见。这既否定了中国革命，也否定了中国共产党，否定了人民的事业。革命不是主观臆想的结果，而是历史发展过程中的一种客观历史运动，是社会矛盾和阶级矛盾不可调和的产物，既不可能被随心所欲地炮制，也不可能被随心所欲地制止。人类历史上发生过多次革命，尤其 17 世纪以来，在欧洲、美洲、亚洲先后发生过的多次革命，都是如此。

从 1840 年起，中国社会逐渐沦为半殖民地半封建社会，人民的苦难更加深重。多少人不惜抛头颅、洒热血，进行外抗外辱、内反压迫的斗

---

① 《列宁全集》第 29 卷，人民出版社 1985 年版，第 178 页。

争，上演了一幕幕可歌可泣的历史活剧。中国共产党的成立是开天辟地的大事变。在其成立之后的 28 年中，领导中国人民推翻了帝国主义、封建主义和官僚资本主义三座大山，结束了几千年来剥削阶级的统治和一百多年来帝国主义的压迫，使劳动人民第一次成为新国家和新社会的主人。新中国的成立结束了帝国主义对中国人民的凌辱，人民得到了真正的解放。

毛泽东曾反复强调，"没有独立、自由、民主和统一，不可能建设真正大规模的工业。没有工业，便没有巩固的国防，便没有人民的福利，便没有国家的富强"①。"正是帝国主义和封建主义束缚了中国人民的生产力，不破坏它们，中国就不能发展和进步，中国就有灭亡的危险。……革命是干什么呢？就是要冲破这个压力，解放中国人民的生产力，解放中国人民，使他们得到自由。所以，首先就应该求得国家的独立，其次是民主。没有这两个东西，中国是不能统一和不能富强的。"② 历史和实践已经充分证明，没有革命，就没有民族独立、人民解放，就没有新中国，就没有中国的现代化，这是一个颠扑不破的真理。

在研究执政党与革命党的关系时，应以正确的历史观看待中国共产党的性质与任务。 邓小平说："为什么我们过去能在非常困难的情况下奋斗出来，战胜千难万险使革命胜利呢？就是因为我们有理想，有马克思主义信念，有共产主义信念。我们干的是社会主义事业，最终目的是实现共产主义。这一点，我希望宣传方面任何时候都不要忽略。"③

关于"从革命党到执政党转变"的一些主张，实际上是把我们党等同于资产阶级政党，把"革命"仅仅当作争夺政权的手段，而一旦革命成功，"上台"成为执政党后，就会采取有利于自己政党利益的政策措施。按照这种思路，中国共产党从革命党转变为执政党的结果，只能是成为一个放弃自己阶级立场，一个改弦更张的党。这是对我们党立党为公、执政为民、巩固执政地位、提高执政能力的严重歪曲，从根本上否定了我们党的性质和宗旨。中国共产党的基本性质和根本任务是什么，是问题的关键。如果认为中国共产党只是一个用暴力取得政权的党，则必然否定中国共产党的性质和根本任务，违背历史唯物主义基本原理。

---

① 《毛泽东选集》第 3 卷，人民出版社 1991 年版，第 1080 页。
② 《毛泽东文集》第 3 卷，人民出版社 1996 年版，第 432 页。
③ 《邓小平文选》第 3 卷，人民出版社 1993 年版，第 110 页。

当以夺取政权为目标的革命任务实现之后，党的工作重心，工人阶级的任务，也必然发生历史性的转移。无产阶级革命和资产阶级革命的根本不同点之一就在于，资产阶级以夺取政权为革命的最终目标，而无产阶级则以夺取政权为完成自己历史使命的新起点，革命不仅是夺取政权，而且还要建立社会主义制度，进行社会主义建设，直至消灭私有制和消灭阶级，实现共产主义。因此，党在不同历史阶段有着不同的任务，革命和执政是我们党在不同阶段的工作重点，执政是革命的深入，是革命的另一种形式，后一阶段的任务是对前一阶段任务的继承和发展，而不是对前一阶段工作的否定。

党的纲领是最高纲领和阶段性纲领的统一。共产党人必须为党的当前任务而奋斗，在完成当前历史性任务的时候，又要为将来向更高阶段发展准备条件，这样一步一步地接近并最终实现党的最高目标。党的纲领同人民的根本利益是完全一致的，逐步实现党的纲领的过程，也是代表、实现和发展人民利益的过程。在民主革命时期，党就是以反帝反封建的任务作为自己的最低纲领，在最低纲领实现之后，在社会主义时期又要通过若干个阶段，继续推进党和人民的事业。

我们作为工人阶级政党，执政不是目的，而是把它作为实现工人阶级历史使命、作为实现党的最高纲领的条件和途径。毛泽东早在七届二中全会上就提出了工作重心转移的问题。我们党根据"世情、国情、党情"的需要，实事求是地决定党的工作重心，而不是仅仅通过革命夺取执政地位，成为所谓执政党。这与资产阶级政党有着本质的区别，资产阶级政党也曾经是有革命性的，这在特定的历史时期和历史条件下，表现十分突出。但资产阶级政党的革命只是夺取政权的手段。夺取政权成为执政党后，便利用政权为本阶级利益服务，为特定利益集团谋利，革命性也就随之丧失。对中国共产党来说，中国革命的胜利，"只是万里长征走完了第一步"[1]。我们党的历代中央领导集体都十分突出地强调这一点。胡锦涛同志强调，如果这一步也值得骄傲，那是比较渺小的，更值得骄傲的还在后头。[2]

毫无疑问，我们党现在是执政党。我们党高度关注并采取措施切实提

---

[1] 《毛泽东选集》第 4 卷，人民出版社 1991 年版，第 1438 页。

[2] 胡锦涛：《坚持发扬艰苦奋斗的优良作风 努力实现全面建设小康社会的宏伟目标》，人民出版社 2004 年版，第 3 页。

高党的执政能力和保证党的执政地位，但执好政，用好权，都是为了更好地为最广大人民的根本利益服务，为了更好地实现阶段性任务，而不是为了党的自身利益，更不是放弃中国共产党的革命本色。

三　关于"市民社会"

在"主题转换"式研究中，马克思"市民社会"思想是被用来论证培育和发展所谓中国的"市民社会"（公民社会）的。有学者总结说："马克思的公民社会（市民社会）理论的研究也从不被接受到广为接受并从而成为一种重要的善治理念，成为中国社会主义政治文明的一个重要的组成部分。"[①] 在中国培育和建立所谓市民社会的主张由来已久。20世纪90年代初就有人提出，"根据中国改革开放的现实和历史经验教训，有必要建立中国市民社会的理论"[②]。为什么要倡导"市民社会"？因为它"在日常生活中具有抑制国家权力的过分膨胀的作用"[③]，"正是在这个意义上，我们视市民社会为政治民主的一个前提性条件"[④]。这些主张引用马克思对市民社会的论述，认为构建社会主义市民社会，是对马克思市民社会思想的回归和遵循。这样的认识模糊了马克思市民社会思想的真正内涵。

马克思、恩格斯所论述的成熟的"市民社会"是已经确立了资本主义生产方式的资本主义社会。马克思、恩格斯在诸多著作中都使用过"市民社会"这一概念。《黑格尔法哲学批判》、《神圣家族》、《德意志意识形态》和《〈政治经济学批判〉序言》、《〈法兰西内战〉初稿》、《关于共产主义者同盟的历史》等著作对"市民社会"都有论及。马克思、恩格斯"市民社会"的思想有两层含义。一是认为市民社会是近代政治革命的结果，存在的基础就是私有制，可以等同资本主义社会。"资产阶级把它在封建主义统治下发展起来的生产力掌握起来。一切旧的经济形式、一切与之相适应的市民关系以及作为旧市民社会的正式表现的政治制度都被粉碎了。"[⑤] 因

---

① 参见俞可平《民主与陀螺》，北京大学出版社2006年版。

② 邓正来、景跃进：《建构中国的市民社会》，香港《中国社会科学季刊》创刊号，1992年11月。

③ 同上。

④ 同上。

⑤ 《马克思恩格斯选集》第1卷，人民出版社1995年版，第152页。

而，"真正的市民社会只是随同资产阶级发展起来的"①，是"18世纪大踏步走向成熟的'市民社会'"②、"发达的市民社会"③。这样的市民社会实际上就是资本主义社会。而所谓市民社会与政治国家相分离的过程，实质上就是新兴资产阶级向封建王权争夺经济政治生存空间的过程，随之发展起来的社会就是成熟的市民社会。

另一层含义是把市民社会等同于经济关系。马克思、恩格斯在《德意志意识形态》中说："在过去一切历史阶段上受生产力制约同时又制约生产力的交往形式，就是市民社会。"④《〈政治经济学批判〉序言》把"物质生活关系的总和"称之为"市民社会"。对市民社会的论述之所以着重从生产关系、交往关系上考虑，是与新的历史观——唯物史观的形成直接相关的。马克思反对唯心主义者用"绝对精神"解释人类社会的发展，认为这是颠倒的历史观。为了在历史领域贯彻其彻底的唯物主义原则，马克思就以深入分析作为资产阶级社会基础的"物质生产关系总和"，即"市民社会"为切入点来强调"市民社会是全部历史的真正发源地和舞台"⑤，"在一切时代都构成国家的基础以及任何其他的观念的上层建筑的基础"⑥，来对抗以"绝对精神"掌握一切的历史唯心论。马克思把市民社会归约为经济关系，就是要说明，这种历史观和唯心主义历史观不同，"它不是在每个时代中寻找某种范畴，而是始终站在现实历史的基础上，不是从观念出发来解释实践，而是从物质实践出发来解释各种观念形态"⑦，而政治意义、法权意义上的"资产阶级社会"，正是与资本主义生产方式相适应的社会。

以马克思主义市民社会思想来说明建立"社会主义市民社会"并"对抗"国家，是对马克思主义市民社会思想的严重误解。学界所谓"社会主义市民社会"研究成果，基本上是要建构一个以私有制为基础的，价值观上高扬个人主义、政治上对抗现有国家关系的社会。这样的社会，是与马克思市民社会思想不一致的。

马克思、恩格斯对市民社会的论述贯彻着他的新的历史观，"消灭私

① 同上书，第130页。
② 《马克思恩格斯选集》第2卷，人民出版社1995年版，第1页。
③ 《列宁全集》第55卷，人民出版社1990年版，第101页。
④ 《马克思恩格斯选集》第1卷，人民出版社1995年版，第87页。
⑤ 同上书，第88页。
⑥ 同上书，第131页。
⑦ 《马克思恩格斯文集》第1卷，人民出版社2009年版，第544页。

有制"与"人类的解放"始终是其最终的目标。这充分体现在他们对市民社会与国家关系的论述上。作为资产阶级社会同义词的市民社会，是对封建王权国家的扬弃，而国家是阶级利益的代表，以私有制为基础的市民社会的形成，有利于瓦解代表封建王权、教权的国家。基于市民社会基础的国家同样是阶级斗争的产物，在市民社会及其之上的国家，人仍然是片面的异化的人，同样需要扬弃。因此，无产阶级"应当推翻国家"①，"劳动阶级在发展进程中将创造一个消除阶级和阶级对立的联合体来代替旧的市民社会；从此再不会有原来意义的政权了"②。这一"消除阶级和阶级对立的联合体"就是"自由人的联合体"，"在那里，每个人的自由发展是一切人的自由发展的条件"③。

以建立所谓"社会主义市民社会"对抗国家，将面临根本无法解决的逻辑矛盾。第一，新中国是封建主义色彩浓郁的专制国家还是人民民主专政的社会主义国家。如果承认中国是人民民主专政的社会主义国家，那么以市民社会对抗国家就没有道理。第二，中国通过改革开放是完善社会主义制度还是要改掉社会主义制度，是实行彻底的私有化，还是实行以公有制为主体、多种所有制经济共同发展的基本经济制度。如果承认社会主义初级阶段的这一基本经济制度，那么构建一个完全的"私领域"的市民社会，同样是说不通的。

我们的国家是社会主义初级阶段的国家，代表工人阶级和最广大人民的根本利益，对社会的管理、对生产过程的领导，与封建国家、资本主义国家有着本质区别。以发展私有制为基础的市民社会对抗社会主义国家，必然会否定社会主义国家的历史必然性、否定共产党的领导。

四　关于"社会所有制"、"个人所有制"

在"所有制"问题上，研究主题的"转换"主要是"从单纯公有制到公有制为主体多种经济形式并存和社会所有制"的转换。问题的核心是如何理解"社会所有制"。改革开放以来，学界就曾讨论过"社会所有制"

---

① 《马克思恩格斯选集》第1卷，人民出版社1995年版，第121页。
② 同上书，第194页。
③ 同上书，第294页。

问题。一些研究把"社会所有制"、"重建个人所有制"的提法理解为"私有化"。随着改革开放的不断深入，非公有制经济进一步发展，这种看法在"主题转换"式的研究中更加突出，认为目前公有制之外的其他所有制形式就是马克思所说的"社会所有制"，是重建的"个人所有制"。这是对马克思、恩格斯"社会所有制"、"重建个人所有制"的曲解。对马克思、恩格斯的"社会所有制"、"个人所有制"的含义，不能望文生义，必须放在马克思、恩格斯整体的思想框架中，理解其真义。

社会所有制是马克思、恩格斯根据资本主义社会基本矛盾得出的共产主义社会的公有制形式。"社会的"和"公共的"这两个词在马克思主义经典著作中，基本上是同义的。例如，马克思在《资本论》中强调："一旦资本主义生产方式站稳脚跟，劳动的进一步社会化，土地和其他生产资料的进一步转化为社会地使用的即公共的生产资料，从而对私有者的进一步剥夺，就会采取新的形式。"① 在这里，"社会的"和"公共的"就是同义。恩格斯在《1848年至1850年的法兰西阶级斗争》一书导言中曾强调，"这里第一次提出了世界各国工人政党都一致用以扼要表述自己的经济改造要求的公式，即：生产资料归社会所有"②。这里的"社会所有"，也就是"公有"。

马克思、恩格斯所讲的"社会所有制"是摆脱了剥削的联合起来作为社会主人和生产主人的劳动者整体占有和支配全部社会化的生产资料，并为社会全体成员谋福利的一种生产资料公有制形式。在这种所有制下，生产资料是"真正社会化的生产资料"③，"无产阶级将取得社会权力，并且利用这个权力把脱离资产阶级掌握的社会化生产资料变为公共财产"④，也就是"把资本变为公共的、属于社会全体成员的财产"⑤，"由社会占有全部生产资料"⑥，可见，社会公有制与公有制是一致的。

俄国革命和中国革命发生在资本主义落后国家——1917年的俄国和半殖民地半封建社会的旧中国。它们建立社会主义国家，采取公有制形式缺

① 《马克思恩格斯选集》第2卷，人民出版社1995年版，第268页。
② 《马克思恩格斯文集》第4卷，人民出版社2009年版，第536页。
③ 《马克思恩格斯文集》第3卷，人民出版社2009年版，第550页。
④ 《马克思恩格斯全集》第20卷，人民出版社1971年版，第710页。
⑤ 《马克思恩格斯选集》第1卷，人民出版社1995年版，第287页。
⑥ 《马克思恩格斯选集》第3卷，人民出版社1995年版，第631页。

乏生产资料和生产高度社会化的条件。这与马克思、恩格斯的设想有所不同，但它们所采取的公有制形式与马克思、恩格斯所设想的社会所有制形式的实质是相同的。马克思、恩格斯研究欧洲的革命形势时，在"所有制"的形式问题上也是充分考虑到革命主体的实际情况的。当他们看到19世纪后半叶德国和法国农村里还存在着大量个体农民，生产资料和生产的社会化程度不高，既不是无产阶级革命的对象，也不能直接转变为社会所有制，因此他们提出了合作社所有制和集体所有制的设想。①

我们在理解马克思、恩格斯"社会所有制"思想时，要看到这一所有制设想是彻底剥夺剥夺者之后的未来社会的高级的所有制形式，而不是"人人私有"的所有制形式。研究中国现阶段的存在的多种所有制形式时，要看到它们在社会主义初级阶段条件下的统一性，不能以"重建社会所有制"的名义否定公有制的主体地位。

重建的"个人所有制"与"社会所有制"本质上是一致的，并不是"重建私有制"。 把马克思在《资本论》中说的未来社会要"重建个人所有制"理解成要建立生产资料"人人皆有的私有制"，更是严重的曲解。"个人所有制"与社会所有制同样都是社会主义高级阶段的所有制。马克思在《资本论》中对此作了经典的论述："……从而资本主义的私有制，是对个人的、以自己劳动为基础的私有制的第一个否定。但资本主义生产由于自然过程的必然性，造成了对自身的否定。这是否定的否定。这种否定不是重新建立私有制，而是在资本主义时代的成就的基础上，也就是说，在协作和对土地及靠劳动本身生产的生产资料的共同占有的基础上，重新建立个人所有制。"② 我们要充分注意到这一表述中，"重新建立个人所有制"的前提是"生产资料的共同占有"，而这种"重建"，不是重新建立私有制。

恩格斯在《反杜林论》第十三章中引用马克思《资本论》第一卷第二十四章结尾处的一段话时强调："这是否定的否定。这种否定重新建立个人所有制，然而是在资本主义时代的成就的基础上，在自由劳动者的协作

---

① 参见恩格斯《法德农民问题》，《马克思恩格斯选集》第4卷，人民出版社1995年版。马克思：《巴枯宁〈国家制度和无政府状态〉一书摘要》，《马克思恩格斯选集》第2卷，人民出版社1995年版。

② 《马克思恩格斯选集》第2卷，人民出版社1995年版，第269页。

的基础上和他们对土地及靠劳动本身生产的生产资料的公有制上来重新建立。以自己劳动为基础的分散的个人私有制转变为资本主义私有制,同事实上已经以社会生产为基础的资本主义私有制转变为社会所有制比较起来,自然是一个长久得多、艰苦得多、困难得多的过程。"① 这让我们更清晰理解:恩格斯用"公有制"和"社会所有制"两个用语来称谓未来的社会所有制;他在提到重建个人所有制时,强调了在生产资料公有制上来重新建立。这也充分说明,在马克思、恩格斯那里,未来社会的个人所有制与公有制或社会所有制本质上是一致的。

马克思所说的"重建个人所有制"中的"个人"是指摆脱了旧的社会分工束缚的全面发展的自由个人,而绝不是所谓"经济人",这样的个人,才能真正实现全社会对生产资料共同占有,才能实现人们都成为全社会生产资料的平等主人,才能实现共同占有的生产资料归每个个人支配。对生产资料的事实上的共同占有和"个人所有制"是一回事。"个人所有制",已经不是指作为自私的个人或孤单的个人同生产资料的关系,而是指作为联合的社会个人同生产资料的关系。马克思曾经指出:"资本家对这种劳动的异己的所有制,只有通过他的所有制改造为非孤立的单个人的所有制,也就是改造为联合起来的、社会的个人的所有制,才可能被消灭。"② 如果个人是自己支配的生产资料的私有者,他就不可能成为全部生产资料的所有者;生产工具归私人所有,就不可能成为全社会公有的生产资料。恩格斯在讨论住宅问题时说:"由劳动人民'实际占有'全部劳动工具和拥有全部工业,是同蒲鲁东主义的'赎买'完全相反的。如果采用后一种办法,单个劳动者将成为住房、农民田园、劳动工具的所有者;如果采用前一种办法,则'劳动人民'将成为房屋、工厂和劳动工具的总所有者。"③

把"重新建立个人所有制"说成是要恢复个人私有制,主张将国有财产量化到个人,这是对马克思、恩格斯思想的歪曲。马克思指出,在生产和劳动已经高度社会化的条件下,"个别人占有生产条件不仅表现为不必

---

① 《马克思恩格斯选集》第 3 卷,人民出版社 1995 年版,第 473 页。
② 《马克思恩格斯文集》第 8 卷,人民出版社 2009 年版,第 386 页。
③ 《马克思恩格斯选集》第 3 卷,人民出版社 1995 年版,第 217 页。

要的事情，而且表现为和这种大规模生产不相容的事情"①。"如果单个工人作为单独的人要再恢复对生产条件的所有制，那只有将生产力和大规模劳动发展分离开来才有可能"②，如果是这样，那将是社会的大倒退。

有学者提出，"从单纯的公有制，到公有制为主体多种经济形式并存，再到社会所有制的理论和实践，这可能是中国社会主义发展模式在产权制度问题上的一个必然选择"③。这是一个模棱两可的判断。依据马克思、恩格斯"社会所有制"的原意，我们应该把作者提出的由"公有制为主体多种经济形式并存"走向"社会所有制"，理解为公有制的大发展，而不是消灭公有制。

五 关于"按要素分配"

在"分配"问题上，研究的"主题转换"是从分配上的平均主义到按劳分配与按生产要素分配相结合的转换。随着社会主义市场经济的深入发展，在分配问题上研究重点发生转移，本无可厚非。但承认在社会主义初级阶段按要素分配的必要性，不等于认同按要素分配也是按劳分配，不能认为"按劳分配与按要素分配相结合的社会主义初级阶段的分配原则"，"最终依然能够还原为按劳分配原则"④，按要素分配能够还原为按劳分配，在理论上是说不通的。按要素分配，包括承认资本的收益，是从社会主义初级阶段的实际情况，社会主义市场经济发展的实际情况出发的，但按要素分配不是按劳分配，这是简单而明晰的道理。厘清按劳分配和按要素分配的关系，我们需要明确三个方面的问题。

不同的生产关系决定不同要素所有者之间的分配方式和分配关系，这是马克思主义在分配问题上的基本理论。在按要素分配的典型形态的资本主义条件下，资本主义私有制使得资本家凭借生产资料所有权无偿占有工人创造的剩余价值，而工人只能靠出卖自己的劳动力获得工资。资本获得利润，劳动获得工资，并不是因为资本和劳动共同创造价值，而是由资本

---

① 《马克思恩格斯文集》第8卷，人民出版社2009年版，第386页。
② 《马克思恩格斯文集》第8卷，人民出版社2009年版，第386页。
③ 参见李惠斌、周凡、朱昔群《马克思主义经典著作基本观点研究60年中的主题转换》，《理论视野》2010年第4期。
④ 同上。

主义生产关系所决定的。

在社会主义条件下，建立了生产资料公有制，"全体公民在同整个社会的生产资料的关系上处于同等的地位"①，"除了自己的劳动，谁都不能提供其他任何东西，另一方面，除了个人的消费资料，没有任何东西可以转为个人的财产"②。不能掌握生产资料的个人也就不能无偿占有他人的剩余劳动，加上生产力水平的限制，就决定了可以而且只能按劳动的数量和质量进行分配。可见，在社会主义条件下，生产资料公有制决定了分配形式是按劳分配。

所有制决定分配关系在不同社会经济制度下都适用。在经济、政治、文化等方面发生翻天覆地变化的今天，现代资本主义社会产权制度复杂多样，分配关系也多种多样，但资本主义私有制决定资本占有雇佣劳动者无偿劳动的关系，仍然是基本的分配关系。

按劳分配与按要素分配相结合是由社会主义初级阶段基本经济制度决定的。在社会主义初级阶段，生产力落后，发展不平衡，私营经济是国民经济有益和必要的补充。我们党坚持公有制为主体、多种所有制经济共同发展的基本经济制度，是符合客观实际的。在社会主义初级阶段，存在多种所有制决定了存在比较复杂的分配方式，但所有制仍然决定分配制度。在公有制经济领域，实行的是按劳分配；在私有制经济领域，是按要素进行分配的，资本获得利润，劳动获得工资。

社会主义初级阶段的私营经济有其特殊性，表现在它的外部环境发生了很大变化，一方面它是社会主义制度下的私营经济，另一方面，在整个经济体中，它是由共产党领导、公有制为主体的国有经济的有益补充。在这种环境下，它的经营方式、管理方法、资本与劳动的关系等，同资本主义国家相比较，都会有较大变化。但诚如马克思所指出的："土地所有权和资本，对于它们的所有者来说，是收入的源泉，也就是说，使它们的所有者有权占有劳动创造的价值的一部分，可是它们并不因此就成为它们的所有者占有的价值的源泉。"③ 社会主义制度下的私营经济的根本性质仍然是资本家私人占有生产资料、雇佣工人进行劳动并无偿占有工人创造的部

---

① 《列宁全集》第 24 卷，人民出版社 1990 年版，第 392 页。
② 《马克思恩格斯选集》第 3 卷，人民出版社 1995 年版，第 304 页。
③ 《马克思恩格斯全集》第 33 卷，人民出版社 2004 年版，第 72 页。

分（另一部分作为税收上交国家）剩余价值的私营经济，并没有发生改变。它的资本被允许获得收益，但并不会因此创造价值。

在社会主义初级阶段，私人资本获得的合法收益，是按要素分配所得，不是按劳分配所得。只有劳动才能创造价值，地主凭借占有土地获得的地租、资本家凭借占有资本获得的利润，都是劳动创造出来的，被地主、资本家无偿地掠取了，这就是剥削。把要素分配所得说成是按劳分配所得，就掩盖了剥削问题。我国的私营经济，既是生产力发展的重要推动力量，同时也存在占有剩余劳动的问题。这样看待私营经济才是科学的态度。如果认为资本获得利润也是按劳分配，那就可以得出结论：价值不只是劳动创造的，各种生产要素都参与了价值的创造，就是要素价值论。如果说，地租是土地创造的，利润是资本创造的，土地、资本、地租在共同创造的价值中各得一份，不存在剥削的问题，那么中国共产党领导中国人民推翻帝国主义、封建主义、官僚资本主义，就没有任何道理可言。

六　关于"人与自然"的关系

在人与自然的关系问题上，研究主题是由强调"征服自然"到强调"保护自然"的自然观的转换。科学发展观提出后，人们开始注意到，"马克思、恩格斯著作中包含有丰富的有关环境保护和生态文明的思想"①。不可否认，我们在长期的社会主义建设中，对节约利用资源，保护生态和环境重视不够，对建立人与自然和谐有序的关系处理得不好。转变经济发展方式，建设"资源节约型"和"环境友好型"社会，是我们的战略选择。我们需要高度重视、深刻挖掘马克思、恩格斯关于人与自然关系的相关思想，但并不能把马克思、恩格斯关于人与自然关系的思想完全等于单纯的"环境保护"或"生态文明"的思想。他们关于人与自然关系的思想，不仅仅是强调保护自然，更深刻之处在于指出了解决人与自然关系、保护自然和维护生态平衡的真正的途径，那就是人与自然关系的真正解决，必须以人与人的关系的真正解决为前提，在人与自然的关系上的"主题转换"式研究的缺陷正是忽略了这一点。

---

① 参见李惠斌、周凡、朱昔群《马克思主义经典著作基本观点研究 60 年中的主题转换》，《理论视野》2010 年第 4 期。

马克思、恩格斯关于人与自然关系的思想主要有三个方面内容。

人虽然源于自然、受制于自然、依靠自然，但人和自然的关系受制于人与人的关系。马克思把自然界称作"感性的外部世界"，认为它给人提供自己生存的生活资料和进行劳动的生产资料，离开这种"外部世界"、"感性自然界"，人的物质生产活动，人的劳动便无法进行，生命的延续也无法实现。①马克思、恩格斯强调，人与自然是统一体。"我们连同我们的肉、血和头脑都是属于自然界和存在于自然界之中的"②，人"和动植物一样，是受动的、受制约的和受限制的存在物"③，"是在自己所处的环境中并且和这个环境一起发展起来的"④。

人与自然的关系和人与人的关系不是各自独立的，而是相一致相等同的。"人的本质不是单个人所固有的抽象物，在其现实性上，它是一切社会关系的总和。"⑤"人们在生产中不仅仅影响自然界，而且也互相影响。他们只有以一定的方式共同活动和互相交换其活动，才能进行生产，人们相互之间便发生一定的联系和关系；只有在这些社会联系和社会关系的范围内，才会有他们对自然界的影响"⑥，"人同自然界的关系直接就是人和人之间的关系，而人和人之间的关系直接就是人同自然界的关系，就是他自己的自然的规定"⑦。离开社会生产生活，就不存在真正属人的人与自然的关系，"自然界的人的本质只有对社会的人来说才是存在的；因为只有在社会中，自然界对人来说才是人与人联系的纽带，才是他为别人的存在和别人为他的存在，才是人的现实的生活要素。只有在社会中，自然界才是人自己的人的存在的基础"⑧，人"对自然界的特定关系，是受社会形态制约的"⑨，"我们对自然界的全部统治力量，就在于我们比其他一切生物强，能够认识和正确运用自然规律"⑩。

---

① 《马克思恩格斯选集》第 1 卷，人民出版社 1995 年版，第 42 页。
② 《马克思恩格斯选集》第 4 卷，人民出版社 1995 年版，第 384 页。
③ 《马克思恩格斯全集》第 3 卷，人民出版社 2002 年版，第 324 页。
④ 《马克思恩格斯选集》第 3 卷，人民出版社 1995 年版，第 374—375 页。
⑤ 《马克思恩格斯选集》第 1 卷，人民出版社 1995 年版，第 56 页。
⑥ 同上书，第 344 页。
⑦ 《马克思恩格斯全集》第 42 卷，人民出版社 1979 年版，第 119 页。
⑧ 《马克思恩格斯全集》第 3 卷，人民出版社 2002 年版，第 301 页。
⑨ 同上书，第 35 页。
⑩ 《马克思恩格斯选集》第 4 卷，人民出版社 1995 年版，第 384 页。

　　资本主义生产方式是人与人、人与自然关系扭曲的根本原因，同时也为人与自然的真正和解提供了现实基础。马克思深入分析了资本主义条件下劳动发生的异化和人与人、人与自然关系的扭曲。资本主义生产方式是资本对劳动过程的占有，以"绞肉机"的方式扭曲劳动的本质、绞杀劳动者的肉体。在这一过程中，"劳动产品和劳动本身"、"客观劳动条件和主观劳动力"处于严重分离中。"在古代，只有在谋取具有独立的货币形式的交换价值的地方，即在金银的生产上，才有骇人听闻的过度劳动。在那里，累死人的强迫劳动是过度劳动的公开形式。这只要读一读西西里的狄奥多鲁斯的记载就可以知道。但是在古代世界，这只是一种例外。不过，那些还在奴隶劳动或徭役劳动等较低级形式上从事生产的民族，一旦卷入资本主义生产方式所统治的世界市场，而这个市场又使它们的产品的外销成为首要利益，那就会在奴隶制、农奴制等野蛮暴行之上，再加上过度劳动的文明暴行。因此，在美国南部各州，当生产的目的主要是直接满足本地需要时，黑人劳动还带有一种温和的家长制的性质。但是随着棉花出口变成这些州的切身利益，黑人所从事的有时只要七年就把生命耗尽的过度劳动，就成为一种事事都要加以盘算的制度的一个因素。问题已经不再是从黑人身上榨取一定量的有用产品。现在的问题是要生产剩余价值本身了。"① 资本主义生产方式使得劳动与人的本质相分离，人与人的社会关系彻底扭曲，打乱了人与自然界物质交换的平衡。资本主义生产方式造成的恶劣的环境成了工人生活的一部分，"光、空气等等，甚至动物的最简单的爱清洁习性，都不再是人的需要了。肮脏，人的这种堕落、腐化，文明的阴沟（就这个词的本义而言），成了工人的生活要素。完全违反自然的荒芜，日益腐败的自然界，成了他的生活要素"②。可见，在资本主义生产方式下，自然和工人均受到极大伤害。

　　资本主义生产方式扭曲人与自然关系、人与人之间关系的同时，也为新的社会制度和生产方式真正解决人与人、人与自然关系提供了前提条件。社会主义的胎胞在资本主义生产关系中孕育，它以资本主义的否定形式冲破资本主义生产方式的"牢笼"，成为人与人、人与自然关系的统一的新的社会历史条件。

---

① 《马克思恩格斯文集》第 5 卷，人民出版社 2009 年版，第 272 页。
② 《马克思恩格斯文集》第 1 卷，人民出版社 2009 年版，第 225 页。

　　资本主义社会制度的变革是真正实现人与自然"和解"的根本前提。人类认识世界改造世界的起点在于人对自然的认识和改造的实践关系之中。具体的社会生产方式和社会制度对人与自然关系有着特定的具体的影响。生产资料私人占有的资本主义生产方式以"绞肉机"的形式残酷地绞杀人与自然的和谐状态。因此，只有改变生产资料的私人占有方式，实现生产资料的社会占有，才能从根本上解决资本主义生产方式所带来的社会问题。马克思和恩格斯认为，共产主义社会是劳动者联合起来的，消灭了私有制的新社会，是"人类同自然的和解以及人类本身的和解"[①] 的真正归宿。"生产资料的社会占有，不仅会消除生产的现存的人为障碍，而且还会消除生产力和产品的有形的浪费和破坏，这种浪费和破坏在目前是生产的无法摆脱的伴侣，并且在危机时期达到顶点。此外，这种占有还由于消除了现在的统治阶级及其政治代表的穷奢极欲的挥霍而为全社会节省出大量的生产资料和产品"[②]，"为此需要对我们的直到目前为止的生产方式，以及同这种生产方式一起对我们的现今的整个社会制度实现完全的变革"[③]。自由人只有联合起来才能共同调控"物质变换"，最终建立"一个有计划地从事生产和分配的自觉的社会生产组织"[④]，"这种共产主义，作为完成了的自然主义，等于人道主义，而作为完成了的人道主义，等于自然主义，它是人和自然界之间、人和人之间的矛盾的真正解决"[⑤]。

　　通过重新学习马克思主义经典著作中所谓"环境问题"的论述，我们可以发现一些在这个问题上的"主题转换式"理解至少存在两点偏差。一是就事论事地讨论马克思、恩格斯的生态思想，忽视其深刻的"人的彻底解放"的价值观取向。离开马克思、恩格斯对共产主义的追求，只强调他们对保护自然的重视，是无法真正理解马克思、恩格斯人与自然关系思想的真谛的。马克思主义是一块整钢，其中的人与自然关系的相关思想，同样体现着科学性与意识形态性的统一，偏离任何一方面，都不能正确把握其精神实质。因此，我们要认识到，马克思、恩格斯关于人与自然关系的

---

①　《马克思恩格斯文集》第 1 卷，人民出版社 2009 年版，第 63 页。

②　《马克思恩格斯选集》第 3 卷，人民出版社 1995 年版，第 757 页。

③　《马克思恩格斯选集》第 4 卷，人民出版社 1995 年版，第 385 页。

④　同上书，第 275 页。

⑤　《马克思恩格斯文集》第 1 卷，人民出版社 2009 年版，第 185 页。

思想,既包含我们今天所主张的"保护环境"、"尊重自然"之义,也强调所谓生态问题的解决必须与无产阶级的解放、生产关系的变革联系在一起。

二是在分析新中国成立60年来特别是前30年建设过程中出现的对自然环境的破坏时有些感情用事。为了更快地发展生产力,为了更快地摆脱"一穷二白"的面貌,党和国家发挥社会主义制度集中力量办大事的优越性,建立起完整的国民经济体系,打下了坚实的工业化基础,这是后来改革开放、经济腾飞、社会进步最重要的基础,这需要大量的资源是毫无疑问的。仅从"人有多大胆,地有多大产"的角度理解前30年社会主义建设,不仅看不到我们的建设所取得的成就,而且会夸大对自然的破坏。改革开放30年来,我们取得了举世瞩目的辉煌成就,但公正地看,环境污染的程度,人与自然关系的紧张程度,比前30年有过之而无不及。要从根本上解决人与自然之间的矛盾,必须调整人和人之间的关系。促进人与自然的和谐发展的途径需要到解决人与人关系的方案中寻找。

小结　坚持马克思主义的立场观点方法
研读马克思主义经典著

从上述分析不难看出,一些"转换了主题"的研究,并不是对马克思主义经典著作的深化,而是模糊了马克思主义与非马克思主义的界限,甚至是指"非马"为"马"、指"马"为"非马"的研究。对马克思主义经典著作中基本观点的一些"新认识"和"新看法",大有可商榷之处,有的甚至误读、曲解、甚至篡改,这不是"理论创新",而是理论倒退。

一段时间以来,在经典著作的研读上,一些研究者确实在近乎教条地运用以新中国60年中的后30年否认前30年的老套路。按这样的逻辑,我们就无法理解党的十七大报告的论断:"我们要永远铭记,改革开放伟大事业,是在以毛泽东同志为核心的党的第一代中央领导集体创立毛泽东思想,带领全党全国各族人民建立新中国、取得社会主义革命和建设伟大成就以及艰辛探索社会主义建设规律取得宝贵经验的基础上进行的。"

随着中国特色社会主义事业不断推进,我们会对马克思主义经典著作有更多新认识,但不能混淆马克思主义与非马克思主义、反马克思主义的界限。马克思主义经典著作的研究重心要跟随形势、任务的变化而转移,但马克思主义的基本立场观点方法是不能转变的。研究有新认识,研究重点有变化，并不必然得出以前的认识、以往的研究就是错误的。人们的认识是不断深化的，对马克思主义的认识也同样。理论研究有它自身的客观规律，挖掘经典著作中我们未知的部分，不应只是为了迎合现实的某些需要。如果单以"现实""匡正"理论，经典著作的研究完全围绕"现实"转，那么经典著作必然被研究得面目全非。况且，新的实践中的问题也未必能够从马克思、恩格斯那里找到答案。抛却马克思主义的世界观和方法论，而去寻求马克思的只言片语，这只能是把马克思当作"挡箭牌"和"遮羞布"，于"现实"无补。

马克思主义既然有发展着的过程，其概念、原理的精确化就有一个过程，因而对文本中的一些论述，不应机械地仅从字面上去解读，而应该联系马克思主义的发展史和经典作家的基本思想去理解。恩格斯说："一个人如果想研究科学问题，首先要学会按照作者写作的原样去阅读自己要加以利用的著作，并且首先不要读出原著中没有的东西。"[1] 要从作为整体的著作文本出发，理解它的精神实质，而不能将文本的各个部分割裂开来去解读。如果抽出只言片语，就可能有意无意地曲解作者所表达的思想，就会像恩格斯所说："尽量逐字逐句地用马克思的话来表达这些论点，那是不够的；把马克思的话同上下文割裂开来，就必然会造成误解或把很多东西弄得不大清楚。"[2] 离开文本产生的社会历史条件包括思想理论背景，就难以准确理解原著的本意，就可能读不出其中固有的思想，或"读"出其中本来没有的思想。

由此，也有一个我们如何对待经典著作的新版本和老版本、所谓新译法和旧译法的问题，在此问题上，也要坚持同样的方法论。有的研究积极跟进《马克思恩格斯全集》的"考证版"或新版新译法，发现新资料、把握新思想，这是学术研究的责任，但不能纠缠于文本上的不同，以虚无主义的态度对待所谓"老版"、"旧译"，落入所谓"马克思反对马克思"、"恩格斯反对马克思"、"列宁和毛泽东是最大的修正主义者"等老套。抓住其个别词语大做文章，并不是坚持马克思主义而降低了它的哲学世界观和方法论的意义和本质特性。

---

[1] 《马克思恩格斯文集》第 7 卷，人民出版社 2009 年版，第 26 页。
[2] 《马克思恩格斯全集》第 36 卷，人民出版社 1974 年版，第 66 页。

（执笔人：王炳权）

马克思主义新闻学研究前沿报告

新闻与传播研究所马克思主义新闻学研究室

　　马克思主义新闻学是马克思主义经典作家关于新闻传播活动、新闻传播事业及其规律的观点与学说的理论体系。主要研究马克思主义经典作家有关的新闻、宣传思想，以及他们的新闻宣传活动。马克思主义新闻学的奠基人是马克思和恩格斯，列宁、斯大林分别根据各自的斗争环境和新的国际形势，继承和发展了马克思和恩格斯的新闻、宣传思想；毛泽东、邓小平等中国老一辈无产阶级革命家，创造性地发展了马列主义的新闻与宣传思想。江泽民和胡锦涛根据中国当前的具体国情以及新的媒体环境，相继提出一系列一脉相承的马克思主义新闻宣传思想。

　　本报告就是在此概念基础上，选取新闻与传播学界的 7 份核心学术期刊为研究对象，对 2010 年全年及 2011 年 1—6 月新闻与传播学界马克思主义新闻学研究的情况予以全面、深入的解析。

一　马克思主义新闻学论文发表情况

（一）本报告的文献选取依据及来源

　　本报告选取的 7 份学术期刊包括：《新闻与传播研究》（中国社会科学院新闻与传播研究所主办）、《新闻大学》（复旦大学新闻学院主办）、《国际新闻界》（人民大学新闻与传播学院）、《现代传播》（中国传媒大学）、《中国广播电视学刊》（国家广电总局主管）、《新闻战线》（人民日报社主办）、《新闻记者》（新华社主办）。其中《新闻与传播研究》、《新闻大学》、《国际新闻界》、《现代传播》更倾向理论研究，《中国广播电视学刊》、《新闻战线》、《新闻记者》则更倾向新闻实务研究。选取以上 7 份刊物，旨在使本报告能概览学界和业界对马克思主义新闻学理论和实务研究的前沿状况。

（二）新闻学核心期刊马克思主义新闻学论文统计分析

笔者逐期翻阅了18个月以来7份刊物的所有文章，据统计，2010年度《新闻与传播研究》（双月刊）共刊载论文95篇，其中马克思主义新闻学的论文7篇，所占比例为7.4％；《新闻大学》（季刊）共刊载论文99篇，其中马克思主义新闻学的论文7篇，所占比例为7％；《国际新闻界》（月刊）共刊载论文388篇，其中马克思主义新闻学的论文7篇，所占比例为1.9％；《现代传播》（月刊）共刊载论文617篇，其中马克思主义新闻学的论文3篇，所占比例为0.5％；《中国广播电视学刊》（月刊）共刊载论文580篇，其中马克思主义新闻学的论文15篇，所占比例为2.6％；《新闻战线》（月刊）共刊载论文468篇，其中马克思主义新闻学的论文21篇，所占比例为4.5％；《新闻记者》（月刊）共刊载论文363篇，其中马克思主义新闻学的论文9篇，所占比例为2.4％。

由上可见，2010年度上述7份新闻与传播学刊物共发表马克思主义新闻学的论文69篇。其中，就马克思主义新闻学论文占年度刊载总数的比例看，中国社会科学院新闻与传播研究所主办的《新闻与传播研究》积极主动约稿，所占比例7.4％为最高；就全年发表马克思主义新闻学论文的数量看，人民日报社主办的《新闻战线》以21篇名列前茅。

笔者对69篇论文的作者单位进行分类统计，结果发现，中国人民大学有11篇论文，其次是中国传媒大学4篇，中国社会科学院与华中科技大学分别为3篇。其他大学，如武汉大学、复旦大学、南京大学、四川大学等均为1篇。中国人民大学所发文章遥遥领先的一部分原因是2010年9月胡锦涛总书记视察中国人民大学新闻学院，由此引发中国人民大学师生马克思主义新闻学研究的热潮。

另外，宣传主管部门和媒体的作者在《中国广播电视学刊》、《新闻战线》、《新闻记者》上发表大量与马克思主义新闻学相关的实务文章，其中宣传主管部门的作者发表近10篇，媒体的作者发表20篇左右。

2011年1月至6月，学界期刊《新闻与传播研究》、《新闻大学》、《国际新闻界》、《现代传播》发表了3篇马克思主义新闻学的论文，业界期刊《中国广播电视学刊》、《新闻战线》和《新闻记者》发表了16篇相关文章，仅《中国广播电视学刊》一家就在半年时间内发表了12篇马克思主义新闻学的论文。

二 马克思主义新闻学研究主题和热点分析

2010—2011 年度，学界关于马克思主义新闻学的研究主题和热点主要涉及以下五个方面：

（一）中国四代领导集体对马克思主义新闻学的阐释与深化发展

1. 毛泽东、邓小平、江泽民和胡锦涛与马克思主义新闻学

（1）毛泽东、邓小平、江泽民和胡锦涛关于马克思主义新闻学的相关阐述，是马克思主义新闻学的中国化发展

《毛泽东、邓小平、江泽民、胡锦涛的新闻思想比较》[①] 一文，通过对毛泽东、邓小平、江泽民、胡锦涛四位领导人，在不同时期对新闻工作所作的重要讲话、指示和论述等进行综合解读，比较分析了四位领导人新闻思想中的共同点与延续性，同时也深入分析了因不同的时代背景、社会要求、政治使命等因素形成的他们各自新闻思想中的不同点与创新性。《毛泽东对马克思主义新闻理论的创新和发展》[②] 一文谈到毛泽东同志在长期的革命生涯中，始终把新闻工作作为指导革命和建设的重要手段。他一方面重视指导党的新闻工作，一方面亲身参加新闻实践，积累了丰富的经验，逐步形成毛泽东新闻思想。毛泽东新闻思想博大精深，其中既有对马列新闻思想的继承，又有结合中国实际的创新和发展。毛泽东同志在新闻事业的性质、新闻工作的党性原则、实事求是的思想路线、全党办报全民办报的群众路线、社会主义新闻自由等方面都有相当精辟的论述。《邓小平新闻思想的理论精华和实践意义》[③] 一文指出，邓小平同志在领导中国人民建设有中国特色社会主义的历史进程中，十分重视发挥新闻舆论工具的作用，做出了关于新闻工作的一系列重要论述，逐步形成了邓小平新闻思想的理论体系。并从坚持党性原则、

---

① 魏丽宏：《毛泽东、邓小平、江泽民、胡锦涛的新闻思想比较》，《新闻与传播研究》2010 年 12 月。

② 南敏：《毛泽东对马克思主义新闻理论的创新和发展》，《中国广播电视学刊》2011 年第 6 期。

③ 王芳：《邓小平新闻思想的理论精华和实践意义》，《中国广播电视学刊》2011 年第 6 期。

反对资产阶级自由化，新闻宣传必须坚持以经济建设为中心，报刊广播电视要成为全国安定团结思想上的中心，积极开展新闻批评、充分发挥舆论监督作用等方面分析邓小平新闻思想的实践性。《江泽民舆论导向思想研究提要》[①] 一文认为，江泽民同志十分重视新闻宣传工作，十分重视新闻宣传的舆论导向作用，就如何正确认识新闻舆论导向的重大作用、如何做好新闻宣传的舆论导向工作、如何为做好新闻舆论导向工作提供强有力的保障等有关新闻舆论导向的认识、方法、保障问题，作了大量理论联系实际的深刻阐述，由此形成了比较完整、科学的理论体系。

（2）关于胡锦涛新闻思想的相关论述较为集中

《统筹国际国内两个大局增强我军国际传播能力》[②] 一文就胡锦涛总书记提出的"统筹国际国内两个大局"的观点，进一步论述我军国际传播能力的问题。文章认为，国际传播作为展示军队形象、影响国际舆论的必要手段，是现代军队软实力建设的重要内容。伴随着我国改革开放的进程和世界多极化、经济全球化、社会信息化时代的到来，中国同世界的关系正发生历史性变化，国内和国际因素之间的互动日趋明显，对我军国际传播能力建设提出了更高要求。自觉树立世界眼光和战略思维，善于统筹国内国际两个大局，以我为主向世界发声，增强国际影响力，是当前我军国际传播能力建设面临的现实课题。《学习胡锦涛同志关于尊重新闻规律的重要论述》[③] 一文则从胡锦涛提出的"尊重新闻传播规律"出发来谈其新闻思想，陈富清认为，胡锦涛同志在高举中国特色社会主义伟大旗帜，不断推进中国特色社会主义伟大事业的历史进程中，十分重视新闻宣传工作，十分重视探索、认识、尊重新闻规律，就尊重新闻规律作了一系列重要论述。要做好新形势下的新闻宣传工作，必须认真学习胡锦涛同志关于尊重新闻规律的重要论述，深刻理解其精神实质。

（3）胡锦涛总书记视察中国人民大学新闻学院后，人民大学的多位学者发表系列文章

---

① 李寒清：《江泽民舆论导向思想研究提要》，《中国广播电视学刊》2011 年第 6 期。

② 蒋乾麟：《统筹国际国内两个大局增强我军国际传播能力》，《新闻与传播研究》2010 年 6 月。

③ 陈富清：《学习胡锦涛同志关于尊重新闻规律的重要论述》，《中国广播电视学刊》2010 年第 4 期。

倪宁在《我陪胡总书记视察新闻学院》① 一文中记述了胡锦涛总书记观看学院研究成果的展柜，然后走进学院的演播室怀着浓厚兴趣观摩课堂教学的经过：学生们扮作嘉宾、主持人，在老师指导下模拟采访，学习现场采访、演播室访谈、演播室连线的方法和技巧。胡锦涛总书记对在场的老师和学生们说："现在，各种新型传播手段的出现给新闻工作带来许多新变化新挑战。同学们一方面要认真研究信息化时代的新闻传播规律，努力掌握新闻工作的新知识新本领；另一方面还要在实践中巩固学到的知识，不断完善和提高自己。"陈力丹的《尊重新闻传播规律是胡锦涛的一贯思想》② 一文讲述了自己的亲身经历：胡总书记与演播厅西侧前排的老师们一一握手。我处在倒数第二位，握手时向总书记致意。涂光晋教授以本院学生陈陈的世博会采访为实例，向总书记做了近 10 分钟关于现场采访和运用网真技术的演讲。杨保军的《尊重新闻传播规律是科学发展观的必然要求》③ 一文也谈到了胡锦涛总书记对信息化时代新闻传播特点和规律的重视。郑保卫则从总书记的讲话中抓住了在新形势下研究工作的重点，他在《认真研究信息化时代新闻传播特点和规律》④ 一文中谈到新媒体环境中应更深入地研究新闻传播特点和规律。

高钢则从新闻教育出发在《遵循科学发展观的精神　推进中国新闻教育改革》⑤ 一文中谈了自己的观点：以实事求是为原则，遵循科学发展观的精神，审视形势的新变化，思考新闻教育的责任，推进新闻教育的改革。蔡雯和罗雪蕾也从新闻教育的角度，写就了《新闻院校如何培养新型的新闻传播人才？》⑥ 一文，文章认为在世界范围内，媒介融合对新闻院校培养全媒体人才的要求已经受到广泛的重视。一方面需要学生掌握最新的传播技术，具备媒介融合的理念和操作方法，同时，媒介融合也对培养"专家型记者"提出了更高的要求。鉴于此，新闻院校在课程设置上应保持一定的弹性，来保护同学自身的兴趣和特长，让那些在某一类新闻领域有着极强兴趣或是过人之处的同学，得到应有的培养和施展。也可以通过跨院系、跨专

① 倪宁：《我陪胡总书记视察新闻学院》，《国际新闻界》2010 年 10 月。
② 陈力丹：《尊重新闻传播规律是胡锦涛的一贯思想》，《国际新闻界》2010 年 10 月。
③ 杨保军：《尊重新闻传播规律是科学发展观的必然要求》，《国际新闻界》2010 年 10 月。
④ 郑保卫：《认真研究信息化时代新闻传播特点和规律》，《新闻战线》2010 年 10 月。
⑤ 高钢：《遵循科学发展观的精神　推进中国新闻教育改革》，《国际新闻界》2010 年 10 月。
⑥ 蔡雯、罗雪蕾：《新闻院校如何培养新型的新闻传播人才？》，《新闻记者》2010 年 10 月。

业的合作，探索出培养具有复合型的专业背景的新型新闻人才。

2. 中共其他领导人与马克思主义新闻学

（1）关于李长春同志的"三善论"

李长春同志在 2010 年初的全国宣传部长会议上提出，要适应时代发展要求，努力提高与媒体打交道的能力，切实做到善待媒体、善用媒体、善管媒体，充分发挥媒体凝聚力量、推动工作的积极作用。

就此，伍皓在《"善待、善用、善管媒体"之云南样本》①一文中以云南为样本谈到云南是率先实践"善待媒体、善用媒体、善管媒体"理念的省份之一。提高党和政府与媒体打交道的能力，善待媒体是首要前提。在新的传播格局下，媒体早已不是"驯服的羔羊"。"防火防盗防记者，来了推给宣传部"的做法行不通了。靠"打招呼"来左右媒体报道的传统做法，在新的条件下显然失灵了。作为新闻宣传的主管部门，宣传部首先要增强服务意识，变"媒体管制"为"媒体服务"，在服务中加强和改进管理。要做到服务、信任、宽容、爱护和支持媒体。善待媒体，推动"环境友好型"媒体关系在云南初步形成，使得新闻传播中党政职能部门、新闻媒体、宣传部门以及公众，这四者之间的关系从相互博弈逐渐走向相互协同。善用媒体，就是要善于运用新闻媒体来治国理政、增强党的执政能力，要把媒体通达社情民意的功能用足，要把媒体引导社会热点的功能用好，要把媒体疏导公众情绪的功能用够，要把媒体搞好舆论监督的功能用活。善管媒体则是要明确媒体管理者的权力边界，要探索对新闻宣传实行集体领导的适宜路径。要遵循新闻传播规律提高管理的专业化水平，要用好媒体考核奖惩这根指挥棒，要紧紧抓住媒体社会责任这一核心，要发挥好公众监督的力量。

胡智锋和张毓强在《"三善"的时代意义与现实价值》②一文中认为，当前中国社会正处于转型时期，政治、经济、传媒领域的巨变已悄然在我们身边发生，其中传媒与政治、政府的关系特殊而敏感，这种关系的点滴变化都足以成为我们所关注的重要命题。叶皓在《新时期党管媒体原则的

---

① 伍皓：《"善待、善用、善管媒体"之云南样本》，《新闻战线》2010 年 7 月。

② 胡智锋、张毓强：《"三善"的时代意义与现实价值》，《中国广播电视学刊》2010 年第 3 期。

与时俱进——学习李长春同志"三善论"的体会》①一文中指出国际国内形势都发生了复杂而深刻的变化，迫切需要各级领导干部提高与媒体打交道的能力，营造有利于经济社会又好又快发展的良好舆论氛围，尤其要注意与时俱进的管理媒体。杜永明则在《把握政党与媒体的关系理解"三善论"的意义和要求》②一文中谈到，"三善论"折射出的是政党与媒体的关系，要充分认识和高度重视媒体在中国特色社会主义建设中的特殊地位和重要作用，重新审视媒体和看待媒体，要充分发挥其作为党、政府和人民喉舌的作用。为此，应做好以下工作：依法管理，使党管媒体进一步规范化、制度化；把握新闻规律，切实提高舆论引导水平；强化舆论监督，让媒体承担起社会责任；最大限度发挥媒体的作用与影响力。要了解媒体，学习与媒体打交道的技巧，要履行党务公开、政务公开，提高与媒体打交道的主动性，要相信媒体、尊重媒体，以平等之心对待媒体，以宽容之心理解媒体；深化改革，壮大媒体实力和国际传播能力；加强学习，把进一步丰富党管媒体理论当作宣传思想战线党的建设的首要任务。

（2）习近平同志提出的倡导优良文风

习近平在中央党校 2010 年春季学期第二批入学学员开学典礼上，发表《努力克服不良文风积极倡导优良文风》③的讲话，针对一些党政机关文件、一些领导干部讲话、一些理论文章中存在的长、空、假问题，提出改良文风应该做到三个字——"短、实、新"。《习近平：倡导优良文风》一文就此阐述了大力纠正不良文风，积极倡导优良文风的重要性，认为各级领导机关和领导干部要起带头作用，把改进文风同改进干部工作作风结合起来，尤其要加强调查研究、深入了解群众呼声，把改进文风同改进党风统一起来，特别要大力改进会风。

（二）马克思主义新闻学史

王晓梅在《建国初党报领导下的"读报组"发展探析——以建国初〈解

---

① 叶皓：《新时期党管媒体原则的与时俱进——学习李长春同志"三善论"的体会》，《中国广播电视学刊》2010 年第 3 期。

② 杜永明：《把握政党与媒体的关系理解"三善论"的意义和要求》，《中国广播电视学刊》2010 年第 5 期。

③ 《习近平：倡导优良文风》，《新闻记者》2010 年 6 月。

放日报〉"读报组"发展为基本脉络》^① 一文中描述了建国初《解放日报》
"读报组"的发展脉络,指出"读报组"是党报顺应"中国革命"逻辑、适
应解放初城市办报实际、实践"群众路线"的产物。一方面,它帮助党报
"从群众中来",在倾听群众呼声中改进自身工作;另一方面,它为党报更好
地向基层群众宣传,即"到群众中去"规划了路径和方式,在此基础上,
"读报组"在宣传网的带动下,逐步发挥"动员"作用。其发展历程在新中
国新闻事业发展中留下了浓重的一笔。王晓梅还发表了《〈人民日报〉在
"批判〈武训传〉运动"中的作用》^② 一文,在描述新中国成立初期开展的
"批判《武训传》运动"来龙去脉的基础上,指明这是新中国成立后"以
《人民日报》为核心,发动、引导"的第一场思想改造运动,形成了"以
《人民日报》为场所进行表达、检验、相识,进而铸就党所倡导的立场、观
点、方法"的思想改造模式。而这一模式又成为日后进行思想改造运动的基
本模型。

张品良在《中央苏区马克思主义大众化的传播学研究》^③ 一文中谈到
中央苏区时期,中国共产党人推动马克思主义大众化问题进行过成功尝
试,在当时所处环境极其艰苦的情况下,党和苏维埃政府将马克思主义的
宣传工作放在重要议事日程,建构了严密的传播组织结构,并根据苏区广
大军民的实际,采用受众喜闻乐见、易于接受的传播媒介与传播方式,取
得了巨大的传播效果,积累了许多成功的传播经验,值得我们为推动当代
中国马克思主义大众化传播学习与借鉴。其现实启示是作为跨文化传播的
马克思主义必须同中国国情相结合才能实现传播的大众化;马克思主义要
取得大众化传播的真正有效就必须积极发挥组织传播的作用;马克思主义
抽象的理论必须依据受众的需要用喜闻乐见的形式传播才能实现大众化;
马克思主义大众化传播需要建立一支高素质的把关人队伍。

(三) 中国共产党建党 90 周年来新闻宣传工作经验与启示

建党 90 周年之际,学者对中国共产党 90 年来的新闻宣传工作做了阶段

---

① 王晓梅:《建国初党报领导下的"读报组"发展探析——以建国初〈解放日报〉"读报组"
发展为基本脉络》,《新闻与传播研究》2010 年 12 月。
② 王晓梅:《〈人民日报〉在"批判〈武训传〉运动"中的作用》,《新闻大学》2010 年第 3 期。
③ 张品良:《中央苏区马克思主义大众化的传播学研究》,《新闻与传播研究》2010 年 4 月。

性的经验总结，比如《中国共产党 90 年新闻宣传工作经验及启示》[①] 一文认为，90 年来，中国共产党的新闻事业始终作为党的整个事业的一部分，运用其特有的手段和优势，为实现党的奋斗目标和革命理想服务，为工人阶级和广大民众服务，为无产阶级事业和社会主义事业服务，积累了丰富的经验，也造就了良好的传统。总结中国共产党在运用新闻宣传传播真理、动员群众，组织斗争、指导工作、引导舆论、服务社会方面的宝贵经验，对于我们今后做好新闻宣传工作，提供强大思想动力和重要理论指南。文章从坚持党性原则，确保正确方向；坚持服务人民，永远依靠人民；遵循客观规律，适应时代需求；坚持艰苦奋斗，始终勤奋敬业；坚持实事求是，不断改革创新五个方面来谈中国共产党 90 年来新闻宣传工作的经验与启示。

郑保卫还在《简论中国共产党 90 年新闻思想的形成与发展》[②] 一文中回顾了中国共产党 90 年来新闻思想形成与发展的历程，作者认为，它是在长期的人民革命和民族解放事业的斗争风浪中逐渐形成的，是在社会主义革命和建设事业的艰苦奋斗中曲折发展的，是在改革开放和社会主义现代化建设事业的伟大实践中不断升华的。人民革命和民族解放事业的伟大斗争，为中国共产党人的新闻实践及其新闻思想的形成，提供了坚实的现实基础和广阔的活动舞台。毛泽东的《对晋绥日报编辑人员的谈话》和刘少奇的《对华北记者团的谈话》，成为那一时期中国共产党新闻思想的集中体现；毛泽东作为党的第一代领导人的核心与代表，其新闻实践主要解决的是党如何运用新闻媒介和舆论手段，为创建共产党、宣传动员群众、开展革命斗争、武装夺取政权、建立革命根据地、创建人民民主专政国家以及进行社会主义革命和建设的问题，这是中国共产党新闻思想中极其重要的内容。这些内容奠定了中国共产党的新闻思想的理论基础，成为其中最基本、最重要的部分，也为后来几代党的领导人形成自己的新闻思想奠定了基础，提供了条件；从邓小平、江泽民一直到以胡锦涛为总书记的新一代中央领导集体的这些理论观点，为中国共产党新闻思想注入了新鲜的内容，使其在改革开放和现代化建设事业的伟大实践中不断升华，这是对中国共产党新闻思想的丰富和发展，也是对马克思主义新闻思想体系建设的新贡献。

---

① 郑保卫：《中国共产党 90 年新闻宣传工作经验及启示》，《中国广播电视学刊》2011 年第 6 期。

② 郑保卫：《简论中国共产党 90 年新闻思想的形成与发展》，《现代传播》2011 年第 5 期。

（四）马克思主义新闻学理论与实务

1. 马克思主义新闻学理论探讨

学界从各个角度来探讨马克思主义新闻观、马克思主义大众化及马克思主义研究方法等方面的内容：

陈力丹在《"遵循新闻从业基本准则"——马克思主义新闻观立论的基础》[①]一文中说到，"马克思主义新闻观"是指马克思主义关于宣传、新闻、文化传播的政策，以及组织内部思想交流的思想，它由自马克思和恩格斯创立马克思主义以来的经典作家的著作，以及一系列国际共产主义运动中政党组织的文献中的有关论述构成。并结合胡锦涛总书记提出的"尊重新闻传播规律"，从遵循新闻从业基本准则的角度出发，指出必须承认报刊具有自己的内在规律，随后进一步探讨了新闻定义、新闻时效、新闻价值和新闻真实等问题。刘洁则在《马克思"用时间去消灭空间"：溯源及新闻传播学扩散》[②]一文中就"用时间消灭空间"这个经济学的命题与新闻传播学的关系进行分析，文章认为，马克思这个命题是在世界市场和交往革命背景下提出的，它内在地包含着可以与新闻传播相通的理论资源和哲学内涵。20世纪以后，时空成为西方人文社会科学的主流话题之一，来自于不同领域的理论家对时空进行了多学科的研究，其中有相当部分理论和马克思的时空观有联系。新型传播技术推动下的传媒变革，进一步有力地彰显了"用时间消灭空间"的理论解释力，因此，时间和空间是研究现代新闻传播的关键。

张晓峰在《政治传播研究方法对马克思主义大众化研究的借鉴意义》[③]一文中指出，我国现行的传播模式对传播马克思主义理论、增强社会主义意识形态的吸引力和凝聚力发挥了非常重要的作用。但是，随着社会历史条件的不断演进，新媒体的出现，迫切需要我们进一步总结历史经验，探寻更具时代特色的、更为有效的传播方法。该文拟对西方政治传播的研究

---

① 陈力丹：《"遵循新闻从业基本准则"——马克思主义新闻观立论的基础》，《新闻大学》2010年第1期。

② 刘洁：《马克思"用时间去消灭空间"：溯源及新闻传播学扩散》，《国际新闻界》2010年9月。

③ 张晓峰：《政治传播研究方法对马克思主义大众化研究的借鉴意义》，《现代传播》2010年12月。

方法作一梳理，以期为当代中国马克思主义大众化研究提供一些方法借鉴。张世飞在《马克思主义与逻辑方法》[①] 一文中认为，批判研究方法即逻辑方法，其哲学基础是恩格斯关于历史和逻辑相统一的方法论原则。逻辑方法与历史方法的关系十分密切，不能简单地肯定一方而否定另一方。在实际中运用逻辑方法，要科学界定其适用范围，根据实际需要选择其具体形式，此外还需要注意其语言特点。文章为学界如何研究马克思主义提供了理论支持。王彬和尚正民在《让新闻传播折射思想的光芒》[②] 一文中指出，传媒肩负着信息传播与引导舆论的职能，在其生存发展的进程中，我们经历过媒介的多种畸变。比如"舆论一律"、"去主流化"传播。前者混淆宣传与传播的本质，片面强调媒介的教化功能；后者则无限放大媒介的单一传播功能，以信息的碎片化、娱乐化、低俗化消费来主导媒介价值观。因此，媒体需要以马克思主义新闻观来规制和自律。

童兵在《重构批判研究的理论视野——关于"新马克思主义新闻传播研究中心"的设想》[③] 一文中指出，世界范围内的传媒体系与制度，一方面作为技术基础和经济部门，一方面作为意识形态领域和民主社会的基础，面临着深刻的转型，而转型中的巨大困惑和危机也越来越多地激发人们的思考。一系列历史与现实中的问题亟须从理论上做出清理与反思。马克思主义传播学批判理论在长期复杂的历史与现实中，一直坚持不懈地从理论和实践层面推动传播学的发展，在国内和国际层面上促进传播制度朝着更平等、更公正的方向转型，并为传播学理论的多元化作出重要的贡献。今天，时代迫切要求我们在世界范围内汇聚新马克思主义传播学研究的各种力量、视角和方法，对当代社会的危机与问题作出正确的回应，为以马克思主义为基础的新的批判理论的发展探索道路。

2. 党报理论

（1）政治家办报

一直以来，"政治家办报"都是马克思主义新闻思想中的重要内容，学

---

① 张世飞：《马克思主义与逻辑方法》，《新闻与传播研究》2010 年 10 月。

② 王彬、尚正民：《让新闻传播折射思想的光芒》，《中国广播电视学刊》2010 年第 12 期。

③ 童兵：《重构批判研究的理论视野——关于"新马克思主义新闻传播研究中心"的设想》，《新闻大学》2011 年第 1 期。

者对此的研究较多。周豪在《"政治家办报"思想的常与变》① 一文中认为，"政治家办报"思想作为党性原则的重要组成部分，体现了党对新闻工作者的政治要求，反映着政治与新闻的特殊关系。文章从分析历史语境的角度，在还原毛泽东提出"政治家办报"的背景之基础上，考察其思想脉络和主要所指，并沿着我国社会主义改革和发展轨迹，理清邓小平、江泽民、胡锦涛等历届党的领导人在继承"政治家办报"思想的同时，赋予其时代创新元素和不同政治承载。坚持"政治家办报"思想，为全球化语境下营造有利的国际舆论环境提供一种新的思路。吴廷俊在《"政治家办报"——研究二十世纪五六十年代中国新闻史的一个关键词》② 一文中对"政治家办报"思想进行追根溯源的考察，指出"政治家办报"是毛泽东 1957 年出于阶级斗争需要提出来的办报主张，直接针对邓拓的"书生办报"和刘少奇的新闻观点以及 1956 年的新闻改革，这种办报主张以"社会主义计划经济"为基础，要求报纸"紧密结合政治形势"，无条件地紧跟政治家的个人意志"转"，使其成为政治家手中进行政治斗争的工具。"政治家办报"提出后一直指导着中国的新闻实践，是研究五六十年代中国新闻史的一个关键词。陈力丹在《新形势下的"政治家办报"》③ 一文中，也对"政治家办报"做了历史考察，认为"政治家办报"这个概念是毛泽东党报理论的一个重要论点，一度在我国传播颇广。关于"政治家办报"的概念，现在公开发表的正式表述时间是 1959 年 6 月，在与人民日报社新任总编辑吴冷西谈话中提到的，毛泽东说："新闻工作，要看是政治家办报，还是书生办。有些人是书生，最大的缺点是多谋寡断。……要反对多端寡要，没有要点，言不及义。要一下子看到问题所在。……搞新闻工作，要政治家办报。"1996 年，江泽民在接见解放军报社师以上干部时重提"政治家办报"，指出："报社的同志，必须讲政治，必须具有良好的政治素质，具有很强的政治鉴别力和政治敏锐性，必须树立高度的政治责任感。"

（2）党报属性

虽然党的传统新闻观念没有本质上的改变，但在实际工作中，中国新闻业的话语实践在一定程度上重构了国家与传媒关系体制。从国家权力和

---

①　周豪：《"政治家办报"思想的常与变》，《新闻大学》2010 年第 4 期。

②　吴廷俊：《"政治家办报"——研究二十世纪五六十年代中国新闻史的一个关键词》，《国际新闻界》2010 年 3 月。

③　陈力丹：《新形势下的"政治家办报"》，《新闻战线》2010 年 10 月。

媒体关系的变动看新闻公共性的转型，是研究中国政治民主与新闻话语关系的新视角。雷蔚真和张宗鹭在《权威体制转型对新闻公共性的影响：从建国六十年舆论监督话语变迁看中国新闻业公共属性渐变》[①] 一文中对《人民日报》从 1949 年至 2009 年间舆论监督报道的典型文本进行了批判性话语分析，配合叙事学文本分析的方法，发现中国新闻业的"公共性"逐渐由高度集权型公共性向现代型公共性过渡。同时，在现代化的发展逻辑下，国家权力和媒体所进行的协商促使中国新闻业的发展模式由共产主义模式逐渐向进展中模式转变。

新形势下，中国的新闻传播业仍然承担着宣传党的方针政策的任务，面对传媒发展新格局，胡锦涛同志高度重视新闻工作党性原则的要求，并充分肯定了遵循新闻传播规律的新闻思想，由此指出："要努力构建定位明确、特色鲜明、功能互补、覆盖广泛的舆论引导新格局。"这是他的"科学发展观"思想在党的新闻工作方面的体现。

（3）党报的公信力及舆论监督

党报在公信力方面具有一定优势，但公信力不是与生俱来的，也不是一成不变的。昨天有优势不代表现在有优势，现在有优势不代表永远有优势。党报要保持这种优势必须坚持讲真话，实事求是，要在大事、突发事件和民生报道等方面下功夫。赵永华和赖华榕在《党报话语里的"公信力"建构》[②] 一文中，着重就如何提高党报的公信力进行探讨。文章以人民日报社论、言论数据库（2002—2009）中涉及"公信力"的言论文章为研究对象，运用内容分析法主要考察了"政府公信力"、"媒体公信力"和"司法公信力"被研究的变化趋势，分析了文本语境和用词模式，发现对"公信力"一词的关注度从 2005 年开始逐年升高，并且较多出现在冲突性语境下。言论文章的作者们开始以更专业、更市场化的角度来审视政府、媒体等组织的职能，并且对整体公信力的提升存在着期待。

3. 党报实务

（1）党报工作

"任仲平"文章风生水起，获得了极大的成功，曾经八次获得中国新

---

① 雷蔚真、张宗鹭：《权威体制转型对新闻公共性的影响：从建国六十年舆论监督话语变迁看中国新闻业公共属性渐变》，《新闻大学》2010 年第 3 期。

② 赵永华、赖华榕：《党报话语里的"公信力"建构》，《现代传播》2010 年 7 月。

闻奖特别奖或一等奖,堪称"宝塔尖上的明珠"。赵振宇和胡沈明在《"任仲平"文章新闻评论属性探析》[①] 一文中探讨了任仲平评论的属性问题,任仲平评论以超大的篇幅、超长的写作时间、广泛的选题、独特的论述方式以及普遍的"论述框架"获得了新闻界认可,有网民称它为现阶段的"政治读本"。从"任仲平"申报和获得中国新闻奖的结果来看,任仲平文章无疑属于新闻评论的范畴;然而从形式、思维、内容、操作理念以及操作模式等来看,我们是否可以认为它是借助大众传播媒体实现政治意图的一种"理论文章",而非"新闻评论"。文章还提出对于这种以传播效率为第一要求的文体,我们在模仿它的同时,是否可使之更加"短、实、新"呢?

标题是新闻的重要组成部分,具有导受和导向两大作用。其中,标题的导向作用体现在通过或显或隐地表明对新闻事实的态度和看法,引导受众、影响舆论。认识标题的导向作用,研究并掌握其规律和方法,是新闻工作者的一项基本任务。曹静的《从祈使句标题看 30 年来党报舆论引导的变化》[②] 较有新意地通过对 1979—2009 年间《解放日报》头版中祈使句标题出现频率、所属体裁、语言修辞等方面来考察党报舆论引导的变化,文章采取定量研究的方法进行抽样分析,发现党报标题舆论引导意识重新增强;党报标题舆论引导手法有所改善;党报标题舆论引导效果较为有限。因此,应继续转变舆论引导方式,增强舆论引导力;深入优化话语模式,增强新闻标题的吸引力。对党报而言,只有不断努力,将"官样话语"转变为"公共话语","衙门话语"转变为"亲民话语",才能达到令人满意的舆论引导效果。

不管信息技术如何发达,也不论媒体格局如何变革,通讯员始终是办好党报的一支不可或缺的生力军。在新的历史条件下,通联工作不仅不能削弱,而且需要切实加强和改进。马克思主义经典作家都尤其重视和强调党报的通联工作,江晓军在《加强和改进党报通联工作》[③] 一文中引用毛泽东同志《对晋绥日报编辑人员的谈话》:"我们的报纸也要靠大家来办,靠全体人民群众来办,靠全党来办,而不能只靠少数人关起门来办。"并

---

① 赵振宇、胡沈明:《"任仲平"文章新闻评论属性探析》,《新闻大学》2010 年第 3 期。

② 曹静:《从祈使句标题看 30 年来党报舆论引导的变化》,《新闻记者》2010 年 9 月。

③ 江晓军:《加强和改进党报通联工作》,《新闻战线》2010 年 6 月。

结合现实，指出通讯员处在各种新闻源的源头，新闻线索首先获取，新闻背景更为了解，实际情况较为熟悉，感受变化最为深切。党报通讯员应采取吸收准入制，并使得培训常态化、考核多层面，使得通讯员发稿有"阵地"，在管理、考核、奖励上采取多层面的办法，加强和改进党报的通联工作。

李凯则在《营造讲党性、强作风的舆论氛围》[①] 一文中指出应通过形式多样的评论，阐释讲党性、强作风的重大意义。通过重头理论文章，阐释党的决策和要求，提高党员干部的认识。通过典型报道，激发更多党员干部的荣誉感和责任心。通过舆论监督，批评、鞭策党员干部。

（2）党报市场化问题

党报面临晚报、都市报、专业性报纸以及大量专业性刊物的激烈竞争，其传统市场领地在不断减小。报业市场的竞争和发展表明，报业改革进入了新阶段。对党报来说，是一次战略调整机遇，既迫切需要解决"如何进入市场"的问题，又迫切需要解决"品牌价值提升"的问题；既迫切需要实施"为谁服务的定位战略"，又需要实施"如何竞争的博弈战略"。党报需要战略转型，做现代主流强势媒体。在市场化过程中报刊版权问题也应得到足够重视，中国传媒大学党报党刊研究中心课题组在《实施报刊版权战略与党报党刊支撑作用》[②] 一文中指出实施我国的报刊版权战略，有赖于多种积极因素共同作用。其中包括大家不可忘记社会主义中国的国情、中国共产党的党情、中国传媒的生态、中国报刊的业态；不可忘记中国作为当今世界上负责任的经济大国、政治大国、文化大国，一定要充分履行已承诺的版权保护方面的条约、公约和贸易协议，切实保护报刊版权领域的创造性智力劳动成果。张鑫则在《市场与党报的生存逻辑》[③] 一文中谈到，在市场经济条件下，党报要想赢得主体地位就要经受市场的考验。远离市场、远离读者的党报根本谈不上竞争力和生命力。党报在社会主义市场经济环境下面临的困难是多方面的，如发行量下滑、广告萎缩、经营乏力等，它们要生存与持续发展，需处理好党报市场竞争力、公信力

---

① 李凯：《营造讲党性、强作风的舆论氛围》，《新闻战线》2010 年 3 月。

② 中国传媒大学党报党刊研究中心课题组：《实施报刊版权战略与党报党刊支撑作用》，《新闻大学》2010 年第 3 期。

③ 张鑫：《市场与党报的生存逻辑》，《新闻战线》2010 年 8 月。

及文化建设等方面的关系。

（3）党报改革

党报的改革目标应当是：在继续发挥党、政府和人民的喉舌功能和坚持主流意识形态的前提下，通过改革进一步扩大在传媒市场上的份额，借此增强影响力。杨银娟在《媒体的增量改革：〈广州日报〉和〈南方日报〉报业集团的实证研究》[①] 一文中用增量改革的框架解释近 30 年的中国新闻改革，基于广州报业的实证研究表明，增量改革呈现两种模式：一种是《广州日报》的扩版潮，另一种是《南方日报》的报业集团化。增量改革促进了过去数十年中国新闻产业的发展，然而改革带来的收益正在衰减，未来媒体空间的进一步扩展可能会受制于现有体制等多种因素。李磊明在《党报理论宣传品牌建设的创新路径》[②] 一文中指出，推进党报理论宣传品牌建设，是提升党报理论宣传影响力、提高党报舆论引导力的必经路径。该文结合《宁波日报》理论专栏"学苑"的探索和实践，认为地方党报理论宣传品牌建设，应从以下四个创新路径推进：找准读者定位，是培育党报理论宣传品牌忠诚度的重要前提；强化品质铸造，是提升党报理论宣传品牌影响力的核心要素；培育特色栏目，是铸就党报理论宣传品牌美誉度的有效载体；重视人才培养，是增强党报理论宣传品牌持久力的支撑保障。

（4）地方党报工作

地方工作性报道是党报坚持群众办报观念的具体体现，是党报必不可少的宣传内容，是下情向上传达、经验横向推介的重要方式。范启麟在《地市党报总编辑的角色定位》[③] 一文中指出，不少地市党报实际上具有双重性：党报既是党和人民的喉舌，又是独立的经济创收实体；既是承担社会公益事业的事业单位，又靠市场化运作来确保工作的正常运转。作为总编辑，办好报纸，是其最大的职责任务。地市党报总编辑是一个综合性很强的职位，面对新形势的要求，总编辑的角色定位，应当是：思想者、策划者、组织者、采编者、经营者、拓荒者。陈征宇在《"党报系列"的魅

---

① 杨银娟：《媒体的增量改革：〈广州日报〉和〈南方日报〉报业集团的实证研究》，《国际新闻界》2010 年 11 月。

② 李磊明：《党报理论宣传品牌建设的创新路径》，《新闻与传播研究》2010 年 6 月。

③ 范启麟：《地市党报总编辑的角色定位》，《新闻战线》2010 年 3 月。

力》① 一文中介绍了《扬州日报》着力打造精品工程的经验，2009 年上半年，以"主流、权威、深度"为办报宗旨的《扬州日报》，推出"党报系列"栏目，开展了"增强引导舆论的本领，掌握舆论工作的主动权"的新探索，提出了"领先读者思想观念，引领社会舆论潮流，形成新型党报和读者互动关系"的口号。通过一系列重大新闻报道的出色表现，这一栏目促进了日报在主流人群中的影响力上升，也树立起了政经大报、主流权威的媒体形象。蔡卫民则在《城市党报发行策略和路径初探》② 一文中认为，在媒体竞争日益激烈、新媒体蓬勃兴起的新形势下，人们获取信息的渠道变得多元化、便捷化，自主选择的空间变得更大，党报面临着渠道困境、价格困境、成本困境等。媒体之间的竞争也从内容为主扩展到内容和服务并重，因此，党报应该就此做出策略调整、品质调整、对象调整、结构调整、渠道调整、区域调整。控制终端，强化管理提升服务质量；发挥优势，依靠报社资源拓展征订渠道；创新机制，促进城市党报向区域性主流大报转型。

（五）新形势下马克思主义新闻学的发展

放眼全球，世界各国早已在新媒体发展战略上展开了激烈的竞争。谁不重视新媒体，就一定跟不上时代，哪个国家不努力发展新媒体、发展不好新媒体，就一定会在世界发展中落后于人。

王晖在《新舆论格局下党报的改革与创新》③ 一文中认为，面对传播手段的多样、舆论空间的多元、社会思潮的多变这一新的舆论格局和传媒市场的激烈竞争，各类媒体都在充分发挥自身特点和优势，以争取读者，占领舆论制高点。党报要在新的舆论格局和市场竞争中立于不败之地，既要有所坚持，更要有所创新。武志勇和梁剑箫在《党报网站增强吸引力的新尝试》④ 一文中介绍了解放牛网的成功经验，作为党报集团的门户网站，其大步迈向平民化、贴近普通百姓、迎合民众网络兴趣、提升吸引力导向力的探索，值得肯定和推广。曹鹏则在《掌控互联网舆论主导权：中国新

---

① 陈征宇：《"党报系列"的魅力》，《新闻战线》2010 年 6 月。
② 蔡卫民：《城市党报发行策略和路径初探》，《新闻战线》2010 年 8 月。
③ 王晖：《新舆论格局下党报的改革与创新》，《新闻战线》2010 年 9 月。
④ 武志勇、梁剑箫：《党报网站增强吸引力的新尝试》，《新闻记者》2010 年 4 月。

闻业的现实课题》①一文中谈到了网络舆论的重要性。正如胡锦涛总书记所说，各级党委和政府要加强政府网站建设，扶持拥有优秀网络文化内容的网站，开发具有自主知识产权的网络文化产品。要加快网络文化队伍建设，形成与网络文化建设和管理相适应的管理队伍、舆论引导队伍、技术研发队伍，培养一批政治素质高、业务能力强的干部。各级领导干部要重视学习互联网知识，提高领导水平和驾驭能力，开创网络文化建设的新局面。

(六) 媒体践行马克思主义新闻学的典型案例

世博会报道是 2010 年新闻宣传工作的重中之重，对此的报道也有许多成功经验可以分享。吴兢和吴建群在《思想在这里闪光——〈人民日报〉上海世博会报道》②一文中谈到人民日报社统筹全社力量、整合优势资源、创新报道方式、有力引导舆论，全力以赴"确保新闻宣传有声有色"，为举办一届成功、精彩、难忘的世博会提供了强有力的舆论支持。回顾《人民日报》的世博会报道，突出思想、挖掘深度、贴近受众、引领舆论是最大特色。裘新则在《有声有色：世博舆论场的党报新构建》③一文中谈到胡锦涛总书记视察上海时，对举办世博会提出了"六个确保"的总动员令，其中一条就是确保新闻宣传"有声有色"。党报身处当今传播新态势下，无论世博舆论场还是其他舆论场，都需要积极"有为"，主动构建舆论引导新格局；都需要党报创新发展，"有效"构建舆论引导新格局。根据党报职责，在舆论引导新格局的构建中，文章将舆论场分解为"五个场"：一是"氛围场"，或称"气场"，党报要营造良好舆论氛围；二是"引导场"，或称"力场"，党报要引领正确舆论导向；三是"主题场"，或称"主场"，党报要守好做强舆论主阵地；四是"服务场"，或称"工场"，党报要紧紧围绕中心工作大局做好服务；五是"创新场"，或称"赛场"，党报要创新表达、赢得受众、胜出竞争。

如今，党报也在力求与时俱进，各大党报都有其践行马克思主义新闻观的典型案例。中国传媒大学党报党刊研究中心课题组在《〈人民日报〉

---

① 曹鹏：《掌控互联网舆论主导权：中国新闻业的现实课题》，《新闻记者》2010 年 11 月。

② 吴兢、吴建群：《思想在这里闪光——〈人民日报〉上海世博会报道》，《新闻战线》2010 年 12 月。

③ 裘新：《有声有色：世博舆论场的党报新构建》，《新闻战线》2010 年 10 月。

扩版数据抽样报告简析》[①] 一文中选取 2009 年 7 月 1 日至 12 月 31 日的样本，对扩版以来的《人民日报》采取逢单月、单周、单日抽样的方法，予以统计分析，发现扩版使党中央机关实现了"增加容量"的预期目标，扩版后整个报纸通过丰富视觉新闻来应对电视和新媒体的挑战；报纸的时效性在提高，而且还有继续提高的空间；在报道和评论当日事的文字稿中，评论、署名文章增加，报道减少，可见党中央机关报的言论优势在继续发挥和凸显；民生报道的内容增加，党中央机关报实现了强调民生的扩版初衷；统计数据显示，党报应加强食品药品安全方面的宣传报道。许云倩在《与时俱进的党报连载大有可为》[②] 中就《解放日报》连载战争文学作品《解放战争》大获成功一事介绍经验，认为应该从读者的需求出发，坚持党报特性与满足读者需求相统一的原则。并指出连载作品需要讲求操作技巧，要把握时间节点，抓住时效；转载不是简单的切割裁剪，而是再加工，甚至二度创作；在选择作品的时候，要对作者重视。

三　结语

综上所述，2010 年度马克思主义新闻学研究的重点和热点如下：

一是关于胡锦涛新闻思想的相关论述较为集中，李长春同志的"三善论"也是业界学习和研究的重点。

胡锦涛同志关于新闻宣传工作的重要论述，是科学发展观重大理论体系的有机组成部分，是科学发展观在新闻宣传领域的具体化和专业化。胡锦涛同志关于新闻宣传工作的重要论述，是对马克思列宁主义新闻思想的中国化，是对毛泽东、邓小平、江泽民新闻思想的继承和发展，具有鲜明的中国特色和时代特征。胡锦涛同志关于新闻宣传工作的重要论述是中央领导集体和广大新闻宣传工作者集体智慧的结晶，是对进入改革发展关键阶段我国新闻宣传工作实践经验的理论升华，具有强烈的集体性和实践性。

要更好地、全面深入地学习研究胡锦涛同志"坚持党性原则"、"按照

---

① 中国传媒大学党报党刊研究中心课题组：《〈人民日报〉扩版数据抽样报告简析》，《新闻记者》2010 年 4 月。

② 许云倩：《与时俱进的党报连载大有可为》，《新闻记者》2010 年 4 月。

新闻传播规律办事"、"统筹国内国际两个大局"等重要新闻工作的论述，达到武装头脑、指导实践、推动工作的目的，必须紧密结合胡锦涛同志关于科学发展观的重要论述，明确其理论贡献；必须紧密结合马克思主义经典作家关于新闻宣传工作的论述，了解其继承创新；必须紧密结合他本人以前关于新闻工作的重要论述，把握其发展脉络；必须紧密结合中央的有关方针政策和其他领导同志的论述，汲取集体智慧；必须紧密结合我国新闻传媒业改革发展的实际，理解其实践意义。

二是马克思主义新闻学史。相关文章主要集中在《新闻与传播研究》和《新闻大学》这两份期刊上，其中关于"读报组"和中央苏区马克思主义大众化的讨论，都涉及马克思主义在中国的传播方式与方法问题，对现实具有较强的指导意义和参考价值。

通过对马克思主义新闻学史的研究，我们可以以史为鉴，首先，马克思主义的传播要建立在受众的需要的基础上。马克思主义在当代中国的大众化传播，这种"主义"一样必须管用，它能给广大群众带来实效，也就是说，我们想传播的是人民群众想要的，在这一前提下马克思主义就能贴近、走近大众的世俗生活，变成当今大众的一种生活方式，否则群众对这种"主义"是会敬而远之的。

其次，马克思主义的传播必须同当时当地的实践相结合。今日中国正处在大发展、大变革、大转型时期，要推动马克思主义在当代中国的大众化传播，就要学习苏区时期那种"本土化"、"本地化"的结合方式，将马克思主义这种"异域文化"与中国现实发展实践结合起来，这样马克思主义大众化传播才能在当今中国拥有广阔的舞台，"大众化"才能真正有成效。

再次，马克思主义大众化必须首先使马克思主义"通俗化"，而通俗化又必须以易于接受的方式来传播。当前世界科技进步日新月异，信息化、网络化、数字化时代已经来临，在当今新媒介时代，马克思主义更需要"最高限度的通俗和明了"，更需要运用群众乐于接受的传播方式来传播。既然当今已经进入网络传播的"草根唱戏"时代，我们就应该因势利导，将新媒体变为马克思主义传播的主渠道，用受众喜闻乐见的形式，注重教化和熏陶的统一，使马克思主义传播达到"随风潜入夜，润物细无声"的效果。同时，我们也要将传统媒介与新时代受众接受特点结合起来传播马克思主义，善于将抽象思辨的语言转换为符合受众接受的大众传播符号。

总而言之，马克思主义在当代中国的大众化传播，必须把握人民群众的接受心理，选好大众喜爱的传播媒介，以达到宣传者期望的传播效果，这是当代中国马克思主义大众化传播的要义所在，也是我们研究马克思主义大众化传播的目的所在。

三是马克思主义新闻传播学的方法和理论。《马克思"用时间去消灭空间"：溯源及新闻传播学扩散》、《马克思主义与逻辑方法》和《重构批判研究的理论视野》这些文章，都具有一定的理论深度和学术创新。

四是党报理论与实务。特别是"政治家办报"，作为马克思主义新闻学中的重点内容，学者对此的关注较多，特别是有些文章还结合新的情况做了给人以启示的研究和探讨；党报工作仍是新时期研究的重心，如何办好党报、加强和改善新闻管理、进行党报改革和市场化问题是学者关注的焦点。

五是在中国共产党成立 90 周年之际，回顾党的新闻思想形成与发展的历程，了解党的新闻工作的传统与经验，总结其失误与教训。这有助于我们更好地学习经验、发扬传统、汲取教训，以便更好地适应新时代的需要，去实现我国新闻事业的更大繁荣与发展，用新的实践经验和理论创造去丰富和发展中国共产党的新闻思想，去充实和完善马克思主义新闻思想的理论体系，并为最终构建起中国特色社会主义新闻理论的科学体系打好基础、明确方向、提供指南。

总之，当今世界正处于经济全球化发展过程中的一个转折点，资本的全球化流动所带来的政治、经济、社会、文化与生态等方面的危机不断加深。面对这些问题，全世界的社会科学都面临挑战。作为对资本主义的批判和对以工人阶级解放为其实现形式的人类解放的论证、追求与信念，马克思主义并没有随着柏林墙的倒塌消亡，而是在这些新的问题与危机中，在新的历史条件下获得了生机。马克思的"幽灵"在世界各地正以不同的方式复活。新闻传播问题和中国问题是讨论全球化危机和探索出路的两个关键领域，中国具有担当起自己历史责任的义务和能力，学术期刊应该更加注重和加强马克思主义相关理论文章的研究与发表。马克思主义新闻和传播理论在中国新闻传播史上有着极其重要的历史地位，整理、理解和反思这一历史传统，在新的历史条件下促进这一历史传统的更新与发展，是一代代学人孜孜以求的目标。

（执笔人：尹韵公、向芬）

马克思主义世界政治经济
理论研究前沿报告

世界经济与政治研究所
马克思主义世界政治经济理论研究室

随着我院马克思主义理论学科建设与理论研究工作的深入，马克思主义世界政治经济理论研究室在重视马克思主义基础理论研究的同时，密切关注马克思主义世界政治经济理论研究方面的前沿问题研究，不断调整、充实和丰富研究室的研究项目和关注重点。

本文梳理了马克思主义世界政治经济理论研究中的几个亮点，以及我们在马克思主义世界政治经济理论研究领域取得的新进展。

一 全球经济面对系统性风险，马克思主义世界政治经济理论研究重要性凸显

自国际金融危机爆发以来，世界经济的复苏举步维艰，世界政治经济形势严峻。世界经济论坛发布的《2011 年全球风险报告》指出，在全球化的进程中，各国面对系统性风险：（1）宏观经济失衡的风险。全球金融危机源于全球经济中较长期的结构薄弱性。宏观经济失衡、发达经济体的财政危机、无资金准备的巨大社会负债和疲软的金融市场，构成了复杂的经济风险关系。因危机而导致的负债，将应对更多危机的能力减弱至极低的危险水平。（2）非法经济泛滥的风险。网络化的世界、治理失灵和经济差异为非法行为的泛滥创造了机会。据统计，2010 年全球不正当贸易值估计达到了 1.3 万亿美元，而且这一数字还在不断上升。这些风险为合法经济活动带来了巨大的成本：削弱了国家实力，威胁着发展机遇，破坏了法治，让国家陷入贫困和不稳定的循环。各国间迫切需要进行有效的国际合

作。（3）核心资源短缺的风险。世界在水资源、食品和能源等最基本资源方面受到了极大限制。人口数量及消费的增加和气候变化加剧了这一挑战；同时，这些问题的互相关联性使人们难以采取应对措施。大多数干预措施仅会产生更为严重的新问题，或将风险转嫁给其他方。核心资源的短缺只会在需要这些资源的社会团体、国家和行业之间造成更多冲突。①

上述风险，加之美国债台高筑及欧债危机，导致世界经济二次探底的风险加大，引起世界经济的动荡不安，发展前景暗淡。正如《世界经济展望》中说："全球经济已进入一个新的危险阶段。全球经济活动减弱并进一步失衡，市场信心近期大幅度下降，下行风险逐渐增大。"② 这一方面说明中国经济发展的外部环境恶化，经济发展的压力加大。"面对风云变幻的国际形势，面对艰巨繁重的国内改革发展稳定任务，我们党坚持和拓展中国特色社会主义道路，坚持和丰富中国特色社会主义理论体系，坚持和完善中国特色社会主义制度。"③ 另一方面更加证实马克思主义是迄今为止真正能经得起考验的科学真理；马克思主义是我们研究世界政治经济理论的根本指导思想；只有善于运用马克思主义这门科学，才有更宽广的视野观察世界，才能对重大国际问题做出清醒的把握和透彻的分析，进而得出正确结论。为此，一个值得关注的动向是马克思主义的研究，特别是马克思主义世界政治经济理论的基础研究，越发显得重要。

坚持马克思主义的基本原理，就是坚持以马克思主义的基本原理来指导实践，坚持马克思主义在指导实践中的不断发展。正如王伟光教授指出："当前摆在我们面前的一项重要任务就是重读《资本论》、《帝国主义论》等经典论著，运用马克思主义立场、观点和方法，科学揭示这场危机的深刻本质和根本成因，找出根本性的有效规避和防范措施，建立制度保障和长效机制，保证中国特色社会主义健康稳定发展。""要深入研究马克思主义基本原理和重大理论问题，深入研究马克思主义中国化最新理论成果，加强中国道路、中国模式、中国经验等重大课题研究。"④

---

① 《2011 年全球风险报告》，世界经济论坛、威达信、瑞士再保险公司、沃顿风险管理中心和苏黎世金融服务集团联合发布。

② 《世界经济展望》，《国际货币基金组织》2011 年 9 月发布。

③ 胡锦涛：《在庆祝中国共产党成立 90 周年大会上的讲话》，2011 年 7 月 1 日发布。

④ 王伟光：《努力建设世界一流的马克思主义研究机构》，2010 年 12 月 24 日在马克思主义研究院成立五周年庆祝大会上的讲话。

我们世界经济与政治研究所马克思主义世界政治经济理论研究室成立以前，具有良好的马克思主义理论研究基础。在院领导的关怀和指导下，世界经济与政治研究所马克思主义国际问题研究课题组，率先编辑出版了《马克思主义国际问题基本原理》第一卷和第二卷。第一卷的内容为"原本的马克思主义国际问题理论"；第二卷为"列宁、斯大林、毛泽东和邓小平所继承、丰富、发展和创新的国际问题理论"。这两卷紧密联系，从马克思主义国际问题基本原理的创立、奠基、成熟，到列宁、斯大林、毛泽东、邓小平在实践中的继承、丰富、完善、发展和创新，不仅囊括了马克思主义国际问题基本理论的方方面面，而且反映出马克思主义国际问题理论创立和发展的历史，构成了马克思主义国际问题基本理论的完整体系。

编辑出版《马克思主义国际问题基本原理》第一卷和第二卷的目的就是要把马克思主义关于国际问题最基本的理论，特别是这些基本理论中的最基本的观点，真实客观、完整准确地介绍给读者，为读者在读马克思主义有关国际问题原著时提供线索和参考。为此，本书不仅大量引用了这些马克思主义者的原话，而且全部三级标题也都用这些马克思主义者的原话命名。这里讲的马克思主义国际问题理论，是广义的马克思主义理论，它不仅包括马克思、恩格斯的理论，也包括他们之后的列宁、斯大林、毛泽东、邓小平所继承、发展和创新的理论。《马克思主义国际问题基本原理》出版之后，受到学术界专家学者的好评和读者的广泛关注。

我们研究室自 2010 年 2 月成立以来，在广泛听取学术界的意见和建议的基础上，在已出版的《马克思主义国际问题基本原理》前两卷的前提下，继续编辑出版了《马克思主义国际问题基本原理》第三卷。为使读者对本卷的内容有个大概的了解，在该书的概论中，把该卷人物对国际问题的理论在整个马克思主义国际问题理论中的地位、基本内容、在实践中的继承和发展等，作扼要概述，以期对读者的阅读有一个提示和引导作用。该卷的另一个特点是在目录设计、文中标题命名、行文方式等编辑方面，都作了新的尝试，既突出了可读性，又注重了科学性、实践性。

马克思主义的强大威力，就在于它的科学性和实践性。因此，我们研究马克思主义，也必须遵循科学理论发展的这一客观规律，始终不能脱离实践。《马克思主义国际问题基本原理》第三卷在前两卷着重揭示马克思主义国际问题基本原理的基础上，结合新时代的新实践，把这些基本原理与中国特色社会主义理论体系融会贯通，着重研究和揭示这些基本原理的现代指导意义。

在马克思主义基本原理中，很重要的组成部分是关于国际问题的基本原理。所以中国领导人在把马克思主义基本原理与中国的具体实践相结合的理论创新中，当然包括关于国际问题的内容。诸如他们提出的和平与战争理论、和平共处理论、对外开放理论、世界民主化理论、构建和谐世界理论等，都是中国特色社会主义理论体系中的重要组成部分。我国在对外开放、对外关系、营造和平国际环境方面取得的伟大成就，也证明这些理论的科学性和正确性。《马克思主义国际问题基本原理》第三卷，一是使这些基本原理在当今实践中"活"起来，真正成为我们当今实践的指导思想，而不至于变成僵死的教条；二是使我们的实践在理论上找到灵魂，做到真正以马克思主义为指导，而不至于变成盲目的实践。

在经济全球化的进程中，如何正确认识各种国际问题的性质和发展规律，如何适应不断扩大和加深的开放潮流，做到按照客观规律、按照马克思主义的基本原则处理一切国际事务，以保护自己的国家利益和国家安全，如何做到有效地参与各种国际竞争，并在这种竞争中立于不败之地，这是关系到中国的前途和命运，关系到每个中国人的前途和命运的大问题。编辑出版《马克思主义国际问题基本原理》第三卷，不仅为读者提供了一把正确认识和解决这些问题的钥匙；而且使"马克思主义国际问题基本原理"的研究在第一、二卷的基础上得到了系统的完善。

根据院"马工程"要求，我们仍将从事基础理论研究的课题作为下一步的主攻方向，拟订编写一部《马克思主义国际经济与政治基础理论研究》基础理论读物。

二　发达资本主义国家陷入困境,社会主义思潮在全球范围内有复苏的迹象

联合国《2011年全球经济形势的分析和展望》报告指出，随着各国经济刺激政策的退出，世界经济的复苏时间可能会继续延后，"世界经济在经历了'脆弱而不平衡'的复苏后，全球经济在全面减速"。目前，发达

经济体的疲软表现拖累了世界经济的复苏并为未来的经济稳定增长埋下隐患。①

联合国的报告还认为，虽然美国正在从自第二次世界大战以来持续最久、程度最深的衰退中恢复，但是复苏速度之慢是前所未有的。美国 2011年 GDP 可能恢复到危机前的水平，但是就业水平的完全恢复，至少需要花费四年时间。根据联合国的统计资料显示，许多欧洲国家的经济增长也将维持在低水平，而且由于财政开支的急剧减少，部分国家可能在衰退的泥潭中挣扎很长时间。法国科法斯国际信用保险集团日前发布的 2011 全球信用风险评级报告，佐证了联合国的观点。根据科法斯集团的分析，威胁经济复苏的风险仍然存在，特别是欧元区主权债务危机和新兴市场国家的各种泡沫风险。科法斯集团认为，全球经济增长主要存在两个不确定因素：（1）欧洲主权债务危机。欧元区的希腊、葡萄牙和爱尔兰等国债务严重，欧洲债务危机可能会延长；（2）消费水平降低。世界经济增长的很大一部分靠消费拉动，美国消费大约占全球国内生产总值的 18%，欧洲占 15%，中国占 3%，消费水平直接关系到经济增长。

美国失去 AAA 主权评级，加上金融市场乏力，消费者信心指数已经跌至 31 年新低。美国经济复苏比预期的更为艰难。波及全球的债务危机再次证明，马克思在《资本论》中论证的资本主义经济存在的高涨、危机、萧条、复苏的周期性循环的正确性不容置疑，这种对生产力造成巨大破坏的痼疾，资本主义本身难以消除。这也告诉世界，无论哪种制度都不是尽善尽美的，世界上没有放之四海而皆准的所谓制度和模式，只有根据本国情况选择适合本国国情的政治、经济制度才是根本出路，这也更加增强了我们走中国特色社会主义道路的信心。

与欧美国家的困境相比，经过 30 余年改革开放的中国不仅经济发展、社会稳定，而且日益成为带动全球经济复苏的世界大国。这不仅在很大程度上改变了世界尤其是西方许多人对中国、对社会主义的看法，也进一步引发了国际学界对新自由主义资本主义全球化的整体性反思，社会主义思潮在全球范围内呈现出有所复苏的迹象。②

邓小平同志在视察南方的重要讲话中指出："一些国家出现严重曲折，

---

① 联合国经济与社会事务部：《2011 年世界经济形势与展望》，2010 年 12 月 1 日发布。
② 轩传树：《当代世界社会主义思潮研究述评》，《马克思主义研究》2010 年第 10 期。

社会主义好像被削弱了，但人民经受锻炼，从中吸取教训，将促使社会主义向着更加健康的方向发展。因此，不要惊慌失措，不要认为马克思主义就消失了，没用了，失败了。哪有这回事！""我坚信，世界上赞成马克思主义的人会多起来的，因为马克思主义是科学。"实践证明了邓小平的远见卓识。法国著名哲学家萨特也曾说过："马克思主义的生命力远不是已经枯竭了，它还年轻，几乎还在童年；它好像刚刚在发展。所以它仍是我们时代的哲学，它是不可能被超越的，因为产生它的那些历史条件还没有被超越。"在全球具有相当影响力的英国著名作家、记者弗朗西斯·惠恩在新版的《马克思〈资本论〉传》中说："马克思并未被埋葬在柏林墙的瓦砾之下，他真正的重要性也许现在才刚开始。他可能会成为21世纪最具影响力的思想家。"萨特和惠恩的话为邓小平深刻精辟的断言提供了很好的佐证。

社会主义是世界的，也是民族的。中国特色社会主义是世界社会主义事业中的一部分，这就需要我们在关注国情、注重自己的发展和成就的同时，放开眼界，及时了解各种社会主义思潮的主要理论成果及最新动向。事实上，只有将世界社会主义跟踪研究与马克思主义以及中国化马克思主义研究有机结合起来，才能用世界眼光观察中国，用全球视野看待各种思潮，与时俱进地发展马克思主义。

近年来，国内学术界关于世界社会主义思潮的研究获得了长足发展。

（1）反思前苏东社会主义模式。首先是翻译国外著述：如福凯斯的《东欧共产主义的兴衰》、雷日科夫的《大国悲剧：苏联解体的前因后果》、梅格纳德·德赛的《马克思的复仇：资本主义的复苏和苏联集权社会主义的灭亡》等。其次是根据最新解密的档案材料作反思性研究：如姜琦和张月明的《悲剧悄悄来临：东欧政治大地震的征兆》、衣俊卿的《论东欧新马克思主义的理论定位》等。此外，2010年度国家出版基金资助项目中入选的《东欧新马克思主义译丛》是我国文献收录最广、学术含量最高、译介东欧新马克思主义的大型系列图书项目，它涵盖了南斯拉夫实践派的彼得洛维奇、马尔科维奇、弗兰尼茨基、坎格尔加和斯托扬诺维奇，匈牙利布达佩斯学派的赫勒、费赫尔、马尔库什、瓦伊达，波兰的新马克思主义代表人物沙夫、科拉科夫斯基，捷克斯洛伐克的科西克、斯维塔克等十余位最具代表性的东欧新马克思主义理论家的经典作品40种。

（2）跟踪前苏东地区现存共产党的动态。首先是关注其纲领变迁：如李润明的《俄罗斯联邦共产党新党纲述评》、李京洲的《世界，摩尔多瓦，社会主义——摩共四大政治报告》等。其次是解读其社会主义观：如刘淑春的《寻求逆境中突围的俄罗斯联邦共产党》、项佐涛的《前南地区新共产党研究》等。这些都谈到共产党把社会主义视为一种学说、群众运动和社会制度，坚信只有走社会主义道路才能将现代社会从危机中解救出来。

（3）关注社会主义的现实困境及未来发展。如周尚文的《俄共缘何衰落》、戴隆斌的《俄罗斯共产党的现状、问题及前景》、杜瑞靖的《捷克—摩拉维亚共产党发展演变探析》等。

（4）探索发达资本主义国家共产党的理论创新。苏东剧变以来，发达资本主义国家共产党根据自身特点纷纷进行理论创新，如法共提出"新共产主义"，日共提出"日本式的社会主义"。在这方面代表性著作有李周的《法国共产党的"新共产主义"理论与实践》、费新录的《法国共产党的兴衰之路：法共的历史演变与创新》、曹天禄的《日本共产党的"日本式社会主义"理论与实践》。

（5）梳理发达资本主义国家对社会主义道路研究的新思路。如法共的"超越资本主义"道路，美共的"建立反垄断联盟"以及日共的"资本主义框架内的民主改革"。此外，关注它们对当代资本主义和全球化的认识。比如朱艳圣的《日本共产党对社会主义理论的新探索》指出，日共把经济全球化视为发达国家强加给世界的一场运动，其实质是建立最利于西方发达国家的经济秩序。

（6）评述现实社会主义国家执政党的理论改革。如周新城的《越南、古巴社会主义现状与前景》、毛相麟的《古巴社会主义研究》、肖枫和王志先的《古巴社会主义》等，主要从理论和实践出发，阐释其现状与前景，较全面地展示了越南和古巴是如何坚持并完善社会主义制度的。相比较而言，对越南社会主义的研究主要集中在经济体制、政治体制改革，而研究古巴社会主义则多着眼于执政党建设和社会建设。[①]

2010年以来，关于世界社会主义思潮的研究呈现几个新的亮点：

（1）国际共产主义运动风向标在起伏

---

① 轩传树：《当代世界社会主义思潮研究述评》，《马克思主义研究》2010年第10期。

2010 年 2 月，人民出版社出版发行了十卷本《马克思恩格斯文集》和五卷本《列宁专题文集》。4 月 21 日，中国社会科学院马克思主义研究院马克思主义原理研究部、马克思主义中国化研究部联合举办了"《马克思恩格斯文集》、《列宁专题文集》出版与当代中国"学术研讨会，通过学术交流共同庆祝两部文集的出版，在学术界引起轰动。一些专家学者发表文章祝贺《马克思恩格斯文集》、《列宁专题文集》出版。他们认为，编辑《马克思恩格斯文集》和《列宁专题文集》，显然不是一项小工程。尤其是20 世纪八九十年代，国际共产主义运动经历了特别严重的挫折和失败，已经艰难地徘徊了 20 年，马克思列宁主义在世界各地的传播遭受着有史以来最巨大的压力和阻力。在这样国际情势下，在中国，这一当代世界上为数不多的坚持马克思列宁主义的社会主义国家，启动并完成了这样一件很有规模的马列著作的编辑和出版工程，是我国工人阶级和中国共产党人为马克思列宁主义的传播和发展，为推动陷入低潮的国际共产主义运动重新崛起和复兴，而做出的实实在在的努力。因而非常值得我国理论界的同仁欢聚一堂，切磋交流。"我用'低谷传来新潮声'这样的辞句，表达我看到这两部大块头的马列著作的心境和对国际共产主义运动早日走出低潮的期盼。"①

马克思主义研究专家李伟说：在国际共产主义运动中，像马克思这样有巨大国际影响的革命家、思想家的著作能在某一国家编辑出版，向来是那一民族思想界文化界一件有影响的事情。恩格斯在 1888 年英文版《共产党宣言》序言和 1890 年德文版《共产党宣言》序言里两次揭示出这样一种历史现象，他说："《宣言》的历史在某种程度上反映着 1848 年以来现代工人运动的历史。"从那以后，特别是世界经历了十月革命社会主义革命以来，不仅马克思、恩格斯的著作，而且列宁、斯大林的著作，在世界各国各民族的传播和遭遇，往往成为国际共产主义运动起伏的一种风向标。

（2）推动世界社会主义思潮传播的力度在加大

2010 年 6 月，社会科学文献出版社出版了《卡斯特罗语录》（西班牙文 2010 年版）。中国社会科学院副院长李慎明研究员为该书的出版写了序

---

① 李伟：《低谷传来新潮声》，人民网—理论频道，2010 年 4 月 21 日。

言《菲德尔·卡斯特罗思想的"样本"》。他在其中说，中国社会科学院拉丁美洲研究所的几位有造诣的学者以在中国研究和传播菲德尔·卡斯特罗的思想为己任，这十分值得称道。而翻译菲德尔的著作，特别是关于菲德尔思想的著作则更具有重要意义。菲德尔·卡斯特罗是古巴开国建业的老一辈革命家，他的革命实践和思想十分丰富，不仅是古巴民族而且是人类的宝贵财富。我希望中国学者能够再接再厉，把菲德尔·卡斯特罗的更多著作翻译过来，深入开展研究，撰写更有深度的文章，奉献给中国读者。[①]

中国社会科学院世界社会主义研究中心资助了《卡斯特罗语录》的出版，将其纳入世界社会主义研究丛书，以期推动世界社会主义思潮在中国的传播，加强菲德尔·卡斯特罗思想的深入研究。

2011 年是苏共亡党和苏联解体 20 周年，社会科学文献出版社推出新书《居安思危——苏共亡党二十年的思考》。《思考》通过大量资料数据和较为透彻的理论分析，充分说明苏共亡党、苏联解体是一场巨大的历史悲剧，不仅给俄罗斯人民带来了重大的灾难，而且使世界社会主义运动陷入了空前的低潮。该书认为，苏共最终垮台并不是原本意义上的马克思主义无产阶级先锋队的苏共垮台，而是逐渐脱离、背离乃至最终背叛马克思主义、社会主义和人民群众根本利益的苏共垮台。

该书是中国社会科学院副院长李慎明研究员主持的课题组承担的国家社会科学基金项目和中国社会科学院重点项目《苏共亡党的历史教训》的最终研究成果。国家社会科学基金评委会对本成果的鉴定等级为优秀，认为"该成果坚持马克思主义基本原理及其阶级分析方法，深入研究了苏共衰亡与苏联解体的关系，揭示了苏联解体的深层次原因，总结了历史教训。成果史料扎实，分析透彻，理论系统，论述流畅，结论发人深省"。

俄罗斯科学院主席团认为："《居安思危——苏共亡党的历史教训》课题组，以严谨的科学态度，分析了苏联解体和苏共灭亡的原因及历史教训，得出了不少有勇气和警示性的结论。"

（3）关于经济发展模式选择的讨论更加灵活务实

2010 年 12 月 21 日，中国社会科学院俄罗斯东欧中亚研究所主办了第31 届国际问题论坛暨俄罗斯东欧中亚与世界高层论坛。会议对 2010 年国

---

① 李慎明：《卡斯特罗语录》，社会科学文献出版社 2010 年版。

际形势以及俄罗斯、中亚和东欧地区在政治、经济、外交、安全和文化等领域中的发展状况进行了探讨。会议认为，梅德韦杰夫提出现代化战略以来，俄罗斯社会掀起了一场持续的大辩论，争论集中在四个问题上：第一，选择什么样的现代化模式，是走独特的现代化道路，还是复制西方的现代化道路；第二，是不是要选择西方的民主模式；第三，政府在现代化进程中到底扮演什么样的角色；第四，俄现代化是追赶型的现代化，还是立足于本国优势的现代化。

根据现代化实现的路径，俄目前存在三种不同的主张：一是保守主义的现代化，二是自由主义的现代化，三是俄共提出的社会主义现代化。第一，保守主义的现代化由"统一俄罗斯"党提出，其核心思想是俄罗斯的现代化要发挥优势，重点突破而不是追赶，发挥优势就是继续发挥俄在能源、航天、核能等方面的优势，占据世界科技发展的制高点；保守主义现代化主张以非暴力的方式实现现代化，将其建立在俄罗斯文明价值观的基础上。第二，自由主义现代化是俄罗斯当代发展研究所提出的，他们认为俄现代化首先必须要实现政治的现代化，没有政治的现代化，经济现代化就无从谈起，必然会失败；俄现代化必须要复制或者走西方的经济发展道路，完全向西方学习。第三，俄共提出的社会主义现代化与俄共意识形态一脉相承，主张将一些自然资源战略企业交到人民手里。

梅德韦杰夫的现代化方案，更多地吸取了"统一俄罗斯"党的政策建议，是在普京开辟的道路上，在 2020 年前发展战略的框架内实行的现代化，是经济多样化思想的一个延续。这个道路应该是非常漫长的；梅德韦杰夫提出了用十到十几年的时间实现现代化，这种估计过于乐观。无论如何，俄罗斯关于现代化方案中三种不同的主张是丰富而尖锐的，俄共提出的"社会主义现代化"成为俄罗斯国家政治生活中的关注点。

2011 年 3 月 1 日，中国社会科学院世界社会主义研究中心、社会科学文献出版社在京联合举办"《居安思危——苏共亡党二十年的思考》、《2010—2011 世界社会主义黄皮书》发布暨世界格局的演进与世界思潮的变化学术研讨会"。会议指出，国际金融经济危机导致了当代国际格局的深刻变化，国际思潮也随之发生了重大转变。相对于苏东剧变时的低潮而言，世界左翼和社会主义思潮开始出现复兴，这是我国和平发展的大好机遇之一。

会议认为，金融危机引发的世界经济危机远没有结束，它还在继续深化并开始改变世界的格局。如果不是它的作用，反对霸权主义，反对一切不合理的国际政治、经济秩序的呼声和群众运动不会这样此起彼伏。美国的金融危机不仅证明了马克思当年对资本主义生产方式的批判是正确的，而且证明了马克思当年对资本主义生活方式的批判也是正确的。我们只要坚持中国特色社会主义不动摇，就能在中国避免发生大的金融动荡和经济衰退，对人类发展作出贡献。

2011 年 7 月 1 日是建党 90 周年。胡锦涛总书记高度重视对"苏联解体"原因的研究。认真总结借鉴苏共亡党、苏联解体的教训，对于我们党居安思危，进一步加强先进性建设和执政能力建设，更好地坚持和发展中国特色的社会主义，十分重要和十分必要。

（4）"中国模式"对现行国际政治经济体系的意义得到关注

2010 年西方当代中国研究的很多方面是围绕着改革开放以来形成的中国发展模式和中国道路，及其对中国和世界各个方面的影响这一主题而展开的，呈现出重点突出、研究内容覆盖面较广的特性。剑桥大学学者哈尔珀（Stefan Halper）2010 年推出的新书《北京共识：中国模式将如何主导 21 世纪》（ The Beijing Consensus： How China's Authoritarian Model Will Dominate the Twenty-First Century），认为中国的发展模式会削弱西方以自由化的市场和政治民主为基础体制的国际影响力，而且对西方特别是美国的很多方面形成挑战。这类分析中国国际地位上升意义的书籍还包括罗德明等 2010 年主编出版的《中国，发展中的世界和新的全球动力》（ China， the Developing World and the New Global Dynamic），彼得森国际研究所的《中国崛起：挑战和机遇》（ China's Rise： Challenges and Opportunities） 也在 2010 年获得再版。

针对一些西方人对中国焦虑不安的心态，麻省理工学院的政治学学者爱德华·斯坦菲尔德（Edward S. Steinfeld）2010 年出版了《玩我们的游戏：为什么中国的崛起不会威胁西方》（ Playing Our Game： Why China's Rise Doesn't Threaten the West），认为中国的发展实际上是中国按照西方的游戏规则融入现行的世界秩序的过程。英国学者柯岚安在 2010 年出版的《中国：悲观的乐观主义之国度》（ China： The Pessoptimist Nation） 一书中指出：中国还拿不准自己在国际关系中的正确定位问题。这类论著还包括牛津大学出版社推出的《在中国再制造：外国投资者和中国的制度变迁》

(*Remade in China*：*Foreign Investors and Institutional Change in China*）等。

从学术期刊来看，对改革开放 30 年来中国道路的历史性回顾与分析成为很多期刊的重点内容，对中国软实力的研究同样是一个热门课题。美国的《当代中国》(*Journal of Contemporary China*）杂志 2010 年第 2 期和第 3 期分别以"理解中国的崛起"(Understanding China's Rise）和"探讨中国模式的现代化"(Debating the China Model of Modernization）为专题，发表了两组文章，分析中国的发展，探讨"中国模式"、中国的软实力及其意义和影响。《亚洲研究》(*Asian Survey*）等其他期刊也有论文讨论孔子学院等中国软实力问题。劳特利奇出版社 2010 年出版了《北京奥林匹克运动会：提升中国在国际政治中的软实力和硬实力》(*The Beijing Olympics*：*Promoting China*：*Soft and Hard Power in Global Politics*），预计在 2011 年出版《中国的软实力和国际关系》(*China's Soft Power and International Relations*）等中国政策研究专著。

除以上内容外，研究方法的改进也是 2010 年以来西方当代中国研究界的一个亮点。卡尔松(Allen Carlson)、加拉格尔(Mary E. Gallagher)、李侃如和墨宁(Ken Lieberthal & Melanie Manion)等三代当代中国研究学人 2010 年联袂推出专著《当代的中国政治：新的资源、方法和学科策略》(*Contemporary Chinese Politics*：*New Sources*，*Methods*，*and Field Strategies*），内容涵盖了当代中国研究各个分支领域研究方法的最新发展，为中国问题研究的科学化作出了重要贡献。[①]

2011 年 7 月召开的中国驻英使馆"马克思主义在中国"座谈会得到国际社会的广泛关注。中国外交官和英国著名的学者以及政治活动家就马克思主义在中国的发展进行了一番讨论。中国驻英国大使刘晓明在主旨讲话中指出，中国选择马克思主义，是人民和历史做出的抉择。正确认识马克思主义在中国的发展，对于发展中英两国关系也有着重要的现实意义。参加这一座谈会的包括英国研究马克思主义的学者以及共产主义政党的组织者，他们对中国在马克思主义理论指导下，在中国共产党领导下取得的巨大成就也都非常熟悉。工党议员亨特不久前访问中国。他在观摩了中国共产党成立 90 周年的纪念活动后，感觉到马克思、恩格斯当年的设想真正

---

① 刘杉：《中国的发展对现行国际政治经济体系的意义》，《中国社会科学报》2011 年 6 月 28 日。

变成了现实。亨特说："看到那里，马克思主义真是可以真正感受到的，能够重新发现马克思主义，重新发现马克思主义的实体和意义。"英国共产党总书记格里菲斯认为，中国共产党人创造性发展了马克思主义的经典理论，解决了中国社会面临的问题，值得认真加以研究。格里菲斯说："中国共产党正在发展并实践着有中国特色的马克思主义，以迎接挑战，而且尝试着去解决矛盾，这具有世界历史意义。我相信这个过程需要世界上的共产主义者和马克思主义者去进行理论上的研究，不管他们自己的国家社会经济发展到了什么阶段。而且的确也需要每个对投身于人类解放事业感兴趣的人去进行理论研究。"[①]

我们研究室一直关注社会主义思潮方面的专题研究。研究的专题包括：第一，"马克思主义思潮在中国的兴起与日本的影响"，这一问题对了解马克思主义在中国的产生和发展很有意义。因为中国共产党的创始人，如李大钊、陈独秀、李达等，最初对马克思主义的了解、认识和接受，都与他们东渡日本留学时接触到了马克思主义有密切关系。从这个意义上说，日本对马克思主义思想在中国的传播有过十分重要的影响，是搞清马克思主义在中国的形成发展史不应遗漏的问题。第二，"世界社会主义的历史经验和教训"专项研究正在进行中。该项研究在对世界社会主义运动的历史经验与教训进行梳理和总结的基础上，对当代世界社会主义运动的发展情况，未来发展趋势做宏观预测和分析。第三，承担了中国社会科学院重大（A类）课题"世界社会主义重大历史与现实问题研究"子课题中的"苏联社会主义研究"任务。苏联解体至今 20 年间，俄罗斯学界与政论界、中国的研究者对戈尔巴乔夫及其所进行的改革进行了多角度的研究，该课题归纳了对戈尔巴乔夫改革及其与苏联解体原因的总体评价，以及对戈尔巴乔夫改革的具体措施和结果的评价。

此外，我们还积极反映中国改革开放的成就以及发展中国经济的新思路，例如在《经济日报》2011 年 7 月 28 日理论周刊发表了文章《加快转变外贸发展方式》；《人民日报》网络版 2010 年 8 月 16 日发表了文章《实

---

① 《中国驻英使馆举办"马克思主义在中国"座谈》，国际在线，2011 年 7 月 21 日（http：//gb. cri. cn/27824/2011/07/21/5311s3313082. htm）。

践科学发展观，转变经济发展方式》。①

　　根据所里近两年的国情考察报告，编辑了《转变方式　科学发展》一书（书稿已交中国社会科学出版社）。

三　转轨大国俄罗斯政治经济新形势引发反思，马克思主义研究趋于活跃

　　俄罗斯这个转轨之初选择全盘西化的大国的脉搏，无时无刻不牵动着世界经济与政治舞台的神经。国际社会注意到，随着转轨的深入发展，俄罗斯经济告别了叶利钦时代的那种不确定性，稳步复苏，俄罗斯国际政治地位也在逐步回升。

　　根据我院与俄罗斯科学院科学合作协议，2010 年 6 月，我们研究室组织了赴俄罗斯访问团，到俄罗斯科学院哲学研究所、俄罗斯科学院社会政治学研究所、莫斯科大学进行了学术交流。通过交流，了解了俄罗斯关于马列主义理论研究现状与趋势，以及主流学派及其对俄罗斯社会的影响；了解了俄罗斯学者关于"俄罗斯国家资本主义"的理论争鸣；了解了俄罗斯社会对斯大林评价的新进展。通过对这些问题的进一步了解和交流，更好地掌握俄罗斯学术界在马克思主义研究领域的新动向、新进展。

　　负责接待我们的单位是俄罗斯科学院哲学研究所。该所副所长、俄罗斯科学院通讯院院士阿·瓦·斯米尔诺夫研究员代表研究所领导会见了我们，参加会见的还有该所政治问题研究室主任斯·瓦·尼古拉耶维奇研究员、弗·戈·布洛夫首席研究员等。首先由斯米尔诺夫副所长介绍了哲学研究所的概况：该所成立已经有 80 多年的历史，是 1929 年在共产主义科学哲学学部的基础上建立的，1936 年划归苏联科学院系统，曾是苏联哲学研究的协调中心。20 世纪 20 年代邓小平曾经在这里学习过。俄罗斯总统梅德韦杰夫曾赞扬说："该所是俄罗斯科学院具有权威性的大型研究机构之一。现在，全所的研究人员仍在继续进行着具有成效的研究工作，研究所与国外的研究机构有着密切的联系。"目前全所有 280 名人员，30 个研究室。其中有 4 名科学院院士、6 名科学院通讯院士、100 多名科学博士。

　　① 《实践科学发展观，转变经济发展方式》，2010 年 8 月 16 日《人民日报》网络版(http://theory.people.com.cn/GB/12447573.html)。

研究所涉及的领域极为广泛，包括哲学、逻辑学、社会学、人文学、政治学、东方学等多学科，主要从事社会经济形势理论、美学与伦理学、当代西方哲学流派、西方哲学史、俄国哲学史、自然科学的哲学问题等方面的研究工作。研究所每年出版 120—130 本专著，发表 1000 多篇学术文章。研究所有自己的出版社，出版代表该所研究水平并在学术界具有重要影响的《哲学问题》杂志和 6 种年鉴以及学术著作等，并建有自己的网站。随后，我们与该所政治问题研究室主任尼古拉耶维奇研究员、布洛夫首席研究员等就有关俄罗斯当代马列主义研究现状与趋势等问题进行了深入探讨。

尼古拉耶维奇研究员介绍了俄罗斯学术界目前研究马列主义的现状。他说，总体来讲，马列主义研究在俄罗斯意识形态领域不占主流地位。在俄罗斯，左派运动不支持马克思主义。布洛夫研究员也谈到，苏联解体后，根据国家宪法，任何意识形态，包括马克思主义不能成为国家的意识形态。但事实上，马克思列宁主义在人们的头脑中影响还是很深的。虽然今天马克思列宁主义不占主导地位，但是，俄罗斯一些学者、教授并没有放弃对马克思列宁主义的研究，他们在自己的教学和研究中，结合实际，从马克思主义立场和视角去分析当代俄罗斯社会的现象和面临的问题。

虽然这些研究仍属于一些学者的自发行为，但是近年来，有关马克思主义的研究逐渐活跃起来，开始出版各种书籍，举行各种研讨会，仅在哲学所就有一个每月举办的"马克思主义"学术报告会。该报告会邀请一些学者就马克思主义问题进行学术交流。该所杂志《哲学问题》刊登了一些学者的文章，就《为修正主义辩护》这本书的观点进行了讨论，在讨论中，一方面认为，如果将马克思主义作为运动来搞那是没有前途的；另一方面认为，马克思主义的历史唯物论始终是具有历史和现实价值的。2010 年，哲学所《哲学问题》杂志第 9 期刊登了题为《21 世纪马克思主义的复兴》的文章，阐述了马克思主义在当代研究的现实意义和作用。总之，俄罗斯的马克思主义研究工作出现了一些新的趋势：左翼学者开始加大对马克思主义基础理论的研究力度，驳斥反马克思主义的言论，论证马克思主义的正确性。左翼学者预言，俄罗斯将再次出现马克思主义研究热。

尼古拉耶维奇研究员还对"21 世纪的社会主义"的理论与特征进行了比较和说明，他认为，21 世纪的社会主义不是 20 世纪的社会主义，它们之间的主要区别在于：（1）后资本主义的社会主义与民主主义有着密切的联系，可以吸收资本主义好的东西，通过改革可以改造资本主义，而斯大林实施的是反对资本主义的社会主义。（2）他们认为，列宁时期的社会主义才是人民真正参加的社会主义，而苏联的悲剧在于：20世纪的社会主义是由上层官僚机构发动的，没有人民的参与。因此，一些俄罗斯学者认为，现在建立的是新的社会主义，即建立真正和民主的新社会主义。

尼古拉耶维奇研究员与布洛夫研究员还介绍了当代俄罗斯一些研究马列主义的学派，其中最有代表性的是莫斯科师范大学的鲍里斯·费奥多罗维奇·斯拉文教授。他曾担任苏共中央社会主义理论和历史研究院（其前身是苏共中央马列主义研究院）副院长、《真理报》政治评论员和编委会成员、中央教师进修学院社会科学教研室主任，是著名的政治理论家和政治评论家、哲学博士。他的代表作《论马克思的社会理想》一书是俄罗斯马克思主义理论研究领域的最新代表作。在这本论著中，他从马克思的基础理论着手，从马克思的早期著作着手，把马克思的早期理论和后期理论贯穿起来进行考察，从根本上论证了马克思主义的正确性、科学性和一贯性。斯拉文认为，当代许多人企图把马克思变成极权主义的思想家，而马克思在分析社会和历史时遵循的恰恰是非常人道的观点。但是，马克思的人道主义与一些研究人员的人道主义有根本的区别。这种区别首先表现在对个人和个人解放的方式的理解方面。

在分析苏联模式的社会主义垮台的原因时，斯拉文教授提出四条主要原因：（1）社会主义没有在经济上战胜资本主义，也就是说，社会主义没有达到更高的劳动生产率，而这正是列宁提出的社会主义先进性和生命力的最重要的标准；（2）社会主义没有为劳动人民提供比发达资本主义国家更高的生活水平；（3）政权脱离了劳动人民，仅仅代表党和国家官僚的利益；（4）苏联共产党是一个教条主义的政党，这个党在实践中曲解了马克思列宁主义关于社会主义的思想。斯拉文认为，马克思的思想始终具有现实意义，因为马克思的思想是与反思资本主义有机地联系在一起的，而资本主义作为一个完整社会形态的演变依然没有结束。只要资本主义仍然存在，能够最深刻理解资本主义的马克思主义就具有生命力。在现实生活中，随时都能够找到证实马克思科学思想正确性的论据，等等。据介绍，中央编译局已经翻译并出版了斯拉文的这本著作。

近几年，在俄罗斯还有一个较有影响的属于新马克思主义流派的"后批判马克思主义流派",其代表人物是莫斯科大学经济学教授亚·弗·布兹加林。该流派自 1991 年起主办社会政治分析类季刊《选择》杂志,聚集了国内外一大批马克思主义学者为其撰稿,建有"选择"基金会,经常举办有关马克思主义和社会主义的学术讨论会,不断推出《选择》系列丛书,现已出版了 20 多本相关书籍。其中涉及对当代世界经济危机根源的剖析,认为新自由主义与资本主义模式的矛盾导致了危机的爆发,就俄罗斯而言,危机的特殊深刻性是由于后苏联变迁时期的基本矛盾未能解决好所引起的,等等。

我们还访问了俄罗斯科学院社会政治学研究所。在座谈中,该所谢苗诺夫教授谈了有关研究马克思主义的一些看法。他说,在俄罗斯,对马克思主义的研究仍具有现实意义,特别是在国家社会转型的今天,社会学、政治学作为一个重要的学科更应该研究马克思主义。他认为,在戈尔巴乔夫和叶利钦时期,马克思主义研究受到了四个方面的打击:第一,马克思主义的政治基础受到了冲击,主要是对马克思主义进行了全面否定。第二,不仅针对马克思主义学说和政治流派进行了否定,而且对革命导师如列宁,以及普列汉诺夫等进行了否定,结果造成了对该学说的冲击。他认为,马克思主义作为伟大的学说应该发展。第三,对研究该学说的人和体系进行了破坏。原来有马列主义研究院,在各加盟共和国都有这样的机构,在大学也有研究马克思主义的教研室,所有这些体系都遭到了破坏。第四,割断了俄罗斯与国际社会的联系。但现在俄罗斯发生了一些变化,不仅建立了一些研究机构,在大学也有学者研究马克思主义,在一些企业也有人关注这个问题,同时也有一些基金会支持这个研究。特别是全球金融危机爆发后,资本主义国家也有人关注这个问题,因此,马克思著作中关于资本主义的研究分析仍有现实意义。

通过此次访俄,我们对当代俄罗斯的马克思主义研究有了清晰了解。自苏联解体后,俄罗斯的马克思主义研究经历了三个发展阶段:(1)1992—1995 年为全盘否定时期;(2)1996—1998 年为恢复研究时期;(3)1999 年至今为稳定发展时期。现在,俄罗斯已有三个非官方的马克思主义研究机构及各地的研究小组和中心。这些研究基地以马克思列宁主义为指导,认真研究俄罗斯的现状,分析俄罗斯的发展趋势,提出俄罗斯走出困境的出路和条件。多年来,马克思主义研究在俄罗斯走过的曲折道路,充分显示了马克思列宁主义巨大的生命力。

在与俄罗斯科学院社会政治学研究所进行的交流中，就政治与宗教的关系问题进行了探讨。现在，无论在中国还是在俄罗斯都不同程度地存在着马列主义与宗教主义的斗争，这主要是指普通百姓对宗教信仰的信任度要高于对马克思主义理想的信任度。在俄罗斯，现在信仰宗教的人越来越多，老百姓认为，宗教信仰能够解决个人生活中遇到的问题，而马克思主义理论太高深，解决不了百姓的实际生活问题，但是，作为整个社会实现的目标与理想还是需要的。在俄罗斯，政府也支持宗教信仰，认为传统的宗教对国民生活也起着积极的作用。因此，俄罗斯学者认为，这是一个复杂而具有现实意义的课题，应该认真加以研究和探讨。

我们的初步看法是：第一，在俄罗斯研究马列主义虽然还不占主流地位，但是，一些学者在执著地追求，他们将俄罗斯马克思主义研究的现状以及国际研究的主要课题梳理得比较清楚，而这些研究也是结合俄罗斯现实社会政治问题，甚至站在关乎国家前途命运问题的高度，去认识和研究的。这种研究的态度、观点和思路对俄罗斯社会还是有影响的，人们在用不同的视角关心着国家的发展前景和命运。第二，俄罗斯学者在马列主义研究方面的一个创新点在于，他们将马列主义的思想和观点与当代社会主义的发展现实结合起来，提出建立"21世纪的新型社会主义"的观点，提出用"新社会主义"改造资本主义，从而将这种理论探索与俄罗斯建立什么样的社会发展模式结合起来。第三，俄罗斯一些专家非常关注中国社会主义改革的经验和教训，将中国的改革经验传播到俄罗斯学术界和社会生活中去，并写文章提出俄罗斯应该借鉴的地方。因此，我国学术界应该对俄罗斯关于马克思主义研究的动态与特色予以重视。

根据形势发展的需要，我们研究室聘请资深研究员关注对转轨大国俄罗斯的研究。访俄归来后，我们制作了PPT文件，对俄罗斯的近况，采用图文并茂的方式给予了宣传。此外，我们对东西方马克思主义研究动态进行了跟踪研究，列入我们研究计划的课题是《转轨国家经济转轨模式比较》。

对转轨国家的研究，我们研究室有一定的学术积累。《转轨国家经济发展模式的选择》（被收入国家图书馆博士论文库），已出版著作《帝国主义历史的终结：当代帝国主义的形成和发展趋势》（被收入世界社会主义研究丛书·研究系列）。

四 谁动了老百姓的"蛋糕"？寻求马克思主义的望远镜和显微镜成为必然

由于世界金融危机沉重地打击了国际垄断资本，资本主义世界的革命运动呈现复苏以至活跃的迹象。面对金融危机，以美国为首的一些欧美资本主义国家采取了救市行动，直接对金融机构注资控股，甚至实行国有化。与此同时，马克思主义理论受到关注和热议，甚至有美国媒体报道说，美国共产党开始活跃起来。政治反对者称救助政策为"华尔街社会主义"，委内瑞拉总统乌戈·查韦斯嘲讽道："美国总统开始走向社会主义。"金融市场观察家詹姆斯·格兰特称之为"信用风险的社会主义化"，纽约大学鲁比尼戏称美国为"美利坚社会主义联邦共和国"，果真是一种社会主义行为吗？这是不是对私有化的反动？是不是意味着新一轮国有化洪波的涌起？回答是否定的：政府干预不可能颠覆市场原则，只是修复市场缺陷、补充市场原则的过渡手段。不可否认金融危机之际，欧美国家通过政府大规模注资干预市场，对国家在危难时刻能够发挥调节作用，但这只是为避免金融市场过度动荡所采取的应急措施，也可以说是为了拯救危机的临时举措。当危机过后，还是要回归市场，政府也要回归本来的位置，不可能出现制度性的国有化趋势。然而，欧美国家大肆推崇的"国家干预"、"收归国有"等政策，充分证明资本主义"市场失灵"是客观现实，"看不见的手"并不是万能的。为此，欧美民众以及一部分议员对政府现行政策失去信心，要求限制金融高管薪酬的呼声，说明原来的收入分配方式不是有效的管理机制。

在金融危机的泥潭中，一些高管的巨额高薪受到指责。面对高额奖金诱惑，一些金融高管无视投资风险，推崇短期投机，从而加剧金融动荡。调查结果显示，41%的高管单年不与业绩挂钩的奖金保证已受限或取消；61%的高管多年期奖金保证受限制或取消。美世咨询公司说，57%的受访高管称，他们奖金的最高额度已受限制。此外，42%的金融高管不再享受"黄金降落伞"（即离开工作岗位时获得丰厚的经济保障）。此外，一些金融机构还推行奖金追回机制，让高管为自己的决策失误埋单。

在欧盟，前所未有的"危机综合征"正向四面扩散；社会改革推行缓慢，举步维艰。不少成员国为了尽快摆脱经济危机的羁绊，不得不降赤字、砍福利，结果引起强烈的社会不满。为了避免金融危机再次爆发，欧盟成立了具有超国家性质的金融监管机构，对欧盟范围的金融活动进行监督管理。进入 2010 年，欧洲经济急剧下挫的趋势有所缓解，政府巨资注入的负面效应逐渐显现出来，希腊、爱尔兰的金融危机已经转为债务危机。在这种情况下，欧洲多国政府的财政政策转为保守，纷纷制定削减支出、严格预算的计划。德国、法国、意大利，特别是英国，都开始大幅度削减财政赤字。此外，为了应对危机，欧洲中右政府还采取了其他一些具有右翼色彩的经济与社会政策，比如裁减公共部门职位，提高退休年龄，紧缩住房福利，改革医疗保健体系等。

在欧盟内部英法德的利益博弈中，德国凭借其良好的经济状况占了上风。从经济现实来看，各国复苏进程很不平衡。真可谓"欧盟一个大家庭，兄弟贫富各不同"。经济增长不平衡凸显了欧盟各国经济体制的差异。一是财政政策的不同。德国等国强调遵守欧盟《稳定与增长公约》关于财政赤字和公共债务不得超标的规定，但南欧一些国家执行时大幅度缩水。二是劳工、税务政策的差异。金融危机来临后，多数欧洲国家的高福利政策难以为继。法国、希腊、爱尔兰等国被迫实行财政紧缩计划，遭到公众的强烈抗议，这与劳动力市场长期以来形成的失业保险、退休保险的僵化机制密切相关。在税收方面，法国的公司所得税约为 33%，德国则为 15%，对经济复苏的影响大为不同。主权债务危机使上述差异再次显现。

西欧一向以"福利社会"著称，"从摇篮到坟墓"的高福利政策不只是一个理想，而且在第二次世界大战后风行西欧。然而，越垒越高的福利日益成为制约经济发展的沉重包袱。为了摆脱危机，复苏经济，欧盟各国不得不采取紧缩政策，向高福利体制开刀。

一是裁减公务员，削减公务员工资。英国计划今后几年裁减约 50 万公共部门雇员，约占总数的 1/10；西班牙决定削减公务员工资 5%，并在 2014 年前裁减公务员 10 万人。希腊等国也出台了类似措施。二是改革退休体制。法国计划将退休年龄从 60 岁提高到 62 岁，英国计划将退休年龄从 65 岁提高到 66 岁。葡萄牙、西班牙还分别做出冻结退休金的决定。三是改革医疗体制。德国决定，从 2011 年起将资方和劳方为员工交纳的医疗保险金共提高 0.6 个百分点，即从现在占工资的 14.9%提高到 15.5%。四是改革教育体制。最典型的是英国提议将大学的学费最高上限由目前的每学年 3290 英镑调至 9000 英镑，几乎增加两倍，并计划从 2012 年开始实施。

大幅度砍削社会福利，无疑是动了老百姓的"蛋糕"。为此，西方资本主义世界的劳动大众反抗斗争此起彼伏，工人运动风起云涌。

学术界对诱发大罢工的原因进行了分析和探讨，尽管解释各有不同，但直接原因都是一句话：债务危机惹的祸！近年来，面对结构性改革的急迫需要和对变革根深蒂固的抵制，希腊政府几乎毫无作为。加上金融海啸对全球经济的影响，使希腊在经济发展过程中本来就存在的社会矛盾更加尖锐，为了换取欧盟的支持，希腊政府不得不宣布采取严苛的措施，改革矛头直指中低收入者阶层，危及普通民众的切身利益，因此招致民众的强烈反对。希腊政府在试图让工人阶级和陷入困境的部分中产阶级为危机埋单的同时，却极力保护富人。巨大的差异，使希腊民众产生了强烈的不公平感。在罢工活动中处处可见示威者手持横幅，上面写着"向富人征税"、"反对富豪统治"等标语。

第二次世界大战后西方资本主义国家纷纷推行社会福利制度，但这只是阶级对抗的缓冲器，并不能使工人的生活真正得到"全面保障"。因为享受社会改革及福利待遇有许多限制条件，希腊政府虽然推行了一系列的经济改革，但并不像有些资产阶级学者宣称的那样"资本主义本质已发生变化"。首先，各种改革措施，包括"福利国家"的推行，并没有改变工人阶级的受雇佣地位。工人的工资数量虽然在提高，但与整个劳动生产率的提高、消费物价水平的上涨、上层社会的暴富相比，是相对下降甚至是绝对下降的。其次，社会福利没有超出劳动力再生产价值的范畴。名义上由资本家和资产阶级负担的主要部分，重新转嫁到工人和劳动人民身上。再次，"高福利"总是伴随着高税收，高税收吞噬了工人相当一部分工资。从本质上讲，表面上工人似乎从社会福利中得到了"额外"的收入，实际上不过是资本家本应支付给工人的劳动力价值的那一部分的支付方式发生了改变。希腊政府推行的改革措施不仅要增加税收，而且还要压缩工人的福利，并且还想从法律上把这种不合理现象合法化。

另外，希腊政府对待工人大罢工的态度比较冷淡，处理方式单一，为了讨好欧盟诸国，换取未可知的援助，不惜对本国人民开刀，把广大人民群众的呼声束之高阁，透露出政府对民众利益的漠视，引起了人民极大的不满。

大罢工给我们带来哪些启示？在给予工人阶级精神力量和产生政治影

响方面,大罢工起了重要作用,使工人阶级更加坚强,政治影响力更大。希腊大罢工无疑是世界工人运动的重要组成部分,在世界社会主义处于低潮时,对于增强人们对社会主义的信念起到了积极的作用。除了在经济上追求正当的权益外,罢工的意义更在于对工人所起的精神上和政治上的影响,罢工能培养工人的无产阶级团结精神,促使他们团结起来,组织起来。工人阶级遭受剥削程度的加深,工人阶级所处境遇的相对下降,不仅使工人阶级的革命斗志不断得到磨砺,而且使工人阶级的革命性、斗争性、组织纪律性等特质得到了更加充分的发挥。

罢工使得工人阶级在国内和国际上的地位提升,为工人运动的未来发展做了重要的铺垫,为工人阶级的最后解放积聚力量。希腊历次大罢工涉及的行业广、范围大、人员多,在国内外产生了巨大的影响。希腊政府在推进改革的过程中,不得不重新考虑工人阶级的反应和要求,不得不兼顾各方面的利益。罢工同样使西方社会特别是发达的资本主义国家以希腊为鉴,对国际工人运动的发展态势做出客观的评价和预测,对本国工人阶级的地位、待遇问题做出慎重的考虑或调整。大罢工使工人阶级与资本斗争的手段更加丰富,为世界各国工人阶级的解放提供了新的形式,工人阶级也变得更加成熟。不论资本主义国家采用什么样的手段调节劳资关系,只要资本的本质不变,工人阶级与资产阶级的矛盾和斗争就不可避免。虽然在当今经济全球化的大形势下,工人运动形式不像20世纪早中期那样鲜明,但其潜在的力量和不可阻挡的势头仍然是资本主义国家最惧怕的。工人阶级的组织性、纪律性和大无畏的革命精神,在当今世界连绵不断的罢工中得到了新的展现。

随着经济全球化趋势的不断加强,未来的国际工人阶级运动必将走向更加广泛的联合,而联合的内容将与资本全球扩张密切相关。在当前背景下,资产阶级的剥削具有全球性的特点,资本主义国家未来的工人运动,也将不可避免地呈现全球化的趋势。各个国家的工人采用新的方式联合是可能的。一些专家学者认为,随着资本剥削方式在全球的多样化和隐蔽性的加强,工人阶级的斗争方式也变得日益丰富,不一定采用暴力斗争的形式,手段更具有针对性。资本主义基本矛盾的不可调和性,决定了资本主义国家工人运动的不可避免,选择社会主义势必成为矛盾的最终解决方式和工人运动的必然结果。①

从 2011 年 9 月开始，反金融霸权的"占领华尔街"运动此起彼伏，从纽约、波士顿到洛杉矶、圣地亚哥都开始了"占领"行动。全美上千个城市及社区纷纷响应，事实上，这把火也已经烧到其他国家。该运动的简介称，目前的统治者只为少数人的利益而卖力，忽略了大多数人的意向以及环境所必须付出的代价，这种不能容忍的局面必须结束。

"占领华尔街"运动全球瞩目，这场运动并未因结束而落幕，其效应和对于美国经济的讨论仍持续延烧，并且在美国各地点燃响应的活动。这场活动的主要目的在于响应占领华尔街运动，同时也对资本主义和新自由主义进行反思。运动的标语除了与占领华尔街一致的"我们是那 99％"（We are the 99％）之外，还包括了"这是我们的街"（Whose Streets Our Streets）、"这是我们的民主样貌"（This is what our Democracy look like）、"向华尔街课税"（tax Wall Street）以及"银行脱罪、人民流泪"（Banks got bailed out，We got sold out）等口号。②

长期以来，美国人参与政治的程度很低，除了投票外，一般民众对于与己无关的公共事务并不热衷，底层的声音也很难被决策者听到，然而在这一系列的行动中，展现出了一般民众开始体会到所有的政策后果皆与己相关，人们已不再消极以对。

资本主义陷入尴尬境地，国内外学术界纷纷从各个角度论述金融危机，特别是西方学者在马克思主义的国际政治与经济理论中寻找答案，美国举办"马克思主义在当代"学术研讨会，马克思著作《资本论》在德国重新畅销。运用马克思主义的显微镜和望远镜的确解开了一些死结，找到了一些良方，其中我们研究室聘请的资深研究员带领青年研究人员把多年的研究成果进行了编辑整理，出版了著作《世界性金融危机与马克思主义》（社会科学文献出版社出版）。该书对金融危机的引起、发展及走势给予了全面的梳理和预测。作者说："经过了很大的努力，借助于电子图书和电子计算机的现代化技术，从大约 3000 万字的马克思、恩格斯著作的茫茫大海里，几乎一处不漏地搜索、摘录了马克思和恩格斯关于货币、金融危机和经济危机的直接论述，又从直接论述追踪到许多相

---

① 罗文东、李龙强：《从希腊大罢工看当代国际工人运动》，《人民日报》2010 年 4 月 28 日。
② 《美国"占领华尔街"革命》，《纽约时报》2011 年 10 月 15 日。

关的论述，加以研究和整理。伴随着世界性金融危机和经济危机从发生到经济复苏的过程，目睹这次金融海啸及其发生后的风风雨雨，又从马克思和恩格斯那里得到了他们的望远镜和显微镜。从19世纪到21世纪，时光流连。我们深深感到，马克思、恩格斯不辜负我们今天的时代。"

我们研究室出版的著作除《世界性金融危机与马克思主义》外，还有《走近马克思主义》，该书是为普及马克思主义基本原理而编写的。它的重要价值在于：引导读者径直阅读马克思主义经典著作，从而直接领悟马克思主义精髓。马克思主义的书，浩如烟海，但要真正掌握马克思主义的本质，懂得马克思主义与时俱进的本性，从而懂得中国特色社会主义理论的基础和价值，当然首先得读马克思主义的有关经典著作。本书按照马克思主义的产生、形成和发展过程，将马克思主义的经典著作分为马克思主义的产生、确立、成熟、完善四个时期和《资本论》共五个专题，加以完整、系统地介绍。当然，走进经典不是最终目的，最终目的是从经典中走出来，走向实践，并在新的实践中进行新的理论创新。为了使读者更好地掌握原著的精神实质，本书按照辞书的编写方式，把每一著作的主要思想观点，都用原话作标题组成细目，作为附录编排在书后，以方便读者根据需要，查找、选择自己想了解的内容。在当今世界经济、政治和思想、信仰都在大变动、大转折、大动荡的时候，在人们都在渴望真理，渴望认识、了解马克思主义，渴望走进马克思主义经典著作的时候，作为普及马克思主义的一书，对每个读者来说也许是雪中送炭。

2011年10月召开的中国共产党第十七届中央委员会第六次全体会议决定，中共十八大于2012年下半年召开。这将是全球经济不景气的背景下举世瞩目的大事件。我们关注的课题有："党的十八大主题报告的马克思主义观研究"，"中国共产党主张'和谐社会'的理念的现实意义"，我们跟踪的问题还有"西方国家工人运动的动态对世界经济的影响"。

在网络信息平台发展日新月异的今天，随时了解科研动态，及时把握学术交流脉搏，越来越成为前沿研究不可或缺的手段。例如，我们利用国家图书馆电子"联机公共目录查询系统"，准确地知道从2010年1月到2011年10月，共计新出版有关马克思主义研究方面的中文图书760本。

伴随着研究室工作的开展，我们建立了"马克思主义政治经济理论研究室研究园地"（访问地址：http：//blog. sina. com. cn/cassiweptheory）；编辑了"院关于马克思主义的科研成果汇总"；链接了中国社会科学院马研院、马克思主义研究网，人民日报检索系统；设立了"远期项目"、"近期成果"、"研究动态"、"学者跟踪"等栏目。短短的一年多时间，我们的读者访问量达到了 10400 人以上。我们体会到，信息化社会，充分利用网络资源，为动态跟踪、学术交流和资料储备提供了有益的平台，成为我们从事社会科学前沿研究不可或缺的手段。

（执笔人：范新宇）

马克思主义与拉美问题研究前沿报告

拉丁美洲研究所马克思主义与拉美问题研究室

根据拉丁美洲社会、经济和政治发展的实际动态以及相关的学术研究状况，马克思主义与拉丁美洲问题研究领域在一个相当长的时期内将主要关注拉美左翼政治力量的发展演变。这主要涉及拉美唯一的社会主义国家古巴的形势、拉美其他左翼执政国家的情况，以及拉美左翼思潮和组织的最新动向。在拉美最新一轮的政治左转趋势中，以 1998 年委内瑞拉查韦斯和 2002 年巴西卢拉分别当选总统为标志，不同国家左翼力量展现了丰富多彩的实践活动。同时，伴随着拉美左翼力量的实践活动，有关的学术研究也呈现出十分活跃的景象，有关巴西、委内瑞拉、玻利维亚、厄瓜多尔、墨西哥、阿根廷、智利、乌拉圭、秘鲁等国家的相关研究多种多样，其中有关拉美左翼力量的主要代表人物查韦斯和卢拉的研究已经非常全面和深入，关于查韦斯的研究可追溯至 1992 年政变入狱，至今已有 20 年的历史；而关于卢拉的研究则可追溯至 20 世纪 70 年代末 80 年代初的巴西劳工运动，至今已有 30 余年的历史。其间，国内外均出版了大量专著和学术论文。

21 世纪以来，随着国人对拉丁美洲认识的深入，特别是随着中国与拉丁美洲关系的跨越式发展，国内有关拉丁美洲的情况报道、时政分析大量涌现，专业研究也开始向更高的层次和更广的领域延伸。其中，中国学者曾开展了"当前拉美社会主义思想和运动新动向"（2008），以及左翼执政高峰时期的"2006 年拉美选情调研"等专题研究。中国学者的代表性著述还包括《查韦斯传》（徐世澄著，2011），《拉丁美洲现代思潮》（徐世澄主编，2010），《拉丁美洲思想史述略》（索萨著，2003）等。

中国社会科学院拉丁美洲研究所马克思主义与拉美问题研究室成立于

2009 年，研究室建设的主要思路之一是站在学术动态的前沿和高端，在过去 30 余年有关研究和成果的基础上，就当代拉丁美洲社会主义思潮、实践研究中的主要领域和问题进行深入、具体的考察和探讨。为了突出马克思主义作为指导思想的地位并体现将马克思主义作为研究对象的学科发展目标，以及维持和提高本领域研究的理论性、学术性和前瞻性，本报告将根据国内唯一的拉丁美洲研究专业性期刊《拉丁美洲研究》所涉及的内容，选取其中有代表性的文献，着重展示 2010 年以来的国内学术动态。

2010—2011 年，拉丁美洲研究所马克思主义与拉美问题研究室根据本学科建设和课题研究的总体思路，着重跟踪了古巴当前形势和趋势及国内外古巴研究动态，分析了拉丁美洲左翼政治力量状况，并就其中涉及的主要问题和国别进行了较为详细的案例研究。①

在古巴研究领域，2010 年，《卡斯特罗语录》中文版出版；古巴国内动态跟踪研究主要关注的是古共"六大"的准备过程和召开以及古巴经济模式的"更新"。在拉美左派研究中，印第安人运动的兴起和发展与左派政党的联系是一个值得重视的问题。有关美洲玻利瓦尔联盟的研究，则全面探讨了该联盟如何谋求创造一种新型区域一体化模式，从而替代美洲自由贸易区，在解决贫困与社会排斥的基础上实现拉美的真正一体化。在关注拉美左派动态和发展时，一个重要的关注点是委内瑞拉及其现任领导人查韦斯。有关这方面的研究涉及的问题包括查韦斯执政期间的委内瑞拉外交，查韦斯就任委内瑞拉总统以后对委内瑞拉国家石油公司进行的改组，以及查韦斯政府在执政期间积极促进各类社会组织发展的政策措施。

一　古巴研究

（一）《卡斯特罗语录》中文版出版

2010 年，由中国社会科学院拉美所研究人员翻译的《卡斯特罗语录》中文版出版。本书西班牙文首版于 2008 年在哈瓦那问世，2010 年再版，全书约 20 万字，内容涉及卡斯特罗思想的各个方面，尤以政治、经济、社会、文化等方面的论述为主，特别是对革命、意识形态、道德伦理、价

---

① 本报告所采用的文献均来自拉丁美洲研究所《拉丁美洲研究》，参阅《拉丁美洲研究》2010 年第 1—6 期和 2011 年第 1—3 期。

值观有比较充分的论述。

　　了解菲德尔·卡斯特罗和古巴革命，必须研究他的思想。菲德尔·卡斯特罗思想即马蒂思想和马克思主义有机结合的产物，马克思主义的古巴化和本土化。何塞·马蒂是古巴革命的先驱、导师和思想家。他在积极献身民族独立运动的同时，潜心研究和总结古巴革命的实践经验，形成了指导古巴革命的思想。菲德尔·卡斯特罗继承了马蒂的思想，并从马克思主义的高度加以阐述，发展了马蒂思想，使其成为古巴特色社会主义的有机组成部分，同时实现了马克思主义的古巴化、本土化。

　　研究菲德尔·卡斯特罗的思想是一项颇具诱惑力和挑战性的工作。菲德尔的思想、理论观点和革命主张涉猎广泛，散见于大量讲话、报告、政策文件和访谈录之中。这方面的学术研究必须要有广泛、扎实的积累和基础性建设。该书中文版的出版是中古文化合作的结晶。

（二）古共"六大"与古巴经济模式的"更新"

　　自1959年初革命胜利以来，古巴的社会主义经济发展模式经历了几次变化。进入21世纪以来，特别是自2008年劳尔·卡斯特罗接替菲德尔·卡斯特罗担任古巴国务委员会主席和部长会议主席以来，古巴进一步调整了社会主义经济发展的模式，采取了一些称之为"更新"经济模式的变革措施。古巴的社会主义经济建设取得了显著成就，但也面临不少问题和挑战。2011年4月，古共"六大"的召开和"六大"所通过的《党和革命的经济和社会政策纲要》将在今后对古巴经济和社会模式的"更新"起指导和推动作用。

　　根据拉丁美洲研究所徐世澄的研究，自1959年初革命胜利以来，古巴的经济发展模式经历了几次变化。[①] 革命胜利前，古巴政治上由亲美的巴蒂斯塔独裁政权统治，经济比较落后，经济结构单一，是一个以甘蔗种植和蔗糖的加工与出口占主要地位的单一作物经济的农业国。古巴革命胜利初期，由于急于想改变单一经济结构，曾一度大幅度削减蔗糖生产，提出实现农业多样化和短期内实现工业化、现代化的目标。

　　1963年底，古巴党和政府又改变经济发展模式，采取发挥"相对优

---

　　① 徐世澄：《古共"六大"与古巴经济模式的"更新"》，《拉丁美洲研究》2011年第3期，第14—19页。

势"的发展战略，集中发展具有优越条件的制糖业。1968 年 3 月，古巴发动"革命攻势"，接管了几乎所有的私人中小企业、手工业作坊和商店，消灭了城市中的私有制。20 世纪 70 年代，古巴参照苏联和其他社会主义国家的模式，实行了苏联式的政治和经济体制改革。1972 年古巴加入经互会，参与并实现了同苏联、东欧经济的一体化。1975 年，古共召开了"一大"。1976 年，召开了全国人民政权代表大会，通过了新宪法和第一个五年计划。

1980 年古共召开"二大"，肯定了政治和经济体制改革的成绩。80 年代前半期，古巴模仿苏联发展模式，全面推行经济领导和计划体制。同时，实行"新经济政策"，如 1980 年开设农民自由市场，1981 年开设农副产品贸易市场，1980 年实行新的工资制度。1982 年 2 月，颁布了《外国投资法》，首次正式表示欢迎外资到古巴兴办合资企业，有限度地实行对外开放。

1986 年 2 月，古共召开"三大"，通过了《关于完善经济领导和计划体制的决议》。然而，在"三大"闭幕后不久，同年 4 月 19 日，菲德尔·卡斯特罗严厉批评在执行新经济政策中存在的一系列弊端和"不良倾向"，在全国掀起了一场"纠正错误和消极倾向进程"（简称"纠偏进程"），展开"战略大反攻"。随后，古巴政府采取了一系列"纠偏"措施：关闭农民自由市场，恢复国家统购统销制度；限制向工人发放奖金并提高了部分劳动定额；修改住宅制度，禁止私人买卖房屋；禁止出售手工艺品和艺术品；禁止私人行医；调低著作版权费，等等。

20 世纪 80 年代末和 90 年代初的东欧剧变和苏联解体是对古巴的沉重打击，使古巴在政治上失去了重要的战略依托，经济上陷入危机。1990 年 9 月，古巴宣布进入"和平时期的特殊阶段"。在特殊阶段里，古巴的基本对策是：在坚持计划经济的同时，根据特殊阶段的要求调整经济计划和发展的重点。

自 20 世纪 90 年代初起，古巴开始变革开放。1991 年 10 月，古巴共产党召开"四大"。这次大会是在古巴面临空前困难的形势下举行的，具有特殊意义。大会提出了"拯救祖国、革命和社会主义"的原则和口号，卡斯特罗在开幕式讲话中明确提出了古巴对外开放的政策。

1997 年 10 月，古巴共产党召开"五大"，会议总结了经验教训，制定了跨世纪方针，其要点是：坚持共产党的领导和坚持社会主义，反击美国的经济制裁和政治、意识形态攻击，在不改变社会性质的前提下，继续稳步进行经济变革，并尽可能减少由此带来的社会代价。古共"五大"通过的中心文件《团结、民主和捍卫人权的党》明确指出：坚持社会主义和共产党的一党领导，是维护国家独立、主权以及抵抗美国封锁、获得生存的保障；以马列主义、马蒂思想和菲德尔思想为指导的古共，是国家稳定的捍卫者和中流砥柱，社会主义和共产党的领导，是古巴的唯一选择。

关于古巴经济模式的"更新"问题，徐世澄总结了自 2006 年以来的古巴政策调整情况。2006 年 7 月 31 日，古巴党和政府的最高领导人卡斯特罗因肠胃出血接受手术，决定把古巴最高行政职权暂时移交给劳尔。2008 年 2 月 24 日，古巴人民政权代表大会举行换届选举，在当天召开的第七届人代会上，劳尔当选并就任古巴国务委员会主席和部长会议主席，正式接替执政长达 49 年的卡斯特罗，古巴最高行政权力顺利完成交替。

劳尔执政以来，古巴采取了一系列新的经济变革措施，主要包括：放宽对消费品销售的限制，允许向持有"可兑换比索"（即"外汇券"）的古巴普通民众销售手机、电脑、DVD 机、彩电等商品；允许古巴公民入住涉外旅游饭店（但需支付"可兑换比索"）；取消工资最高限额；允许职工和大学生兼职，挣两份或两份以上工资；通过第 259 号法令和 282 号法令，将闲置的土地承包给合作社或个体农民；大力发展市郊农业；削减不必要的公共事业补贴，关闭免费职工食堂；取消凭本低价供应的芸豆、土豆、香烟等商品；将国有理发店和美容店承包给原职工；将投资建高尔夫球场的外国投资者土地租用期限从 50 年增加到 99 年等。

调整经济发展模式的主要目的之一是为了改善人民的生活。劳尔等古巴领导人承认，"古巴面临极端的客观困难：工资不足以满足全部需要，没有履行'各尽所能，按劳分配'的社会主义原则；社会纪律松弛、自由放任等"。古巴职工的平均月工资不到 20 美元，而除定量供应的商品外，购买其他商品必须用外汇或"可兑换比索"，对于大部分没有外汇来源、仅靠工资收入的居民来说，生活困难相当大，古巴社会存在着事实上的不平等。

自 2006 年以来，劳尔先后发表了多次重要讲话，论述了他对古巴经济变革和"更新"社会主义经济模式的看法。与此同时，古巴党和政府采取一系列经济变革措施，以"更新"古巴的经济和社会模式。

2010 年以来，古巴政府出台一系列"更新"社会主义发展模式的新举措。8 月 1 日，劳尔发表重要讲话，宣布古巴将分阶段逐步减少在国有部门工作的职工，扩大个体劳动者的数量，并称这是"结构和观念的变革"。9月13日，古巴官方宣布，到2011年3月底，在半年时间内，国有部门将有50万人下岗，其中约25万人将从事个体劳动。为此，政府于9月24日在党报《格拉玛报》上公布了为个体户开放的178项经济活动，放宽了对个体工商户的限制。

古巴大批国有部门人员的下岗、放宽个体户从业，是解决剩余劳动力、调整就业结构、降低国家财政支出、增加税收收入的必要措施，是古巴新的经济变革的重头戏，是一剂猛药，其成功与否将对古巴未来的经济变革进程起到关键作用。

这次古巴新的经济变革措施来势凶猛，牵涉面大；触动了经济结构和观念问题。评论认为，随着个体户的扩大、允许雇工、国家银行准备向私企贷款等措施的实行，私人中小企业和城市合作社将逐步在古巴涌现，这将使古巴所有制的结构发生变化，使古巴经济逐步向市场经济过渡。

关于古共"六大"的召开和意义，徐世澄作了如下梳理。2010年11月8日，古共中央第二书记、国务委员会和部长会议主席劳尔·卡斯特罗向古巴全党和全国发出关于召开古共"六大"的号召。次日，古巴公布了准备在"六大"讨论通过的主要文件《经济和社会政策纲要》草案。随后，先是在高级党校举办了两期高级干部培训班，学习和讨论《纲要》草案，之后从12月1日起至2011年2月底，在全国各地组织党内外群众对《纲要》草案进行了广泛的讨论，并普遍地征求意见和建议。

4月16—19日，古共成功地召开了"六大"。劳尔·卡斯特罗在4月16日"六大"开幕式上作了中心报告，报告强调"六大"的宗旨是讨论和通过《纲要》草案，就古巴经济和社会模式的"更新"达成共识和选举产生新的中央领导。在报告中，劳尔就古巴模式的"更新"提出了重要看法和指导性意见。劳尔的中心报告的要点如下。

经济和社会模式"更新"的目的是为了继续实现社会主义，社会主义是不可逆转的；是为了发展经济，改善人民的生活水平，弘扬社会主义的道德和政治价值；凭购货本低价计划供应日用必需品的制度已成为政府财政难以承受的沉重负担，它是平均主义的表现，与"各尽所能，按劳分配"的社会主义分配原则相矛盾，起着消极的作用，因此必须予以取消，但不会一下子马上取消；在社会主义的古巴，不会实施国际货币基金组织等主张的"休克疗法",政府绝不会抛弃任何无依无靠的人;已经开始的精简国有部门冗员的工作将继续进行,但不能操之过急,也不要停顿;非公有部门的扩大是受有关法律保护的一种就业出路,应该得到各级领导的支持,同时也要求个体户必须严格遵守法律,履行包括缴纳税收在内的义务,扩大非国有部门经济并不意味着所有制的私有化;古巴政府将继续保证全体居民享受免费医疗和免费教育,通过社会保障和社会救济制度对居民适当地进行保护;逐步实行权力的下放,要实行政企分开;古巴仍将以计划经济为主,但应考虑市场化趋向;要逐步有序地实现权力的下放;要重视合同制的作用;要少开会、开短会,不在上班时间开会;反对搞形式主义的纪念活动和发表空洞的讲话,反对搞没有实质内容的义务劳动和变了味的竞赛活动;"更新"经济模式不是一朝一夕、一两年就能完成的事,至少需要五年时间,《纲要》中有关"更新"经济模式的方针和政策并不是能解决所有问题的万能药方;反对一些地方政府部门对个体户登记和营业采取官僚主义作风;要求党员干部克服形式主义,密切联系群众,深入了解群众的疾苦和不满,以取得群众对党的信任;要改变思想,抛弃以教条和空洞口号为基础的因循守旧、墨守成规;主张党政职能分开;要注意提拔年轻干部,使干部队伍年轻化;提议今后党和国家主要领导人任期最多为两届,每届任期五年。

4月17—18日,与会代表分成五组,对劳尔的中心报告和《纲要》草案进行了讨论。根据会前党内外群众及"六大"代表们的意见和建议,对《纲要》草案进行了修改和补充。"六大"代表最后通过了修改后的《纲要》。"六大"通过的《纲要》共313条,比原《纲要》草案增加了22条。

《纲要》涵盖了经济社会的各个方面,包括经济管理模式、宏观经济、对外经济、投资、科技创新、社会、农业、工业和能源、旅游、运输、建筑住房水力资源、贸易政策等。从《纲要》内容来看,古巴将坚持社会主义,坚持共产党的领导;将坚持社会主义计划经济,而不是市场经济;将继续实行全民免费医疗和免费教育,将重视发展农业,进一步吸收外资,扩大个体经营,削减政府的补贴。

古共"六大"在政治方面,确立了以劳尔·卡斯特罗为第一书记的新的党中央领导班子,宣布实行党和国家最高领导人的任期制,取消了事实上的终身制;健全了党的集体领导制度和党内的民主集中制;在经济和社会方面,就"更新"经济和社会模式的方针政策,统一了思想,达成了共识。古巴共产党是古巴社会主义革命和建设事业的核心力量，古共"六大"是一次承前启后、继往开来、具有重大历史意义的大会，它对古巴社会主义事业持续发展将会产生重大和深远的影响。劳尔在"六大"的重要讲话和"六大"通过的《纲要》，为古巴未来的经济变革确定了方向。

古巴共产党在探索符合本国国情的建设社会主义道路方面取得了显著进展，古巴已踏上了一条在变革开放中坚持、巩固和发展社会主义的道路。目前古巴在坚持社会主义的前提下，正在"更新"其社会主义发展模式。展望未来，古巴"更新"社会主义发展模式的进程将是渐进、稳步和谨慎的，古巴社会主义建设的道路不可能一帆风顺，还会出现曲折，但古巴社会主义的前景是乐观的。

二　拉丁美洲左翼政治力量研究

（一）拉美印第安人运动与左派政党

印第安人运动是拉美社会运动的重要组成部分，其兴起和发展与左派政党有密不可分的联系。拉美左派政党在农村的广泛动员推动了印第安人运动的形成和发展。为实现运动的诉求，印第安人运动经常与左派政党结盟。左派政党的兴衰也影响到印第安人运动的发展。长期以来，这两种政治力量存在分歧矛盾，政治认同的差异是其重要原因。当前，在拉美"左转"的形势下，印第安人运动与左派政党仍应理顺关系。

拉丁美洲研究所方旭飞认为，社会运动是指具有某种共同身份特征的特定部门或群体通过体制外集体行动的形式，试图由下而上改变政治、经济和社会结构，实现自身权益。[1] 社会运动是政治表达的一个平台和方法，是非制度化政治的一部分。政党作为制度化政治的组成部分，是现代民主社会中国家和社会之间联系的主要纽带。社会运动与政党之间存在着紧密的联系。在民主政治里，社会运动有很多功能：它们有助于确立政治议事日程，与政党交互作用，而且社会运动常常发展出政党，社会运动有助于政府判断人们对于国家行动的支持或反对的程度。

---

[1]　方旭飞：《试论拉美印第安人运动与左派政党》，《拉丁美洲研究》2010年第4期。

方旭飞认为，印第安人运动是社会运动的重要组成部分，是印第安人这个拉美特殊社会群体进行政治表达的主要平台和方法。印第安人是美洲的原居民。新大陆被"发现"后，他们饱受殖民者的剥削和掠夺，人数急剧下降，沦为拉美地区的主要少数族群。为争取自己应有的权益，他们进行了坚持不懈的斗争。印第安人运动的兴起和发展与左派政党有密不可分的联系。深入分析印第安人运动及其与拉美左派政党这两个重要政治力量之间的相互关系，有助于我们全面深刻理解拉美政治。

关于20世纪拉美印第安人运动发展历程，方旭飞认为，20世纪60—70年代，拉美的印第安人运动作为一种广泛的人民运动，首先在厄瓜多尔、玻利维亚等国开始兴起。60年代以来的拉美印第安人运动可分成三个阶段。

第一阶段：60—70年代拉美印第安人运动兴起。1964年在厄瓜多尔亚马孙地区成立的舒阿尔人联合会被誉为拉美现代史上"第一个真正的印第安人运动组织"。70年代，在军事独裁统治的严酷政治环境下，拉美涌现了一批印第安人运动组织。这一时期，印第安人运动的主要推动力是争取和捍卫土地所有权。

第二阶段：80年代拉美印第安人运动发展成为全国性的政治力量。70年代末，拉美政治开始"还政于民"的民主化进程。民主化为印第安人运动提供了政治空间。智利、墨西哥、尼加拉瓜、巴拿马和秘鲁等国成立了区域性印第安人组织，这些组织与地方性的小规模组织加强了联系。哥伦比亚、玻利维亚、委内瑞拉、厄瓜多尔、巴西和阿根廷等国还成立了全国性的印第安人组织。

第三阶段：90年代以后拉美印第安人运动勃兴并获得了巨大成就和较大的政治影响力。首先，拉美印第安人运动提出了全面的权利要求。其次，印第安人组织之间的联系加强。再次，拉美印第安人运动不仅进行体制外的抗议活动，还建立了以族群认同为基础的政党作为运动的政治工具，积极参与制度化的政治竞争。

关于拉美印第安人运动与传统左派政党之间的互动关系，方旭飞认为，拉美印第安人运动与传统左派政党之间既有紧密的联系，也长期存在着深刻的分歧和矛盾。首先，拉美左派政党在农村的广泛动员推动了印第安人运动的形成和发展。左派政党视贫困的工人和农民为其"天然"的社会基础。20世纪30—40年代，在马克思主义劳工运动和农民运动的影响下，拉美国家的共产党和社会党等左派政党在农村进行广泛动员，推动了包括印第安人在内的农民运动的发展。厄瓜多尔印第安人联合会和秘鲁农民联合会等一批以左派政党领导和控制的印第安人和农民组织因此应运而生。在左派政党的动员下，各国印第安人也积极参与了共产党、社会党等各左派政党及组织，有力地推动了革命运动的发展。

其次，为实现运动的诉求，印第安人运动经常与左派政党结盟。与左派政党结盟是印第安人运动的战略选择，因为左派政党是属于要求在政治制度中具有更大代表性的下层人民群体的组织，他们比中间政党或保守政党开放，更易接受下层群众提出的新思想。特别是在 90 年代以后，传统左派政党的衰弱为印第安人运动的崛起提供了政治空间，印第安人运动与左派政党结盟更成了一种非常有吸引力的选择。

关于印第安人运动与传统左派政党之间存在矛盾，方旭飞认为，长期以来，拉美印第安人运动与传统左派政党之间存在着深刻的矛盾。对印第安人长期以来所遭受的掠夺和剥削，拉美传统左派政党予以高度同情，积极支持他们争取土地所有权的斗争。但是，对印第安人所提出的在种族、文化差异性基础上的权益诉求，拉美传统左派政党持不认同态度。

关于拉美"左转"下的印第安人运动，方旭飞认为，进入 21 世纪，拉美政治格局发生了巨大变化。继委内瑞拉"第五共和国运动"的领袖查韦斯在竞选中获胜上台后，相继有巴西、阿根廷、乌拉圭、智利、玻利维亚等十多个国家的左派政党和政治人物上台执政，国际媒体和学术界称这种现象为拉美"左转"。它极大地改变了拉美地区的政治图景，使印第安人运动所处的政治环境发生变化。在拉美"左转"中上台的左派与 20 世纪传统左派在理论观念、政治目标和社会基础等方面既有继承又有发展，有的学者称其为"新左派"。

在拉美"左转"的新形势下，一些国家的印第安人运动获得重大胜利，特别是在玻利维亚和委内瑞拉，印第安人运动长期斗争的诉求得到满足。2005 年，玻利维亚争取社会主义运动领袖、印第安人艾沃·莫拉莱斯在大选中获胜，成为本国有史以来第一位印第安人总统。莫拉莱斯上台后，采取了一系列保护印第安人的措施。2009 年 1 月通过的新宪法支持玻利维亚多元的印第安人文化，规定玻利维亚将在政治上建立"自治的多民族国家"。在国家统一的前提下，土著居民将被赋予行政、法律、经济、宗教和文化方面更多的自决权。委内瑞拉的印第安人运动在查韦斯政府的长期支持下也有了较快发展。在印第安人口密度最大的亚马孙州，印第安人政党"亚马孙州多种族人民团结党"与查韦斯领导的"第五共和国运动"结成了联盟。

但在另一些左派政党执政的国家，印第安人运动的政治影响力却有所减弱。厄瓜多尔的印第安人运动——全国印第安人联合会曾经是拉美国家最成功的。2002年，帕查库蒂克党作为古铁雷斯政府的联盟第一次参加政府。但是，古铁雷斯执政后却逐渐远离左派，导致联盟内部产生分歧，2003年8月帕查库蒂克离开了联盟。2006年，科雷亚寻求以帕查库蒂克党候选人身份参加总统竞选，但遭到拒绝，于是科雷亚转而建立自己的政党并成功当选总统。厄瓜多尔全国印第安人联合会及帕查库蒂克党的政治影响力减弱。在巴西、巴拉圭等左派政党执政的国家，印第安人政党也大部分未能加入政治主流。在非左派政党执政的国家，如墨西哥、哥伦比亚、秘鲁、智利（2010年3月右派上台执政）等国，印第安人组织仍然在为建立自己的政党而斗争。在亚马孙地区，印第安人为维护他们在该地区土地和自然资源控制方面的权益而进行了激烈斗争。

综上所述，方旭飞得出结论认为，拉美印第安人运动与左派政党之间存在着既合作又斗争的复杂关系。双方既相互依存、共同为左派事业而斗争，彼此之间又存在着深刻的分歧与矛盾。拉美印第安人运动的兴起与发展同左派政党有紧密联系；与左派政党的结盟提高了印第安人运动的实力，有助于自身利益诉求的实现。左派政党的兴衰对于印第安人运动有重要影响。20世纪90年代，在缺乏切实可行的左派政党支持的情况下，印第安人运动利用公众对新自由主义经济政策的不满，通过与各个弱小的、分裂的人民组织和左派政党缔结成联盟的战略，获得了较大的进展。21世纪初，左派政党以反对新自由主义为动员旗帜相继赢得总统竞选，说明新左派已经获得了广大选民的认可，印第安人运动在反对新自由主义的斗争中，必须与左派政党进行激烈竞争。

2. 美洲玻利瓦尔联盟：对一种新型区域一体化模式的分析

美洲玻利瓦尔联盟谋求创造一种新型区域一体化模式，从而替代美洲自由贸易区，在解决贫困与社会排斥的基础上实现拉美的真正一体化。联盟是拉美反对新自由主义斗争的产物，是拉美一体化进程的产物，是拉美民族主义和反美主义相结合的产物。

拉丁美洲研究所王鹏认为，美洲玻利瓦尔联盟（ALBA）寻求创造一种新型区域一体化模式，从而替代美洲自由贸易区，乃至替代基于自由贸易的一体化路径，使具有紧密的地理联系、历史联系和文化联系的拉美国家能够在解决贫困与社会排斥的基础上，实现真正的政治、经济和社会一体化。[①] 联盟在成立之后取得稳步发展，成员国数量不断增加，各类合作机制逐步建立。它已经成为一个具有一定广泛性和代表性的中小国家集团，对平衡大国影响力、捍卫中小国家利益具有重要意义，是世界秩序重构的一个表现。

关于联盟的产生，王鹏认为，美洲玻利瓦尔联盟的产生应当归结于以下三大因素。第一，联盟是拉美反对新自由主义斗争的产物。20 世纪末以来，拉美政治格局发生重大变动，一批左派政党和政治家通过选举实现执政。以委内瑞拉总统乌戈·查韦斯为代表的拉美左派执政者强烈反对新自由主义，抨击新自由主义政策加剧了拉美的依附、贫困和不平等，强调国家在经济发展进程中发挥主导作用。这些拉美左派执政者谋求在本地区创造一种替代性的政治、经济和社会秩序。他们的主张得到一批拉美中小国家的支持。

第二，联盟是拉美一体化进程的产物。以查韦斯为代表的拉美左派执政者自视为西蒙·玻利瓦尔一体化思想的继承者。他们认为，拉美国家必须坚持推进真正的一体化，才有可能实现可持续发展、捍卫自身安全和主权、满足人民的基本需求。这些拉美左派执政者认为，贫困和社会排斥、沉重的债务负担、不平等的国际交换和不公正的国际关系等因素制约着拉美一体化进程走向深化，发展程度和发展需求不同的国家要求应用不同的一体化模式。

第三，联盟是拉美民族主义和反美主义相结合的产物。以查韦斯为代表的拉美左派执政者具有强烈的民族主义和反美情绪。他们认为，美国等发达国家为全球化制定了利己的"游戏规则"，美国提出的一系列新自由主义贸易倡议是损害发展中国家利益的"陷阱"。这些拉美左派执政者认为，拉美能够在不依附美国和欧洲的情况下实现发展。他们主张拉美国家坚持走一体化道路（美国这样的地区外部国家应当被排除在外），以团结合作捍卫独立和抵制外来干涉，终结美国在拉美地区的经济垄断地位。

---

① 王鹏：《美洲玻利瓦尔联盟：对一种新型区域一体化模式的分析》，《拉丁美洲研究》2010年第 5 期。

关于联盟的机制、原则与合作内容，王鹏认为，美洲玻利瓦尔联盟谋求使国家间关系由竞争转变为互补与合作，反对把经济合作框架建立在国家之间的殊死竞争之上，希望使发展水平不尽相同的成员国都能够从一体化进程中受益。

联盟具有与拉美一体化协会相似的分散化治理结构。最高领导机构为总统理事会，下设部长理事会和社会运动理事会，另设政治、社会、经济、投资金融、能源、环境、青年等委员会。各委员会由成员国负责相关事务的政府部长组成。委员会定期向部长理事会和社会运动理事会汇报工作。这两个理事会则向总统理事会汇报工作。委员会给出研究结果和建议，但建议实施与否完全取决于成员国的意愿。

联盟的运作遵循政府间主义，较少超国家色彩。联盟无意仿效欧盟建立拥有很大权力的超国家机构，而是希望在构建合作框架的过程中发挥成员国的作用，确保成员国对自身政治事务、经济事务和社会事务的控制力。联盟的超国家成分更多体现了成员国的共识，而非成员国向它让渡主权。联盟没有一整套对全体成员国具有约束力的法规或义务。

联盟谋求创造具有最大灵活性的合作机制。联盟认为，尽管成员国具有不同程度的发展水平，但它们都具有独特的经济、社会和文化力量。因此，联盟希望成为一个平台，发挥联结作用，使具有共同意愿的某些成员国能够在某个领域直接开展一体化建设。这意味着在联盟框架下签署的合作协定往往是部分成员国之间的双边或三边协定。

联盟的核心理念是探索一条非资本主义的一体化道路。在2008年爆发的全球经济危机并非一场周期性危机的重演，而是一场结构性的资本主义体系危机。人类有必要创造和发展资本主义的替代模式。联盟全体成员国在2010年4月签署的《加拉加斯200周年宣言》中明确承诺建设通往社会主义的道路，把社会主义视为国家实现真正独立、人民获得公正的唯一保障。

关于联盟的替代性和兼容性，王鹏认为，传统的贸易安排（例如美洲自由贸易区）以市场为依托，主要通过商品交换和资本流动建立或扩大市场，削减关税和贸易壁垒，具有浓厚的商业色彩。在美洲玻利瓦尔联盟的推动者看来，通过消除关税和贸易投资管制给予市场准入的做法符合大国和发达国家的利益，却无法使发展中国家、尤其是中小发展中国家受益。因此，联盟寻求创造一种替代贸易自由化的一体化模式。

相较于以美洲自由贸易区为代表的传统贸易安排，联盟的替代性主要表现在以下几个方面。

第一，联盟强调国家而非市场的作用，以政府代替跨国企业成为国际经济合作的主角。第二，联盟主张实现内生发展而非建立出口导向型经济。美洲自由贸易区将使拉美国家愈来愈转向出口导向型经济，愈来愈依赖对外出口。与之相反，联盟强调内生发展的重要性。第三，联盟主张对不同发展水平的国家进行区别对待，在充分考虑其发展水平和经济规模的基础上，给予差别待遇。在联盟看来，在发展程度不对称的国家之间进行自由竞争将毁灭弱者，贸易协定必须以公平而非最大利润为核心。第四，联盟强调公民社会参与一体化进程，明确把消除贫困和社会排斥作为工作目标。

关于联盟的影响和挑战，王鹏认为，美洲玻利瓦尔联盟是拉美国家寻找替代发展模式进程的一个组成部分，是拉美国家通过贸易自由化之外的路径实现一体化的重要尝试。它并非一个成熟的一体化模式，仍然处于发展和变动之中，但它使拉美的一体化进程更具多样性和活力。

联盟把社会利益嵌入拉美国家的政治经济关系之中，强调基于社会需求的国家间合作。这种理念在中小国家、欠发达国家尤为受到欢迎。它对这些国家具有以下吸引力：不同发展水平的成员国可以享受差别待遇，贸易和支付条件的非对等性，成员国能够以很低的门槛和优惠的条件获得大量贷款，医疗和教育领域的合作（直接惠及最弱势群体）。查韦斯认为，各国人民都应当受益于这一替代性的贸易—发展模式，因而邀请包括美国在内的地区各国参与该计划。

联盟的发展进程将在未来面对以下三大挑战：第一，联盟对单一成员国的依赖程度远远超过其他拉美一体化组织。第二，联盟的凝聚力存在很大的脆弱性。第三，联盟的理论和实践存在一定的脱节。

联盟主张各成员国实现最具优势的生产互补，为此开展易货贸易。例如，委内瑞拉向古巴提供石油，后者向委内瑞拉提供医生和教师；委内瑞拉向玻利维亚提供石油，后者以农产品作为偿还。但是，易货贸易如何能使这个一体化组织超越"资本主义的逻辑"并走向社会主义？联盟尚未对此做出明确解答。

三 国别和人物案例研究

(一) 查韦斯的国际战略和外交政策

在查韦斯执政期间，委内瑞拉的外交日趋活跃。拉美所王鹏和北京大学路燕萍认为，查韦斯积极倡导建立多极世界，主张加强南南合作，改变超级大国主宰世界事务的局面，寻求打破制约本国和广大发展中国家发展的不利因素。[①] 委内瑞拉以地区外交为核心，大力推动拉美国家、尤其是南美洲国家的团结合作和一体化；提出一系列有关南南合作机制的设想，加强与新兴发展中大国的关系；以能源外交拓展国际合作空间；参与变革国际政治经济秩序。从总体看，查韦斯的外交政策有力地提升了委内瑞拉的国际影响力，为南南合作注入新的活力，有助于第三世界国家在新旧国际秩序交替进程中寻找更为适合自身的发展新路。

1999年乌戈·查韦斯就任委内瑞拉总统。此后，在他执政的10余年间，委内瑞拉的外交日趋活跃。查韦斯推行具有鲜明第三世界立场的国际战略，力图打破制约本国和广大发展中国家发展的不利因素，以改革不公正、不合理的国际政治经济秩序为最大诉求，积极倡导建立多极世界，把南南合作视为发展中国家实现独立和发展、改革现行国际政治经济秩序的关键途径。在此期间，委内瑞拉以地区外交为核心，大力推动拉美国家、尤其是南美洲国家的团结合作和一体化；提出一系列有关南南合作机制的设想，加强与新兴发展中大国的关系；以能源外交拓展国际合作空间；参与变革国际政治经济秩序，提出一系列有关国际金融体制改革的构想。

关于查韦斯的国际战略，王鹏和路燕萍认为，委内瑞拉的发展进程在20世纪八九十年代遭遇重挫。80年代初，委内瑞拉陷入第二次世界大战后最严重的经济危机之中。美国在对拉美进行直接干预的同时，还借助国际机制发挥其影响力。委内瑞拉在债务负担的沉重压力下，不得不牺牲经济主权，按照该组织的要求实施剧烈的经济改革，为此付出社会矛盾激化、人民生活水平倒退的惨痛代价。这一重挫使委内瑞拉主权的脆弱性暴

---

① 王鹏、路燕萍：《查韦斯的国际战略和外交政策》，《拉丁美洲研究》2010 年第 3 期。

露无遗，也使该国的民族主义者对国家的未来产生深刻的忧虑。民族主义情绪强烈的查韦斯认为，美国的强权政治和肆意干涉是导致包括委内瑞拉在内的众多拉美国家陷入经济和社会混乱的主要原因。他曾明确表示，发动 1992 年军事政变的一个重要目的就是阻止美国对委内瑞拉的干涉。

查韦斯在抨击美国霸权的同时，进一步把抨击的矛头指向有损发展中国家利益的全球化进程。在这一背景下形成的查韦斯国际战略具有鲜明的第三世界立场，以改革不公正、不合理的国际政治经济秩序为最大诉求。查韦斯认为，为使全球化以更为公正的方式进行，有必要建立新的国际政治经济秩序，使其更为充分地体现发展中国家的利益诉求。新的国际政治经济秩序应当使各国更加注重社会发展而非追逐利润，更为注重提高生产能力和加强平等合作而非一味地加剧国家间的竞争。

查韦斯的国际战略具有以下内涵：以地区外交为核心，大力推动拉美国家、尤其是南美洲国家的团结合作和一体化；深化和扩大南南合作，加强与新兴发展中大国的关系，以能源外交拓展国际合作空间，参与变革国际政治经济秩序，寻求打破制约本国和广大发展中国家发展的不利因素。

关于推进拉美一体化与南南合作，王鹏和路燕萍认为，查韦斯有关南南合作理念首先体现在促进拉美国家的团结合作和一体化，目的是使地区各国能够按照本国的意愿解决自己的问题。

在查韦斯执政时期，委内瑞拉与巴西、阿根廷、古巴、尼加拉瓜、玻利维亚等国的双边关系得到密切和深化。委内瑞拉支持巴西成为联合国安理会常任理事国，两国已经建立首脑定期会晤机制。查韦斯在 2008 年呼吁，巴西、阿根廷和委内瑞拉合作打造南美的"地区轴心"，成为推动地区一体化的主要动力。委内瑞拉与古巴的双边关系极为密切，2004 年两国建立战略联盟，委内瑞拉现在是古巴最重要的贸易伙伴。

南方共同市场是拉美最重要的经济一体化组织之一，查韦斯把它视为推动南美洲一体化进程的"发动机"。2001 年委内瑞拉正式提出加入南共市，2006 年成为正式成员国（但其成员资格受到限制，不具有投票权）。委内瑞拉的加入将使南共市的经济实力更为强大。随着委内瑞拉的加入，南共市的总人口达到 2.7 亿，其经济总量占南美洲国内生产总值的大约 76%。

在全球层面，查韦斯不断发出第三世界国家联合自强的呼声，提出一系列有关南南合作机制的宏大设想。他建议把 15 国集团发展成为一个南方一体化运动，囊括不结盟运动、77 国集团、中国乃至整个南方；成立债务国基金，作为债务国进行协商、协调集体行动的一个工具；扩大第三世界国家之间的贸易和投资，使之不必为获得发达国家的资本而无休止地做出让步。

关于美洲玻利瓦尔联盟作为南南合作替代方案的设想，王鹏和路燕萍认为，查韦斯将一体化视为拉美发展的必由之路。这种一体化应当是具有解放性质的一体化，应当是为自由和公平而实现的一体化，而非新自由主义全球化所推动的一体化。

查韦斯坚决反对美国倡导的美洲自由贸易区。他把美洲玻利瓦尔联盟视为自由贸易模式的替代选择。联盟的前身为"美洲玻利瓦尔替代计划"，2004 年委内瑞拉和古巴签署协议正式确立该"计划"，2009 年更名为美洲玻利瓦尔联盟。查韦斯推动成立联盟的主要目的是：第一，使贸易和投资成为成员国实现可持续发展的工具；第二，成员国可以根据其发展水平和经济规模获得特殊的、个性化的待遇；第三，成员国之间进行金融互补与合作，共同应对贫困。联盟与美洲自由贸易区的主要差别在于：它承认各国在经济上是平等的，贸易协定必须以公平而非最大利润为核心；它不是以出口为导向的，而是推动成员国实现内生发展。联盟在探索一体化新路的同时，承诺支持其他拉美地区一体化组织和倡议。

关于开展能源外交，王鹏和路燕萍认为，委内瑞拉是世界能源大国，其石油生产和出口均位居世界前列。能源产业是委内瑞拉的经济支柱产业，是国家出口收入和政府财政收入的主要来源，也是查韦斯实行宏大社会变革的力量依托。因此，委内瑞拉把能源生产和出口安全视为国家的核心利益。在查韦斯政府执政期间，能源外交始终是委内瑞拉外交的一条主线。它的三个基本目标是：稳定国际石油价格，增强自身石油生产能力，实现石油出口市场的多元化。

第一，稳定国际石油价格。查韦斯主张实行"限产保价"政策。2000年，他利用委内瑞拉担任欧佩克轮值主席国的机会，促成第二届欧佩克首脑会议在加拉加斯举行。会议对于欧佩克确定油价浮动范围、进而稳定油价发挥了重要作用。从那时以来，委内瑞拉是最坚定实施"限产保价"政策的欧佩克成员国之一。

第二，实现石油出口市场的多元化。由于历史和地理原因，美国是委内瑞拉最重要的石油出口市场，向美国出口的石油占委内瑞拉石油出口总额的 60％。2008 年，美国从委内瑞拉进口石油达 119 万桶/日。此外，美国还是委内瑞拉石油业的主要投资者和技术来源。着眼于本国的经济独立，查韦斯希望改变过度依赖美国市场的石油出口格局，实现石油出口市场的多元化。在这一背景下，委内瑞拉不断扩大对拉美、欧盟、东亚和南亚的石油出口。委内瑞拉加强了与亚洲国家、尤其是中国的能源合作。

第三，实现投资来源多元化。国内资本匮乏是制约委内瑞拉油气资源开发的"瓶颈"。查韦斯政府在石油业实行了大规模的国有化，这一措施引起一些西方跨国公司的反对，埃克森美孚公司、康菲石油公司等退出该国石油业。在这一背景下，委内瑞拉非常注重吸引来自非西方国家的投资者，促进投资来源的多元化。

关于参与构建多极世界和推动国际金融体制改革，王鹏和路燕萍认为，查韦斯主张建立一个更为平等公正的多极世界，实现国际关系的民主化，摆脱超级大国主宰世界事务的局面。查韦斯在 2008 年指出："多极世界正在形成。"他强烈呼吁改革国际组织、尤其是联合国，加强其代表性和民主性。他为改革联合国提出明确的建议：扩大安理会规模，增加常任理事国和非常任理事国的数量，允许更多的发展中国家进入安理会；改进工作程序，使安理会的决策更具透明度；废除否决权，这一精英主义的安排违背了民主和平等原则；加强秘书长的作用，加强其开展预防性外交的政治功能。

查韦斯有关改革国际经济秩序的主张集中体现在国际金融体制的改革。他呼吁成立一批替代性的金融机构，终结美元的霸权地位，在充分维护发展中国家利益的基础上构建新的国际金融体制。查韦斯有关国际金融体制的改革的主张主要包含以下两点。

第一，建立一批由发展中国家组成的多边金融机构，提供替代国际货币基金组织的融资渠道，维护第三世界的经济独立。查韦斯有关替代金融机构的主要设想是成立南方银行。2006 年他正式提议成立这一银行，希望使之成为南美洲的"国际货币基金组织"。第二，建立多元的国际货币体系，使之取代以美元为中心的国际货币体系，打破美国的金融霸权。2005 年以来，委内瑞拉一直减持美元储备，把部分石油出口收入兑换成欧元。2007 年，他在第三届欧佩克首脑会议上建议该组织寻找替代方案，改变以美元为石油定价的做法，代之以一揽子货币。这一提议得到伊朗等国的支持。他还在多个场合提议以欧元取代美元进行石油交易。

关于查韦斯外交的影响与挑战,王鹏和路燕萍认为,具体而言,查韦斯外交产生以下两点重要影响:第一,委内瑞拉的国际影响力得到有力提升,成为全球政治的一名重要参与者。第二,为南南合作注入新的活力,有助于第三世界国家在新旧国际秩序交替进程中寻找更为适合自身的发展新路。

查韦斯外交在提升委内瑞拉国际影响力的同时,也使委内瑞拉面对以下两大挑战。挑战之一,如何处理与美国的关系?查韦斯执政后强调维护委内瑞拉国家主权和民族利益,并迅速从一个美国的盟友转变为一个美国政策的强烈批评者,两国关系整体呈现恶化趋势。2002年4月,委内瑞拉部分军人发动军事政变,查韦斯认为美国是政变的幕后主使力量。从那时以后,两国关系跌入谷底,高层互访停止,传统的反毒和军事合作完全破裂,在人权、民主化、军购、美洲自由贸易区等一系列问题上摩擦不断。

与美国的公开对抗使委内瑞拉承受着巨大的外部压力。委内瑞拉对美国依然存在巨大的现实需求,美国是委内瑞拉最重要的贸易伙伴,长期从委内瑞拉进口大量石油,也是它的最大投资国。在可预见的未来,拉美国家在政治、经济、科技、军事等领域仍然对美国有着巨大需求,没有任何一个国家在西半球的影响力能够超越美国。这些因素意味着查韦斯在今后必须以更为务实的态度处理委内瑞拉与美国的关系。

挑战之二:如何使国际责任与委内瑞拉的国力相适应?在查韦斯执政时期,委内瑞拉承担的国际合作开支迅速增加,并达到前所未有的高度。这一开支的具体数额不为外界所知,但它无疑是巨大的。委内瑞拉资助巴西的桑巴舞巡游和墨西哥穷人的眼科手术,大量购买阿根廷的债券,以极为优惠的条件为"加勒比石油计划"成员国提供石油。美洲玻利瓦尔联盟的运转主要依靠委内瑞拉的资金。尽管委内瑞拉的经济规模远不及巴西和阿根廷,却在南方银行承担与两国相等的出资份额。外界普遍认为,委内瑞拉并没有足够的经济实力长期支撑查韦斯的这种慷慨做法。在委内瑞拉经济增长速度放缓的背景下,查韦斯必须以更为稳健的做法开展对外合作。

(二) 查韦斯执政以来的委内瑞拉国家石油公司

拉丁美洲研究所赵重阳认为,查韦斯就任委内瑞拉总统以后,对委内瑞拉国家石油公司进行了重组，使公司的战略服从于国家的发展战略，并赋予其新的、更大的经济和社会责任。[①] 委内瑞拉国家石油公司对查韦斯政府建设"21世纪社会主义"具有重要意义，是实践"21世纪社会主义"的推进器。虽然当前委内瑞拉国家石油公司面临着自主性、资金和人力资源不足等困难，但由于委内瑞拉丰富的油气资源，公司的发展前景以及与国外石油公司的合作前景还是较为广阔的。

委内瑞拉是世界上石油储量最丰富的国家之一，已探明石油储量为2111.7亿桶，仅次于沙特阿拉伯（2620亿桶）；也是世界上最大的原油出口国之一，2008年净出口量位列全球第八。委内瑞拉国家石油公司是该国最大的国有企业，负责开发国内油气资源，规划和监督与油气有关的产、炼、销等上下游活动。它还是世界上最大的石油公司之一，在美国《石油情报周刊》（PIW）公布的2008年世界主要石油公司综合实力排行榜上，委内瑞拉国家石油公司位列拉美第一、世界第四。

自20世纪20年代起，石油工业便逐渐成为委内瑞拉国民经济的支柱和命脉。石油收入约占委内瑞拉国内生产总值的1/3、政府收入的1/2、出口收入的3/4。为了能最大限度地获取石油利润并加以利用，委内瑞拉在不同的历史时期实行了不同的石油政策。作为委内瑞拉最大和最重要的国有企业，委内瑞拉国家石油公司的经营状况直接影响到国家的经济状况乃至政府的执政前景，因此一直是历届政府关注的重心，其在国家政治、经济生活中所扮演的角色也在不断发生着变化。1999年乌戈·查韦斯就任委内瑞拉总统以后，对委内瑞拉国家石油公司进行了重组，使"新"公司的战略服从于国家的发展战略，并赋予其新的、更大的经济和社会责任。

关于从"国际化"到服务人民的战略转变，赵重阳认为，从20世纪80年代起至查韦斯上台执政以前，委内瑞拉国家石油公司一直执行"国际化战略"。该战略的目标是使公司成为一个全球重要的、有竞争力的国际石油公司。

1999年查韦斯就任总统以后，决心对国家重要的战略产业部门实行国有化，使政府能够更快速、全面地推行"玻利瓦尔革命"。作为委内瑞拉的支柱产业，石油业首当其冲，最先被重新国有化。委内瑞拉国家石油公

---

① 赵重阳：《查韦斯执政以来的委内瑞拉国家石油公司》，《拉丁美洲研究》2010年第5期。

司成为首要整顿的目标。查韦斯政府认为，当时的委内瑞拉国家石油公司是国家的"特洛伊木马"，其"国际化战略"实际上是将公司私有化。公司大举投资国外，不仅使国家资本大量外流，而且使国家难以把握和控制这些海外资产；其与外国石油公司确立的运营服务协议和战略联盟出卖了国家利益，使国家损失了大量石油收入，那些国际石油公司却获得了丰厚利润，公司的精英阶层也得以中饱私囊；其同意国际仲裁损害了国家的司法主权。

鉴于此，查韦斯政府终止了公司的"国际化战略"，加强了对公司的控制，提高了税收，同时还要求其承担更大的社会责任。1999年《宪法》和2001年颁布的《碳氢化合物法》都规定，委内瑞拉国家石油公司要为政府规划和实施的社会项目作贡献。这些做法触动了公司精英阶层的利益，引起他们的强烈不满。2002年12月，委内瑞拉国家石油公司参加了由反对派发起的旨在迫使查韦斯下台的大罢工。罢工长达两个月，给委内瑞拉经济造成75亿美元的损失，国家的石油生产、炼油和出口也遭受重创，石油产量由2002年11月的330万桶/日降为2003年1月的70万桶/日。罢工坚定了查韦斯控制委内瑞拉国家石油公司的想法，并借机更换了公司的领导层，解雇了1.8万余名员工，对公司进行了重组，从而完全控制了公司，使其"获得了新生"。

新的委内瑞拉国家石油公司的任务是为国家发展、人民福祉、国家安全和保卫主权做贡献，通过石油生产、社会项目和能够最大限度地惠及整个社会的规划来实现社会福祉。其指导方针包括：对委内瑞拉人民承担义务、与政府保持一致、具有高度的国家主权意识、珍惜自然资源、简化结构、财务透明、建立新型的工人—企业—国家间关系、权力下放和良好的管理。

关于实践"21世纪社会主义"的推进器，赵重阳认为，查韦斯于1999年就任总统以来，开始在委内瑞拉推行"玻利瓦尔革命"，对国家的政治、经济、社会和外交等各个方面进行了一系列激进的变革。2006年他再次当选总统后，又提出在委内瑞拉建设"21世纪社会主义"，将变革继续深化。为了与国家的发展战略保持一致，委内瑞拉国家石油公司向政府实施的社会项目投入了大量资金、人员和技术管理支持，可以说是查韦斯推行"玻利瓦尔革命"、实践"21世纪社会主义"的推进器。

关于面临的困难和挑战，赵重阳认为，近年来，虽然委内瑞拉国家石油公司取得了许多令人瞩目的成绩，但仍面临着不少困难和挑战。

首先，高度服从国家发展战略使公司缺乏自主性。其次，大量承担社会责任使公司负担沉重。再次，高级技术和管理人员不足导致生产能力下滑。

综上所述，查韦斯政府一直致力于推动国家走"内生发展"的道路，以将当前依赖石油收入的发展模式逐步转变为多元和竞争的现代发展模式，但由于政府用以实施国家发展战略的资金主要来自石油收入，使得整个国家在一定程度上反而加重了对石油收入的依赖。委内瑞拉国家石油公司的运营状况和未来发展也由此变得更加重要，不仅关系着"21世纪社会主义"的实践前景，而且也影响到查韦斯的执政前景。在此情况下，尽管委内瑞拉国家石油公司面临着自主性、资金和人力资源不足等问题，但查韦斯政府和公司将会因应国际能源市场的变化调整公司的战略、经营和对外合作政策，使公司能更好地发展，最大限度地获取石油收入，实现"让石油服务于人民"的宗旨。

（三）查韦斯政府执政以来的委内瑞拉社会组织

拉丁美洲研究所王鹏认为，委内瑞拉查韦斯政府在执政期间积极促进各类社会组织的发展。[①] 以社区委员会、合作社和社区媒体为代表的委内瑞拉社会组织成为公民参与公共事务的重要渠道，并与政府形成良性互动的趋势。查韦斯政府把社区委员会视为建设参与式民主的主要组织形式。作为一种地方自治机构，社区委员会使公民对公共事务的直接参与走向制度化。查韦斯政府还大力促进合作社的发展，把合作社视为委内瑞拉实现"内生发展"的关键途径。在委内瑞拉，社区媒体是一种具有替代色彩的信息传播渠道，通过深入挖掘和揭示民众对于国家和国际事务的感受，为民众全面了解国家发展进程提供一条替代渠道。

1999年执政以来，查韦斯政府积极推动委内瑞拉公民社会的发展。查韦斯总统希望充分动员大众，构建参与式民主，使治理和他们的生活更紧密地结合起来，因而大力推动各类社会组织的发展。以社区委员会、合作社和社区媒体为代表的委内瑞拉社会组织成为公民参与公共事务、进入公

---

① 王鹏：《浅析查韦斯执政以来的委内瑞拉社会组织》，《拉丁美洲研究》2011年第2期。

共领域的重要渠道，并与政府形成良性互动。

关于参与式民主和社区委员会。王鹏认为，查韦斯政府力求在委内瑞拉建立参与式民主。1999年《宪法》强调建立一个公民广泛参与的民主体制，从而使民众融入国家的发展进程之中。《宪法》第62条规定：公民有权通过直接方式或选举产生的代表参与公共事务；公民参与公共事务的决策、实施和管理是保障他们在个人层面和集体层面实现全面发展的必要途径；国家和社会有责任和义务推动这一目标的实现。《宪法》第132条规定：每一位公民都有责任通过参与政治的、公民的和社区的事务履行其社会责任。《宪法》第135条规定：国家有义务保障公民按照其能力参与国家事务。《宪法》的这些条款使公民的政治参与不仅仅局限于选举和投票，还使他们意识到他们不是一个被动接受统治的群体，而是社会的主动建设者。

查韦斯政府把"有组织的社区"视为构建参与式民主、推动国家进步的主动力。查韦斯希望社区承担共同治理的责任，借助社区寻找和汇集基层民众的需求，由民众以民主方式确定政府需要完成的任务，使民众能够对公共工程和公共服务进行监督、控制和管理。民众由此更为充分地行使权力，而政府能够以更为透明的方式接受人民的监督，听取人民的建议或批评。基于这一理念形成的社区委员会是建设参与式民主的主要组织形式。

社区委员会的前身是"玻利瓦尔小组"。第一批小组在2000年成立。小组最初只注重学习宪法和委内瑞拉历史，其后转向推动社区发展状况的改善。查韦斯政府给予小组支持，希望它们能够在整合其他相关组织的基础上形成一种社区参与机制。小组的直接功能是满足所在社区的需求，其中包括维修基础设施、开展文体活动和参与全国性的活动。

近年来，委内瑞拉为增强社区委员会的作用而颁布了一系列配套法律。2008年颁布的《公共管理法》把社区委员会纳入公共管理机构，从而为把公共管理机构的相关权力交给社区提供了便利。《住宅与环境法》直接把社区委员会纳入全国的住房事业之中。《粮食与农业安全和主权法》使社区委员会在农业和食品分配领域发挥重要作用。《促进人民经济法》规定，委内瑞拉的生产模式"应当对社区的需求做出反应"，通过社会生产企业加强社区主导的生产。

关于合作社和社区媒体。王鹏认为，在委内瑞拉，合作社和社区媒体是两类颇具特色的社会组织。相较于社区委员会对社区事务的全面关注，合作社和社区媒体注重满足社区居民的某一类专门需求。

合作社是一种很有弹性的自治组织，其成员享有平等权利，其资产属于全体成员。它的宗旨是互助、自立、责任、民主、平等和团结，谋求满足共同需求、解决共同的问题。查韦斯政府把合作社视为委内瑞拉实现"内生发展"的关键途径。合作社最早在 20 世纪初出现，民主体制确立之后，合作社取得较快发展。政府在 1966 年成立管理合作社的专门机构——国家合作社监督局。

委内瑞拉 1999 年《宪法》规定国家有责任"促进和保护"合作社的发展。2001 年颁布的《合作社协会特别法》成为推进合作社发展的基本法律。该法规定，国家通过提供信贷、优先购买合作社产品、提供培训等途径推动各类合作社的发展。在相等条件下，合作社可以优先获得政府合同。由于委内瑞拉的私营部门传统上依赖政府和石油部门的合同，这一规定具有很重要的作用。

在查韦斯政府执政期间，合作社得到持续、快速的发展，其数量以前所未有的速度增长，仅在 1998—2005 年间就从约 800 个增至 1 万多个，150 多万人加入其中。截至 2007 年 8 月，已经有 21.5 万个注册登记的合作社。合作社创造的产值占委内瑞拉国内生产总值的 14%，职工人数约占全国经济活动人口总数的 18%。目前，委内瑞拉是世界上合作社数量最多的国家，其中绝大多数合作社都是在查韦斯执政以后成立的。

关于委内瑞拉新社会组织的评价问题，王鹏作了如下归纳。以社区委员会、合作社和社区媒体为代表的一批新社会组织在查韦斯政府执政期间蓬勃发展起来，为委内瑞拉构建公民社会发挥了重要作用。它们与之前的社会组织分属不同的谱系。20 世纪 50 年代，委内瑞拉出现众多反对独裁政权的秘密运动；60 年代，激进立场的左派反政府游击队极为活跃；70 年代，出现反对城市拆迁和饥饿的运动；80 年代和 90 年代，城市委员会运动一度高涨。

相对于上述组织和运动，新社会组织减少了自身的对抗色彩，转而承担更多的治理责任，把自身的目标视为国家整体转变进程中的组成部分，与政府形成良性的互动，对公共事务实施广泛的监督。委内瑞拉现在拥有众多的社区委员会、街道团体、合作社和社会网络。公共决策进程愈来愈多地向公众开放，社区居民可以更有效地表达对环境、住房、教育等问题的关注。社会组织对公共事务的高度参与使民众对国家的发展方向享有较以往更大的发言权。

伴随查韦斯政府执政而兴起的社会组织仍然面对如何确立国家与社会之间关系的重任。社会组织寻求打造广阔的自治空间，在社会变革背景下更是如此。在查韦斯政府执政期间，社会组织充分利用执政者的变革追求获得快速发展；另一方面，社会组织的发展也有助于查韦斯政府实施改革和巩固执政地位。在保持这种相互依赖的同时，这些公民组织有必要形成一个更具独立自主色彩的发展路线，从而使公民社会的构建不断走向深化。

（执笔人：张凡）

党建党史学科前沿报告

马克思主义研究院党建党史研究室

一 党建党史学科建设动态追踪

2010 年以来，党史学科发展呈现出了新特点：2010 年 6 月颁发的《中共中央关于加强和改进新形势下党史工作的意见》和 7 月中央首次召开的党史工作会议，表明党史学科发展受到高度重视；在总结改革开放以来党史学科进展中展望党史学科的发展；党史研究在诸多领域取得新进展：更加注重科学化，多学科研究，研究深入化。

党的十七届四中全会提出了党的建设科学化、建设马克思主义学习型政党的新要求、新命题，这成为 2010 年来党建理论研究的重要课题。此外，理论界还进一步梳理了党执政以来在党的建设上积累的基本经验，从探索党的建设基本规律角度进行了深入研究，并围绕当前正在开展的创先争优活动进行了探讨。

（一）重要著作简介

2010 年来在党建党史研究上，理论界取得了丰硕的成果，以下介绍几种重要著作：

中共中央文献研究室、中央档案馆编辑的《建党以来重要文献选编（1921—1949）》（中央文献出版社 2011 年版），收入了中国共产党成立以后至新中国成立以前各个历史时期形成的重要文献，包括中国共产党全国代表大会、中央全会等重要会议的文件，中共中央的重要决议、决定、宣言、通知、通告、指示，中央领导人的重要报告、讲话、文章、电报、书信等。全书共 26 册，约 1350 万字，收入各类文献 3600 多篇，其中 300 余篇为第一次公开发表。这部重要文献选编，比较全面地反映了我们党领导人民进行新民主主义革命、创建中华人民共和国，推进马克思主义中国化、形成和发展毛泽东思想的历史进程及基本经验。它的出版，为广大党员干部和理论工作者、有关专业人员学习、研究和总结我们党在新民主主义革命时期的历史提供了丰富翔实的文献资料。

中共中央党史研究室编写的《中国共产党历史》第二卷（中共党史出版社 2011 年版），是凝聚了几代党史工作者心血和智慧，历时 16 年完成的力作，共计 98.8 万字。该书以中共中央《关于建国以来党的若干历史问题的决议》和中央有关重要文献为依据，充分吸收改革开放 30 多年来党史学界重要研究成果，全面准确地反映了我们党从 1949 年 10 月中华人民共和国成立到 1978 年 12 月党的十一届三中全会召开这 29 年的不平凡历程。该书既充分肯定了这 29 年取得的伟大成就，强调不能因为犯过错误而否定这段历史，不能用支流否定主流，不能以偏概全，不能搞历史虚无主义；同时又不回避失误，科学分析犯错误原因，对于深入贯彻《中共中央关于加强和改进新形势下党史工作的意见》和全国党史工作会议精神，对于广大党员干部尤其是高中级领导干部正确认识党的历史，进一步统一思想、提高素质，将发挥重要作用。

李慎明撰写的《全球化背景下的中国大党建》（人民出版社 2010 年版），计 45 万字，共收入 30 篇文章，分为三编。该书提出了"大党建"、"小党建"概念："大党建"主要是指有关党的建设的核心内容，即决定党的性质、宗旨、指导思想、纲领和党的路线、方针、政策、战略及策略等方面的根本举措；"小党建"则主要是指理论学习、组织工作、思想政治工作、作风建设、反腐倡廉等具体的党务工作，并且指出："从一定意义上讲，'大党建'更为根本，决定着'小党建'的性质与方向。如果能在党建工作中进一步明确'大党建'和'小党建'这两个既有联系又相互区别的概念，党的建设的整体思路与整体部署就有可能进一步打开一个崭新的天地。"该书将党的建设放到全球化的背景下，从国内、国际两个大局的互动关系上来考察研究党建，研究视角有独到之处。该书论述了加强党的建设的极端重要性，并在深入思考和调研的基础上，就如何加强党的建设提出了相关的具有针对性和可操作性的思路和建议。

中国中共党史人物研究会编写的《中共党史人物传（精选本）》（中共党史出版社 2010 年版），是选取党史上功绩卓著、影响深远的代表人物的传记，增订精修而成。这套精选本丛书突出了领袖人物传记及其丰功伟绩，有助于读者了解中国共产党事业成功的伟大历程，是一部中共历史人物的大列传。这套精选本丛书收录了 278 篇传记，共 16 册，1400 万字，包括领袖卷、先驱卷、英烈卷、模范卷、军事卷（上）、军事卷（中）、军事卷（下）、民运卷、隐蔽战线卷、政治经济建设卷（上）、政治经济建设卷（中）、政治经济建设卷（下）、科教卷、文化卷、统战卷、国际友人卷等，客观、翔实地呈现出中国共产党从诞生至今，在历史上产生重要影响的人物的传奇经历和不朽功业以及个人情怀，为读者全面深刻地了解中共党史、中国近现代史，展示了一条粗大的脉络。

侯惠勤撰写的《中国共产党在意识形态建设理论上的创新》（载于《新视野》2010 年第 2 期）一文，分析了中国共产党意识形态创新的历程，强调坚持既一脉相承又与时俱进的马克思主义是新中国主流意识形态建设的基本经验。毛泽东确立了新中国主流意识形态建设的基本原则，邓小平理论和"三个代表"重要思想实现了对主流意识形态的改革式建构。新世纪我国主流意识形态建设有了伟大战略飞跃。一方面，把社会主义主流意识形态建设置于学习实践科学发展观的总体布局中。坚持从发展的意义上对社会主义意识形态建设进行再定位；从"以人为本"这一核心思想上加强和改进社会主义意识形态建设；从关于发展的世界观方法论上发挥社会主义意识形态的功能。另一方面，以社会主义核心价值体系建设为抓手推进社会主义主流意识形态建设。努力探索用一元化指导思想引领多样化社会思潮的有效途径；努力探索增强理论和舆论引导力的现实途径；努力探索全球化背景下社会主义话语方式的创新。

（二）重要会议

2010 年来，全国党建党史学界围绕一些重大纪念活动和重要问题召开了一系列重要会议，有力地推动了党建党史的学术研究。

2010 年 3 月 25 日，中央宣传部、中央党校、中共云南省委在北京召开了纪念艾思奇诞辰 100 周年暨推进当代中国马克思主义大众化座谈会，中共中央政治局委员、中央书记处书记、中宣部部长刘云山出席会议并讲话。

2010 年 7 月 1 日，为了纪念中共中央党史研究室成立 30 年，中共中央党史研究室与《光明日报》联合召开了研讨会，总结了改革开放 30 多年来党史学科发展经验。

2010年7月21日，中共中央首次召开了全国党史工作会议。中共中央政治局常委习近平代表党中央在会议上发表了重要讲话。习近平在讲话中讲了五个问题：（1）进一步提高对党史工作重要性的认识；（2）坚持实事求是研究和宣传党的历史；（3）加强党的历史的学习和教育；（4）努力提高党史工作的科学化水平；（5）切实加强对党史工作的领导。习近平指出，中国共产党是经历革命、建设、改革长期考验，在异常复杂的环境中团结带领我国各族人民创造了伟大奇迹的党。坚持实事求是研究和宣传党的历史，要牢牢把握党的历史发展的主题和主线、主流和本质，旗帜鲜明地揭示和宣传中国共产党在中国的领导地位和核心作用形成的历史必然性，揭示和宣传中国人民走上社会主义道路的历史必然性，揭示和宣传通过改革开放和社会主义现代化建设实现中华民族伟大复兴的历史必然性，揭示和宣传党在革命、建设、改革各个历史时期领导人民所取得的伟大胜利和辉煌成就，揭示和宣传党在长期奋斗中积累的宝贵经验、形成的光荣传统和优良作风，坚决反对任何歪曲和丑化党的历史的错误倾向。这是党史工作必须遵循的党性原则，也是每一个党史工作者应该履行的政治责任。习近平强调，党史研究是一门研究中国共产党的历史、从中国共产党的活动揭示当代中国社会运动规律的科学，要坚持党性和科学性的统一，党史研究工作者遵守党的政治纪律、宣传纪律和充分发挥个人创造性的统一。会议一致认为，党中央颁发关于党史工作的文件，召开全国党史工作会议，对做好新形势下党史工作提出新的更高要求，标志着党史工作站在了一个新的历史起点上。要按照中央要求，进一步增强做好新形势下党史工作的责任感、使命感和紧迫感，抓住机遇、乘势而上，求真务实、锐意进取，努力开创党史工作新局面。

2010年10月25日，中共中央召开了中国人民志愿军抗美援朝出国作战60周年座谈会，中共中央政治局常委、国家副主席、军委副主席习近平发表了重要讲话，高度评价了抗美援朝的重要历史意义，提出要努力学习和发扬中国人民志愿军的伟大爱国主义精神和革命英雄主义精神，更加奋发有为地推进中国特色社会主义伟大事业。

2010年11月26—27日，首届"中国农村党建论坛"在山东省寿光市举行。全国党建研究会会长虞云耀出席论坛并讲话。与会者认为，农村党支部是党的路线方针政策在农村基层贯彻落实的组织者、推动者，加强农村党支部书记队伍建设是提高农村基层党组织建设整体水平、推动农村经济社会又好又快发展、维护农村社会和谐稳定的关键环节。能否选出农民群众和广大党员信任的党支部书记，直接关系到农村基层党组织创造力、凝聚力、战斗力的强弱，关系到农村经济社会能否又好又快发展，关系到党的执政基础能否巩固。与会者指出，加强农村党支部书记队伍建设，应遵循农村党支部书记队伍成长规律，进一步解放思想、改革创新，抓住重点、完善机制，综合运用教育、培养、选拔、使用、监督、管理等各种手段，不断提高农村党支部书记队伍建设的科学化水平。

2011 年 1 月 14 日，在中国共产党成立 90 周年之际，经党中央批准，由中共中央党史研究室编写的《中国共产党历史》第二卷（1949—1978）于 2011 年 1 月 11 日正式出版。中共中央党史研究室、新闻出版总署在人民大会堂召开《中国共产党历史》第二卷出版座谈会。中央国家机关有关部门、社会团体、高等学校、科研院所、部分地方党史部门负责人，部分党史、国史和军史专家出席会议。中共中央党史研究室主任欧阳淞、新闻出版总署署长柳斌杰、中共中央组织部副部长王秦丰、中共中央宣传部副部长王晓晖到会讲话。与会者认为，《中国共产党历史》第二卷全面准确地记述了 29 年里我们党带领全国各族人民进行社会主义革命和社会主义建设所走过的光辉历程和取得的伟大成就，客观真实地反映了我们党探索中国自己的建设社会主义道路的艰辛历程及出现的失误和曲折，是一部政治性和学术性、党性和科学性都非常强的党史精品力作。

2011 年 7 月 1 日，庆祝中国共产党成立 90 周年大会在人民大会堂隆重召开，中共中央总书记胡锦涛同志发表重要讲话。胡锦涛指出，中国共产党的诞生，是近现代中国历史发展的必然产物，是中国人民在救亡图存斗争中顽强求索的必然产物。从此，中国革命有了正确前进方向，中国人民有了强大精神力量，中国命运有了光明发展前景。胡锦涛强调，90 年来，我们党团结带领人民在中国这片古老的土地上，书写了人类发展史上惊天地、泣鬼神的壮丽史诗，集中体现为完成和推进了三件大事。90 年来，我们党取得的所有成就都是依靠人民共同奋斗的结果，人民是真正的英雄，这一点我们永远不能忘记。90 年来，我们取得的一切成就，是一代代中国共产党人同人民一道顽强拼搏、持续奋斗的结果。老一辈革命家为祖国和民族建立的丰功伟绩永垂史册。胡锦涛说，经过 90 年的奋斗、创造、积累，党和人民必须倍加珍惜、长期坚持、不断发展的成就是：开辟了中国特色社会主义道路，形成了中国特色社会主义理论体系，确立了中国特色社会主义制度。胡锦涛指出，在世情、国情、党情发生深刻变化的新形势下，加强党的执政能力建设和先进性建设，面临许多前所未有的新情况、新问题、新挑战，执政考验、改革开放考验、市场经济考验、外部环境考验是长期的、复杂的、严峻的。精神懈怠的危险，能力不足的危险，脱离群众的危险，消极腐败的危险，更加尖锐地摆在全党面前，落实党要管党、从严治党的任务比以往任何时候都更为繁重、更为紧迫。为此，必须全面推进党的建设新的伟大工程，不断提高党的建设科学化水平。坚持解放思想、实事求是、与时俱进，大力推进马克思主义中国化、时代化、大众化，提高全党思想政治水平；坚持五湖四海、任人唯贤，坚持德才兼备、以德为先用人标准，把各方面优秀人才集聚到党和国家事业中来；坚持以人为本、执政为民理念，牢固树立马克思主义群众观点、自觉贯彻党的群众路线，始终保持党同人民群众的血肉联系；坚持标本兼治、综合治理、惩防并举、注重预防的方针，深入开展党风廉政建设和反腐败斗争，始终保持马克思主义政党的先进性和纯洁性；坚持用制度管权管事管人，健全民主集中制，不断推进党的建设制度化、规范化、程序化。最后，胡锦涛还强调，青年是我们党的未来和希望。

（三）热点聚焦

2010 年党史学界围绕着党史工作会议对党史学科发展的重大意义、党的历史上的重大事件及重大理论问题展开了热烈讨论，表明党史学科发展进入了一个新的发展阶段。

1. 学习和落实党史工作会议精神

2010 年 7 月 21 日，中共中央首次召开了全国党史工作会议。中共中央政治局常委习近平代表党中央在会议上发表了重要讲话。习近平指出，深入研究党的历史，认真学习党的历史，全面宣传党的历史，充分发挥党的历史以史鉴今、资政育人的作用，是党和国家工作大局中一项十分重要的工作；党史工作必须遵循党性原则，坚持实事求是研究和宣传党的历史，要牢牢把握党的历史发展的主题和主线、主流和本质，坚决反对任何歪曲和丑化党的历史的错误倾向；党史研究是一门研究中国共产党的历史、从中国共产党的活动揭示当代中国社会运动规律的科学，要坚持党性和科学性的统一，党史研究工作者遵守党的政治纪律、宣传纪律和充分发挥个人创造性的统一。

全国党史工作会议推动了党史工作，特别是中央领导同志的讲话，为党史工作指明了方向，也是加强党史学科发展的重要指针。全国党史界掀起了学习和落实中央党史工作会议的热潮。

大家一致认为，党中央颁发关于党史工作的文件，召开全国党史工作会议，对做好新形势下党史工作提出新的更高要求，标志着党史工作站在了一个新的历史起点上。要按照中央要求，进一步增强做好新形势下党史工作的责任感、使命感和紧迫感，抓住机遇、乘势而上，求真务实、锐意进取，努力开创党史工作新局面。为此，要高度重视党史工作，注重总结党的历史，更好地发挥党的历史以史鉴今、资政育人的重要作用，不断从党的历史中汲取开拓前进的智慧和力量，是新形势下推动党和国家事业不断发展的迫切需要。要坚持高举中国特色社会主义伟大旗帜，关键是用马克思主义中国化最新成果武装头脑、推动工作，确保党史工作的正确方向。要坚持党性原则和科学精神的统一。坚持实事求是研究和宣传党的历史，全面反映和准确记载党的历史，深刻把握党的历史发展的主题和主线、主流和本质，深入总结正反两方面经验，科学分析和评价历史事件和历史人物，使党史成果经得起历史和人民的检验。要坚持围绕中心、服务大局。更好地为大局服务，是新形势下党史工作的生命力所在，是做好党史工作的原动力所在，也是党史工作实现自身价值的重要途径。要坚持把以史鉴今、资政育人作为根本任务。资政育人，是党史工作的职能和优势所在。要通过深入的研究成果，用党的丰富的历史经验为党和政府提供决策咨询，着力在资政工作方面拓展新课题、达到新水平，在育人工作方面创造新形式、再上新台阶。要不断提高党史工作科学化水平，按照科学发展观的要求，坚持以人为本，统筹兼顾，着力从指导思想、总体布局、发展动力、工作部署、保障措施、评价标准等方面，推动党史工作全面协调可持续发展。要形成党史工作合力。做好党史工作，必须动员和组织更多的社会力量参与其中，着力营造全党全社会关心和参与党史工作的氛围。党史部门要以更加开放的胸怀积极有效地开展工作，加强党史部门与党校、行政学院、干部学院、高等院校、社会科学、史志、档案、文博等系统党史教学科研人员，以及关心和参与党史工作的老同志的联系协作，形成整体合力，共同做好党史工作。

2. 抗美援朝 60 年

2010 年是中国人民志愿军抗美援朝出国作战 60 周年。中央有关部门召开了隆重纪念大会，中共中央政治局常委、国家副主席、军委副主席习近平发表了重要讲话，高度评价了抗美援朝的重要历史意义，提出要努力学习和发扬中国人民志愿军的伟大爱国主义精神和革命英雄主义精神，更加奋发有为地推进中国特色社会主义伟大事业。学术界召开了一系列会议，发表了不少文章，纪念抗美援朝 60 周年。

李捷认为，历史已经证明，以以毛泽东为核心的党中央的这一重大决策是必要的、及时的，也是完全正确的。这一决策对于新中国的巩固与发展，对于争取有利于国内和平建设的良好外部环境，意义重大，影响深远。

针对现在有人说，这场战争本来是可以避免的，战争的爆发使我们恶化了同美国的关系，阻碍了解放台湾的进程，得不偿失。李捷认为，事实并非如此。第一，朝鲜战争对于以毛泽东为核心的中国领导人来说，是一场不期而遇的战争。第二，抗美援朝战争，是中国政府尽力避免、却被以美国为首的侵略集团强加在中国人民头上的一场战争。第三，抗美援朝战争决策，是以毛泽东为核心的党中央从国家根本利益和民族长远利益出发反复权衡斟酌的谨慎决策，也是毛泽东一生经历过的最为艰难的决策。

针对有人说，这场战争阻碍了中国经济和社会进步，使我们付出了高昂的代价。李捷认为，要充分认识抗美援朝决策的伟大意义。抗美援朝，当年被作为同土地改革、镇压反革命同等重要的三项伟大运动。这一评价，现在也不过时。没有抗美援朝，就不可能有中国周边的国家安全，就不可能为国内大规模和平建设创造良好的外部环境，也不可能沉重地打击美国对华封锁遏制政策，使中国国际地位得到大幅度提高。①

齐德学认为，抗美援朝战争是新中国成立初期美国侵略当局强加给中国人民的一场战争，也是新中国历史上第一场战争。这场战争为新中国的巩固、建设和发展奠定了基础，是新中国的立国之战。中国人民为进行这场战争付出了重大代价和牺牲，应对这场战争的必要性、正义性和积极意义给予正确的评价。中共中央决策出兵抗美援朝有意识形态因素，但绝不是决策动机的主要原因。决策出兵朝鲜是以毛泽东为主席的中共中央书记

---

① 李捷：《抗美援朝的战略决策及其对新中国的重要意义》，《当代中国研究》2010 年第 6 期。

处和政治局多次研究讨论，以政治局扩大会议形式形成一致意见作出的。[1]

丁明认为，抗美援朝战争的辉煌胜利，其意义绝不仅仅局限在军事领域。中国领导人做出的参战决策本身就是外交战略的卓越运用。抗美援朝战争使新中国第一次登上国际外交舞台，在全世界面前树立了不惧强权的威武形象；抗美援朝战争密切了中苏关系，提高了中国在苏联及社会主义阵营中的地位，使我国在国家安全和经济建设方面都赢得了许多有利条件；中国军队的英勇表现给中国带来了前所未有的尊严和荣耀，在许多外国人和海外华人心目中的地位得到了极大改观；抗美援朝战争使中国开始真正拥有了外交层面上的大国影响力。[2]

3. 革命史再认识

革命是中国近现代史的基本基调。一段时期以来，在"告别革命"的错误思潮的影响下，人们谈"革"色变，对革命史采取了漠视的态度。2010 年出现了可喜的变化，由于一系列重大历史事件的纪念本身就是革命史的内容，加之人们对革命的认识更加客观，因此革命史再认识成为热点。

2010 年是义和团运动 110 周年。110 年前发生的义和团运动以及随之而来的八国联军侵华，是历史进入 20 世纪第一年国际上的第一重大事件。学术界召开了纪念会。中国史学会会长张海鹏认为，"义和团本身并不知道何谓帝国主义，何谓封建主义，这不重要，重要的是义和团的斗争方向，它符合了反帝反封建这个大方向"。

为了迎接辛亥革命 100 周年，学术界围绕孙中山研究和辛亥革命研究召开了一系列研讨会。2010 年 11 月 12—14 日，"孙中山·辛亥革命研究回顾与前瞻高峰论坛"在广东省中山市召开。章开沅在会上提出做好辛亥革命"三个一百年"研究的观点，得到了与会学者的广泛共鸣。12 月 16日，为纪念辛亥革命 100 周年，"2010 海峡两岸中山论坛"在中山大学开幕，论坛主题为"弘扬中山精神，共同振兴中华"。对中山思想研究的学术价值与现实意义，两岸学术界颇有共识。

为了纪念抗日战争胜利 65 周年，张海鹏认为，中国抗日战争时期，领导和推动全民族抗战的是中国国民党和中国共产党两个领导中心。正是

---

[1] 齐德学：《关于抗美援朝战争史研究的几个焦点问题》，《当代中国研究》2010 年第 6 期。

[2] 丁明：《抗美援朝与中国外交及其大国地位的确立》，《当代中国研究》2010 年第 6 期。

这两个领导中心构成了两大战场的政治保障。① 步平提出，在中国国际地位日益提升的背景下，近年来抗日战争史的研究也相应地在深度和广度两个方面不断拓展，其中一个显著特点就是以中国大国地位的确立为视角。②

针对贬损新中国历史上革命的作用现象，李捷认为，必须高度重视并充分肯定革命在共和国发展史上的地位和作用。革命在共和国发展史上的地位和作用，应当说至少有四次大的革命，有力地推动了共和国发展进步。共和国历史上，也出现过滥用革命的理论和实践导致的全局性失误，这就是在所谓"无产阶级专政下继续革命"理论指导下的"文化大革命"。要防止以革命的名义使极"左"思潮死灰复燃，同样，也要高度警惕借着批判极"左"错误而从根本上否定革命的错误倾向。要同这两种错误认识划清界限，科学地、正确地把握革命的含义。要建成中国特色社会主义，必须坚定革命的理想和目标，鼓足革命的锐气和勇气，弘扬革命传统和精神。③

如何开创革命史研究新局面，李金铮认为，中共革命是中国近代史上的重大问题、关键问题，只有对其进行深入研究才能阐释中国近代历史的发展演变和最终结局，并为人类革命史的研究提供具体实证和理论参考，使我们更加清晰地理解新中国历史的发展脉络。要想实现中共党史或革命史研究的真正突破，必须寻求研究思维的转换和研究视角的创新。比较而言，中共革命与中国乡村相互连接、国家政权与民间社会双重互动的视角是研究的切入点和突破点之一。④

二 重大问题研究进展

(一) 党史重大问题研究进展

1. 总结改革开放以来党史学科新进展

2010 年中共中央党史研究室成立 30 年。为了纪念中共中央党史研究室成立 30 年，该室与《光明日报》联合召开了研讨会，总结改革开放 30

---

① 张海鹏：《中国抗日战争领导权问题的思考》，《中国社会科学报》2010 年 9 月 2 日。

② 步平：《关于近年来抗日战争史研究的思考》，《人民日报》2010 年 9 月 3 日。

③ 李捷：《要重视并充分肯定革命在共和国历史中的地位和作用》，《当代中国研究》2010 年第 6 期。

④ 李金铮：《向"新革命史"转型：中共革命史研究方法的反思与突破》，《中共党史研究》2010 年第 1 期。

多年来党史学科发展。

有学者认为，大体来说，改革开放以来党史研究的发展可分为三个阶段：20世纪80年代的工作主要是对档案资料进行系统的征集整理，探讨各种新问题；90年代是建立整体框架，开展专题研究；从新世纪起，党史研究进入深化阶段。

具体来说，首先，通过新史料的挖掘、档案的公开和研究的展开，党史上的不少疑点和悬案被解开了。如党的一大召开的时间，由于没有明确的记载，原来只知道是在1921年的7月，具体日期一直不清楚。经过研究者多方查找线索，最后确定一大是在7月23日召开的。又如遵义会议，原来了解十分有限，直到找出陈云与会后不久所写的一份报告，许多情况才得以证实。这是20世纪80年代初期党史学界两个引人注目的发现。同时，随着专题研究的开展，许多重大历史事件的过程也被完整地披露出来，如民主革命时期的西安事变、皖南事变、重庆谈判、三大战役等。至于新中国成立以后重大事件的来龙去脉，几乎都是在这30年里经过大量研究考证才逐渐弄清楚的。关于改革开放史，开展这方面的研究也有十几年了，但总体上还处于起步阶段，主要工作是收集史料、勾勒基本轮廓、构筑框架、开展专题研究。随着《党史》二卷的出版，新时期将成为党史研究的重点。

现在对历史问题的评价克服了过去存在的种种不足，更加客观公正。改革开放以前，党史人物重点是宣传革命先烈和英雄，现在对一般党史人物也开始进行研究。人物研究的成果是大量的，如中央文献研究室编写的毛泽东、刘少奇、周恩来等领袖人物的传记、年谱等，关于其他党史人物的出版物也不少。

总之，改革开放以来党史学科取得重大进展，在学术成果方面硕果累累，在实现"资政育人"方面发挥了重要作用。作为一门研究执政党历史的重要历史学科，党史学科未来将会获得更大发展。

2. 对新中国成立后29年党的历史研究取得重大成果

从1949年中华人民共和国成立到1978年党的十一届三中全会召开，共29年。这是一段波澜壮阔而又曲折复杂的历史，在中国共产党历史上占有特殊的地位。它离我们很近，同今天有着直接的关联，深入学习和研究这段历史，意义重大。新中国成立后29年的历史，一直是社会各界关注的热点，特别是一些重大事件和若干重要历史人物，长期以来成为人们议论的话题。虽然《关于建国以来党的若干历史问题的决议》对这段历史的若干重大问题有基本定论，但因为《决议》已经通过 30 年，而且对这些结论缺乏学理上的充分论证，社会上不时出现一些挑战《决议》的基本结论的言论。在建党 90 年之际，如何看待新中国成立后 29 年历史，中国社会各界翘首以待。《中国共产党历史》第二卷（1949—1978）的出版，是对新中国成立后 29 年历史进行研究的重大成果。

主流舆论一致认为，这部党史基本著作，以大量历史资料为依据，吸收近 30 年来党史学界重要研究成果，全面记载了 1949 年 10 月中华人民共和国成立至 1978 年 12 月党的十一届三中全会召开这段历史，实事求是地反映了 29 年的历史真实，紧紧把握了这段历史的主题和主线，对新中国成立以来的历次政治运动，重大历史事件，经济、政治、文化等建设，党的路线、方针、政策和思想理论等，作了比较准确的记述、精辟的分析和公正的评价。学术界普遍认为，《党史》第二卷是一部立足时代高度，对新中国成立后 29 年的历史进行再认识的党史新著，坚持党性和科学性的统一，做到材料和观点的统一，达到历史和逻辑的统一。《党史》第二卷是经中共中央批准的权威党史基本著作，它以《关于建国以来党的若干历史问题的决议》的基本精神和基本论断为指导，吸收了多年来党史研究的积极成果，以翔实的材料，大大丰富和充实了《历史决议》的内容。这部党史的出版，对于正确认识和了解这段历史具有十分重要的意义。《党史》第二卷是一部高水平的学术著作，又是一部重要的政治教材。对于全党干部特别是各级领导干部来说，学习这部著作是非常有益的和必要的。《党史》第二卷是这 29 年党史的真实记录，对一系列重大问题作了令人信服的回答和阐述。《党史》第二卷针对广大群众所关心的一些重大问题进行了阐述，可以解疑释惑。《党史》第二卷向社会展示了真实的历史，并把这段历史与当今中国的发展贯通起来。在当前社会上对这段历史众说纷纭，甚至有人否定、歪曲这段历史的情况下，《党史》第二卷以大量翔实的史料和准确的判断，向社会展示真实的历史，并把这段历史与当今中国的发展贯通起来，展示对当代中国发展规律的看法，这本身就可以解除群众的疑惑。有助于纠正对新中国最初 29 年的误导偏见，对丑化领袖人物的现象可以"正本清源"。

3. 深入研究中国近代史上的社会主义

近代中国为什么选择了社会主义，是一个重大的问题。随着对历史研究的深入，马克思主义以外的非主流的社会主义派别及其思想家受到学术界的关注。学术界的一个普遍共识就是，如果从广义的角度理解社会主义，则社会主义思潮在中国知识界，尤其是 20 世纪三四十年代影响是非常普遍和重要的。研究中国近代史上的社会主义思潮，对理解近代中国最终选择了科学社会主义十分重要。2010 年，为了推动对中国近代社会主义思潮的研究，中国社会科学院中国近代思想研究中心在北京举办了"中国近代史上的社会主义"学术研讨会。

郑大华认为，社会主义思潮是近代中国最主要的社会思潮之一。首先，社会主义一直是先进的中国人孜孜不倦的选择与追求；其次，和民族主义一样，社会主义也贯穿于近代各种社会思潮之中。五四后，更准确地说，中国共产党成立以后，中国的社会主义分为两条思想谱系向前发展：一条是中国共产党人以及在中国共产党领导下的左翼知识分子的社会主义思想及其实践，另一条是以报刊编辑、大学教授为中坚的中国知识界的社会主义思想及其追求。这两条思想谱系对于社会主义的理解存在着不同，在研究近代中国的社会主义时，应对两种思想谱系及其对社会主义的理解加以区分。苏联是世界上第一个社会主义国家，其社会主义模式对近代中国知识界产生过重大影响，计划经济是社会主义的本质属性这一深远地影响过近代中国人社会主义观念的认识，就得自于 30 年代初期中国知识界对苏联"一五"计划的总结。①

如何推进中国近代史上的社会主义思潮研究，学者们建议：第一，社会主义的发展史需要重新梳理和细化研究；第二，中国社会主义的思想资源有待细致梳理；第三，在中国近代社会主义的研究中，应该处理好社会主义理论与社会主义发展史的关系；第四，加强思想史学界、党史学界与政治学界的交流，互相借鉴、吸收彼此的研究成果和方法，共同推进中国近代史上的社会主义研究。

4. 从百年历史纵深中研究中国道路

自近代以来，中国就走了一条与欧美发达国家不同的道路，特别是新中国成立后，中国选择了社会主义制度。经过艰辛探索，总结正反两方面的经验教训，中国在改革开放和社会主义现代化建设的新时期，开辟了中国特色社会主义道路。中国道路实际上就是中国特色社会主义道路。沿着

---

① 郑大华：《中国近代社会主义研究的几个问题》，《教学与研究》2010 年第 10 期。

这条道路，中国改革开放取得了巨大成功，中国迅速崛起。这个现象引起了世界的关注。特别是 2008 年世界金融危机爆发以后，在欧美发达国家经济普遍不景气的情况下，中国的经济仍然较快增长。特别是 2010 年中国超过日本，成为世界第二大经济体，更是引起了西方和国外对中国发展模式的关注。从 2009 年以来，中国道路成为学术界研究的热点。2010 年学术界继续对这个问题展开研究。同年 5 月，中央文献研究室召开了"中国道路国际学术讨论会"，对中国道路进行了深入研讨。在对中国道路的研究上，学术界在视野上更为开阔，不少学者从百年历史纵深中研究中国道路。

从 1949 年新中国成立 60 年以来，中国道路成为学术界研究的热点。2010 年学者们继续展开对这个问题的研究，在视野上更为开阔，不少学者从百年历史纵深中研究中国道路。梅宁华认为，对于这一百年历史，可根据社会发展的主题分为三个阶段：第一阶段为革命阶段，时间是从 1911 年辛亥革命到 1949 年新中国成立，主要是通过革命来完成民族独立、人民解放和国家富强、人民富裕的历史任务；第二阶段为探索阶段，时间是从 1949 年到 1978 年，主要是对"什么是社会主义，怎样建设社会主义"的探索；第三阶段是改革发展阶段，时间是从 1978 年至今，主题是建设中国特色社会主义。对这一百年历史可以进行大致的时间段划分，即三个"30 年"：第一个"30 年"是革命，第二个"30 年"是探索，第三个"30年"是改革发展。① 武力、王丹莉从新中国 60 年的发展历程甚至更长的历史阶段内国内政治、经济和文化条件，以及所处的国际环境等方面，探讨和认识了新中国经济发展模式的特点、原因以及结果。该文从上述三个方面论述中国经济发展模式，得到以下几点启示：（1）严峻的国际环境和民主革命造就了中国模式；（2）政府主导发展是中国模式的基本特征；（3）实施赶超战略是中国模式的基本理念。② 宣兴章认为，理解中国道路的特殊性，不仅要考察中国近 30 多年的奇迹，而且要考察这种奇迹所根植的深广的历史结构。整体观之，百年中国道路是一个从传统的宗法社会向现代法人社会转化的过程，是一个新文明诞生的过程。中国特色社会主义正

① 梅宁华：《对中国近现代百年历史进程的思考——兼论维护历史的真实性和严肃性》，《北京日报》2010 年 5 月 24 日。
② 武力、王丹莉：《中国模式：百年兴衰的历史选择》，《中国经济》2010 年第 6 期。

是这种探索的伟大结果，是正在形成中的中国模式。① 徐勇从历史制度主义的角度考察了我国从"以农立国"到"统筹城乡发展"的发展道路转变。"统筹城乡发展"战略，不是一时之策，而具有长远价值，并会演化为规范意义的制度。为实现统筹城乡发展的目标，必须消除城乡二元结构时代遗留的制度性障碍，推进制度创新。②

5. 拓展党史研究方面有新思路

党史学科的发展，必须加强与相近学科的合作，充分利用相近学科成果，特别是国史学科。中国社会科学院院长陈奎元提出，总结历史，是为了开辟未来。新中国 61 年的伟大成就、成功经验、失误教训都需要认真负责地梳理。全面了解和认识中华人民共和国的开国史、建国史、改革开放史，正确地阐释过去，认清我国发展的方向和目标，对于国家和民族未来的命运至关重要。中华人民共和国是中国人民 100 多年来反抗帝国主义侵略压迫，民族觉醒和奋起的必然结果，是统治中国 2000 多年的封建主义退出历史舞台的必然结果，是代表官僚大资产阶级的国民党反动派反共、反人民的政策彻底破产、自取败亡的必然结果。纵观中国历史，博览世界历史，新中国的建立毫无疑义是 20 世纪人类历史上精彩辉煌的篇章。党的十一届三中全会以来，中国共产党和社会主义中国走向新时代。这个时代的特征是高举一面旗帜——中国特色社会主义旗帜，坚持一条道路——中国特色社会主义道路，坚持一个理论体系——中国特色社会主义理论体系。严肃对待和科学研究中华人民共和国国史，要求：（1）要追溯鸦片战争以来中国沦为半殖民地半封建社会的历史。这是新中国前夜的国情。由此决定中国革命的任务是推翻三座大山：帝国主义、封建主义和官僚资本主义。（2）研究世界资本主义进入帝国主义阶段，俄国发生十月社会主义革命以后世界形势的变化。十月革命冲破了资本主义的链条，为遭受帝国主义压迫的民族和人民指明了争取独立和解放的方向和道路。（3）研究中国百年来学习、效法西方资本主义一再失败、始终不得成功的国内外原因。（4）研究中国共产党选择新民主主义理论和路线，领导中国革命取得成功的历史必然性。（5）研究新中国建立、确立人民当家作主、实行人民民主专政的国家政权的历史根据。（6）研究中国选择社会主义制

① 宣兴章：《中国道路与中国共产党》，中国共产党新闻网 2010 年 8 月 30 日。
② 徐勇：《历史制度主义视角下的中国道路》，《华中师范大学学报》2010 年第 4 期。

度的必然性。（7）研究实行改革开放、建设中国特色社会主义的伟大历史进程。① 陈奎元的上述观点对拓展党史研究有着重要的借鉴意义。

（二）关于马克思主义学习型政党的研究

中国共产党自创建以来就是个"学习型政党"，"因为不仅马克思主义理论是外来的，而且建立政党从事革命斗争也不是本土政治，何况还要把马克思主义理论与中国革命实际相结合。这都需要学习，既从译著中学，到国外考察学，更从革命实践中学"②。党的十七届四中全会开启了学术界关于马克思主义学习型政党的新一轮研究热潮。学术界关于马克思主义学习型政党的研究，主要集中在以下几个方面。

1. 关于马克思主义学习型政党的科学内涵

学者们分别从各自不同的视角来对学习型政党的概念进行分析。中国社会科学院学者戴立兴认为，所谓学习型政党，是一种以新的学习为基础，以发展能力为核心，以实现政党目标为愿景，通过在全党开展新的学习活动，不断拓展政党适应社会变化的能力，以实现党员个体、政党组织与整个社会协同发展的政党发展模式。③ 中共天津市委党校课题组从政党理论出发，认为马克思主义学习型政党，是指把学习特别是学习马克思主义基本理论和马克思主义中国化的最新理论成果，作为加强党的建设的关键措施和保证党始终走在时代前列引领中国发展进步的决定性因素，通过持续开展党员个人学习、党组织的团队学习和全党的学习，提高全体党员的素质和能力，提高各级党组织的创造力、凝聚力和战斗力，提高全党的思想政治水平的马克思主义执政党。④

总之，学术界在关于学习型政党的科学含义分析上，大部分混淆了学习型政党和马克思主义学习型政党的概念，认为学习型政党其实指的就是马克思主义学习型政党。其实，学习型政党是一个普遍的概念，不是中国共产党的特有概念。因此，在研究马克思主义学习型政党时必须要对学习

---

① 陈奎元：《加强国史研究　推进民族复兴》，《求是》2010年第22期。
② 石仲泉：《党的历史与学习型政党建设》，《党建》2011年第5期。
③ 戴立兴：《对学习型政党的三点认识——基于组织学习理论的思考》，《理论视野》2009年第11期。
④ 中共天津市委党校课题组：《建设马克思主义学习型政党的若干思考》，《中共天津市委党校学报》2010年第2期。

型政党作出区分。马克思主义学习型政党不是一般意义上的学习型政党，而是一个以马克思主义作为学习的指导思想和理论基础，以马克思主义和马克思主义中国化最新成果为主要学习内容，坚持马克思主义学风的学习型政党。正如中国社会科学院金民卿研究员在《人民网》发文所认为的那样，我们建设的学习型政党的学习是有方向的，前提就是坚持马克思主义。

2. 关于马克思主义学习型政党建设的时代意义

"学习是一切进步的先导，是求新求变的起点。中国共产党靠学习立党、靠学习执政。一部党领导中国革命、建设和改革的历史，就是一部创造性学习、创新性实践的历史。"① 中国人民大学侯衍社认为，"深入推进马克思主义学习型政党建设，对于始终保持和发展党的先进性，不断巩固和加强党的执政地位，圆满完成党所肩负的历史使命具有重要而深远的意义"②。河南省委党校蒋仁勇教授认为，学习型政党是党善于学习创新达到较高水平的一种状态与境界，为党的其他建设提供了有价值的参照系，是党的建设新的伟大工程的基础性、战略性和系统性工程。③ 中共中央党校戴焰军教授认为，建设马克思主义学习型政党是推进党的建设和党的事业发展的理论需要；是坚定全党理想信念的政治需要；是增强党的执政能力的时代需要；是提高各级党组织整体能力和水平，强化组织优势的组织需要。④ 此外，学习型组织理论创始人彼得·圣吉从中国经济社会发展的角度出发，认为中国开展学习型政党和学习型组织建设的最重要意义就是放弃掠夺型的旧发展模式，选择再生型经济社会发展的新模式，要求社会创新与技术创新，还很可能要求从中国历史上的智慧传承中汲取越来越多的力量，并把它运用到今天最深刻的挑战中去。⑤

3. 关于马克思主义学习型政党的基本要求

党的十七届四中全会提出，要"按照科学理论武装、具有世界眼光、善于把握规律、富有创新精神的要求"来总体要求建设马克思主义学习型政党。这个要求其实是对马克思主义学习型政党的基本特征作出的要求。

① 本报评论员：《让学习成为我们党的时代特征》，《人民日报》2011年3月4日第4版。
② 侯衍社：《试论建设马克思主义学习型政党》，《党建研究》2011年第6期。
③ 蒋仁勇：《学习型政党建设与党的其他建设关系探析》，《长白学刊》2010年第2期。
④ 戴焰军：《建设马克思主义学习型政党的意义和要求》，《中共珠海市委党校珠海市行政学院学报》2010年第1期。
⑤ 彼得·圣吉：《中国建设学习型政党的世界意义》，《刊授党校》2010年第5期。

丁晋清认为，深刻把握马克思主义学习型政党的基本特征，有助于我们明确方向、突出重点，深入推进马克思主义学习型政党建设。他认为，马克思主义学习型政党的基本特征为政治性、时代性、科学性和创新性。[①] 钟国兴认为，学习型政党具有鲜明的时代性、突出的政治性和高度的创新性特征。[②] 有人认为，学习型政党本质特征是用科学理论武装的政党；是具有科学学习理念的政党；是具有发展创新能力的政党；是具有健全学习机制的政党。这些都类似于"四项基本要求"。也有学者在同意这个"四项基本要求"的基础上，进一步认为马克思主义学习型政党的基本特征应当突出"学习"二字。总之，无论是其"学习"特征还是其"四项基本要求"，都不失为马克思主义学习型政党的最明显特征。

4. 关于马克思主义学习型政党建设的基本经验

自 2002 年中国共产党提出建设学习型政党理念以来，学术界对此课题进行了一些研究和探索。关于建设马克思主义学习型政党的基本经验研究，学者们主要从中国共产党构建马克思主义学习型政党的历史出发，认真总结各个不同历史时期中国共产党建设马克思主义学习型政党的经验教训。延安时期是中国共产党建设马克思主义学习型政党的辉煌时期，其很多做法都非常值得现在去学习。毛泽东对于建设马克思主义学习型政党的历史功绩是毋庸置疑的，他以政党的角度，从"学习是什么、为什么学习、学习些什么、怎么样学习"等层面对政党学习作了比较详尽的论述，形成了比较系统的观点，这对于现在及今后推进"学习型政党"建设和做好各项工作，具有重要指导意义和当代价值。如今许多学者，如中国社会科学院李伟研究员就在《人民网》发文积极主张恢复延安时期的"五五学习节"。学者认为，邓小平着眼于中国改革开放和现代化建设新的历史实践，强调要全方位地学、辩证地学，既要学习理论，又要学习文化科学等专业知识；既在书本上学，更要在实践中学习；既学习外国经验，也要学习中国自己的经验；同时要注意防止两种倾向，即教条主义和经验主义。学者认为，江泽民九次向全党发出了"学习、学习、再学习"的号召，不仅如此，他还把"讲学习"放在"三讲"的首位，强调要"坚持学习，

① 广东省中国特色社会主义理论体系研究中心：《深刻把握学习型政党的基本特征》，《人民日报》2010 年 4 月 26 日。

② 钟国兴：《把握学习型政党的基本特征》，《学习月刊》2009 年第 22 期。

加强学习，改善学习"。自党的十七届四中全会提出建设马克思主义学习型政党之后，在全党掀起了学习的新热潮。各级党委政府、企事业单位都纷纷提出"学习"的口号，建设马克思主义学习型政党成了广大媒体舆论的焦点。然而在这样的口号传播下，实践中也出现了一些形式主义的做法。因此，提高马克思主义学习型政党建设的科学化水平，首先要避免把马克思主义学习型政党建设庸俗化和简单化，更要避免运动式地一哄而上。

5. 关于马克思主义学习型政党建设的路径选择

党的十七届四中全会对于如何建设马克思主义学习型政党提出要求，即"推进马克思主义中国化、时代化、大众化"；"用中国特色社会主义理论体系武装全党"；"开展社会主义核心价值体系学习教育"；"建设学习型党组织"。学术界就这四个方面展开讨论，分别从不同方面提出建设马克思主义学习型政党的路径选择。学者们普遍认为，中国共产党应当在学习的过程中，处理好理论学习与实践学习、政治学习与专业学习、向专家学习与向群众学习、学习现成经验与批判创新的关系来加强马克思主义学习型政党建设。同时要把握好几个关键环节作为切入点：重视领导干部的学习，坚持贯彻扎实的学风，建立相关的学习教育和考核监督机制，创新学习形式、变革教育方式、调整学习内容。当前，应该从坚定学习立场、明确学习内容、把握学习规律、建立学习机制等方面入手，大力推进马克思主义学习型政党的建设。还有人认为，要做到建立学习制度与培养自觉学习习惯相结合；理论联系实践学习与实践联系理论学习相结合；在学习中创新与在创新中学习相结合；有字书学习与无字书学习相结合；提高领导能力与加强个人修养相结合。[①] 毕元贵认为，建设学习型政党，要以抓好领导干部的学习为重点，以理念创新为牵引，学习马克思主义中国化的最新理论成果为主题，以理论学习与业务学习的结合为抓手，以健全和完善学习的体制机制为支撑。有学者指出，建设马克思主义学习型政党关键就在于形成马克思主义学风和学习机制。李景田认为，树立良好学风是建设

① 广东省中国特色社会主义理论体系研究中心：《建设学习型政党是重大而紧迫的战略任务》，《光明日报》2010 年 1 月 26 日。

马克思主义学习型政党的重要保证，因而必须坚持和弘扬理论联系实际的学风。① 有学者提出，建设学习型政党应体现在实践和落实环节上，最终通过实践来检验和落实建设马克思主义学习型政党的实效性。②

6. 关于马克思主义学习型政党建设与党的建设关系

学者普遍高度评价学习型政党建设对党建理论创新的意义。中国社会科学院王伟光教授认为，建设马克思主义学习型政党，是对马克思主义执政党性质、特征和执政规律认识的进一步深化，是对马克思主义政党建党学说的重大贡献。标志着我们党对马克思主义执政党先进性建设和执政能力建设问题认识的深化和实践上的推进。③ 关于学习型政党建设与党的建设关系研究，有代表性的观点主要集中在以下三个方面。第一，认为拓宽了党建研究的思路。建设学习型政党的目的，在于通过学习和创新学习，使党的建设逐步现代化，从而推动党的建设升级。有利于确立"大党建"视野，把党建问题放在时代大背景下系统思考，跳出传统的"就党建论党建"思路。第二，认为马克思主义学习型政党建设与党的执政能力建设、先进性建设是相联系的。学者们认为，建设学习型政党是以树立新理念、建立新机制、增长新本领尤其是以提高党的学习力、创新力、执行力来提高党的执政能力的。一是改变了党的领导方式和执政方式；二是建设学习型政党有利于提高党员的整体素质；三是建设学习型政党、加强全面学习，对于提升党员思想政治水平、转变党员和干部工作作风、加强党性修养，具有重要的指向意义和指导作用。第三，认为为党建创新提供了制度保证。

(三) 关于党的建设科学化的研究

党的十七届四中全会通过的《中共中央关于加强和改进新形势下党的建设若干重大问题的决定》，向全党提出了"提高党的建设科学化水平"这个重大命题和重大任务。自此之后，学术界围绕着提高党的建设科学化水平的重要性、现实意义、内涵、特征、途径等问题，进行了深入的

① 李景田：《树立良好学风是建设马克思主义学习型政党的重要保证》，《求是》2010 年第10 期。
② 牛先锋：《社会实践是理论联系实际的桥梁——对如何建设马克思主义学习型政党的理论思考》，《大连干部学刊》2010 年第 3 期。
③ 王伟光：《大力推进马克思主义学习型政党建设》，《光明日报》2009 年 11 月 27 日。

讨论。

1. 提高党的建设科学化水平的重要性和现实意义

对于党的十七届四中全会提出"提高党的建设科学化水平"这一重大命题和重大任务的重要性，学术界的认识比较一致。学者们认为，"党的建设科学化"是马克思主义建党学说史上的一个新命题，它既是中国共产党回应国内外形势深刻变化、顺应世界发展潮流的决定，显示出体现时代性、把握规律性、富于创造性的能力，同时也是中国共产党从自身实践的历史经验出发，继承和创新党的建设伟大工程，为保证永不辜负人民的信任和期待而提出的新战略。这一命题的提出，是对党的建设思想和实践的继承、发展、丰富和创新，具有联结历史与现实、融合时代与国情、呈现继承与创新的深刻含义，是对世界形势和时代特征的回应，也是对国内变动和发展需要的回应，是近年来党中央部署党的建设和创新党建理论的逻辑结果，是以马克思主义为指导的中国共产党自身发展的基本要求。① 还有学者对"党的建设科学化"这一命题的提出动因进行了细致的分析，认为这是十六大以来党中央着力强调的"科学发展"与"科学执政"两大战略思想在逻辑上延伸的必然结果。因为领导科学发展的党只有自身建设首先实现了科学化，才有资格去引领科学发展。从这一逻辑关系上看，实际上是由于科学发展战略和科学发展观的推动，呼唤出党的建设科学化。科学执政的主体是执政党及其党组织和党员领导干部，要实现科学执政，执政党及其党组织和党员领导干部必须切实遵循执政规律，同时也要切实遵循社会主义建设规律与人类社会发展规律。就科学执政与党的建设的逻辑关系来看，科学执政是建立在党的建设科学化的基础之上的。② 从整体上说，学者们普遍认为，提高党的建设科学化水平，是提高党要管党、从严治党水平的迫切需要，是提高治党治国水平、巩固党的执政地位和履行党的执政使命的迫切需要，是新形势下党的建设领域贯彻落实科学发展观的重大举措。③

2. "党的建设科学化"的基本内涵

---

① 齐卫平：《崭新命题："党的建设科学化"战略意义的若干思考》，《领导科学》2010 年第 4 期。
② 张书林：《论党的建设科学化》，《上海党史与党建》2010 年第 1 期。
③ 秋石：《不断提高党的建设科学化水平》，《求是》2009 年第 24 期。

要切实提高党的建设科学化水平，必须首先准确界定这一概念，挖掘其基本内涵。不同学者从各自不同视角出发，给出了不同的解释。

第一种观点主张从过程性特征上来界定科学化，认为党的建设科学化就是党的建设走上科学化轨道的状态与过程。它重在通过一系列科学理论、科学制度、科学方法的运用，努力使党的建设体现时代性、把握规律性、富于创造性，以实现和达到切实推进党的建设新的伟大工程和完善党的建设总体布局，切实推进中国特色社会主义伟大事业，不断提升党的建设水平、执政水平和领导水平，不断巩固党的执政地位与领导地位的目的。①

第二种观点，也是多数学者主张的观点，把科学化的本质界定为规律性，认为科学化是人们对事物发展规律的认识和运用。因此，把科学化的概念引入党建领域，就是要求党的建设必须按照政党建设的本质特点和内在规律运行。蔡长水指出，党的建设科学化就是规律化，就是自觉认识和运用规律。党的建设科学化的具体内涵包括三个方面：一是科学化的问题不是说过去党的建设完全没有按规律办事，而是说科学化是一个长期实践的过程，是党的建设不断积累的过程。二是党的建设科学化要在新的实践中增强应用和遵循客观规律的自觉性，在科学理论的指导下去解释和回答党的领导所面临的重点问题、热点问题，从基本理论、制度体制、方式方法上继续推进党的建设新的伟大工程。三是党的建设科学化是一个过程。提高党的建设科学化水平是一个不断发展的过程，在这个过程中科学化标准也不是一成不变的，而是需要随着时代的发展，不断做出新的解释。②

第三种观点从综合的角度，把党的建设科学化当作一个系统工程，认为科学化体现为多方面、多层次和多维度，体现在党的思想建设、组织建设、制度建设、作风建设、反腐倡廉建设之中。党的建设这项伟大工程，需要作为科学来看待、作为规律来研究和作为宗旨来实践。③

第四种观点，强调从内容上对党的建设科学化进行界定。很多学者认

① 张书林：《论党的建设科学化》，《上海党史与党建》2010年第1期。
② 蔡长水：《党的建设科学化就是规律化，就是自觉认识和运用规律》，《理论学刊》2010年第5期。
③ 刘雪影、朱新现：《略论提高党的建设科学化水平》，《思想理论教育导刊》2010年第5期。

为，党的建设科学化主要体现在三个方面，即以科学的理论指导党的建设，以科学的制度保障党的建设，以科学的方法推动党的建设。有学者则认为，党的建设科学化的基本内容包括：理论科学化、观念现代化、制度科学化、方法科学化。① 有学者认为，科学化应包括规律层面、理论层面、制度层面、方法层面等问题，并进一步分析这些层面的关系，认为把握党建客观规律是提高党的建设科学化水平的首要前提，提出科学理论是党的建设科学化水平的关键所在，建立科学制度体系是党的建设科学化水平的内在要求，坚持科学方法是党的建设科学化水平的基本需要。②

另外，许青云明确区分了党的建设科学化的定义和内涵，认为科学化的内涵简单地说就是符合客观规律。提高党的建设科学化水平，就是发现规律、认识规律、运用规律的过程，说到底是要更加自觉地把握和运用马克思主义执政党建设规律。而基本内涵则十分丰富，包括"六个坚持"的基本经验、"五位一体"的总体布局、四个着力点、"一条主线和五个重点"的基本格局、总目标、主要任务。③

上述对党的建设科学化的概念与内涵的界定，虽然众说纷纭，但其基本内核是大体一致的。为了进一步推进党的建设科学化研究和实践，需要进一步加以准确界定，对党的建设科学化的内涵、基本内容、基本目标加以明确区分。

3."党的建设科学化"的基本特征

党的建设科学化，作为一项系统工程和战略，具有鲜明的特征。不同的学者从不同的角度进行了概括和分析。张书林认为，党的建设科学化具有六个特征。第一，规律性。党的建设科学化就在于遵循和把握规律。第二，导向性。党的建设科学化不是一个已经实现了的状态，而是党的建设的目标状态、理想状态、预期状态，是指引党的建设前进的方向和灯塔。第三，相对性。党的建设科学化永远是相对的，它的发展是永无止境的。第四，整体性。党的建设科学化是涵盖党的建设各个领域、各个方面、各个要素的全方位、多角度、立体式、宽领域的整体性概念。第五，制度

① 胡利群：《党的建设科学化的内涵与实现途径》，《理论学习》2010年第2期。
② 吴桂韩：《提高党的建设科学化水平的深刻意蕴》，《党史党建》2010年第1期。
③ 许青云：《提高党的建设科学化水平的内涵、意义及基本途径》，《毛泽东邓小平理论研究》2010年第2期。

性。党的建设科学化的衡量必须有一个标准，这个标准的制定必须以制度的形式予以明确，党的建设科学化暗含了制度的建立健全过程。第六，民主性。党的建设科学化与民主化是内在统一的。党的建设民主化是科学化的前提与基础，没有党的建设民主化就难保党的建设科学化。[①] 季明认为，党的建设科学化除了体现规律性、整体性、制度性、民主性外，还具有人民性、实践性、创新性的特征。[②]

4. 制约"党的建设科学化"的因素

党的建设科学化是一个系统工程。有学者认为，推进党的建设科学化，需要破解组织惰性、制度缺位、方法陈旧、人的消极因素等四个问题。[③] 另有学者认为，党的自身建设、领导方式、执政方式都存在一些制约科学化的因素。就党的自身建设方面来说，存在如何坚持和发展马克思主义，并有效教育党员群众的问题；民主集中制在党的组织运作过程中，一定程度上被断章取义甚至被阉割或背离；党员干部行为要求与行为模式的背离，腐败之风屡禁不止；党的制度、规章和程序要求在执行过程中，仍然存在着"因为领导人的改变而改变，因为领导人看法和注意力的改变而改变"的突出问题；"倡廉"有余而"反腐"不足。在党的领导方面，党政不分、以党代政的问题没有得到根本性解决；代替人民当家作主的问题仍然存在；党必须在宪法法律范围内活动的理念尚没有完全树立；公民社会的发展要求党改变其对社会高度控制的传统模式。在执政方面，党的执政合法性重新受到考验；党的执政能力与党的执政使命和执政任务存在一些不相适应的地方；执政测评和导向体系需要尽快按照科学发展观的要求进行重建。[④] 总的来说，正如十七届四中全会报告指出，"当前，党的领导水平和执政水平、党的建设状况、党员队伍素质总体上同党的肩负的历史命运是适应的。同时，党内也存在不少不适应新形势新任务要求、不符合党的性质和宗旨的问题"。这些问题都或大或小地影响着党的建设科学化水平的提高。

---

① 张书林：《论党的建设科学化——兼解析党的十七届四中全会提出的"党的建设科学化"思想》，《长白学刊》2010 年第 1 期。

② 季明：《深刻理解和准确把握党的建设科学化的内涵特征》，《新视野》2010 年第 3 期。

③ 吴玲玲、胡洪彬：《党建科学化研究：回顾与思考》，《理论研究》2010 年第 4 期。

④ 张书林：《论党的建设科学化》，《上海党史与党建》2010 年 1 月号。

5. 党的建设科学化的标准

党的建设科学化如何评判，应该有一个相对稳定的评价标准。一般来说，衡量党的自身建设是否科学，根本的评判标准只有一个，就是要看实践的效果，即党对生产力发展、社会进步、时代潮流的适应与推动，也就是党的政治路线是否符合社会发展需求、党的中心任务和历史责任的实现程度、党的执政绩效高低等。具体来说，应该主要从三个方面来判断。一要看指导理论是否坚持马克思主义的基本立场与方法，是否与时俱进，以及意识形态的原则性与包容性的统一程度。二要看制度文化是否浓厚，制度体系是否健全，制度执行是否严格。运行是否通畅，更新是否及时。三要看领导方式与体制是否现代化，党内基本工作体系是否科学化，党内各要素是否系统化与联动化。[①] 也有学者指出，判断党的建设科学化的标准，除了要关注党的意识形态现代化、执政方式科学化、党内关系民主化外，还要关注党员对党要有忠诚度和人民群众对党要有认同感等方面。[②]

6. 切实提高党的建设科学化水平的路径

提高党的建设科学化水平，既是一个重大的理论认识问题，也是一个重大的实践问题，需要从多个方面、多个层次探索解决之道。有学者认为，提高党的建设科学化水平，必须紧紧抓住三个方面，即以科学理论指导党的建设、以科学制度保障党的建设、以科学方法推进党的建设。[③] 有学者从党的历史方位的变化角度认为，提高党的建设科学化水平要实现四个转变：由革命党向执政党转变；由运动建党向制度建党转变；执政方式由集权向民主与监督转变；由以社会民主带动党内民主向以党内民主带动社会民主转变。[④] 有学者从当前最关切的问题入手，认为党的建设科学化的核心是在认识规律基础上的自我约束、自我完善、自我发展。自我约束，就是反腐倡廉的问题；自我发展，就是解决理想信念问题、基层组织

① 陈位志：《从党建维度衡量党的建设科学化的基本标准论析》，《云南社会科学》2011 年第 2 期。

② 谢忠平：《党的建设科学化的评价标准探析》，《理论与现代化》2011 年第 3 期。

③ 辛鸣：《提高党的建设科学化水平的三大着力点》，《今日浙江》2010 年第 12 期。

④ 祝福恩、林德浩：《提高党的建设科学化水平要实现四个转变》，《中共中央党校学报》2010 年第 6 期。

建设问题、党内民主问题；自我完善，就是在认识规律的基础上开展制度建设。① 有学者认为，提高党的建设科学化水平，要着眼于改革，实现党的自我完善。一要以改革创新精神全面推进党的自身建设；二要健全完善党的领导体制与领导模式；三要深化党的执政能力建设的理论与实践，不断提升党的执政能力建设的质量和水平；四要创新党要管党的方法路径，实现从微观管理向宏观管理的转型，坚持自上而下的管与自下而上的管，即"两手管"，坚持把党要管党与从严治党、党管干部相结合；五要着力推进党的建设现代化进程。② 还有学者认为，推进党的建设科学化应该深刻把握其政治逻辑：对时代特征和规律的把握与顺应是党的建设科学化的核心要素，加强法律与制度建设是党的建设科学化的基础与保障，对民生的保障与改善体现着党的建设科学化的价值本质，党的建设的科学化就是要在保证党对社会有效的整合能力的基础上保障人民群众的基本利益。③

　　7. 推进党的建设科学化研究的方向

　　党的建设科学化研究是一个崭新的课题，必须坚持解放思想、实事求是、与时俱进的思想路线，以马克思主义政党理论特别是执政党建设理论为指导，以中国共产党自身建设科学化的历程为背景，以世情、国情、党情的深刻变化及其对党的建设提出的新要求为出发点，以研究新情况、解决新问题、总结新经验、推出新成果并服务于党的建设实践为目标取向，努力为推进党的建设科学化提供学术支撑、政策咨询和有益借鉴。蔡长水认为，党的建设科学化研究要抓住重点，要选好若干支撑点来展开，不能面面俱到。要思考中央提出这一命题的深刻意蕴，把握执政党建设的规律，如何有效控制腐败问题，如何处理党群关系、党与社会的关系，党如何提高自身的领导水平和执政水平，如何真正保持自己的先进性，中国共产党建设科学化的历程及基本经验研究、国外主要政党自身建设科学化的主要做法和经验教训、党建科学化若干问题研究等。④ 丁俊萍认为，党的建设科学化研究，应重点围绕以下问题：一是党的建设科学化的基本问

---

① 张兆本：《党的建设科学化的核心：在认识规律基础上的自我约束、自我完善、自我发展》，《理论学刊》2010 年第 5 期。

② 张书林：《论党的建设科学化》，《上海党史与党建》2010 年 1 月号。

③ 蔡志强：《价值寻找制度：党的建设科学化的政治逻辑》，《福建理论学习》2010 年第 6 期。

④ 蔡长水：《党的建设科学化就是规律化，就是自觉认识和运用规律》，《理论学刊》2010 年第 5 期。

题、基本理论、基本实践、基本经验的整体性研究；二是中国共产党自身建设科学化的历史进程、主要特点、基本规律和基本经验研究；三是目前党的建设中存在的主要问题及其原因，以及新形势下进一步推进党的建设科学化、不断提高党的建设科学化水平的对策建议研究；四是党内已有的制度体系及其不断完善的研究；五是党的建设科学方法和党内科学管理方法体系的构建研究。需要在党的建设科学化研究中予以解决和突破的难点包括：马克思主义执政党自身建设规律与人类社会发展规律、社会主义建设规律、共产党执政规律相互关系问题；在长期执政、市场经济、改革开放、外部环境四大考验下，马克思主义执政党自身建设基本规律与党的各个方面建设具体规律及其相互关系问题；推进经济社会科学发展和推进党的建设科学化的关系问题；党的建设的革命化（政治化）与科学化的关系问题；中国共产党自身建设科学化的目标、评价的指标体系和体制机制问题，等等。①

三　存在的问题与学科展望

在新的历史起点上开拓党史研究新局面，需要在以下几个方面下功夫：

第一，深入学习和贯彻习近平同志在中央党史工作会议上的讲话精神。

习近平同志在中央党史工作会议上的讲话，高屋建瓴地指明了党史学科发展的方向、任务和方法。党史工作者应该深入学习贯彻这种精神，坚持实事求是研究和宣传党的历史，牢牢把握党的历史发展的主题和主线、主流和本质，旗帜鲜明地揭示和宣传中国共产党在中国的领导地位和核心作用形成的历史必然性，揭示和宣传中国人民走上社会主义道路的历史必然性，揭示和宣传通过改革开放和社会主义现代化建设实现中华民族伟大复兴的历史必然性，揭示和宣传党在革命、建设、改革各个历史时期领导人民所取得的伟大胜利和辉煌成就，揭示和宣传党在长期奋斗中积累的宝贵经验、形成的光荣传统和优良作风，坚决反对任何歪曲和丑化党的历史

---

① 丁俊萍：《逐步深化新形势下党的建设科学化研究》，《理论学刊》2010 年第 5 期。

的错误倾向。这是党史工作必须遵循的党性原则，也是每一个党史工作者应该履行的政治责任。

第二，充分认识党史研究的政治性，强化党史研究政治意识，增强"资政育人"功能。

作为哲学社会科学的一门重要学科，党史研究是一门研究中国共产党的历史、从中国共产党的活动揭示当代中国社会运动规律的科学，具有强烈的学术性、科学性，同时又有鲜明的党性、政治性，与现实有密切联系。随着党史研究的日渐繁荣，不同意见的学术分歧越来越多。这是学术深入发展所必需的。同时也要高度警惕，一些片面歪曲、全盘否定党的历史，进而否定共产党领导、质疑共产党执政的情况也确实存在。这对于社会稳定、政权巩固是不利的。党史工作者要自觉从提高党的领导水平和执政能力、巩固党的执政地位的政治高度认识和做好党史工作，遵守党的政治纪律、宣传纪律和充分发挥个人创造性的统一，遵照中央关于"党史姓党"的要求，站在党和人民立场，用历史唯物主义观点分析问题。既要坚持和发展马克思主义史学研究的优良传统，坚持和发展党史工作积累的成功经验和方法，也要吸收借鉴古今中外史学研究的有益经验和方法，还要积极运用现代科学技术，创新党史研究的手段、方法、载体。

第三，批驳各种错误观点，强化党史研究的科学性。

党史研究具有较强的政治性，要注意党史研究成果的政治效果。改革开放以来，境内外出版和发表了大量关于党史的专著和文章。大部分是好的或者基本上是好的，符合或者基本符合历史的真实，对于人们有教育意义。值得注意的是，自20世纪90年代中期以来，在党史学界出现一股历史虚无主义思潮，这股思潮否定和丑化党的历史，否定和丑化党的领袖人物，刻意渲染和夸大党的缺点和错误，把党的历史说得一团漆黑。他们使用造谣诽谤、无中生有、断章取义、以偏概全、颠倒是非等种种手段，欺骗那些善良的不了解情况的人们，在群众中间散布对中国共产党的不信任感，以达到他们别有用心的目的。针对这股历史虚无主义思潮，党史学界一些学者进行了抵制和反对，起到了积极效果。但毋庸讳言，这股思潮不仅没有遭到有效遏制，反而有扩大之势，正在向学术外渗透，对一般民众产生错误影响。因此，党史工作者应该继续高度警惕历史虚无主义思潮，采取积极措施，批驳这种思潮及其他错误倾向，有义务将真实的历史呈现在读者面前，起到澄清事实、正本清源、以正视听的作用。

同时，党史研究是一门科学，党史学界应该增强党史研究的科学性，要尊重历史，要实事求是地研究历史。为此要加强以马克思主义为指导，坚持以马克思主义的立场、观点和方法研究党史。同时，在学术研究中，要贯彻"双百方针"，要发扬学术民主，要摆事实，讲道理，依靠党史研究的科学性来增强和扩大党史学的社会效应。

第四，加强党史的学习、宣传和教育，扩大党史研究成果的社会影响。

中国共产党的历史是一部丰富生动的教科书。一部党史，就是用事实告诉读者：中国共产党究竟是怎样的一个党。这个问题在今天有着格外重要的意义。用党的历史教育党员、教育干部、教育群众尤其是教育青少年，是党史工作服务党和国家大局的重要内容。要以各级党员领导干部为重点，把党史教育纳入干部教育培训的必修课，把全面了解和正确认识党的历史作为一项基本要求，教育引导党员领导干部特别是年轻干部认真学习党的历史，努力提高思想政治素质和领导水平。要着力抓好青少年这个群体，开展形式多样的党的历史知识、光荣传统和优良作风、英雄模范事迹的教育，积极推动党史教育进学校、进课堂、进学生头脑，从小培养青少年热爱党、热爱社会主义的感情。通过富有成效的党史宣传和教育，在引导舆论，提高广大党员、干部、群众的思想道德水平上发挥作用。

学术界关于建设马克思主义学习型政党的研究，观点明确，意义突出。但就其研究方法、研究范围和研究视角上也存在诸多问题亟须解决。一是雷同研究、重复性研究多，创新研究、开拓性研究少；二是解读研究、诠释学研究多，建设性研究、针对性研究少；三是意义研究、必要性研究多，问题研究、可行性研究少；四是对学习性研究多，对学习型政党作为政治组织的特征研究少；五是对党的历史经验、历史传统的纵向研究多，从世界政党政治的视角所做的纵向比较研究少；六是对党员领导干部个人如何学习研究多，对政党整体、各级组织如何学习研究少；七是搬用西方学习型组织理论多，对马克思主义经典著作中学习型政党思想挖掘研究少；八是对学习型组织的共性研究多，对中国共产党作为马克思主义学习型政党的个性研究少。此外，研究视角上主要集中在党史党建领域中，其他学科较少涉猎，较少见到教育学、政治学、组织行为学等学科的学者进行这方面的研究。

因此，今后应加强建设马克思主义学习型政党的比较方法研究，拓展研究范围，多角度、多学科地丰富研究视角。针对现有研究的薄弱方面和推进学习型政党建设中存在的问题，要组织科研队伍，从政治学、社会学、领导学、组织行为学、政党政治、世界政党比较的角度加强跨学科的深入研究。在研究中坚持运用马克思主义的立场、观点、方法，以中国特色社会主义理论体系为指导，围绕建设马克思主义学习型政党的主题，着眼于新的实践和新的发展，着眼于提高党的执政能力、保持和发展党的先进性，着眼于党的有效执政和长期执政，不断做出新的理论探索和科学概括，为进一步加强执政党自身建设和对执政规律的把握提供强有力的理论指导。

关于党的建设科学化的研究，由于"提高党的建设科学化水平"这一重大命题提出不久，还是一个崭新的课题，对其研究还不可避免地存在某些不足。丁俊萍等认为，研究的不足主要表现在三个方面：一是理论界总体上还没有以"党的建设科学化"为视角来全面系统地研究党的建设问题，也缺乏从科学化的角度来考察中国共产党的建设历程、总结中国共产党成立以来党的建设经验的力作。二是以"党的建设科学化"为题的文章虽然较多，但有分量、高质量的文章不多，不少还停留在宣传层面或工作总结水平，缺乏学理思考和深入研究，真正学术意义上的研究成果还比较少，多种学术观点的交流和争鸣尚不多。三是对"党的建设科学化"和"提高党的建设科学化水平"的研究及相关问题的研究还处于起步阶段，诸多问题还有待于深入探讨。例如，"党的建设科学化"和"提高党的建设科学化水平"二者的区别和联系是什么？不同层级、领域、部门的党组织建设科学化的具体要求有哪些？如何衡量党的建设科学化水平？党的建设科学化的内在机制是什么，如何来建构这一内在机制？中国共产党在自身建设科学化方面有哪些经验教训？新形势下提高党的建设科学化水平迫切需要解决哪些问题？国外政党特别是执政党在党的建设科学化、制度化、规范化方面有哪些值得我们借鉴之处？等等。所有这些问题的存在，均为我们进一步深入研究提供了很大空间。①

　　因此，实现党的建设科学化，尚有大量的复杂课题需要我们去研究、去破解。学术界与理论界在今后的研究中应在以下方面做出持续努力和不懈探索：一是应加强对党的建设的历史经验的研究，从这些经验中再提升、概括出几条重要的共产党执政规律，并厘清共产党执政规律和西方政党执政规律的相同点和不同点。二是应加强对国外执政党建设的比较研究，从而为我们提供经验借鉴。三是应加强提高党的建设科学化水平的长效机制研究。四是应加强跨学科研究。提高党的建设科学化水平研究是一项系统工程，涉及多门学科，需要多方面的专家学者参与研究。五是在党的建设科学化的特征与评估标准、提高党的建设科学化水平的背景、意义和制约因素方面还要做进一步的研究。六是应加强微观研究。②

　　　　　　　　　　　（执笔人：金民卿、陈志刚、龚云、戴立兴）

---

　　① 丁俊萍、李向勇：《党的十七届四中全会以来党的建设科学化研究述评》，《马克思主义研究》2010 年第 11 期。

　　② 朱宗友：《提高党的建设科学化水平研究的新进展》，载《高校社科动态》2010 年第 6 期。

思想政治教育研究前沿报告

马克思主义研究院思想政治教育研究室

思想政治教育是马克思主义理论学科中的一个应用学科，其目的是运用马克思主义理论与方法，专门研究人们思想品德的形成、发展和思想政治教育的规律，培养人们形成正确的世界观、人生观、价值观。自从思想政治教育成为马克思主义理论一级学科下设立的一个独立二级学科以来，其"科学化"、"学科化"、"体系化"建设明显加快，在思想政治教育理论与现实问题研究方面取得了重大进展，已成为马克思主义理论学科以及我国哲学社会科学中不可或缺的重要学术领域。2010 年以来，思想政治教育研究密切关注国内外形势的新变化，紧紧抓住学科领域的前沿问题进行了较为深入的研究，取得了丰硕的成果。

思想政治教育是一个理论性、政策性、现实性很强的学科，因而涉及的内容十分丰富且与现实联系十分紧密。思想政治教育研究可以分为两个层次：一是思想政治教育基础理论研究；二是思想政治教育的重大理论与现实问题研究。

一　思想政治教育基础理论问题研究

思想政治教育基础理论研究，即思想政治教育"元问题"或"本体论"问题研究，属于思想政治教育研究的"导论"。这一领域的研究涉及构建思想政治教育学科的基础性和根本性问题，包括思想政治教育的理论基础、历史渊源、范畴和体系、本质和价值、地位和作用、对象和内容、过程和规律、方法和载体以及评价与评估等内容，主要体现在"思想政治教育学原理"中。此外，还包括思想政治教育学分支学科研究，如思想政治教育方法论、思想政治教育史、比较思想政治教育学等方面的研究。

2010 年以来，思想政治教育基础理论研究涉及内容广泛，在这里，我们主要总结和分析关于思想政治教育的本质、价值、研究方法等内容的研究情况。

（一）对思想政治教育本质问题的研究

2011 年以来，"社会本位说"、"个人本位说"及"实践活动说"继续成为学科研究的热点之一；关于"灌输本质论"与"德育非政治化"的争论格外值得关注。

思想政治教育本质是全部思想政治教育理论的基础和核心，是整个思想政治教育学的立论之本，是关系到整个思想政治教育全局的问题。因此，思想政治教育学界始终对此高度重视，进行了较深入的研究，提出了许多值得关注的观点。有学者将这些观点概括为"一元本质说"和"二元本质说"，也有少数主张"多元本质说"。"一元本质说"，如"政治性"说、"阶级利益性"说、"转化论"说、"灌输论"说、"人学论"说等；"二元本质说"，如"社会政治属性与经济管理属性"说、"政治属性与非政治属性"说、"政治性与科学性"说等。[①] 也有学者从另一个角度将这些观点分为"社会本位说"和"个人本位说"两种。[②]

"社会本位说"，也被称为"工具性本质论"[③]。这是关于思想政治教育本质的最普遍的观点和看法，认为思想政治教育是指一定的社会或社会群体用一定的思想观念、政治观点、道德规范，对其成员施加有目的、有计划、有组织的影响，使他们形成符合一定的社会、一定阶级所需要的思想品德的社会实践活动，[④] 是为统治阶级和现行政治所服务的；是使社会成员形成符合一定的社会、一定阶级的统治（治理、管理）所需要的思想品德的重要手段。"灌输论"[⑤]、"人的社会化"[⑥]、"政治性"[⑦]、"意识形态

---

① 石书臣：《思想政治教育的本质规定及其把握》，《马克思主义与现实》2009 年第 1 期。

② 李月玲、王秀阁：《思想政治教育本质述评》，《学校党建与思想教育》2011 年第 4 期。

③ 李净：《思想政治教育本质新论》，《徐州师范大学学报》（教育科学版）2011 年第 2 期。

④ 邱伟光、张耀灿：《思想政治教育学原理》，高等教育出版社 2010 年版，第 4 页。

⑤ 刘书林、陈立思：《青年思想政治教育学原理》，中国青年出版社 1999 年版。

⑥ 陈秉公：《思想政治教育学原理》，高等教育出版社 2006 年版。

⑦ 孙其昂：《关于思想政治教育本质的探讨》，《南京师范大学学报》2002 年第 5 期。

性"① 等均是这种观点的具体体现。

"个人本位说",也被称为"目的性本质论"②。目的性本质则是思想政治教育"属人性"的一面。③ 随着以人为本思想的彰显,以张耀灿为代表的学者们提出:"思想政治教育研究的人学范式转换和人本主义转移将是该学科发展的趋势。思想政治教育研究应该自觉推进人学范式转换。如果说过去的思想政治教育研究属于社会哲学范式,那么新时期则呼唤思想政治教育研究的人学转换。"④ 有研究者进一步指出:"在马克思主义人学范式下将思想政治教育的本质定义为促进人生存与发展的价值化存在,突出体现的是思想政治教育的目的性本质,强调思想政治教育理论研究与工作实践应该把促进人在社会中的生存与发展当作价值旨趣,实现每一个人在社会中的全面发展。"⑤

与上述观点不同的是兼有"社会本位说"和"个人本位说"、"工具性本质论"和"目的性本质论"的观点。张澍军认为:"以社会哲学的视野揭示的是思想政治教育的工具性本质,以人学视野揭示的是思想政治教育的目的性本质。"⑥ 有研究者指出,我们"探讨思想政治教育的本质,既要考察其满足阶级与社会需求的一面,更需要回到思想政治教育本身去追寻它的属性,既看到它的工具性本质,也要看到它的目的性本质"⑦。有研究者认为,应把思想政治教育本质理解为一种"实践活动",这样既体现了思想政治教育维护阶级统治、促进社会发展的工具性的一面,又体现了思想政治教育培养人的目的性的一面。因而,认为思想政治教育是"调节个人与社会的思想政治关系,促进个人思想品德与社会意识形态同质发展,以实现个人与社会良性互动的实践活动"⑧;是以个人和社会的统一为前提和基础,以个人思想品德和社会要求的差距为出发点,最终实现个人和社会的有机统一、良性互动的过程。⑨

---

① 石书臣:《思想政治教育的本质规定及其把握》,《马克思主义与现实》2009 年第 1 期。
② 李净:《思想政治教育本质新论》,《徐州师范大学学报》(教育科学版)2011 年第 2 期。
③ 李合亮:《思想政治教育探本》,人民出版社 2007 年版,第 120 页。
④ 张耀灿:《推进思想政治教育研究范式的人学转换》,《思想教育研究》2010 年第 7 期。
⑤ 钟启东、刘丹:《人学范式下的思想政治教育本质探析》,《改革与开放》2011 年第 6 期。
⑥ 张澍军:《德育哲学引论》,人民出版社 2002 年版。
⑦ 李合亮:《思想政治教育探本》,人民出版社 2007 年版,第 120 页。
⑧ 褚凤英:《思想政治教育本质再认识》,《探索》2010 年第 3 期。
⑨ 李月玲、王秀阁:《思想政治教育本质述评》,《学校党建与思想教育》2011 年第 4 期。

　　但有论者对现有的"思想政治教育本质"观点提出质疑。指出，第一，把思想政治教育定义成"有目的的、具有超越性的实践活动"，把"实践活动"界定为思想政治教育本质，并不能把思想政治教育同其他社会实践活动从根本上区别开来，社会的其他教育活动也同样可以具备目的性、超越性，都可以把人的全面发展当作实践活动目标。第二，灌输作为思想政治教育本质有混淆思想政治教育方式与本质之嫌。第三，强调意识形态性或政治性是思想政治教育的本质，是把思想政治教育本质属性当作思想政治教育本质加以论述。① 对此，我们倾向于第一点和第三点，但我们认为第二点，即把灌输仅仅理解为思想政治教育方式是不够准确的，实际上降低了灌输论在思想政治教育中的地位。

　　对此，已有学者做出了回应。刘书林撰文阐述了灌输理论在思想政治教育学中的地位问题。他指出，在最初的《思想政治教育学原理》教材中，一般都基于列宁关于灌输的理论，明确指出了思想政治教育这种实践活动的本质就是"灌输"，并把"思想政治教育的本质是灌输"摆在一个突出的地位。但后来有些教材似乎不再提及思想政治教育的本质是"灌输"了，有的教材在"思想政治教育的本质"的标题下，并不直接提灌输，还有一些人虽然也讲"灌输论"，但其作为思想政治教育本质的地位被取消了，把灌输作为思想政治教育者的基本职能之一（灌输、激励、调节、转变），把"灌输"降低到教育者自身职能和方法的层次，与"填鸭式"的生硬灌输联系起来，这是对"灌输"的歪曲或者误解；还有的学者把"灌输论"作为思想政治教育学的主要理论依据之一，这样的处理，实际上也是降低了灌输在思想政治教育学中的地位。对此，一方面应该帮助不了解"灌输论"的人从这种误会中解脱出来，另一方面思想政治教育专业的研究者也不应该因为有人误解了这个概念而不敢使用这个概念。正确的态度是坚持列宁提出的思想政治教育的本质是"灌输"的结论，深刻理解列宁这一思想的内涵。他从五个方面重新梳理了列宁在《怎么办》中提出的"灌输论"，认为列宁提出的"灌输论"是揭示思想政治教育本质的主要论断，具有十分重要的理论和实践意义。鉴于以上分析，还是运用列

---

　　① 钟启东、刘丹：《人学范式下的思想政治教育本质探析》，《改革与开放》2011 年第 6 期。

宁提出的"灌输论"揭示思想政治教育的本质为好。[①] 我们赞同上述观点，当前的思想政治教育不但不能丢弃，而且要从思想政治教育本质的高度来理解"灌输论"。

关于"德育非政治化"问题也是与思想政治教育本质直接相关的问题。所谓"德育非政治化"[②] 即主张德育只能是道德教育，不能包括政治教育、思想教育的观点。对此，田心铭撰文从三个方面进行了分析。第一，关于"德育"及其与"思想政治教育"的关系。在党和国家的重要文献中，"思想政治教育"和"德育"这两个概念是相通的。第二，关于"公民教育"。现实中并不存在某种超越不同国家和社会的一般的"公民教育"。要求用"公民教育"去取代思想政治教育，这是"德育非政治化"主张的又一种表达方式。第三，关于教育方针中"接班人"的提法。有论者以培养社会主义事业接班人是"政治教育"、"政治使命"为由反对教育方针中"接班人"的提法，是"德育非政治化"观点的典型表现。政治性是思想政治教育或德育的本质属性之一。完全脱离政治的"非政治化"的德育是不存在的。在当代国际背景下，要求我国的德育与国际"接轨"，不得以培养社会主义事业的接班人为目标，不得向学生灌输辩证唯物主义和历史唯物主义的世界观、人生观等，这本身就是具有很强的政治性的思想，并未摆脱论者所批判的"德育政治化"的制约。总之，必须全面地理解思想政治教育（或德育），不应把德育仅仅归结为道德教育，同时，只强调政治教育而忽视道德教育的观点也是片面的、不可取的。[③] 我们认为，上述观点是值得我们深思的。关于"德育非政治化"的争论，不是一个简单对"德育"属性在认识上的分歧问题，而是一个关系到中国特色社会主义教育全局的重大问题，是涉及思想政治教育的阶级性、党性和为谁服务的问题。因而，是研究思想政治教育本质不能回避的问题。我们认为，从马克思主义基本观点出发，必然承认从来就没有超阶级的、抽象的、一般的"德育"，"德育"的政治性是明显的，企图将德育"非政治化"本身，就是一种阶级性和政治性的反映。

---

① 刘书林、华晔子：《思想政治教育学重要理论问题研究的新进展》，《思想教育研究》2011年第7期。

② 杜时忠：《德育十论》，黑龙江教育出版社2003年版，第6页。

③ 田心铭：《简论思想政治教育的目的、培养目标和教育内容》，《思想理论教育导刊》2011年第6期。

总之，目前对"思想政治教育的本质"的研究亟待进一步深化。鉴于目前的研究状况，我们认为，应在以下问题上加强研究：一是究竟如何界定"思想政治教育本质"？"思想政治教育本质"研究应坚持什么样的方法论原则？二是思想政治教育的本质与其性质、属性、本质属性之间的关系是怎样的？三是更重要的，必须坚持马克思主义的指导和无产阶级的立场。只有这样，才能保证"思想政治教育本质"研究的正确方向和正确结论。

（二）对思想政治教育价值的研究

2011 年以来继续围绕"社会价值"和"个体价值"及其关系进行研究；研究中存在的"社会价值"泛化倾向值得重视。

对于思想政治教育而言，"本质"与"价值"是同等重要的问题。思想政治教育价值直接关涉思想政治教育存在的必要性和正当性，是思想政治教育安身立命的本源。学界对思想政治教育的"价值"、"功能"、"作用"等概念，大多在同一含义上使用。如"功能—作用"等同论、"功能—价值"等同论、"功能—职能"等同论、"功能—特性效果"等同论。[①]由于我国特殊的历史原因，在对思想政治工作的价值作用上，始终存在着两种不同的认识，一种是夸大思想政治工作作用的"万能论"，另一种则是忽视甚至否认思想政治工作价值的"无用论"。

自思想政治教育学诞生以来，理论界对思想政治教育价值的生成、形态、实现、评价等进行了多角度的探讨。主要集中在思想政治教育社会价值与个体价值及其关系的问题上。由于不同学者的研究角度和学术背景不同，学界目前对思想政治教育价值的分类主要有以下几种观点：按照存在状态可分为理想价值和现实价值；按性质作用分，有正面和负面价值；按效果显现分，有直接价值和间接价值；按评估可分为绝对价值和相对价值；按价值主体可分为个体价值和社会价值。从结构角度来看，可划分为内容价值、过程价值和结果价值；从价值和效用范围来看，可分为宏观价值和微观价值；从价值功能来看，可划分为政治价值、经济价值、文化价值、社会稳定价值和生态价值。但目前学界一般把思想政治教育价值表现

---

① 陈建保、侯丹娟：《思想政治教育功能研究述评》，《理论月刊》2010 年第 6 期。

形态分为社会价值和个体价值。① 个别学者还提出了集体价值。②

社会价值与个体价值是目前学术界普遍认同的对思想政治教育价值的分类，即按照价值主体的分类。关于思想政治教育的社会价值，理论界主要有三种观点，即 "一种是从思想政治教育的社会功能来看，具有导向价值、凝聚价值、激励价值、净化价值。一种认为思想政治教育的社会价值是完成它的社会职能而产生的社会作用与社会意义，具体表现为两个文明建设的根本保证、社会治理的重要手段、塑造人格的主导力量。第三种观点是根据思想政治教育对社会具体对象的作用而言的，因而又可以划分为政治价值、经济价值、文化价值、管理价值、生态价值等"③。其中经济价值备受关注，代表性观点从宏观和微观两个层面考察分析思想政治教育对经济的整体影响，以及通过人的作用对经济产生的影响。具体体现为：精神动力、方向保证、环境营造等价值。④ 政治价值被认为是思想政治教育最重要的价值。理论界大多从维护政治稳定、促进政治发展等角度进行分析论述。⑤ 至于文化价值，现有研究重在考察思想政治教育在文化发展过程中的价值，如文化选择、文化整合、文化创新等价值。⑥ 关于思想政治教育个体价值的研究，主要有两个视角：一是从思想政治品德的具体表现角度将其概括为引导政治方向、激发精神动力、塑造个体人格、调控品德行为等；⑦ 二是从人的发展需要角度将其概括为促进人的社会化、提高素质和能力、解决人生课题等。⑧

学界对思想政治教育的两种基本价值形态——社会价值和个体价值的存在没有异议，但有研究者认为，在二者的关系上，"既存在着偏重思想政治教育的社会价值而轻视思想政治教育个体价值的倾向，也存在着对二者辩证关系笼统泛论的问题"⑨。大多数研究者，从思想政治教育本

---

① 王威孚、朱磊：《思想政治教育价值研究综述》，《重庆广播电视大学学报》2006年第6期。

② 罗洪铁：《思想政治教育研究》，四川人民出版社2002年版，第375页。

③ 张耀灿：《思想政治教育学前沿》，人民出版社2006年版，第85页。

④ 项久雨：《思想政治教育价值论》，中国社会科学出版社2003年版，第206—209页。

⑤ 同上书，第209—211页。

⑥ 罗保华：《试论思想政治工作对文化发展的价值显现》，《唯实》2003年第3期。

⑦ 项久雨：《思想政治教育价值论》，中国社会科学出版社2003年版，第202页。

⑧ 王学俭：《现代思想政治教育前沿问题研究》，人民出版社2008年版。

⑨ 王淑芹：《思想政治教育价值基本问题研究》，《思想教育研究》2010年第11期。

质的"社会本位说"出发，强调思想政治教育的社会价值，坚持思想政治工作"生命线"地位，强调思想政治教育的社会价值。有论者提出新时期坚持和巩固思想政治工作"生命线"地位，必须"紧密围绕党的中心任务开展工作"①。有论者认为，在我国意识形态领域日益多元化的背景下，思想政治教育要服务于我们党明确提出的建设社会主义核心价值体系的战略任务和目标，要突出思想政治教育的主导性内容、坚持思想政治教育的特色性内容、增强思想政治教育的时代性内容、吸纳思想政治教育的兼容性内容等。② 随着我国经济社会的发展，思想政治教育的作用也在不断拓展，日益发挥着越来越广泛的作用。近两年来，我国开始重视社会管理工作，探讨思想政治教育在社会管理中的作用也成为学界热点。有众多论者认为，思想政治教育（工作）在社会管理中具有独特的作用。

但是，有的研究者则强调个体价值的作用。认为思想政治教育以人为对象，它的价值必须通过作用于人的思想才能得以体现。从这个意义上讲，思想政治教育的个体价值是其集体价值、社会价值的基础。③ 有论者认为，在思想政治教育价值实现的层面上，应该说个体价值是社会价值实现的基础，社会价值是个体价值的综合表现和整体效应。从社会秩序维护的终极价值来看，社会不是为了秩序而秩序，最终目的是为了人的自由而全面的发展，其中包括人的思想品德的发展。思想政治教育的价值和意义就在于启发社会成员的思想、转变人们的思想观念、凝聚人们的精神气质。因此，思想政治教育既通过对人思想的主导而规范行为，从而达致自然的人性与社会理性的平衡，又通过个体的内化形成与社会发展要求和人性完善相一致的个性价值体系。④

我们认为，正确认识二者的关系，应坚持马克思唯物史观的个人与社会关系的基本观点。对此，已有研究者提出，明确人与社会、社会利益与

---

① 张果：《论新时期思想政治工作的"生命线"地位》，《思想政治教育研究》2010 年第 2 期。

② 石书臣：《建设社会主义核心价值体系对思想政治教育内容体系的新要求》，《思想政治教育研究》2010 年第 1 期。

③ 闵绪国、罗洪铁：《深化思想政治教育价值研究的思考》，《思想教育研究》2011 年第 5 期。

④ 王淑芹：《思想政治教育价值基本问题研究》，《思想教育研究》2010 年第 11 期。

个人利益、社会需要与个人需要的矛盾，是正确认识思想政治教育社会价值与个体（个人）价值关系的前提。在此基础上，可以从三个方面来理解二者的关系。第一，当思想政治教育既能满足社会需要，又能满足个人的发展需要，且满足程度接近时，思想政治教育价值达到最大，社会价值与个人价值也表现出了高度的一致性。第二，当思想政治教育既能满足社会需要，又能满足个人的发展需要，且满足程度不一致时，一般而言，如果满足差距不大，个体价值与社会价值也能保持较好的关系。但是如果两者的满足程度有相当大的差距时，社会价值与个人价值的地位则会发生变化。第三，当思想政治教育对社会需要与个人需要不能同时满足时，思想政治教育的社会价值与个人价值不仅会背离，而且思想政治教育最终之目的不可能达到。个人的发展不可能离开社会的发展，社会的发展也不可能脱离个人发展而进行。思想政治教育既要解决社会发展的宏观问题，又要解决人的发展的微观问题。在社会发展的某一时期，基于社会发展的需要，思想政治教育的社会价值可能更突出，但此时的社会价值是在充分考虑了个人需要基础上的突出；反之，基于社会发展的需要，在一定时期可能需要突出个人价值，但是这一突出的前提是满足社会需要。这是社会发展的一种正常现象，一种常态。①

　　我们认为，目前对思想政治教育社会价值的研究，有夸大和泛化思想政治教育价值和作用的倾向。从上述所列的学术界对于思想政治教育社会价值与个人价值之认识与界定范围来看，思想政治教育价值覆盖了社会的各个领域及人类生活的全部。这种认识固然认识到了思想政治教育对社会发展、对人的发展的影响，但是却客观上将思想政治教育价值之范围、思想政治教育之作用扩大。这实际上是把不应该由思想政治教育承担的功能赋予给了思想政治教育，其结果必然大大弱化了思想政治教育的根本功能，易导致思想政治教育"万能论"。对此，很多研究者都提出，不能给思想政治教育以过多的甚至其自身难以承载的社会期待。泛化和扩大思想政治教育的内容，夸大思想政治教育的功能和价值，这不仅不能帮助思想政治教育发展，反而会起到危害作用，使得思想政治教育的有限资源得不

---

①　李合亮：《关于思想政治教育社会价值与个人价值的深层认识》，《探索》2010 年第 1 期。

到高效利用。① 我们认为，思想政治教育的其他价值的实现和功能的发挥，都必须通过对人的教育才能达到，而且这种教育非智育、体育。正如有的研究者提出的，思想政治教育的本性决定了，"如果它不能以其政治特性，以其实践活动，巩固或改变人们的思想，达到教育者所设定的政治目的，那思想政治教育与一般教育就没有任何区别了"②。

（三）对思想政治教育研究方法的研究

2010 年以来，思想政治教育研究方法总体呈现出多样性特征，其中跟踪调查、评述研究和对策研究比较突出。

任何学科和领域都需要自身独立的理论基础、话语体系和研究方法，这是一门学科和领域独立和成熟的标志。方法创新是学术创新的先导。从某种意义上讲，研究方法也是一个学科立身的重要标志之一。③ 近年来，量化研究、实证分析、数据分析、模型建构、个案分析、心理学分析、质性研究等都被运用到思想政治教育的研究中，在一定程度上推进了思想政治教育研究方法的创新与发展。有研究者将 20 世纪 80 年代以来我国思想政治教育研究方法概括为：经验总结提升方法、逻辑思辨方法、历史分析方法、比较研究方法、权威经典研究方法、学科交叉研究方法。④ 也有研究者把思想政治教育研究方式概括为：理论式研究，即从抽象的、理论的层次和角度对思想政治教育进行研究；问题式研究，即注重从实践的、实证的、实效性角度对思想政治教育进行研究；对话式研究，如横向对话式和纵向对话式。并认为三者结合，优势互补，才能处理好把握理论与面向现实、借鉴继承与发展创新的关系，才能使思想政治教育适应社会发展和学科发展的现实需要。⑤ 值得一提的是，跟踪调查、评述研究和对策研究在 2010 年以来的研究中尤显突出。比如程

---

① 汪勇：《论思想政治教育的泛化、危害及应对》，《河南师范大学学报》（哲学社会科学版）2010 年第 2 期。

② 李合亮：《关于思想政治教育社会价值与个人价值的深层认识》，《探索》2010 年第 1 期。

③ 胡菊华、裘杰：《思想政治教育学科视野中的研究方法创新》，《思想教育研究》2010 年第 9 期。

④ 佘双好：《科学研究也是思想政治教育研究的基本规范》，《思想理论教育导刊》2010 年第 1 期。

⑤ 祖嘉合、代玉启《思想政治教育理论研究中的问题与思考》，《思想理论教育》2010 年第 1 期。

恩富等的《关于社会主义核心价值体系研究和践行情况的调查报告》，谭培文的《当代大学生信仰与信仰教育研究——以广西壮族自治区高校为例》，柳礼泉的《高校思想政治教育生活化研究述评》，闵永新的《大学生思想政治教育有效性研究的现状与展望》，张国玉、余斌的《维汉关系中族群意识与国家认同的实证分析》，张楠、李航敏的《大学生网络道德问题分析及教育的对策建议》等文章，不仅采用了大量的实证资料，而且运用统计学尤其是数理统计分析方法进行具体详细的分析，对于我们认识问题的原因、找到解决的对策、把握未来趋势都提供了非常有价值的参考。

有的研究者认为，目前思想政治教育研究方法、范式的研究明显淡薄于学科其他理论，如思想政治教育价值、目的、内容等理论研究，也淡薄于思想政治教育实践应用方法研究，呈现出学科研究方法的关注与自觉程度较低。当代科学交叉渗透的特点以及思想政治教育学科综合性的特征，决定了思想政治教育的多学科交叉与多元整合是必然趋势。尽管近年来在这方面取得了一定进展，但与学科发展的需求和期望还相差甚远。在总体多样化与多元融合趋势下，目前思辨研究仍占主要地位。学科方法及方法论等基本概念尚未厘清。学科研究方法的学术论争场域尚未形成。但是，具有学科方法论意义的反思意识正在涌现。这种学科方法论反思意识也正说明了思想政治教育研究从方法论"无意识"到"朦胧意识"，再到"自觉意识"的发展趋向，进而向思想政治教育学方法论的独特理论学科发展。[1] 我们认为，任何学科和领域都需要有自身独立的理论基础、概念范畴和研究方法，这是一门学科独立和成熟的标志。思想政治教育研究方法论是支撑学科实体理论及学科建设的基石。当前思想政治教育学科方法论的研究，应分为几个层次加强研究：第一层次是学科根本指导方法的研究，即加强马克思主义哲学方法在本学科的指导性研究；第二层次是学科借鉴方法研究，即对现代系统科学方法论、复杂性科学方法等在本学科的应用性研究；第三层次是学科具体的研究方法，即本学科独有的研究方法。

---

① 高利伟、郑大俊：《思想政治教育研究方法论研究述要》，《思想理论教育导刊》2011 年第 2 期。

（四）从马克思主义文本中研究思想政治教育的基础理论问题，成为近年来思想政治教育学界研究的一个重要特征

通过对马列经典原著的研究考察，来探求思想政治教育的本质、目的、原则和方法等基本理论问题，可谓是思想政治教育基础理论研究中的创新，也是我国思想政治教育研究的正确方向。如余斌的《试论思想政治教育的目的、本质、原则和方法》一文，从马克思主义经典著作中全面探讨思想政治教育的本质、目的、原则和方法等基本问题。[①] 刘建军在《〈"黑格尔法哲学批判"导言一文〉的思想政治教育意蕴》一文中，考察了《〈黑格尔法哲学批判〉导言》的思想政治教育意蕴，认为该文从某种意义上说，是马克思主义思想政治教育学的开篇之作：首次论述了马克思主义宗教观的基本观点、首次论述了哲学在无产阶级思想政治教育中的地位和作用、首次论述了无产阶级作为革命的领导者阶级应该具有的精神气质和必要的舆论工作。[②] 刘建军的《思想政治教育要发挥真理的魅力》一文，认为马克思主义的真理魅力集中体现在它的科学性魅力、批判性魅力、完整性魅力、彻底性魅力以及实践性魅力等方面。[③] 有研究者对《共产党宣言》、《资本论》中的交往问题进行了探讨。认为，在某种意义上，交往是思想政治教育的本质。通过交往，主体超越自我的界限，在自我的不断开放和更新中与他人、社会和世界达到一种融合，从而在相互超越和无限开放的过程中达到沟通与理解，形成、发展个体的思想及品德。[④] 有研究者认为，马克思主义理论体系中包含着丰富的评价思想，其中也包含着鲜明的思想政治理论教育的评价观点，涉及思想政治理论教育的价值、目标、主体、方法、效果等方面的评价。[⑤] 李征的《马克思恩格斯思想政治教育理论与实践研究》一书，系统考察了马克思、恩格斯关于思想政治教育的思想。在马克思、恩格斯著作和文章中使用了大量关于"宣传"、

---

① 余斌：《试论思想政治教育的目的、本质、原则和方法》，《中国高等教育》2011 年第 7 期。

② 刘建军：《〈"黑格尔法哲学批判"导言一文〉的思想政治教育意蕴》，《中国人民大学学报》2010 年第 6 期。

③ 刘建军：《思想政治教育要发挥真理的魅力》，《思想理论教育导刊》2011 年第 8 期。

④ 梅宗奇、赵炜：《马克思的交往理论与思想政治教育》，《河北学刊》2010 年第 6 期。

⑤ 陈洪涛、张耀灿：《论马克思主义经典作家的思想政治理论教育评价观》，《社会主义研究》2011 年第 1 期。

"宣传工作"、"政治宣传工作"、"鼓动"、"宣传鼓动工作"、"政治鼓动工作"、"政治教育"、"宗教教育"和"理论教育"等提法,这些都是与现代思想政治教育密切相关的基本概念。他们认为,观念、思维、人们的精神交往是人们物质关系的直接产物,强调思想和精神对人具有巨大的影响力。①

二 思想政治教育重大理论与现实问题研究

"思想政治教育重大理论与现实问题"是指思想政治教育内容中带有根本性的、亟待回答的重大理论与现实问题。思想政治教育就是"讲道理"的学问和活动,而这个"道理"必须是令人信服的真理。就是马克思的那句真理:"理论只要说服人,就能掌握群众;而理论只要彻底,就能说服人。所谓彻底,就是抓住事物的根本。"② 思想政治教育的目的就是使人们认同"道理"、划清重大是非问题、澄清模糊认识、自觉抵制各种错误思潮,达到统一思想、凝聚力量、行动一致。思想政治教育具有很强的现实性,关注现实、解决与现实问题密切相关的理论困惑是它的生命力所在。随着国际国内形势的变化,特别是我国进入改革发展的关键时期,社会情况发生了复杂而深刻的变化,给人们的思想上带来了诸多的疑问和困惑,给思想政治教育提出了许多新问题。深入研究思想政治教育的重大现实问题,澄清思想理论上的重大是非,自觉划清思想领域的重大界限,是占领思想阵地制高点和拥有意识形态话语权的必然要求,也是做好思想政治教育的需要。

(一) 对当前主要社会思潮的研究

2010年以来,学界对社会思潮的研究呈现总结的态势,对当代中国社会思潮的特征、"普世价值论"的实质及危害等进行了较深入的剖析。

在各种社会思潮纷繁复杂的情况下,如何始终坚持马克思主义的指导地位不动摇,如何始终坚持社会主义信念不动摇,如何始终坚持党领导不

---

① 李征:《马克思恩格斯思想政治教育理论与实践研究》,北京大学出版社2011年版;李征:《马克思恩格斯关于思想政治教育相关概念的论述》,《思想政治教育研究》2011年第1期。

② 《马克思恩格斯选集》第1卷,人民出版社1995年版,第9页。

动摇，是思想政治教育研究的重大课题。近年来，伴随着经济全球化、信息化的进程，西方政治、经济、文化、社会等方面的社会思潮大量传入我国，并对我国的思想政治教育产生很大影响。思想政治教育必须研究这些思潮产生的原因和特点以及这些社会思潮对思想政治教育带来的影响，并提出思想政治教育在面对这些思潮影响时的对策。

时下中国社会思潮种类繁多，性质也异常复杂，诸如后物质主义、后现代主义、消费主义、科学主义、实用主义、西方马克思主义、性解放、享乐主义、环境保护、民主社会主义、新自由主义、新权威主义、新左派、新民族主义、文化保守主义等。在上述诸多社会思潮中，有两类思潮值得高度关注：一是复辟封建主义的复古思潮，主要是文化保守主义、新儒学等。这股思潮打着弘扬中华传统文化的旗号，要求"儒化中国"、"儒化共产党"，成立"儒学院"，由熟读儒家经典的儒生来治理中国。二是照搬资本主义的西化思潮，即资产阶级自由化思潮，如民主社会主义、新自由主义、历史虚无主义、"普世价值"论等。比如，在哲学领域，宣扬一种没有主体便没有客体的主体哲学，用形而上学唯心主义否定辩证唯物主义和历史唯物主义；在经济学领域，否定马克思主义劳动价值论和剩余价值学说，甚至企图以西方资产阶级经济理论取代马克思主义政治经济学；在政治学领域，鼓吹多党制和政治多元化，否定共产党领导，对共产党执政的合法性提出质疑；在历史学领域，鼓吹历史虚无主义，否定马克思主义阶级斗争学说，否定任何革命，曲解一百多年来中国人民反帝、反封建的斗争史，特别是否定中国人民的革命斗争史，等等。有研究者认为，作为时代情绪和风向标的社会思潮本质上都是一定时代各种社会矛盾相互冲突激荡的反映。随着我国政治、经济、文化、社会等方面改革的进一步推进和深入，社会思潮愈发呈现出时代性与阶段性、世界性与民族性、全球性与地域性、精英性与草根性并存等极其复杂的特征。[①] 虽然当代社会思潮可谓学派林立、种类繁多，但有研究者指出，基于划清"四个重大界限"为分析框架，运用马克思主义基本立场、观点和方法来透视纷繁复杂的反马克思主义思潮及其变种时，便可以清晰发现，它们无外乎是指导思想领域的"意识形态终结"论，

---

① 罗帆：《当代中国社会思潮与中国特色社会主义》，《胜利油田党校学报》2010 年第 5 期。

经济领域的新自由主义，政治领域的民主社会主义与历史文化领域的历史虚无主义。[①]

2010 年以来，学界对社会思潮的研究呈现总结的态势。有研究者全面深入地分析了当代中国社会思潮具有以下几个鲜明特点。一是空前的多样性。既有正确的、积极的，也有错误的、消极的甚至是腐朽的；既有同时并存而阶级性不同的社会主义、资本主义、封建主义思潮，也有同时在场而时代性不同的传统、现代、后现代的社会思潮；既有内生的民族自强自立的改革思潮、现代化思潮、爱国主义思潮等，也有外来的从开放的大门涌入的反映西方社会价值观念、生活方式的社会思潮。这些思潮几乎覆盖了经济、政治、哲学、文艺、宗教、伦理等所有的社会科学领域，而且在某一个具体领域里面，也是学派众多，"派"别林立，以致当代中国呈现出社会思潮汹涌澎湃、异彩纷呈的局面。二是极度的复杂多变性。国内外环境的复杂多变、意识形态领域斗争的复杂多变、社会生活的复杂多变、社会转型过程中社会矛盾及社会群体间利益关系的复杂多变使得当代中国的社会思潮极具复杂多变性。三是多元共生，相互吸收。各种思潮既有相互斗争、相互排斥而此消彼长的一面，也有相互作用、相互影响而相互交汇、融合的一面。四是更加关注现实利益。许多当代中国社会思潮直接与现实相关，对社会民生的关注度有了显著提高，更加重视社会基本制度层面的、可操作性的问题，并且往往针对某些具体社会问题抛出相应的"药方"，而其中一些"药方"具有颠覆我国现行社会制度的性质。五是更加重视话语权的争夺。社会思潮是民众评价的一种现实形式。一些社会思潮通过人际传播、大众传播和组织传播等方式得到广泛传播，在社会意识领域夺取了一定的话语权，具有很大的社会影响力。六是更加平民化。当今社会思潮更加贴近平民百姓的现实生活以及知识分子的平民化、大众化和传播媒介的大众化，使得社会思潮的主体更加平民化、大众化。社会思潮的平民化让其具有更加广泛、更加深厚的群众基础和社会心理基础，其社会影响力也更大更强，从而也表明对其进行正确引领的必要性和紧迫性。[②]当代社会思潮在传播上也出现了与以往不同的特点。有研究者认为，可以

① 李志军、邓鹏：《当代主要反马克思主义思潮批判——基于划清"四个重大界限"的思考》，《马克思主义研究》2011 年第 8 期。

② 丁祥艳：《论当代中国社会思潮的鲜明特点》，《前沿》2010 年第 15 期。

从三个方面来分析。一是当代社会思潮内容散播方式的嬗变性特征表现为：从"互补式的集体聚焦"到"现实型的小众漫散"，从"对立式的解构"到"个性化的建构"，从"精英的高端文化传播"到"大众的多样立体传播"。二是当代社会思潮在传播者与受众者之间的相互影响的交互性特征表现为：途径多样化和自我选择的集中性，思潮内容的碎片化和自我的重构整合，影响力的聚合性和个体关注的离散性，影响对象的随机性和判断形成的自主性。三是当代社会思潮的影响方式特征表现为：从全面介入到顺势而为，从情绪感染到深层渗透，从生于共鸣，到蕴于解释，再到隐于行动。①

关于"普世价值"的研究进一步深化。"普世价值"是当前中国社会思潮中影响较大的一种思潮。有研究者认为，关于"普世价值"思潮争论是 20 世纪 90 年代国际社会关于"普世伦理"研究的进一步延展，但它与我国经济社会发展的现实有着直接而密切的联系。"如果说 90 年代学者们对于这个问题的研究源于对国际问题的关注，那么当前关于'普世价值'的争鸣则有更多的中国因素。"② 有研究者概括了"普世价值"问题讨论的三个层面：一是纯粹学术的讨论。20 世纪 90 年代初我国一些学者从"四小龙"经济成功出发，来研究儒家的价值观同资本主义市场经济能否接轨问题，因而这里的"普世价值"主要是指中国的儒学或者说新儒家。第二个层面则是触及政治领域的探讨。这个层面的讨论显得既活跃又激烈，一些人已经把"普世价值"明确定义为西方民主价值观，有的学者甚至还撰文提出，"自由、民主、博爱，已经成为全人类的普世价值，新一轮的思想解放就是要在这里开始"。第三个层面是一些媒体借抗震救灾将这一问题引到生活中去，引起了大众的讨论，也误导了一些群众。从目前的情况看，"普世价值"问题已经不是一个单纯的学术问题了，而是一个关涉中国政治走向的大问题。从这个角度来讲，我们要研究和警惕这种思潮的进一步泛滥。③

---

① 徐瑾：《当代社会思潮对青年学生价值观影响方式的特征分析》，《思想理论教育》2010 年第 17 期。

② 王晓宏：《关于普世价值的研究：问题与争鸣》，《毛泽东邓小平理论研究》2009 年第 2 期。

③ 郑一明：《要研究和警惕"普世价值"思潮》，《政治学研究》2008 年第 6 期。

　　少数别有用心的人极力宣扬"普世价值"就是人类具有的共有价值追求，企图混淆视听、把水搅浑。众多学者对此进行了强有力的驳斥，进一步指出了"普世价值"的实质和宣扬"普世价值"的目的。李慎明进行了有理有据的分析：如果承认吃、喝、生殖等对所有人都具有"普世价值"，就是让动物跻身于人类，或者说是让人类降低到动物的水平；"爱情至上主义"也根本不具备"普世"的意义；即使是那些似乎无任何意识形态色彩的文艺作品，也带有强烈的感情色彩甚至是强烈的意识形态色彩；珍惜生命、同情他人、尊老爱幼、"己所不欲，勿施于人"等，也绝不是全人类各个国家、各个阶级、每个人所共同承认并遵循的所谓"普世价值"。气候问题只不过是欧美发达国家用来遏制发展中国家发展的又一冠冕堂皇的手段。西方所谓的"普世价值"的美好色彩在哥本哈根世界气候大会上又一次被冲刷得斑驳陆离。至于"反恐怖主义"，现在各个国家及各个阶级对其定义都极不统一甚至截然相反。有的实质上为世界上最大的恐怖主义国家却借着反恐之名，公然到处践踏《联合国宪章》和公认的国际法准则，肆意侵犯他国主权甚至赤裸裸地入侵他国。至于贩毒吸毒，之所以成为全人类肌体上很难愈合的顽疾，同样是由特定国家的社会制度及特定集团、人群的特殊利益所决定的。实际上，奥运会的上空总是弥漫着浓厚的政治对立气氛。一些西方记者对报道奥运会运动场内任何一场打破世界纪录的精彩赛事和"更快、更高、更强"的奥林匹克精神并没有多大兴趣。"同一个世界，同一个梦想"的口号，集中体现了奥林匹克精神，充分反映了中国和世界各国广大人民的共同理想和强烈愿望，但却未成为当今国际世界的"普世价值"。因此，说到底，人们或国家的价值观念，是由人们或国家的经济利益所决定的。在以霸权主义和强权政治为主导的经济全球化时代，在阶级和有阶级的社会里，为一切国家和一切阶级、一切人所共同接受的"普世价值"根本就不存在。我们完全可以说，在阶级社会和阶级社会向无阶级社会过渡的相当长的历史阶段内，具体的人、集团和阶级总是在不同的所有制形式和赖以生存的社会条件下产生不同的情感、价值观念、思想方式和世界观。[1]

---

　　[1]　李慎明：《"普世价值"只是一个幻想》，《中国教育报》2010年4月12日第4版。

　　侯惠勤指出，我们批判"普世价值"，绝不是讨论"有无人类共识"一类认识论意义上的话题，也不是讨论"有无人类共同的价值追求"这一类人性论、道德论意义上的话题，更不是讨论"当代世界有无共同利益"这一类国际政治意义上的话题。我们批判的"普世价值"，有着明确的本质界定。概括起来，主要是以下两点：一是从理论上看，"普世价值"以消解共产主义理想、确立资本主义不可超越为前提，其立脚点是资本主义的核心价值及其制度架构是历史的终点，人类在这方面将不可能再有真正的进步和突破。二是从实践上看，"普世价值"根本否定中国特色社会主义的民主政治建设，完全割裂中国改革开放中经济体制改革和政治体制改革间的内在联系，力图把中国的改革开放引导到"回归西方文明"的方向，把中国的政治体制改革引导到西方"民主化"的陷阱。[①]"普世价值"问题的争论，要害不在于人类有无某些共同的价值追求，而在于能否以其作为我国深化改革实践的行动指南；其实质是我国的改革开放乃至当代人类的实践，是趋同、止步于现今的欧美资本主义文明，还是必然超越这一文明而迈向共产主义。这是当代中国几乎所有思想、国策争论的源头，也是重大的道路之争。"普世价值"以当下大多数人的认同为其存在和力量的前提，因而必定是时下西方强势话语的渗透方式，不能将其与普遍真理相混淆。[②]李崇富指出，中国学界讨论的"普世价值"，是一个有特定含义的，是指把西方的特别是美国意识形态中的资产阶级核心价值观中性化、普遍化、神圣化、绝对化为一种超阶级、超时代、超越历史条件的所谓"普世价值"，企图用以误导我国的改革开放。企图以这种"普世价值"作为"价值尺度"、"政治准则"，对中国的基本制度进行"顶端设计"，通过曲解中国正在进行的"解放思想"和改革开放，公开主张中国从经济、政治、文化上实现所谓"价值回归"、"融入人类文明主流"，也就是要"西化"和"分化"中国，实行私有化和"全盘西化"的附庸资本主义制度。[③]

　　有研究者认为，当代社会思潮呈现出着意诠释中国的现代性、以学术策略吸纳民间力量、宣扬知识精英的理性统治以及用唯心史观置换唯物史

　　① 侯惠勤：《我们为什么必须批判抵制"普世价值观"》，《马克思主义研究》2009 年第 3 期。
　　② 侯惠勤：《"普世价值"与核心价值观的反渗透》，《马克思主义研究》2010 年第 11 期。
　　③ 李崇富：《关于"普世价值"的追问和思考》，《重庆邮电大学学报》（社会科学版）2011年 7 月。

观的共同特性。很明显，在当前各种社会思潮错综复杂的斗争中，面对当代社会思潮竞相展示自己的话语权和影响力，马克思主义面临着严峻的挑战。当代社会思潮在经济、政治、文化和社会各个领域同马克思主义争夺话语权，其实质皆为企图修正和解构处于主流意识形态地位的马克思主义，重新诠释中国的社会性质，影响中国社会的整体走向。马克思主义者必须转换态度，变"被动回应"为"主动挑战"，在挑战当代社会思潮中发挥马克思主义的威力。在此务必区分"回应"与"挑战"两种态度之本质差异。"回应"意味着自身理论被指责、冲击，然后不得不重新审视自身，以图证明自身之正当性，其所表征的是"被动"，是理论上的无力，是一种受责的局限；"挑战"则意味着理论自身的扩散、张扬，既是充分信任自身理论的科学性、正当性，也是确认自身理论具有指点、引导其他理论话语的责任性，其所表征的是"主动"，是理论上的自洽，是主动挑战的战斗性和彻底性。尤其是理论的"内核"受到攻击，更需要以挑战性精神来捍卫理论的正当性。因此，对待当代各种社会思潮，马克思主义不应只是无奈地"被动回应"，必须"主动挑战"，即运用马克思主义的立场、观点和方法，深入研究和分析当代社会思潮的理论内容，分析理论的正误，辨明政治的方向，展现马克思主义的科学性、批判性和革命性。同时，我们必须坚决捍卫马克思主义在中国社会的整体走向和意识形态领域的理论指导地位。[①] 因此，我们认为，目前关于社会思潮的研究，应重点在"立"上下功夫，通过发展马克思主义战胜各种错误思潮。"破"与"立"是不可分割的，只"破"而不"立"，最终不能跟上"破"；而有效的"立"就是成功的"破"。当前的研究大多是关注对于各种错误思潮的危害与批判，而对于用科学的理论去战胜错误思潮还需加大研究力度。

社会思潮与思想政治教育的关系极为密切。从社会思潮切入研究思想政治教育是一个重要领域。思想政治教育必须研究社会思潮产生的原因和特点，以及当代社会思潮对思想政治教育带来的影响及其与思想政治教育的关系，并提出思想政治教育在面对社会思潮影响时的对策。科学地解释这些社会思潮，有助于解决人的思想问题。就目前来看，社会思潮对高知群体，如社会科学研究者、高校人文学科教师和高校学生的影响较大。因

---

① 刘同舫：《在应对当代各种社会思潮的挑战中发挥马克思主义的威力》，《马克思主义研究》2010 年第 3 期。

此，加强对其引导显得尤为重要。高校思想政治理论课要发挥对大学生进行思想政治教育主渠道的作用，有针对性地开展教育和引导活动。高校思想政治教育要把对社会思潮的评析作为主要内容引入教学当中，依据社会思潮影响大学生的具体现状和特点，紧密结合大学生最关心的社会热门话题、焦点问题，开展有针对性的理论教育和思想引导活动。

(二) 划清"四个重大界限"的研究

进一步强调从指导思想、经济制度、政治民主、思想文化等方面深刻认识划清这些重大界限的理论与实践意义；强调引导党员、干部自觉划清"四个重大界限"，是当前加强党的意识形态工作和思想政治工作的重点。

党的十七届四中全会提出的划清"四个重大界限"，有很强的现实针对性。划清"四个重大界限"，即"自觉划清马克思主义同反马克思主义的界限，社会主义公有制为主体、多种所有制经济共同发展的基本经济制度同私有化和单一公有制的界限，中国特色社会主义民主同西方资本主义民主的界限，社会主义思想文化同封建主义、资本主义腐朽思想文化的界限"。为深入学习领会划清"四个重大界限"的重大意义，中央宣传部理论局组织编写了《划清"四个重大界限"学习读本》，《人民日报》、《光明日报》等纷纷发表重要文章，广大理论工作者围绕划清"四个重大界限"的若干重点和难点问题进行了有针对性的深入研究。研究一致认为，划清"四个重大界限"，有助于把握中国特色社会主义道路的"基本面"，有助于回答国际国内对改革开放以来"中国模式"的主要关切，有助于抵制错误思想、澄清模糊认识、坚定理想信念，因而具有重大的理论与实践意义。[1] "四个划清"从指导思想、经济制度、政治民主、思想文化等四个维度对中国特色社会主义进行了科学的定位，实质上就是要求我们准确理解和把握中国特色社会主义。[2] 深刻把握划清"四个重大界限"的理论意义，必须从划清"四个重大界限"理论本身的辩证关系视角去理解；必须从马克思主义中国化的视角去理解；必须从建设中国特色社会主义理论体系的

[1] 秋实：《划清"四个重大界限"的有关理论与实践问题》，《求是》2010年8月16日。
[2] 吕偲：《从"四个划清"的高度认识中国特色社会主义》，《前沿》2011年第8期。

视角去理解；必须从马克思主义大众化的视角去理解。①

有研究者指出，当前我国正处于改革发展的关键时期，世界范围内各种思想文化交流、交融、交锋更加频繁，意识形态领域的斗争更趋复杂，从理论与实际相结合的高度，教育和引导党员、干部自觉划清"四个重大界限"，是党的思想理论建设中一个重要而紧迫的任务，是加强党的意识形态工作和思想政治工作的重要举措，是建设马克思主义学习型政党的基本要求，对于提高全党的思想政治水平，坚定走中国特色社会主义道路的信念，增强党的执政能力，具有重要意义。② 有研究者认为，要深刻理解和把握划清"四个重大界限"的重大意义，必须从划清"四个重大界限"理论本身的辩证关系视角去理解，划清"四个重大界限"之间有着密切的内在联系，是一个有机的整体，其中"马克思主义同反马克思主义的界限"与其他三条界限之间是"一总三分"的关系。只有第一条界限划清了，其他三条界限才能划清楚。同时，如果其他三条界限中任何一条界限没划清楚，第一条界限也就不可能真正划清楚。因此，在"一总三分"中，"一总"是指导性的、方向性的，"三分"也不可少。③

我们认为，划清"四个重大界限"与思想政治教育联系非常密切，一方面，划清"四个重大界限"是当前思想政治教育的重要内容，另一方面，思想政治教育是划清"四个重大界限"的重要途径。划清"四个重大界限"需要借助思想政治教育的力量，通过思想引导、说服教育、民主讨论的方法来实现，以起到经济、法律、行政等手段起不到的效果。思想政治教育坚持以人为本，体现人文关怀，既教育人、引导人、鼓舞人，又尊重人、理解人、关心人，能够在潜移默化中引导人们树立正确的思想认识。有研究者指出，划清"四个重大界限"，离不开有力的思想政治教育方面的工作。④ 在当前，"加强党的意识形态工作和思想政治工作"，就是要"引导党员、干部增强政治敏锐性和政治鉴别力，筑牢思想

① 李卫朝：《理解、把握划清"四个重大界限"理论意义的几个视角》，《山西高等学校社会科学学报》2011年第9期。

② 钟欣：《自觉划清"四个界限" 切实筑牢思想防线——学术理论界关于划清"四个界限"的研究动态简述》，《求是》2010年第14期。

③ 汪世锦：《"学习贯彻十七届四中全会精神，划清四条界限"研讨会综述》，《马克思主义研究》2010年第4期。

④ 张益刚：《划清"四个重大界限"：思想政治工作的重要着力点》，《光明日报》2010年11月9日第9版。

防线，自觉划清'四个重大界限'"①。政治上的坚定来自理论上的清醒。在关系党和国家发展道路、未来走向的重大问题上，我们必须旗帜鲜明。划清"四个重大界限"，有助于把握中国特色社会主义道路的"基本面"，有助于回答国际国内对改革开放以来"中国模式"的主要关切，有助于抵制错误思想、澄清模糊认识、坚定理想信念。② 划清"四个重大界限"，是开展社会主义核心价值体系学习教育，引导党员、干部牢固树立中国特色社会主义共同理想的必然要求。首先是深刻认识划清马克思主义同反马克思主义的界限的重大意义。划清这一界限，对于正确认识中国特色社会主义道路，具有第一位的意义。因为如果动摇了马克思主义的指导地位，就会动摇中国特色社会主义的理论根基，动摇全党全国人民团结统一的思想基础。划清社会主义公有制为主体、多种所有制经济共同发展的基本经济制度同私有化和单一公有制的界限，是正确理解"中国奇迹"的一把钥匙。划清社会主义民主同资本主义民主的界限事关我国的根本政治制度，是正确理解"中国奇迹"的另一把钥匙。我国现行的政治制度保证了国家的统一、政权的稳定、人民的团结，保证中国能够沿着正确道路长期稳定发展。共产党的坚强领导是中国最大的政治优势，是创造"中国奇迹"的政治保证。划清社会主义思想文化同封建主义、资本主义腐朽思想文化的界限，是建设中国特色社会主义的要求。社会主义核心价值体系，是社会主义制度的内在精神之魂，是全民族奋发向上的精神力量和团结和睦的精神纽带，是党领导全国各族人民团结奋斗的共同思想基础。

（三）用社会主义核心价值体系引领社会思潮的研究

强调引领社会思潮的实质是增强社会主义核心价值体系的吸引力和凝聚力，增强对马克思主义意识形态的认同感；强调建构科学、有效的引领机制是引领工作的重要环节。

党的十七大报告强调，要积极探索用社会主义核心价值体系引领社会思潮的有效途径。我们认为，对于当下如此复杂的社会思潮，不能简单地

---

① 《中共中央关于加强和改进新形势下党的建设若干重大问题的决定》，人民出版社2009年版。

② 秋实：《划清"四个重大界限"的有关理论与实践问题》，《求是》2010年8月16日。

一概加以反对和抵制，要根据不同性质区别对待。属于划清"四个重大界限"中的各种错误和腐朽思想要坚决抵制，必须坚持指导思想的一元化。但在保持政治上的敏感性的同时，对于多样化社会思潮则是要用社会主义核心价值体系来引领，应充分肯定社会思潮日益丰富和活跃的社会意义。大多数研究者认为，在强调反对和抵制各种错误思潮的同时，更应强调尊重差异、包容多样、学习借鉴，以防止回到那种万马齐喑的时代。正如有的研究者所言，社会思潮的多元并存，是社会转型期价值多元、利益多元在文化领域的反映，允许各种不同思潮和思想在遵守法律的前提下碰撞、交流、传播是当代中国文明的标志。只要社会经济成分不同、组织方式不同、利益关系不同、分配方式不同，我们就必须面对这诸多不同背后的社会思潮的差异性。①

关于社会主义核心价值体系认同研究是近年来学界讨论的理论热点。我们认为，所谓以社会主义核心价值体系引领社会思潮，其实质就是要增强社会主义核心价值体系的吸引力和凝聚力。"引领"不是"强制、压制、控制"，而是"引导、吸引、凝聚"。以社会主义核心价值体系引领社会思潮的实质，是用社会主义核心价值体系"吸引和凝聚"人心，是依靠社会主义核心价值体系自身令人信服的力量，让各种社会思潮自觉向你靠拢、被你征服，在多元和差异中凝聚共识，增强社会各阶层成员的归属感和向心力，在最大程度上形成价值认同。而"吸引和凝聚"的前提是"认同"。有研究者强调，社会主义核心价值体系认同本质上是对马克思主义意识形态的认同。人类基本价值是人民群众对社会主义核心价值体系进行认同的原本基础；社会主义核心价值体系认同的目标实质上是增进人民群众对马克思主义意识形态的认同；社会主义核心价值体系认同形成的基本规律存在于意识形态与人类基本价值的辩证运动之中。② 有的研究者总结了中国共产党建党90年来依靠先进典型的示范与引领作用和先进典型教育丰富而宝贵的经验，认为先进典型是一定社会核心价值观的人格化，他们的崇高精神闪烁着时代核心价值观的理性光辉。在新的历史条件下，继承优良传统并加以创新，以先进典型的可亲

---

① 李伟：《创新社会主义核心价值体系引领社会思潮的模式》，《前线》2011年5月17日。

② 陆树程、崔昆：《论社会主义核心价值体系认同的元问题——基于对马克思主义意识形态观的一种理解》，《马克思主义研究》2011年第8期。

性感召人民群众增进价值认同，以先进典型的可敬性激励人民群众增进价值认同，以先进典型的可信性吸引人民群众增进价值认同，以先进典型的可学性带动人民群众增进价值认同，将极大推进社会主义核心价值体系大众化。①

同时，要推进社会主义核心价值体系引领社会思潮的机制创新。有研究者认为，"引领机制"是引领工作中的重要环节。要建构科学、有效的引领机制，首先要明确引领机制应具备强化主流意识形态、疏导同质态非主流意识形态、抗御异质态非主流意识形态、整合与发展主流意识形态的功能。其次要明确引领机制是一个纵贯引领始终、横涉引领各方的复杂系统。再次要明确建构引领机制的基本条件，即充分认识建构引领机制的必要性，制定清晰、完善的政策，提高引领队伍的素质，探索有效的引领方式。② 有研究者则认为，用社会主义核心价值体系引领多样化社会思潮，离不开有效的教育和传播。要坚持和发展马克思主义，保持教育和传播的正当性；要深入分析多样化社会思潮，保持教育和传播的针对性；要实现好、维护好和发展好广大人民群众的利益，要增强教育和传播的现实性；健全教育和传播机制，提高教育和传播的实效性。③ 很多研究者都强调，要把互联网等新型媒介作为一种特殊的"引领"资源，掌控社会思潮的动向和传播程度，以社会主义核心价值占领社会思潮传播的制高点，牢牢把握社会舆论导向。作为一种载体和手段，互联网既然能够为西方发达国家推行文化霸权和文化殖民主义提供场所，就一样可以成为我们以社会主义核心价值体系引领社会思潮的平台。因此，有效利用网络等新兴传媒手段，占领社会思潮传播的重要阵地，有力抵制各种错误和腐朽思想的影响，是发挥社会主义核心价值体系引领作用的重要途径。

（四）高校思想政治教育研究

主要集中在对"05方案"实施五周年的经验总结、"90后"大学生的

---

① 潘玉腾、陈赵阳：《中国共产党先进典型教育的历史考察及经验启示——兼论增进社会主义核心价值体系认同》，《福建师范大学学报》（哲学社会科学版）2011年第3期。

② 王秀阁：《论社会主义核心价值体系引领机制的建构》，《马克思主义研究》2010年第1期。

③ 孙发锋：《社会主义核心价值体系引领社会思潮的有效教育与传播探析》，《求实》2010年第1期。

思想政治教育及互联网等新媒体对大学生思想政治教育的影响等问题上。

对高校思想政治教育的研究一直是思想政治教育学科研究的重要领域。2010 年是高校思想政治理论课程新方案即 "05 方案" 实施五周年。"05 方案" 的实施是与建立马克思主义理论学科，实施马克思主义理论研究与建设工程紧密联系在一起的。马克思主义理论研究和建设工程的重要目的和作用之一，就体现在加强高校马克思主义理论教育和思想政治教育上。[①] 因此，认真回顾 "05 方案" 实施五周年来的具体做法、总结成效与经验，进一步明确发展的方向是十分必要的。对此，各地高校纷纷举办纪念 "05 方案" 实施五周年的座谈会、研讨会，专家学者和教师从不同角度进行回顾与总结，由此成为 2010 年学界比较集中讨论的一个话题。有学者认为，贯彻落实《中共中央国务院关于进一步加强和改进大学生思想政治教育的意见》（16 号文件）五年来，整个高校的思想政治教育创新和发展成绩巨大，形势喜人。[②] 特别是在高校思想政治理论课的学科建设、课程体系、教材编写、教学方法创新、教师队伍建设等方面都提出了新思路、新举措，高校思想政治理论课教育教学改革生机勃勃，开创了崭新的局面。[③]

"90 后" 大学生的思想教育研究备受关注。研究一致认为，"时代、社会、家庭" 三个方面因素，[④] 是形成 "90 后" 大学生思想特征的主要原因。"90 后" 大学生是在中国经济发展最快、成就最大、中国社会结构转型最为激烈、科学技术发展最为迅速、人们的思想观念最为解放、价值观也最为多元的时期成长起来的。[⑤] 其所处的社会环境使他们的身心发展、认知能力、思想状态、生活习惯、价值认同等都具有特殊性，[⑥] 市场经济

[①] 靳辉明：《关于马克思主义理论研究和建设工程与马克思主义理论学科体系和课程体系建设》，《思想理论教育导刊》2007 年第 11 期。

[②] 张耀灿：《化解瓶颈制约推进科学发展——大学生思想政治教育面临的突出问题及其对策建议》，《北京教育》（德育版）2010 年第 4 期。

[③] 姚郁卉：《高校思想政治理论课 "05 方案" 实施 5 周年座谈会综述》，《思想理论教育导刊》2010 年第 5 期。

[④] 张杰：《做好 "90 后" 大学生思想政治工作的对策》，《吉林省教育学院学报》2010 年第 8 期。

[⑤] 蔡昱：《思想政治课教学面对 "90 后" 的思考》，《思想政治课研究》2010 年第 8 期。

[⑥] 滕飞：《"90 后" 大学生的特征分析和高校育人工作的对策建议》，《北京教育》（德育版）2010 年第 1 期。

体制的运行规则以及市场中的个体行为模式对"90 后"大学生的价值判断和人格特征有着很大的影响，而网络技术和信息化的高速发展是"90 后"大学生成长中的重要时代特征。相当一部分"90 后"在童年就开始了网络生活。[①] 他们的生活与互联网、移动电视、手机等新兴媒体带来的网上聊天、短信、博客、播客、微博等新的传播方式相伴随。[②] 家庭因素也是重要原因。"90 后"大学生是出生在国家推行计划生育政策的年代，多为独生子女，家人的过度溺爱，使其形成了娇惯、任性、自我、不善于交流、自理能力差、心理素质低等不良特性。[③] 要用辩证发展的观点认识评价"90 后"大学生。否定"90 后"就等于否定社会，否定时代。[④] 但"90 后"大学生思想教育问题不容忽视。对"90 后"大学生的思想教育必须实行高校的全员育人工程。要做到真正把大学生思想政治教育贯穿和渗透于教学、管理和服务工作的各个环节。[⑤] 要重视"90 后"大学生的挫折教育和生命伦理教育、心理健康教育，以提高心理素质和适应能力，要使心理健康教育全面走进课堂。要实现网络管理手段创新和网络组织结构创新的统一，更多地利用各类校外网络平台，如 blog、飞信、校内网、开心网等对其进行思想引导，[⑥] 这种无声的交流，能产生"润物细无声"的效果，对治疗心理障碍起着非常重要的作用。[⑦]

　　互联网等新媒体对大学生思想教育影响的研究依然受到重视。随着互联网的迅猛发展，中国网络用户总量持续攀升，互联网也成为现代人特别是青年群体生活的重要组成部分。网络社会在拓展青年群体生活空间的同时，引发的网络道德问题日益引起社会的关注，网络成为思想政治教育的新阵地。有研究者在调查分析的基础上，充分肯定网络对青少年的积极意义：青少年的网络道德积极向上未堕落、青少年网上亲社会

① 同上。

② 张宝君：《"90 后"大学生心理特点解析与对策》，《思想理论教育导刊》2010 年第 4 期。

③ 张杰：《做好"90 后"大学生思想政治工作的对策》，《吉林省教育学院学报》2010 年第 8 期。

④ 徐鹏：《试论"90 后"大学生思想政治教育的新途径》，《社科纵横》2010 年第 10 期。

⑤ 马永春、李洁：《"80 后"、"90 后"大学生思想政治教育方法探析》，《思想教育研究》2010 年第 5 期。

⑥ 滕飞：《"90 后"大学生的特征分析和高校育人工作的对策建议》，《北京教育》（德育版）2010 年第 1 期。

⑦ 张宝君：《"90 后"大学生心理特点解析与对策》，《思想理论教育导刊》2010 年第 4 期。

行为表现令人欣慰、网络道德可促进网上亲社会行为，青少年在网络中经常做出帮助他人的行为。① 大学生网络道德教育依然是研究者倾注力量最多的领域。网络作为新的生活元素已全面进入大学生生活，对大学生群体的生活方式、思维方式、思想道德观念、价值取向都发生着直接的、持续的、强烈的影响，给高校德育带来新挑战和新课题。② 有研究者通过问卷调查分析了大学生网络道德现状和高校的网络道德教育状况，以及大学生主要网络行为特征和网络行为背后的价值观、道德观，提出要从观念、全员教育体系的构建、加强思想政治理论课教学阵地建设、网络道德社区的建立等方面加强大学生网络道德教育。③ 网络道德教育的问题，有研究者提出，一是网民素质有待提高。传媒素养的缺失将导致青年群体价值盲从与信仰迷失。④ 二是要建立有效机制。创建大学生网络道德培育的有效机制、构建网络生态文明，具有一定的创新意义。⑤

我们认为，在对"90后"大学生思想教育研究中，以下研究值得关注。有研究者提出"社会型网络社区"模式，并以"人人网"为例分析了这一模式对大学生的影响。我们知道，目前，"人人网"是覆盖范围最广、社会影响最大的校园社会型网络社区。该研究认为，"人人网"（由原来的校内网演进而成）以其稳定的用户到达率和用户黏性，成为当下高校大学生网络交流最典型也最流行的应用模式之一，它将用户现实生活的社会关系搬到了网络上，不仅摆脱了以往网络交往匿名、虚无的恶名，并成为用户扩大现实人际关系圈的希望所在。作为接受网络新生事物最快的"90后"大学生群体，这种新型网络交流模式对他们的价值取向、道德观念和行为方式的影响是巨大的，也是很具代表性的。⑥ 有研究

① 雷雳、马晓辉：《青少年网络道德实证研究》，《中国德育》2010年第5期。
② 张楠：《大学生网络道德培育的范式创新》，《首都师范大学学报》（社会科学版）2010年第2期。
③ 张楠、李航敏：《大学生网络道德问题分析及教育的对策建议》，《思想理论教育导刊》2010年第10期。
④ 高立伟：《传媒素养教育：当代青年思想政治教育的新主题》，《学校党建与思想教育》2010年第2期（中）。
⑤ 张楠：《大学生网络道德培育的范式创新》，《首都师范大学学报》（社会科学版）2010年第2期。
⑥ 丁凯、马涛：《校园新型网络交流模式对90后大学生思想政治教育的影响及对策——以"人人网"为例》，《思想理论教育导刊》2011年第6期。

者将当前在大学生思想政治教育中经常出现"80后"、"90后"这样一种以一个年代（公元纪年中从数字带0的年份开始到数字带9的年份结束的10年）作为一个相对独立的时间单位来分析所论述对象的一种习惯性思维，称为"0后"思维，并指出其在当前我国大学生思想政治教育中产生着重要影响。该研究提出，应该理性审视"0后"思维在当代大学生思想政治教育中的具体运用，对以下几个问题给予必要的注意：一是遵循青年成长的客观规律分析在校大学生，切忌简单"0后"思维了之；二是充分认识代沟理论所涉及的实际意义及其局限性，代际之间文化上的差异不是也不可能是"不可逾越的鸿沟"。下一代人只有对上一代人优秀文化的继承和发展，才能推动人类社会的不断进步。因此，在大学生思想政治教育工作中运用以代沟理论为核心的"0后"思维分析问题时，要充分认识其理论局限性。[1]

（五）关于思想政治教育在化解社会矛盾和社会管理中作用的研究

大多数研究认为，思想政治教育在化解社会矛盾中具有宣传鼓动、教育引导、沟通交流等作用，在社会管理中具有提供政治保证、凝聚多方力量、调节整合功能等作用。

随着我国改革发展进入关键阶段，我国社会进入了社会矛盾的高发期。近年来对社会矛盾的关注与研究，不仅是各行各业面临的重大课题，也成为学术研究的热点问题。从一定意义上说，构建和谐社会的过程就是协调各种利益关系、化解人民内部矛盾的过程。处理和解决涉及群众切身利益的人民内部矛盾，根本上要靠深化改革、促进发展，发展中出现的问题最终还是要用发展来解决。但并不是说经济发展了这些矛盾就会自然而然地解决。[2]

我国当前的社会矛盾分为：贫富矛盾、官民矛盾、政社矛盾、文化矛盾，并具有交叉性、突发性、群体性、持续性、广泛性、周期性等特

---

[1] 毛殊凡：《大学生思想政治教育中的"0后"思维评析》，《思想教育研究》2010年第6期。

[2] 李春华：《关于新时期群众工作的思考》，《理论导刊》2011年第1期。

性，有的还呈现智能化、暴力化、组织化等倾向。① 非对抗性矛盾不能及时而有效地化解，就可能演化为对抗性的冲突。群体性事件和突发事件（非自然灾害）便是当前社会矛盾激烈冲突的极端表现形式。思想政治教育在预防、应对和处理群体性事件和突发事件中具有其他方式不可代替的得天独厚的作用。它能够发挥强大的精神动员和精神激励，为应对突发事件提供支持和动力，起到宣传鼓动、教育引导、典型示范、沟通交流、骨干影响的巨大作用。② 化解社会矛盾是一项涉及全社会的系统工程，其解决必须多种手段并用，其中，教育的方法、协商的方法、疏导的方法，都是行之有效的方法。从根本上来说，社会矛盾和问题体现为人与人之间利益关系的失常状态，而思想政治工作是以现实关系中的人为活动对象、以恢复和重建主体间常态关系的实践活动，思想政治工作通过对社会主体的道德品质的提升、利益关系的说服教育，做到防范预警在前、解决问题在前，把矛盾纠纷化解工作的重心从"事后处理"转移到"事前防范"，从而成为化解人民内部矛盾的"安全阀"和"黏合剂"，是化解社会矛盾的有效途径。③ 思想政治教育在预防、应对和处理群体性事件和突发事件中具有其他方式不可代替的得天独厚的作用。它能够发挥强大的精神动员和精神激励，为应对突发事件提供支持和动力，起到宣传鼓动、教育引导、典型示范、沟通交流、骨干影响的巨大作用。④

面对新形势下社会矛盾的特点，传统的社会管理体制出现明显的不适应，创新社会管理体制机制势在必行。2011年2月，中央举办省部级主要领导干部社会管理及其创新专题研讨班，胡锦涛总书记在开班式上作了重要讲话，深刻阐述了加强和创新社会管理的重大意义。5月1日中共中央政治局常委、中央政法委书记周永康同志在《求是》杂志发表了《加强和创新社会管理，建立健全中国特色社会主义社会管理体系》的文章指出，要顺应经济社会发展的新形势新要求，树立以人为本、服务为先的社会管

---

① 叶治安：《转型期国家城市社会的主要矛盾与化解途径——访著名社会学家邓伟志教授》，《上海城市管理》2010年第1期。

② 杜旭宇：《应对突发事件的思想政治教育动员机制分析》，《求实》2010年第9期。

③ 陈成文、孙树文：《论加强思想政治工作与化解社会矛盾》，《思想教育研究》2010年第3期。

④ 杜旭宇：《应对突发事件的思想政治教育动员机制分析》，《求实》2010年第9期。

理理念，积极推进社会管理体制机制制度创新，确保社会既充满活力又和谐稳定。为此，探讨思想政治教育在社会管理中的作用也成为热点。研究一致认为，思想政治教育（工作）在社会管理的目标上具有一致性，[①] 社会管理是思想政治工作的重要功能，是思想政治工作应有之义和传播载体，也是思想政治工作时代价值实现的应然要求。[②] 它是我党加强和创新社会管理的政治优势，为加强和创新社会管理提供政治保证，为社会管理的开展凝聚多方力量，对社会管理的开展起到调节整合作用。[③] 思想认识是制度管理的有力支撑，思想教育是社会管理的应有之义。社会管理诸多新问题的解决，都需要通过加强思想政治教育来解决。[④]

（六）关于农民工思想道德状况的研究

进一步研究农民工思想道德的特点、形成原因及思想引导等问题；强调农民工思想政治教育要与解决实际问题相结合，增强思想政治教育的针对性和实效性。

近年来，农民工思想道德及文化生活引起社会广泛关注，也成为思想政治教育研究的热点问题。新生代农民工的思想工作受到了社会的重视，全国总工会在 2010 年 5 月发出的《关于进一步做好职工队伍和社会稳定工作的意见》中专门提出，要加强对青年职工特别是新生代农民工的心理疏导，关心职工的生产生活，使广大职工有尊严地生活，实现体面劳动。当前，出生于 20 世纪 80 年代之后，年龄在 20—30 岁之间，总数达 1 亿左右的新生代农民工已成为农民工的主体，由此也使得农村劳动力流动发生着由"亦工亦农"向"全职非农"转变，由"城乡双向流动"向"融入城市"转变，由"寻求谋生"向"追求平等"转变。现实是思想生成的土壤，农民工的思想道德现状导源于中国特殊的城乡二元社会结构。因此，农民工思想道德建设真正的有效性最终依赖于"城乡二元分化"体制的彻底破除和"城乡一体化"格局的真正形成。相较于老一代农民工，新生代

① 李健：《试论新时期思想政治教育的社会管理价值》，《教育教学论坛》2011 年第 5 期。
② 侯勇：《社会管理：思想政治工作的重要功能》，《思想政治工作研究》2011 年第 6 期。
③ 赵君、叶昊：《论思想政治教育在社会管理中的地位和作用》，《思想政治教育研究》2011 年第 4 期。
④ 高国希：《思想政治教育在社会管理中的地位与作用》，《思想教育研究》2011 年第 5 期。

农民工思想道德处于游离状态：一方面，难以融入现代城市思想道德文化之中，另一方面又脱离了传统的思想道德文化教育。[①] 中国青少年研究中心以对北京市、山东省、成都市和唐山市四省市青年农民工进行的抽样调查和农业部、人力资源和社会保障部、国家统计局等有关部委的相关调查为依据，分析新生代农民工的思想意识特征，结果显示，在身份定位、价值取向、生活方式等方面都与老一代农民工有很大不同。[②]

有研究者指出了当前对农民工思想政治教育存在的问题，如对农民工思想政治教育的针对性不强，对农民工重技能培训轻思想政治教育，对农民工思想政治教育缺乏长效机制，对农民工进行思想政治教育的队伍不健全，对农民工思想政治教育的目标不明确。[③] 为提高农民工思想政治教育的针对性和实效性，扩大农民工思想政治教育的覆盖面，有研究者提出了"加强农民工思想政治教育草根化"这一重要理念。所谓的农民工思想政治教育草根化，顾名思义，就是要以通俗化的语言形式、简单明了的表达方式，将思想政治教育真正融入广大农民工群体的社会生活，将思想政治教育底层的草根领域转向具体的农民工群体，以提高对广大农民工进行思想政治教育的针对性和实效性。这里的草根性首先表达了对农民工进行思想政治教育的广泛性，即努力使农民工接受思想政治教育的覆盖面达到100%；其次，这里的草根性还表达了在对农民工进行思想政治教育的过程中，对农民工这一弱势群体的深切呵护和关注，真正做到了解农民工群体的真实需求，做到想农民工之所想、急农民工之所急、应农民工之所需、办农民工之所期。[④]

加强对新生代农民工思想状况的认识，明确其思想问题的成因，积极寻找解决对策，成为思想政治教育关注的热点。有研究者对新生代农民工的界定和分类进行了研究。该研究认为，目前对于新生代农民工的界定多是从年龄和代际角度出发，是和老一代农民工相对应而提出的概念。一般是指20世纪80年代以后出生的、登记为农村户籍而在城镇生活、就业的

---

① 丁成际：《社会转型期农民工思想道德状况及建设》，《唯实》2010年第1期。

② 刘俊彦：《新生代农民工思想意识的几个特点》，《思想政治工作研究》2010年第3期。

③ 陈卫东、吴泽林：《农民工思想政治教育的现状及对策研究》，《湖湘论坛》2011年第1期。

④ 黎明艳：《论加强农民工思想政治教育的草根化》，《长春理工大学学报》（社会科学版）2011年第2期。

人群。全国总工会新生代农民工问题课题组（2010）将新生代农民工界定为：出生于 20 世纪 80 年代之后、年龄在 16 岁以上、在异地以非农就业为主的农业户籍人口。从人口组成结构和来源上看，新生代农民工主要包括两类：一是出生、成长、受教育在农村，然后进入城市就业的人群，这类人可称为嫁接的新生代农民工。二是随外出打工父母在城市长大并接受城市教育的农民工子女，这类人可称为原生的新生代农民工，他们尽管生长在城市，但却被长久地贴上了"农民工子女"的标签，因而具有十分复杂的心理和人格特征。该研究者还分析了新生代农民工的思想问题及原因分析，认为体制制度的滞后导致新生代农民工虽然身处城市，但身份认同混乱，缺乏归属感；人文关怀的缺失导致新生代农民工虽然追求人生目标和理想人格，但道德迷失，责任、亲情意识淡漠；管理组织的缺位导致新生代农民工虽然进入城市、企业，但普遍存在"城市冷漠症"，"企业过客症"，缺乏敬业精神；自身素质的不足导致新生代农民工虽然自我意识增强，但缺乏吃苦耐劳精神，价值观出现矛盾和偏差。对此，作为重点关注的特殊群体，新生代农民工思想政治教育工作必须进一步改进和创新。如进一步建立健全新生代农民工思想政治教育理论体系，全面提升新生代农民工的思想道德素质；建立健全新生代农民工思想政治教育机构，解决新生代农民工思想建设的组织缺位问题；创新工作方法，提升新生代农民工的思想政治教育主体性；增强对新生代农民工的人文关怀，注重心理疏导。[1] 研究者一致认为，新生代农民工的特征对思想政治工作提出了新的要求。如有的研究提出，要发挥社会各类资源优势综合进行，要真心关心他们的身心状况，切实解决他们的实际困难，才能收到实效。因此，各级党、政、工、青、妇组织应贴近新生代农民工生活，要更多关心新生代农民工的精神文化生活；积极提高新生代农民工的心理健康水平，积极促进新生代农民工融入社区生活。[2] 有的研究强调，新生代农民工作为重点关注的特殊群体，其思想政治教育工作必须进一步改进和创新。如进一步建立健全新生代农民工思想政治教育理论体系，全面提升新生代农民工的思

---

① 方彬、熊宏俊：《社会转型期新生代农民工思想政治教育初探》，《江西行政学院学报》2011 年第 4 期。

② 长子中：《当前新生代农民工群体观念特征分析及思想引导》，《思想政治工作研究》2010 年第 3 期。

想道德素质；建立健全新生代农民工思想政治教育机构，解决新生代农民工思想建设的组织缺位问题；创新工作方法，提升新生代农民工的思想政治教育主体性；增强对新生代农民工的人文关怀，注重心理疏导。[①]

（执笔人：李春华、余斌）

---

① 方彬、熊宏俊：《社会转型期新生代农民工思想政治教育初探》，《江西行政学院学报》2011年第4期。

科学无神论前沿研究报告

马克思主义研究院科学与无神论研究室

马克思主义无神论是科学无神论发展的高级形态。它继承了 17—18 世纪英国和法国唯物主义、19 世纪德国费尔巴哈人本主义等人类优秀成果，通过唯物主义历史观和剩余价值论的发现而展示出来。科学无神论作为马克思主义世界观的出发点和基石，由思想文化领域，进入科学社会主义运动的实践。

加强科学无神论研究和宣传教育，是中国共产党人的一贯方针。在当代中国，科学无神论的研究和宣传教育工作，是党的意识形态工作的重要组成部分，是建设社会主义核心价值体系的重要工作之一。

一　科学无神论学科建设概况

（一）科学无神论历史沿革

1. 无神论学科概论

无神论是人类社会文明和思考的结晶。无神论的产生和发展与人类社会的历史进程紧密相连。在阶级社会中，统治阶级往往利用宗教势力来维护自己的统治，因此，要求变革社会制度的社会力量常常进行批判宗教神学的思想斗争。因此，无神论与有神论的论争常常具有相当的政治色彩。然而，从理论上对超自然主义现象的说明，比如，有无鬼神，上帝是否存在等，却是哲学问题，而且与自然科学密切相关。自然科学是无神论的重要基石。自然科学的发展推动着无神论的发展。

除了社会因素外，有神和无神，还涉及人类精神生活领域，有认识的、心理的等许多复杂因素，有神论和无神论都将会在人类社会长期存在。从哲学范畴上讲，无神论和有神论是矛盾的共同体，相依而存。从哲学的逻辑性来看，无神论的哲学使命是批判宗教神学的虚幻、树立科学的人生观和价值观、推动人类社会的发展。作为抽象的哲学范畴，它将随着宗教的消亡退出历史舞台。

随着人类历史的进程，社会力量的彼此消长，自然科学和社会科学的不断发展，中外古今无神论的理论形态呈现出复杂多变的态势。

随着近代社会科学和生产力的发展，西欧涌现出一批新兴资产阶级思想家，反对封建专制主义及其精神支柱——基督教神学，通过各种形式走向无神论。近现代西方怀疑论、泛神论、机械唯物主义无神论、自然神论、战斗的无神论和人本主义无神论等思潮风起云涌。21世纪初，面对全球宗教新基要主义的复兴，宗教对政治和教育的干涉增强，世界各地社会冲突中宗教因素加重，激发了当代西方新无神论思潮再次兴起。

科学无神论作为马克思主义世界观的出发点和基石，由思想文化领域进入科学社会主义运动的实践。在创立苏维埃社会主义国家的事业中，列宁继承和发展了马克思主义无神论。

中华民族的文化一直呈现出多元兼容风格，即：丰富的人文主义理念和超自然的神秘主义思想"和而不同"；多神主义与无神论思想并存。近代中国五四运动倡导的"科学与民主"精神，包括反对迷信鬼神，宣传无神论，成为中国进入近现代的思想标志之一。

在当代中国，马克思主义无神论是社会主义核心价值观的世界观起点和基石。科学无神论是一种幸福的生活方式，是构建和谐社会的重要途径。科学无神论的教育和宣传要制定相应的纲领和策略，纳入建设有中国特色的社会主义事业中。

2. 科学无神论学科与近现代中国

（1）科学无神论在近代中国的传播与中国共产党人的革命事业

早期的中国共产党领袖李大钊等人，在传播马克思主义的同时，也将传播科学无神论作为自己的重要使命。波澜壮阔的战争与革命，使旧中国的社会结构发生深刻变革。1949年新中国成立，为科学无神论的普及和宗教有神论的衰微，奠定了坚实的社会基础。中国共产党人在社会主义建设事业中，将科学无神论宣传教育纳入思想文化建设的整体战略中。

（2）当代中国的科学无神论宣传教育事业，在党中央的支持下不断发展

1963年，毛泽东主席批示，要研究宗教，"批判神学"。1964年，任

继愈先生奉命创建世界宗教研究所。1978 年底，"文化大革命"刚结束，任继愈先生就创建了中国无神论学会。其后，由于种种原因，学会的工作曾一度沉寂。

20 世纪 90 年代，打着"特异功能"旗帜的新有神论泛滥，各种邪教势力成为影响社会稳定发展的重要问题。1996 年，在任继愈先生的倡导下，中国无神论学会恢复工作。1999 年，在党中央的直接部署下，《科学与无神论》创刊。十多年来，中国无神论学会和《科学与无神论》杂志为宣传科学精神，开展无神论教育，弘扬社会主义核心价值，构建社会主义和谐社会作出了重要贡献。学会和刊物成为当代中国最重要的科学无神论研究宣传的学术社团和学术阵地。

十多年来，在党中央和中国社会科学院的大力支持下，中国无神论学会和《科学与无神论》杂志，凝聚了一批优秀的科学无神论研究学者。如：已故中共中央党校副校长龚育之教授、世界宗教研究所前所长杜继文研究员、上海师范大学李申教授、马克思主义研究院习五一研究员、教育部《高校理论战线》前主编田心铭教授、中央民族大学于祺明教授等。除社会科学工作者外，还有一些自然科学家、科普作家和新闻工作者等各界人士加盟无神论事业。但是随着时间的推移，这些学者们的年龄越来越大，退休和自然减员相当严重，后继人才培养问题日益紧迫。

（二）科学无神论学科的现状

1. 新时期，党中央高度重视加强无神论研究和宣传教育工作

加强科学无神论的研究和宣传教育，是建设社会主义核心价值体系、加强社会主义意识形态工作的重要组成部分。十六大以来，以胡锦涛为总书记的党中央高度重视此项工作，连续作出一系列重要批示。

2003 年 8 月 15 日，中国社会科学院陈奎元院长致函中共中央总书记胡锦涛，转交中国无神论学会理事长任继愈等《关于进一步加强科学无神论研究和宣传教育的建议》。8 月 19 日，胡锦涛总书记在陈奎元院长的信函上批示："关于无神论研究和宣传教育是一项长期任务，需纳入科学研究规划和宣传思想工作的总体部署，锲而不舍地进行。尤其是共产党员应牢固地确立唯物主义的世界观。这与贯彻党的宗教信仰自由政策并不矛盾。"李长春、刘云山等同志分别批示，要求贯彻胡锦涛同志的重要指示。

2004 年 5 月 28 日，中共中央组织部等六部委发出《关于进一步加强

马克思主义无神论研究和宣传教育工作的通知》（以下简称《通知》），提出："要加强马克思主义无神论学科建设和人才培养，办好无神论研究机构和高校有关专业，建立和培养一支用马克思主义武装起来的无神论研究工作队伍。"

2005 年 3 月 12 日，中共中央政治局常委李长春在任继愈先生《关于创建无神论研究机构的建议》上批示："建议中国社会科学院加强对无神论的研究。"陈奎元院长批示："现在封建迷信泛滥、宗教传播深广，进行无神论的研究、宣传和教育的确是文明建设中不容忽视的任务。"

2009 年 1 月 14 日，中国社会科学院陈奎元院长在任继愈先生的信函上批示："中国社科院理应为研究、弘扬无神论作出贡献。这与落实'三个代表重要思想'和'科学发展观'是完全符合的。如果广大人民群众经常去跪拜神佛，'以人为本'岂不成了空话。"

这些批示和文件表明，以胡锦涛同志为首的党中央，面临新时期中国社会更加复杂的局面，高度重视加强无神论研究和宣传教育，将其纳入到科学研究规划和宣传思想工作的总体部署中。

2. 科学无神论事业迎来了重要的发展机遇期

2009 年冬至 2010 年春，科学无神论事业迎来了重要的发展机遇期。2009 年 9 月，中国社会科学院发布《加强马克思主义理论学科建设与理论研究实施方案（2009—2014）》。根据任继愈先生生前致陈奎元院长的最后一封信和陈院长的批示精神，马克思主义理论学科建设方案包括，在马克思主义研究院（简称马研院）组建"马克思主义无神论研究室"，成立中国社会科学院"科学与无神论研究中心"。这是具有转折性的重要举措。

2009 年 12 月 24 日，中国社会科学院批准在马研院成立"马克思主义无神论研究室"。这是 20 世纪任继愈先生创建的"科学无神论"研究室被更名后，中国再次出现实体性的无神论研究机构。

根据 2010 年 1 月 21 日中国社会科学院院长办公会议的精神，2 月 9 日，武寅副院长主持，科研局协调，马研院、世界宗教研究所、中国无神论学会等负责同志参加，将中国无神论学会和《科学与无神论》杂志社，正式由世界宗教研究所移交给马研院。依托马研院的大平台，科学无神论学科将逐步建设起来。

2010 年 4 月 20 日，中国社会科学院批准成立"科学与无神论研究中心"。这是当代中国第一个"科学与无神论"事业的社会平台。该中心的目标，不仅应成为马克思主义无神论的学术研究中心，开展科学无神论宣传、教育的基地，而且要成为应对宗教意识形态化、境外敌对势力利用宗教渗透的应对战略研究中心。

自 2010 年 7 月起，"科学与无神论研究中心"作为协办单位，参与编辑中国无神论学会的刊物《科学与无神论》，推动它向专业学术期刊方向发展。

自 2010 年起，"科学与无神论研究中心"与中国社会科学出版社签订合作协议，长期出版《科学与无神论》研究丛书。本年度出版的第一本专著是习五一的《科学无神论与宗教研究》。

2010 年，"科学与无神论研究中心"和中国无神论学会联合举办了多次座谈会或学术研讨会。包括：

6 月 25—27 日，中国无神论学会 2010 年年会暨科学无神论的理论与实践研讨会，在新疆乌鲁木齐召开。此次会议由中国无神论学会、中国社会科学院科学与无神论研究中心、新疆社会科学院、新疆师范大学共同举办。来自全国各地 70 多位学者和新疆地区列席者共百余人与会。会议收到论文 28 篇。与会者围绕科学无神论的理论体系和学科建设、无神论的宣传教育以及少数民族地区的无神论教育等专题，展开广泛深入的研讨。

8 月 1 日，由中国社会科学出版社、中国社会科学院科学与无神论研究中心、《中华大藏经》编辑委员会联合举办的《任继愈宗教论集》出版座谈会，在中国社会科学院报告厅召开。来自中国社会科学院、国家图书馆、北京大学、上海师范大学等单位的 60 多位学者出席。中国社会科学院副院长李慎明发表重要讲话。

11 月 5—6 日，中国无神论学会、中国社会科学院科学与无神论研究中心联合举办坚持教育与宗教相分离原则座谈会。主办方邀请中国社会科学院马研院、北京大学、北京师范大学、北京科技大学、中国藏学研究中心、教育部社科研究中心等单位的学者，座谈贯彻中共中央统战部、教育部、公安部、国家宗教事务局《关于教育引导大学生正确认识和对待宗教问题的意见》（2007 年 16 号文件）。与会者表示，要坚持教育与宗教相分离的原则，坚决抵御境外敌对势力利用宗教进行渗透活动，培养大学生树立正确的世界观。

2011 年 1 月 18 日，中国无神论学会、中国社会科学院科学与无神论研究中心和北京师范大学联合举办"宗教在高校渗透应对策略研讨会"。与会者不仅有中国无神论学会和科学与无神论研究中心的研究人员、北京师范大学和北京科技大学的有关教师，还包括北京师范大学的领导以及党委宣传部、本科生工作部和研究生工作部等职能部门的工作人员。

3. 与科学无神论的宣传教育相比，其学术研究事业仍处于弱势地位

自 20 世纪 90 年代以来，中国学术界陆续出版过少量无神论著作。关于中国无神论思想史的著作有：牙含章、王友三主编《中国无神论史》（1992 年）；关于西方无神论思想史的著作有：陈麟书著《西方无神论史》（1993 年）；关于马克思主义无神论的著作有：李士菊著《科学无神论研究》（2002 年）和《马克思主义科学无神论的当代阐释》（2006 年）；关于大众普及读物有：由教育部部长袁贵仁和《科学与无神论》杂志社杜继文联合主编的大、中、小学三种《无神论读本》（2004 年）、龚学增、李申主编的《马克思主义无神论干部读本》（2004 年）。总之，学术著作和普及读物共计十几种。可以说，在当代中国学术界，科学无神论还没有形成独立的学科体系。

改革开放以来，随着"宗教热"的兴起，一种"精心呵护"宗教文化的学术倾向也逐渐升温。有一些学术权威大力倡导"汉语神学"，并积极推动其成为国家研究机构和高等院校的学术方向。这种思潮已经开始影响政策制定和舆论导向。某些号称研究马克思主义宗教观的学者，绝口不谈无神论，力图把无神论从马克思主义那里阉割出去，无神论成为濒危学科。

为应对当前国内外严峻的时局，开展科学无神论学科的建设，势在必行。只有形成系统的科学无神论理论体系，才能为应对战略和具体政策提供坚实的思想理论基础。

二 重大问题研究进展

自 2010 年至 2011 年 6 月，科学无神论研究成果可以概括为七个方面，即：马克思主义无神论研究；科学无神论的宣传教育工作；当代宗教的发展趋势和中国共产党的宗教政策；大学校园里的宗教传播和教育与宗教相分离；自然科学与无神论；中西方无神论思想史；邪教或膜拜团体研究。

（一）马克思主义无神论研究

1. 马克思主义无神论是科学无神论的高级形式

田心铭撰文指出，马克思主义是我们立党立国的根本指导思想，坚持科学无神论是坚持马克思主义的题中之义。坚持辩证唯物主义历史唯物主义，坚持马克思主义宗教观，都必须坚持科学无神论。他指出，坚持科学无神论不能不分析、批评有神论，这是由科学无神论在研究对象和基本结论方面的特殊性决定的。不研究不批评有神论，科学无神论是不可能存在的。当然，科学无神论研究和宣传必须坚持以马克思主义为指导，遵循党的宗教工作基本方针。坚持科学无神论同努力实现宗教方面的三个"和谐相处"是统一的。[1]

杜继文在《科学无神论和它的社会责任》一文中提出，科学无神论是马克思主义宗教观的基石和起点，与科学社会主义有血肉联系。它服从和服务于工人阶级政党的历史使命和国家的整体任务，着重为"科教兴国"贡献力量，让社会摆脱愚昧迷信的负担，家家过上健康和谐幸福的生活，每个人得到独立自由而全面的发展。无神论是劳动和人性自觉的产物，是人类文明和思考的成果；马克思主义无神论也属于科学无神论范畴，但更彻底，更科学，是科学无神论的高级形式，其特点为：唯物史观的理论与科学社会主义运动的实践以及贯彻始终的科学精神。唯物史观把无神论纳入了科学社会主义运动。

杜继文指出，我们要从科学无神论的立场，正确认识宗教的信仰内核及其意识形态功能。宗教具有特定的核心观念、信仰对象和仪式，这构成其信仰内核。这些内核并不具有永恒性，相反，宗教发展的历史表明，没有一成不变的教义，没有永不消亡的教派，宗教是受到历史发展规律支配的精神现象，其本质在于它的社会性。与此同时，宗教一旦被特定社会力量组织化——包括思想体系的构建和教会组织的确立——之后，便被赋予了意识形态的意义，具有了社会的性能。其影响便不再局限于精神层面，而是转化成了物质力量。很多宗教的戒条都表现出对内的封闭性、内聚性以及对外的排他性和扩张性，而这些特征往往成为对内进行政治迫害，对

---

① 田心铭：《坚持马克思主义与坚持科学无神论》，《科学与无神论》2010 年第 2 期。

外发动侵略战争的经典依据。①

习五一在《社会主义者是实践的无神论者》一文中指出，马克思、恩格斯对宗教的批判，与历史唯物主义的创立同步，两者相辅相成，密不可分。科学无神论是历史唯物主义宗教观的哲学基础，与共产主义事业紧密相连。她认为，社会主义者是实践的无神论者，列宁发展了马克思主义的无神论，主要内容包括：（1）社会主义国家的宗教政策是政教分离和公民宗教信仰自由；（2）无产阶级政党要坚持和宣传无神论；（3）处理宗教问题，始终要服从无产阶级革命的总任务。她还指出，目前中国共产党提出的"以人为本"在解决宗教问题上有两层意义：一是以"为人民服务"为根本宗旨，依靠人民大众，为人民谋幸福，信教者和不信教者同属于人民，但国家决策上没有神灵的位置；二是高扬人文主义理念，使人民大众逐步脱离"宗教神性"，坚决地、真诚地向"人性"复归。②

习五一在《马克思主义无神论的中国化历程》中，分别论述了在新民主主义革命时期，新中国建立后的社会主义革命和建设时期，尤其是改革开放以来建设中国特色社会主义时期，中国共产党人不断与时俱进，将马克思主义无神论同中国社会的实际情况相结合，不断为马克思主义无神论中国化增加新的内涵。她认为，中国的社会基础决定着马克思主义无神论中国化的实践方向。在当代中国，马克思主义无神论重要的价值有三点：一是马克思主义无神论是社会主义核心价值的哲学基础；二是科学无神论是一种幸福的生活方式，是构建和谐社会的重要途径；三是科学无神论只要彻底，就必然导向合理的社会制度。③

有学者提出，在当今世界，许多人包括一些打着马克思主义者旗号的研究者竟然在如下两个最基本的问题上产生了怀疑：其一，马克思究竟是不是唯物主义者？其二，马克思的唯物主义是不是与宗教目的论相对立的？他们千方百计地在"制造"一个不信奉唯物主义、其理论与宗教目的论相容的马克思。作者借助于 J. B. 福斯特的研究，以无可辩驳的事实澄清了这两个基本问题。J. B. 福斯特还指出，马克思的唯物主义早在青年时

---

① 杜继文：《科学无神论和它的社会责任》，《科学与无神论》2010 年第 5 期。
② 习五一：《社会主义者是实践的无神论者》，《科学与无神论》2010 年第 4 期。
③ 习五一：《马克思主义无神论的中国化历程》，《马克思主义研究》2011 年第 3 期。

期就已形成，而且马克思主要是通过批判宗教目的论走上唯物主义道路的。①

2. 科学无神论是马克思主义宗教观的基石

有学者认为，必须坚持马克思主义宗教观的科学无神论本质，坚持马克思主义宗教观作为历史唯物主义宗教观，否则很容易走到"打着马列主义旗号反对马列主义"的邪路上去。②

有学者提出，马克思主义宗教观是建立在现代自然科学、社会科学和思维科学基础之上的科学宗教观，是我们观察宗教问题的锐利思想武器，是开展宗教工作的根本指导思想，是搞好宗教研究的基本科学方法。必须全面、深刻地理解马克思主义宗教观的精神实质，把握其历史唯物的基本原则、科学辩证的基本方法和与时俱进的理论品质，积极推进马克思主义宗教观中国化、时代化、大众化。③

有学者指出，马克思主义宗教观深刻揭示了宗教的本质，辩证分析了宗教的社会作用，以辩证唯物主义和历史唯物主义为基石考察和研究宗教。确立唯物论，倡导无神论，对于正确认识宗教，在处理宗教问题的过程中，坚持宗教信仰自由，正视和抑制宗教的消极作用，充分发挥宗教的积极作用，构建社会主义和谐社会。④

有学者研究当代中国共产党人的马克思主义宗教观。他们指出，以胡锦涛为总书记的中央领导集体从构建社会主义和谐社会的战略出发，明确提出要建立和谐宗教关系；从建设中国特色社会主义的大局出发，强调要充分发挥宗教在促进经济社会发展中的积极作用；从巩固新时期统一战线的高度，进一步要求加强和改善党对宗教工作的领导。⑤

有学者研究恩格斯对马克思主义宗教观的贡献。她认为，恩格斯用历史唯物主义的观点研究宗教问题和宗教现象，阐述了马克思主义宗教观的基本观点。该文从宗教起源与历史发展，宗教的历史发展与社会经济、政治制度的变化，宗教与科学，宗教与哲学，宗教与社会主义等五个方面，

① 陈学明：《应当重视马克思对宗教目的论的批判——评 J. B. 福斯特对马克思"博士论文"的研究》，《科学与无神论》2010 年第 6 期。
② 加润国：《如何认识和对待马克思主义宗教观》，《科学与无神论》2010 年第 4 期。
③ 裴飚：《深入研究马克思主义宗教观》，《世界宗教文化》2010 年第 4 期。
④ 陆树程、方文：《马克思主义宗教观及其当代价值》，《马克思主义研究》2010 年第 5 期。
⑤ 何虎生、周守高：《十六大以来党中央对马克思主义宗教观的新认识和新观点》，《世界宗教文化》2010 年第 1 期。

说明了恩格斯对马克思主义宗教观的理论贡献。①

3. 关于共产党员信教问题的争鸣

田心铭明确提出，共产党员必须坚持辩证唯物主义世界观，不能信仰宗教。他指出，辩证唯物主义是中国特色社会主义的理论和实践所不可缺少的世界观基础。加入中国共产党，就是在宪法规定的宗教信仰的范围内选择了辩证唯物主义的无神论世界观，这是党员作为一个公民已经享有的宗教信仰自由的权利。对于人民群众，必须把宗教信仰和政治态度区分开来。共产党员的世界观信仰问题绝不是"私人的事情"。党员放弃辩证唯物主义而信仰宗教，是对党的指导思想的背离。坚持辩证唯物主义世界观才能正确贯彻党的宗教工作基本方针，避免这样那样的偏离。②

习五一针对近期国家级研究机构某课题组采取"'开放与宽容'的政策处理党员信教问题"的建议，通过对西藏地区调查以及总结西藏在解决这一问题的实践经验后认为，党员信教问题"是高举还是降下共产主义旗帜的大是大非问题"，"共产党员不得信仰宗教，这并不是新的、过高的要求"。解决共产党员信教的问题"需要中央的权威声音，在党内进行振聋发聩的教育"③。

(二) 科学无神论的宣传教育工作

李申在《科学无神论与建国六十年》一文中指出，科学无神论事业的发展经过了四个阶段：(1) 从破除迷信到研究宗教。从一般的破除封建迷信，进入到深入研究宗教问题，宣传科学无神论。其标志为，依照毛泽东的批示，建立了世界宗教研究所。(2)"文化大革命"及其恢复阶段。"文化大革命"期间，一方面对待宗教问题出现极"左"做法，另一方面是宗教以及封建迷信后来的过度发展和泛滥。"文化大革命"后，落实宗教政策取得重要成绩，但无神论宣传工作比较薄弱。(3) 无神论无人讲时期。学术界对于要不要宣传无神论开始发生激烈争论。争论的结果出现了"有神论有人讲，无神论无人讲"的状况。"特异功能"等兴起，封建迷信重新流行，宗教信仰者的数量急剧增长，有神论泛滥。(4) 科学无神论宣传

① 王肖燕：《恩格斯对马克思主义宗教观的贡献》，《科学与无神论》2010年第5、6期。
② 田心铭：《共产党员必须坚持辩证唯物主义世界观》，《科学与无神论》2010年第1期。
③ 李建生：《"中国无神论学会2010年年会暨科学无神论的理论与实践研讨会"综述》，《马克思主义研究》2010年第7期。

艰难行进时期。1999 年创办《科学与无神论》杂志。2003 年中国无神论学会任继愈先生等致信党中央领导，得到批示，明确指出无神论宣传教育与党的宗教信仰自由政策并不矛盾。2010 年建立了实体性的无神论研究机构。无神论教育问题也逐渐纳入高校思想政治课及教育改革和发展规划中。总之，新中国成立 60 年来，科学无神论的宣传教育和研究事业经历了一场曲折复杂的过程，现在科学无神论事业正稳步向前发展，科学无神论宣传任重道远。[①]

有学者指出，按照科学社会主义的基本原则，国家要实行宗教信仰自由政策，共产党要坚持进行无神论宣传教育，两者相辅相成，缺一不可。开展无神论宣传教育，主要靠宣传部门和教育部门，要设立专门的研究机构，出版相应的书刊。科学无神论的核心是马克思主义宗教观，应该让它进入中学和大学的教科书。[②]

有人指出，自中华人民共和国成立以来，科学无神论的宣传和教育，一直是我们思想理论建设和精神文明建设的极为重要的内容，是坚持马克思主义的题中应有之义。无神论是马克思主义的思想基础，宣传无神论与贯彻党的宗教信仰自由政策并不矛盾；提倡无神论，是社会和谐的重要基础，宣传无神论不仅不会损害社会和谐，相反，还能够正确引导妥善处理好社会矛盾；宗教的替代性满足不能解决现实生活中的道德修养和精神安慰问题，共产主义道德和中华传统美德才能真正满足人们无限的精神需求和精神超越。[③]

有人就无神论宣传和教育问题提出，要敢于宣传宗教的负面影响。作者认为，在中国传播无神论和全面认识宗教的影响，是沉重而长远的任务。从公民有信仰自由的权利来看，宗教的发达繁荣，无可厚非；但从全民提高科学文化素养的角度来看，不能不认为是科学教育与无神论宣传的失败。一个时期以来，科学的普及远不如宗教迷信的扩散有力，而且不时遇到以维护宗教政策为由，限制对宗教阴暗面的揭露与批评。其结果反而

---

① 李申：《科学无神论与建国六十年（提纲）——在中国无神论学会 2009 年学术年会上的发言》，《科学与无神论》2010 年第 5 期。

② 加润国：《关于加强无神论研究宣传教育的思考和建议》，《科学与无神论》2011 年第 1 期。

③ 李建生：《"中国无神论学会 2010 年年会暨科学无神论的理论与实践研讨会"综述》，《马克思主义研究》2010 年第 7 期。

会毁了宗教。特别是今天在金钱的腐蚀下，宗教信仰也在变质，成了利润机器，无神论者当然更不应该为之隐晦，作为科学家发言，并非代表政府，只能着眼于是非，更不可丢掉是非。①

有学者对制约科学无神论在建设社会主义核心价值体系中作用的因素进行了分析。认为，城乡经济发展的非均衡性、社会制度设计的不健全和不合理、物质与精神文明发展非协调性、宣传教育工作的断层性和低效性、党政领导干部行为的失范性、西方社会思潮的渗透性和消解性等方面，影响了科学无神论在建设社会主义核心价值体系中的作用。②

(三) 当代宗教的发展趋势和中国共产党的宗教政策

1. 当代宗教的发展趋势和新无神论思潮

有学者从新无神论的视角，质疑"当代世界宗教的发展趋势日益强劲"的判断。根据国际社会调查署公布的数据，她指出，在现代社会，与不断发展的世俗化潮流相比，宗教有不断衰落之势。一股新的无神论思潮正在西方社会兴起，这股新鲜的知识力量使公众意识到，以科学理性的方法批评宗教，有助于驱散近年来宗教保守势力制造的阴霾。在影响宗教衰弱的因素中，科学与教育这两个因素特别值得重视。③

有学者十分关注西方新无神论思潮的出现，认为新无神论是 21 世纪美国最引人注目的一个宗教文化现象，它对具有浓郁宗教色彩的美国社会价值观提出了质疑和挑战，引发了美国宗教文化界的巨大震荡和空前论战。作者对新无神论在美国的突起、新无神论的一般特征和主要论点、对新无神论的回应与诘难、新无神论勃兴的缘由等做了介绍和探讨，揭示了美国宗教文化界这场大论战的来龙去脉。④

有部分学者主张宗教进入社会所有公共领域，而"宗教自由"是其主要的法理依据，赋予宗教一厢情愿的功能则是其理论基础。《试看〈1998年国际宗教自由法案〉中的"宗教自由"》一文从法理上对此进行了分析。

---

① 陶世龙：《要敢于宣传宗教的负面影响》，《科学与无神论》2010 年第 1 期。

② 林宇晖、刘爱莲：《制约科学无神论在建设社会主义核心价值体系中作用的因素探析》，《湖湘论坛》2011 年第 3 期。

③ 习五一：《当代世界宗教的发展趋势是日益强劲吗?》，《中国党政干部论坛》2010 年第 2 期。

④ 尚劝余：《美国新无神论晚近勃兴初探》，《世界宗教文化》2010 年第 4 期。

作者指出，这类主张的来源是美国《国际宗教自由法案》宣扬的宗教无政府主义，其实质是在搅乱舆论，干涉他国内政。这种"宗教自由"凌驾于他国的法权和主权之上，也违背美国的建国宗旨和宪法原则——政教分离。作者提出，我们提倡多元文化共同繁荣，尊重每个人在宗教信仰上的自由选择，绝对不希望不同文明和不同宗教的冲突在世界上以及我们国内发生。捍卫和完善我国的民主法制体系，是其中极其重要的一环。那些信奉宗教无政府主义的公民和学者，也应当回归法制。①

有学者认为，中国当代宗教生态景观主要表现为"信教人数持续增长、教徒结构明显变化、宗教格局面临冲击、国外影响更加突出、宗教矛盾日益复杂"。基督教在华非常规扩张有着深刻的国际背景，在宗教问题上若不理直气壮地强调"中国特色"，在宗教人权问题上无论怎么做，都很难符合某些国家的标准。在当代中国语境中，无神论的前途命运从根本上说与执政者的经济社会政策及相应制度安排（如全民社保制度）密切相关，科学无神论在不断完善的主流意识形态中应该占有应有的地位。应当创造条件使社会大众有足够多的机会接触无神论、接触科学理性；应当对青少年进行科学无神论教育。②

2. 中国共产党的宗教政策

2010 年初，《科学与无神论》举行了一次小型座谈会。座谈会主要是围绕新中国成立 60 年来中国共产党对宗教的方针政策究竟是什么，前 30 年与后 30 年是否有原则性的变化等问题展开。2008 年 11 月，《中国宗教》刊载了一篇题为《从"精神鸦片"到"社会资本"》的论文。文中提出，党的宗教政策是，"从中国共产党执政初期，一直到'文化大革命'期间，'鸦片论'一直是我国宗教工作和宗教研究的出发点和最终归宿"；而改革开放以来，"赋予了社会主义社会中宗教存在的合法性——宗教信仰及其信教群众，也从被斗争的对象，变成了被团结的对象"。座谈会记录的编者按指出，自 2001 年《马克思主义宗教观必须与时俱进》一文发表后相关舆论出现了一边倒的迹象，这篇《从"精神鸦片"到"社会资本"》将

---

① 文丁：《试看〈1998 年国际宗教自由法案〉中的"宗教自由"》，《科学与无神论》2010 年第 6 期。

② 黄奎：《中国当代宗教生态景观·基督教·无神论》，《中国党政干部论坛》2010 年第 2 期。

这种倾向推到了一个新的坡度，引起了人们的特别关注。不仅如此，《中国宗教》的主管单位是国家宗教事务局。该文的发表，使人容易把作者的言论误作官方的意向，具有了舆论的甚至政策的导向性假象。

在座谈会上，原国务院宗教事务局政策研究室主任王秉权认为，中国共产党的宗教信仰自由政策是长期的、一贯的，从抗日战争时期就有，而不是从改革开放以后才有的。说中国共产党"鸦片论"，把宗教当成是搞"精神鸦片"，把信教群众当成"斗争对象"，这是给共产党戴帽子、扣帽子，这是否定过去的历史。中共中央统战部研究室前主任黄铸提出，我们党内文件里面，没有任何文件提到过"鸦片论"。我们党涉及宗教的文件，如1930年的《宪法大纲草案》规定：宗教信仰自由和政教分离。我们党解放以来的宗教工作和政策，就是两大步：第一步是引导宗教适应新民主主义社会；第二步就是引导宗教与社会主义社会相适应。中央社会主义学院前副院长、中国藏学研究中心前党委书记朱晓明认为，改革开放以来，党和政府在实践中对宗教工作理论和政策的发展，可以概括为"四论"，即"合作论、管理论、适应论、和谐论"，其中特别重要的是"相适应"问题，要认识宗教在社会作用上的"两重性"，对宗教的现状应该看到基本适应的方面，也要看到还有不适应的方面。宗教信仰自由政策是我们的一个基本政策，但并没有包括宗教工作基本方针的全部内容，并没有反映共产党人在宗教工作上更高的价值追求，这就是要把信教的人与不信教的人都团结起来、和谐相处，把他们的意志和力量集中到全面建设小康社会的共同目标上来。中国社会科学院荣誉学部委员杜继文认为，从马克思主义及其科学社会主义运动的整体中分离出"鸦片论"，孤立起来，当成中国共产党制定宗教政策的基本观点，是有意识地把宗教信仰领域的世界观问题同宗教的社会功能与政治性质问题混为一谈。马克思主义政党对社会的分析，着眼于社会的生产力与生产关系及其相应的经济基础，依据社会历史发展的阶段性和阶级关系制定自己的路线、方针和政策，从来没有用信教与否作为划分社会人群的标准。用宗教划分人群是宗教极端主义和狭隘的宗教布道者的尺度。[①]

---

① 求实：《有关我国宗教工作方针理论问题的座谈会发言——从"鸦片论"触发的话题谈起》，《科学与无神论》2010年第3期。

（四）大学校园里的宗教传播和教育与宗教相分离

我国《宪法》和《教育法》明确规定，实行教育与宗教相分离。然而，目前宗教传播在高等院校相当活跃，大学生信教问题日益突出。

杜继文撰文指出，基督教传教和文化神学进入大学和研究机构是近30年中国宗教发展态势中的重要现象，它突破了中国教育的传统，同世界宗教与教育分离的历史趋势相背离。作者提出，公立学校和国家科研机构是否应该向宗教开放？这与人类文明史的发展方向能否相容？与近代教育的理论和实践是否一致？与中国革命和建设密切相连的文化教育理论和实践，与中国特色社会主义的社会性质和建设"先进文化"的要求能否相容？与国家教育培养人才的方针和目标是否矛盾？他认为，当前的科学无神论应服从和服务于中国特色社会主义建设，依据《宪法》维护宗教信仰自由的公民权利，着重推动"科教兴国战略"的实施。对干扰和阻碍这一大方向以及在世界观和价值观上制造混乱的各类鬼神论进行揭露和批判，同时正面研究和宣传科学的世界观，使其融入社会主义核心价值体系的构建中。[①]

有学者对大学生信教的情况进行了调查研究。根据2003年、2005年和2008年三次较大规模调查的结果，信教大学生的总比例约在10%左右，信基督教的约占大学生总人数的不足4%。从绝对量看，来自农民家庭的信教大学生较多，从家庭背景与信教人数之比看，来自个体户家庭和私营企业主家庭的大学生较多。从性别的角度看，女生较多。从年级看，低年级的较多，但硕士研究生和博士研究生呈上升趋势。个案分析表明，家庭的影响、民族传统的影响不容忽视，学生个人遭遇的问题和宗教组织的积极拉拢是重要诱因。分析大学生信教的成因，国民教育体系的某些缺憾使得学生在形成世界观和价值观的时期没有得到正确的引导，导致信仰空白或曰精神荒漠的出现，从而给了宗教以可乘之机。[②]

还有学者专门针对少数民族大学生信教问题进行了调查分析。作者发现，近几年，来自边远贫困乡村的少数民族学生从事宗教活动人数有所增

---

① 杜继文：《关于宗教神学进入国家教育系统和科研机构问题的商榷》，《科学与无神论》2010年第2期。

② 李志英：《关于大学生信教的若干问题》，《科学与无神论》2010年第3期。

372 / 马克思主义理论学科前沿研究报告(2010)

加，干扰了学校正常的教育、教学秩序。作者认为，这种现象存在一定的思想认识根源：即缺乏强烈的科学精神，缺乏正确的理想信念，缺乏排解苦恼的合理选择，受宗教文化和家庭传统的感染，对党的宗教政策缺乏正确的认识，等等。还存在一定的心理原因，如人格上多内省、依赖、偏执，严重的政治认识偏差和狭隘的民族主义意识，浓厚的宗教观念和氛围的浸染，受周围频繁的宗教活动和宗教宣传、鼓动甚至威胁，好奇心和追新求异的想法较强烈，等等。作者提出对策：要完善和加强马克思主义宗教观的教育，提高少数民族大学生思想政治教育的实效性，广泛开展科普宣传，培养大学生的科学精神，加强少数民族大学生心理健康教育。①

另有学者通过深度访谈和参与式观察的方法来对大学生宗教信仰问题进行研究。有人以北京市某高校大学生团契为例，发现大学生信仰基督教的原因主要是受家庭或朋友的影响，部分被调查者是出于内心的需要或好奇心信仰基督教。大学生信仰和传播基督教主要有以下几个特点：组织形式社团化、主要通过人际网络与基督教发生联系、流动性强。② 还有研究对上海市8 所高校的 25 位大学生进行调查后发现，与普通民众信教历程不同的是，大学生信仰基督教是在遭遇危机、认知探索和人际网络三者的共同作用下实现的。调查认为，大学生信仰基督教与大学教育的缺失有着某种关系。③

有学者指出，在境外敌对势力主导的向高校的宗教渗透中，文化宣教已成为一种隐性形式。一些宗教团体和非政府组织打出"学术交流"的旗帜，资助国内一些高校和研究机构的学者建构教会之外的"文化神学"，翻译出版以宣教为宗旨的图书，以"请进来"、"走出去"的方式举办带有宣教性质的研讨班，开设"知识性"、"学术性"的宗教课程和讲座。此类文化宣教，同教育与宗教相分离的原则相悖，是境外敌对势力同我国争夺大学生的重要举措。④

有学者指出，宗教市场论是当前宗教社会学研究中颇为流行的、以经济学供需关系解释宗教现象的一种理论。该学说引入国内后，深得学界某

---

① 依里合木·牙生：《当前高校少数民族大学生信仰宗教成因及对策研究》，《科学与无神论》2010 年第 6 期。

② 谢明：《当代大学生基督教传播现状调查——以北京市某高校大学生团契为例》，《民族教育研究》2010 年第 6 期。

③ 华桦：《大学生信仰基督教的原因与路径分析》，《中国青年研究》2010 年第 11 期。

④ 左鹏：《宗教向高校渗透的隐性形式：文化宣教》，《科学与无神论》2010 年第 6 期。

些研究者推崇，被视为一场"哥白尼式革命"。当前某些学者提出的"开放（中国）宗教市场"论不仅无助于解决中国的"宗教问题"，反而会扰乱中国"宗教市场"，其消极作用不容低估。[①]

有学者深入研究提出"宗教市场论"（见《信仰的法则》一书）。他指出，"宗教市场论"是为宗教高速扩大势力支招的。它把神灵当作商品，把宗教组织和神职人员当作公司和商人，将信徒和俗众当作需求者，社会和文化领域则是宗教市场或潜在市场。它发现的"信仰法则"是：一神教最具竞争力，多神教软弱无能；"张力"和"排他性"是宗教得以强大的内驱力，宗教冲突特别是担当社会冲突的载体，是吸引教徒"委身"最有力的渠道。它把宗教的经济收益定为最高利益，鼓动社会一切领域都应该对宗教开放，自由竞争，蔑视民主宪政，抨击国家主导，属于宗教至上，宗教无政府思潮。其在中国是向依法治国的方针挑战，直接冲击"教育与宗教相分离"的国家立法。[②] 在刊发该论文的刊物卷首语中则明确提出，"莫把学校做神灵超市"。

（五）自然科学与无神论

习五一撰文指出，自然科学是近现代无神论的重要基石，特别是生物科学向宗教神学领域发起的挑战。达尔文的进化论动摇了宗教神学的基础，成为科学无神论的支柱之一。在当代科学技术突飞猛进的压力下，传统的宗教势力为保持生存，不断调整战略，企图为现代宗教罩上科学的光环。当代基督教新基要主义势力提出"智能设计论"（Intelligent Design），向生物进化论发起挑战。美国科学促进联合会发表声明，反对将"智能设计论"列入公共学校的教育课程。在国际宗教组织的大力资助下，多种版本的"智能设计论"被翻译为中文在国内出版发行。而人文主义者、科学家的批判声音，仅在新闻媒体上有零星的报道。生物科学的分支——神经认知学，用科学技术研究宗教神秘主观体验现象。当代科学技术的不断创

---

① 秋月：《宗教市场，对谁开放?》，《科学与无神论》2011 年第 2 期。

② 沈璋：《也谈"宗教市场论"及其在中国大陆"宗教文化"中的卖点》，《科学与无神论》2011 年第 3 期。

新发展，将会导致全世界超自然主义的逐渐衰退。①

有学者指出，智能设计论是 20 世纪末创世论的最新版本。它用"智能"取代"上帝"，目的是想绕开进入大众教育领域的相关法律障碍。作者分析了该理论的起源、"楔入"策略及其在法律上与进化论的较量，并对这一运动进行了反思。他认为，通过法律判决，虽然其"楔入"公立中学教育的企图在制度上宣告破产，但并不意味着该理论与进化论的冲突就此终结。②

有学者注意到，科学的进步导致了宗教的观念不断被否定，例如进化论否定神创论，天文学否定了地球是宇宙的中心。宗教正在不断收缩阵地。然而长久以来，自然科学很少对宗教本身进行研究。如果把宗教视作一种和生物进化类似的自然现象，那么它就应该有起源和发展的过程。近年来，探索这个意义上的宗教起源已经成为进化心理学等认知科学领域的一个研究方向。一部分科学家认为，宗教可能是作为促进了人的生存和繁殖机会的一种适应，在自然选择的过程中进化了出来。另一部分科学家则认为宗教是意识进化的一个副产品。或者，宗教的起源是"适应"和"副产品"的综合产物。③

有学者研究科学家的宗教信仰。他指出，这些科学家所信仰的上帝并非我们常人所理解的干涉自然事件、决定人类命运的最高神，而是宇宙间的自然规律、世界秩序，这种信仰是一种无神论的信仰，是一种强烈的宇宙宗教情感，这种情感是他们进行科学研究的最高动力，激励着他们去发现自然界的一些最基本、最深邃的奥秘。有学者指出，达尔文"一生中的主要享受和唯一职业就是科学工作"。独立的思考和研究实践使他相信，科学同基督没有任何关系，也未曾有过"什么神的启示"，"神创论"是"怪异的理论"和"超自然的东西"，是"不能同意"的。因而，他放弃了普通的宗教信仰。④

---

① 习五一：《生物科学探索宗教神学——自然科学是当代无神论的重要基石》，《科学与无神论》2010 年第 2 期。

② 蔡仲：《智慧设计理论：创世论的最新版本》，《科学与无神论》2011 年第 2 期。

③ 杜磊：《宗教的起源：适应或偶然?》，《科学与无神论》2010 年第 3 期。

④ 于祺明：《达尔文的宗教观——纪念达尔文诞生 200 周年和〈物种起源〉发表 150 周年》，《科学与无神论》2010 年第 2 期。

（六）中西无神论思想史

无神论思想的发展历史中，中国和西方的思想家们有着丰富的思想资源，对这些思想资源的整理和挖掘，可以为我们今天发展无神论提供借鉴。

1. 中国古代无神论思想

有人对中国古代无神论的特点进行了总结，认为，中国古代无神论具有加强王权抵制神权，宣扬人道遏制神道，以力学致知破除宗教神话，以实用理性批判神学迷信等鲜明特点。这些特点启示我们，政府在无神论宣传中应该有所作为，坚持"以人为本"的人道主义，努力提高全民族的科学水平，努力提高无神论的理论水平。[①]

有学者讨论了论荀子天人之辨中的无神论思想。"天人之辨"是先秦时期讨论的重要问题。荀子站在儒家的立场上，将天人关系推向了朴素唯物主义的新阶段。作者从"天行有常"、"明于天人之分"、"制天命而用之"和"天人相参"四个层面分析了荀子的天人之辨中的无神论思想。[②]

有学者提出，针对春秋时期普遍流行的种种世俗迷信，申和叔兴相继提出了"妖由人兴"与"吉凶由人"的无神论命题，有力地推动了先秦无神论思想的发展，并向后人昭示："天人相分"是无神论思想的原初表现形式；"人本精神"是无神论思想的基本价值取向；"批判意识"是无神论思想的宝贵理论品质。[③]

有人研究明末大儒、哲学家、历史学家黄宗羲的无神论思想。黄宗羲将社会上流行的愚昧、虚伪、妄说、神妙等种种迷信现象统称为"怪物"或"邪说"，并运用历史知识和自然知识一一予以揭露和鞭挞。他清醒地意识到世俗迷信、陋习对社会政治、经济的影响，提出必须革除迷信和陋习的主张，并运用气化论揭露种种迷信如"尊天"、"鬼荫"、"地狱"和"投胎"等的虚妄性。[④]

---

① 徐长安、刘光育：《中国古代无神论的特点及其当代启示》，《科学与无神论》2010 年第 5 期。

② 李季：《论荀子天人之辨中的无神论思想》，《宗教学研究》2011 年第 2 期。

③ 张强：《"妖由人兴"与"吉凶由人"——申与叔兴无神论思想评析》，《科学与无神论》2010 年第 3 期。

④ 李明友：《明末大儒黄宗羲的无神论思想》，《科学与无神论》2010 年第 2 期。

有人研究明清时期王夫之的无神论心理学思想。在自然领域里，他在"气一元论"基础上与有神论展开斗争，即认为气是宇宙的本质，是自然界唯一实体，从形神观和心物观来否定灵魂不灭和鬼魂存在；在社会历史领域里，从多个角度批判了佛道宗教的神学生死观和天命观。①

2.西方无神论思想

《科学与无神论》杂志在《无神论在西方》栏目里，系统地介绍了西方文明发展中的无神论思想。

托马斯·潘恩（Thomas Paine，1737—1809），美国独立战争时期的政治活动家、民主主义者、启蒙思想家，无神论者。他的名著《理性时代》对教会、启示和基督教理论进行了分析和阐述。他认为，教会是人创造出来的，其目的在于恐吓和奴役人类；启示本身如同传闻，并没有神圣的根据；基督教的理论与古代神话的偶像崇拜相差无几，它并不宽容；《圣经》的神圣性不能自我确证，曾使全人类变得腐化和野蛮；愚昧的时代是与基督教体系同时开始的，神学阻碍了科学的发展；基督教依靠刀剑建立起来。②

大卫·施特劳斯（D. F. Strauss，1808—1874），青年黑格尔派主要成员，杜宾根学派的主要代表。他的名著《耶稣传》，对圣经新约进行了历史考察，认为几乎整个新约不过是神话，一切神迹都必然是魔术性的，福音书中的超自然记载是不可信的。人可以凭自身过有尊严的生活，不需要向彼岸世界自我欺骗的诱惑屈服。他用科学的普遍性对基督教宣称的特殊性进行了分析，并对耶稣的虚构历史形象进行了阐述。他认为，科学并不是有意对基督教特别严厉，它只是以普遍性为原则；关于世上的伟大人物的历史知识，很少有像耶稣这样令人不能满意的；耶稣的形象如何是矛盾而不可信的；人类的幸福不可能建立在信仰不可靠的事情之上。③

布鲁诺·鲍威尔，德国著名哲学家、政论家、无神论者，青年黑格尔派重要成员，被称为时代"神学领域的罗伯斯庇尔"。在其名著《复类福音作者批判》及其他著作中，他用自我意识对基督教进行了批判性分析。他认为，启示包含着矛盾：关于耶稣的一切都是幻想；宗教是被歪曲了的

---

① 赵雷：《王夫之无神论心理学思想浅议》，《科学与无神论》2010年第4期。
② 王珍：《托马斯·潘恩的〈理性时代〉》，《科学与无神论》2010年第2、3期。
③ 王珍：《大卫·施特劳斯〈耶稣传〉》，《科学与无神论》2010年第4、5期。

本质,作用似鸦片;宗教活动受人现实利益的支配,但人们还没有足够的勇气承认自己是世界的主人;人的自我意识是一种普遍力量,是世界和历史的唯一力量。①

自 2011 年始,《科学与无神论》刊发了英国 BBC 有关"无神论"的访谈系列录音整理译稿。主要选择了三位受访者的谈话记录。他们分别是英国哲学家科林·麦克吉恩(Colin Mcginn)、英国生物学家理查德·道金斯(Richard Dawkins),以及美国物理学家史蒂文·温伯格(Steven Weinberg)。

麦克吉恩现就职于美国迈阿密大学。他谈到,自己在青少年时期信仰基督教,非常专注地研读过《圣经》,这促使他对哲学产生了兴趣。上大学之后,读了罗素的"我为什么不是基督徒",他很快就确信《圣经》是错的,决定只保留其道德标准和哲学思考部分,摒弃其他内容。他从证据论、本体论、心理学和伦理学上针对上帝是否存在的辩论,提出了自己的观点和论证。他认为,不需要也不能通过上帝来建立我们的道德观。巨大的孤独感是人们信仰宗教的重要原因。最后,他提出自己还是一个反神论者,因为相信宗教在人类生活中是有害的。②

道金斯也回忆了自己从信徒到无神论者的过程,他认为,当时有关设计论的辩论促使他相信设计者的存在,16 岁时在学校学习了达尔文理论之后,就抛弃了宗教。在他看来,正是由于自然选择的存在才使人们产生了生物是被设计的感觉。无法解释某一过程的工作原理,就用上帝设计论来解释,是失败主义的论调。科学和宗教不能并存,科学假设非对即错,这与超自然假设无法确定对错是完全不同的。科学家思考科学问题时内心有神奇的感受并不等于宗教体验,不是信仰宗教。③

温伯格是一位诺贝尔奖获得者。他也对设计论提出了反驳。在他看来,认为自然是设计者所为不能解决问题,毫无帮助。科学使得理解自然规律成为可能,宗教解释逐渐退出历史舞台。他谈到,他的绝大多数同事

---

① 王珍:《布鲁诺·鲍威尔〈复类福音作者批判〉及其他》,《科学与无神论》2010 年第 6 期。

② 张英姗译:《英国 BBC 有关"无神论"的访谈系列之一》,《科学与无神论》2011 年第 1 期。

③ 张英姗译:《英国 BBC 有关"无神论"的访谈系列之二》,《科学与无神论》2011 年第 2 期。

对宗教毫无兴趣，有的教徒并不相信上帝，而是将其作为保留家庭传统的象征。他认为，宗教本身给人们带来巨大伤害，因为很多虔诚的教徒在所信仰的宗教引导下，犯下罪行。关于宗教和道德的关系，他认为，宗教徒通常不是用宗教判断什么是道德的，而是用自己的道德观来决定什么是宗教的。传统宗教中的上帝都是可怕的角色。科学可以动摇人们的信仰。[①]

3. 前苏联的科学无神论研究和宣传教育

有学者指出，前苏联无神论研究、宣传教育的指导思想是基于以下基本原则：辩证唯物主义和历史唯物主义世界观同宗教世界观是根本对立的；在社会主义时期，资产阶级意识形态、陈旧的风俗习惯和宗教偏见的残余还将长期存在；在社会主义社会中，必须对人民群众进行社会主义、共产主义思想教育；科学无神论的宣传教育要服从党在各个历史时期在经济、政治、文化等方面提出的基本任务。前苏联无神论研究、宣传教育历史划分为两个阶段：第一个阶段，从十月革命胜利到卫国战争爆发前夕。无神论教育采用的是反宗教宣传的提法，注重反宗教宣传的进攻性和战斗性；第二个阶段，从卫国战争胜利到20世纪80年代中期。这一时期基本上放弃了反宗教宣传的口号，代之以无神论宣传和无神论教育。前苏联无神论宣传和教育的主要特点为：强调无神论教育必须以深刻的社会变革为基础，必须同思想教育工作的其他方面密切结合；重视对宗教现状的社会调查；加强科学无神论教育的组织工作，综合运用多种方法。作者认为，无神论教育作为思想教育工作的一个方面，推动了社会的世俗化进程，抵制和削弱了宗教思想对人民群众的影响；但是也存在不少问题，一定程度上脱离实际，形式主义和简单化等。[②]

申振钰在《俄罗斯神秘主义流行现状研究》一文中指出，前苏联解体后，俄罗斯神秘主义流行。这种流行，是在国际大环境变迁的背景下出现的，与前苏联的演变有着密不可分的联系，与美苏争霸及世界格局的变迁也息息相关。该学者指出，俄罗斯神秘主义在前苏联解体之前已有了明显表现，在20世纪90年代以后大规模地公开传播。各种神秘主义如特异功能、占星术、巫术等纷纷出现，伪科学大行其道，这些都得到政府、军

---

① 张英姗译：《英国BBC有关"无神论"的访谈系列之三》，《科学与无神论》2011年第3期。

② 龚学增：《前苏联无神论研究、宣传教育的历史功过》，《科学与无神论》2010年第3期。

界、媒体和舆论的广泛支持。神秘主义泛滥的原因主要是，理性的堕落使公共意识出现危机；政府滥用职权，为神秘主义畅行提供支柱；媒体推波助澜。她认为，俄罗斯神秘崇拜和伪科学的繁荣是脱胎于前苏联旧制度的母体，神秘主义幽灵加速了苏联的解体，神秘主义思想泛滥戕害了一代年轻人。[①]

（七）邪教和膜拜团体问题研究

有学者从历史事实和思想文化角度，分析了我国不同时期邪教思想文化的表现形态以及反邪教的思想历史。他认为邪教植根于巫文化传统；近代巫术表现为"灵学"，而反巫术以"科学与民主"的形式表现出来；改革开放后，传统巫术采用科学进行伪装，出现人体科学，气功大潮直至"法轮功"，另一部分学者提出张扬科学精神；后法轮功时期，基督教膜拜团体有转化为邪教的取向，汉语基督教神学运动和地下教会盛行，需要科学无神论与法律的应对。需要思想界警惕，担当社会责任。[②]

有学者指出，当代中国"邪教问题"，在国际学术话语圈中，可以称为"破坏性膜拜团体"问题。美国基督教新基要主义势力和政治新保守主义势力结盟，共同推动国会通过《1998 年国际宗教自由法案》，使其成为以国家力量进行基督教全球战略扩张的工具。"邪教问题"成为其指责中国"严重侵犯宗教自由"的重要口实。目前，该项研究的盲区是，基督教类型的"破坏性膜拜团体"。根据目前国内外的局势，这类团体将会有相当多的发展空间，其中的破坏性因素将成为影响社会稳定的重要因素。[③]

有学者指出，破坏性膜拜团体对发展中国家造成的冲击力，远远超过发达国家。我们应当关注新兴膜拜团体中的破坏性因素。目前，世界上新兴膜拜团体仍层出不穷。15 年内，法国的新兴膜拜教派由 172 个迅速增加到 500—600 个。新兴膜拜团体问题，在当代学术界是个边缘性议题。但是，这个问题在现实生活中依然存在，仍是影响社会和谐发展的一个因素。当代中国的膜拜团体实际现状如何？它的性质、原因、作用如何？其

① 申振钰：《俄罗斯神秘主义流行现状研究》，《科学与无神论》2010 年第 4、5 期。

② 求实：《反邪教是文明之举，思想界需要担当责任》，《科学与无神论》2011 年第 2 期。

③ 习五一：《简评美国〈1998 年国际宗教自由法案〉》，《新疆师范大学学报》（哲学社会科学版）2010 年第 3 期。

中破坏性因素的特点是什么？怎样防范其危害社会稳定和国家安全？建议有关部门开展持续深入的调查研究，制定并不断调整相应的政策；同时重视开展学术研究，在国际舞台上建立中国自己的话语权。[1]

（执笔人：习五一）

---

[1] 习五一：《应当关注新兴膜拜团体的破坏性因素》，《科学与无神论》2010 年第 1 期。

马克思主义理论教学热点难点问题
综述及解决途径

研究生院马克思主义基础理论课教研室

中国社会科学院研究生院马克思主义理论及基础课教学部按照国家教委的规定，开设四门对研究生进行系统马克思主义理论教育的公共必修课，即博士研究生的《马克思主义与当代社会思潮》、硕士研究生的《科学社会主义的理论与实践》、《马克思主义经典选读》、《中国特色社会主义理论》。在长期的马克思主义理论教学中，教学内容不断拓展深化，教学方法有所创新，师资队伍素质不断提高，取得了较好的教学效果，积累了富有成效的教学经验。同时，在教学过程中研究生们提出了许多难以解答的热点难点问题。认真总结多年来教学工作中的热点难点问题，以及我们的相应做法，具有重要的理论价值和实践意义。

一　研究生们提出的热点难点问题

为了准确地把握研究生们的思想动态，掌握第一手资料，从 2005 年到 2010 年，我们在六届研究生中进行了"你所关注的社会重大问题"的问卷调查，回收问卷 1748 份。由于中国社会科学院研究生院是一所以招收博士硕士研究生为主的学校，学生们来自四面八方，许多学生毕业于名牌大学，部分在职博士生有着较为丰富的社会阅历和扎实的理论功底，对马克思主义教育有着自己的切身体会，对社会重大问题具有敏锐而独到的洞察力。他们提出的热点难点问题具有一定的典型性和代表性，概括为如下 20 类问题：

1. 贫富差距与公平正义问题。随着市场经济的发展，贫富差距日益严重。我国政府采取了缩小贫富差距的措施，但问题的恶化进程仍未改进。

如何有效地解决收入差距过大的问题，对社会财富进行合理分配，寻找先富带后富的途径，实现共同富裕的最终目标？在计划经济体制向社会主义市场经济体制过渡的过程中，许多人产生了一种被剥夺感，对医疗、住房、教育、就业等与人们生活保障密切相关的改革颇为不满。灰色收入、二元户籍制度等造成了贫富差距和社会阶层固化，收入分配失衡说明分配制度出现了问题，如何调整社会资源的分配和再分配，如何完善收入分配制度，保障全体公民共同享受改革开放的成果？"不患寡而患不均，不患贫而患不安"，如何解释和改变当今农民和下岗工人等弱势群体的贫困状况？国民收入用给百姓的太少了，造成国富民穷的现象？如何协调各种利益关系，实现社会主义公平正义？公平正义与贫富差距扩大、区域发展失衡的关系？实现社会公平的前提条件？公平与效率之间的关系？如何看待社会主义公平与社会福利、社会发展、教育公平、机会平等的关系？如何解决以户籍制度区别身份的高低，划分社会福利多少的现状？

2. 苏东剧变问题。如何理解苏联社会主义建设的成功经验和失败教训，对我国社会主义建设乃至世界社会主义运动产生的影响？苏东剧变后这些国家的发展情况？列宁主义与马克思主义有哪些不同和发展？列宁晚年对社会主义道路的新探索、新理论和新观点对苏联和中国的影响？列宁的新经济政策与邓小平改革开放理论的关系？斯大林对列宁主义的继承、坚持与失误？斯大林为何要放弃新经济政策，如果继续执行这一政策，能否避免苏联解体？斯大林在社会主义实践中的失误对中国有何借鉴意义？如何评价布哈林的社会经济理论及其建设方案？如何理解和评价戈尔巴乔夫的所谓"改革"？

3. 美国金融危机问题。美国金融危机爆发的原因，对发达国家、发展中国家乃至世界的影响，是否标志着新自由主义经济思潮的终结？美国金融危机给中国带来的冲击、启示、挑战与机遇？中国克服这次金融危机的影响体现了社会主义制度的哪些优越性？对我国金融体系，特别是对中国外汇储备的影响？

4. "三农"问题。仅就中国历史而言，几乎每次革命都是由农民推动的，农民在革命中起主力军作用。但革命和改革的主力军最后成了牺牲品，没有分享到应有的胜利成果，其根源是什么？新中国经济飞速发展是以牺牲农民的利益为代价，靠"剪刀差"掘得工业发展的第一桶金，这与资本主义发展初期的圈地运动有何差别？"三农"的现状、展望及中国农村改革的方向？如何缩小城乡差距，提高农民收入和生活水平，让农民享受社会发展的成果？农村青壮年劳动力纷纷外出打工，出现了"空心村"，特别是留守儿童问题，孩子交给长辈，长期生活在农村，思想观念落后，生活条件差，管教方法粗暴，忽略孩子的心理健康，使农村孩子一开始就输在起跑线上，这一现状怎样改变？社会主义新农村建设的现实意义，公共财政、流通产业、小额信贷等在新农村建设中的作用，政府在新农村建设中的角色？《宪法》如何保障城市务工农民的基本权利？如拖欠工资，农民工子女在城市上学，富士康"十三跳"等，反映出农民工在城市没有归属感和幸福感。城市化过程中农民失地补偿问题，如何进一步完善农村集体土地产权制度以维护农民权益？如何正确认识"民工荒"及农村劳动力转移？

5. 社会发展模式问题。中国模式与朝鲜、古巴、越南、印度等国家的比较，包括经济和政治制度、意识形态等？查韦斯等拉美领导人对社会主义的推崇及他们的社会主义的特殊性？为什么诞生社会主义理论的欧洲大多数国家没有选择社会主义道路，而一些落后国家却选择了社会主义道路？为什么除中国外的其他社会主义国家经济不景气？许多资本主义国家在发展过程中遇到了贫富差距、道德缺失、物价飞涨、金融危机等问题，社会主义国家能否避免这些弊端以体现其先进性，社会主义建设到底去掉了什么，保留了什么，发展了什么？中国改革开放 30 多年取得了巨大的成就，但与美国、西欧等发达国家的差距是什么？在社会主义初级阶段，公有制与私有制保持怎样的比例才合适，怎样完善我国社会制度，以应对各种不确定的风险？毛泽东时代的社会主义是"空想社会主义"吗？中国经济发展明显优于各国，但现行的政治经济制度如何更适于社会主义发展？社会主义的重要特征之一是物质生产资料的极大丰富，西方经济学却认为资源永远是稀缺的，人的欲望是无穷无尽的，怎样理解两种认识的矛盾？世界社会主义发展前景是怎样的，中国将扮演什么角色？

6. 民主和民主社会主义的问题。社会主义民主发展的历程、特点、益处、表现形式和实现力度，中国社会主义政治制度有利于民主发展吗？如何进一步加强和完善社会主义民主制度？社会主义民主与资本主义民主的特点、优势和劣势的比较，西方民主制度为什么不适合中国？美国的民主制度与中国的民主制度的区别，美国的民主制度有哪些值得我们借鉴？如何保障弱势群体的话语权，推进中国社会主义民主政治进程和公民意识的觉醒，完善社会公共权力，以保证人民的知情权和话语权，网络频繁设置敏感词是不是限制话语权，如何使人民更有主人翁感？当民主侵犯少数人的合法权利时该如何评价？民主社会主义与科学社会主义的关系，中国能否走民主社会主义道路，能否走"第三条道路"？实现民主的条件是随着社会制度变化而变化吗？

7. 中国经济发展问题。西方经济学对中国市场经济有指导意义吗？马克思主义经济学与西方现代经济学的关系，马克思主义经济学在现代经济学中的地位及其在经济生活中的应用，它能解决中国社会的现实问题吗？中国特色社会主义的"特色"在什么地方，为什么国外许多经济学家认为中国现行的经济体制实为资本主义？什么是资本主义与社会主义的经济体制的本质区别？如何实现社会主义与市场经济的有机结合，是否会把社会主义引向资本主义？中国实行市场经济后，逐渐成为"世界工厂"，并出现了"血汗工厂"，资本主义成分越来越浓厚，中国怎样克服市场经济的弊端，最大程度地减少剥削和不公平？在当代中国谁是先进生产力的代表，如何处理好社会主义市场经济体制下的劳资关系，怎样看待珠江三角洲出现的罢工潮？怎样处理好经济增长与通货膨胀的关系，物价疯长的原因及解决方法？中国经济的投资与储蓄失衡对中国经济发展和社会稳定的影响？中国股市低迷的原因，股市何去何从？如何看待中国一些公有制企业变成私有制企业后发展得更好？

8. 中国政治制度建设问题。社会主义国家政治制度的特点和优越性？中国政治体制改革的切入点、成本、途径、方式和前景？中国官员权力过大，甚至权大于法，如何维护公民权利？中国的人权现状，马克思主义理论关于人权的观点？市场经济条件下的政府的责任和义务该如何界定？如何处理好中央与地方的关系？"民生是最大的政治"，怎样看待现阶段我国民生中的矛盾？把私营企业的高管人员吸收到党组织中来，扩大政权的社会基础，是统一战线的延伸吗，会不会促进特殊利益集团的形成？如何保持我们成为执政党后的阶级构成的纯洁性、先进性和影响力？现在许多人大代表、政协委员是企业家，在参政议政过程中会不会推动有利于企业主的立法？"颜色革命"及其对我国的警示作用？律师有可能成为西方对中国进行和平演变的工具吗？我们对我国几代领导人的成功经验了解得很多，但失败的教训如"文化大革命"了解得很少，了解历史教训更有益于我们发展和进步？"文化大革命"对中国经济、政治及其他领域造成了怎样的影响及其后遗症？北京奥运会、汶川大地震对中华民族精神的凝聚表现在哪里？如何评说新疆"7·5"事件、西藏暴乱、贵州瓮安事件、云南孟连事件、陕西陇南事件等？

9. 中国文化问题。判断先进文化的标准是什么，先进文化对重建人文精神的作用？如何建设社会主义和谐文化？佛教在文化建设及和谐社会建设中的作用？主流文化与非主流文化的关系，年轻人价值观呈现出多样化的趋势，怎样引导和树立社会主义主流价值观？经济全球化进程中呈现出文化的多元性，东西方文化冲突表现在哪些方面？文化软实力及中国从哪些方面加强软实力的建设？什么是当今中国的经典，中国崛起的软实力在哪里？中国文化与国民性格形成的关系？为什么会出现"国学热"的现象，如何评价新儒学派的地位和作用？人文社会科学与自然科学并驾齐驱获得重视的条件？21世纪世界文化及中国文化发展的特点、趋势和方向？在市场经济大潮中，文化领域明显存在着恶俗、媚俗和低俗倾向，怎样解读文化建设相对滞后，如何进行文化体制改革？如何提高国人的文化素质和思想水平？学术浮躁与知识分子收入相对较低的关系？如何抵制学术腐败？政治文化能取代社会信仰吗？民族文化的未来走向，"只有民族的才是世界的"，在经济全球化背景下，中华民族文化的个性显得尤为突出和宝贵，它所传承的几千年来人文思想精华是中国民族的根脉和基因。如何弘扬和发掘中华民族优秀文化，把传统文化的精髓变成新时代中国人的新的精神力量？传统文化与先进文化的关系？"普世价值"引起争鸣的原因、动机、影响和意义，提出和实践中国社会主义与核心价值体系的意义？为什么我们今天这个时代孕育不出18、19世纪那样的思想家？如何使党的理论得到广大民众的认可？

10. 马克思主义教育问题。马克思主义理论教育应是富有成效、深入人心的。但少部分学生对马克思主义及其共产主义理想持怀疑态度，存在着信仰危机。如何在青年知识群体中保持马克思主义信仰？马克思主义在当代世界居于何种地位，对欧美国家产生何种影响，会发生何种变化？马克思主义在朝鲜、越南、古巴等社会主义国家居于何种地位，他们是怎样进行马克思主义教育的？如何运用马克思主义理论解决实际问题？国外马克思主义的研究状况和发展现状，国外社会主义思潮的合理部分对我国社会主义建设的借鉴意义？如何认识马克思主义价值观？空想社会主义与共产主义的区别? 马克思主义理论的开放性和发展性, 会不会使其理论变成"任人涂抹的小姑娘"? 如何把马克思主义理论教育与马克思主义最新学术研究动态结合起来? 什么是马克思主义中国化? 西方马克思主义思潮与马克思主义的关系? "乱世出英雄, 苦难出大师", 在一个和平发展成为主题的时代, 没有了时代巨变给人的巨大冲击和无限广阔的思考疆场, 我们不能期望各种大师喷涌而出, 但难道只是紧靠狭隘的理论思维就能缓慢地单纯地为社会主义实践作理论论证吗?

11. 社会主义和资本主义的关系问题。如何理解资本主义社会的生命力, 怎样看待当今资本主义社会的繁荣与发展? 欧美日德等发达资本主义国家能否和平地进入社会主义? 社会主义与资本主义的力量对比和社会历史的发展趋势, 如何在求同存异中取得双赢? 社会主义与资本主义的本质区别和历史联系是什么? 社会主义国家与资本主义国家公众的幸福度的比较。在经济全球化进程中, 如何界定资本主义发展状况, 尤其是第三世界国家? 国外社会主义思潮为什么没能占主导地位, 将来有无可能占主导地位? 发达资本主义国家政府调控发挥的作用, 是社会主义成分的体现吗? 发达资本主义国家的民众是如何参与政治活动的? 如果没有罪恶的早期资本主义原始积累, 会不会有资本主义的迅速发展?

12. 中外关系问题。抗日战争胜利对当代中国青年的影响? 我国政府对南海、钓鱼岛、东海划界等所持的态度? 为什么欧洲诸国可以形成统一的团体即欧盟, 亚洲国家却长期不能形成共同体 (可从历史、经济、文化、宗教等方面进行分析)? "中国威胁论"的产生及其影响? 为什么同样是中亚地区的国家, 哈萨克斯坦和吉尔吉斯斯坦在应对"颜色革命"时采取完全不同的措施? 中非贸易的发展究竟是帮助建设非洲, 还是外国媒体所说的要牟取暴利, 甚至把非洲变成殖民地? 为什么中国与其他社会主义国家的关系不如与某些资本主义国家的关系那么好呢? 瑞典模式对发展中国家如中国的影响? 如何看待恐怖分子及国际社会的不稳定因素?

13. 生态环境问题。如何改善全人类的生存环境, 形成环境保护的长效机制? 在大力发展少数民族地区经济的同时, 如何保护好当地的生态环境? 经济发展与环境保护如何协调发展? 国家对西北地区绿洲建设的方针和政策? 专家认为我国好多河流都已过度开发, 政府却仍在继续开发, 专家论证与政府决策往往不一致, 如何以科学的态度关注和保护我们的生存环境呢? 环境保护与人口质量的关系? 环境保护问题是用法律制度还是用行政命令的方式来解决？生态文明建设对保护中国生态环境的实践意义和指导作用？西方经济学家提出的工业经济发展模式，即一般说来，发展工业经济总是先破坏环境，工业经济发展到一定程度才开始保护环境，即先破坏后保护的道路对吗？中国经济发展几乎是在复制西方国家的老路，生态环境已经非常脆弱，我们能否跳出这种经济发展模式，走出一条社会与自然和谐发展的道路？

14. 教育问题。教育过度产业化对百姓生活造成了巨大压力，对教育事业及国民经济发展造成了巨大影响，政府应该如何做出政策调整？如何改变中国的教育模式，包括家庭教育、学校教育和社会教育？义务教育是国家免费提供的全民教育保障，不应该存在失学儿童。希望工程则是依靠社会力量解决为数众多的公民受教育的问题。九年义务教育与希望工程之间是否存在着矛盾？农村经济发展的关键是提高农村的教学质量，提高农村教学质量的关键是什么？

15. 就业问题。如何解决就业中出现的大材小用、学非所用、毕业即失业、女性就业歧视、"蚁族"等问题？资本主义就业和社会主义就业的差距？在经济发展突飞猛进时期，大学生、硕士、博士研究生等高学历人才面临就业难的原因是什么？在就业问题上如何体现社会主义制度的优越性？如何通过高校与社会的良性互动解决大学生就业难的问题？经济危机对我国就业形势的影响？政府如何处理失业大军，人口过剩与过度竞争的关系？

16. 房价问题。城市房价过高，很多人成为"房奴"，如何调控房价以缓解大众压力？国家推出调控房价的相关政策，但房价一直居高不下的原因何在？有人说政府是住房利益的最大受益者，房地产行业的整顿是从政府出发自上而下还是从市场出发自下而上？怎样从非经济学角度诠释当前房地产过热、房价持续上涨？如何解决拆迁中的暴力行为导致的自残、自焚、下跪等事件，处理好百姓利益与经济发展、法制建设的关系？房价真有泡沫吗，什么情况下会破灭？中国经济转型期在某种程度上重复了资本主义社会的早期现象，西欧出现过"羊吃人"的圈地运动，有人说中国现在是"房吃人"，政府相关部门与房地产开发商勾结起来侵蚀农民的土地，造成失地农民的大量存在，政府承诺的控制房价能否兑现？

17. 社会保障问题。农民工在城市的权益如何得到制度性保障，如何把农村合作医疗保险事业做得更加科学合理，把广大农民的利益落到实处？北欧国家的社会保障及社会福利制度，对我国社会保障制度建立与完善有何借鉴作用？西方国家福利政策与我国社会主义是否殊途同归？为什么医疗改革后百姓到医院看病开的药比药店还贵？如何建立和实施食品和药品安全保障制度体系？

18. 和谐社会问题。中国建设社会主义和谐社会的标准和重点是什么？构建社会主义和谐社会的制度保障？人口在构建社会主义和谐社会中的作用？构建社会主义和谐社会的思想根源是马克思主义，还是中国传统文化中的"合和"思想？社会主义和谐社会是马克思主义与中国传统文化的新的融合方式，是中国传统文化复兴的标志？傅立叶的和谐社会与胡锦涛倡导的和谐社会的异同？婚姻家庭的状况是影响社会和谐的不稳定因素，特别是"80后"离婚率高的原因是什么？女性独立首先要经济独立，经济独立意味着女人要工作赚钱，又要依据传统观念承担大部分家庭劳动，如何看待女性独立与家庭劳动的关系？

19. 腐败问题。如何预防制止一些政府官员的腐败，高薪养廉适合中国国情吗？如何借鉴国外反腐败的机制以惩治贪污腐败层出不穷的现象？如何解决中国官员的灰色收入问题？群众对党内腐败分子的痛恨厌恶已殃及池鱼，涉及到了对大部分党员干部形象的扭曲，如何加强廉政建设，把反腐败斗争进行到底，树立良好的政府形象，以增加党的战斗力和凝聚力？

20. 阶级和阶层问题。有人认为，中产阶级是社会的中坚力量对吗？它对社会主义经济政治将产生何种影响？新的历史时期如何看待马克思主义的阶级理论？中国大众与既得利益集团的博弈，"贫二代"、"官二代"、"民二代"只是调侃吗？现在工人阶级和农民阶级的差距在不断拉大，如何再现革命时期的工农联盟？如何保障目前中国工人阶级的政治地位和经济利益？《共产党宣言》讲工人阶级按照自己的面貌创造一个新世界，现代西方发达资本主义国家通过一系列改革及制度建设在一定程度上缓和了劳资矛盾，工人阶级似乎不进行革命也能够使世界的人们可以活得很好。无产阶级推翻资产阶级的动力何在？当代发达资本主义国家工人的待遇有所改善的状况在什么样的社会背景下，从什么时候开始的，又是什么样的？西方工人运动未能发展成革命的原因？社会主义社会的工人阶级还创造剩余价值吗，如果创造的话都到哪去了？为什么不受剥削的国企工人比受剥削的一些外企工人的工资还要少？

二 我们的做法

我们认为，年轻人永远代表社会的未来，学生们提出的问题与目前社会存在的现实问题是一致的，是对特定时代的社会问题的思考，具有一定的代表性和理论价值。我们从学生们的关注与思考中逐步把握了马克思主义理论教学的切入点，了解到理论联系实际的结合点，针对学生们所思所惑所悟所感的思想状况，运用马克思主义立场、观点和方法去分析和研究社会问题。我们的做法：

1. 坚持以马克思列宁主义、毛泽东思想、邓小平理论、"三个代表"重要思想和科学发展观为指导，以马克思主义中国化的理论成果为中心内容，坚持正确的政治方向。

《马克思主义与当代社会思潮》课程是博士研究生的一门必修公共课，每年有 280—300 多名博士研究生听课。我们针对学生们普遍关注的当代社会主义现代化建设中亟待解决的重大问题，聘请我国著名专家学者进行讲授。聘请授课教师的标准：博士生导师及学科带头人；室主任或副所级以上领导干部，把握正确的政治方向；聘请其他高校博士生导师、局级及副部级以上领导干部，拓展学生们的社会视野，丰富信息量和知识量。授课导师及授课内容：本院教师有李景源《深入研究马克思主义哲学的中国化》；张晓山《当代中国"三农"问题》；韩俊《统筹城乡发展与"三农"问题》；靳辉明《国外马克思主义研究情况、基本派别和主要观点》；程恩富《当前中国七大社会思潮》；吴恩远《苏联历史问题研究中的学术思潮》；侯惠勤《普世价值问题》；刘迎秋《新自由主义及其在中国的传播和影响》；黄晓勇《新时期国际格局的特点与中国的战略选择》；杨义《重绘中国文学地图的方法论问题》；王朝光《近代史研究中的社会思潮》；杨沛超《哲学社会科学创新与文献信息资源保障》；李惠国《创新文化建设》；房宁《影响当代中国的三种社会思潮》；夏春涛《近一个半世纪以来中国发展道路及其启示》；周晓亮《西方哲学的内容、特点和方法》；陆建德《21世纪背景下的马克思主义及当代社会主义思潮》；文学国《当代中国司法改革》；江时学《新自由主义及其在中国的传播和影响》；周弘《欧洲福利国家危机的理论思考》；董礼胜《中西方新公共管理思潮》；张星星《中国特色社会主义理论的开端、形成和发展》等。外聘教师有杨瑞森《和谐社会研究中的几个哲学问题》;张国祚《论多样化社会思潮的引领》;艾丰《当代中国经济生活中的观念问题》;梁衡《关于先进文化的几个问题》;梁树发《西方马克思主义与西方"马克思学"》;李凯林《关于中国改革的中外政治哲学对话》;张新《科学地认识马克思和恩格斯的思想关系》;赵家祥《资本主义社会内部能否自发形成社会主义因素》;薛广洲《毛泽东思想与中华民族精神的重建》;王逸舟《国际格局的新动向、新特点》;尚金锁《毛泽东军事哲学思想》;李德顺《马克思主义的"基本原理"和"根本原则"》等。

教师们从经济、政治、文化、哲学、历史、法律、国际等多领域多学科的角度,阐明马克思主义与当代社会思潮的关系,开阔了学生们的眼界,使他们从不同学科的理论制高点上认识和把握当代重大社会思潮,收到了良好的教学效果,每年教务处测评均在88分以上,最高达96分。学生们给予很高评价,有学生说:"研究生院的马列课程专题内容丰富,涉及哲学、文学、经济、司法、行政,贯通中外,紧扣思想,着眼现实。作为公共课程,具有较高的覆盖面,受众的参与率很高,可以满足诸多不同专业学生的需求。"还有学生说:"通过对比分析,引导学生识别真假马克思主义,讲清楚中国传统文化的精华和糟粕区别在哪里,讲清楚西方哲学流派和思潮中究竟哪些东西可以为我借鉴、吸收、利用,哪些需要坚决地回击和批判,讲清楚马克思主义经典作家究竟有哪些观点和论述过时了,不适应当前新形势新时代了,需要在哪些方面做出什么样的发展和创新。有比较才有鉴别,通过比较鉴别引导学生自觉抵制形形色色的反马克思主义和假马克思主义思潮,成为真正的、自觉的、坚定的马克思主义者,做到真学、真懂、真信、真用。"这方面的评说有很多,不一一列举。

2. 坚持理论联系实际的学风,解放思想、实事求是、与时俱进、开拓创新,认真备课和讲课,为学生们答疑、解惑。

第一,讲授马克思主义经典,要求和引导学生认真阅读马克思主义经典。我们安排学习的马克思主义经典有:马克思《关于费尔巴哈的提纲》;马克思、恩格斯《德意志意识形态》第一章;马克思、恩格斯《共产党宣言》;马克思《〈政治经济学批判〉序言》;马克思《资本论》1867年第一版序言、1872年第二版跋、第一章;马克思《给〈祖国纪事〉杂志编辑部的信》、《给维·伊·查苏利奇的复信》;恩格斯《社会主义从空想到科学的发展》;恩格斯《路德维希·费尔巴哈和德国古典哲学的终结》;恩格斯

《在马克思墓前的讲话》；列宁《谈谈辩证法问题》；毛泽东《反对本本主义》、《实践论》、《矛盾论》、《论十大关系》、《关于正确处理人民内部矛盾的问题》；邓小平《解放思想，实事求是，团结一致向前看》、《在武昌、深圳、珠海、上海等地的谈话要点》等。阅读和讲授马克思主义经典是一件非常艰苦的事情，阅读经典是在同伟人对话，需要反复琢磨，反复思考，反复研究，才能理出授课思路，讲出精彩，讲出智慧，讲出意义。

第二，讲授世界社会主义运动的历史过程、经验教训和发展趋势。从1516年莫尔发表《乌托邦》算起，空想社会主义理论至今已有400多年历史了；从1848年马克思和恩格斯发表《共产党宣言》算起，科学社会主义理论至今已有160多年历史了；从1917年列宁领导苏联共产党及人民在世界上建立了第一个社会主义国家算起，社会主义实践活动至今已经有90多年的历史了；从1949年以毛泽东为核心的党的第一代中央领导集体创建社会主义中国算起，已经有60多年的历史了；从1978年以邓小平为核心的党的第二代中央领导集体高举改革开放的旗帜算起，已有30多年的历史了。世界社会主义经历了从空想到科学、从理论到现实、从一国的成功到多国的胜利、从旧体制到新体制的转型和发展过程，经历了血与火的考验，为人类社会开辟了一个新天地。因此，全面系统地了解490多年的世界社会主义发展史，具有重要的理论价值和现实意义。我们系统地讲授了空想社会主义、科学社会主义、苏联社会主义及当代世界社会主义理论与实践等四个部分，对其历史背景、历史事件、历史人物、历史经典及其理论创新进行解读和评析，从理论与实践的角度让学生们了解世界社会主义运动的来龙去脉，加深对马克思主义的理解和把握。

第三，在教学方法上，坚持以学生为本，以教师为主导的原则。采取教师讲授、课堂讨论和音像教学（PPT或光盘）相结合的方式，努力提高教学质量。除了教师亲自授课外，我们还节选了《大国崛起》、《颜色革命》、《居安思危》、《十年文革》等光盘给学生们播放。尤其在如何上好讨论课方面，积累了较为成功的经验。要组织好180—200多人的讨论课，需要认真布置和组织。其步骤：（1）讨论题目的设计。结合教师的授课专题，结合学生所思所惑所悟所感兴趣的社会问题拟定题目。例如，如何看待空想社会主义者笔下的穷人和富人，解决贫富悬殊的意义与途径？苏联解体的历史教训及对我国的借鉴作用？在资本主义社会内部能否自发形成社会主义因素？如何看待社会公平、正义、人权、自由等？资本主义社会的新特点和新变化？你对金融危机的认识？你的社会理想？中国模式与其他社会模式的比较，等等。（2）确定讨论课的六条判分标准，如政治标准、学术标准、仪表标准、PPT 标准、答疑标准、时间标准等，随堂邀请 12 位学生做评委并进行投票。（3）发挥班干部的带头作用，确定发言人选。每堂讨论课六个班，每个班选出两个代表，共 12 个人发言，允许同学提两个问题。发言的学生结合各自专业特长，如哲学的智慧、考古的图解、文学的故事、宗教的虔诚、经济学的务实、历史的黑色幽默、音乐的衬托等，运用 PPT 等方式进行演说，内容清晰，观点新颖，视角独特，甚至出现了与动态视频同步的演讲，提出了许多有价值的值得进一步思考的理论问题。（4）提问的学生有时也咄咄逼人，在相互碰撞中迸发出许多思想的火花，答疑睿智而精彩。（5）发挥教师的主导作用。教师边听边记边整理，在学生发言后及时进行点评，充分肯定发言者的精彩之处和提问者的睿智问题，充分体现了以学生为本，以教师为主导的原则。（6）对学生评委们评出的发言优秀的学生（前三名）给以奖励。总之，发言踊跃，气氛热烈，激发了学生们的学习热情，在相互交流相互教育中，学生们得到了启迪，老师从中了解了年轻人所关注的社会问题及其主要观点，把握了年轻的高知识群体的思想脉搏，收到了良好的教学效果。

3. 努力实现"三提高"的学习目的，即通过学习，提高学生的思想政治素质，确立在中国共产党领导下走中国特色社会主义道路的坚定信念，树立正确的世界观、人生观和价值观；提高运用马克思主义的立场、观点和方法分析问题和解决实际问题的能力；提高在马克思主义理论指导下从事哲学社会科学研究的水平。

第一，马克思主义理论教育，特别是世界观、人生观和价值观的教育，是一个长期的过程，仅仅靠几堂课、几次研讨、几篇论文的写作很难达到预期目的，人才教育和人才培养是一个系统工程。要培养社会主义现代化建设事业的接班人，特别是培养社会科学的领军人物，是多方面合力作用的结果，包括经济、政治、文化等社会大环境的影响，中国传统人文历史教育的影响，当代西方发达资本主义国家的影响，还包括我们国家执政党的党风的影响，等等。中国共产党自成立以来，为中国特色社会主义事业、为中华民族的复兴与发展作出了伟大贡献，一批批为中华崛起而奋斗乃至献出生命的仁人志士，构成了中国前进的主流和脊梁。我们在歌颂党的丰功伟绩的同时，还要看到我们身上肩负的重任，尤其是教育和培养下一代的历史重任。国外敌对势力曾把和平演变的希望寄托在中国第三代或第四代身上,其实是在争夺我们的接班人的问题。要动员社会各界齐心合力,才能做好新一代接班人的培养工作。我们只是通过马克思主义理论教学工作,认真履行和完成自己的工作职责,努力做好教书育人的工作。

第二,认真做好教学与科研工作,提高教学质量,把党的事业落实在教学工作中。今天的教育已经进入了网络教育时代,最近哈佛大学公开教学课已经步入网络视频,从而对我们如何进一步做好教学工作提出了严峻的挑战,它预示着教学革命的开始。马克思主义理论教学的一些困境及亟待解决的问题:(1)如何进行马克思主义理论上的梳理、调整、择取,引导学生树立社会主义、共产主义的理想和信念,在教学环节上予以有效传递以赢得青年学生的认同是一个十分艰巨的任务。(2)马克思主义理论与中国实际相结合产生了理论的发展和飞跃,但教条主义现象也很严重,这给马克思主义理论造成了伤害,鲜活的理论变成了条条框框。马克思主义理论教育如何摆脱教条主义的不良影响,重新焕发生命力和影响力,对于工作在教学一线的教师是一个必须直面而持久的挑战。(3)马克思主义理论课程的设置其重要功能是对学生进行思想政治教育,是意识形态的管理和控制的一个重要方面。传统的教育方式多是"灌输式",压抑了学生学习的主体性和积极性,容易引起青春期学生的反感和抵触情绪,需要教师们认真反思,从授课方式上作一些变化应是教师们努力的方向。(4)马克思主义理论教育过程中多是一系列观点的"原理"教育,鲜"史"的教育和"文本"的教育。这对初步接触马克思主义理论的中学生和本科生来说,原理的教育是比较适合的,但对研究生而言,"史"和"文本"的教育显得尤为必要。然而习惯了原理长期熏陶而进入研究生阶段的学生对"史"和"文本"有着巨大的陌生感,对待马克思主义理论史料和文本的态度多是"敬畏"、远离和排斥。因此,激活历史,激活文本,激活领袖人物的话语,激活学生的学习热情,拉近研究生与理论原生态文本及其生成历史之间的距离,使学生有效地汲取理论资源是一件不容易的工作。(5)时代变迁,知识更新,一代代的学生不断成长和更替,其观念其视野发生了深刻变化。如何了解学生的思想状况有针对性地进行理论教学,保持理论教学对学生思想的关注和关怀,是教师们要做的一项基本工作。更重要的是随着世界变化尤其是中国社会的发展进步,人类社会发展进程中所展现出来的现实丰富性是前所未有的,从事理论教学的教师们必须密切关注形势，加强学习，采集和吸收现实世界迸发出来的异常丰富的信息、知识和观念，提高自身素养，以胜任先进理论的教学工作。

第三，高度重视我院研究生的马克思主义理论教学工作，加强教师培训，把研究生院当作一个展现中国社会科学院科研人员的马克思主义学术创新和理论魅力的窗口和平台。(1) 马克思主义理论教育的感染力和生命力在于理论与实际的紧密结合，从马克思主义理论教学来看，更应该注重教学内容与社会现实问题的紧密结合。要做好这一点，讲清楚任何一个社会重大问题，其难度是很大的。因此，抓好教师队伍建设是提高教学质量的重要环节。一方面，教师自身要严格要求自己，不断地努力进取；另一方面，是组织上的重视和培养。研究生院理论教学的专职教学队伍长期以来缺少系统的学习和培训，难得有机会外出调研、考察和学习，教师的个人努力基本是囿于书房，希望各级领导给以重视和关照。(2) 要注意教学与科研是紧密相连的，如教学不等于科研一样，科研也不等于教学。如何在完成教学任务的过程中做好科研工作，如何把科研成果转化为教学内容，把学术精华转化为广大学生们喜闻乐见的教学实践，是一门专业性很强的学问。我们只有认真地面对和研究，不断地努力，才能跟上时代前进的步伐，被时代所接受，被学生们所认可。

（执笔人：吕静、谢荷生）

建设中国马克思主义理论研究成果出版的主阵地

中国社会科学出版社马克思主义理论编辑室

一　历史与传统

中国社会科学出版社是国内最有影响的哲学社会科学出版重镇之一，成立于1978年。建社30余年来，在中宣部、新闻出版总署及中国社会科学院历届院党组的正确领导下，我社紧紧围绕改革开放和中国特色社会主义建设大局，服务于科研、服务于学者、服务于读者，始终牢牢扎根于学术界、思想文化界，服务于哲学社会科学的研究与普及，重点出版高水平、高质量的哲学社会科学著作，以及思想性、知识性强的优秀社科普及读物。累计出版图书达万种以上，现在年出书近千种，其中许多是国家及中国社会科学院的重点规划项目、国内一流学者的优秀成果。如《当代中国》丛书（前74卷）、《中国社会科学院文库》、《中国社会科学院学者文选》、《社科学术文库》、《中国社会科学博士论文文库》、《简明国际百科全书》系列、《世界文明大系》、《中国考古学》（多卷本）、《商代史》丛书、《中国历史地名大辞典》、《中国民族史纲要》、《中国佛教史》等；还有一大批引进版权的国外名著，如《剑桥中国史》系列、《新编剑桥世界史》系列、《当代经济学教科书译丛》、《西方现代思想丛书》、《两希文明经典译丛》、《知识分子图书馆》系列、《摩诃婆罗多》、《正义论》等，这些图书赢得了读者的广泛好评，也使我社在国内外学术界享有很高的声誉，其中有多部图书获得国家图书奖、国家图书奖荣誉奖、国家图书奖提名奖、中国图书奖、中国出版政府奖，有数百种图书获得省部级以上及其他专项奖。

中国社会科学出版社自建社以来，一直重视马克思主义研究著作的出版工作。我社成立后出版的第一本书就是中国社会科学院民族研究所编的《马克思、恩格斯、列宁、斯大林论民族问题》,这也奠定了我社出版工作的主旋律。我社出版的马克思主义研究成果兼顾理论与实践两方面。在理论方面,我社出版的理论作品中有不少破解了马克思主义发展史上公认的和在现实的社会主义实践中形成的理论难题,开创了新的对马克思主义某领域的研究范式,如胡绳的《马克思主义与改革开放》。能够做到这种程度的研究成果才是真正经久流传的理论著作。在实践方面,我社的马克思主义出版物中有不少站在了当代世界和我国社会主义建设实践的最前沿,面对国内外最新的重大现实问题,寻找破解的对策,如刘国光教授的《中国经济体制改革的模式研究》,这本书1998年被评为"影响中国经济建设的10本经济学著作"之一,并荣获国家图书奖,在20世纪90年代曾对我国改革开放和经济建设的大政方针的制定产生了重要的积极影响。

自2009年起,我社组织召开了全国性的马克思主义理论创新论坛,并同时发布年度《中国马克思主义研究前沿》报告。该论坛由我社社长兼总编辑赵剑英创意发起,是一个马克思主义理论研究前沿与创新交流平台,与全国各知名高校、研究机构的马克思主义学科点合办,每两年举办一次。

2010年我社又成立了马克思主义理论编辑室,由极具工作经验与能力的资深编辑担任室领导,我社总编辑亲自分管,另调两位年富力强的博士进入马编室,协助领导承担日常编辑工作。这样的人员配置无疑更加强了我社的马克思主义研究成果的编辑出版工作。

多年以来,我社逐渐形成了马克思主义理论研究著作的几大出版系列,主要包括马克思主义基本原理研究、中国化马克思主义理论研究(其中包括中国特色社会主义理论体系研究系列)、中国马克思主义研究前沿、国外马克思主义研究等。每个系列都包括若干丛书、年刊(鉴)等(当然还有为数众多的单本图书)。比较有代表性的有:《中华人民共和国国史论丛》(丛书)、《马克思主义学术文丛》(丛书)、《中国马克思主义研究前沿》(年刊)、《马克思主义理论研究与学科建设年鉴》(年鉴)、《马克思主义哲学基础理论研究丛书》(丛书)、《当代资本主义大国共产党研究》(丛书)、"三个代表"重要思想研究会年刊、《论中国模式》、《中国化马克思主义理论创新30年》、《马克思主义与新中国六十年》、《马克思主义中国化史》、《36位著名学者纵论新中国成立60周年》等。

其中，《中华人民共和国国史论丛》是围绕中国特色社会主义理论研究与建设的系列丛书，由原中国史学会会长金冲及主编，我院朱佳木副院长策划，汇集了国内权威的国史、党史研究专家，如金冲及、沙健孙、朱佳木、金春明、梁柱、田居俭等。论丛一经出版就在史学界、理论界产生了重大影响，受到了广泛的关注，是迄今为止国内较为厚重的中国社会主义发展史研究丛书。

《马克思主义学术文丛》由我社赵剑英社长任总主编，囊括了李德顺、侯惠勤、吕大吉、吴元梁、许全兴等国内权威学者撰写的厚重著作，每一部都堪称是自成体系的在某一领域中具有总结性质的大作。这些图书全都是我院重大课题或国家社科基金的优秀成果，并已获得刚刚设立的国家出版基金的全额资助，被公认为是我国马克思主义研究创新性的成果。

《马克思主义理论研究与学科建设年鉴》由我院马克思主义研究院编纂，是对上一年我国马克思主义理论研究状况的全面评介与记录，不仅是一本理论研究的综述，而且也是一部重要的工具书，对于我国马克思主义理论研究的学科建设具有举足轻重的意义。《中国马克思主义研究前沿》是马克思主义理论创新论坛的年度学术成果发布平台，集中了全年前沿性的马克思主义理论研究成果，是走在马克思主义理论研究前列的学术出版物。

在单本著作方面，著名经济学家萧灼基先生历经30年而完成的《马克思传》，全面记述了马克思一生的学术思想发展历史，该书荣获第二届中国出版政府奖图书奖提名奖。《中国化马克思主义理论创新30年》与《马克思主义与新中国六十年》分别入选了国家新闻出版总署纪念改革开放30年、国庆60周年百种图书。

除了上述几大系列之外，在马克思主义研究的出版方面，我社还做了其他很多对学科建设具有长远意义的工作。比较有代表性的如我社组织出版了中国社会科学院马克思主义学部委员的系列文集，现已出版马克思主义研究学部两位学部委员的文集：《程恩富选集》、《李崇富选集》。这个工作将一直延续下去，努力完成我院所有学部委员文集的出版工作。

二　出版学术精品　占领理论高地
——2010年度马克思主义研究成果出版情况概览

2010年3月，我社在原有哲学编辑室马克思主义理论编辑组的基础上正式组建成立马克思主义理论编辑室，专事出版马克思主义经典著作、基本原理和中国化马克思主义，特别是中国特色社会主义理论体系的研究及宣传成果。一年来，我社积极配合中央"马克思主义理论研究和建设工程"，大力推出一大批马克思主义研究的精品力作，出版图书50余种。

我社2010年出版的马克思主义研究方面的图书，主要有以下几个方向：马克思主义基本原理研究、马克思主义中国化与中国化的马克思主义研究、社会主义核心价值体系建设研究、党的建设理论研究、国外马克思主义研究、马克思主义应用于其他学科的成果、马克思主义资料整编。

（一）马克思主义基本原理研究

我社在马克思主义理论研究方面的出版成果中，有分量的作品所占比例很高。比较有代表性的，如王伟光的《利益论》、李德顺等的《马克思主义哲学范畴研究》、吴元梁的《马克思主义哲学形态的演变》、侯惠勤的《马克思的意识形态批判与当代中国》、许全兴的《马克思主义哲学的自我革命》等。

王伟光的《利益论》是以马克思主义基本原理为指导的研究利益问题的颇具理论深度、视野开阔的著作。作者涵盖了研讨理论问题所需的三个基本维度：理论的、历史的和现实的，在这三个维度中充分展开了利益问题的问题域和理论图景。首先，作者实事求是地考察了利益在历史中的位置、历史上对于利益问题的诸多看法以及马克思主义对利益问题的基本立场和观点。这样的历史考察使得利益问题的历史纵深获得了充分的展开，为后面的进一步探究奠定了坚实的基础，打开了广阔的背景和空间。其次，也是全书的核心部分，作者全方位地展开了对利益问题的理论探析：从利益的内在本质——需要——开始谈起，进而讲到利益的客体与主体，利益的社会本质以及由此而来的主体间性维度，因而才需要合理的利益制度与正确的利益观。作者的论述环环相扣，如层层剥茧，使问题逐步向理论的深处展开，展现了理论的魅力和深度，以及不可辩驳的逻辑力量。再次，承接上一部分深入透彻的理论剖析，作者转而进入对现实问题的研讨。利益问题在我国的社会主义实践中已逐渐成为关键、复杂甚至敏感的问题。作者完全没有回避现实的利益问题中的任何一个关键点（如利益差别、利益群体、群际间的利益矛盾等），提供了一份对实践中的利益问题的完备的思考与回答。

　　李德顺等的《马克思主义哲学范畴研究》是相关主题的著作中较为系统的一部。它对于马克思主义哲学研究而言，是一项具有基础性意义的工作。全书将马克思主义哲学范畴分为四类：总体性范畴、存在论范畴、认识论范畴和价值论范畴，对每个类别下面的各个范畴分别做了详尽的研究。尤其可贵的是，本书对各个范畴的研究没有仅仅停留在概念分析的层次上，而是着重于范畴本身的历史演进。对范畴史的考察才能使范畴本身被清晰地呈现出来，也才能使范畴本身在历史和现实中的意义得到凸显。本书对范畴演进历史的考察一直延伸到当下的时代，并且着重考察了范畴在现时代的历史境况下获得的新的丰富与发展。概念范畴的研究（大而言之，哲学的研究）只有获得了当下性，才能具有真正的生命力。因此，这本书归根结底的目的，还是在于探索马克思主义哲学的这些基本范畴的当下性与现实性何在。它在这方面的探索中取得了突出的成绩。

　　吴元梁的《马克思主义哲学形态的演变》是一部探索马克思主义哲学存在形态的演变规律的力作。对马克思主义哲学史的研究不可谓不多，但是试图探索马克思主义哲学为何在不同历史阶段呈现出不同面貌的规律的作品十分少见，这本书就是探索这方面规律的一部成熟、厚重的作品。所谓规律，就是在杂多的历史材料中提炼出的"一"。因此，要探索一方面的规律，就要一方面对其历史进程进行研究，尽可能详尽地研究材料和文本，另一方面要有高屋建瓴的理论视野和足够的理论深度。这本书的研究就做到了这两点：一方面，作者对自马克思主义诞生以来直到现时代的多种多样的马克思主义哲学文本进行了详尽、细致的研究，对马克思主义哲学史有着深厚的研究功力；另一方面，作者在理论上有着清晰广阔的当代视野和充分的思考深度。因此，这本书在扎实的哲学史研究的基础上，令人信服地总结出了马克思主义哲学形态在不同历史时期的演变规律。当然，本书也存在着些许遗憾（如作者对马克思主义哲学的当下形态及其演进规律的考察有欠丰厚），但瑕不掩瑜，本书仍是相关研究领域一定时期内无法超越的厚重作品。

　　侯惠勤的《马克思的意识形态批判与当代中国》是一部在意识形态问题的理论和现实研究中都显现出很深造诣的著作。作者对马克思主义的意识形态理论及其演进历史做出了深入的考察、研究与思考，同时对当今中国的意识形态与信仰的现实状况有着深刻的理解和洞察。就理论及其历史的研究而言，作者首先以马克思主义的立场研究了意识形态问题的内涵与本质,这个研究是全面而深刻的,既包括了对该问题研究历史的回顾与综述,又包含了对解读文本的方法论的反思与探讨;其次,作者详尽地考察研究了马克思主义对该问题的思考历程,这个考察是非常全面的,除了经典作家的研究、论述之外,作者甚至还专章讨论了西方马克思主义对该问题的研究。就现实研究而言,作者深入详尽地考察研究了我国现时代意识形态领域的诸多关键问题(如信仰问题、意识形态冲突问题等),从马克思主义的立场上进行了深刻的批判性分析,同时,作者还在意识形态的问题意识与主流意识形态的演进历程中研究了中国特色社会主义理论体系。在理论与现实的双重关照下,这本著作呈现出了理论与现实的双重厚度。

许全兴的《马克思主义哲学的自我革命》在从整体上分析马克思主义哲学,特别是其在中国当代状况的基础上,提出了"马克思主义哲学的自我革命"的问题。明确提出这个重大问题,是作者具有创新意义的贡献。马克思主义哲学是批判的、革命的哲学,它在自己的发展中,尤其是在中国化的历史过程中,迫切需要深刻的自我革命,以适应当代世界和中国社会实践和科学、文化发展的需要。本书针对马克思主义哲学的发展,着重探讨了马克思主义被教条化的复杂原因,主张历史地看待马克思主义哲学,并较全面地界定了马克思主义哲学自我革命的内涵,这在理论和实践上都具有极大的重要性和创新性。本书对马克思主义哲学中国化,包括马克思主义对中国传统哲学的创造性的继承和转化都有十分深入的阐发。

韩志伟的《追寻自由——从康德到马克思》和王福生的《求解"颠倒"之谜——马克思与黑格尔理论传承关系研究》是两部将马克思主义哲学放在西方哲学的历史视野中进行研究的力作。严格地说,我们应当将其理解为对马克思主义哲学的"发生学"研究。前者的研究认为康德确立了现代自由的基本形式,但这种自由并未在康德(包括后来的黑格尔)这里成为真正属人的自由,只有在马克思这里,康德确立的现代自由形式才第一次落实为人的实践的自由。后者所研究的是对于马克思主义哲学史和西方哲学史都十分重要的马克思与黑格尔的哲学关系问题。通过细密的论证,作者详尽地解说了马克思对黑格尔哲学的"扬弃"和"颠倒",对于我们深入理解马克思主义哲学的内在优势和核心特质都具有不容忽视的意义。这两位作者所作的研究并不只具有一般的学术史、哲学史意义,这样的研究能够真正帮助我们理解马克思主义哲学及其内含的革命意义。

（二）马克思主义中国化与中国化的马克思主义研究

2010 年我社在出版马克思主义中国化和中国化的马克思主义研究成果方面，所取得的成果十分突出。由于最近两年（2009 年和 2008 年）适逢新中国成立 60 周年和改革开放 30 周年，围绕这些主题，我社陆续策划出版了一系列对 60 年和 30 年回顾、总结与思考的马克思主义中国化研究图书。如赵剑英等主编的《论中国模式》、程恩富主编的《马克思主义与新中国六十年》、全国"三个代表"重要思想研究会编的《"三个代表"重要思想研究会 2009：科学发展观与新中国 60 年》、周新城的《围绕改革问题马克思主义同反马克思主义的斗争》、张乾元的《马克思主义与中国实际"第二结合"的开篇（1949—1966 年）研究》、林志友的《马克思主义中国化的进程及其规律研究》、王浩斌的《马克思主义中国化模式论》等。此外值得一提的是，赵剑英等主编的《中国马克思主义研究前沿（2009 年卷）》辟出专栏研讨"新中国 60 年与'中国道路'"。

其中探讨"中国模式"、有中国特色的社会主义发展道路的几部作品，抓住了当今中国体现本质性、时代性和历史感的核心问题，即中国几十年来在走什么样的道路，走这条道路为什么能够获得成功，其中还有什么需要我们注意的问题。如赵剑英等主编的文集《论中国模式》，汇集了国内外研究中国模式、中国特色社会主义发展道路的各方面学者、专家的论文，是截至目前对这一问题研究较权威、系统并颇具代表性的文集。首先，文集作者中既有国内著名学者，也包括斯科特·肯尼迪、德里克、傅高义、郑永年、黄宗智等知名外籍学者；其次，文集所选论文论域全面，既有总体性的探讨，又有概念的分析，更有分门别类的专题讨论；再次，所选论文不仅有正面的颂扬，也有大量反思性、对策性的有分量的文章。

王浩斌的《马克思主义中国化模式论》则是从马克思主义中国化的宏观历史的视角来思考有中国特色的社会主义发展道路的。作者不仅详尽研讨了马克思主义中国化的多种历史模式（如新民主主义模式、改革开放模式、和谐社会运作模式，等等），更难得的是，作者还在历史的研究中提炼出了马克思主义中国化的历史逻辑，使我们获得了理解"中国模式"的更宏观、更深广的视野。

与王著有所不同的是，林志友的《马克思主义中国化的进程及其规律研究》则是立足于对马克思主义理论体系的层次性、结构性分析。作者将马克思主义的理论体系析分为由低到高的三个层面：策略层面、制度层面和理念层面，认为马克思主义中国化的历史进程就是由低到高地经过这三个层面的。作者的这个工作对于我们认识马克思主义中国化的历史进程，是具有重要意义的：它将马克思主义中国化的历史模型建立在对马克思主义理论体系本身的分析和理解之上。

张乾元的《马克思主义与中国实际"第二结合"的开篇（1949—1966年）研究》探讨的是以毛泽东为首的党和国家的第一代领导集体将马克思主义的基本原理与中国现实相结合，开辟出一条独特的社会主义革命与建设的道路的历程与经验。这是作者的完整的研究计划（整个马克思主义中国化的历史进程）的开篇，是进一步研究马克思主义中国化"第二次历史性飞跃"的必不可少的"踏板"。近年来研究界似乎有一个趋势，那就是研究新中国最近30年的历史与理论的成果占据了绝大多数，很少有人认真总结前30年的历史与理论，尤其是从与后30年的历史联系、理论关联角度去思考、总结前30年的经验，似乎有意无意地认为前30年的历史实践还是马克思主义中国化的不成熟、不重要的阶段，"不值得"把更多的研究精力投入其间。像张乾元这样的研究正好有助于我们纠正这样的看法和趋势，让我们更加符合历史唯物主义地看待前30年的历史成就以及前后两个30年的历史关联和理论联系，而不是将之割裂开来，甚至对立起来。就探讨"中国模式"、"中国道路"这个问题而言，前30年的理论和实践经验，以及它所开辟的道路，是现在所讲的"中国模式"、"中国道路"的历史前提，抛开它单讲后30年改革开放的历史进程，后者也会变成无源之水、无本之木。

除了上述几个突出的热点和亮点之外，我社在中国化的马克思主义和具体领域的马克思主义理论中国化的研究成果出版方面，也取得了突出的成绩。就前者而言，2010年涌现出了一些比较有代表性的作品，如荣开明的《邓小平理论新探》、谢一彪的《毛泽东人权思想研究》、谢红星、梅雪的《李达与毛泽东的哲学交往》、杨军的《邓小平社会主义观再探》等。对于毛泽东、邓小平的思想研究应当是马克思主义中国化研究中长盛不衰的主题，因此每年都会涌现出不少新的作品，而新的作品永远都是站在新的时代立足点上对毛、邓的思想理论作出新的阐释的。上面提到的对邓小平理论的两部研究著作就是这样，都凸显出了新意。这也是邓小平理论研究的题中应有之义，因为每个时代（甚至每隔五到十年），随着社会发展形势的变迁，我们对邓小平的有中国特色社会主义理论都必然会产生新的理解。对毛泽东思想的理解也如是。每个历史阶段都会涌现出这个时期对毛泽东思想的新的理解与认识，而随着历史的不断演进，我们的理解和认识也会越来越深入，越来越透彻。作为出版工作者，我们理应为这一历史过程作忠实的记录。

孙居涛的《马克思主义经济理论中国化基本问题》是研究马克思主义经济学理论中国化问题的一部颇有分量的理论著作。马克思主义中国化研究事实上非常需要这样具体的按学科的研究。马克思主义的经典政治经济学理论为什么需要中国化？因为中国有特有的国情，特有的经济情况，教条式地套用马克思主义的经典理论只会适得其反。但将一种成熟的理论中国化不会是一件容易事，更不会是一蹴而就的工作，它需要一个长期而艰苦的历史实践过程和大胆而细致的理论创新工作。作者的研究是对马克思主义经济理论中国化的历史进程与理论创新的一次全面的总结与研讨，这个工作是很重要的，其他学科的类似工作也需要有理论概括和思考能力的学者去开展。

（三）社会主义核心价值体系建设研究

在这方面的研究成果中，梅荣政、杨军主编的《社会主义核心价值体系与社会思潮析评》是一部有分量、有深度的论文集。它主要探讨的是社会主义核心价值体系与社会思潮的关系问题，即社会主义核心价值体系为何应当引领多样化的社会思潮，如何引领，并以社会主义核心价值体系为标尺评析了当代中国社会流行的主要社会思潮。从主要内容上看，这当然主要是一部探讨现实热点问题的研究文集，但是，做这样的研究的根底却在于对社会主义核心价值体系的深刻的理论把握，如果缺少这个功夫，这样的现实研究必然是表面化的、肤浅的。对社会主义核心价值体系的思考与建构是我国意识形态领域的基础性、全局性和长期性的核心工作，学界对此的研究已经初具规模，但对这样的现实问题的研究容易走进肤浅化、表面化的死胡同，如果这样的研究只是现象的归纳和罗列，它的意义不会是很大的。梅荣政、杨军主编的这部论文集克服了肤浅化、表面化的问题。首先，它在前两部分多方面、多视角地深入研讨了社会主义核心价值观的主要内容和基本内涵，为后面对社会思潮的批判性讨论奠定了扎实、深入的理论基础。其次，它在讨论当下社会的各种错误思潮时，没有停留于对它们的简单的现象认识，而是深入到每种思潮的内部，进行了从本质内涵到实践后果的深刻的揭露和批判。

唐昆雄主编的《马克思主义与社会主义核心价值体系研究》也是一部研究社会主义核心价值观的力作。本书在其第一部分全方位地分析论述了我国社会主义核心价值观的科学内涵、如何以核心价值观引领社会思潮以及新中国成立以来思想政治教育历史的经验与教训的总结。本书的第二部分"对若干错误社会思潮的评析"是其突出的亮点。这部分的评析没有流于一般化的口号式的批判，也不同于常见的寻章摘句式的评论性批判，而是将自己的批判立足于对马克思主义经典作家的方法论和文本研究之上。这使得本书对错误社会思潮的批判性评论获得了充分的理论深度和扎实的理论基础。

邹利华等主编的《武警官兵树立当代革命军人核心价值观研究》是我国第一部系统地研究、论述我国军队和武警官兵所应践行的核心价值观体系的著作。军队和武警部队是捍卫我国主权和安全的坚强柱石，它们所应践行的核心价值观体系应当是我国社会主义核心价值体系的有机的一部分，但又由于它们的特殊性而有所区分，本书在系统论述革命军人的核心价值观的同时，特别注意对这一区分做了理论上的详细分梳和辨析，做到了理论上的准确，突出了革命军人的核心价值观的内涵与特质。

（四）党的建设理论研究

汤志华的《中国共产党利益整合能力建设研究》是一部贴近现实的研究力作。它研究的是构建社会主义和谐社会的问题，即在当前我国社会利益群体日益多样化的情况下，作为执政党的中国共产党如何能够提升自己的利益整合能力，加强社会建设，使整个社会日趋和谐。在研究和谐社会中像这样突出的、极具现实意义的研究主题，理所应当成为研究的热点，而且应当涌现出具有极强现实感、敢于直面尖锐问题的研究著作和研究成果。汤志华的这部作品选取了一个非常具有现实意义和可操作性的视角，直接面对构建和谐社会的主体——中国共产党——的利益整合能力（执政能力的重要组成部分）问题，进行了有深度的研究思考，对促进现实社会问题的解决是大有裨益的。

吴向伟的《中国共产党的历史方位与党的先进性建设研究》关注的是

当下时代中国共产党如何保持先进性的问题。作者所谓的"历史方位"，既是指我们党在中国历史，甚而是人类历史中的目标与地位，更是指在当下时代我们党为历史所赋予的使命。以这样的历史视野来看待党的先进性建设问题，我们才能真正明确先进性建设工作的方向、方式与意义。本书作者正是在这样的视野和背景下展开讨论党的先进性建设问题的。作者分别论述了他对当下时代党的历史方位的判断，与何谓党的先进性与先进性建设的认识。在准确的历史判断和合理的理论认识的基础上，作者提出了对党的先进性建设的全面构想，与建设过程中可能遇到的制约因素。这部著作称得上是一部理论与现实充分融合在一起，并各自展现其优势的作品。

何云峰的《中国共产党执政经验研究》是一部在史论结合方面做得十分出色的著作。作者有两个鲜明的立足点：历史的研究和理论的思考。作者做这个主题的研究，显然系统地考察过党的 60 年的执政历史，仔细反思了其中的经验与教训，据此提炼出了指导思想、基本路线、治国方式、执政党建设、思想路线、实践"三个代表"、抓好发展这个"第一要务"等诸多方面的主题，并在深入考察历史经验的基础上，就如何做好每一方面主题的工作，提出了自己系统的设想与建议。史论结合的研究和思考方法对于马克思主义理论研究是必不可少的，用好这个方法就可以避免理论的空疏，可以真正对实践起到有效的指导作用。这部著作就是这方面一个很好的实践。

（五）国外马克思主义研究

在国外马克思主义研究成果的出版方面，有一套丛书和几部著作是值得重视的。"当代资本主义国家共产党研究丛书"包括对印、英、美、法、日几个西方大国的共产党的研究。由于在这些西方大国中，共产党的政治地位并不很高，在社会中的分量也并不很大，同时，也由于我国对外交往的大政方针与以前有所不同，所以我国现在对西方国家的共产党的研究有所欠缺。这样的丛书是有其填补空白意义的。特别值得一提的是，这套丛书不再以扣帽子、喊口号式的批判为其基调，而是通过认真细致的研究，真实客观地反映这些资本主义大国的共产党的历史沿革、理论纲领和现实策略。读者、学者和党政干部通过阅读、研究这套丛书，可以详尽地了解这些共产党组织的真实面貌，对把握国际共产主义的总体发展形势和历史演变大有裨益，同时，还可以在比较的视角中进一步增强对我们党的理解，提升对党的理论和现实应对能力的建设工作。总之，这套丛书的研究为我们提供了一个可以立此存照，永远具有借鉴意义的参考系。

朱印海等的《中西马克思主义文艺理论观念比较研究》是一部立意颇新的作品。马克思主义在文艺理论方面的应用在中西方一定是相当不同的，因为中西方对马克思主义的理解、双方的社会制度，以及马克思主义在中西方社会的作用、地位都是不同的。这样的比较研究不仅对于我们理解马克思主义文艺学在中西方的不同形态具有重要意义，更重要的是，我们可以以小见大，从文艺学方面看出马克思主义在中西方不同的形态、地位、作用，进而能够理解中西方社会形态方面的不同。当然，这部作品的首要作用是推进马克思主义文艺学学科的建设。客观地说，它在这方面的作用是基础性的工作，能够让我们宏观而清晰地理解世界范围内的马克思主义文艺学形态，从而在比较中清晰地定位中国的马克思主义文艺学的位置。

何成轩主编的《社会主义理论新探索》是我院哲学所与越南社会科学院哲学研究所共同举办的第一、二、三届双边研讨会的会议论文集。会议集中探讨了双方共同关注的有本国特色的发展经验、发展模式等问题。这样的研讨不论对于两国专家相互借鉴发展经验，凝聚发展共识，还是对于两国民间交流都具有相当正面和重要的意义。这部论文集对于关心和研究中国发展道路的国内学者而言是一个非常有价值的参考，"他山之石，可以攻玉"，越南的社会主义发展经验，以及中越两国的社会主义发展共识都是非常值得我们学习、借鉴的。甄喜善的《国际共产主义运动与中国发展研究》主要探讨的是国际共产主义运动与中国社会主义发展的关系问题。国内这样成规模、成系统的研究并不多见，这样的研究非常有利于从国际共产主义运动的脉络中观察和思考中国的革命与发展道路。

2010年，我社与中国社会科学院马克思主义研究院共同组织策划了《现代政治经济学经典译丛》，包括《商业周期：资本主义下的增长和危机》、《理解资本》、《没有殖民地的帝国主义》、《资本的复活：新自由主义革命的根源》、《市场或公共领域：全球治理和权力不对称》、《当代资本主义及其危机》、《马克思的经济学》、《阶级、危机和国家》、《新古典宏观经济学批判》、《中国的大型企业和后发工业化的挑战》等十部著作。作为国外知名的马克思主义经济学者对西方国家的批判性研究的力作，这些作品非常有助于我们理解西方资本主义国家的内在本质、运作机制和危机根源，增强对于新自由主义为主导的经济全球化的本质的批判性认识，使我们更加坚定了走出一条不同于西方的"中国道路"的决心。

（六）马克思主义应用于其他学科的成果

除了上述的研究成果之外，2010年我社的马克思主义出版物中还有一个突出的亮点，这就是几位知名学者撰写或主编的以马克思主义指导其他学科研究的著作，如任继愈的《任继愈宗教论集》、吕大吉的《宗教学通论新编》、李德顺的《哲学概论》、于沛主编的《马克思主义史学理论论丛》（第一辑）等。任继愈先生的这本论文集汇集了作者几十年来关于宗教学理论、佛教、道教、基督教、无神论的思考成果，以一种更符合任先生平生志愿的方式表达了对任先生的缅怀和追思。这本书可以说是老一代学者马克思主义宗教研究的心血结晶，也代表了这一代学者在相关研究中的较高水平。吕大吉先生的《宗教学通论新编》是代表我国马克思主义宗教学理论研究最高水平的作品。作者以马克思主义理论为基础，汇总了东西方关于宗教理论的研究成果，提出了系统、完整、严格的马克思主义宗教学理论。李德顺先生的《哲学概论》是以马克思主义哲学为基础的对哲学这一人类精神生活和自我理解的基本形式的一次系统的诠释。寻找哲学的自我理解和自我定位是哲学的最具基础性的工作，在这项工作中，马克思主义者不能够缺席；在这一点上，我国的马克思主义者的努力是值得赞许的，尤其是最近十几年来。几位国内知名的马克思主义哲学家都有了自己在这方面的系统论述，比较有代表性的就是孙正聿的《哲学通论》和李德顺的这本《哲学概论》。《哲学概论》把作者对马克思主义哲学基本问题的深刻思考（如实践论与人的主体性问题等）融入了对一般哲学的理解之中，使这本书绝不同于一般的同类作品，具有了一般作品所无法比拟的理论深度。

（七）马克思主义资料整编

在马克思主义资料整编方面，首先值得一提的是中国社会科学院西亚非洲研究所编纂的《马克思、恩格斯、列宁、斯大林论西亚非洲》，这本书是中国社会科学院实施马克思主义理论学科建设与理论研究工程的重要成果之一，也是中国社会科学院"马克思主义经典作家专题摘编"的第一本成果。这一套"专题摘编"丛书对我国马克思主义理论学科建设，和广大干部群众与相关部门的工作人员学习马克思主义基础理论，将产生积极的促进作用。

庄前生主编的《马克思主义经典文献研究著作名录集》和《马克思主义经典文献研究论文题录集》，对我国的马克思主义研究具有重要的参考价值。在对马克思主义研究文献充分把握的基础上，作者还研究了马克思主义经典文献的出版和传播情况，出版了《马克思主义经典文献的出版和传播研究》，这部书比较全面地收集和整理了马克思、恩格斯、列宁、斯大林和毛泽东、邓小平、江泽民的著作、讲话、书信、批示等的编辑、出版、翻译和传播的基本情况，并结合当时的历史背景做了实事求是的说明和分析，形成了较为清晰的中外马克思主义经典文献研究、翻译、出版发行的历史线索和研究概貌。

三　总结与规划

我社今后将继续加强马克思主义研究的出版工作，除了延续我社传统的出版优势与特色之外，还要强化以下六个方面的出版工作。

第一，积极参与实施马克思主义理论研究和建设工程，做好《中国社会科学院马克思主义理论学科建设与理论研究系列丛书》（马克思主义文丛和专题摘编）的出版工作。我社作为院直属出版社，要努力做好院科研局交办以及马工程其他理论成果的编辑出版任务。

第二，我社计划围绕一些重大的理论和现实问题，策划出版若干更成系统、成规模的有重大社会效益的丛书。这些现实问题或许是一直以来都存在的，如"中国模式"或"中国道路"的问题，或许是尚未发生的，我们作为国家级的大出版社，拥有众多具有出色策划能力的编辑，理应对这些问题保持敏锐的感受力，并具有将这些问题转化为出版选题的能力。今后我们将在这方面团结学界，充分发挥出版社和编辑的组织策划能力，努力将这方面做出自己有特色、有影响的出版品牌。

第三，国外马克思主义名著的翻译引进工作。我社现已购买德国著名马克思主义哲学家恩斯特·布洛赫的《乌托邦精神》、《主体—客体：对黑格尔的解释》、《基督教中的无神论》、《图宾根哲学导论》等七部主要作品的版权，正在组织翻译工作。西方马克思主义的几位重量级思想家，如葛兰西、本雅明、佩里·安德森的作品都曾在我社翻译出版，今后我社将继续加强国外马克思主义的译介工作。我们计划在国外马克思主义的哲学、社会经济理论、历史研究、文化批判等领域著作的引进方面加大力度，力争创出品牌。

第四，继续办好两年一度的马克思主义理论创新论坛，使之成为全国性的知名学术论坛和马克思主义理论研究的创新发展的有力助推器和有重大影响的发布平台，同时做好论坛的年度报告《中国马克思主义研究前沿》的出版工作，将其打造成汇集我国最新和最权威的马克思主义理论研究成果的连续出版物。

第五，继续做好《马克思主义理论研究与学科建设年鉴》和其他有重大影响力的连续出版物的出版工作，为马克思主义的理论研究和学科建设做尽可能多的工作和贡献。

第六，继续做好马克思主义理论编辑室的队伍建设工作。首先，进一步扩充编辑室的人员，将有马克思主义理论素养的同志调入编辑室，以进一步提升该室的编辑策划能力；其次，进一步鼓励编辑室同志努力研究马克思主义理论，打造研究性的编辑室。

作为国家级哲学社会科学学术出版社和中国马克思主义理论研究成果出版主阵地的地位，我们感到肩上的责任重大，我们会努力做好工作，为读者提供有深度、有教益的马克思主义研究成果和马克思主义学术读物，为学界提供坚实而广阔的马克思主义理论的研究和发布平台，不辜负学术界和广大读者的信任与支持！

**附录：　中国社会科学出版社 2010 年度马克思主义
理论著作出版情况**

类别	书名	作者	字数
马克思主义研究年鉴与年刊	马克思主义理论研究与学科建设年鉴（2010）	马研院编	93 万
	马克思主义中国化研究（创刊号）	王明初主编	35 万
	中国马克思主义研究前沿（2009 年卷）	赵剑英等主编	54 万
	"三个代表"重要思想研究 2009：科学发展观与新中国 60 年	全国"三个代表"重要思想研究会编	19 万

续表

类别	书名	作者	字数
马克思主义 基本原理研究	利益论	王伟光	38 万
	马克思的意识形态批判与当代中国	侯惠勤	76 万
	马克思主义哲学范畴研究	李德顺等	53 万
	马克思主义哲学形态的演变	吴元梁	110 万
	马克思主义哲学的自我革命	许全兴	40 万
	求解"颠倒"之谜——马克思与黑格尔理论传承关系研究	王福生	23 万
	追寻自由——从康德到马克思	韩志伟	22 万
	从马克思出发——"实践的唯物主义"逻辑	王效民	31 万
	马克思主义个人观研究	洪波	28 万
	论马克思的研究方法	郭强	29 万
	人的自我创造——历史唯物主义的伦理旨趣	王天民	24 万
	社会认识论导论	欧阳康	36 万
	列宁的马克思主义理论教育思想研究	孙来斌	28 万
马克思主义 中国化与中国化的 马克思主义研究	论中国模式（上、下）	赵剑英等主编	108 万
	马克思主义与新中国六十年	程恩富主编	39 万
	马克思主义中国化模式论	王浩斌	20 万
	马克思主义与中国实际"第二结合"的开篇（1949—1966 年）研究	张乾元	25 万
	马克思主义中国化的进程及其规律研究	林志友	23 万
	程恩富选集	程恩富	117 万
	李崇富选集	李崇富	100 万
	马克思主义经济理论中国化基本问题	孙居涛	42 万
	中国共产党纪念活动与马克思主义中国化	童小彪	24 万
	毛泽东人权思想研究	谢一彪	29 万
	围绕改革问题马克思主义同反马克思主义的斗争	周新城	21 万
	邓小平理论新探	荣开明	40 万
	邓小平社会主义观再探	杨军	24 万
	李达与毛泽东的哲学交往	谢红星、梅雪	26 万

续表

类别	书名	作者	字数
社会主义核心价值体系研究	马克思主义与社会主义核心价值体系研究	唐昆雄主编	29 万
	社会主义核心价值体系与社会思潮评析	梅荣政、杨军主编	57 万
	武警官兵树立当代革命军人核心价值观研究	邹利华、张翔主编	25 万
党的建设理论研究	中国共产党的历史方位与党的先进性建设研究	吴向伟	23 万
	中国共产党利益整合能力建设研究	汤志华	23 万
	中国共产党执政经验研究	何云峰	22 万
马克思主义于其他学科的应用	马克思主义史学理论论丛（第一辑）	于沛主编	42 万
	哲学概论	李德顺主编	41 万
	任继愈宗教论集	任继愈	82 万
	宗教学通论新编	吕大吉	76 万
国外马克思主义研究	中西马克思主义文艺理论观念比较研究	朱印海等	24 万
	社会主义理论新探索	何成轩主编	31 万
	国际共产主义运动与中国发展研究	甄喜善	26 万
	印共（马）"人民民主革命"理论与实践研究	苗光新	26 万
	战后英共的社会主义理论及英共衰退成因研究	商文斌	28 万
	美国共产党的社会主义实践	丁淑杰	26 万
	探索中的法国共产党共产主义变革理论与实践	李周	28 万
	日本共产党的"日本式社会主义"理论与实践	曹天禄	36 万
马克思主义资料整编	马克思主义经典文献研究著作名录集	庄前生主编	23 万
	马克思主义经典文献研究论文题录集（上、下）	庄前生主编	104 万
	马克思主义经典文献出版与传播研究	庄前生主编	27 万
	马克思、恩格斯、列宁、斯大林论西亚非洲	崔建民主编	27 万

（执笔人：田文、徐申）

在破解学术难题中增强
马克思主义理论的话语权

中国社会科学杂志社马克思主义理论编辑室

马克思主义理论在当前的学术话语结构中处于边缘地位。导致这种状况的原因在学术层面大致有几种。一是学术界去政治化、去意识形态化的倾向比较盛行，追求在所谓纯学术的范围内借助西方的学科范式进行大量的成果复制；二是不厌其烦地进行细致的学究式的文本解读，包括回归马克思文本的原初语境和知识考古学意义上的语词阐释；三是对各种学术思潮失去了科学的批判精神，尤其对基于新自由主义学理的经济理论和种种历史虚无主义的理论基础缺乏批判性考察，在各种学术思潮的交锋中马克思主义理论话语几乎不在场。其结果必然是学术原创性的缺席，在概念演绎中远离现实关切，在空洞的教条式的宣教中丧失了理论的战斗性和学术尊严。鉴于这种状况，《中国社会科学》杂志马克思主义理论栏目发表的文章，加强了现实关怀和对学术思潮的针对性，注重重大问题基础理论建构的科学性，强化了马克思主义的学术内涵，有意识地突破学科限制，积极倡导跨学科问题的综合研究，增强了马克思主义理论在学术领域的话语权和影响力。以下从 2010 年、2011 年的发文中提选七个问题有内在逻辑地加以说明，最后阐明我们的学术理念。

一　财富观与唯物史观视野中的金融危机

对 2008 年由美国次贷危机引发的国际全球性金融危机和经济危机，近三年来，国内外学者进行了密切关注与深入研究，流行的相关研究著作诸如《货币战争》、《资本战争》、《大衰退》、《克鲁格曼的预言》、《美元大崩溃》、《华尔街冲击波》、《美国怎么了》、《看不懂的中国经济》、《逃不开的经济周期》，等等。这些著作通过描摹国际金融集团在世界金融史上的操控过程，揭示了对资本的角逐如何主导着西方国家财富的发展与分配，并告诫人们要警惕潜在的金融打击，为迎接一场"不流血"的战争做好准备；记述了世界上发生的一系列重大投机事件的始末，以丰富鲜活的事例说明，资本是推动世界历史发展的原动力；分析了美国大萧条与日本大衰退的根源，同时也为深陷次贷危机之中的国家和正在与经济衰退进行斗争的国家提供了一些政策建议。这些著作也更多地从经济学视角出发，以房地产、股票、债券、黄金、汇率、借贷、次贷等具体带有泡沫性的领域为切入点，特别是从金融监管机制方面探讨了危机的源头、产生、蔓延及应对等问题。

以上研究无疑在经济学层面和技术操作层面，为应对金融危机提供了很好的观察视角与探索路径，但同时我们发现，这一系列研究中，缺失了哲学的批判视野，尤其是唯物史观这一重要的分析框架被忽略了。这样，就很难深入资本主义制度的深层机制和固有矛盾中揭示问题的本质，包括从"人类财富观"这一哲学视角，去探讨财富范畴的寓意及其本质、财富分配的公平与公正问题、虚拟经济与虚拟财富等问题，以更好地为应对金融危机提供财富哲学的解读。

在多角度、多维度的国际金融危机讨论中，上海财经大学教授张雄从危机与财富的社会形式的勾连、财富扩张的哲学教条与政治谱系的历史解构以及财富幻象中的金融危机的精神现象学等三个方面，对国际金融危机进行财富哲学反思，从而证明了马克思经济哲学思想的当代意义，同时也为揭示金融危机背后的深层历史观问题提供了重要思路。《财富幻象：金融危机的精神现象学解读》（《中国社会科学》2010 年第 5 期）一文指出，由美国次贷危机引发的国际金融危机，使当代世界由于金融活动所广泛伸展的"证券化"过程而被悬置了存在的意义。危机不仅改变了华尔街的模样，更是让美国乃至全球深刻体验了从 20 世纪 30 年代大萧条以来空前严重的财富缩水效应。探究这场金融危机的深层本质，与其说它是一组概念，不如说是一种需要澄明的历史状况和当代人生存境遇的精神现象学读写。

实际上，从虚拟化走向幻觉经济只需瞬间就可实现。"虚拟经济"是一个值得反思的重要范畴。作者提出三个需要探讨的问题。问题一：该范畴的时代归属有歧义。问题二：该范畴的意义空间难以确定。问题三：该范畴的"虚拟"含义定位模糊。就概念的形成与发展史而言，虚拟经济的胚胎发育的确是由虚拟资本发展而来，但它与虚拟资本不可等同。马克思的时代有"虚拟资本"概念，但没有虚拟经济形态。虚拟资本是指通过信用手段为生产性活动融通资金。它与"实际资本"相对照。后者通常指生产资料，但也包含马克思所说的"货币资本"。"虚拟资本"概念是从贷出的货币资本中产生的，它提出了一个以劳动价值论为基础的原则相反的评价原则：虚拟资本的形成被叫作资本化。当人们按平均利息率计算即将定期取得的各种既定收益的资本总量时，资本化就发生了。虚拟经济只是虚拟资本发展到一定规模空间时才出现，虚拟资本的运行和操控已经从金融领域延伸到整个社会经济结构、经济循环、经济效益系统中，虚拟资产总量与 GDP 总量的比值出现很大变化，前者大大超过后者。从资本化走向游戏经济学，即把经济的社会性排斥掉，变成心理的符号，追求心理的一种快感，交易引起的运筹的狂热，瞬间选择的极大值或极小值财富命运走向的感受，发疯似的快乐，呆若木鸡般的失望，许多金融复杂衍生品的设计都是心理玄学之物。正如《仿真：资本主义最高阶段》一文中指出的，"我们已经把将幻想变成现实当作生意来做了"。对如此精神现象的深刻批判应当引导我们重新反思康德在形式与内容之间的对立的思想。这不是拾捡资本的感觉碎片，而是将物性化的世界还原为人的世界。因此，注重经济发展和人的全面发展的一致性，这是关注当代人生命的形而上问题。

度量财富的公平与正义，只有在"每个人的全面发展"的社会制度条件下才有可能。今天，财富的不同存在形式正设计着我们走向未来的生活方式，新的财富体系要求我们拥有更为崭新的、科学的、合乎人性的财富理念，在整个全球化经济进程中，运用工具化、智能化的手段，去体验并且创造获取财富的源泉，这显然已经是经济学领域外的问题了。今天，财富概念的外延有了拓展，1995 年世界银行提出了新的财富概念，远远超越了传统范式所赋予的内涵。"扩展的财富"由生产资产、自然资产、人力资源和社会资本四组要素的总和构成。财富概念的如此变化，必然带来财富的时间空间量度发生变化。新财富指标的意义也应当朝着财富的可持续发展而转变。对西方资本制度的过于迷信，误认为：资本＋工具理性＋因特网＝完美的、理想的、永恒的经济制度和政治制度，市场的秩序被资本加以理性化、制度化，资本把世界绑架了，一切都那么合理、合法、圆满。然而，这次国际金融危机爆发却带来了又一种维多利亚时代的感觉破灭。此次华尔街危机是否会喊出"上帝死了"的口号,这个上帝正是美国的资本制度在全球的称霸地位。从现代性的观点看,华尔街的德性显现,是一种即将得到修复的理性的瞬间堕落呢,还是深埋在现代性把神性化的人转向俗性化的人的人性缺陷、制度缺陷引发的结果。历史与现实已做出回答:资本主义社会生活完全服从于异化劳动和资本扩张过程的绝对命令。

在近期的研究中,还有学者创新性地研究了作为质料因的财富与作为形式因的财富之间的关系,作为其对金融危机的独特解读视角。所谓"质料因的财富"主要是财富赖以生存的物质实体构成,是经济学家所说的有形财产的规定性,在金融领域这种有形财产通常被指认为金银。所谓"形式因的财富",主要是指被当作财富化身的客体的特殊变体,在资本主义体系中作为财富的社会形式的信用乃是财富的特殊变体,它极易表现为单纯想象的东西。这种关联在实际上表现为对信用的持有和放大,也就是信用的膨胀意味着财富的社会形式作为一种物品而存在于财富之外,形式的运动大大突破了内容的限制,形式对质料的无度超越,除了赋予质料相对的价值外,形式的主观性大大突破了材料的内涵和外延,正是作为质料因的财富与作为形式因的财富之间的严重背离,华尔街金融危机的爆发也就真相大白。

我们不得不说,金融危机的爆发证明,当中国主动融入世界的时候,资本主义世界已经开始走向没落。当西方人仅仅在为他们的金融危机而烦恼的时候,人类是没有希望的。只有当西方不仅面临金融危机,而且面临由于资本主义世界经济的过度开发和浪费性消耗而日益凸显的生态危机时,人类才会把希望的目光投向中国。为了承担起自己的世界历史使命,中国还有许多准备工作要做,但最为迫切的,是建立正确的财富观。它是人类新的价值观、人生观和世界观的基础,这就需要我们对财富进行理性探索。

二 马克思的现代性批判及其现代性重构

关于"现代社会"的研究,学术界形成的一个基本共识是,作为文艺复兴之后近代人类的第二次思想解放,17—18世纪欧洲资产阶级和人民大众反封建的思想文化启蒙运动,高举"科学理性"和"价值理性"旗帜,不仅构成了早期的现代性呈现出理性与价值内在统合的整体面貌，而且推动了一种本质上完全不同于传统社会——现代社会——的形成和发展。在《现代性的五副面孔》中，卡林内斯库认为，现代性"被知觉为是一个从黑暗中挣脱出来的时代，一个觉醒与启蒙的时代，它展示了光辉灿烂的未来"，"人们因此有意识地参与了未来的创造"，具体表现为线性发展的时间观念与目的论的历史观，故又称为"启蒙现代性"[①]。现代社会是与现代性的历史性生成相伴随的，均得益于启蒙运动和近代工业革命的成果。

然而，社会现代性绝不是一成不变的，而是不断流动和进化的。特别是进入 20 世纪以来，面对现代社会的现实发展与其理论构想之间的差距，诸多现代性社会理论虽然层出不穷，但是在复杂的社会状况面前出现了严重的失语，理论解释力日趋式微，陷入了"生存危机"的困境，这似乎需要现代性社会的发展在理论层面寻找新的解释框架和理论突破口。

任何思想都是时代的思想，科学的理论总是走在时代的前列。马克思立足于历史唯物主义，从社会"病理学"的视角出发，对资本及其全球扩张进行了深入批判和反思，既看到了资本主义现代性的成就，也看到了资本主义现代性的病症，确立了马克思主义的现代性批判思想的科学性和深刻性。正是基于廓清了资本主义现代性矛盾及其奴役的根源，以及资本主义现代性的过渡性和暂时性，马克思深刻地指出了从社会主义革命实践彻底超越现代性和实现人类解放的历史发展新路。这反过来证明，马克思不仅没有成为现代性的简单维护者，也不是解构一切价值追求的后现代主义者，而是试图以后现代性来取代现代性寻求逻辑自洽，而且为后来者对资本全球化历史语境的现实批判，开启了现代性视域的基点，鲜明地提出以共产主义现代性取代资本主义现代性，从而实现了现代性视域的重大变革。上述马克思关于现代社会现代性的理论逻辑，成为导引人类社会现代性走向的路标，并对于理解中国社会发展的历史逻辑和现实走向，具有重大理论与实践意义。

《中国社会科学》发表了邹诗鹏的《马克思对现代性社会的发现、批判与重构》一文，清晰地呈现了马克思主要不是从观念中而是从现实中来寻求摆脱现代性危机的逻辑出路，从而为马克思批判地审视现代性的发

---

① 马泰·卡林内斯库：《现代性的五副面孔》，顾爱彬、李瑞华译，商务印书馆 2002 年版，第 134 页。

展，走向内在超越，避免走向对马克思思想的外部反思，提供了合理的论证前提。

该文认为，德国古典哲学只是在启蒙运动有关自然状态说的意义上把握社会，因而对社会的理解并未真正进入现代性视域。通过从现代性社会中分离出资本主义市民社会及其制度结构，马克思发现并批判了现代性社会；通过对片面的自然主义与片面的人道主义的双重超越，马克思形成了自己的社会观；通过"社会化的人或人类社会"及其科学社会主义的理论建构，马克思实现了对现代性社会的重构。马克思对现代性社会的发现、批判与重构，贯穿着政治批判以及作为政治批判具体化的政治经济学批判，也构成了与经典社会理论、西方现代社会理论以及西方马克思主义社会理论的批判性对话。当下蔓延全球的金融危机，则在不断重现马克思当年所厘定的现代性社会的地平线。

文章指出，在黑格尔那里，国家意识的强化在很大程度上缓解了个人主义与共同体主义的对立，但却是以把社会约束为狭隘的市民社会为代价的，这显然不可能充分展开现代性社会的丰富性，黑格尔本人也没有真正理解现代性社会。在批判黑格尔以及青年黑格尔派的过程中，马克思同样发现了一个奠基于工商业、科学以及私有制之上，并以市民社会为主要社会组织形式的现代性社会。但他不满意于这种给定的"现存社会"，既不满意于黑格尔有关市民社会与国家的抽象二分模式，也不满意于青年黑格尔派仅仅在自由主义传统内把握市民社会及其发展，而是从现代性社会中分离出资本主义社会，在将市民社会把握为物质生活关系并确证市民社会对国家的决定作用的前提下，通过批判和超越西方启蒙运动及其自由主义传统，通过推进激进民主及社会革命运动，展开对资本主义市民社会的政治与政治经济学批判，进而将社会与世界的矛盾运动的趋向积极地理解为社会主义的生成过程，即从资产阶级市民社会转向人类社会或社会主义，从利己主义的人转向社会化的人或社会主义的人，从而实现对现代性社会的重构。

马克思对市民社会的发现与批判，显然是在现实的社会变革活动中形成的理论自觉。因此，马克思不仅一般地支持激进民主主义原则，即个人自由先于国家、人民主权至上，而且更加强调人的政治关系与社会关系的解放。但是，由于市民社会本身的发展已导致人民作为物质生活关系的主体与财产关系分离开来，人民不过是道德及意识形态意义上的名义主体，而不是经济与政治关系的实质主体，马克思则要求把本来属人的经济与政治关系以及全部的人的本质还给人（民）自己——这是一种相对于启蒙的人性解放要求而言更为激进的人类解放要求。

通过对片面的自然主义与同样片面的人道主义的双重超越，马克思形成了自己的社会观。《1844年经济学哲学手稿》集中地道出了这一观点："自然界的人的本质只有对社会的人来说才是存在着的；因为只有在社会中，自然界对人来说才是人与人联系的纽带，才是他为别人的存在和别人为他的存在，只有在社会中，自然界才是人自己的人的存在的基础，才是人的现实的生活要素。只有在社会中，人的自然的存在对他来说才是自己的人的存在，并且自然界对他来说才成为人。因此，社会是人同自然界的完成了的本质的统一，是自然界的真正复活，是人的实现了的自然主义和自然界的实现了的人道主义。"正是基于历史唯物主义形成的社会观，针对西欧社会尤其是英国社会的典型分析，马克思提出了社会发展的五阶段论，由此把现代性社会的批判与重构，把握为资本主义的内在瓦解及其向社会主义的历史转变。在《1857—1858年经济学手稿》中，马克思又提出了著名的人的发展三阶段论。这就意味着，要系统、全面而历史地揭示资本主义过程，批判资本主义私人占有制，并在现代性的问题域中历史性地扬弃资本主义及其异化状况。

可见，在马克思那里，从市民社会向社会化的人或人类社会的转变，已不是"哲学"的任务，而是"实践批判"。这具体体现为政治批判与政治经济学批判两种形态。一方面，政治经济学批判不仅克服了为资本主义本质进行自我辩护的实证主义传统，也超越了古典政治经济学或国民经济学的狭隘的市民社会观。通过这一批判，马克思论证了从资产阶级市民社会向新的实践主体，即"人类社会或社会化的人类"的历史转变，激进民主主义单一的个人自由原则，进一步提升和体现为人的社会关系的全面解放。另一方面，贯穿于马克思科学共产主义学说中的政治批判，强有力地影响了其批判性的社会理论及其传统。马克思政治批判的意义在于：强调改变现存资本主义社会的状况，揭露市民社会的资产阶级性质，坚持不懈地批判自由主义并遏制保守主义，强调激进民主的基本方向，推进政治解放与社会革命。政治批判构成马克思批判的社会理论的基本理论原则与立场，政治经济学批判乃是政治批判的深化与具体化。

正是通过政治批判以及政治经济学批判去发现、批判和重构现代性社会，使得马克思的批判性社会理论与其他社会理论区别开来。马克思的社会现代性考察不同于迪尔凯姆强调社会的功能性（社会整合）与实证性，但缺乏主体的批判性，因而并没有足够地揭示出社会的动因性，也就没有真正理解现代性社会；也不同于马克斯·韦伯强调的社会对科层制（依然是传统的"政治社会"结构的特征）的顺从，以及这种顺从对个体创造性的摧残，并对现代性社会的前景持悲观态度，实际上是否定了资本主义彻底变革的可能性。在马克思之后，迪尔凯姆与韦伯的西方社会理论研究实际上又一次退回到了自由主义传统。

现代性不仅在其故乡是流动和进化的，而且在全球化趋势的顶托下传布全球每个角落。不同的民族、国家以不同的方式重塑了现代性。因而现代性是复数的，而不是单数的。诚如芬伯格所言，我们今天所面对的现代性是"可选择的现代性"。中国就是在经济全球化过程中追求着现代性、面对着"可选择的现代性"的，选择就意味着要沿着建构和批判的双重维度，才能肩负起中国走向现代性的历史重任。

在学理意义上，社会现代性的问题是一个跨学科的整体性问题，已构成当代哲学的基本理论题域，成为当代哲学一种主要的提问方式、思考方式和言说方式，从 90 年代以来就是思想界的最热点问题之一。因此，当代中国哲学只有在回答现代性在中国如何可能的过程中才能实现自我理解和自我确证，从而才能增强形成具有中国特色、中国风格、中国气派的当代中国哲学本身的合法性。这里需要明确指出，我们不能把马克思主义哲学关于社会现代性的裁决权，交付给现代西方哲学，相反，要通过中国特色社会主义的历史性实践，才能掌握话语自主权，才能推动马克思主义与时俱进，在当代论域中激发出新的理论生长空间，在实践上呈现出更为丰富的可能性。这必然体现在中国社会发展与现代性变迁的历史进程中。

三 马克思社会形态理论的当代意义

时代在发展，思想在前进，我们要在学理的意义上继承马克思主义的自我批判精神，在与实践的紧密结合，特别是在"中国化"的过程中创造性地发展和丰富马克思主义理论的学术内涵。

如何认识和评价中国现代社会转型的性质、特点、道路及其历史前提？这是学术理论界在中国经历了改革开放 30 年的重大历史时刻必须回答的重大课题。对中国社会发展的历史和现实得出科学的认识，不能求助于远离中国实际、中国问题的西方理论。在马克思唯物史观的理论框架内，结合新的理论资源和新的研究方法，凸显社会形态理论与历史价值观的当代意义和学术立场，是具有基础理论和思想深度的研究路径。

《中国社会科学》2011年第2期以"社会形态理论与历史价值观"为主题，组织发表了专题文章，涉及马克思主义理论话语与中国道路的问题。

中国社会科学院常务副院长王伟光认为，马克思的社会形态理论没有因时代的变迁而丧失理论光彩，相反，它依然以其宏大的世界视野、科学的理论价值，对当今社会发挥着重要的指导作用。我们应该有一个基本的共识，这就是始终坚持将马克思主义基本理论与中国的具体实际结合起来，使马克思主义的理论话语在中国的实践中获得时代的升华。

中国和世界正在发生着的深刻变化，为我们深入研究社会形态理论，提供了极其宝贵的机遇。每一个人都处于特定的历史进程中。当今世界正处于一个急剧变革的历史时期。自苏东剧变以来，世界社会主义运动陷入了暂时的低潮，世界格局呈现出西强我弱的态势。与此相适应，一些抱有政治倾向的西方学者则在"别无选择"的喧嚣声浪中抛出"冲突"与"终结"等各色话语，认为人类社会历史的发展已经最终止于西方资本主义制度。然而，人类社会历史的发展却不以其意志为转移。近年来，美国次贷危机引发的席卷全球的世界性经济危机，显示出世界多极化和经济全球化的深刻变化，一超多极的格局虽未根本改变，但美国的霸权已日渐式微，以中国为代表的新兴经济体、和平发展的力量正在逐步壮大，当今世界正处在大变革大调整之中。

王伟光指出，党的十七大报告有一个总结性的论断："改革开放以来我们取得一切成绩和进步的根本原因，归结起来就是：开辟了中国特色社会主义道路，形成了中国特色社会主义理论体系。"事实证明，正是在中国特色社会主义事业的伟大实践中，对社会主义的中国特色、具体形态和特殊规律的大胆探索中，科学社会主义才保持了强大的生命力。

关于社会形态理论及其当代意义的问题，中国社会科学院学部委员靳辉明特别强调了马克思社会形态理论的科学性和客观性问题。

靳辉明对五种社会形态思想的产生和表述所经历的不断走向成熟的演进过程做了详细梳理后认为：从马克思社会形态理论的形成和成熟的过程

来看，这个理论是马克思考察了整个世界历史，研究了大量历史资料、包括人类史前史的资料，经过多年科学研究后而确立起来的。它不是马克思的主观臆断，而是经过长期刻苦研究而得出的科学结论；它不是人的思维规律，而是对社会历史发展客观规律的科学揭示；它不是仅仅适用于欧洲，而是普遍适用于世界历史的发展进程。靳辉明指出，社会形态理论是唯物主义历史观的一个核心思想，没有这个思想便不会有唯物主义历史观。但是，一个时期以来，理论界有些人对马克思的社会形态理论提出不少质疑，否定社会规律的客观性，认为"以所谓生产力决定生产关系这个'规律'来说，在人类历史实际进程中根本就不存在，找不出任何一条历史事实来支持这个规律存在，因此它纯粹是一种思辨的思维运动"（见《历史研究》2001 年第 4 期）。有的论者明确地把历史规律说成是"认识的产物"，是"人的思想和意志所创造的"，明白无误地在否定历史规律的客观性和普遍性。有的人说马克思的五种社会形态理论仅仅囿于西方社会，不赞成用马克思的五种社会形态理论分析和研究我国社会的历史发展。所以，弄清楚马克思社会形态理论的产生及其科学价值是非常必要的。

五种社会形态区分的标准，是依据生产方式即生产力与生产关系结合的不同而区别开来，其最基本的划分标准是生产关系中最核心的所有制关系。马克思之所以能够创立社会形态理论，关键是他通过对人类社会的横向剖析，从一切社会关系中划分出生产关系这个决定其他一切关系的最基本和最原始的关系，并将社会生产关系归结于生产力发展的高度，从而揭示出社会形态的性质及其矛盾运动的规律，并将社会历史进程理解为生产力推动下，生产关系不断生成与被取代的自然历史过程。如前所述，生产关系思想是马克思唯物史观和社会形态理论形成的关键所在，也是区分不同社会形态的重要依据。马克思最早表述社会形态的思想时使用的是"所有制形式"，一直到后来也是通过研究"亚细亚的所有制"、"东方式的所有制"和"西方式的所有制"概念，最终确立起关于社会形态的理论。可见，在马克思思想中，生产关系和所有制观念居于至关重要的地位。从理论上看，生产关系和所有制关系是生产力发展的结果和测量器，是生产得以进行的物质载体，它具有一种稳定性。它可以把不同性质的社会和社会形态区别开来，所以，不同的生产关系和所有制关系是区分不同社会和社会形态的质的规定性。

社会形态理论的科学价值就在于，它基于经济的、客观的事实去分析、研究人类历史，从客观事实的分析中，而不是从观念中得出结论，从而把人们对社会历史的认识真正建立在科学的基础之上了。正如马克思所说的，这样就"可能用自然科学的精确性指明（社会历史—作者）的变革"，也才可能基于生产力与生产关系的辩证关系，把人类社会发展"理解为一种自然史的过程"。这是人类历史观的伟大变革。列宁将马克思的唯物史观和社会形态理论称之为"科学思想中的最大成果"，是"唯一的科学的历史观"，是"社会科学的同义词"，就是对马克思思想最中肯、最恰当的评价。

天津师范大学教授庞卓恒认为，马克思多次提出过社会形态依次更迭的论说，每次列举的社会形态名目和更迭顺序都不完全相同，但有一个共同点，就是列举那些形态和更迭顺序都只是作为"大体上讲"的例证，用以说明人类社会有一个从低级向高级发展的规律，绝不是要认定其中每个形态和更迭顺序都是各个民族"普遍必经"的阶段，绝不是要描绘那样一个"一般发展道路"的公式。他始终一贯强调的是，各个民族的社会从低级向高级发展的规律是共同的，但具体的发展道路和模式是千差万别的。

马克思不但第一次提出了建立"不经过资本主义的卡夫丁峡谷"的社会主义社会的可能性，而且对于社会形态演进过程中客观规律的必然性和主体选择的能动性的关系做了深刻的阐述。我们从中可以理解到，在同样的生产力条件下，采取何种发展道路和社会形态，是可能有多种选择的。这是历史活动主体的能动性使然。但是，精英或领袖人物倡导的选择是否能够成功，最终取决于那种选择是否适应广大劳动者发展物质生产力和改善生产生活条件的需要，从而是否能够得到广大劳动者的拥护。这本是人类社会历史发展的普遍规律作用的结果。也就是说，历史活动主体的能动的选择的成败，最终还是取决于人类社会历史发展的普遍规律，但那规律不是人之外的力量强加于人的命定论的规律，而是广大体力和脑力劳动者追求物质和精神生产力发展的规律。

中国共产党提出的社会主义初级阶段理论和建设有中国特色的社会主义理论，是对马克思的社会形态理论、特别是建立"不经过资本主义的卡夫丁峡谷"的社会主义社会理论的最新发展。中国共产党领导中国人民在实践这一理论中取得的举世瞩目的成就，证明马克思对社会历史发展规律的揭示是科学的，绝不是空想。

四 确立马克思主义公正观的学理基础

围绕着马克思主义有没有自己的公正观问题，中国理论界关于社会公正或正义问题的讨论，从 20 世纪 90 年代开始延续至今，且具有一种范围越来越扩大、讨论越来越深入、争论也越来越激烈的趋势。可见，公平正义问题成为近年来多学科共同关注和讨论的一个重大问题。一方面，需要着意挖掘马克思等经典作家的文本资源，梳理经典作家的有关思想，厘清马克思主义与其他学派在这个问题上的区别；另一方面，要立足马克思主义哲学的立场和方法，结合哲学史的资源和其他学科讨论的情况，试图给出马克思主义的回答。

有学者主张，公平正义都是一种抽象的道德观念和价值观念，不同时代不同阶级的看法不仅不同而且截然相反，马克思对当时奢谈这些观念的学者予以了辛辣的讽刺，称之为"陈腐观念"、"陈词滥调"，对科学地认识现实没有任何作用，因此，马克思主义作为科学，不需要反对从公平正义角度谈论问题。另一些学者则反对这种看法，认为马克思虽然对当时那些奢谈公平正义的学者多有讥讽，但这是受当时的具体语境规定的特殊现象，不能作为马克思一般地反对讨论公正问题的根据，实际上，马克思对资本主义的批判，在相当程度上就是对它的历史非正义性或不公正性的批判，他创立的科学社会主义，就是建立在扬弃资本主义不公正的基础上。公平正义与社会主义内在联系在一起，是社会主义的核心价值，即使马克思那里没有完整的公正理论，我们也应该根据他的一贯思想和方法，创立社会主义的公正理论和马克思主义的公正观。

《中国社会科学》2010 年第 6 期发表了马俊峰的《马克思主义公正观的基本向度及方法论原则》一文。作者有针对性地提出，在社会公正问题的大讨论中，罗尔斯、诺齐克、哈耶克、麦金泰尔等当代西方思想家的论述被反复引用和申说，而将马克思、恩格斯等经典作家的观点置于一种被忽视甚至被忘却的状态。形成这种状态的原因是多方面的。对历史背景和语境不作具体的分析，就难以把握马克思、恩格斯对于社会公正问题的真实态度和精神实质，甚至会得出他们不仅没有关于社会公正的理论，而且反对和拒斥从社会公正角度讨论问题的结论。马克思主义作为无产阶级认识和改造世界、求得自身解放和人类解放的世界观和方法论，是真理与价值相统一的理论，也只有从科学向度与价值向度辩证统一的角度，才可能对作为价值之一种表现的公正问题作出合理的理解。

作者认为，公正既是一种价值观念，具有评价标准的功能，也是实际的价值（包括利益、机会、权利等）分配的一种状态，其中会涉及自由与平等的矛盾、形式公正与实质公正的矛盾、一般与特殊的差别、平等与效率的抵牾、公正与不公正的对立，等等，只有运用辩证思维的方法，才能对其复杂性获得正确的认识。

应该说，与西方诸多形态的正义论相比较，马克思主义公正观改变了社会公正研究的出发点，首次揭示了公平正义的社会根源——消灭私有制；革新了资产阶级正义论的研究方法，以唯物辩证法和阶级分析法指导社会正义的理论研究与实践过程，实现了公正理论研究方法论上的变革；确立了崭新的社会公正原则，实现了社会公平正义内容的革命变革。马克思主义雄辩地证明，社会不公正的根源在于生产资料私有制下的阶级剥削制度。只有在根本变革社会制度的基础上，才能真正实现社会公正。"工人阶级的解放斗争不是要争取阶级特权和垄断权，而是要争取平等的权利和义务，并消灭一切阶级统治。"① 真正实现社会公正的基本条件，是实行生产资料公有制，大力发展生产力，消灭工农之间、城乡之间、体力劳动与脑力劳动之间的差别，各尽所能、各取所需，保证全体社会成员享有平等的政治地位和社会地位，实现人的自由和全面发展。

马克思主义不仅科学地指明了公平正义在人类社会发展中的最终归宿，而且还根据"社会存在决定社会意识"的历史唯物主义原理，阐明了公平正义是历史的、具体的、相对的。恩格斯指出："平等的观念……本身都是一种历史的产物，这一观念的形成，需要一定的历史关系，而这种历史关系本身又以长期的以往的历史为前提。"② 公平正义作为社会经济关系的观念化的表现，只能是一个历史范畴。公平正义的观念必须从生产力与生产关系、经济基础与上层建筑的矛盾运动中去把握，而没有一个适用于一切领域的、抽象的、绝对的、恒定不变的标准。

为此，党的十七大进一步提升了我们党对公平正义的认识，丰富了其语境和内涵，使其成为加强社会建设和改善民生的一个重要切入点。十七

① 《马克思恩格斯选集》第 2 卷，人民出版社 1995 年版，第 609 页。
② 《马克思恩格斯全集》第 20 卷，人民出版社 1963 年版，第 117 页。

大报告强调，要把促进和维护社会公平正义放到更加突出的位置上，并明确宣布："实现社会公平正义是中国共产党的一贯主张，是发展中国特色社会主义的重大任务。"这是对中国特色社会主义理论的一个新概括、新发展。

马克思直接论及社会公正、正义等问题的文字不多，而且在许多地方还是用一种讥讽的口吻从否定的意义上来进行批判，比如将这类诉诸公平、正义的讨论称之为"陈词滥调"、"空话"，这在批判蒲鲁东、拉萨尔和杜林等人的观点时表现得尤为明显。于是在不少人看来，在社会公正问题上马克思那里没有什么资源，有的甚至怀疑马克思主义有没有关于社会公正问题的理论，还有人认为马克思主义反对从公正、正义这种属于道德范畴的角度理解和批判资本主义社会，反对从这个角度理解现实社会问题。

其实，"文本依据不足"的问题还不是最主要的。马克思的公正观是针对早期资本主义经济异化的现实提出来的，是对西方现代化进程中社会不公平的现实进行科学反思的结果。之后，由于马克思发现历史发展规律，对资产阶级的公平正义观进行唯物史观的改造，在批判和反思中形成了早期的公平正义观，将公平正义观形成之初就建立在科学基础之上。由此，还原当时的历史语境，马克思主义公正观包含两个方面的内容，一方面是作为"价值观念"的公正观，也就是作为无产阶级的评价标准的公正观，它又分两个层次，低层次的或作为"最低纲领"的是与现实经济关系和权利关系相联系的评价标准，高层次的或作为"最高纲领"的则是作为社会主义运动目标和理想的公正观，这就是消灭私有制、剥削和一切阶级差别后所达到的自由个性基础上的真正的平等和实质公正的公正观。二者内在联系但又原则差别，前者是确立现实策略的基础，后者则是最终理想，绝不能将它们混为一谈，也不能以一个否定另一个。另一方面则是作为价值理论对公正问题的基本看法的公正观，是立足于历史的辩证的实践唯物主义思维方法分析了公正问题的历史和现状而形成的基本理论观点。这两个方面当然无法决然割裂，但它们之间的差别也不是无关紧要的：前者主要是评价标准和价值判断，后者则主要是一种对公正问题的理论说明；前者突出的是无产阶级的利益诉求和理想形态，后者侧重的是基于历史发展情况对不同阶级、不同阶层、不同时代的公正观的合理解释；前者展现的是不同阶级立场和利益诉求的对立性，后者着重于对不同阶级及其利益诉求的历史合理性及其局限性的实事求是的科学分析。前者只有建立在后者的基础上，才能获得其深厚的理论支撑和历史底蕴，才不至于成为空洞僵死的无法变通的教条，后者也需站在无产阶级立场上才能具备一种彻底唯物主义的精神气质和理论优势。

对马克思主义公正观的理论梳理说明，当代社会发展特别是中国特色社会主义建设实践已经将社会公正问题凸显为带有普遍性的重要问题，也成为马克思主义发展无法回避必须直面的一个重大理论问题。我们必须立足于当代实践发展的新高度和理论研究的新成果，重新解读、重新理解马克思主义经典作家对于社会公正问题的论述，在马克思主义的立场和方法指导下对现实社会公正问题进行深入研究，并对一些相关的错误观念、错误理论进行批判。重新理解和确立马克思主义公正观已成为当务之急。

五　西方马克思主义的学科边界与问题逻辑

我们所要考察的国外马克思主义并不仅仅指西方马克思主义。实际上，对马克思主义有创新和发展的国外共产党的理论家、信仰马克思主义和社会主义的所有学者、虽不信仰马克思主义但从纯学术角度研究马克思思想的专业学者，都应该囊括在国外马克思主义这个范畴内。西方马克思主义仅是西方学者从自己的立场和观点出发解释马克思主义，把它等同于国外马克思主义的研究，就会影响我们对国外马克思主义研究现状的全面理解。

国际上对马克思主义的信仰和认同分为三类：一是无产阶级的政党将其作为指导思想；二是西方知识界和众多学者从学术角度接受马克思主义；三是为数众多的马克思主义者将其作为一种方法，在马克思的理论中寻找思想武器。

我们需要关注国外马克思主义研究发展的最新态势，更重要的是要实现国外马克思主义研究与国内马克思主义研究的统一。一方面，应拓展视野，把国外马克思主义研究纳入整个马克思主义研究中；另一方面，应积极吸收和借鉴国外马克思主义研究的理论资源，转变传统的研究范式。

注重国外马克思主义研究与当代中国现实研究的结合。开展国外马克思主义研究，目的是为了回答和解决当代中国的重大理论和现实问题，更好地推动我国社会主义现代化建设。因此，应努力实现国外马克思主义研究与当代中国现实研究的有机结合。

需要说明的是，这里的"国外"是地理意义上的，指的是中国以外的世界上的其他国家，在马克思之后对马克思哲学的研究（或分析或批判）。因此，我们这里所说的"国外马克思主义"主要包括：除了各国无产阶级政党及其理论研究成果以外，还有西方马克思主义（含法兰克福学派）、苏联东欧新马克思主义以及后现代马克思主义（含后马克思思潮和晚期马克思主义）。

马克思主义在世界各国仍然是众多学者关注的焦点，它的生命力仍然高度旺盛；国外马克思主义研究者（其中有马克思主义者，也有非马克思主义者）关注马克思主义是从当今经济全球化过程中的实际问题着眼的。他们大都力图从哲学的高度说明问题，因而十分关注马克思主义哲学。他们很关注发展中国家的现实，其中包括发展中国家如何运用马克思主义解决自己特殊的政治、经济、文化等问题，也关注马克思主义在这些国家、特别是在中国的发展；但他们对中国马克思主义（包括马克思主义哲学）的研究成果了解得并不充分，因而对我们取得的成果感到"惊奇"。从这些情况看，我们的马克思主义（包括哲学）研究的主要任务不是去构造这样那样的体系，而是从全球化的大背景和我国社会主义建设的实际出发，提炼出既有民族特色又有世界意义的问题，提出自己的独特见解，促进马克思主义的发展。与世界各国马克思主义研究者保持经常的对话和交流具有非常重要的意义，只有这样才能在观点的互相碰撞中达到互相理解，使我们既能开阔视野，又能扩大中国学术的世界影响。

《中国社会科学》2010年第5期发表了《西方马克思主义的理论性质与中国意义》、《西方马克思主义的学术传统与问题逻辑》两篇文章，提出了新的有益的研究路向和论证逻辑。

王雨辰在《西方马克思主义的学术传统与问题逻辑》一文中认为，西方马克思主义是一股观点各异、流派众多的理论思潮，但它始终有它的独特性，使它作为一个完整的传统具有明确的定义和区分的界限。这里所说的"独特性"，就是西方马克思主义理论的"非正统性"，即它是源起于20世纪20年代初围绕如何展开西方社会主义革命这一问题的争论而形成的一股在理论形态上有别于苏俄马克思主义哲学的理论思潮。这里所说的"完整的传统"，就是西方马克思主义的"批判性"学术传统，即注重对马克思哲学批判价值性的彰显和对当代资本主义社会的批判，所不同的只是西方马克思主义内部的人本主义与科学主义流派对如何理解和彰显马克思哲学的批判价值性具有不同的理解。西方马克思主义的"批判性"学术传统是其所处的社会历史条件和文化传统合力作用的结果，其展开过程也就是西方马克思主义问题逻辑的演进过程。

从西方马克思主义的学术传统和问题逻辑看，大致可以归纳出西方马克思主义不同于西方其他左派思潮的理论特点。第一，西方马克思主义是20世纪马克思主义阵营中的理论思潮。这是因为，西方马克思主义从缘起到整个发展过程，其理论探索都始终是围绕如何展开西方社会主义革命这一问题为目的的，而且他们的理论探索始终是以马克思的历史唯物主义为理论底蕴的，无论其理论存在怎样的缺陷和弱点，都应该把它纳入马克思主义哲学发展的理论谱系中予以研究。第二，他们注重从哲学形态、哲学功能、哲学使命和哲学理论体系的重构等多方面对马克思哲学展开理论探讨，注重马克思哲学的批判价值功能，维护马克思哲学的价值立场，对资本主义制度的生产方式和文化意识形态展开批判，为我们重新理解马克思哲学和思考资本主义的命运、社会主义的命运等重大理论问题提供了更为广阔的理论视野。第三，西方马克思主义理论家具有较强的历史意识、现实意识和问题意识，他们的理论建构和理论主题的转换始终和他们所处时代条件的变化密切相关。

刘同舫在《西方马克思主义的理论性质与中国意义》一文中提出，研究西方马克思主义，应力求进入西方马克思主义本身的脉络去阅读与思考，厘清其问题逻辑，即判断其基本性质，把握其理论特质，考究其历史与逻辑的边界问题，并勘定其问题意识。但这些西方马克思主义研究中的基本问题依旧疑窦丛生，根本原因在于西方马克思主义不是一个统一的思潮，而是一个"家族相似"。依此认识而揭示西方马克思主义的问题意识，有助于我们把握住西方马克思主义的理论成就与问题所在，形成自己权衡取舍的广阔视野，进而明确研究西方马克思主义之于中国的意义。

研究西方马克思主义之于中国的意义有如下几个方面。第一，反思教科书体系，提升马克思主义理论的学科品质。西方马克思主义在促进我们的理论自觉的同时，激活了我们沉寂多年的批判性思维，使我们在开阔视野的基础上增强了学术反思能力，从而反观自身之不足与缺陷，明确未来学术研究的路向与方法，其中最突出的应当为反思传统教科书体系。第二，反思学院式研究方式，注重马克思主义理论的实践品格。马克思主义是学术性与实践性、科学属性与政治属性相统一的理论。我们只有充分重视马克思主义的这种双重属性，辩证看待其双重属性的关系，才能发挥马克思主义"求真"的理性精神，凸显其在学术上的权威性、神圣性和科学属性，为马克思主义的实践诉求奠定坚实的理论基础；也才能发挥马克思主义的"求善"的价值意识，凸显其在实践上的动力性、影响性和政治属性，为马克思主义的理论发展提供现实的动力和源泉。第三，批判现代性弊病，探索中国特色的社会主义现代化路径。现代性建构虽然带来了巨大的进步，却也有其自身的弊病。故而，探索中国特色的健康合理的社会主义现代化路径，克服西方现代化过程中的各种弊端与困境，已经成为我国马克思主义理论界的重大课题。面对这样的课题，既需要我们在实践中与时俱进地推进马克思主义的理论创新，也需要我们汲取已有的理论成果，充实自身的理论建设。第四，应对经济全球化趋势，推进经济全球化时代的共产主义伟大事业。经济全球化已是不可避免的大趋势，因此，如何应对经济全球化，是当今世界各国的重大政治议程。西方马克思主义的产生与发展，与经济全球化趋势不断凸显的现实背景相关联。西方马克思主义的产生和发展大多以苏联官方的马克思主义作为理论参照，希图打破其"意识形态性"的体系建构，重新梳理、阐释抑或补充马克思主义对人类解放事业的论述，以此指导当时东欧或西欧的共产主义革命运动。

研究西方马克思主义的意义是双重的：除了使我们登上一个新的理论平台从而获得更为开阔的理论视野之外，还能使我们得到一面镜子，从这面镜子中虽然不能看出我们应该怎么做，但可以看出我们不应该怎么做。这就是说，西方马克思主义在很多方面失误了，我们应引起警觉，避免重蹈它的覆辙，避免像对待苏联教科书那样将之神圣化。只有这样，我们的马克思主义研究才能沿着健康的轨道不断前进，"回归马克思"和"推进马克思"的建设工程才能建立在可靠的基础之上。

六 "历史终结"论与历史价值观

当前学界关于"普世价值"的讨论颇多，其中以宣扬或鼓吹西方自由主义、民主制度等"普世价值"的论调尤为突出。此种论调的流行，主要发端于日裔美国学者福山的"历史终结论"，福山在《历史的终结及最后之人》一书中宣称：西方自由与民主的理念无可匹敌，历史进程已走向完成；世界形势不只冷战已结束，且意识形态也已进化到了终点；西方的自由民主制度是适用于全人类的最佳政治选择，这预示着马克思主义理论与实践的终结。

这套以西方自由、民主为"样板"的所谓"终结论"思潮，对我国社会主义意识形态建设产生了极大的反向作用。它一经出现，就受到那些陶醉于社会主义失败与资本主义胜利的想象中的人们的追捧，他们借机向马克思主义理论、历史唯物主义学说以及社会主义理论提出了质疑和挑战。然而，福山所宣扬的"终结论"是否真的成立？资本主义制度及意识形态是否具有普世性？

事实上，"普世价值"从根本上说是个哲学命题，福山立论的根基也来自于黑格尔哲学的历史终结论题以及科耶夫对黑格尔的解读，因此，从哲学的高度、用哲学的方法对其进行分析，便可得出一些与之不同的新见。可以说，自《历史的终结及最后之人》一书出版以来，并未在哲学上进行过认真的清算。

《中国社会科学》发表了张盾的《"历史的终结"与历史唯物主义的命运》，从哲学的角度和高度出发，对福山的"终结论"进行了深层逻辑的细致分析，同时通过此种批判为马克思及马克思主义理论正名，进而分析和论证了当前历史唯物主义学说的理论特性，及其历史命运绝非走向"终结"的必然性。在当前各种思潮流派纷呈迭出的现实条件下，该文的选题有很强的现实意义和针对性，对于维护和保持马克思主义学派、历史唯物主义学说在我国意识形态中的主流地位有一定的理论支撑作用。《"历史的终结"与历史唯物主义的命运》通过对"历史终结论"的驳斥，推翻了由此衍生的"普世价值说"，阐发了作者关于马克思主义理论当代性、历史唯物主义命运的深入思考，对现代西方思潮的冲击和挑战给予了有力的回应。

历史价值观，是迄今为止理论界尚未予以重视的一项重大理论课题。中国30多年来的可持续发展，不是一个奇迹，而是一个复兴。自19世纪中叶以降，中国的社会形态发生近代转型，20世纪70年代末以来的30年，此一转型赢得加速度，现代化的"中国模式"、"中国道路"之说渐为全球热议。这深层涉及中国历史应如何认识、如何评价的根本问题。包括不同民族国家的历史发展路径如何评价？不同的文明体系及其世界意义如何评价？不同的制度安排如何评价？特别是在经济全球化时代价值的多元化如何可能？在民族国家特殊利益冲突中"普世价值"如何可能？这些问题都集中地显示出历史价值观的重要性。如何在建构科学历史观的同时确立公正的历史价值观，这是理解中国社会发展的历史逻辑和现实环境的重要尺度。

《中国社会科学》2010 年第 2 期发表了荣剑的《论历史观与历史价值观——对中国史学理论若干前提性问题的再认识》。文章认为，对中国史学理论若干前提性问题的重新思考，是对以往那些无可置疑的理论前提和历史前提进行重新认识和评价，也是对马克思唯物史观核心价值的辩证把握和具体运用，即从历史研究的出发点、比较历史研究的方法、历史事实及其规律的认定、历史观和历史价值观的阐释上，坚持唯物史观的基本传统，把现实、历史、理论和价值统一起来，形成整体的长时段的大跨度的观察历史的理论和方法。在历史的客观分析中建立起历史的事实判断和价值判断的统一，是正确认识和评价中国历史的基本尺度。用欧洲中世纪社会演变的资本主义前途来评判中国近代以来制度危机的性质，是导致中国史学丧失自我历史意识的根源所在。中国在向现代性社会的演进中必定将历史传统带入新的时代。

在世界历史的实际进程中，由工业革命、科学革命、社会革命和各种经济的方式所推动的全球范围内的社会转型和社会变迁，并不必然是以资本主义的方式来完成的，不同的民族国家由于凭借着不同的历史条件，处在不同的历史发展阶段，它们也必将选择不同的社会变迁的方式，达到不同的社会发展目标。如同西方国家在它们完成资本主义演变时承接着从古希腊罗马直至中世纪的所有历史遗产一样，中国和其他非西方国家在它们向现代性社会的演进中也必定将它们与生俱来的历史传统带入新的时代。它们都无法和自己的历史决裂，它们只能在历史规定的前提下续写未来的历史。在人类普遍面临着由制度、文明、宗教和意识形态诸种差异所引发的剧烈冲突时，要避免人类共同毁灭的唯一途径，就是要充分地尊重、允许和保持所有民族国家在它们各自的历史进程中所形成的一系列独特性。正是这些历史的独特性构成了人类文明大河的源泉，也构成了历史学的永恒主题。

七　意识形态的实质及多视角研究进路

马克思主义并不是偏离人类文明发展进程中自我封闭、为少数人服务的宗派主义。作为人类文明伟大的思想成果和科学的意识形态理论，马克思主义从一开始就反对资产阶级意识形态"超党性"的虚伪态度，它公开申明自己是为无产阶级的解放服务的，明确宣布要把消灭一切剥削制度、最终解放全人类作为自己的奋斗目标。

在上述理论预设的前提下，马克思、恩格斯在创立和发展马克思主义学说的历程中，在批判继承以往意识形态思想的基础上，实现了人类意识形态认识领域的革命性变革，形成了丰富的意识形态理论。马克思、恩格斯意识形态理论的精髓主要包括他们对意识形态含义的科学阐释；对意识形态本质特征的深刻揭示以及对意识形态功能的全面阐述等。一般来看，马克思的意识形态批判实现了三大转向：从哲学认识论角度，在对宗教异化与哲学唯心主义的批判中，考察了德意志意识形态理论上的失足；在"经济基础—上层建筑"社会结构框架内，阐发了意识形态与阶级、统治、权力的关系；通过对资本主义经济关系的分析，揭示了资产阶级公平交换意识形态的虚假性，并对资本主义拜物教进行了批判。通过异质视域的有机结合，马克思为我们建构了非常厚重的意识形态理论和极具张力的意识形态理论系统。

与此同时，意识形态理论实质与适用范围问题，是当今马克思主义意识形态理论研究的焦点。马克思主义意识形态理论具有存在论与认识论双重内涵，是科学性、建设性、批判性与革命性的统一。一些国内外学者特别是西方马克思主义者对当代西方社会微观意识形态的分析是有积极意义的，但由于他们未能深入理解宏观意识形态与微观意识形态的关系，混同了意识形态与意识形态功能，并带有明显的扩展意识形态研究视域的泛意识形态倾向，因而在一定程度上助长了意识形态终结论思潮。这充分说明，对意识形态的研究，尤其是对马克思主义意识形态的研究，不能停留在概念上，而必须直面人们在理论上的困惑和实践上的难题，否则没有任何意义。

《中国社会科学》2010年第4期发表胡潇的《马克思恩格斯关于意识形态的多视角解释》一文认为，意识形态问题是马克思主义理论的重大命题。关于意识形态的众多解释，隐含着后来对意识形态作出各种界定的思想胚芽或理性元素。因此，认定和厘清这个问题，需要我们重读马克思、恩格斯的意识形态文献，阐明其关于意识形态现象的释义视角及其语义逻辑。马克思、恩格斯关于意识形态的解释，从属于并支持着他们对社会生活总体性的唯物史观解释。同时，马克思、恩格斯唯物史观的学理要义，给出了指引我们准确理解他们关于意识形态解释视角的逻辑线索。这主要表现在：其一，要从对社会生活的经济始动因素自行反应的方面，去揭示意识形态适应并影响社会存在的必然性；其二，意识形态作为社会占统治地位的思想，是一种广义的政治思想，直接表征社会的政治结构，为政治服务，成为阶级的政治话语系统及其政治行为的思想预设与理性规制；其三，意识形态作为一种理性意识与实践意识合一的精神，关于它同生活世界内在联系的分析，同样成为解释意识形态现象的重要向度；其四，解释意识形态与意识形态解释是理解意识形态现象不可分离的两个方面。通过对解释视角的解释，明确关于意识形态的原生经典语义，有助于揭示解释意识形态的意识形态借以澄明意识形态研究的许多理论是非，深化对当今社会异常复杂的意识形态问题的探讨，推动思想文化的社会主义建设。

在对意识形态的整体考察中，文章认为，通过"从地上升到天上"的意识形态解密，即对经济结构与意识形态的能动关系加以因果性的解释，并将其作为关于意识形态之主体性、阶级性、功能性及认识论解释的前置基础，成为经典作家解释意识形态的第一个向度。进入逻辑延展的第二个向度，马克思、恩格斯注重从意识形态对社会存在之客观"反应"与能动"反映"的辩证关系中，从社会生活的结构论和社会意识的认识论相一致的机理中，去解释意识形态现象，对意识形态给出了社会主体、阶级性向度的分析。这成为意识形态的主体性言说与阶级分析有机结合。在第三个向度意义上，对于意识形态理性品格与实践精神的阐释，凸显了经典作家十分注重在认识与实践的结合上去审视和解释意识形态，从科学真理的内涵方面阐释其认识品质，从生活世界的外化方面阐释其实践机制。

这样，从总体来看，马克思、恩格斯在创建唯物史观的科学探索中，在对德国为代表的整个资本主义社会文化的批判中，始终将意识形态问题的唯物主义究诘作为与唯心主义斗争的焦点。他们基于人们的社会存在决定人们的社会意识这一根本思想原则，从经济生活、政治生活、精神生活的相互联系界说意识形态的反应机制和社会功能；从社会意识与社会主体互生成、互规定的关系界说意识形态的主体性机制和阶级属性；从社会意识的存在样式及其知行关系界说意识形态的认识特征和实践性品格。由此，构建了解释意识形态现象的三大向度，阐明了理解意识形态的思想原理和科学方法。在科学与非科学的理论表达面前，马克思意识形态的两个维度启示我们：在社会主义意识形态建设过程中，一方面要重视意识形态的建构维度，与时俱进地创新社会主义意识形态，为中国特色社会主义建设提供精神动力和智力支持；另一方面也要重视其批判向度，对种种错误思潮进行批判，有力抵制各种错误和腐朽思想的影响。

马克思、恩格斯的意识形态理论，始终贯穿一种批判与建构相统一的精神。他们在分析资本主义的社会结构及其精神生活过程中，透视资本逻辑对文化逻辑的压制，通过对资本主义社会的经济、政治批判去审视其关于意识形态的思想文化批判，从中建构对意识形态的多视角解释。经典作家意识形态诸论，不是"知识社会学"的中性之论，而是一种"主义"究诘的文化批判和思想建树。当前，意识形态研究构成了一个重大的学术领域，而这个领域在各种学术思潮的解读和阐释下却成了一个十分复杂的领域。要弄清问题的实质，就必须回到马克思，超越各种解释框架的限定，从马克思、恩格斯的文本中梳理关于意识形态的论述角度，这是一项基础理论的工作。这对于我们在经济全球化条件下分析、识别各种蕴涵着特殊利益的文化思潮，在维护国家安全的思想战线扭转"去意识形态化"的观念，自觉维护和推动中国特色社会主义核心价值体系和意识形态建设具有重大的理论意义。

八　综论

毫无疑问，我们将开启一个新的理论时代。我们将从全球视野下的中国道路或中国道路的世界意义进入到现代性的中国内涵层面，这种中国特色的理性建构、现实规划和未来预期将向国际学术界展示我们的理论高度。

在这里，必须再次强调研究中国问题的学术自主性。西方中心主义在中国人文社会科学领域的全面渗透，不仅严重影响了中华民族"精神自我"的自主建构，也因此影响着中国现代性的制度设计与制度安排。历史是一本打开的人类实践的书，而不是西方文本中学术概念和理论句式的堆积，在严重依赖西方的思想体系的学术语境中，对中国现代性问题的理解及解决方式在许多方面都是在西方历史发展模式下被规定的。西方历史衍化的各种政治的、经济的、文化的、伦理的版本都是在讲述一个与西方相同的故事。正像西方一些学者厘定中国"改革"的标尺，往往着眼于如何评估中国从"经典社会主义体系"中走出了多远。

因此，在本质上和现实性上，中国现代社会转型是中国自我认识的过程，是中国历史重新发现的过程，也是中国现代性思想重建的过程。

正如有的学者所论，中国史观是以中国为主体也是以中国为对象的历史观，它是中国的国家认同、民族认同和文化认同的思想基础，是以中国历史经验为依据的认识论和方法论，同时也是中国自我评价的历史价值观。从中国史观出发研究中国社会性质，划分中国历史时期，探索中国发展道路和明确中国社会转型方式，均应围绕中国历史和现实特点来展开，必须在中国的语境与史境中研究中国问题。中国史观是中国历史意识、历史经验和历史过程的综合表达，它旨在充分揭示出中国区别于欧洲的社会性质和社会发展，是唯物史观同中国历史条件的结合。

基于中国的历史特质与历史经验来设想中国的现实变革，是在中国历史与现实的双重前提下展开对中国未来的想象。30 多年来，改革开放的伟大实践以及这一实践所形成的中国经验、中国道路已在世界意义上获得了广泛的关注。这需要理论界、学术界深入研究其中的历史逻辑、理论意义和学理基础。应该强调，马克思主义理论的基本品格所承载的历史使命，要求马克思主义理论必须为捕捉当代世界和当代中国的问题而提供具有世界观和方法论作用的哲学视角。"意识改革不是靠教条，而是靠分析那神秘的连自己都不清楚的意识，不管这种意识是以宗教的形式或是以政治的形式出现。"[①] 在思辨世界中构造精神体系，在社会生活的表象上流于空泛的理论叙事，在纯粹的文本中注经释义，这些都与马克思主义理论的基本精神相去甚远。

"中国特色社会主义理论体系"是中国现代化实践逻辑的真实体现，是中国人民对时代精神的深刻表达，也是当代中国学术走向世界的引领旗帜。可以说具有重大社会影响的理论成果，都离不开中国特色社会主义的基本问题，这些基本问题正是当代中国马克思主义研究始终如一的主题。从这个意义上说，中国社会科学的最高成就，就是对中国发展模式、中国发展经验和中国发展道路的理论总结与学术建构。

中国 30 年的改革开放史，在历史和现实、地域和世界以及当代学术

---

① 《马克思恩格斯全集》第 1 卷，人民出版社 1956 年版，第 418 页。

思潮风云际会的时空节点上，给思想家的理论创造提供了机遇。中国所走过的这条具有世界历史意义的发展道路、这条文化经济相对落后的发展中国家走向现代化的神奇路径，毫无疑问为现代性的全球谱系增添了独特的乐章。而我们的学者要在国际学术舞台上对这一独特乐章作出具有中国话语的解读，要深刻揭示隐含其中的历史逻辑和理论意义，就必须在思想中把握我们的时代。科学的思想天才和表征时代精神的理论家，能否基于这样的高度提出意义非凡的见解，正如韦伯在他的《社会科学方法论》中所指出的："什么成为研究对象，这种研究在多大程度上延伸到因果联系的无限性之中，这是由支配着研究者和他的时代的价值观念决定的。"实际上，中国社会的历史性质、传统及其文化的价值判断、经济全球化时代文明的多样性、中国模式的科学内涵、中国未来的发展方向，都集中到马克思的社会形态理论的根基和历史价值观上。这一现代性的中国建构只有在马克思主义中国化的进程中、只有在当代中国学术话语体系中才能确立历史的起点并得到合理的叙事。

我们期待着学术界真正实现话语方式与研究方式的转变，真正将学术植入我们存在其中的社会本质的那个认识度中。

（执笔人：李潇潇、李放）

突出特色、追踪热点
建设马克思主义学术成果推广平台

社会科学文献出版社马克思主义理论编辑室

一 社会科学文献出版社马克思主义学科 图书出版历史沿革

　　社会科学文献出版社作为中国社会科学院直属的人文社会科学专业学术出版机构，自成立以来，依托于中国社会科学院丰厚的学术出版和专家学者两大资源，坚持"创社科经典，出传世文献"的出版理念和"权威、前沿、原创"的产品定位，先后策划出版了著名的图书品牌和学术品牌"皮书"系列、《列国志》、"社科文献精品译库"、"全球化译丛"、"气候变化与人类发展译丛"、"近世中国"等一大批既有学术影响又有市场价值的系列图书，确立了人文社会科学著作出版的权威地位。

　　一直以来，我社都很重视马克思主义研究成果的出版，突出"精品出版"的理念，着力打造马克思主义学术精品推广平台。出版社领导层更是亲力亲为投身于马克思主义研究和出版工作中，取得了丰硕的成果。随着马克思主义学科的发展，我社与时俱进，紧密结合各个时期的热点、难点，出版了一系列符合时代要求、密切联系党和国家发展的马克思主义精品力作。我社1985年成立之初，社领导就把马克思主义图书出版作为我社发展战略中的重点。1985—2010年，我社共计出版马克思主义学科图书350多种。其中，1985—2006年共计出版本学科图书近200种，在当时书号较少、编辑人员较少的情况下，不遗余力地开展了马克思主义学科成果的推广工作。在马克思主义原理方面，我社出版了《当代国外马克思列宁主义哲学》（上、下卷）、《当代历史唯物主义发展趋势》、《历史唯物主义研究》

（系列丛书）、《马克思的理论和方法论中的系统性原则》、《马克思主义哲学原理》、《重建历史唯物主义》、《政治经济学研究报告》（大型系列丛书）等颇具影响力的作品。在中国化马克思主义方面，我社出版了《邓小平特区建设思想研究》、《毛泽东的中国及其发展》、《中国社会主义建设教程新编》、《毛泽东经济哲学思想研究》、《毛泽东对马克思主义发展的贡献》、《海南建立社会主义市场经济体制的实践》、《中国特色社会主义法制通论》、《建设有中国特色社会主义史纲》、《邓小平质量思想学习提要》、《邓小平理论研究前沿报告》（大型丛书）、《"三个代表"重要思想与若干重大理论问题研究》、《邓小平哲学思想史》、《马克思主义中国化与全面建设小康社会》、《从邓小平理论到"三个代表"重要思想》、《科学发展观的经济学解释》、《"三个代表"重要思想的理论与实践》等作品。在资本主义研究方面，我社出版了《当代资本主义世界经济发展史略》（上、下卷）、《新资本主义》、《当代资本主义经济与社会发展选论》、《当代资本主义论》、《历史资本主义》、《资本主义反对资本主义》、《公共生活与晚期资本主义》、《全球化与现代资本主义》、《资本主义的终结》、《资本主义全球化的疯狂逻辑》、《资本主义黑皮书》（上、下卷）、《保守资本主义》、《乌托邦资本主义》、《信息时代的资本主义》等精品图书。总体而言，我社自成立以来，一直非常重视为马克思主义学科发展服务、为马克思主义研究人员服务的宗旨，出版了不少优秀成果，也得到了学界的高度认同。

尤其值得一提的是，我社成立之初出版的《戈尔巴乔夫传记》、《当代历史唯物主义发展趋势》、《苏联经济改革论文集》、《托洛茨基回忆录》、《戈尔巴乔夫回忆录》（上、下册）、《古巴社会主义研究》、《欧洲剧变与世界格局》等关于苏联问题和世界社会主义主题的作品，得到了学界一致好评，这也为后来我社确定突出"主题出版"、"丛书出版"的战略奠定了扎实的基础。以下就我社这一特色进行详细的介绍。

二 社会科学文献出版社马克思主义著作出版成果分析

（一）突出特色，加强丛书出版

我社经过多年的探索和实践，在两个方面突出了自身出版特色：一是注重大型系列书的出版；二是注重自身定位，做好世界社会主义研究、国外马克思主义著作引进、马克思主义中国化研究三个分支学科图书的策划出版工作。借此，我社在国内马克思主义图书出版领域占有了一席之地。

我社历来重视系列书的主题出版工作，在马克思主义理论方面策划出版了 17 个大型丛书。这些丛书的出版，突出了我社的出版特色，极大地提高了我社在学术界的影响力。其中的《世界社会主义黄皮书》、《中国特色社会主义理论研究前沿报告》、《中国社会科学院文库·马克思主义研究系列》、世界社会主义研究丛书（分为研究系列与参考系列）、《当代国外马克思主义研究文库》属于我社的"拳头产品"。表 1 列举了我社丛书的出版情况。

表 1　　　　　　　　我社马克思主义理论丛书出版情况

丛书名称	出版图书数量（种）	策划（编撰）者
当代国外马克思主义研究文库①	10	陆象淦（我社顾问）
当代马克思主义研究丛书	2	薛晓源（中央编译局研究员）
国外马克思主义研究系列	2	王晓升（中山大学教授）
国外马克思主义与当代资本主义文库	1	阿克塞尔·霍耐特（德国哲学家）
马克思哲学论坛文丛	4	孙麾（《中国社会科学》杂志社马克思主义理论编辑室主任）
马克思主义理论与现实研究	5	福建师范大学
马克思主义理论与现实研究文库	31	福建师范大学
马克思主义哲学与现代文明	12	中山大学马克思主义哲学与中国现代化研究所
社科文献精品译库②	3	本社
世界社会主义黄皮书③	6	李慎明（中国社会科学院世界社会主义研究中心）
世界社会主义研究丛书④	44	李慎明（中国社会科学院世界社会主义研究中心）
中国社会科学院文库·马克思主义研究系列	1	靳辉明、李崇富（中国社会科学院马克思主义研究院）
中国特色社会主义理论研究前沿报告⑤	5	中国社会科学院中国特色社会主义理论体系研究中心
中央社会主义学院理论文库	1	李明章（中央社会主义学院马克思主义理论教研部）
资本主义研究丛书	3	本社

续表

丛书名称	出版图书 数量（种）	策划（编撰）者
马克思主义中国化研究报告⑥	1	中国社会科学院马克思主义研究院中国化部
马克思主义与当代中国	8	长沙理工大学
小计	139	—

说明：

①新闻出版总署"十一五"重点图书规划项目（2006年立项）；中国社会科学院重点研究课题（2005年立项）。

②该丛书已出22种，其中与马克思主义相关的为3种。

③每年出版一本。

④分为"研究系列"和"参考系列"两个部分。

⑤每年出版一本。

⑥每年出版一本。

　　从表1列出的出版情况可以看出，我社出版的马克思主义理论著作体现出两个特点：

　　一是依托国内外权威研究机构。首先，我社作为中国社会科学院直属的出版机构，得到了院里很大的支持，也承担了院里下达的很多项目。这些项目不仅具有很高的学术价值，也为我社带来了非常大的社会效益。中国社会科学院马克思主义研究院、世界社会主义研究中心、中国特色社会主义理论体系研究中心三大机构委托我社或与我社合作策划出版的《世界社会主义黄皮书》、《世界社会主义研究丛书》、《中国特色社会主义理论研究前沿报告》、《中国社会科学院文库·马克思主义研究系列》等，在学术界引起了非常大的反响（关于这一点，在本报告中还将详细介绍）。其次，我社加强与国内马克思主义理论研究机构的联系，并策划出版了一系列有影响力的马克思主义著作。目前，我社已与中央编译局、中央社会主义学院、中山大学、武汉大学、福建师范大学、长沙理工大学等单位建立联系，并将继续扩大范围，与国内各大高校马克思主义学院以及各知名研究单位加强联系，力争推出一批马克思主义理论研究方面的优秀作品，为繁荣我国马克思主义研究贡献一份力量。

　　二是注重引进国外马克思主义研究的力作。这也是我社在国内出版界的特色和优势之一。我社的《世界社会主义研究丛书·参考系列》、《当代国外马克思主义研究文库》、《资本主义研究丛书》、《国外马克思主义与当代资本主义文库》目前已出版30余种，《苏联的最后一年》、《卡斯特罗语录》、《从休克到重建》、《当代马克思辞典》、《新帝国主义》、《保卫历史》、《欧洲资本主义的未来》等著作的出版，受到了学界的广泛好评，有些项目还得到了院领导的高度评价。

　　2010年编辑室成立以后，秉承我社宗旨，加大了精品丛书的出版力度。尤其值得一提的是，在院世界社会主义研究中心、院科研局的大力支持下，在社领导的高度重视下，《世界社会主义研究丛书》、《当代国外马克思主义研究文库》两大丛书取得了令人欣喜的成就。《世界社会主义研究丛书》2010 年共计策划出版 10 本，并增加选题 5 个；《当代国外马克思主义研究文库》共计出版 4 本，并增加选题 6 个；《马克思主义理论与现实研究文库》共出版 6 种，增加选题 7 个。表 2 列举的是本编辑室 2010 年度出版丛书情况，从中可以看出我社马克思主义学科图书呈现数量不断增加、质量不断提高的趋势。

表 2   **2010 年度出版丛书情况**

丛书名称	作品名称	著/译者	字数（千字）
世界社会主义黄皮书	世界社会主义跟踪研究报告（2009—2010）——且听低谷新潮声（之六）	中国社会科学院世界社会主义研究中心，李慎明主编	563
世界社会主义研究丛书·参考系列	苏联的最后一年（增订再版）	［俄］罗伊·麦德维杰夫著，王晓玉、姚强译	273
	从"休克"到重建——东欧的社会转型与全球化—欧洲化	［法］弗朗索瓦·巴富瓦尔著，陆象淦、王淑英译	387
	卡斯特罗语录	［古巴］萨洛蒙·苏希·萨尔法蒂编，宋晓平、徐世澄、张颖译	316
	资本主义为什么会自我崩溃？——新自由主义者的忏悔	［日］中谷岩著，郑萍译	222
	英国共产主义的失落	［英］拉斐尔·塞缪尔著，陈志刚、李晓江译	221

续表

丛书名称	作品名称	著/译者	字数（千字）
世界社会主义研究丛书·研究系列	欧洲社会民主主义的转型——与德国、瑞典学者对话实录	何秉孟、姜辉、张顺洪编著	395
	"颜色革命"在中亚——兼论与执政能力的关系	赵常庆主编	284
	国际金融危机与当代资本主义——低潮中的世界社会主义思潮与理论	李慎明主编 王立强、傅军胜、曹苏红副主编	393
	国际金融垄断资本与经济危机跟踪研究	何秉孟主编 傅军胜副主编	385
	世界在反思——国际金融危机与新自由主义全球观点扫描	李慎明主编 王立强、傅军胜、曹苏红副主编	446
当代国外马克思主义研究文库	后现代资本主义	米歇尔·瓦卡卢利斯著，贺慧玲译	322
	分配正义论	约翰·E. 罗默著,张晋华、吴萍、冯开文译	353
	当代马克思辞典	[法]雅克·比岱、[法]厄斯塔什·库维拉基斯著，许国艳等译	558
	从马克思主义到后马克思主义?	[英]戈兰·瑟伯恩著，孟建华译	228
马克思主义理论与现实研究文库	论技术选择与经济增长	黄茂兴著	386
	农产品物流模式创新研究	李碧珍著	348
	马克思主义中国化之思想方法透视	郑又贤著	535
	国有资产管理：制度变迁与改革模式	陈少晖、廖添土等著	507
	"天人合一"与"主客二分"——中西哲学比较的重要视角	林可济著	262
	闽台农业分工深化与产业链整合	黎元生著	370
马克思哲学论坛文丛	马克思主义哲学研究范式：创新与转换	柯锦华主编	347
马克思主义哲学与现代文明	马克思主义：中国与西方的视角	谭群玉著	334
	马克思主义研究的学术化探索	徐长福著	321
社科文献精品译库	大哲学家（上、下）	[德]卡尔·雅斯贝尔斯著，李雪涛、姚彤、鲁路、李秋零、王桐译	941
	新教伦理与资本主义精神（罗克斯伯里第三版）	[德]马克斯·韦伯著，苏国勋、覃方明、赵立玮、秦明瑞译	428
	理论与实践	[德]尤尔根·哈贝马斯著，郭官义、李黎译	440

续表

丛书名称	作品名称	著/译者	字数（千字）
中国社会科学院文库·马克思主义研究系列	马克思主义若干重大问题研究	靳辉明、李崇富主编	790
中国特色社会主义理论研究前沿报告	新中国 60 年：艰辛探索与辉煌成就	李慎明主编　程恩富、夏春涛副主编	750
资本主义研究丛书	欧洲资本主义的未来	［美］薇安·A. 施密特著，张敏、薛彦平译	330

除了精心策划丛书出版以外，我社还出版了一些极有影响力的单本书，如《居安思危——苏共亡党二十年的思考》、《思想的谱系——西方思潮左与右》、《党旗在我的心中》、《中越马克思主义理论创新比较研究》、《马克思主义中国化研究报告 No.1》等。其中《居安思危——苏共亡党二十年的思考》一书还得到了中央领导的高度评价。

（二）追踪学术研究热点，强力推出主题精品

我社一直以来强调追踪学术研究领域的热点问题，适时推出主题精品著作。目前，我社在世界社会主义研究、国外马克思主义研究、马克思主义中国化研究三个方面取得了丰硕成果。

1. 世界社会主义研究主题图书

我社作为中国社会科学院直属的出版单位，一直以来以为院科研服务为己任，在马克思主义理论图书出版方面也紧密结合院科研需要。在院领导李慎明的关心和支持下，我社承担并参与策划出版了众多与世界社会主义主题相关的图书，其中《世界社会主义黄皮书》、《世界社会主义研究丛书》在学界产生了非常大的影响力。可以说，在世界社会主义研究成果的出版领域，我社已经站在了制高点。这是我社马克思主义理论著作出版的第一个特色。

《世界社会主义黄皮书》从 2005 年开始出版，每年出版一本，到目前已经连续出版六年。本丛书主要是选取上一年度世界社会主义研究中心有权威性、前沿性和有代表性的研究成果结集出版，对当今世界范围内的社会主义思潮、理论、运动与制度做了大量的、多视角的、深层次的研究讨论，反映了世界社会主义研究领域的最新发展和动态。本丛书是专门针对国际政治、国际关系、国际共运史等研究领域的学者和党政干部、大学政治课程教师和宣传工作者出版的一套年度参考书，信息量相当大，基本汇集了这些专业领域有关世界社会主义研究方面的绝大部分研究成果，是这个领域有关人员必备的案头读本。

本丛书致力于通过众多的第一手资料、崭新的视角以及扎实的理论功底，廓清许多理论上的迷雾，让许多"挑剔"的读者对社会主义产生新的认识。特别是将世界范围内流行的各种社会主义思潮、全球左翼的重大活动收入其中，详细介绍世界社会主义发展的新动向和国内外世界社会主义研究的新成果，对于人们坚定社会主义思潮、理论、运动、制度在全球范围内走出低谷、走向高潮的信心，具有积极作用。

《世界社会主义研究丛书》是我社的大型丛书之一，到 2010 年底，本丛书已出版 42 种。本丛书分为"研究系列"与"参考系列"两大部分，"研究系列"以国内学者的研究成果为主，"参考系列"则主要介绍国外学者研究世界社会主义发展状况的成果。《大元帅斯大林》、《论意识操纵》（上、下册）、《欧洲社会主义百年史》（上、下册）、《苏联的最后一年》、《文明的对话：世界地缘政治大趋势》、《当代资本主义国家共产党：低潮中的奋进、变革与转型》、《"颜色革命"在中亚》、《美国民主制度输出》、《民主社会主义思潮评析》、《十月革命与当代社会主义》、《变革与转型时期的社会主义研究》、《富国的伪善》、《卡斯特罗语录》、《从"休克"到重建》、《美国保守主义及其全球战略》、《斯大林评价的历史与现实》、《帝国主义历史的终结》、《幻想破灭的资本主义》、《总司令的思考》、《美元霸权与经济危机》（上、下册）、《古巴社会主义研究》、《资本主义为什么会自我崩溃？》、《英国共产主义的失落》、《欧洲社会民主主义的转型》、《国际金融危机与当代资本主义——低潮中的世界社会主义思潮与理论》、《国际金融垄断资本与经济危机跟踪研究》、《世界在反思——国际金融危机与新自由主义全球观点扫描》等一大批世界社会主义主题图书的出版，产生了很好的整体效应，学术界对这一系列丛书给予了高度评价。例如，2010 年第 20 期《红旗文稿》用了四个版面，专门介绍该丛书中的《世界在反思》等四本图书，足见本丛书在学界的影响力之大。

2. 国外马克思主义研究主题图书

我社作为一家致力于提高社会影响力和学术质量的出版单位，自身也策划出版了一系列精品力作。尤其是在西方马克思主义作品引进方面付出了不懈努力，组织翻译并出版了众多在世界范围内有广泛影响的西方马克思主义经典著作。新闻出版总署"十一五"重点图书规划项目（2006 年立项）、中国社会科学院重点研究课题（2005 年立项）、由著名学者陆象淦（我社顾问）策划的《当代国外马克思主义研究丛书》到 2010 年底已经出版七本，包含《新帝国主义》、《新阶级斗争》、《保卫历史》等学术精品著作，仅 2010 年就出了四本，分别是《当代马克思辞典》、《分配正义论》、《后现代资本主义》、《从马克思主义到后马克思主义?》，从我社于各种学术会议现场售书的反馈来看，学者们普遍看好。此外，我社还策划出版了《国外马克思主义研究系列》、《国外马克思主义与当代资本主义文库》两大专门译介国外马克思主义理论的丛书。《社科文献精品译库》中也推出了一部分相关图书。

3. 马克思主义中国化研究主题图书

马克思主义中国化研究是近年来我国马克思主义研究领域的热点。我社一直重视马克思主义中国化研究成果的出版工作。

从 2007 年起，我社推出了中国社会科学院中国特色社会主义理论体系研究中心编撰的《中国特色社会主义理论研究前沿报告》，目前该丛书已经出版《科学发展观与构建社会主义和谐社会》、《中国特色社会主义与全面建设小康社会》、《改革开放与中国特色社会主义》、《新中国 60 年：艰辛探索与辉煌成就》四本图书，这些著作紧密结合中国特色社会主义的发展现状，重在突出"前沿"性，关注重点、热点和难点问题；重在反映研究动态，同时含有较丰富的信息量；推崇高屋建瓴、视野开阔或以小见大、研究深入的文章。

《马克思主义中国化研究报告》是中国社会科学院马克思主义研究院中国化研究部编撰的系列丛书，计划每年出版一本。2010 年的《马克思主义中国化研究报告 No.1》研究范围涵盖了马克思主义理论、哲学、经济学、政治学、历史学等诸多学科领域，围绕着马克思主义中国化这个中心问题，针对马克思主义中国化的基本历程、马克思主义中国化的实践形式、马克思主义中国化的基本经验及规律性以及马克思主义的中国化、大众化、时代化等重大课题，进行了系统、扎实的研究。

我社的《马克思主义理论与现实研究》、《马克思主义理论与现实研究文库》丛书也推出了众多马克思主义中国化研究领域的成果，如《马克思主义中国化之思想方法透视》、《〈资本论〉与当代中国经济》、《马克思主义经济学的创新与发展》等。

同时，我社积极与国内众多研究机构加强联系，计划策划出版一系列与"马克思主义与当代中国"主题相关的图书，目前已经与武汉大学、长沙理工大学等单位取得联系，纳入选题计划的已达十余个品种。

此外，我社还策划出版了《马克思主义哲学中国化的基石与灵魂》、《马克思主义与中国传统文化》、《当代中国的马克思主义》、《马克思主义经济学与中国经济问题探索》、《马克思主义中国化与全面建设小康社会》、《融合与创新——马克思主义思想政治教育理论中国化的历程和经验》等一批国内学者所著的学术质量较高的作品。

(三) 我社 2010 年出版的马克思主义学科重点图书介绍

1.《居安思危——苏共亡党二十年的思考》

1991 年是苏联共产党的最后一年，也是苏维埃社会主义共和国联盟的最后一年。白驹过隙，时间之钟即将敲响 2011 年，值此苏共亡党、苏联解体 20 周年之际，《居安思危——苏共亡党二十年的思考》书稿有特别的意义。

2011 年 4 月 1 日，《光明日报》用两大专版刊文《总结国际共运历史经验　坚持中国特色社会主义道路》，重点介绍了张全景、李立安、刘书林、郑科杨等著名学者的观点。足见本书的重要性之所在。从发行数据来看，本书印刷 50000 册，发行也已经达到 45000 册以上，可以说是创造了我社学术类著作发行的奇迹。

书稿为中国社会科学院课题组承担的国家社会科学基金项目和中国社会科学院重点项目"苏共兴亡与苏联演变研究"的最终成果。全书由三部分组成：绪论、正文、附录。

绪论部分编者交代了书稿的成书过程，尤其是本书与《居安思危——苏共亡党的历史教训》教育参考片的渊源关系；全书的框架结构；对苏共亡党、苏联解体的性质及根本原因的分析以及认识论和方法论。

正文由八章构成，分别是苏共兴衰的历史轨迹、苏共的基本理论及指导方针、苏共的意识形态工作、苏共的党风、苏共的特权阶层、苏共的组织路线、苏共的领导集团，以及苏共对西方世界西化、分化战略的应对。第一章通过回顾苏共兴衰的历史过程，剖析亡党与亡国之间的内在逻辑，得出"问题就出在苏联共产党党内"。其他各章围绕第一章总论展开，既有从党的思想路线、阶级路线、组织路线等角度进行阐述，又有从内外因关系角度的阐述，可以说分析逻辑严密、层层深入，充分体现了研究者对苏共亡党和苏联解体根本原因的看法。为了便于读者查找苏共历史上一些重大事件发生的时间、地点和基本情况，本书最后还特附苏共兴亡的历史大事记。

本书的出版，在国内引起了很大反响。中央领导李源潮专门为此书作了批示，学界也引发了热议。《人民日报》发表评论认为，本书运用马克思主义基本原理深入研究苏共亡党和苏联解体的历史原因及教训，得出了苏联解体的根本原因是苏共逐步蜕化变质这一结论。读这本书，提醒我们要居安思危，常怀忧党之心、恪尽兴党之责，永葆党的先进性。本书作者在苏共亡党二十年之际的思考，可以带给我们一些有益启示。有学者在当当网读书评论中高度评价了本书的价值，并指出了本书对我们社会主义中国的启示作用：第一，要高度重视党的思想理论工作。第二，要坚持党的群众路线。第三，要坚持民主集中制。第四，要高度警惕国外敌对势力西化、分化的图谋。

2.《马克思主义若干重大问题研究》

《马克思主义若干重大问题研究》是 2004 年 6 月立项的国家社会科学基金项目重大课题。该课题难度很大，但是课题主持者组织各个专业的学者，从各个角度，从历史、理论与现实的结合上进行深入探讨和研究，阐明马克思主义基本原理和重大理论与现实问题，以致力于推进马克思主义中国化、时代化和大众化，课题组最终高质量地完成了任务，并将课题成果结集出版。

本书内容包括序言、正文 22 章以及结束语，共计 79 万字。序言部分，比较系统地阐发了马克思主义的产生、发展历程和阶段、基本原理和当代意义。正文的 22 章内容包含四个层次：第一个层次（第 1—4 章），主要从马克思主义的时代观和当今的时代特征、当代资本主义的发展变化、科技革命和经济全球化对马克思主义造成的挑战等方面，探讨和阐发马克思主义在当代所处的新的历史条件和面临的新的世界形势；第二个层次（第 5—8 章），着重研究和阐释马克思主义的基本原理，以及在当代的价值和意义，包括唯物史观及其社会形态理论在当代的重大意义、劳动价值论和剩余价值学说在当代的重大意义、科学社会主义的产生及其本质特征和在当代的发展、阶级和阶级斗争学说与当今阶级状况的新变化等；第三个层次（第9—17章），主要探讨马克思主义科学社会主义在由理论变为实践的过程中，遇到的新的历史课题，面临的重大现实理论问题和挑战，以及它在当代的创新和发展，其中既包括对经济落后国家走向社会主义道路问题的研究，对苏联社会主义演变原因和教训的分析，又包括对马克思主义中国化和中国特色社会主义理论体系的探讨，对社会主义市场经济、对社会主义民主政治和社会主义和谐社会的研究，还包括对社会主义社会意识与我国主流意识形态建设的研究等；第四个层次（第18—22章），主要研究和阐明马克思主义与当代社会思潮，深入地剖析了当前存在的诸种错误思潮，包括人道主义、民主社会主义、新自由主义、普世价值、历史虚无主义等，对这些思潮作了批判性分析，澄清了这些错误思潮在马克思主义基本原理上造成的混乱，在剖析错误思潮中，进一步坚持和阐发了马克思主义的基本原理。结束语着重阐明了为什么在当代中国必须坚持和发展马克思主义，马克思主义的指导地位包括哪些方面，以及如何坚持、发展、研究、创新马克思主义问题。总体上看，该成果突出重大理论和实践问题，主要内容涉及马克思主义在当代面临的一系列重大理论和现实问题，带有专题研究性质，但各个专题也就是章节之间又有内在的联系，全书具有相对完整的逻辑结构。

本书结合当代新的时代特征和新的实践发展，对马克思主义若干重大理论和现实问题进行了深入的专题性分析和研究并作出新的阐发，有力地回击了反社会主义势力对马克思主义的种种曲解、责难和攻击，并通过解决和回答当今时代马克思主义和社会主义遇到的新问题，廓清了马克思主义与各种反马克思主义和非马克思主义的区别，澄清了苏东剧变后人们在思想上存在的种种疑虑和模糊观念，使我们对当代马克思主义若干重大问题有一个全面、系统、深入、正确的认识和把握，使我们在社会主义改革开放的实践中，真正做到正确运用和创造性地发展马克思主义。

本书不仅科学地把握马克思主义最基本的理论观点，而且更多地从现实出发，从意识形态出发，针对历史上和现实中对马克思主义的种种非议和责难，正确阐述马克思主义的基本原理，回应马克思主义在当代面临的各种挑战，具有强烈的现实针对性和重大的理论意义、学术价值。

3.《世界社会主义跟踪研究报告（2009—2010）——且听低谷新潮声（之六）》

《世界社会主义跟踪研究报告（2009—2010）》作为世界社会主义黄皮书系列是继 2005 年、2006 年、2007 年、2008 年后最新的研究世界社会主义的力作。是 2009 年中国社会科学院世界社会主义研究中心内刊《世界社会主义研究动态》发表文章的优秀作品汇编。本书主要选取上一年度世界社会主义研究中心有权威性、前沿性和代表性的研究成果结集出版，对当今世界范围内的社会主义思潮、理论、运动和制度作了大量的、多视角的、深层次的研究和探讨，反映了世界社会主义研究领域的最新发展和动态。

本书是专门针对国际政治、国际关系、国际共运史等研究领域的学者和党政干部、大学政治课程教师和宣传工作者出版的年度参考书。信息量相当大，基本汇集了这些专业领域有关世界社会主义研究方面的绝大部分研究成果，是这个领域有关人员必备的案头读本。

全书共分为四大部分：专论；国际金融垄断资本主义与经济危机；世界社会主义道路的艰辛探索；加强社会主义价值核心体系建设，抵御各种错误思潮的影响。

第一部分专论为《关于民主与普世民主的相关思考》，作者就当前媒体讨论热烈的普世民主问题进行理论探讨，介绍了马克思主义民主的定义、普世价值与普世民主、以美国为主的西方民主制度及其相关战略的实质和后果，重点是贯彻科学发展观，坚定不移地发展中国特色社会主义民主政治。

第二部分就金融危机背景下全球社会主义的发展形势进行了分析，认为金融危机为各国共产党带来了难得的机遇，阐述了社会主义必然战胜资本主义，共产主义必将实现的理论和现实依据。

第三部分就中国、俄罗斯、苏联、古巴、美国等各国社会主义的发展动态进行了介绍，指出了当前世界社会主义运动的三大特点。

第四部分对当今世界各种错误思潮进行了详细的介绍，对各国共产党与各种错误思潮的斗争也进行了阐述。

为了向社会大力推广本书，我社协助世界社会主义研究中心于 3 月底举办了新闻发布会。会议认为，本书围绕国际金融危机与资本主义走向、国际金融危机与马克思主义和世界社会主义前景、国际金融危机以及我们的应对等专题进行了深入研讨。在研讨会上，与会专家强调，在推动世界社会主义运动由低潮谷底走向振兴的发展前景中，我们要凸显责任意识，要加大对坚持和发展中国特色社会主义成果的研究、宣传，让事实证明社会主义优于资本主义、社会主义是必由之路。

4.《新中国60年：艰辛探索与辉煌成就》

本书是中国社会科学院中国特色社会主义理论体系研究中心编辑的2010年卷《中国特色社会主义理论研究前沿报告》，共收录我院不同学科、不同年龄段学者的理论文章和调研报告，约为60万字。目前，该系列书已编辑出版9卷，在社会上引起较大反响，成为研究中国当代重大理论和现实问题的参考书。

2010年度前沿报告系从近300万字各类文稿中编选而成，旨在反映2009年度中国社会科学院学者围绕中国特色社会主义这一主题，对相关重大理论和现实问题所进行的研究与思考。延续以往的思路，全书重在突出"前沿"性，关注重点、热点和难点问题；重在反映研究动态，同时含有较丰富的信息量；推崇高屋建瓴、视野开阔或以小见大、研究深入的文章，具有"新"意、提出自己真知灼见的文章，文风清新、文字简练、言之有物的文章。

5.《党旗在我的心中》

2011年是建党90周年。为了纪念中国共产党建党90周年，回顾党的奋斗历程，颂扬党的光辉历史，进一步普及党史知识，新闻出版总署在2010年就下发通知，要求全面发动、深入动员、精心组织，推出一批政治导向好、学术价值高、艺术性强的精品力作，唱响共产党好、社会主义好、改革开放好、伟大祖国好的主旋律，加强社会主义核心价值体系建设。近日，中组部、中宣部、中共中央文献研究室、中共中央党史研究室、教育部、共青团中央联合发出通知，决定2011年在党员、干部、群众和青少年中开展中共党史的学习教育。

《党旗在我的心中》的主题是颂扬党的90年艰苦奋斗的历程，突出党的90年历程中的正确决策，以及取得的辉煌成就，可以达到让读者深切体会到党的领导的正确性，更深刻地体会到没有共产党就没有新中国，没有共产党就没有今天的美好生活，从而全心全意跟着党走，为建设和谐社会，实践科学发展观贡献自己的力量的目的。本书用编年体的形式回顾中国共产党90年历史上的90件重大事件，从不同侧面、不同领域、不同阶段的成就反映出 90 年辉煌历史的一斑。在横向叙述事件时，也从纵向梳理清楚，做到纵横结合。同时附录中国共产党党员的性质、权利、义务以及各项路线等 9 个党章的基本内容。本书内容浅显易懂、深入浅出，可以让读者在短时间内对中国共产党的光辉历程有一个基本的了解、正确的认识，达到党史知识普及、增强党的影响的目的。

本书原中共中央组织部部长张全景同志作序，中国社会科学院李慎明副院长担任主编。

6.《思想的谱系——西方思潮左与右》

本书作者佩里·安德森（Perry Anderson），是当代英国著名马克思主义史学家、新左派理论家和政论家。他 1938 年生于伦敦，主要不是一个职业学问家，而是一个热忱的社会主义者。他主持《新左派评论》（*New Left Review*）达 20 年之久，发表了大量著述，对英国马克思主义者重新评价自己的政治战略和理论遗产作出了多方面的贡献。安德森的著述也逐渐确立了他在欧美学术界的地位和影响。

本书是一部有关当代思潮史的著作，是一份对于特殊知识景观的全景指南。第一部分考察了右翼的著名学者奥克肖特、施特劳斯、施米特、哈耶克、费迪南德·芒特以及蒂莫西·加顿·阿什。第二部分考察了世纪之交的三位领军性政治哲学家约翰·罗尔斯、于尔根·哈贝马斯和诺贝托·博比奥。第三部分转移到了左翼的领域，主要考察了爱德华·汤普森、罗伯特·布伦纳、艾瑞克·霍布斯鲍姆、塞巴斯蒂亚诺·廷帕纳罗、戈兰·瑟伯恩、加西亚·马尔克斯。第四部分介绍了《伦敦书评》与《纽约书评》的学术宗旨等，同时介绍了作者的父亲詹姆士·奥戈尔曼·安德森在中国工作的经历，具有重要的史料价值。

本书是马克思主义研究领域的一本不可多得的佳作，其特色体现在以下几个方面：

一是本书作者在本领域算得上领军人物，其著述每推出一本，即会成为广受世界各国学界欢迎的著作。据 VERSO 出版社介绍，安德森的每一本书，都被好几十个国家引进，中国的出版社更是对其著作大为青睐。

二是本书内容绝对精彩。作为《新左翼评论》的主编长达 20 余年，安德森对整个西方思想界了解颇深，其学术涉猎范围也非常之宽广。这可从本书对 13 位世界级学术名家的"批判"中窥其一斑。本书涉及各种各样的理论，如法学、国家理论、经济学、家庭理论、国际关系理论、关于古代和20世纪的教训的理论、关于记忆和死亡的理论等。作者对相关领域的把握非常到位，对他提到的大学者的批评也是一针见血、入木三分。总的来看，本书具有相当高的学术价值和参考价值，应该成为政治学、哲学等领域学者的案头读本。

三是本书译稿质量非常之高。安德森的著作以前在我国引进并出版过，如中国社会科学出版社出版的《后现代性的起源》、《交锋地带》，这两本书可以说是安德森本人的成名之作，相比之下，《思想的谱系》本身在国际上的影响力并不如前两本，但后者出版后在国内学术界的反响也不错。本书译者受《光明日报》邀请做了一期专访。译者对专业术语的把握很准确，中文表述到位，尤其是对安德森的"反讽"之语也表达得较准确。

四是本书的社会反响异常之好。本书出版后，立即引起了学界的深度关注。很多学者主动为本书撰写书评。《光明日报》、《新京报》、《南方都市报》、中国网、新浪网等媒体似乎对本书情有独钟，接连发布本书的书评和介绍。

7.《欧洲资本主义的未来》

本书作者薇安·A.施密特（Vivien A. Schmidt），在美国芝加哥大学获得硕士、博士学位。曾在美国麻省理工大学、法国巴黎政治学院、维也纳高级学院、佛罗伦萨欧洲大学、科隆马克斯·普朗克学院、巴黎大学等担任客座教授和访问教授。

这部译著全面考察了法国、英国和德国三个国家在全球化、欧洲经济一体化和现代化过程中经济政策的调整和变化特征。作者认为，这三大国家不仅是欧盟三大经济体，三个具有全球影响力的国家，同时代表了欧洲资本主义模式的三种典型。在经济政策上，英国是传统的自由主义、法国是中央集权主义、德国是合作主义；在经济实践上，英国是市场资本主义（market capitalism）、法国是国家资本主义、德国是管制资本主义（managed capitalism）。作者通过对英、德、法三国20世纪70年代以来在政策、实践和公共话语方面的演变过程进行分析比较，试图解答最近20多年来一直困扰社会科学家的许多问题。

2010年4月6日，《欧洲资本主义的未来》中译本首发式暨"现代资本主义国家的兴衰变化"演讲会在中国社会科学院欧洲研究所隆重举行。应邀前来参加此次学术活动的专家学者约50多人，主要有本书作者薇安·A. 施密特教授，中国社会科学院国际学部副主任、欧洲研究所所长周弘研究员，中国社会科学院学部委员、院重大课题"欧盟国家经济改革的理论与实践"主持人裘元伦研究员、中文版合译者中国社会科学院欧洲所科技室主任张敏副研究员、薛彦平研究员和欧洲研究所的其他专家学者等，另外，包括中国社会科学院国际学部、科研局成果处、国务院世界发展研究中心、国际问题研究所、现代国际关系研究所、北京外国问题研究所、北京外国语大学、社会科学文献出版社、新华社《瞭望周刊》、《世界知识杂志社》等研究机构和新闻出版单位均应邀派代表出席了本次活动。

8.《从"休克"到重建——东欧的社会转型与全球化—欧洲化》

本书从阐明来自苏联类型社会主义时期和 1989 年过渡时期的遗产出发，展开对于 1989 年以后中欧和东欧的政治和社会变革过程的双重分析。第一层分析以中央国家的重建作为对象。其重点是对三项公共政策进行探讨：其一是所有制的重新厘定；其二是社会保障制度的改革；其三则是中央集权结构的重构。第二层的分析则是地方社会平衡借助多个职业群体的重建。这涉及工业企业中的工薪阶层、农场经营者、工会、民间社团和政党。

本书分为上、中、下三编。上编试图对苏联类型的经济和社会进行总结；中编论述 1989 年以后国家形成的特征；下编则探讨各个社会阶层的重构。

上编侧重于准确描述在 1989 年苏联类型制度崩溃时刻社会主义阶段遗产的性质。将这些不同的遗产按主次进行区分，可以使人理解 1989 年继"党国"消亡之后各种不同体制的断裂为何是在 1989 年以前得到加强的各个集团安排下进行的。这些遗产首先反照出苏联类型国家所固有的内聚力。这种内聚力源于强大的工人文化，发达的作为保护人的国家，以及因每个国家的历史不同而有所差异的治理方式和其他文化。此外，这些遗产也折射出波及所有这类国家的最终危机，其形式当然也是因每个国家的发展轨迹不同而各有差异。最后，它们关系到 1989 年所采取的走出苏联类型社会主义制度的方式。这些国家寻求出路的方式也许主要应该理解为上述各种不同因素的产物。

中编通过考察国家的中央权力核心由于同外部的各种国际角色及内部的通常处于边缘的各种不同角色缔结的合作而得到加强，来分析 1989 年后国家建设的各个不同阶段。就这一观点而言，变革被视为全球化应力下的调整过程和国家主权加强的过程。欧洲化有时被用来抵消全球化的后果。它有利于被纳入或长或短的国家建设过程的利益集团，而同某些国际角色的干涉相抗衡。

下编探讨地方空间如何通过工业企业、农场、社会组织以及所有社团或政党等公共团体中服从某些新的制约的角色而进行重组的过程。在这个过程中，各个不同群体由于部分地高估自己的经验和能力，开始反对改变自己周围的环境。它们动员自己固有的网络和资源，来复制或多或少稳定而对于这些国家来说始终是特殊的平衡。在这样的氛围中，产生了许多出乎意料的后果，而且至少在后共产主义的第一个十年中，延续原有的地方的平衡十分重要。

本书作为中东欧历史和前景的一个概览，是以多元的综合视角分析近15年来东欧转制和欧洲一体化影响的首部著作。深入研讨了这些国家不同部门的各种公共政策，中肯地评述了诸如所有制变革、社会保障制度和工业企业中的公共管理改革、农业、工会、公民社会和政党等的演化和现状。

2010年3月底，我社在三味书屋举办了本书的发布会。会议邀请本书作者弗朗索瓦·巴富瓦尔作了"关于东欧社会转型和金融危机下的应对"的演讲，新华社高级编辑、东欧问题专家侯凤菁，北京外国语大学欧洲语言学院博士生导师冯志臣等专家学者参加了会议，并发表了评论。

9.《卡斯特罗语录》

古巴革命最高领导人卡斯特罗在长期的革命和建设实践中积累和形成了重要的思想，是古巴和世界的宝贵财富，应该将其思想传播到全世界，供各国人民借鉴。近年来，古巴曾多次出版卡斯特罗的著述或关于卡斯特罗的书，其中包括2008年12月出版的收录有关这位领导人轶事的《这就是菲德尔》、卡斯特罗本人所著《哥伦比亚和平》、2007年出版的法国记者伊格纳西奥·拉蒙内特写的《和菲德尔在一起的100小时》等，但这些都没有获得本书在古巴初次发行时所产生的轰动效应。这本有300多页的书收录了从卡斯特罗发表的讲话、访谈录和撰写的文章中摘录的1978条语录，概括了卡斯特罗对社会、政治、经济等方面400多个问题的看法和结论，真实记载了自1959年古巴革命胜利至今的51年中，这位资深领导人为古巴革命和社会主义建设做出的重要指示，是对古巴半个世纪革命与建设进程的总结。

　　2010年7月14日，"纪念中国—古巴建交50周年：《卡斯特罗语录》首发式"在中国社会科学院拉丁美洲研究所召开。40多名中外官员、学者、媒体记者与会。这次活动由中国社会科学院世界社会主义研究中心、拉丁美洲研究所、社科文献出版社与古巴驻华使馆共同举办。李慎明副院长和古巴驻华使馆临时代办马里奥·阿尔苏卡莱先生出席活动并发表讲话。

　　10.《当代马克思辞典》

　　本书主编之一的雅克·比岱是法国巴黎第十大学的政治哲学和社会理论荣誉教授，法国国家科学研究中心《今日马克思》杂志负责人。他的主要著作有：《现代性理论》（1990）、《罗尔斯与正义论》（1995）、《一般理论：法律、经济和政治理论》（1999）、《什么是资本论？重建的物质基础》（2000）等。本书的另一个主编厄斯塔什·库维拉基斯是伍尔弗汉普顿大学（英国）的研究员，他的主要著作是《从康德到马克思的哲学和革命》。

　　本书是一本国际性和跨学科的文集，编著者在本书中向人们描述了马克思主义理论的最新发展，并展示了一幅包括美国、欧洲、亚洲及其他地区当代马克思理论详细而精确的全景。该辞典由在当今世界范围内马克思主义研究领域最具权威的学者共同撰写完成，在特别强调哲学的前提下，辞典内容覆盖了几乎所有的人文学科和社会科学。本辞典分为五个部分，分别是前言、预形、构型、人物和附录，其中预形、构型和人物是辞典的核心部分。由五篇文章组成的预形中，作者们对正统马克思主义进行了历史考据，分析了马克思主义的危机、资本主义的转变、马克思主义的变迁以及马克思主义经济学的现状，同时，也对英美马克思主义的趋势进行了预测。在构型中，我们看到解析的马克思主义、法兰克福学派研究、卢卡奇与布达佩斯学派、调节学派研究、马克思主义政治生态学、世界制度理论、解放神学的马克思主义、社会主义市场、美国激进派的思想、政治马克思主义、马克思主义与女性主义、当代工人主义、马克思后殖民主义理论以及古巴的共产主义纲领等内容。从这一部分中，我们可以了解到马克思主义各种学说对当今世界的影响和渗透。在人物部分中，本书给我们列举了阿多诺、阿尔都塞、巴斯克尔、布尔迪厄、德勒兹、德里达、福柯、哈贝马斯、詹姆逊、列斐伏尔、宇野弘藏和威廉姆斯等著名马克思主义者或社会学者以及他们的主要思想和著作。最后一部分是附录，编者将世界上主要的有关马克思主义的学术期刊做了一个汇总,从中使我们了解当代马克思主义研究在各个国家的分布和发展状态以及这些学刊所体现出来的马克思主义在他们所在国的影响。横向来说,这本辞典是一部当代马克思理论的总结,它涵盖范围非常广,可以说,几乎所有重要的当代马克思理论都被囊括其中,纵向来说,该词典对当前最前沿和最复杂的社会科学理论进行了富有创意的探讨,达到了一个短期内无法超越的深度。

《当代马克思辞典》对于所有研究者和实践者来说都是一部具有指导意义的著作,尤其是在当今中国实行市场经济之后,整个社会在一定程度上处于思想真空,我们需要找到具有科学性与说服力的思想武器来重新认识自己,乃至自己所处的社会环境和历史阶段。一方面,这本辞典有助于我们解放思想,摆脱教条式的马克思主义的束缚,另一方面,它所包含的评判思维能让我们更加准确地把握社会的本质,历史的发展方向,从而抵御住"糖衣炮弹"的侵袭。从现实意义上来说,该书能让我们在思想上,既防止过左,又防止过右,从理论意义上来说,该书浓缩了当代马克思研究的最新成果,有助于我们在新的高度上研究马克思主义。

11.《从赫鲁晓夫到普京》

本书利用包括解密档案材料在内的大量第一手资料,真实、具体、生动地描述了从20世纪50年代以来,苏联和俄罗斯发生的一系列重大事件,展现了赫鲁晓夫、勃列日涅夫、戈尔巴乔夫、叶利钦和普京五位领导人的思想政治观点和活动。

本书写了赫鲁晓夫、勃列日涅夫、戈尔巴乔夫、叶利钦和普京等五位领导人的思想政治观点和活动。书中利用包括解密的档案材料在内的大量第一手资料,真实地、具体地、生动地描述了从20世纪50年代以来苏联和俄罗斯发生的一系列重大事件,其中包括赫鲁晓夫在苏共二十大做秘密报告、勃列日涅夫取代赫鲁晓夫上台执政、戈尔巴乔夫实行"改革"和伙同叶利钦搞垮苏联、叶利钦搞新自由主义改革使国家陷入深重危机、普京对叶利钦实行的方针政策进行某些调整等。书中在叙述巨大的历史变迁的同时,还探究了苏联亡党亡国的原因,指出了应该吸取的教训。

自1953年斯大林逝世后,苏联社会开始进入动荡时期,情况错综复杂。要对这一时期作出比较符合实际的说明和评价,必须熟悉当时出现的各种思潮和政治斗争。张捷先生在阅读了大量资料后,写出了《评赫鲁晓夫的秘密报告》,着重写了赫鲁晓夫作反斯大林的秘密报告的经过、它的具体内容和产生的影响，以及如何评价这个报告等问题。

本书作者认为，苏联悲剧的发生，造衅开端的是赫鲁晓夫，也是他种下了亡党亡国的祸根。勃列日涅夫前期作了一些"纠偏"工作，使苏联一度出现"复兴"的迹象，国力大大增强；后期他疾病缠身、老朽昏庸，结果误国误民，使苏联重陷危机之中。戈尔巴乔夫奉行社会民主主义，一步步毁坏立国根基，导致它的灭亡。叶利钦公开反共，最后击垮苏联，然后采取"休克疗法"，破坏经济，给俄罗斯人民带来了深重灾难。普京受命于危难之时，在方针政策上做了调整，搞起了俄罗斯式的资本主义。

本书材料丰富，论证得当，逻辑严密，文字通畅，有可读性。

五　今后的发展方向

综合以上各个方面的分析，结合我社马克思主义理论著作选题来源，我社需要继续发挥自身特色，并在中国社会科学院的支持和引导下，争取在以下方面取得进一步发展：

（1）整合我社马克思主义学科建设和理论研究方面多套系列丛书的出版资源，策划组织或承接马克思主义学科建设和理论研究各领域的研究成果及翻译成果的出版工作。努力做好《世界社会主义研究丛书》、《当代国外马克思主义研究文库》、《资本主义研究丛书》、《马克思主义理论与现实研究文库》、《马克思主义理论前沿研究丛书》等大型套书的出版工作；保证《恐怖与希望：新自由主义的兴衰》、《马克思恩格斯论革命与民主》、《马克思主义与生态经济学》等翻译作品的高质、高效出版。

（2）承接出版院"马工程实施方案"所列的有关马克思主义理论研究及学科建设的重大课题成果、我院组织的中宣部马克思主义理论研究和建设工程的其他学术研究成果、我院研究生院相关研究生教学参考用书、马克思主义经典作家的论述摘编及国外有关马克思主义理论研究最新成果的引进翻译等。

（3）进一步紧密联系我院中国特色社会主义理论体系研究中心、世界社会主义研究中心、马克思主义研究院、我院各研究所（中心）的马克思主义理论研究室和非实体研究中心，以及院外各研究机构和大学相关院系，多方努力组织出版马克思主义学科建设和理论研究方面的优秀学术成果；同时密切关注和及时译介欧美和亚、非、拉等地区马克思主义研究的最新成果。

（4）继续积极参与和支持我院组织的世界社会主义论坛、全国马克思主义学院院长论坛和全国马克思主义研究青年论坛，一则进一步加强和该领域有关专家、学者的联系，听取他们的出版建议，组织有关选题；二则让与会代表进一步了解我院和我社马克思主义学科建设和理论研究领域的出版成果；同时，密切关注我院科研局、马克思主义研究院及其他所、中心举办马克思主义理论研究的各种学术会议信息，争取获得参加这些活动的机会，以便及时掌握学术动态，更有效率地做好各种科研服务工作。

（执笔人：曹义恒）

当代中国史理论研究前沿报告

当代中国研究所当代中国史理论研究室

2010 年以来，当代中国史理论研究在纪念新中国成立 60 周年的基础上继续深入推进。2010 年，中共党史研究作为当代中国史研究的姊妹学科，迎来全国党史工作会议的召开和《关于加强和改进新形势下党史工作的意见》的颁布；2011 年 7 月 1 日是中国共产党成立 90 周年，胡锦涛总书记在纪念大会上发表重要讲话。在这些精神的指导下，当代中国史研究在许多领域取得可喜成果，当代中国史理论研究取得积极进展，进一步发挥了国史研究"资政、育人、护国"的社会功能。同时，在学科建设上，构造当代中国史学科体系业已具备一定的基础与条件。

一　当代中国史研究的指导思想不断深化

新中国成立以来的中共党史是当代中国史的核心，这就决定了党中央关于中共党史研究的论述对当代中国史研究具有重要的理论指导意义。

（一）"三件大事论"

2011 年 7 月 1 日，胡锦涛总书记在庆祝中国共产党成立 90 周年大会上发表重要讲话。他指出，90 年来，中国共产党团结带领人民完成和推进了三件大事。一是完成新民主主义革命，实现了民族独立、人民解放；二是完成社会主义革命，确立了社会主义基本制度；三是进行改革开放新的伟大革命，开创、坚持、发展了中国特色社会主义。这三件大事，从根本上改变了中国人民和中华民族的前途命运，不可逆转地开启了中华民族不断发展壮大、走向伟大复兴的历史进军。事实充分证明，在近代以来中国社会发展进步的壮阔进程中，历史和人民选择了中国共产党，选择了马克思主义,选择了社会主义道路,选择了改革开放。他指出,经过 90 年的奋斗、创造、积累,党和人民必须倍加珍惜、长期坚持、不断发展的成就是:开辟了中国特色社会主义道路,形成了中国特色社会主义理论体系,确立了中国特色社会主义制度。

中国特色社会主义道路,就是在中国共产党领导下,立足基本国情,以经济建设为中心,坚持四项基本原则,坚持改革开放,解放和发展社会生产力,巩固和完善社会主义制度,建设社会主义市场经济、社会主义民主政治、社会主义先进文化、社会主义和谐社会,建设富强民主文明和谐的社会主义现代化国家。

中国共产党把马克思主义基本原理同中国具体实际结合起来,在推进马克思主义中国化的历史进程中产生了两大理论成果。一大理论成果是毛泽东思想,另一大理论成果是中国特色社会主义理论体系。中国特色社会主义理论体系是包括邓小平理论、"三个代表"重要思想以及科学发展观等重大战略思想在内的科学理论体系,系统地回答了在中国这样一个十几亿人口的发展中大国建设什么样的社会主义、怎样建设社会主义,建设什么样的党、怎样建设党,实现什么样的发展、怎样发展等一系列重大问题,是对毛泽东思想的继承和发展。

中国特色社会主义制度,是当代中国发展进步的根本制度保障。人民代表大会制度这一根本政治制度,中国共产党领导的多党合作和政治协商制度、民族区域自治制度以及基层群众自治制度等构成的基本政治制度,中国特色社会主义法律体系,公有制为主体、多种所有制经济共同发展的基本经济制度,以及建立在根本政治制度、基本政治制度、基本经济制度基础上的经济体制、政治体制、文化体制、社会体制等各项具体制度。这些制度体系集中体现了中国特色社会主义的特点和优势。

(二) 实事求是研究和宣传中共党史

党中央高度重视并不断加强对中共党史和当代中国史研究工作的指导。2010 年 7 月 21—22 日,全国党史工作会议在北京召开。习近平同志在讲话中阐述了进一步提高对党史工作重要性的认识、坚持实事求是研究和宣传党的历史、加强党的历史的学习和教育、努力提高党史工作的科学化水平、切实加强对党史工作的领导等五个问题。他指出,深入研究党的历史,认真学习党的历史,全面宣传党的历史,充分发挥党的历史以史鉴今、资政育人的作用，是党和国家工作大局中一项十分重要的工作。坚持实事求是研究和宣传党的历史，要牢牢把握党的历史发展的主题和主线、主流和本质，旗帜鲜明地揭示和宣传中国共产党在中国的领导地位和核心作用形成的历史必然性，揭示和宣传中国人民走上社会主义道路的历史必然性，揭示和宣传通过改革开放和社会主义现代化建设实现中华民族伟大复兴的历史必然性，揭示和宣传党在革命、建设、改革各个历史时期领导人民所取得的伟大胜利和辉煌成就，揭示和宣传党在长期奋斗中积累的宝贵经验、形成的光荣传统和优良作风，坚决反对任何歪曲和丑化党的历史的错误倾向。这是党史工作必须遵循的党性原则，也是每一个党史工作者应该履行的政治责任。他指出，党史研究是一门研究中国共产党的历史、从中国共产党的活动揭示当代中国社会运动规律的科学，要坚持党性和科学性的统一，党史研究工作者遵守党的政治纪律、宣传纪律和充分发挥个人创造性的统一。既要坚持和发展马克思主义史学研究的优良传统，坚持和发展党史工作积累的成功经验和方法，也要吸收借鉴古今中外史学研究的有益经验和方法，还要积极运用现代科学技术，创新党史研究的手段、方法、载体。要注重发挥互联网等现代传媒在人们工作和生活中的独特作用，加大党史宣传教育和党史知识普及力度。这些重要论述，深刻阐述了党史工作的重要性、党史工作必须遵循的党性原则、党史研究的党性和科学性的统一。①

（三）关于加强和改进新形势下党史工作的重要论述

中共中央颁布《关于加强和改进新形势下党史工作的意见》，对加强和改进新形势下党史工作的重要意义、指导思想、基本要求、主要任务、党的领导和提高党史工作科学化水平，做出了深刻阐述和明确规定。

关于党史的定义和性质，《意见》指出，中国共产党的历史，是党领导全党同志和全国各族人民不断为实现民族独立、人民解放和国家富强、人民幸福而不懈奋斗的历史；是党坚持把马克思主义基本原理同中国具体实际相结合、不断探索适合中国国情的革命和建设道路，推进改革开放和社会主义现代化建设，推进马克思主义中国化、推进理论创新的历史；是

① 《人民日报》2010年7月22日。

党加强和改进自身建设、保持和发展党的先进性，不断经受住各种风险和挑战考验、发展壮大的历史。党的历史是中国共产党和中华民族的宝贵精神财富，是推进党建设新的伟大工程和中国特色社会主义伟大事业的重要力量源泉。

关于党史研究的地位和作用，《意见》指出，党史工作是党的事业的重要组成部分，在党和国家工作大局中具有不可替代的重要地位和作用。做好新形势下党史工作，对运用党的历史经验和总结党的新鲜经验、提高党的治国理政水平，继续解放思想，坚持改革开放，推动科学发展，促进社会和谐；对推进党的建设新的伟大工程，不断提高党的领导水平和执政能力，始终保持和发展党的先进性；对建设社会主义核心价值体系，推进马克思主义中国化、时代化、大众化，建设马克思主义学习型政党，提高广大党员特别是领导干部的素质和能力；对全面推进经济建设、政治建设、文化建设、社会建设以及生态文明建设，夺取全面建设小康社会新胜利、开创中国特色社会主义事业新局面，都具有极其重要的意义。

关于党史研究的理论方向和任务，《意见》指出，加强和改进新形势下党史工作，必须以马克思列宁主义、毛泽东思想、邓小平理论和"三个代表"重要思想为指导，深入贯彻落实科学发展观，坚持把以史鉴今、资政育人作为根本任务，全面做好党史工作，进一步提高党史工作科学化水平，使党史工作更好地为贯彻党的基本理论、基本路线、基本纲领、基本经验服务，为建设社会主义核心价值体系服务，为推进党的建设新的伟大工程服务，为坚持和发展中国特色社会主义服务。坚持高举中国特色社会主义伟大旗帜，最根本的是坚持中国特色社会主义道路和中国特色社会主义理论体系。通过全面做好党史工作，促进对重大理论和现实问题的探索和回答，深化对共产党执政规律、社会主义建设规律、人类社会发展规律的认识，不断把党带领人民创造的历史经验和新鲜经验上升为理论，不断赋予当代中国马克思主义鲜明的实践特色、民族特色、时代特色。党史研究要坚持党性原则和科学精神的统一。坚定站在党和人民的立场上，坚持对党负责和对人民负责的一致性，牢固树立党的意识、执政意识、大局意识、科学意识、责任意识，牢牢把握党史工作的正确方向。坚持辩证唯物主义和历史唯物主义，尊重历史研究的客观规律。坚持百花齐放、百家争鸣的方针，发扬学术民主，鼓励科学探索，营造健康向上、生动活泼的党史研究环境。正确处理政治和学术、历史和现实、研究和宣传的关系，严格遵守党的纪律和国家有关法律法规，旗帜鲜明地反对党史问题上的错误倾向。党史研究要实事求是地全面记载和反映党的历史，充分肯定党对中华民族的伟大贡献，充分反映地方各级党组织对本地经济社会发展作出的贡献，正确分析党在前进道路上遇到的曲折，深入总结正反两方面经验，科学分析和评价历史事件和人物，使党史成果经得起人民和历史检验。积极探索新形势下党史工作的特点和规律，不断开拓、勇于创新，使党史工作更好地体现时代性、把握规律性、富于创造性。

2011 年 6 月 20 日，习近平同志在纪念中国共产党成立 90 周年党建研讨会上指出：90 年来我们党所以能够不断发展壮大，所以能够带领人民创造举世瞩目的伟业，一个根本原因，就在于始终坚持科学理论的指导，坚持把马克思主义基本原理同中国革命、建设、改革的具体实践相结合，不断推进马克思主义中国化，实现了党的指导思想和基本理论的与时俱进。7 月 1 日至 2 日，纪念中国共产党成立 90 周年理论研讨会召开。李长春同志在讲话中高度评价了胡锦涛总书记"七一"重要讲话，系统阐述了党的理论工作的意义、任务、主题和要求。他指出：中国共产党的 90 年，是把马克思主义基本原理与中国实际相结合，创造性地解决中国革命、建设和改革的一系列重大问题，推动党和国家事业不断胜利前进的 90 年；是坚持用科学理论武装全党，以思想建设引领推动党的建设，始终保持和发展党的先进性的 90 年。

（四）当代中国史研究是党的思想理论建设的重要方面

党中央关于党史工作的指导思想和决策部署，为当代中国史研究提供了科学的指导思想。这就要求当代中国史研究必须坚持以唯物史观为指导，科学揭示新中国历史发展的主题和主线、主流和本质，进一步发挥"资政、育人、护国"的社会功能，为巩固和增强马克思主义在我国意识形态领域的指导地位，提供历史依据和智力支持。

2010 年，专事编纂、研究和出版中华人民共和国历史的当代中国研究所迎来建所 20 周年。6 月 23 日，刘云山同志视察该所并发表重要讲话。他在讲话中充分肯定了当代中国研究所 20 年来的工作，深入阐述了国史研究的性质、地位、作用，明确指出了深化国史研究的基本思路和增强国史研究的国际影响力的基本方向。他指出，中华人民共和国的历史是与中国近代史相衔接的中国现代史、中国当代史，国史研究是中国史研究的分支学科，是整个哲学社会科学研究事业的重要组成部分，也是整个党的思想理论建设的一个重要方面，具有十分重要的意义和作用。他强调，国史研究要坚持科学理论为指导，服务于党和国家的工作大局。① 他指出，唯物史观不仅是社会主义由空想变成科学的理论基础，而且是我们党进行社会主义革命、建设和改革，探索中国特色社会主义道路的认识论与方法论基础。深化国史研究，应当系统地掌握并自觉运用唯物史观的基本原理。毛泽东思想、邓小平理论、"三个代表"重要思想及科学发展观等重大战略思想，形成于我国革命、建设和改革开放不同历史时期，面对着不同的历史任务，但都贯穿了辩证唯物主义和历史唯物主义的世界观和方法论。深化国史研究，只有自觉地、坚定地坚持以马克思主义中国化伟大成果为指导，才能正确认识和解释新中国成立以来发生的重大历史事件，才能科学总结和概括社会主义革命、建设和改革的基本历史经验，也才能辨别和抵御种种歪曲新中国历史的错误思潮。② 要继续加强和深化国史研究，真实记录中华人民共和国走过的光辉历程，全面反映共和国在不断改革发展中取得的历史性进步，科学总结各个历史阶段经济建设、政治建设、文化建设和社会建设的经验教训，为不断开辟中国特色社会主义事业新境界、实现中华民族伟大复兴提供宝贵智力支持和强大精神动力。③ 这一重要论述，对于正确看待党和国家的历史，正确总结新中国建设的经验教训，对于深化国史研究，具有重要的理论指导意义。

为适应当代中国史研究的繁荣发展，当代中国研究所把构建当代中国史理论研究学科体系提上了重要议事日程，并进行了初步探索。该所在中国社会科学院马克思主义理论学科建设和理论研究工程的推动下成立了理论研究室，当代中国史理论研究工作跃上新台阶。

加强当代中国史理论研究，首要的任务就是根据史学理论学科的一般规律和国史研究的特殊性，搞清楚当代中国史理论研究的对象、范围与内涵，以此推动当代中国史理论研究的规范化、系统化和不断创新，促进当代中国史理论研究的学科体系建设。在这一问题上，中国社会科学院副院长朱佳木在确定理论研究室的工作职责时指出，当代中国史理论研究的主

---

① 《中国社会科学报》2010 年 6 月 24 日。

② 同上。

③ 同上。

要对象是马克思主义史学理论及其中国化的理论成果，尤其是辩证唯物主义和历史唯物主义对当代中国史研究的指导和在研究中的应用。基于此，他指出，当代中国史理论研究主要研究中华人民共和国史研究的学科理论，主要承担中华人民共和国史的基本经验和国史重大理论、中华人民共和国史研究的理论与方法、国史研究的动态及学科发展趋势等方面的研究任务，推动中华人民共和国史学科体系建设。

二　当代中国史基本理论问题及其学科建设研究的进展

在当代中国史研究的学科发展史上，当代中国史理论与方法的研究是与当代中国史研究相伴而兴的，并对当代中国史研究的发展起着基础和先导性的作用，为创建当代中国史学科理论体系奠定了初步基础。2010 年以来，学术界对坚持和运用马克思主义立场、观点和方法指导当代中国史研究有新的视角，回击历史虚无主义思潮有新突破；对当代中国史的基本理论问题和重大历史事件的研究有新进展；对当代中国史研究的理论与方法的研究有所深化。

（一）唯物史观在当代中国史研究中的坚持和运用

1. 当代中国史研究必须以唯物史观为指导

有林指出，马克思主义的观点，从社会历史领域来说，是把辩证唯物主义运用到社会历史领域的唯物史观。其主要观点有生产观点、劳动观点、群众观点、阶级观点等。概括起来说，就是生产力决定生产关系、生产关系反作用于生产力，经济基础决定上层建筑、上层建筑反作用于经济基础。人类社会就是在两对矛盾运动中向前发展的。科学判断新中国历史上的是与非，必须运用马克思主义的立场、观点、方法对历史事实进行分析。[①]

充分重视人民群众是历史的创造者的观点。有林根据人民群众在工业企业中的地位和作用，对如何运用群众史观研究国史进行了分析，强调新

---

① 有林：《运用马克思主义立场、观点、方法研究和编纂当代中国史》，《当代中国史研究》2010 年第 6 期。

中国成立 60 多年来，中国在革命、建设、改革中所取得的重大成就，无一不是党率领广大人民艰苦奋斗的结果。研究和编纂中华人民共和国史，一定要下功夫把我们运用群众观点来推进各项工作的经验教训表达出来，以利于改革开放和社会主义现代化建设。①

宋清渭认为，研究历史要坚持群众史观，也要看到英雄人物在历史上的作用。在历史长河中，必然有一个或者多个领袖人物、核心人物，在关键的历史时期，起着关键的历史作用，发挥着普通人所不可替代的智慧才能。评价领袖人物的关键作用：一是要认识到任何领袖人物在他所处的历史时期，有他的时代先进性和局限性，对领袖人物的作用做出评价要结合历史条件。二是正确认识领袖人物的成就和失误，一味地拔高颂扬和任意地贬低诋毁，都是错误的。三是把领袖人物的个人失误和他所代表的组织区分开来。四是对一些已经盖棺论定的历史人物、领袖人物，不要轻易翻案、重新认定。②

唯物辩证法是指导国史研究的基本方法。有林认为，所谓辩证的方法，就是分析事物的矛盾。拿新中国成立后的前 30 年来说，要分析的事物的矛盾就很多。诸如：社会矛盾的新变化，阶级关系的状况，生产关系与生产力、经济基础与上层建筑的适应与不适应，生产与生活、积累与消费、国民经济各个部门的比例关系，经济建设与国防建设的关系，人与自然的关系，等等。要用全面的、发展的观点看问题，而不是把问题孤立起来和静止化。对于什么是对的，什么是错的，要做出明确的判定。但又不是主次不分，而是如实地肯定成就是第一位的，由失误造成的损失是第二位的。要避免绝对化。对于对的，也要指出它有不足之处；对于错的，不仅要指出错在哪里，是怎么错的，而且要进一步指出错中也不是一点可取之处也没有，至少还可以使之成为正确的先导。③

宋清渭认为，学习和对待历史不能机械片面，要坚持辩证的方法。具体说来，就是坚持历史的观点，把事物放在当时的历史背景下，不能以现

① 有林：《运用马克思主义立场、观点、方法研究和编纂当代中国史》，《当代中国史研究》2010 年第 6 期。
② 宋清渭：《认真学习、正确对待历史》，《中共党史研究》2010 年第 10 期。
③ 有林：《运用马克思主义立场、观点、方法研究和编纂当代中国史》，《当代中国史研究》2010 年第 6 期。

在的思想认识去衡量和评价过去的历史；要用联系的观点和发展的观点，而不能割断历史，更不能特意突出某一时期或者贬低某一时期；坚持全面的观点，既要看到成绩和经验，也要看到失败与教训；要坚持党性，从全局出发，从人民根本利益出发，从历史实际出发，才能客观、准确、全面地研究国史，才能教育人民、鼓舞人民，起到资政育人的作用。①

朱佳木认为，观察当代中国的科学方法，一要历史地看，既看新中国成立至今 60 年的历史，也要看新中国成立以前的中国历史，特别是中国的近代史；二要全面地看，既看新中国取得的辉煌成就和巨大发展，也要看新中国仍然面临的诸多问题和落后方面；三要发展地看，既看新中国继续发展的制约因素，也要看新中国具有克服这些制约因素的有利条件。②

2. 划清马克思主义唯物史观与历史虚无主义之间的界限，旗帜鲜明地反对历史虚无主义思潮

梁柱指出，历史虚无主义思潮是在"反思历史"的名义下，利用我们党经历的曲折，从纠正"文化大革命"的"左"的错误，走到纠正社会主义的历史取向；从纠正毛泽东晚年的错误，走到全盘否定毛泽东的历史地位和毛泽东思想；从诋毁新中国的伟大成就，发展到否定中国革命的历史必然性；从丑化、妖魔化中国共产党领导的革命和建设的历史，发展到贬损和否定近代中国一切进步的、革命的运动；从刻意渲染中国人的落后性，发展到否定五千年中华文明等。持历史虚无主义态度的一些人在"学术研究"的名义下，不尊重历史事实，片面引用史料，根据他们的政治诉求，任意打扮历史、假设历史，胡乱改变对近现代史中重大事件、重要人物和重要问题的科学结论；有的则以"客观"、"公正"的面貌出现，崇尚"坏人不坏"、"好人不好"的模式，要求按照人性论的原则治史，否则就是脸谱化、"扣帽子"；一些人还以"思想解放"、"理论创新"的名义糟蹋、歪曲历史。这种主观臆造或是"取其一点，不及其余"，甚至无中生有，是当下一些人做翻案文章，歪曲和颠覆历史的惯用手法。历史虚无主义是唯心史观，是与唯物史观根本对立的。③

方艳华、刘志鹏认为，历史虚无主义源于 20 世纪初以陈序经、胡适

---

① 宋清渭：《认真学习、正确对待历史》，《中共党史研究》2010 年第 10 期。
② 朱佳木：《怎样观察当代中国》，《中国社会科学院研究生院学报》2010 年第 2 期。
③ 梁柱：《谈谈划清两种历史观的问题》，《思想理论教育导刊》2010 年第 8 期。

为代表的全盘西化论。20世纪70年代后期，为迎合资产阶级自由化思潮，历史虚无主义表现为否定毛泽东的历史地位和毛泽东思想的科学含义，从而根本否定党领导革命和建设的历史，否定社会主义道路。其基本主张主要包括：美化近代帝国主义对中国的侵略；"告别革命"，颂扬改良；否定中国共产党的领导，主张走资本主义道路；对近现代历史人物进行翻案式的"重新评价"。历史虚无主义本质上是唯心主义历史观，其主要表现是脱离具体的历史条件，孤立抽象地谈论历史，只承认支流而否定主流；否认历史规律的客观性，夸大历史选择的偶然性。[①]

3. "革命史观"在当代中国史研究中的应用

李捷认为，新中国成立以来发生了四次革命。第一次革命是共和国成立，从根本上改变了中华民族的历史命运。第二次是土地革命，彻底推翻了封建土地制度，极大地解放了农村生产力，为现代化建设奠定了坚实的基础。第三次是社会主义革命，确立起社会主义基本制度，为在社会主义道路上实现中华民族伟大复兴、加速实现现代化铺平了道路。第四次是社会主义改革。改革开放是决定当代中国命运的关键抉择，是发展中国特色社会主义、实现中华民族伟大复兴的必由之路；只有改革开放才能发展中国、发展社会主义、发展马克思主义。[②]

（二）关于当代中国史研究中的重大理论问题

1. 关于新中国由新民主主义向社会主义社会提前过渡的历史动因问题

朱佳木把向社会主义提前过渡的思想与优先发展重工业的战略选择，以及苏联答应对新中国"一五"计划给予全面援助这三件事联系起来考察，提出提前向社会主义过渡的主要和直接原因在于，编制第一个五年计划时选择了优先发展重工业的工业化战略，并得到了苏联给予援助的允诺。提前过渡的建议并非为了搞社会主义而搞社会主义，而是从加快发展中国生产力出发的，客观上也使中国用了比先行工业化国家短得多的时间建立起了独立完整的工业体系，为改革开放后的高速发展奠定了物质基础。

---

① 方艳华、刘志鹏：《历史虚无主义的基本主张及本质剖析》，《中共山西省委党校学报》2010年第6期。

② 李捷：《要重视并充分肯定革命在共和国历史中的地位和作用》，《当代中国史研究》2010年第6期。

2. 关于正确认识新中国在改革开放前后两个历史阶段的关系问题

朱佳木提出，新中国改革开放前后的历史是一个光辉的整体。改革开放前的革命和建设为后 30 年的改革开放提供了根本的政治前提、基本的物质技术基础、一定的思想保证、正反两方面的经验和必要的国际环境。改革开放后在党的指导思想、政治体制、经济体制、意识形态工作、国际战略等方面实现对改革开放前的超越。这些使两个时期出现了明显区别，但这种区别并不是社会基本制度的区别、国家领导力量的区别、意识形态指导思想的区别，更不是执政党的宗旨和远大奋斗目标的区别。中国在改革开放前后都坚持四项基本原则、坚持社会主义的基本经济制度和政治制度、坚持对外方针总政策，执政党的宗旨和远大目标也都是为人民服务和共产主义。这说明，改革开放后并没有离开社会主义的轨道，而是社会主义的自我完善和发展。①

3. 关于如何正确评价计划经济的历史地位与作用问题

朱佳木认为，新中国成立初期选择并实行计划经济体制，是为了较快实现工业化、建立独立完整工业体系的需要。我国计划经济体制并非只是造成经济活力不足等弊病的根源，它同时也是社会主义建设取得辉煌成就的重要原因之一。我国实行计划经济的过程中并非只有凭主观意志办事的教训，它同时也积累了大量按照客观经济规律指导经济建设的成功经验。我们党从决定建立社会主义市场经济体制那天起，就没有把发挥计划调节的优势排斥在社会主义市场经济之外，而是把它看成是社会主义市场经济的题中应有之义。

上述关于国史研究中重大理论问题的研究，既推进了当代中国史研究的健康发展，又有力地引导和推动了社会大众对当代中国史的科学认识。

4. 国外关于"中国模式"独特性问题的讨论

"中国模式"问题是国外自 2008 年以来研究当代中国问题的一个热点，至今仍在持续进行，并集中表现在对"中国模式"独特性问题的讨论上。如加州大学圣迭戈分校国际关系与太平洋研究学院中国经济研究教授巴里·诺顿总结了中国经济发展的六个特征，指出中国发展的经验表明制度创新并不是外生的，而是出现于国家制度框架内部，不是简单地让政府

---

① 朱佳木：《正确认识新中国两个 30 年的关系》，《前线》2010 年第 3 期。

退出、让市场扩大,而是在改革过程中保留政治、社会的组织优势的前提下通过长期的动态试错过程实现制度创新:使市场要素和非市场要素处于一种健康的相互依赖关系从而实现长期经济增长。因此,中国的制度创新并不能简单地被别国照搬,但中国整体的知识和制度环境的某些方面还是可以效仿的,如:对于经济增长的全面一致认同,提高基础设施投资率,形成一个活跃的政策辩论的环境,等等。虽然这些特征都是重要的经验,但是都不能被其他发展中国家轻易地复制。[①] 印第安纳大学中国政治商务研究中心主任、政治学和东亚语言文化系副教授斯科特·肯尼迪则认为,中国发展并没有太多的独特性,更多地可以归类于韩国的发展主义国家模式。中国模式并不构成对世界现有秩序的重大挑战和威胁。[②] 美国左翼学者阿里夫·德里克则不同意把中国模式看作东亚威权主义发展模式的一种,认为中国发展方式和东亚模式有两大区别:中国革命历史中一直在国内强调建立平等的、人民有发言权的社会和新文化,在国际上强调独立自主发展。除此之外,在改革前,人民的生活水平,从受教育状况和卫生保健到预期寿命等,都有了持续的改善,还建立了把国家团结和统一起来的政治组织基础,实现了为 1978 年之后的基础设施建设奠定基础的土地国有等。所有这些对后来 30 年的发展有重要意义,都是中国发展道路的重要组成部分,因此中国发展道路不能与东亚发展模式等同。[③]

(三) 有关历史事件的研究有所推进

1. 把辛亥革命与中国共产党成立联系起来研究

朱佳木认为,辛亥革命和中国共产党的成立相隔 10 年,二者有必然的联系。辛亥革命要通过资本主义道路使中华民族复兴的路没有走通,所以选择社会主义道路的中国共产党登上了民族复兴大业的舞台,担当起领导中华民族复兴的大任。近一个世纪的历史证明,由于中国共产党善于把

---

① [美] 巴瑞·诺顿:《中国发展实践的不同特点和可借鉴的特征》,庞娟译,《国外理论动态》2010 年第 4 期. Barry Naughton, "China's Distinctive System: Can It Be a Model for Others?" *Journal of Contemporary China*, Volume 19 Issue 65, 2010.

② Scott Kennedy, "The Myth of the Beijing Consensus", *Journal of Contemporary China*, Volume 19 Issue 65, 2010.

③ 阿里夫·德里克:《"中国模式"理念:一个批判性分析》,朱贵昌译,《国外理论动态》2011 年第 7 期.

马克思主义普遍真理同中国具体实际相结合，正确回答和解决了中华民族在复兴道路上面对的一系列重大问题，因此继承并发扬了辛亥革命的未竟事业，使中华民族的伟大复兴一步步变成现实。一是中国共产党为中华民族复兴提供了根本政治前提；二是抓住了难得的发展机遇；三是创造了良好的内外条件：开辟了有利于中华民族复兴的发展道路——中国特色社会主义道路，建立了有利于中华民族复兴的社会主义民主制度和法律体系，开展了有利于中华民族复兴的一系列社会稳定工作，培育了有利于中华民族复兴的民族精神和社会风气，坚持了有利于民族复兴的执政党建设，构筑了有利于民族复兴的国际环境。历史告诉我们并将继续告诉我们，中国共产党是中华民族复兴大业的推动者、领导者和组织者，也是引路人、主心骨和守护神。只要始终坚持中国共产党的领导，坚定不移地沿着中国特色社会主义道路前进，同心同德，奋力拼搏，就一定能够战胜前进道路上的各种困难，在 21 世纪中叶实现中华民族的伟大复兴。①

2. 进一步认识中华人民共和国成立的划时代历史意义

陈奎元认为，中华人民共和国的成立，彻底推翻了帝国主义、封建主义、官僚资本主义及其代理人在中国的统治，这是历史的选择、人民的选择。中华人民共和国的成立，开辟了中国历史的新纪元。纵观中国历史，博览世界历史，新中国的建立毫无疑义是 20 世纪人类历史精彩辉煌的篇章。十一届三中全会以来，中国共产党和社会主义中国走向新时代。这个时代的特征是高举一面旗帜——中国特色社会主义旗帜，坚持一条道路——中国特色社会主义道路，坚持一个理论体系——中国特色社会主义理论体系。建设中国特色社会主义，中国走向全面振兴的新里程。②

3. 抗美援朝战争为新中国的巩固、建设和发展奠定了基础，是新中国的立国之战③

李捷认为，抗美援朝战争对于以毛泽东为核心的中国领导人来说，是不期而遇的战争，是中国政府尽力避免、却被以美国为首的侵略集团强加在中国人民头上的一场战争。抗美援朝战争的决策，是以毛泽东为核心的

---

① 朱佳木：《中国共产党与中华民族的伟大复兴》，《当代中国史研究》2011 年第 3 期。
② 陈奎元：《加强国史研究　推进民族复兴》，《求是》2010 年第 22 期。
③ 齐德学：《关于抗美援朝战争史研究的几个焦点问题》，《当代中国史研究》2010 年第 6 期。

党中央从国家根本利益和民族长远利益出发反复权衡斟酌的谨慎决策，也是毛泽东一生中经历过的最为艰难的决策。① 朱佳木认为，抗美援朝战争对于保卫朝鲜和中国的安全、维护世界和平和一切被压迫人民的独立和自由，降低新的世界大战爆发的危险具有重大意义。它打出了新中国的军威，促进了中国军事思想和军事科学技术的发展，锻造了爱国主义、革命英雄主义、革命乐观主义、国际主义为一体的抗美援朝精神，加速了国民经济的恢复和大规模工业化建设的提前到来。它打乱了帝国主义扩大势力范围的战略部署，深刻影响和改变了第二次世界大战后亚洲乃至世界的政治格局，极大地提高了中国的国际地位。②

在朝鲜战争爆发60周年之际，国外特别是美国学者以西方的政治立场和视角推出了一些资料性图书。如军事历史学家帕特里克 K. 奥唐奈所著的描述美国海军乔治连如何"抵抗无法抵抗的中国共产党的志愿军"的《给我明天：朝鲜战争鲜为人知的故事》，战争亲历者比尔·理查森上校记述其参加朝鲜战争及34个月战俘经历的《死亡谷：朝鲜战争回忆录》。③ 这些作者的立场、观点与我们不同，但从另一个角度为我们研究提供了可资比较的资料。

(四) 关于国史学科建设问题

1. 严肃对待和科学研究国史

陈奎元把加强国史研究与推进中华民族伟大复兴联系起来，就如何对待和研究国史，提出了如下方法论问题：(1) 研究当代中国历史，要追溯鸦片战争以来中国沦为半殖民地半封建社会的历史。(2) 研究世界资本主义进入帝国主义阶段，俄国发生十月社会主义革命以后世界形势的变化。(3) 研究中国百年来学习、效法西方资本主义一再失败、始终不得成功的国内外原因。(4) 研究中国共产党选择新民主主义理论和路线，领导中国

---

① 李捷：《抗美援朝的战略决策及其对新中国的重要意义》，《当代中国史研究》2010年第6期。

② 《纪念中国人民志愿军抗美援朝出国作战60周年学术报告会在京召开》，《当代中国史研究》2010年第6期。

③ Patrick K. O'Donnell, *Give Me Tomorrow：The Korean War's Greatest Untold Story— The Epic Stand of The Marines Of George Company*. Da Capo Press, 2010. Bill Richardson and Kevin Maurer, *Valleys of Death：A Memoir of the Korean War*. Berkley Trade, 2011.

革命取得成功的历史必然性。（5）研究新中国建立、确立人民当家作主、实行人民民主专政的国家政权的历史根据。（6）研究中国选择社会主义制度的必然性。社会主义与资本主义的本质区别在于：生产资料的所有制是社会主义公有制（或以公有制为主体的多种所有制）还是资本主义私有制；由工人阶级（或者工人和其他劳动阶级结成同盟）及其政党领导国家政权，还是由资产阶级及其政党掌握国家政权；以马克思主义与本国实际相结合的革命理论作为意识形态的灵魂还是以资产阶级自由主义作为意识形态的灵魂。这个分野是清清楚楚的。站在社会主义一边，或者站在资本主义一边，在不同的立场上，结论必然是相反的。对于中国共产党领导的社会主义制度，敌对势力总是要千方百计加以遏制，企图迫使中国屈从于附庸地位；西方的政治家中也有人希望中国保持自己的特色，不要盲目追随超级大国设定的轨道。在国内有少数竭力鼓吹西化的人，以西方敌对势力为靠山，为了谋夺中华人民共和国的政权，肆意歪曲当代中国的历史，丑化中国几代领导人，他们的目的和手法就是敌对势力惯用的"灭人之国，必先去其史"的老套路。《中华人民共和国宪法》规定了中国的根本制度、根本任务和公民权利，充分体现了中国的社会主义本质和特色。宪法是国家根本法，是国家和民族利益的根本保障，任何人企图推倒《中华人民共和国宪法》，按照敌对势力极力推广的"普世价值"鼓动颠覆中国共产党领导的国家制度，都是决不允许的。（7）研究实行改革开放、建设中国特色社会主义的伟大历史进程。

2. 当代中国史研究具有政治性、科学性相统一的学科特征

有林指出，站在马克思主义的立场上，就是站在工人阶级和广大人民的立场上，就是维护他们的根本利益。研究和编纂中华人民共和国史，就是要维护广大人民在中国共产党的领导下，经过浴血奋战建立起的人民民主专政的社会主义国家，维护工人阶级和广大劳动人民当家作主的权利；维护他们含辛茹苦积累起来的庞大家业，维护公有制的主体地位，特别是要维护作为他们命根子的全民所有制经济的主导作用；维护他们通过艰难探索才确立起来的马克思主义在意识形态和其他领域的指导地位，要满腔热情地写出新中国建立以来取得的辉煌成就。对于失误，不仅要写，而且要写好。所谓写好，就是既不夸大也不缩小，要把它恰如其分地写出来，并经过深入研究，指出产生失误的主观和客观原因，总结出经验教训。这

就用事实说明了党性和科学性是统一的。①

3. 关于国史的定义与分期②

关于什么是国史的问题，过去国史学界一直没有给出一个完整的定义。朱佳木在总结当代中国史研究的历史进程与经验的基础上指出，国史是指1949年中华人民共和国成立后，共和国960万平方公里范围内社会及社会与自然界关系的历史。它是中国历史的自然延伸，是正在行进并且不断向前发展着的中国断代史。从广义上讲，它是中国历史的现代部分或当代部分，即中国现代史或中国当代史，其上限与中国近代史相衔接。从狭义上讲，它只包括中央政府管辖范围内的历史，因此比当代史的概念要小。

在国史分期上，存在两个基本问题，一是国史、当代史、现代史、近代史如何划分界限，二是国史自身各个历史阶段如何分期。其中第一个问题与国史定义有着直接关联。早在新中国成立初期，就有学者不赞成把1919年作为中国近代史与现代史的分界线。然而由于种种原因，这一意见一直没有被采纳。正因为如此，当国史研究兴盛之时，人们为了回避有关现代史的既有定义，把1949年以后的历史称为当代史。但随着新中国历史的发展，越来越多的人主张应当以1949年为限，划分中国的近代史与现代史。在此基础上，朱佳木提出，应当取消目前的"中国近现代史"概念，而将近代史与现代史明确划分为两个学科，并将国史、当代史与现代史合并。因为，如果把1919年作为现代史的开端，不仅有悖于历史分期的统一标准，也会在客观上贬低新中国成立的划时代意义。

关于国史自身的阶段划分问题，国史学界有着二分法、四分法、五分法、六分法、八分法等多种分法。朱佳木提出，从经济社会发展目标模式的角度观察，迄今为止的国史大致可以划分为结合中国实际学习苏联、探索中国自己的建设社会主义的道路、开创中国特色社会主义道路、开创中国特色社会主义道路新局面和中国特色社会主义建设进入新的发展阶段等五个历史时期。与以往各种分法不同的是，这种分法将1956—1978年的

---

① 有林：《运用马克思主义立场、观点、方法研究和编纂当代中国史》，《当代中国史研究》2010年第6期。

② 朱佳木：《对中国当代史定义、分期、主线问题的再思考》，《当代中国史研究》2010年第1期。

22 年划为了一个时期，也就是说，把十年"文化大革命"和两年徘徊时期与"文化大革命"前的十年都作为探索社会主义建设道路的时期。

4. 关于国史的主线①

历史的主线是指贯穿历史全部过程并始终支配历史沿着某种既定方向前进、反映历史发展内在动力的基本线索和基本脉络。认清历史的主线，有助于揭示历史发展的原因，认识其特点，掌握其规律，预测其趋势。关于国史主线，以往论者有各种各样的提法，但无论哪种，基本持"一条"说。朱佳木认为，从历史主体、动因的角度分析，国史的主线至少应有三条：即探索中国社会主义的发展道路，争取早日实现中国的工业化和现代化，维护中国的国家安全、主权和领土完整。在这三条主线中，第一条最重要，但它代替不了另外两条主线。新中国的历史说明，这三条主线既相互区别又相互联系，共同影响和左右着国史，共同决定着我们国家始终以中国最广大人民的利益和中华民族的利益为自己的最高利益。迄今为止在国史中发生的所有重大事件，几乎都与这三条主线有关。同时，从这三条主线研究中也可以预测出中国的未来走向。

5. 关于国史研究与中共党史研究的关系

国史学界多数人认为，国史研究与中共党史研究是不同的，但在现实出版物中，国史书与党史书新中国成立后的部分往往大同小异。这个问题不解决，不仅国史学科建设难以有真正的进展，就连国史本身能否成为独立学科都成问题。对此，朱佳木指出，国史与党史之间既有联系又有区别。一方面，党史是国史的核心内容，因此，国史研究与党史新中国成立后部分的研究在内容上难免会有许多交叉和重合；另一方面，国史的范围比党史的范围要宽得多，因此，国史研究与党史新中国成立后部分的研究之间无论在学科属性还是在研究的角度、范围、重点、方法上，都是不同的，二者之间谁也代替不了谁。现在一些国史书与党史书存在内容雷同或近似的现象，并不表明二者是一个学科，而是由于国史书过多地写了党史内容，党史书又过多写了国史内容。这正是需要通过加强两门学科自身建设加以解决的问题，而不应当成为怀疑国史研究存在必要性的理由。

---

① 朱佳木：《对中国当代史定义、分期、主线问题的再思考》，《当代中国史研究》2010 年第 1 期。

6. 关于国史研究的社会功能

古往今来，学术界多数人都认为史学具有鲜明的社会功能，但究竟具有哪些功能，看法并不完全一致。通常的说法是，史学具有存史、资政、育人的功能。朱佳木认为，史学特别是国史，除具有这三大功能外，还有"护国"的功能。这是因为，"灭人之国，必先去其史"。反过来，护己之国，也须先卫其史。历史证明，对国家史的认识和解释，历来是意识形态领域各个阶级、各种政治力量较量的重要战场。无论维护还是推翻一个政权，都高度重视对历史的解释，这是带有规律性的社会现象。

7.《中国共产党历史》第二卷（1949—1978）的出版对国史编纂具有指导意义①

中国共产党团结带领全国各族人民争取实现民族独立、人民解放和实现国家繁荣富强、人民共同富裕这两大历史任务，是党的历史发展的主题和主线。《中国共产党历史》第二卷始终坚持这一主题和主线，强调新中国成立以来的前29年历史是在马克思列宁主义、毛泽东思想指导下，党领导人民进行社会主义革命和社会主义建设并取得伟大成就的历史，是党探索适合中国国情的建设社会主义道路、继续推进马克思主义中国化并取得重要思想成果的历史，是党加强自身建设、经受各种考验而不断发展壮大的历史。这就准确揭示了29年党的历史发展的主流和本质。

《中国共产党历史》第二卷把新中国成立后的29年党的历史划分为四个时期，即：基本完成社会主义改造的七年；开始全面建设社会主义的十年；"文化大革命"的十年；在徘徊中前进的两年。新中国成立后前29年取得了巨大的成就：第一，建立人民民主专政的国家政权，实现和巩固了全国各族人民的大团结。第二，建立社会主义基本制度，开始探索适合中国国情的建设社会主义道路。第三，开展大规模经济建设，建立了独立的比较完整的工业体系和国民经济体系。第四，大力推进社会主义思想文化建设，人民群众思想道德素质和科学文化素质显著提高。第五，维护国家独立、主权和领土完整，积极促进世界和平与进步事业。第六，党的领导地位不断巩固，党的组织日益发展壮大。

《中国共产党历史》第二卷实事求是地记载了新中国成立后前29年

---

① 欧阳淞：《准确把握党的历史的主流和本质》，《求是》2011年第2期。

党的历史，正确看待党在前进道路上出现的失误和曲折。错误与成就相比，成就是主要的。发生失误和曲折与当时的国际环境和国内条件密切相关。党主要是依靠自己的力量纠正失误的。党是注重从经验教训的总结中开辟未来的。

《中国共产党历史》第二卷给人们提供了深刻的历史启迪和宝贵的教益。第一，必须坚持立足基本国情，坚持以经济建设为中心，坚定不移地走科学发展道路。第二，必须坚持改革开放，为发展中国特色社会主义提供强大动力。第三，必须扩大人民民主，实行依法治国，发展社会主义民主政治。第四，必须调动一切积极因素，团结和依靠最广大人民群众，努力构建社会主义和谐社会。第五，必须大力弘扬民族精神和时代精神，发展社会主义先进文化，不断增强中华民族的凝聚力和创造力。第六，必须坚持和改善党的领导，加强党的自身建设，确保党始终成为中国特色社会主义事业的坚强领导核心。

8. 关于《关于建国以来党的若干历史问题的决议》（简称《历史决议》）对国史研究的奠基和指导作用

陈东林认为，《历史决议》的通过，标志着国史研究的起步和国史学科的开创；《历史决议》关于新中国成立以来 32 年基本状况和重大事件、人物的论断，为国史研究提供了指导思想和基本原则；《历史决议》研究、评价建国以来历史的科学辩证方法，是国史研究的基本方法；国史研究应在《历史决议》精神的指导下继承、发展和创新。[①]

三　当代中国史理论研究和学科建设中存在的突出问题

当代中国史理论研究和学科建设尽管取得了长足进展，但仍然存在一些不利于其发展的因素。从主观上讲，主要是国史学科的自身建设还相对滞后于国史研究的实践，国史学界的创新能力和应对错误思潮的辨别能力、分析能力、战斗能力还显欠缺。从客观上讲，主要是国家有关部门和社会对国史研究仍存在一定偏见，对国史领域中的错误倾向缺少有组织的

---

① 陈东林：《论〈关于建国以来党的若干历史问题的决议〉对国史研究的奠基和指导作用》，《毛泽东邓小平理论研究》2010 年第 9 期。

回应。

(一) 当代中国史学科自身建设滞后于国史研究的实践

1. 学科体系构建有待进一步完善和优化

国史学科理论研究虽然有所进展，提出了一些带有基本理论性的观点，但从总体上看，仍然滞后于国史研究的实践。其主要表现是，学科理论至今仍不系统，没有形成独立完整的体系，还没有一部有关国史理论的专著。从学科体系结构视角看，除了中华人民共和国政治史、外交史、经济史等少数专门史研究相对成熟外，文化史、思想史、科技史、区域发展史、人口史、城乡建设史、国防史、生态史和自然灾害史等专门史，研究成果的质量都有待提高。扭转国史学科相对薄弱的局面，有待于按照学科建设的一般规律和国史学科研究的特殊性，进一步规范学科理论，并使之系统化和不断创新，以便尽快地建立起比较成熟的国史学科理论体系。

2. 研究缺乏深度和创新性

目前的国史研究成果尽管有了一定的数量，研究领域也在不断拓展，但有分量的成果相对较少，不少成果学术研究性不强，建立在史实基础上的理论分析偏弱，还有不少研究公式化、概念化和低水平重复。造成这一局面的主要原因是：(1) 不少国史研究者的马克思主义历史科学的理论素养不够、功底不扎实，运用唯物史观指导国史研究的能力不足；(2) 受社会风气和利益导向影响，不少学者急功近利、学风浮躁，浅尝辄止，不愿长期坐"冷板凳"。目前的国史研究队伍大多来自于高等院校的历史学和中共党史专业，掌握和运用于国史研究中的理论与方法比较单一，有的甚至生搬硬套，这不仅直接影响到对国史研究的深化，而且严重制约着创新能力的培养和提高。

(二) 反击唯心史观等错误思潮的能力比较欠缺

历史是现实的基础。意识形态领域的斗争常常反映在国史研究领域。国史研究领域的思想斗争具有长期性、艰巨性、复杂性和基础性。改革开放以来，特别是最近一个时期，历史虚无主义思潮同新自由主义、民主社会主义等思潮一起，共同构成对以马克思主义为指导的社会主义意识形态的挑战。他们丑化党的领袖和党的历史，抹黑共和国的历史，否定四项基本原则，其舆论背后的政治目的是改变社会主义制度，复辟资本主义。他们以所谓权威的面目出现，打着所谓"解放思想"、"理论创新"、"重写中国近现代史"的旗号，惯用的手法是歪曲、裁剪、编造一些似是而非的史料，吸引人眼球，目的是混淆是非、颠倒黑白，搞乱人们的思想，削弱党的凝聚力和向心力，分裂人民的队伍。有的甚至在大学讲堂公然诬蔑党的领袖人物，鼓吹应仿效美国模式推行中国政治体制改革。对这些唯心主义历史观及其指导下的错误观点回击不及时，或者说服力不彻底，正本清源、去伪存真、扶正压邪，倡导真善美、抨击假恶丑的效果就会受制约，这也影响到国史研究的健康发展。

（三）对当代中国史研究的一些偏见仍未从根本上消除

这些偏见主要是：

（1）"没必要论"。这种观点认为，中华人民共和国史是中国共产党执政的历史，党的方针政策的影响涉及各个领域，既然有中共党史研究机构，就不必再设国史研究机构。

（2）"不到时候论"。这种观点认为，历史上都是后朝写前朝史，"当代人不写当代史"。他们质疑当代人写当代史不能做到"价值判断中立"等，认为即使写了出来，也不一定是"定史"、"信史"。

（3）"不是学术论"。这种观点认为，国史研究不是学术，不能纳入学部，而只能算作一种宣传。有的甚至责难国史研究是什么"帝国史学"、"官方史学"、"马屁史学"、"垃圾史学"等。

（四）中华人民共和国史在高校专业设置和课程设置中处于边缘地位

在国家学科设置和专业目录中，在隶属于历史学的二级学科中，设有世界史、中国古代史、中国近现代史三个专业，设置中华人民共和国史研究方向的有中国近现代史专业和中共党史专业。这样，中华人民共和国史在学科设置上就依附于这两个专业。这种学科制度安排不改变，中华人民共和国史学科就难以拥有独立地位。正因为如此，国家和学界对国史学科发展的总体战略缺乏自觉明确深入的思考。

以上认识，有的是唯心主义在国史研究问题上的表现，有的则是对国史研究的误解或者歧视。这些认识，有的在一定历史条件下形成一种思潮，干扰国史研究的健康发展；有的则表现为一种社会舆论，形成不利于国史研究顺利发展的社会环境。消除这些不正确认识，一方面要全社会普遍重视国史研究工作，另一方面则要不断提高国史研究能力，进一步加强国史研究的科学性，扩大国史研究的社会影响力。

四 当代中国史理论研究和学科建设的发展趋势

（一） 新中国各个领域建设的历史经验将成为研究热点

2011 年是中国共产党成立 90 周年，中国共产党执政 62 年。新中国建设的伟大成就、发展道路、发展模式越来越成为国内外学术界研究的热点。中国在保持经济健康协调发展，在工业化、信息化、城镇化、市场化、国际化加速的过程中，不断深化改革开放，解决发展中的尖锐矛盾和突出问题，也需要从新中国成立后 60 年的历史经验教训中找寻答案，为理论创新和制定对策提供历史依据。因此，深入研究新中国发展的基本经验将成为未来国史研究的重点。

新中国成立 60 年来，中国共产党领导全国人民，探索出适合中国国情的社会发展道路。中国经济体制改革和政治体制改革将成为国内外关注的焦点，深化文化体制改革和维护文化安全将成为新的课题，加强社会文明建设成为事关国计民生的普遍问题，生态文明建设也到了迫切需要痛改前非的地步。这些都将成为考验中国共产党执政能力和水平的全局性问题。对中国共产党执政能力和执政经验的研究将在相当长的时期内成为国史研究的热点和重点。

（二） 当代社会史研究将受到越来越多的重视

社会史研究本来是国家史研究的重要组成部分，当代中国的社会史研究更应当成为区别国史与中共党史的重要领域。随着改革开放以来我国的社会结构、社会组织形式、社会利益格局的深刻变化，社会建设和管理面临诸多新问题。党的十七大指出："必须在经济发展的基础上，更加注重社会建设，着力保障和改善民生，推进社会体制改革，扩大公共服务，完善社会管理，促进社会公平正义，努力使全体人民学有所教、劳有所得、病有所医、老有所养、住有所居，推动建设和谐社会。"在社会建设越来越受到党和国家重视的情况下，无论是社会学界还是国史学界，都会逐步加强对当代中国社会史的研究。尤其是国史学界，要想进一步明确与党史研究的分工，也必然会把更多的注意力放在社会史的研究上。因此，社会史在国史研究中的地位必将日益突出，国史研究将呈现政治史、经济史、文化史、外交史与社会史研究并驾齐驱的局面。

（三）当代中国史理论研究和学科建设将会有新的突破

当代中国史研究学科建设虽然有所进展，提出了一些带有基本理论性的观点，但从总体上看，仍然滞后于国史研究的实践。其主要表现就是，国史学科理论至今仍不系统，没有形成独立完整的体系，还没有一部有关国史理论的专著。然而，国史研究毕竟已有30多年的实践，国史研究的理论也越来越趋于成熟。所有这些，都为国史学科体系的建立准备了必要的条件。社会对国史研究有越来越多的关注和需求，必然会唤起社会科学界加快构建国史学科体系。因此，国史学科建设将可能在以下方面有所突破：（1）对中国共产党中央领导集体关于新中国历史问题认识的梳理；（2）国史基本理论问题的进一步概括；（3）国史史料学，包括国史文献档案学、地方志学、口述史学的研究；（4）国史编纂学，包括编纂的指导思想、原则、体例和方法与手段的研究；（5）对国史研究的学术发展史，如国史研究的兴起与发展，国史研究的发展阶段和特点的研究；（6）国史前沿理论的研究，主要是跟踪国史研究动态，开展学术争鸣，创新国史研究的理论与方法，分析影响国史认知的社会思潮等。

（执笔人：宋月红、刘仓、王爱云）